켄 윌버 통합사상의
온전한 이해와 비판 그리고 응용

상보적 통합

| **조효남** 저 |

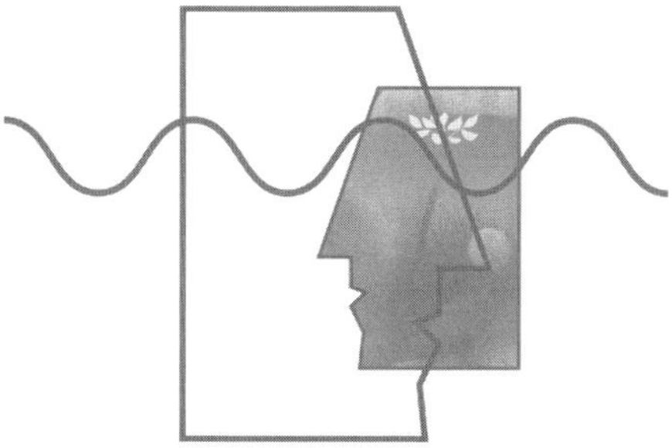

학지사

머리말

켄 윌버는 지난 30여 년간 20여 권의 저서를 통해 오늘날의 의식 연구와 통합 사상 분야를 주도해 왔다. 이 시대를 대표하는 미국의 대석학 중 한 사람인 그는 심지어 혹자에 의해 데카르트나 프로이트에 비유되거나 추앙자들에게는 문수보살의 화신으로까지 추앙받을 정도로 대사상가의 반열에 오른 천재 사상가이다. 이 시대가 절실히 필요로 하는 근대 · 탈근대 · 포스트 탈근대적 사상을 모두 통합하는 진정한 통합사상가이다.

분명, 켄 윌버는 국내뿐만 아니라 전 세계적으로 20여 권의 그의 저서가 거의 다 번역되어 있어 통합사상에 관심이 있는 지식인이라면 모르는 사람이 별로 없을 정도로 이 시대에 영향력이 가장 큰 사상가 중 한 사람이다. 하지만 국내에서는 저자가 켄 윌버의 주요 저서 『감각과 영혼의 만남(The Marriage of Sense and Soul)』(범양사, 2000)을 최초로 소개하기 전까지는 철학 · 심리학 분야의 극히 일부 전문가를 제외하고는 아는 사람이 거의 없었다.

이제 그의 주요 책이 소개된 지 어느새 거의 18년이 지났고, 그사이에 대부분의 켄 윌버의 주요 저서가 국내에 소개되면서 최근 국내의 여러 분야의 깨어 있는 지식인들에게 윌버의 통합사상과 영성 · 자아초월사상에 대한 관심이 점차 높아지고 있다. 2000년대 초에 그가 주도하여 창립한 세계통합연구회(Integral Institute)를 중심으로 온라인(On-line)의 웹사이트 네트워크상의 활동과 오프라인(Off-line)의 워크숍, 포럼, 세미나 활동이 활발해지면서 열린 의식을 가진 철학자, 심리학자, 종교학자/종교인, 과학자를 비롯한 심리치료 · 심신치유 · 상담 · 코칭, 그리고 명상/참선/요가수행자 등 여러 분야의 국내 전문가들 사이에 켄 윌버 사상에 대한 관심이 날로 높아져 가고 있다.

이 책은 포스트 탈근대적 통합사상의 거대담론가이며 대사상가인 켄 윌버의 통합사상과 의식 · 영성 · 자아초월사상에 관한 그의 사상 전반을 조명하며 소개하고, 그의 최근 사상에 대한 비판과 함께 상보적 · 통합적 적용에 관한 최초의 글이다.

10년 전에 나온 책이지만 이번에 10년간의 켄 윌버 통합사상의 국내 상황 변화를 반영하고, 오탈자와 적절하지 않은 일부 표현을 전면적으로 고쳤다. 또한 켄 윌버 책이 많이 나온 이제는 큰 가치가 없다고 보는 일부 장(章)들을 삭제하였고, 대신 3부에서는 지금도 매우 중요한 '원효의 화쟁사상과 윌버의 통합철학'의 상보적 통합과 '상보적 기 패러다임' 두 개 장은 남기고, 켄 윌버를 넘어서는 상보적 통합사상을 연구한 여러 분야의 상보적 통합 관련 주요 논고 중 일부와 서울불교대학원 대학교 내부 교재로 사용한 글 중 일부를 뽑아서 '상보적 통합영성' '통합양자심신치유'의 두 장을 새로 포함시켜 지난 10년간 켄 윌버 사상의 한계와 문제를 넘어서는 필자의 상보적 통합사상을 수정 · 보완본으로 새로 내놓게 되었다.

먼저, 켄 윌버가 누구인지 모르고 이 책을 펼쳐 보는 독자는 본문의 제1부 '들어가는 말'과 제1장의 '켄 윌버 그는 누구인가?'를 읽어 보면 잘 알 수 있기에 여기서 켄 윌버의 소개를 다시 하지는 않을 것이다. 다만, 저자가 국내에 소개한 그의 사상의 대표 저서 중 하나인 『모든 것의 역사(A Brief History of Everything)』(개정판, 김영사, 2015)의 옮긴이 서문에서 소개한 내용의 일부를 그의 사상을 처음 접하는 독자를 위해 간략하게 언급하였다.

켄 윌버는 지난 1970년대 중반에 약관 23세의 나이에 집필한 『의식의 스펙트럼(The Spectrum of Consciousness)』이란 획기적인 저서를 통해 '스펙트럼 의식 심리학'의 개념을 최초로 도입함으로써 트랜스퍼스널 심리학 분야의 패러다임 전환을 가져오면서 이 분야의 새 지평을 열었다.

지난 40여 년간 4~5단계의 변천 과정을 거치며 성숙해 온 그의 사상을 담고 있는 20여 권의 저서는 어느 것을 막론하고 동서고금의 철학, 종교, 심리학, 인류학, 과학, 신과학, 신물리학, 사회학, 정치학, 경영학, 문학, 예술 등 거의 모든 분야를 종횡무진으로 넘나들면서, 동서양의 '영원의 철학(perennial philosophy)'적 전통 지혜에서 나온 인간 의식의 역동적인 성장 및 진화에 관한 통합적 진리관을 넓은 의미의 경험주의에 따라 심층과학적으로 명석하게 밝히고 있다. 뿐만 아니라 30년 이상의 명상 · 수련을 통한 체험과 깨달음에서 우러나온 초의식 세계, 궁극의 실재, 심오한 정신세계에 대한 안내지도를 명확하게 기술하고 있다.

따라서 그의 모든 저서는 그의 심오한 통합사상이 보여 주듯이 단순한 포스트 탈근대 편향의 어떤 독특한 이론서나 사상서가 아니다. 윌버는 포스트모던적이고 영성과학적인 이론가이면서도, 오늘날 유행하고 있는 깊이 없고 단조로운 '평원적(flatland)' 의식의 전일주의적/시스템적 포스트모던사상과 신과학사상, 극단적인 이론주의적 신패러다임주의 사상들을 신랄하게 비판하고 있는 사상가이기도 하다. 물론 그의 사상은 최근에 제5기에 접어들면서 포스트 탈근대적이면서도 탈형이상학적이고 포스트칸트적인 온건한 탈근대사상으로 전향되고 있지만 아직도 그의 포스트 탈근대적 근본 사상은 어느 정도 정합적으로 성장 변화해 왔기 때문에 그의 통합사상의 근본적 방향에는 거의 변함이 없다.

켄 윌버의 통합사상을 본격적으로 알고자 하는 독자는, 먼저 그의 AQAL통합사상의 개요를 요약한 『통합비전(Integral Vision)』을 보면서, 동시에 이 책을 통하여 그의 AQAL통합철학 · 심리학사상, 통합영성사상, 자아초월사상, 통합생활수련 등 전반에 대한 온전한 이해를 하는 게 바람직하다.

그간 국내 켄 윌버의 통합사상에 대한 상황이 달라졌고, 지난 10년간에 켄 윌버 통합사상에 대한 필자의 연구와 대학원 교육과정에서 느낀 그의 사상과 통합사상에 대한 관점의 변화를 반영하여 다시 대폭 수정 · 보완한 이 책을 내놓게 되었다. 하지만 20여 권에 이르는 방대한 켄 윌버의 저서에 담긴 그의 광범위하고 심오한 사상에 관심이 높은 독자들에게 먼저 켄 윌버 사상 전반을 한 권으로 쉽게 이해할 수 있는 책이 절실하게 필요하다고 느꼈다. 그래서 천학비재함을 무릅쓰고 저자는 켄 윌버의 핵심 사상을 개관하면서 그의 방대하고 심오한 사상의 이모저모를 맛보기에 적합한 이 책의 초판을 집필하였다. 나아가 그의 자아초월 · 영성 · 통합사상의 위대함과 한계를 동시에 조명하면서 그의 사상을 어떻게 여러 분야에 상보적으로 적용하는가를 보여 주는 책의 집필을 시도하게 되었다. 그러나 쉽게 이해할 수 없는 그의 사상을 이 한 권의 책으로 국내의 열린 의식을 가진 지식인들에게 소개하고자 하는 의욕 하나만으로 집필하였기 때문에 졸저가 되지 않았나 하는 두려움도 있다. 그래도 이 책이 켄 윌버 사상에 대한 어느 정도 길라잡이가 될 수 있다면 그간의 노고를 조금이나마 씻어 줄 정도로 매우 보람 있고 뜻깊은 일이 아닐 수 없다.

켄 윌버의 사상을 처음 접하는 독자나 보다 쉽게 그의 사상 전반을 개관하고 이해할 수 있기를 바라는 독자들은 반드시 이 책을 통하여 켄 윌버의 방대한 사상의 본질을 맛본 다음에 자신이 관심 있는 분야의 본격적인 켄 윌버의 저서로 들어가서 그의 대표 저서들을 접하는 것이 좋다고 본다.

저자에 의해 국내에 『감각과 영혼의 만남』이 최초로 소개된 이래 현재까지 특히 지난 10년 사이에 켄 윌버의 주요 저서는 거의 다 소개되었다.

누구나 다 아는 사실이지만, (20세기 산업사회의 모든 분야의 억압적인 계층적, 구조주의적 제도와 사상의 모순을 해체한 탈근대/포스트모던 열풍이 지난 지 거의 20년이 다 된) 지금 21세기 고도 융복합과학기술시대, 글로벌 IT 정보화시대, 제4차 산업혁명의 시대가 되어서도 여전히 전근대 · 근대 · 탈근대 사상이 혼재하면서 인류의 보편의식은 더욱 평원화되어 가고 역설적으로 근본주의 종교와 종교 간의 갈등은 더욱 기승을 부리고 있다. 더구나 문명 · 종교 갈등, 자원 확보 야욕이 뒤얽힌 강대국과 약소국의 억압/저항의 악순환 고리는 9 · 11테러, 이라크전쟁 같은 무차별 인명 살상의 비극을 초래하였다. 그 갈등은 아직도 그치지 않고 인종간/종교 간 전쟁, 무역전쟁/식량전쟁/자원전쟁 등으로 더욱 기승을 부리며 확대되면서 전 지구를 암운으로 뒤덮고 있다. 게다가 근대 자본주의의 무분별한 개발과 산업화가 초래한 전 지구적 환경 생태 파괴, 사막화, 온난화로 인해 최근 대규모 지진, 허리케인/태풍, 쓰나미 같은 자연재해, 기상이변의 재앙이 급증하고 있다. 45억 년의 지구 역사상 기적 같은 현생 인류가 나타난 지 20만 년도 안 되는 인류 역사에서 인류는 근대화와 함께 지난 100년 사이에 인지(人知)의 빅뱅이 일어나 현대 우주과학은 무한 우주의 생성과 진화, 소멸의 원리를 밝히고, 생명과학은 생명의 탄생 · 복제 원리와 생성 · 진화 · 노화의 원리를 밝히고, 뇌과학은 뇌신경생리구조의 인지기능으로 인간의 정서, 심리, 정신 영역까지도 환원하여 설명하려 하고 있다. 드디어 오늘날은 4차 산업혁명이 가속화되면서 초지능 AI는 인간의 영역에, 인간은 신의 영역에 도전하고 있다. 그러나 이와 같은 인지의 빅뱅에도 불구하고 오늘날 현대 인류는 인류의 역사상 그 어느 때보다 심각한 이 '위기의 문명'에서 탈출하기 위한 비상구가 절실하게 필요한 위급한 상황에 처해 있다. 이는 인류의 의식이 인지의 발달과 과학기술의 발달을 따라가지 못하는 의식과 인지의 괴리 현상 때문에 생긴 문제이므로 인류의 의식이 집합적으로 깨어나는 의식의 양자 도약이 일어나야만 이러한 위기로부터 탈출할 수 있다.

물론 이러한 현대 문명의 위기의 진단은 저자의 단순한 직관적 생각이 아니라 현재 세계 도처의 각 분야의 석학들에 의해 보다 전문적으로 설득력 있게 제기되어 왔고, 이미 그러한 거대담론의 대안사상들이 많이 나와 있다.

그러나 모든 것은 인간 의식, 특히 페르소나적 · 사회적 자아, 실존의식, 영성의 문제이다. 아직도 끝없는 동물적 본능과 이기적 소유의 욕망의 늪에 빠져서 종족/민족/종교중심적 집단 이기주의에서 벗어나지 못하고 있는 현대 인류가 낮은 에고적 자기중심 수준에서 깨어나서 의식과 영성의 성장 진화를 가져오게 하려면 전 지구적으로 인류의 '집단 각성'이 절실하게 필요한 시기이다. 이러한 시대에 켄 윌버는 '집단지성'의 최선단에서 포스트 탈근대적 대통합사상과 의식 · 영성 · 자아초월사상으로 우리 모두를 깨어나게 하는 강한 감동을 주는 메시지를 전해 주는 대사상가임이 분명하다.

무엇보다도 이 위기의 시대에 켄 윌버 사상은 우리가 나아가야 할 방향을 가장 설득력 있고 공감하도록 제시하는 대통합의 비전으로, 우리로 하여금 진리를 온전하게 이해하며 받아들이게 해 주는 사상임을 부인할 수 없다. 그러므로 우리에게 진리에 대한 올바른 통합적 시각과 비전을 심어 준다는 면에서 우리는 계속 그의 사상을 음미하고 재해석하고 재평가해야 할 것이다. 그렇게 함으로써 이제는 모든 분열된 사상적 조류와 학문 간의 담을 허물고, 그가 말하듯 모든 분야의 '다양성 속의 통일'로서 대통합 · 대통섭하는 길을 찾아가는 나침반으로 그의 통합사상을 받아들여야 할 것이다.

20여 권에 달하는 그의 저서에 담겨 있는 온우주(Kosmos)와 인간 의식의 성장 진화에 대한 '모든 것의 이론'이라 할 수 있는 그의 통합철학, 통합심리학, 통합영성 · 자아초월사상은 정합적으로 성장 · 발전해 왔다. 그가 전해 주는 모든 진리의 메시지는 어떤 특정한 조류의 사변철학/관념철학/형이상학이나 철학사상에 바탕을 두고 있는 게 아니다. 오히려 그의 사상은 40년간의 오랜 수련/수행, 참선/명상적 삶의 체험과 깨달음에서 나온 지혜를 담고 있는 가르침이다.

철학적으로 그의 통합이론은 전근대 · 근대 · 탈근대의 최상의 지혜에 대한 통합적 시각에서 나온 보편적 다원주의적 패러다임 모형에 의한 거대담론이다. 이와 같이 방대한 스펙트럼의 그의 사상을 제대로 이해하려면 최소한 먼저 그의 AQAL(All Quadrant All Level) Matrix적 통합 메타이론, 그의 홀라키적 온우주론과 통합철학사상, 통합심리학사상, 과학과 종교사상 및 그 통합사상, T · O · E적 AQAL Apps의 적용사상, 자아초월사상, 통합영성사상 그리고 최근의 포스트칸트적, 탈형이상학적 AQAL-IMP(Integral Methodological Pluralism) 사상 등을 이해해야 한다. 그러고 나서 자신의 전공 분야나 관심 분야의 그의 저서들을 읽어서 보다 깊이 있게 이해해야 할 것이다. 저자의 이 책은 부족하나마 그러한 요구를 한 권의 책으로 어느 정도 해결하려는 의도로 집필된 책이다.

졸저이나마 이 책의 집필을 마치면서 천학비재한 본인을 인문학 분야에 입문하도록 이끌어 주시고, 켄 윌버의 사상을 국내에 소개하도록 기회를 주시고, 항상 격려해 주시며 권두언까지 기꺼이 써 주신, 동국대학교 철학과 명예교수이고 한국철학회 회장을 역임하신 한국트랜스퍼스널학회 고문이셨던, 김용정 교수님께 다시 한번 진심으로 감사를 드리는 바이다.

끝으로 심리학 · 심리치료 · 심신치유 · 정신건강 · 자기계발 등을 비롯한 인간과학 관련 분야 최고의 명문 출판사로서 그간 켄 윌버의 주요 저서 대부분을 국내에 소개하는 데 주도적 역할을 해 온 학지사에서, 포스트 탈근대 시대의 과학 · 철학 · 심리학 · 종교사상, 그리고 통합사상과 자아초월적 정신세계의 진리와 영성을 탐구하려는 국내의 지식인들을 위하여, 기꺼이 이 책을 출판하도록 해 주신 김진환 대표님께 진심으로 감사 드리고, 그동안 편집팀의 세밀한 교정 편집 노고에도 각별히 고마운 마음을 전하고 싶다.

2019. 4.

조 효 남

서울불교대학원대학교 석좌교수

한양대학교 명예교수

권두언

1.

2000년 필자가 범양사 출판부와 계간『과학사상』의 편집 책임을 맡고 있을 당시 미국 뉴욕에 있는 Witherspoon Associates Inc. 출판사에서 새로 출간된 켄 윌버의『The Marriage of Sense and Soul(감각과 영혼의 만남)』(1998)을 번역 출판하기로 독점계약을 해 놓고 번역자를 찾고 있던 중 일찍이 켄 윌버에 대한 논고를『과학사상』20호에 게재한 일이 있고 또 그의 트랜스퍼스널사상에 지식과 경륜이 풍부한 조효남 교수에게 번역을 의뢰하게 됨으로써 조 교수와 깊은 인연을 맺게 되었는데, 이로 인해 저자의 요청으로 부족한 필자가 이 권두언을 쓰게 되었다.

켄 윌버의 광범위한 사상을 조금이라도 한번 접해 본 사람이라면 세계 역사상 윌버만큼 동서사상 전반에 걸쳐서 그렇게 깊이 회통한 사상가가 또 있을까 하는 느낌을 받지 않는 사람은 거의 없을 것이다.

놀라운 것은 구조공학자이며 한국 트랜스퍼스널학회 공동회장인 조효남 교수가 켄 윌버의 대작 중 하나인『모든 것의 역사』(대원출판)를 또 번역 출간하였고, 이번에는 이 방대한 저서『상보적 통합』을 세상에 내놓게 되었는데, 참으로 찬탄을 보내지 않을 수 없다.

이 책의 제1부 '켄 윌버의 통합사상'에서는 통합철학사상, 통합심리학사상, 심층과학사상, 심층종교사상 등 무려 12장에 걸쳐서 궁극의 진리에 이르기까지 윌버의 광범위하고 난해한 사상체계를 여과 없이 잘 해명하고 있다.

또 제2부 '켄 윌버의 탈형이상학 사상'에서는 13장 '통합적 탈형이상학 개관'에서 14장 '켄 윌버의 탈형이상학 비판'에 이르기까지 장문의 예리한 내용을 발표하고 있다. 특히 여기서 주목할 것은, 뒤에 설명하겠지만, 켄 윌버의 탈형이상학을 예리하게 비판하고 있다는 점이다.

제3부 '상보적 통합의 지혜'에서는 15장 '통합을 넘어 화회로'부터 마지막 18장 '통합양자심신치유'에 이르기까지 여러 장에 걸쳐서 조효남 교수 자신의 사상을 곁들여 조리 있게 구성하고 있다.

특히 제3부 15장에서는 원효의 '화쟁사상'과 윌버의 '통합철학'과의 상보적 통합을 제시하는가 하면 16장에서는 통합의 기(氣)패러다임을 통하여 현대 통합기학(氣學)의 정초를 시도하고 있다. 또 한 가지 빼놓을 수 없는 것은 오랫동안 직접 기공과 참선 수련을 해 온 조 교수는 온 건강과 통합적 정신수련 내지 영적 건강을 위한 통합적 접근의 장을 '상보적 통합영성'과 '통합양자심신치유'로 묶어서 따로 제시하고 있다는 점이다.

조효남 교수는 『모든 것의 역사』 후미에 옮긴이의 글에서 '켄 윌버 사상의 본질'을 무려 110면에 걸쳐서 소개했는데, 켄 윌버의 생애와 업적 내지 그 핵심 철학을 이해하고자 하는 독자에게는 큰 도움이 될 것이다.

주지하는 바와 같이 켄 윌버의 이른바 트랜스퍼스널사상은 한마디로 통합의 사상이요 통일의 사상이다. 아마도 역사적으로 세계적인 대사상가 중 모든 사상의 통합을 꿈꾸지 않은 사상가는 거의 없을 것이다. 그러나 저자가 여러 발표문에서 밝히고 있는 바와 같이 현대의 철학자, 심리학자, 문명비평가, 신비가, 포스트탈근대사상가, 자아초월사상가, 통합사상가라고 일컬어지고 있는 켄 윌버의 사상만큼 깊고 방대한 통합사상체계를 세운 사상가는 일찍이 없었을 것이다.

켄 윌버는 1970년대 중반에 23세의 젊은 나이에 『의식의 스펙트럼(The Spectrum of Consciousness)』이란 놀라운 저서를 세상에 내놓음으로써 일약 트랜스퍼스널 심리학 분야의 대장정의 길을 열었다. 후에 그는 25년간에 걸쳐서 20여 권의 유명 저서와 수많은 논고를 발표하여 연속으로 세상을 놀라게 하였다.

하지만 그의 이러한 유명세에도 불구하고 그동안 우리나라에서는 그렇게 널리 알려져 있지 않았다. 이제 다른 번역서도 많이 나와 있고 특히 조 교수의 네 권의 역서와 이 대작 『상보적 통합』의 발표로 많은 독자가 켄 윌버의 트랜스퍼스널 사상에 대한 보다 투명한 지식과 정보를 얻게 될 것이며, 세상에 많이 알려질 것으로 예상된다.

2.

필자는 이 책의 이해를 돕기 위해 조효남 교수의 번역서 켄 윌버의 『감각과 영혼의 만남』과 『모든 것의 역사』 등에서 몇 가지 요점을 발췌하여 간략하게 소개할 것이다.

무엇보다도 먼저 켄 윌버의 사상을 이해하기 위해서는 그의 AQAL(All Quadrant All Level) Matrix를 잘 이해하는 것이 중요하다. 예를 들면, 윌버는 『감각과 영혼의 만남』 8장에서 근대 이후의 과학과 철학을 비판하는 가운데서 다음과 같이 서술하고 있다.

> 우측 분면(象限)의 객관적인 대상들과 그것들밖에는 아무것도 없는 세계 속으로의 온 우주의 이 전율스러운 몰락은, 이미 앞에서 언급한 바와 같이 아인슈타인적 세계관에 대립하는 뉴턴적 세계관의 결과로써 일어난 것이 아니다. 사실상 뉴턴과 아인슈타인[그리고 닐스 보어(N. Bohr)와 막스 플랑크(M. Planck)와 베르너 하이젠베르크(W. Heisenberg)]의 과학은 주관적이고 상호 주관적인 영역을 희생시키면서 독백적 과학의 근거를 조장함으로써 이와 같은 몰락을 초래하는 데 똑같이 기여했다.

여기서 윌버는 고전 물리학의 거두 뉴턴과 현대 물리학자들, 즉 상대성이론의 창시자 아인슈타인과 양자역학의 창시자 플랑크, 보어, 하이젠베르크 등을 동시에 독백적 과학자로 몰아붙이고 있다. 그뿐만이 아니다. 윌버는 뉴턴과 아인슈타인과 플랑크와 그 부류의 석학들이 만들어 내는 맹목적인 진리의 빛을 수용하기 위해 칸트조차도 철학, 심리학, 신학을 일련의 프레첼(pretzel) 비스킷(표면에 소금을 뿌린 일종의 꼬인 비스킷, 맥주 안주) 모양으로 비꼬아 일그러지게 만든 수없이 많은 분야의 이론가들 중에서 단지 첫 번째로 뽑히는 사람 중 하나일 뿐이라고 비난하고 있다.

이것은 물론 윌버가 이 위대한 과학자들과 철학자를 폄하하려는 것이 아니라 이들조차도 암묵리에 실증적 과학주의에 편향되어 심층적인 의식의 세계나 영혼의 세계 혹은 불교의 깨달음과 같은 최상의 세계에 깊은 관심을 기울이지 않았다는 의미에서 개진된 것이다. 그렇지만 그보다 더 중요한 것은 근대 계몽주의의 좋은 면과 나쁜 면, 다시 말해서 긍정과 부정의 변증법적 진화의 과정 논리를 함축하고 있다는 것이다. AQAL Matrix의 좌측 분면과 우측 분면의 관계도 이러한 차원에서 이해되어야 한다.

상보성 원리의 주창자 닐스 보어는 원자이론의 가르침에 대응하기 위해서는 우리는 붓다나 노자와 같은 사상가들이 일찍이 직면했던 인식론적 문제로 돌아가야 한다고 했고, 원자탄의 아버지라 불리는 로버트 오펜하이머는 앞으로 우리가 추구해야 할 것은 옛 지혜(불교나 힌두사상)의 예증이요 장려이며 또한 그것을 한층 더 갈고 다듬는 일이라고 하였다.

중성미자(Neutrino)의 발견으로 노벨물리학상을 받았으며 심층 심리학의 거두 C. G. 융과 심층 의식에 관해 공동연구를 했던 볼프강 파울리는 상보적인 관계는 아무것도 대비시키지 않는 순수한 인식 주체를 주장하는 힌두교적 형이상학이라고 말하고, 서구적인 정신은 초인간적인 우주의식과 같은 개념을 인정할 수 없음으로 상보성의 개념을 취하지 않을 수 없었다고 하였다.

빛의 인식에 있어서 연속성을 갖는 파동성과 비연속성을 갖는 입자성 간에 존재하는 대립 모순의 세계를 동시에 인식하는 것은 불가능하기에 파동상으로 인식하는 동안에는 입자상의 판단을 유보하고 (비결정)입자상으로 인식하는 동안에는 파동상의 판단을 유보해야 한다.

따라서 인식 주체인 인간은 'A이면 B가 아니다.' 혹은 'B가 아니면 A이다.'와 같은 이분법적 형식 논리를 버리고 'A이기도 하고 B이기도 하다.'의 양자논리를 취해야 했다. 물질의 입자설도 파동설도 부분적으로는 둘 다 참이다. 그러나 인간의 인식 능력은 전통적인 이분법적 사유로는 모순되는 둘을 동시에 인식할 수 없는 한계를 갖고 있다.

이러한 주장은 미루어 본다면 오히려 양자역학자들은 이분법적 듀얼리즘을 넘어 변증적 삼가논리 또는 다가(多價)논리를 사용하고 있었다. 이 점은 윌버도 물론 알고 있어서 양자론과 신과학적 사유 방법을 다각도로 원용하고 있는 만큼 앞의 논의에 대해 오해가 없어야 할 것이다. 특히 조효남 교수의 저서의 제목『상보적 통합』에서 알 수 있는 바와 같이 서로 반대되는 양자 세계의 중첩 논리인 상보성 내지 비결정성의 인식 방법을 암묵적으로 저술 밑바탕에 깔고 있기 때문에, 다시 말해서 조 교수가 쓴 이 책의 포인트가 '상보적 통합'에 맞춰져 있기 때문에 필자의 간단한 의견을 소개한 것이다. 물론 조 교수의 상보성의 개념, 원효의 화쟁사상의 경우와 같이 넓은 의미의 상보성이라고 생각된다.

3.

우리는 다시 앞의 사분면(四象限)으로 돌아가 윌버의 설명을 들어 보자. 전술한 사분면 중에서 우측 분면(右側象限)이란 그림 사분면에서 오른쪽 상하 전체쪽 '그것, 그것들'을 지시하는 것이며, 좌측 분면(左側象限)이란 그림 사분면도의 왼쪽 상(上) '나'와 하(下) '우리'를 의미한다.

말하자면 풍요하게 조직된 다차원적인 온우주는 의식, 보호, 자비, 관심, 가치, 깊이 그리고 신성이 전적으로 결핍된 단조로운 그것들의 평탄하고 흐릿한 체계 속으로 붕괴되어 버렸다는 것이다(이 책 제1부 2장 [그림 2-6]의 (a), (b) 참조).

그러나 켄 윌버의 이러한 비판은 4분면(象限)에서 알고 있는 바와 같이 우측의 분면(象限)을, 즉 근대 내지 계몽주의의 좋은 면을 외면하고 하는 말이 아니다.

이번에는 윌버의『모든 것의 역사』8장에서 진선미(眞善美)와 4분면을 어떻게 연결시키고 있는지를 보자. 윌버는 이렇게 서술하고 있다.

> '3대 가치'는 칼 포퍼(K. Popper)가 말하는 세 종류의 세계, 즉 객관적(그것), 주관적(나), 문화적(우리) 세계이기도 하다. 그리고 '3대 가치'는 하버마스의 삼대 타당성 기준인 객관적 진실, 주관적 성실성, 상호 주관적 정당성이기도 하다.

역사적으로 엄청난 중요성을 갖는 '3대 가치'는 칸트의 아주 지대한 영향력이 있는 3부작에서도, 즉 '순수 이성 비판'(객관적 과학), '실천 이성 비판'(도덕), '판단력 비판'(심미적 판단과 예술)에서도 잘 보여 주고 있다.

'3대 가치'의 이러한 차별화는 엄청나게 많은 여러 가지 유익한 이점을 지니고 있는데, 그 중의 단지 몇 가지만을 예로 들어 보자.

① 자기(나)와 문화(우리)의 차별화는 민주주의 발흥에 직접적으로 공헌했다. 그리고 자유민주주의의 광범위한 발흥이 뒤따랐다.
② 마음(나)과 자연(그것)의 차별화는 여성과 노예의 해방을 포함하는 해방운동에 공헌했다. 광범위하고도 효과적인 문화운동으로서의 진보적 페미니즘(여성해방론)과 노예제 폐지의 발흥이 뒤따랐다.
③ 문화(우리)와 자연(그것)의 차별화는 경험과학, 의학, 물리학, 생물학의 발흥에 공헌했다. 생태과학의 발흥이 있었으며 그 외에도 계속하여 수많은 새로운 과학 분야의 출현이 뒤따랐다.

사실 근대계몽주의 사상의 진선미(眞善美)의 차별화는 학문의 자유와 독립성을, 윤리적인 시민사회의 구축과 인권의 보호를, 그리고 예술의 자주성과 표현의 자유를 성취하게 하였다. 근대 계몽주의의 표어는 '이성을 사용하자.'였다. 오늘날 이것이 바로 포스트모더니즘의 비판의 대상이지만 이성에 의한 대학의 설립, 이성에 의한 윤리적 시민사회, 이성에 의한 민주주의 법치국가의 건설은 근대 계몽주의의 진선미, 즉 나, 우리, 그것의 분별화가 없었다면 불가능했을 것이다. 윌버가 하버마스의 근대사의 '존엄'을 되뇌는 것은 바로 여기에 있다. 3대 가치의 분별화란 그것들의 통합으로 가는 지름길이다. 그러므로 그는 또 이렇게 말하고 있다.

"그러나 오늘날 근대성의 존엄은 근대성의 재앙 쪽으로 미끄러져 내려가기 시작했고, '3대 가치'는 단지 차별화되는 것이 아니라 분열되는 경향이 있었다는 것이다."

그는 뒤이어서 "이는 정말로 매우 나쁜 소식이다. 왜냐하면 그것들은 분열되었기 때문에—다시 말해, '3대 가치'는 조화롭게 균형 잡히고 통합되지 않았기 때문에—그것들은 '그것' 영역의 보다 더 공격적인 접근 방식에 의한 약탈의 희생물이 되기에 안성맞춤이었다."라고 냉소 짓고 있다.

그러므로 윌버는 "그것 영역에서의 급속하고 폭발적인 진보는—즉, 경험 및 기술과학의 극적인 화려한 진보는—'나'와 '우리' 영역에서의 진보를 무색하게 만들고 전도해 버리기 시작했으며, 과학은 의식과 도덕을 한꺼번에 쓸어 내기 시작했다."라고 논박한다. 말하자면 정신적 문화적 분면(象限)인 좌측 분면(左側象限)은 무시하고 자연적 대상의 세계인 물질적 대상의 세계의 발전에만 치우쳐 정신적 가치의 세계를 매몰시켰다는 것이다.

그러나 앞에서 지적한 것처럼 여기서 켄 윌버의 근대성의 긍정과 부정의 논의의 배경에는 헤겔의 변증법의 논리가 함축되어 있다는 점을 잊어서는 안 된다. 그의 사분면 모형에서 '나' '우리' '그것, 그것들'도 변증법적 진화론의 차원에서 이해해야 한다. 다른 경우도 마찬가지이다.

하지만 조 교수는, 켄 윌버의 AQAL 패러다임은 계속 진화하는 가운데 있음에도 불구하고 AQAL 모형 자체로는 이론(異論)들을 화해적으로 포용하는 측면에서는 불완전하고 경직된 측면이 있다고 쓴소리를 제기한다.

또 저자는 이설(異說)들의 독선적, 독단적 진리 주장, 이로 인한 쟁론, 단편적 진리 주장을 모두 화해시켜 통합하고, 통합 패러다임을 받아들이게 하려면 스스로 집착을 벗어나서 통합적으로 이해하도록 포용하며 개안(開眼)을 도와주는 게 중요하다는 점을 지적하여 원효의 화(和)사상의 우위를 암시한다.

하지만 조 교수는 윌버의 통합철학에서 제5기 윌버 V모형은, 존재의 기본 AQAL 모형을 통합적 탈형이상학(Integral Post-Metaphysics: IPM)과 통합 방법론적 다원주의(Integral Methodological Pluralism: IMP)를 바탕으로 더 확장하여 AQAL IPM/IMP 메타이론으로서 온계통(All Line, 인지적, 정서적, 도덕적, 상호 개인적, 영성적 등) 온파동/단계(All Wave/Stage, 자아, 의식의 밑 등), 온상태(All State, 자연 상태의 감각적 의식/깨어 있는 Waking 의식 전면/심적 의식, 혼적 의식/꿈꾸는 의식, 영적 의식/깊은 수면의식/제4 상태, 궁극의식/제5 상태 그리고 변성의식 상태의 명상/절정 체험/트랜스/최면의식/접신의식 등) 온유형(All Type, 남성/여성, 자율성/관계, 작인/공존적 교섭, 에니어그램 인격, 기질 등)을 모두 망라하는 완전한 통합모형을 강조하고 있다.

따라서 현재의 그의 통합철학은 기본 AQAL 모형을 바탕으로 하여 개선하고 확장한 것이다. 그의 보다 일반적인 AQAL 메타이론의 골격은 다음과 같은 특징을 갖고 있다고 하였다. 즉, AQAL 메타이론을 근간으로 하는 그의 통합철학은 포스트칸트적(Post-Kantian)/탈형이상학적 통합철학으로 전통적인 대사슬/대둥지에서의 인식과는 별개의 분리된 세계의 실재로서의 존재론을 거부하고 인식론과 존재론의 통합의 필요성을 존재와 앎의 대둥지(Great Nest of Being and Knowing)로서 그들의 상호 의존적 통합성을 충분히 인식하는, 그렇지만 실재의 존재론적 차별화도 내포하는 포스트칸트적 통합철학을 제시하고 있다.

4.

우리는 여기서 윌버의 포스트칸트적 통합사상을 이해하기 위해서 화이트헤드의 진화론과 과정철학을 먼저 이해할 필요가 있다.

화이트헤드는 통합을 통제하는 활동을 주체적 지향(subjective aim) 혹은 주체적 형식(subjective form)이라고 불렀다. 화이트헤드는『과정과 실재』의 제2장 제4절에서 칸트의 '경험의 제1유추'를 지적하면서 유기체 철학에서 항상 불변하는 것은 실체가 아니라 형식이라고 말하고 있다. 그리고 형식은 변화하는 관계를 감수하며 현실적 존재(actual entity)는 주체적으로는 끊임없이 멸하지만 객체적으로는 불멸적이라고 말하고 있다.

칸트는 '경험의 제1유추'에서 항상 불변의 실체가 있어야만 시간 관계가 가능하다는 것을 주장하였는데, 화이트헤드는 실체를 부인하고 형식의 불변성을 주장한다. 화이트헤드는 주체를 자기초월적 주체(Subject Superject)로 파악하였다. 그것은 환경적 세계에 한정되면서 스스로를 한정하는 것으로서 이미 있으면서 또한 없는 것이다. 어느 누구도 동일한 강을 두 번 건널 수 없다. 즉, 어느 주체도 동일한 사건을 두 번 다시 경험할 수는 없다. 그것은 피한정 능한적으로 존재하는 것이다. 주체가 최종적 결단을 통해서 그것이 그 자신이므로 그것은 스스로를 초월하여 후속하는 주체에 대해서 객체로서 놓이는 것이다(필자의 『과학과 철학』 4장 참조).

화이트헤드는 칸트의 주체적 실체를 부인하고 계속 진전해 가는 과정의 형식에 주목한다. 칸트는 진선미의 통일(Einbeit)의 철학자다. 그 통일의 주체는 이성이다. 그러나 현재의 포스트모더니스트들은 이성의 획일적인 보편주의가 세계의 다원성과 다양성의 담론을 사멸시켰다고 통박한다. 그러나 이들은 칸트 철학에서 보다 많은 새로운 정보를 얻어 내기도 하였다.

윌버가 칸트의 실체를 부정하고 헤겔의 변증법적 진화 과정을 중요시하는 것은 화이트헤드와 맥을 같이 하고 있다. 그러나 칸트의 3대 가치의 통합철학은 자신의 AQAL 모형에 원용하고 있다고 보인다. 이 문제는 많은 논의가 필요할 것이다.

조효남 교수는 윌버의 홀라키적 온우주론을 가장 중요시하고 있는데, 그 이론의 일단을 저자의 설명에 따라 요약적으로 해명해 갈 것이다.

첫째, 홀론은 창조적으로 창발한다는 이론이다. 홀론은 자기 초월적 능력으로 새로운 홀론을 창발한다는 것이다. 한마디로 홀론은 자기 조직화의 과정적 존재라는 것이다.

홀론은 자체적인 전체는 없고 부분적인 전체, 전체적인 부분으로서 새로 창발하는 과정적 존재이다. 본래 창발(emergence)이라는 말은 1923년 모건(C. L. Morgan)이 그의 '창발적 진화'에서 제안한 개념인데, 후에 물리화학자이며 과학철학자인 폴라니(M. Polany)가 계승한 것이다. 폴라니의 창발적 세계상은 계층구조 이론으로서 어떤 상위 존재의 레벨이 활동하기 위해서는 하위 레벨의 요소 그 자체를 지배하는 법칙에 의존한다고 하였다. 즉각 레벨의 관계는 계층 구조로 이루어져 있으며 각 레벨의 원리는 그 상위의 법칙에 의해 지배되고 있다는 것이다. 특히 폴라니는 인간의 내부에는 진화의 모든 레벨이 존재한다고 하였다. 그리고 최상위에서는 인간의 도덕의식이 나타나며 그것은 인간에게 최고의 영역으로 인도된다고 하였다.

윌버는 폴라니의 이러한 사상에 케스틀러의 홀론 사상 그리고 신경과학 창발점을 접목해 자기의 홀론/홀라키 사상을 엮어 냈을 것이다.

아무튼 조 교수는 모든 홀론은 그들의 구성 요소로서는 도저히 무슨 방도를 쓴다 해도 전적으로 환원될 수 없는 성질과 자질이 되며, 이러한 창발적인 조직화의 특성은 '자기 조직화'의 과정이 진행되는 요소 이상의 새 속성들(entities)이 존재론적으로 생겨난다는 것이다. 이와 같이 홀론은 그 신기성에서, 그 창발성에서, 그 창조성에서 새로운 세계로 진화해 간다는 것이라고 체계 있게 설명하고 있다.

요컨대, 모든 홀론은 작인(agency), 공존적 교섭(communication), 초월, 분해라는 네 가지 추동력을 공유한다는 것이다. 먼저 홀론은 수직적 능력으로서의 인력인 자기초월성과 자기분해성을 갖는다. 홀론의 자기 초월적 과정은 진화의 도약과 창조적 점프이다. 이를테면 사물에서 생명으로의 진화를 거친 생명 홀론은 사물의 아톰론적 속성을 비환원적으로 스스로 초월한다. 반면에 홀론이 그의 전체성을 유지 보존하는 능력인 작인과 공존적 교섭력을 상실하면 분해되는 자기분해성을 갖는다. 홀론의 자기 초월적인 창발적 진화, 즉 '양자적 진화' '자아실현적 진화'를 가져오는 추동력의 원인은 단순히 다윈의 진화론적인 '우연'이나 프리고진의 비평형계의 '요동'에 의한 갈래치기 현상이라는 말로만 설명할 수는 없고, '영'이나 '절대정신'이다. 절대정신이나 '영'에 대응하는 불교 용어는 '공(空)'이다. '공'이 형색의 세계로 나타나는 것이다.

이상에서 살펴본 바와 같이 윌버의 자연과 생명/의식의 진화의 모든 수준을 포함하는 전일적 홀라키적인 온우주론(Holistic Kosmology)은 윌버 사상을 이해하는 데 큰 도움이 될 것이다.

윌버는 생명/의식의 창발과 진화의 원동력, 동인력(動因力)은 생명체의 영성(spirituality)에서 나오며, 이를 윌버는 '활동 중에 있는 영(Spirit-in-Action)', 즉 진화의 '영'으로 보았으며, '영원의 철학'에 따르는 온우주론의 홀라키적 실재관/생명관에서 다른 수준 사이의 상의상관적 홀라키적인 상호 침투에 의한 그리고 동일 수준 내의 부분과 전체 사이의 대등한 상호 침투[상의(相依) 상입(相入)]에 의한 전일적이며 상관적인 홀라키적 존재관을 기본 패러다임으로 제시하고 있다고 하여 불교의 인드라망의 비유를 상기시킨다. 쉽게 말하자면 그의 홀라키적 온우주론은 모든 것은 다른 모든 것과 서로서로 연결됨으로써 다차원적인 심층 홀라키적 생명의 그물망(Web of Life)을 형성하고 있다는 결론이다.

조 교수는 윌버의 변천 성숙해 온 그의 핵심사상은, 플로티노스(Plotinus)의 신플라톤주의, 헤겔의 절대관념론과 신헤겔주의, 동양의 전통 종교(베단타사상, 중도공관, 화엄학, 유식학, 선불교 등)와 서양 종교(기독교, 유대교, 이슬람교)의 신비사상, 서양의 발달심리학, 포스트모던적으로는 스무츠(Smuts, 1926)의 홀리즘(전일주의, holism) 사상과 케스틀러(Koestler, 1977)의 홀론/홀라키 사상, 보편적 통합주의[통합적 무조망주의(integral aperspectivism)]적 포스트모던사상 그리고 합리적 신비사상에 따르는 트랜스퍼스널사상 등을 배경으로 하고 있다고 하였다. 특히 그의 사상에서 가장 중요한 비중을 차지하는 '홀라키적 온우주론(Holarchic Kosmology)'은 홀론/홀라키 사상, 화이트헤드의 과정철학, 힌두의 베단타사상, 불교의 중도공관, 화엄사상 등에 뿌리를 두고 있다고 부연하였다.

그러므로 조 교수는 윌버의 제4기 AQAL Matrix 모형(윌버모형 IV)에서 전근대의 최상인 '영원의 철학'에서 나온 '존재의 대원환', 즉 홀라키적 '온우주의 심층 구조'[심상(深相), deep feature]와, 근대성의 최상인 '3대 가치권'[예술, 도덕, 과학, 나, 우리, 그것, 삼보(三寶)]의 사분면적 다양성[모든 진리를 내면적 · 외면적, 개인적 · 집합적이라는 사분면으로 분류하여 그가 온우주의 '네 코너/사분면'이라고 일컫는 것]에 대한 표층 구조[표상(表象)]의 사회, 과학, 영성, 경영, 비즈니스, 문학, 예술 등 다양한 분야에서 응용(AQAL-Apps)을 보여 주는 제4단계 후기로 성숙하였다고 설명하고 있다.

조 교수는 윌버의 통합수련 사상에 근거하여 인간 심신의—육체적, 정서(감정)적, 이지적(심적), 사회적, 문화적, 정신적(영적)—모든 주요 잠재력과 차원을 모두 동시에 훈련하는 아이디어와 사분면 전반에 걸쳐 맞물려 돌아가는 몇 가지 예를 보여 주기 위해 각 분면으로부터의 몇 가지 대표적 수련과 함께 제시하는데, 이것은 지면 관계상 생략하고 9장을 참고하면 그 내용을 잘 이해하게 될 것이다.

5.

끝으로 저자가 지적하고 있는 것처럼 원효는 '대승기신론(大乘起信論)'을 가장 우수한 화쟁논서(和諍論書)로 평가 내리면서 그 '별기(別記)'에서 "…… 바로 이 논(論)은 모든 논(論)의 으뜸이요 많은 쟁론(諍論)의 평주(評主)이다."라고 말하고 있으므로 대승기신론소의 일심이문(一心二門)의 사상에 국한해서 약술할 것이다.

조효남 교수는 원효의 『대승기신론소(大乘起信論疏)』, 『금강삼매경론(金剛三昧經論)』, 『십문화쟁론(十門和諍論)』, 『열반종요(涅槃宗要)』 등 여러 원전과 연구서를 바탕으로 화쟁사상을 소개한다. 그는 먼저 원효의 기신론소의 주석된 이른바 일심이문(一心二門)사상, 즉 심진여문(心眞如門청정한 세계)과 심생멸문(心生滅門, 세속의 세계) 모두가 일심(一心)에서 발현되는 것으로서 "펼침과 합함이 자재하고 주장하고 반대함이 걸림이 없으며, 펼쳐도 번잡하지 아니하고 합하여도 좁지 아니하며 주장하여도 결핍이 없고 반대하여도 잃음이 없는 것"이 일심이라고 말한다. 따라서 『기신론소』에서 말하는 일심의 이와 같은 개합자재(開合自在), 입파무애(立破無碍) 속성이 화쟁 논리의 방식이 되고 모든 쟁론을 화해하고 회통하게 하는 논리적 근거가 되고 있는 점에 화쟁의 근본 뜻이 있음을 여실하게 밝히고 있다.

사실 일심이문(一心二門)사상은 원효의 핵심 이론으로서 잘 알려진 사상이다. 흔히 원효의 일심(一心)사상의 기초로 알려진 『금강삼매경론』 서론에서는 다음과 같은 설명을 읽을 수 있다.

> 대개 일심의 근원은 유무를 떠나서 홀로 깨끗하며 '삼공(三空)'의 바다는 진속(眞俗)을 융합해 담연하다. 담연하므로 둘을 융합하였으나 하나가 아니요, 홀로 깨끗하므로 변(邊)을 떠났으나 중(中)이 아니다. 중이 아니지만 변을 떠났음으로 유가 아닌 법(法)이라 해서 곧 무(無)에 머무르지 않고 무가 아닌 상(相)이라고 해서 곧바로 유에 머무르지도 않는다. 하나가 아니면서 둘을 융합했기 때문에 진이 아닌 사(事)가 일찍이 속(俗)이 된 것도 아니요, 속이 아닌 이치가 일찍이 진이 된 것도 아니다. 둘을 융합했으면서도 하나가 아니기 때문에 진속의 성(性)이 성립되지 않는 것이 없고, 염정(染淨)의 상(相)이 두루 갖추어지는 것이다. 변(邊)

을 떠났으면서도 중(中)이 아니기 때문에 유무(有無)의 법(法)이 지어지지 않는 것이 없고, 시비(是非)의 뜻이 모두 포섭되는 것이다. 이것은 논리적으로 전술한 화쟁 논리를 뒷받침하고 있다.

이상에서 보았을 때 원효의 화쟁 논리가 이중부정/이중긍정(二重否定/二重肯定)의 긍정과 부정의 자재(自在)의 논리 구조를 가지고 있는 만큼 유 · 무의 논쟁뿐 아니라 원효는 모든 이쟁(異諍)의 화쟁에서 긍정과 부정이 자재해야 함을 보여 주고 있는데, 그 이유는 바로 언어의 한계를 드러내기 위해 부정의 형식으로 표현하지 않을 수 없고, 이는 오히려 긍정을 말하는 이유가 되기 때문이다. 즉, 이중부정(二重否定)의 아닌 것이 아님을 표현할 때 긍정으로 나타나기 때문이다.

조효남 교수가 윌버의 탈형이상학을 비판하면서 제기하는 문제는 윌버가 깨달음에 의해 체험적으로 초의식적 존재의 상위적 실재에 대해서도 모두 다 선존재하는 존재론적 구조로 보는 데 있다. 윌버는 전통적인 형이상학을 모두 '소여의 신화'에 먹이를 던지는 허구적 가설이라고 단정하고 이러한 전통 형이상학의 '보따리들은 쓰레기통에 넣어 버리고' 그런 것 없이도 포스트모던적, 포스트칸트적 탈형이상학으로 근대와 탈근대에서 의미 있게 받아들일 수 있다는 것이다. 이와 같이 동서양의 전통사상을 획일적으로 전통적인 형이상학으로 단정하여 폄하하는 것은 오류라는 것이다.

그러나 조 교수가 주장하고자 하는 것은 기축시대 이래 동서남북에 전통 종교의 성현들이 그리고 영적 스승, 구루(도사), 선사들이 신비 체험(명상, 참선, 기공, 기도)에 의한 상태의 일시적 체험만이 아닌 고원 체험적으로 초의식적 상위의 의식의 구조화가 되고 그에 따른 신통의 경지에서 깨달음에 의해 '동일하게' 알아낸 해체할 수 없는 우주의 존재자적 구조인 초의식적(혼계, 영계, 신계) 세계에 대한 앎을 결코 단순한 '소여의 신화'로 보는 것은 동의할 수 없다는 것이다. 이는 필자도 전적으로 동감하는 것이다. 사실 불교는 무아(無我)의 사상으로 실체를 인정하지 않는 탈형이상학이라고 할 수 있다.

예컨대, 불교의 경우를 두고 비교한다면 조 교수가 제기하고 있는 바와 같이,

켄 윌버의 깨달음의 문자적 이해와 정의의 근본 오류는 '깨달음'은 문자적 개념인 명언으로는 제대로 정의할 수 없는 어불성설/불입문자(語不成說/不立文字)의 경지인데 궁극의 진리의 앎을 의미하는 의언이언/이언득의(依言離言/而言得意)적 의언(義言)을 단순히 언어적 개념인 물아일여(物我一如, One with Everything)라거나 공(空)과 색(色)의 합(色卽是空/色不異色, Union of Form and Empties)이라는 명언적 문장으로 이해하고서 진화적으로 정의하려 하는 것은 오류라는 것이다. 이것은 재론의 여지가 없는 정곡을 찌르는 비판이다. 서양 사상가들의 한계점이다.

그러나 조효남 교수는 윌버의 통합사상은 20세기 산업화 시대의 상극과 분열/해체의 포스트모던 사고를 넘어 21세기 정보화 IT시대의 상생과 통합의 탈포스트모던 사고로 모든 학문 간의 융합과 통섭과 모든 분야의 사상적/이념적 통합[통전(統全)]의 시대를 열어 가야 하는 오늘날과 같은 전환기에 가장 구체적으로 전포괄적, 포용적으로 통합 비전을 제시하고 있는 윌버의 통합사상은 이 시대가 가장 필요로 하는 거대 통합 담론이며 AQAL Matrix 메타이론이고 통합 패러다임이라고 찬탄하고 있다.

조 교수가 누누이 지적하고 있는 것과 같이 실제로 21세기가 10년 가까이 지난 글로벌 IT 정보화 시대에도 아직도 전 세계적으로 인종 간, 종교 간, 국가 간, 계층 간, 세계관, 정치, 경제, 문화, 이념의 통합은 요원하고 갈등, 대립, 혼돈으로 치닫고 있어 한치 앞을 알 수 없을 정도의 혼돈 시대에 켄 윌버와 같은 철인이 나타나 만사의 통합사상, 통합철학을 제시하고 있는 것은 인류의 희망이요 사표라 하지 않을 수 없다.

결론적으로 조 교수는 윌버가 불교를 형이상학의 대사슬의 일환으로 폄하하는 면에는 반대하지만 마크 팔머(M. Palmer)의 말을 빌려 윌버의 모든 저술 속에 담겨 있는 그의 사상은 궁극적으로 영적 수련과 마음속의 몸, 혼 속의 마음, 영 속의 혼의 황홀한 통로를 통해 드러나는 진리에의 참여에 근본 바탕을 두고 있다고 해명한다.

그러므로 윌버의 노력은 모든 중생을 해탈시키고자 하는 보살의 서원에 조금도 못 미치지 않는다는 것이다. 따라서 원효의 일심/일미(一心/一味)사상 내지 귀일심원(歸一心源)의 화쟁사상은 월버의 통합사상과 상보적으로 통합될 수 있다는 것이다.

끝으로 기론(氣論)에 대해서 몇 마디 덧붙이면, 조효남 교수는 자신이 이 저서에서 밝히고 있지만 필자가 계간『과학사상』편집인으로 있을 당시 1997년도 봄호(20호) '기(氣)의 현대적 조명'이라는 특집에 '기에 대한 과학적 접근의 문제'라는 제목으로 기에 대한 논고를 게재한 바 있다.

말하자면 조 교수는 오래전부터 기(氣)수련과 함께 기(氣)철학에 대한 연구를 하고 있었기 때문에 월버의 기학(氣學)은 물론 중국, 한국의 기학에 상당한 지식을 갖고 있어 이 책에서도 여러 기론(氣論)을 섭렵하여 기(氣)스펙트럼적 통합기론의 정립을 위한 독자적인 기초를 제공하고 있다.

국내에서 이러한 대사상가의 연구에 불철주야 대사일번의 노력을 아끼지 않고 정진하는 조효남 교수의 노력에 감사를 보내는 바이다. 아무쪼록 이러한 노력이 이번의 논고로 끝나지 않고 만수무강하시어 일취월장하여 더 큰 발전이 있기를 충심으로 기원한다.

김 용 정
동국대학교 명예교수

차 례

제2부 켄 윌버의 탈형이상학 사상

개관 및 비판

제3부 상보적 통합의 지혜

켄 윌버의 통합사상을 넘어

제 1 부

켄 윌버의 AQAL 통합사상

의식·영성·자아초월의 통합사상

들어가는 말

제1부에서는 20여 권에 이르는 방대한 저서를 통하여 21세기 신영성의 시대에 근간이 되는 심오한 통합 패러다임을 제시하는 대사상가 켄 윌버 사상의 본질을 제대로 이해하고, 그의 사상 속으로 들어가려는 사람들에게 길라잡이가 될 수 있도록 먼저 그의 생애 및 업적을 간략하게 살펴보았다. 그리고 그의 핵심 사상을 제1기~제4기까지의 근본 사상을 중심으로 소개한 다음 그의 사상의 본질과 의미를 다각적인 각도에서 알아보고 음미하고자 하였다.

현대의 철학자 · 심리학자 · 문명비평가 · 신비가 · 포스트 탈근대사상가 · 자아초월사상가 · 통합사상가라고 다양하게 일컬어지고 있는 켄 윌버의 사상은 깊고 방대하지만 그만큼 비판자들도 적지 않다. 그러나 윌버만큼 전 세계의 다양한 분야의 학자, 전문가, 지식인들로부터 폭넓은 인기와 많은 추종자와 동조자를 확보하고 있는 사상가는 찾아보기 어렵다. 물론 그가 주도하는 통합사상 연구회(Integral Institute) 관련 주요 사이트에 쇄도하는 접속을 제외하고서도, 전 세계 수십 개국의 심리학회 또는 트랜스퍼스널학회 관련 웹사이트나 전문가들의 개인 홈페이지에 들어가 보면 그의 위상과 인기를 실감할 수 있다.

심지어 그의 사상과 가르침에 심취한 브래드 레이놀즈(B. Reynolds)와 같은 추앙자들은 그를 환생한 현대의 '문수보살'로 생각하고 단순한 사상가, 철학자가 아닌 '구루(禪師)'로 생각하며 따르고 있다. 분명, 그는 고답적인 선사는 아니다. 레이놀즈가 말하듯이 IBM Think Pad를 갖고 그를 따르거나 비판하는 사람들과 여러 사이트를 통해 대화하고 있다. 그는 최근에 집필 단계에 있는 저술들의 '초고'를 올려놓고 '독특한' 방식으로 토론하고 설명하는 21세기 디지털 시대의 영적 가르침의 '법사/학승(pundit)' 같은 철학자이다. 또한 30년이 넘게 명상 · 참선 수행을 해 오면서 수많은 신비 체험, 절정 체험을 통해 어느 정도는 깨달음의 경지에 이른 사상가라고 말할 수도 있을 것이다.

천재적인 대사상가인 그는, 1970년대 중반에 트랜스퍼스널 심리학이 심령/무속 체험, 신비 체험 정도나 다루고 사상적 체계를 못 잡고 있을 태동의 시기에, 23세의 약관의 나이에 집필한『의식의 스펙트럼』이란 획기적인 저서를 통해 혜성같이 등장하였다. 마치 연예인이 자고 나니 하룻밤 사이에 유명인이 되었듯이 트랜스퍼스널 분야에서 유명해지고 트랜스퍼스널 심리학 패러다임의 전환을 가져오게 하면서 이 분야의 새 지평을 열었다. 그 이후 그는 지난 30여 년간 수많은 글과 논고를 통해 그리고 20권 이상의 통합철학, 자아초월심리학, 통합심리학, 통합영성, 통합심리치료, 통합수련, 통합명상 관련 저서를 통해, 통합사상과 통합 패러다임을 단계적으로 발전시켜 왔다.

즉, 그는 인간 의식의 전 스펙트럼과 동서고금의 모든 분야의 모든 종류의 사상과 진리 주장을 모두 통합 패러다임으로 포섭하여 그들의 진리 주장의 부분적 타당성을 인정하면서도 그 한계와 오류를 통렬하게 비판하는 방대한 사상의 체계를 발달시켜 왔다. 마치 그의 핵심 사상인 '온우주론(Kosmology)'과 같이, 즉 온우주(Kosmos)의 홀론/홀라키적 실재의 창발적 진화를 통해 창조적으로 전개하는 '영(Spirit)'의 활동과 같이, 그의 사상은 뒤에 설명하겠지만, 초기의 제1기(윌버모형 I)에서 현재의 제5기(윌버모형 V)에 이르기까지(윌버 자신은 자신의 현재 이론 모형을 아직도 제4기 후기의 포스트 윌버모형 IV라고 함) 홀론적으로, 정합적으로 이전의 사상을 포함하고 초월하면서 확장시키고 발전해 왔다.

켄 윌버는 벡(D. Beck)/코완(C. Cowan)의『나선동역학(Spiral Dynamics)』의 '밈(meme)'의 경우와 같이 다른 사상들을 흡인하여 자기 것으로 만들면서 사상가 자체도[벡의 통합적 나선동역학(Spiral Dynamics Integral), 4Q/8L의 경우와 같이] 그의 영향을 받아 변하게 만들며 계속 성장 변화해 왔다. 지금도 그는 그의 모든 사상의 정수를 담은 '온우주론 3부작(Kosmos Trilogy)' 중에 1995년에 내놓은 『성 · 생태 · 영성』 이후 여러 비중 높은 사상서들 『켄 윌버의 아이 오브 스피릿』, 『감각과 영혼의 만남』, 『통합심리학』, 『켄 윌버의 일기』, 『모든 것의 역사』, 『켄 윌버의 모든 것의 이론』, 『모든 것의 목격자』, 『통합영성』, 『통합명상(Integral Meditation)』, 『통합불교(Integral Buddhism)』, 『미래의 종교(The Religion of Tomorrow)』 등 그의 제4기 후반 및 제5기 초기의 사상서를 계속해서 내놓고 있다. 최근에는 그의 탈형이상학적, 포스트모던적으로 전향된 제5기(윌버모형 V)의 정수를 담고 있는 온우주론 3부작 중 제2부작 『온우주적 카르마와 창조성－탈/근대성의 영(Kosmic Karma and Creativity－Spirit of Post/Modernity)』과 제3부작 『성, 신, 젠더(Sex, God and Gender)』를 이미 그의 웹사이트에 대부분 발췌하여 올려놓았고 곧 출간하여 내놓을 예정이다.

한마디로 말하기는 어렵지만, 그의 통합사상은 특정한 근대/탈근대/포스트탈근대 사상적 조류나 독특한 사유체계에서 나온 어떤 독특한 진리 주장이 아니다. 그의 사상은 진리에 대한 통합적 접근에 관한 그리고 '인간 의식 연구'의 선단에서 인간 의식과 관련되는 '모든 것'에 대한 통합 패러다임을 제공하는 포스트탈근대적 메타이론이며 거대 담론이다. 따라서 최근의 그의 주요 저서에 담긴 방대한 통합 패러다임 사상과 또한 그가 주도하여 만든 통합연구회를 통한 다양한 분야에의 실제 적용 활동에서 나타나는 사상적 동향을 모두 포함하는 현재의 그의 통합철학/통합사상을 모두 포괄하여 제대로 고찰하거나 비판한다는 것은 매우 어려운 일이다.

그의 최근의 제5기 포스트칸트적, 탈형이상학적 소위 통합 방법론적 다원주의 윌버모형 V와 같이 AQAL(All Quadrant All Level)－IMP(Integral Methodological Pluralism) 모형은 그의 제4기까지의 사상과 어느 정도 정합적이지만 포스트모던적으로 전향된 사상이다. 그의 웹사이트에 올려진 '온우주론(Kosmology)' 2, 3부작과 관련된 그의 글과 『통합영성』에 나타나는 제5기 사상의 문제점은 이 책의 제2부에서 상세하게 다룰 것이다.

윌버는 현대의 위대한 철학자이며 사상가인 하버마스(J. Habermas)를 비롯한 일부 철학자들조차도 그의 사상의 전부를 제대로 읽지 않고서 제대로 이해하지도 못하고 부분적이거나 특정한 시각에서 비판하고 있다고 불만을 토로한다. 또한 그의 사상에 대한 유일한 비판서인 『대화 속의 켄 윌버(Ken Wilber in Dialogue)』에서 보듯이 당대의 주도적인 트랜스퍼스널사상가들도 그의 사상적 약점을 공격하고 있지만, 윌버의 공격적 답변을 읽어 보면 그들의 지적을 일부 수용하면서도 그의 사상의 오류를 근본적으로 인정하는 경우는 거의 없다. 그의 사상의 비평에 대해 그가 답한 글을 보면, 브래드 레이놀즈[『포섭하는 실재 – 켄 윌버의 통합비전(Embracing Reality – The Integral Vision of Ken Wilber)』]나 프랭크 비세르(F. Visser)[『켄 윌버 – 열정으로서의 사상(Ken Wilber-Thought as Passion)』]나 류 호워드(L. Howard)[『켄 윌버 소개하기 – 진화화는 세계에 대한 개념들(Introducing Ken Wilber-Concepts for an Evolving world)』]의 경우와 같이 그의 저서 20여 권을 거의 모두 통달한 사람이라면, 그의 제5기 사상을 제외하고는 그의 답변에 어느 정도는 공감할 수밖에 없다는 것을 느낄 수 있다.

한편 국내에서도 지난 2000년에 저자에 의해 그의 주요 저서 중 『감각과 영혼의 만남』(범양사, 2000/2007, 조효남 옮김)이 국내에 최초로 소개된 이래 현재 대부분의 그의 책이 번역되었거나 곧 번역 출간될 예정이다. 현재까지 국내에 소개된 켄 윌버의 저서를 번역 연도순으로 보면 다음과 같다.

- 『감각과 영혼의 만남(The Marriage of Sense and Soul)』(조효남 옮김, 범양사, 2000/2007)
- 『아이 투 아이(Eye to Eye)』(김철수 옮김, 대원출판사, 2004)
- 『모든 것의 역사(A Brief History of Everything)』(조효남 옮김, 대원출판사, 2004; 김영사, 2015)
- 『무경계(No Boundary)』(김철수 옮김, 도서출판 무우수, 2005)
- 『세상에서 가장 아름다운 용기(Grace and Grit)』(김재성 옮김, 한언, 2006)
- 『의식의 스펙트럼(Spectrum of Consciousness)』(박정숙 옮김, 범양사, 2006)
- 『켄 윌버의 통합심리학(Integral Psychology)』(조옥경 옮김, 학지사, 2008)
- 『에덴을 넘어(Up From Eden)』(조옥경 옮김, 한언, 2009)

- 『켄 윌버의 일기(One Taste)』(김명권, 민회준 옮김, 학지사, 2010)
- 『켄 윌버의 ILP(Integral Life Practice)』(안희영, 조효남 옮김, 학지사, 2014)
- 『켄 윌버의 통합비전(Integral Vision)』(정창영 옮김, 김영사, 2014)
- 『켄 윌버의 모든 것의 이론(A Theory of Everything)』(김명권, 민회준 옮김, 학지사, 2015)
- 『켄 윌버의 아이 오브 스피릿(Eye of Spirit)』(김철수 옮김, 학지사, 2015)
- 『모든 것의 목격자(Boomeritis)』(김훈 옮김, 김영사, 2016)
- 『켄 윌버의 신(A Sociable God)』(조옥경, 김철수 옮김, 김영사, 2016)
- 『의식의 변용(Transformation of Consciousness)』(조효남, 안희영 옮김, 학지사, 2017)
- 『통합영성(Integral Spirituality)』(김명권 옮김, 학지사, 2018)
- 『성, 생태, 영성(Sex, Ecology, Spirituality)』(조옥경, 김철수 옮김, 학지사, 근간)
- 『통합명상(Integral Meditation)』(김명권 옮김, 김영사, 근간)
- 『아트만 프로젝트(Atman Project)』(학지사, 근간)
- 예전에 나온 그의 통합사상이 아닌 위대한 과학자들의 신비사상을 편집 소개한 『홀로그래프적 패러다임과 그 외의 역설들(The Holographic Paradigm and other Paradoxes)』과 『현대물리학과 신비주의(Quantum Questions)』는 제외하였다.

무엇보다도 오늘의 켄 윌버의 통합사상을 이해하려면 먼저 그의 사상의 5단계에 걸친 성장 발달에 대한 이해가 필수적이다. 그의 5단계 모형은 이미 널리 알려진 것이지만 그의 사상의 추앙자이며 유명한 해석가인 브래드 레이놀즈는 주로 5단계를 다음과 같이 규정하고 있다(Reynolds, 2004: 15).

- 윌버/제1기(Wilber/Phase 1, Wilber Model I): "의식의 스펙트럼 모형(The Spectrum of Consciousness)" 시기(1973~1977). 이 시기의 모형은 낭만주의적 모형[되찾은 선(善, recaptured goodness)]으로, 의식의 스펙트럼을 잠재의식

에서 자의식에 초의식에[또는 이드(id)에서 에고(ego)에 신(God)에] 걸쳐 있는 것으로 단정하였다. 이때 상위의 단계는 본래의, 그러나 잃어버린 잠재적 본성으로 돌아가고 또 되찾는 것으로 보았다.

- 윌버/제2기(Wilber/Phase 2, Wilber Model Ⅱ): "진화로의 변혁 모형(The Evolution Revolution)" 시기(1978~1983). 이 시기의 모형은 발달의 단계나 수준에 따라 전개하는 의식의 스펙트럼과 함께 보다 구체적으로 진화적이거나 발달적인 모형['선(善)을 향한 성장(growth-to-goodness)' 모형]이었다.
- 윌버/제3기(Wilber/Phase 3, Wilber Model Ⅲ): "통합적 비전 모형(The Integral Vision)": 자기, 수준, 계통(Self, Levels & Lines) 시기(1983~1994). 이 시기의 모형은 발달 수준에 발달의 계통(라인)이 더해진 것이다. 즉, 전반적인 의식의 스펙트럼의 기본 수준을 통해 비교적 독립된 방식으로 진전하는 수많은 상이한(이를테면 인지적, 욕구적, 감정적, 도덕적, 심리적, 영적 등의) 발달 계통들이 포함된 모형이다.
- 윌버/제4기(Wilber/Phase 4, Wilber Model Ⅳ): "사분면과 포스트모던 비판 모형(Four Quadrants & The Post Modern Critique)" 시기(1998~2000). 이 시기의 모형은 사분면의 아이디어, 주관적(의도적), 객관적(행동적), 상호 주관적(문화적), 상호 객관적(사회적) 차원 등이 추가된 모형이다(그의 제4기 AQAL 메타이론의 모형이 정립된 시기이다).
- 윌버/제5기(Wilber/Phase 5, Wilber Model Ⅴ): "통합적 AQAL 접근 모형(Integral AQAL Approach)" 시기(새 천년, 2001~현재). 이 시기의 모형은 온수준/온분면, 또는 제4기 AQAL모형의 성숙과 연장으로서 포스트 탈근대적/탈근대적 전향과 함께 통합적 탈형이상학(Integral Post-Metaphysics: IPM)과 통합방법론적 다원주의(IMP)에 바탕을 둔 AQAL−IMP모형이다. 제4기 후반 이후부터 그의 통합사상은 비즈니스에서 정치에, 교육에서 의료에, 과학에서 영성 등에 이르는 다양한 분야에서의 통합적 방법론의 실용적 응용을 보다 더 강조하고 있다.

이 책의 제1부에서는 최근의 탈근대적/포스트 탈근대적으로 탈형이상학적으로 보다 더 전향된 그의 사상을 제외한 인간 의식 연구에 대한 보다 근본적인 그의 사상이라고 할 수 있는 자아초월사상/영성사상과 함께 통합사상의 핵심 사상을 중심으로 소개할 것이다. 따라서 제1단계에서 제4단계까지, 윌버모형 I 에서 윌버모형 Ⅳ까지의 사상의 본질을 이해할 수 있는 내용만 그의 대표 저서들을 중심으로 저자의 의견과 함께 소개하였다.

그의 탈형이상학적 제5기 사상이 본격적으로 나타나는 가장 최근의 『통합영성』과 『온우주론』 2부작, 3부작의 내용을 웹사이트에 소개한 그의 탈형이상학적/포스트칸트적 AQAL-IMP 사상을 필자 자신이 비판적으로 보는 탓도 있지만, 이 책에서는 2000년도 이후의 그의 저서에서 나타난 그의 통합사상의 탈형이상학적 포스트모던 전향과 특히 『통합영성』을 중심으로 제2부에서 그의 탈형이상학적 통합사상의 개관 및 비판에 대해서만 간략하게 소개하였다.

1 켄 윌버, 그는 누구인가

윌버 사상과의 만남[1)]

켄 윌버(Ken Wilber)가 누구인가는 그의 웹사이트나 통합연구회 사이트를 클릭해 들어가서 그의 사상, 그의 저서, 그의 근황, 그에 대한 비판 · 토론 · 대담 등을 접해 보면 알 수 있다. 그가 얼마나 인기 있는 이 시대의 대사상가인가를 실감할 수 있다. 켄 윌버는 지금 미국 콜로라도 주 볼더에서 명상, 저술, 학술 활동을 하면서 자아초월심리학/정신의학과 통합사상 분야의 세계적인 석학들이 많이 참여하고 있는 세계통합연구회를 주도하고 있다. 그는 통합연구회를 중심으로 세미나 · 대담 · 인터뷰 등 대외 활동을 활발하게 하면서 매일 전 세계에서 그의 사상에 관심이 있거나 그를 추앙하는 사람들로부터 그의 저서와 사상에 관한 질문, 토의와 관련하여 쏟아져 들어오는 수많은 이메일에 답하거나 메시지를 전하기도 하며 지금도 왕성한 집필 활동과 사회 활동을 하고 있다.

20여 권에 이르는 그의 저서는 세계 여러 나라 언어로 번역되고 있어서 전 세계적으로 그를 추앙하는 사람이 점점 더 늘어나고 있다. 그러나 우리나라에서는 10여 년 전까지만 해도 소수의 관심 있는 사람들만 그의 사상을 일본의 번역서나 원서를 통해 접하고서 그의 사상의 위대함을 알고 있었다. 그러다가 2000년대 초에 저자에 의해 『감각과 영혼의 만남』이 소개된 이래 지금은 그의 주요 저서들이 학지사, 김영사, 범양사 등의 주요 출판사들에 의해 거의 모두 국내에 번역 소개되어 통합사상에 관심이 있는 심리학 · 철학 · 영성 · 수련 분야의 웬만한 상담, 치료, 코칭, 영성수행 전문가들은 어느 정도 알고 있을 정도로 널리 알려졌다. 이처럼 이제는 누구나 켄 윌버 사상을 쉽게 접할 수 있게 되었지만, 아직도 제도권 내 인문사회학 분야의 전문가나 일반 지식인에게 그는 비교적 생소한 편이다.

그의 저서는 어느 것이나 막론하고 동서고금의 철학, 종교, 심리학, 인류학, 과학, 신물리학, 신과학, 사회학, 예술 등 거의 모든 분야를 종횡무진으로 인용하고 넘나들고 있다. 대부분의 그의 저서는 뒤에 설명할 동서양의 영원의 철학적 전통 지혜의 정수에서 나온 의식의 스펙트럼, 인간 의식의 성장 및 진화, 존재의 대사슬/대둥지, 온우주의 대홀라키, 심층과학적 방법, 진리의 사분면, 3대 가치권에 대한 통합적 패러다임을 해박하고 명석하게 밝히고 있다. 뿐만 아니라 그 자신이 30년 이상의 명상 · 수련을 통한 체험과 깨달음에서 우러나온 초월적 의식세계, 정신세계에 대한 통합적 안내 지도를 심오하고 명확하게 기술하고 있다.

따라서 그의 모든 저서는 그의 심오한 사상이 보여 주듯이 단순한 포스트모던적 편향의 어떤 독특한 사상에 관한 저술이 아니다. 윌버는 포스트모던적, 신과학적, 신시대적, 정신과학적 종교 · 철학 · 심리학 · 신과학사상가이면서도, 오늘날 유행하고 있는 깊이가 없고 단조로운 평원적 의식의 전일주의적/시스템적 포스트모던사상과 신과학사상, 환원주의적 뇌신경과학 · 인지과학사상, 다원주의적 진화생물학 · 진화심리학 · 빅히스토리 사상 그리고 극단적/이론주의적 신패러다임주의자들을 신랄하게 비판하고 있는 비전논리적 이성중심적인 통합사상가이기도 하다.

그의 4기까지의 AQAL 통합사상에 대해 각 분야의 열린 의식을 가진 전문가, 선구자들이 전해 주는 윌버의 사상을 예찬하는 말은 수없이 많다. 그러나 그중 몇 사람의 경우만 예를 들어보면, 『세계의 종교』의 저자 휴스턴 스미스(H. Smith)에 의하면, "서양 심리학을 세계의 전통 지혜의 통찰에 의해 열리게 한 작업을 윌버만큼 한 사람은 아무도 없고, 융(C. G. Jung)조차도 하지 못한 것을 윌버는 해냈다."라고 말하고 있다. 그런가 하면 『사람은 왜 늙는가(Ageless body, timeless mind)』의 저자 디팩 초프라(D. Chopra)는 말하기를, "켄 윌버는 이 세기에 의식의 분야에서 가장 중요한 선구자 중 한 사람이다. 나는 그를 나의 스승으로 간주한다. 그는 우리 모두에게 영감과 통찰의 근원이다. 그가 저술하는 것은 모두 읽어라. 그러면 그것은 그대의 삶을 변화시킬 것이다."라고 극찬하고 있다.

누구보다도 윌버 사상의 핵심을 예리하게 지적한 사람들 중에는 미국의 저명한 저널리스트 토니 슈바르츠(T. Schwartz)를 꼽을 수 있다. 『무엇이 정말 문제인가: 미국의 지혜를 찾아서(What Really Matters: Searching for Wisdom in America)』의 저자인 그는 윌버의 주 저서 중 하나인 『모든 것의 역사』(조효남 옮김, 김영사, 2015)의 권두언에서 윌버에 대하여 다음과 같이 말하고 있다.

> 6년 전인 1989년, 나는 직접 나 스스로 지혜를 찾기 위해 전국에 걸친 여행길에 나섰다. 여행 도중에 나는 내가 바라는 해답을 알고 있다고 주장하는 200명 이상의 심리학자, 철학자, 의사, 과학자, 신비주의자들과 인터뷰하며 함께 일도 해 보았다. 『무엇이 정말 문제인가: 미국의 지혜를 찾아서』라는 책을 쓰고 있을 즈음에, 내가 분명하게 깨달은 사실은, 켄 윌버야말로 학문적으로 자수성가한 대가의 부류에 속한다는 것이다. 내가 확신하는 바로는, 그는 매우 독특한 미국적 지혜의 출현에 있어 가장 설득력 있고 호소력 있는 목소리로 매우 높은 경지에 가 있다.
>
> 켄 윌버가 『의식의 스펙트럼(Spectrum of Consciousness)』을 출판한 지도 어언 20여 년이 지났다. 이 책은 그의 나이 23세 때에 쓴 것으로, 그를 아마도 우리 시대의 가장 넓은 철학적 식견을 지닌 사상가로 하룻밤 만에 유명인이 되게 만들었던 책이다. '스펙트럼(Spectrum)'은 그가 대학원에서 생화학 분야의 공부를 하다가 도중에 포기한 후에 3개월 만에 집필한 것으로, 이 책에서 그는 인간의 발달은 서양 심리학에서 이미 통상 인정되고 있는 단계를 훨씬 넘어서는 구체적인 여러 단계로 전개해 나간다는 획기적인 주장을 하였다. 윌버의 주장에 의하면 먼저 우리 인간은 개인으로서의 건전한 분별력을 발달시키고 나서 그 다음에는 궁극적으로 개인적 자아를 초월하는, 또한 동시에 내포하는 보다 폭넓은 정체성을 경험하는 것이 가능하다. 윌버는 그전까지는 도저히 화해될 수 없어 보이는 이질성으로 인하여 등 돌리고 있던 프로이트와 부처를 결혼시킨 것이다. 그리고 이것이야말로 그의 수많은 독창적 공헌 가운데 바로 첫 번째로 손꼽히는 것이다.

이 책의 제목은 믿기 어려울 정도로 매우 산뜻하다. 『모든 것의 역사(A Brief History of Everything)』는 책 제목이 약속하는 바를 말 그대로 전달하고 있다. 이 책은 우주적 시원으로서의 빅뱅으로부터 정신적으로 무미건조한 포스트모던 시대의 현재에 이르기까지 방대한 역사적 근거를 망라하고 있다. 그러한 궤를 따라서 이 책은 인류가 신체적으로, 감성적(정서적)으로, 지적으로, 도덕적으로, 영적으로 진화해 온 방식, 흔히 서로 모순되어 보이는 방식들의 의미를 알리고자 한다. 그리고 그 모든 광범위한 주제의 범위를 이 책은 두드러질 정도로 얇게 축약하고 있다.

실제로 『의식의 스펙트럼』과 달리, 또한 이어서 출간된 11권의 윌버의 저서들과 달리 『모든 것의 역사』를 두드러진 것으로 만드는 요인은, 이 책이 앞서 나온 그의 여러 초기 저서에서 나타난 관념들을 확장시키고 있을 뿐만 아니라 그것들을 이제는 단순하고 쉽게 접근 가능한 대화체 형식으로 제시하는 데 있다. 윌버의 저서의 대부분은 최소한 동양의 주요 정관적/명상적 전통의 지식뿐 아니라 서양의 발달 심리학의 전문지식까지도 요구한다. 『모든 것의 역사』는 보다 광범위한 독자층을 위해 말하자면 우리의 일상적인 삶에서 지혜를 찾으려고 분투하지만, 흔히 서로 너무나 모순되어 보이고 근본적으로 여러 면에서 너무나 모자라 보이는 길들로 인하여, 또 난마같이 얽힌 수없이 많은 진리에의 길들로 인하여 당혹해하는 사람들을 위해 쓰인 것이다. 이 책을 읽은 다음에 여전히 더 많은 것을 알기를 원하는 독자에게 나는 윌버의 최근의 저서 『성, 생태, 영성: 진화의 영(Sex, Ecology, Spirituality: The Spirit of Evolution)』을 권하고 싶다. 이 책에는 『모든 것의 역사』에서 나오는 대부분의 개념을 보다 더 엄격하게 모색하면서 상술하고 있다.

지금까지 내가 만난 그 어느 누구도 인간발달의 경로, 즉 의식의 진화를 윌버보다 더 체계적으로 또는 포괄적으로 기술한 사람은 없었다. 내 여정에서 나는 자신이 권장하고 있는 진리에 대한 특정한 해석을 펼치기 위해 당당하게 주장하는 여러 사람을 만나 보았다. 그들은 거의 예외 없이 다른 것들은 제외시키는 일련의 능력과 가치만을 예찬하고 원하는 어느 한 부분만을 선택함으로써 그들의 결론에 도달하고 있음을 발견하였다. 독자들이 이 책을 읽어 나가면서 곧 발견하게 되겠지만 윌버는 보다 포용적이며 포괄적인 접근 방식을 취하고 있다. 그는 이 책에서 앞으로 나아가면서 신플라톤주의로부터 모더니즘에 이르는, 관념론으로부터 포스트모더니즘에 이르는 상반되는 철학적 사조로부터뿐만 아니라, 방대하고 본질적으로 상이한 여러 학문의 분야들, 예컨대 물리학과 생물학, 사회과학과 시스템과학, 예술과 미학, 발달심리학과 정관적/명상적 신비주의로부터 나온 모든 진리를 존중하고 통합하는 정합적 시각을 펼쳐 나가고 있다.

윌버가 인정하는 것은, 어떤 하나의 주어진 진리 주장은 완전하지 않으면서도 정당할 수 있고 그것이 성립되는 한계 내에서는 옳다는 것이며, 또한 이것은 똑같이 중요한 다른 진리들의 일부로 보아야 한다는 점이다. 아마 그가 『모든 것의 역사』에서 우리에게 전해 주고자 하는 가장 위력적인 새로운 이론적 도구는 발달에는 네 개의 '분면(象限, quadrants)'이 있다는 그의 견해이다. 여러 시대에 걸쳐 수많은 사상가에 의해 창안되어 온 수백 가지의 발달, 그중에 약간만 언급하면, 생물학적 · 심리학적 · 인지적 · 영적 발달의 지도를 고찰해 볼 때, 그들은 흔히 '진리'에 대한 매우 상이한 해석을 기술하고 있다는 생각이 윌버에게 떠오른 것이다. 예컨대, 발달의 외면적 형태는 객관적으로, 또 경험적으로 측정 가능한 것들이다. 그렇지만 윌버가 분명하게 하는 것은 이러한 형태의 진리는 우리를 그것의 한계 내에서만 진리를 알게 해 준다는 것이다. 무엇이든 포괄적인 발달은 내면적 차원도, 즉 주관적이며 해석적이고 의식과 내관에 의존하는 차원도 역시 포함한다는 것을 그는 지적하고 있다. 그뿐 아니라 윌버는 내면적인 그리고 외면적인 발달은 모두 단지 개인적으로만 일어나는 것이 아니고 사회적, 문화적 맥락과 관련해서도 일어난다고 보았다. 그래서 사분면을 언급하는 것이다.

윌버는 일련의 명백한 예들을 들어가며 논하기를, 진리의 이러한 형태 중에 그 어느 것도 다른 것으로 환원될 수 없다는 것이다. 단 하나의 경우만 예로 들면, 행동주의자는 오로지 한 개인의 외면적 행동에 관한 혹은 그것의 생리학적 상관물에 관한 관찰만 갖고서는 그의 내면적 경험을 이해할 수 없다는 것이다. 오로지 우리가 이해하는 진리에는 한 종류 이상이 있다는 점을 인식할 경우에만 참으로 진리는 우리를 자유롭게 놓아준다는 것이다.

『모든 것의 역사』는 여러 수준에서 영향을 미치고 있다. 그것은 우리가 사는 세계에 대해 그리고 그 속의 남녀의 위치에 대해 지금껏 내가 발견한 가장 풍부한 지도이다. 윌버가 시사하는 바는, 진보의 변증법에서 진화의 각 단계는 그 이전 단계의 한계를 초월하지만 동시에 새로운 것이 생겨나게 한다는 것이다. 이것은 남녀 양쪽 모두 보다 더 의식적이며 완전한 삶을 향한 진정한 탐색을 위하여 지속적으로 분투하는 정신에 대해 존엄성을 부여하고 축복하는 관점이다. "그 어느 획기적인 시대도 최종적이 될 권리를 부여받고 있지 않다." 윌버는 이렇게 쓰고 있다. "우리 모두는 내일의 먹이이다. 발달의 과정은 계속되며, 그리하여 '영(Spirit)'은 어떤 특정한 시대나 시간이나 장소에서가 아니라 과정 그 자체에서 발견되는 것이다."

또 다른 수준에서 보면, 『모든 것의 역사』에서 윌버는 신비성을 벗기는 사람이며 가면성을 폭로하는 사람으로서의 역할도 하고 있다. 말하자면 모든 것을 망라하는 진리에 이르는 길을 약속하면서도 보다 더 흔하게는 불완전하거나 오도하고 있거나 잘못 안내하거나 왜곡하고 있는 선생들, 기법들, 관념들, 체계들에 대한 분별력 있는 비평가로서의 역할도 하고 있는 것이다. 우리 자신도 너무 자주 공범자가 되고 있다. 조그마한 어떤 변화도 두려워하고, 자기기만의 무한한 잠재적 가능성도 두려워함으로써, 우리는 너무도 빨리 단순한 해답을 구하고 그에 대한 고착 상태에 빠져들곤 한다. 결국에 가서 이것은 진리에 대한 우리의 조망을 좁아지게 하고 우리의 발달을 멈추게 할 뿐이다.

윌버의 목소리는 매우 찾아보기 드문 것이다. 그는 진리를 향한 진정한 마음과 헌신적인 진리에의 참여라는 두 과업으로 우리를 이끌어 간다. 그는 가능한 한 가장 큰 사진을 찍기 위하여 그의 렌즈를 확대시키지만, 그러나 그는 모든 요소를 똑같은 크기로 보기를 거부한다. 그는 질적인 면에 차이를 둔다. 그는 깊이에 가치를 부여한다. 그 자신은 비록 다른 목소리를 가진 많은 사람에 대한 존경심으로 넘치지만, 그는 적을 만드는 것을 두려워하지 않는다. 그 결과 『모든 것의 역사』는 우리의 삶에서 단지 우주적 질문에 대해서 뿐만 아니라 다른 많은 것 가운데 우리 시대의 혼란스럽고 제대로 해결되지 않고 있는 수많은 문제에 대해, 예컨대 변화하고 있는 남녀의 역할, 환경의 지속적인 파괴, 다양성과 다문화주의, 억압된 기억과 아동의 성적 학대, 정보화시대의 인터넷의 역할 등에 대해 매우 독창적인 조명을 비추고 있다.

나는 이 책보다도 더 나은 방식으로 켄 윌버를 소개할 수 있다는 것을 상상할 수 없다. 이 책은 진화, 의식 그리고 전적으로 새로운 수준으로의 변용을 위한 우리의 잠재적 가능성에 대한 토론을 다루고 있다.

보다 실제적으로 이 책은, 우리가 그 어떤 지혜의 길을 선택하여 취한다 하더라도 수많은 헛걸음과 그릇된 방향 전환에서 우리를 구해 줄 것이다.

오랫동안 주로 불교사상과 동양학 관련 서적만 탐독해 오던 저자가 우연히 켄 윌버의 사상을 본격적으로 알게 된 시기는 거의 25년 전으로 거슬러 올라간다. 그 전에는 윌버에 대하여 고작해야 범양사 출판부에서 번역되어 나온『동양의 명상과 서양의 심리학』에서 그의 초기 사상인 의식의 스펙트럼에 대해 소개한 내용을 접한 적이 있으나, 당시에는 그 짧은 글을 읽고서 의식의 수준에 스펙트럼이란 물리학적 용어를 도입한 정도의 이론쯤으로 보았기에 별로 감명받지 않았다. 그 외에도 그의 사상서가 아니고 위대한 물리학자들의 신비사상에 대한 글을 모은『현대물리학과 신비주의』를 보았으나 별로 관심을 끌지 못하였다.

그러다 미국에 학술 발표 차 갔다가 서점에서 그의 최초의 저서『의식의 스펙트럼』을 우연히 발견하고 그 외에도 그의 초기의 트랜스퍼스널사상과 인간 의식의 발달진화사상의 주요 저서인『무경계』,『아트만 프로젝트』그리고 그의 과학사상에 관한 주 저서인『아이 투 아이』, 의식의 변용과 통합적 심리치료에 관한『의식의 변용』, 그의 문화인류학적 진화사상에 관한『에덴을 넘어』그리고 아내의 투병기를 통해 그의 영적 성장과 삶에 관한 자서전적인 자아초월사상의 대표 저서『세상에서 가장 아름다운 용기』등을 접하게 되면서 그의 사상이 바로 오랫동안 기공수련과 정신세계에 대해 공부해 오던 저자가 추구하고 찾아오던 그 진리관임에 너무나 놀랐고, 동서양의 모든 종교 · 철학 · 심리학 · 과학사상 등을 망라하는 그의 사상의 방대함과 심오함에 매료당하고 심취하게 되었다. 그래서 당시의 그의 저서를 거의 모두 구하여 읽게 되었다. 특히 그 후에 1990년대 이후 2000년대 초까지 나온 그의 사상을 완숙한 경지에서 심오하게 이론적으로 전개한, 온우주론의 1부『성, 생태, 영성』, 과학과 종교의 통합에 관한 대표 저서『감각과 영혼의 만남』, 그의 SES에 담긴 온우주와 인간 의식을 독자들을 위해 대화체로 쉽게 집필한『모든 것의 역사』그리고『아이 오브 스피릿』,『통합심리학』,『모든 것의 이론』과 같은 그의 최근 저서들을 통해 나는 그의 사상에 점점 더 심취하였다. 특히 동서양의 전통사상과 현대의 철학 · 심리학 · 과학사상을 통합하는 그의 영원의 철학적 의식의 스펙트럼, 의식의 진화/발달 모형과 그의 넓은 의미의 체험과학인 심층과학사상에 심취하였다. 그리고 진리에 대한 다양하지만 완전한 통합적 시각에서 나온 소위 AQAL Matrix라고 일컫는 그의 의식의 온수준 · 온분면 · 온계통 · 온상태 · 온유형을 모두 포괄하는 온전한 통합적 진리관에 매료당하였고, 한국트랜스퍼스널학회의 트랜스퍼스널사상과 통합사상의 선각자들과 함께 윌버 사상을 중심으로 소개하기에 바빴던 2000년 초까지는 그의 온우주에 대한 홀라키적 세계관 속으로 윌버주의자가 될 정도로 빠져들게 되었다.

이미 앞에서 언급한 바와 같이 의식 스펙트럼 심리학의 창시자인 윌버는 현재 미국을 대표하는 신시대 철학 · 심리학 · 종교 · 과학사상 분야의 대사상가로서 열린 의식을 갖고서 진리를 모색하는 세계의 일반 지식인에게 가장 인기 있는 종교사상가 · 철학자 · 심리학자 · 과학사상가이다. 동시에 그는 20대 초부터 수련해 온 불교/선/명상의 대가이기도 하다. 그는 많은 사람이 피상적으로 알고 있듯이 어느 한 분야의 특정한 신과학적/포스트모던적 진리관이나 신시대 사상을 주장하는 사상가가 결코 아니다. 윌버는 인간의 의식과 연관이 있는 거의 모든 분야, 예컨대 종교 · 철학 · 심리학 · 과학사상 · 문화인류학 · 사회학 · 미학 등 인지(人知)의 거의 모든 분야에 걸친 방대한 사상을 여러 학술지와 저서를 통해 수없이 많이 발표해 왔다.

『의식의 스펙트럼』 이후 지난 40여 년 동안 윌버는 그의 사상을 더욱 심오하고 성숙한 수준으로 전개해 오면서, 전근대 동서양의 종교와 철학의 전통 지혜에서 나온 존재의 대사슬/대둥지에 대한 영원의 철학을 신영원의 철학으로 진화적으로 해석하여 근대와 탈근대의 최상의 패러다임들과 통합시킨 의식의 온수준 · 온분면 · 온계통 · 온상태 · 온유형의 5차원 조망의 통합모형으로 발전시켜 왔다.

한마디로 오늘날 미국을 대표하는 포스트 탈근대 시대의 포스트 탈근대적 통합사상가로서 윌버는, 이러한 의식의 스펙트럼 모형을 기본으로 하고 육안 · 심안 · 영안에 의해 획득되는 순수한 지식으로서의 굳은모(hardware) · 무른모(software) · 초월모(transware)라는 넓은 의미의 과학사상, 즉 심층과학/정신과학사상을 바탕으로 하여, 전통 경험과학 · 신과학사상, 전근대 · 근대 · 탈근대의 종교 · 철학 · 심리학사상, 실증주의와 신비주의 세계관을 모두 포괄하고 통합하는 그의 홀라키적 온우주론에 바탕을 둔 통합적 세계관으로 우리를 안내하고 있다.

켄 윌버의 생애[2)]

대천재 사상가인 윌버는 1949년 미국의 오클라호마 주에서 태어났으며, 공군 장교였던 직업군인 아버지를 따라 어린 시절에 여러 곳을 옮겨 다니며 자라났다. 그는 매우 활달한 성격으로 스포츠와 학업에서 두각을 드러냈고, 특히 물리학 · 화학 · 생물학 · 자연과학과 수학에 매우 뛰어났었다고 스스로 회고하고 있다. 듀크 대학에 입학하여 전공 분야를 의학에서 생화학으로 바꾼 것도 소년 시절부터 품고 있었던 자연과학에 대한 호기심과 열정 때문이었다. 그러던 그가 대학에 입학하고 나서 얼마 되지 않은 어느 날 우연히 도서관에서 노자의『도덕경』을 읽게 되면서 그의 생활과 사상과 정신은 급격한 전기를 맞이하게 되었다고 한다.

그가『도덕경』에서 받은 감명은 청년기의 그의 세계관의 뿌리를 흔들어 놓을 정도로 매우 충격적인 것이었다. 그 후 그는 동서양의 정신적 전통, 종교, 신비주의에 관한 문헌과 서양 심리학 · 철학에 관한 서적을 열정적으로 탐독하기 시작하였다. 듀크 대학 시절에 그는 특히 선(禪) 사상에 심취하였고 동서양의 사상서를 모두 섭렵함과 동시에 한편으로는 명상과 선 수련에도 정진하였다. 그는 곧 듀크대를 그만두고 부친이 근무하던 네브래스카로 돌아가서 월남전에 징집될 것이 두려워 네브래스카 대학에 등록하였다. 거기서도 대학원에 들어갈 때까지 생화학과 생물리학을 전공하는 한편, 도교, 불교, 힌두의 베단타사상을 비롯한 각종 동양사상, 서양 신비주의 문헌, 심리학 각 학파의 문헌, 동서양의 철학 · 영성 관련 문헌 등을 닥치는 대로 섭렵하였다고 한다.

윌버는 자신의 기존 세계관의 두꺼운 껍질을 깨는 고통스러운 체험을 게슈탈트 요법과 참선 수행의 체험을 통해 극복하고서 영적으로 깨어나게 되었다고 한다. 그 후 그는 곧 당시의 행동주의 심리학, 정신분석, 실존/게슈탈트 심리학의 혼란뿐 아니라, 초기의 트랜스퍼스널(자아초월, 초개인) 심리학에서도 동양 종교나 초의식에 관한 이론들이 난립된 상태를 목격하고는, 이와 같이 혼란의 와중에 있는 모순된 심리학의 학설이나 교의를 통합, 정리해 보고자 하는 생각을 갖게 되었다. 그래서 그는 대학원에서 생화학박사과정을 그만두고, 그해에 결혼을 한 후에 대학을 떠나 23세이던 1973년 겨울, 3개월 만에 최초의 저서『의식의 스펙트럼』을 집필하였다. 이 책은 당시 아직도 체계가 서 있지 않던 소위 제4심리학이라는 초기 트랜스퍼스널 심리학의 이론적 기틀을 제공할 정도로 트랜스퍼스널 심리학의 패러다임의 변화를 가져왔고, 그를 하룻밤 만에 트랜스퍼스널 심리학 분야의 유명인으로 만들었다. 그러나 이 책은 3년간 20여 개 출판사에서 출판을 거절당하는 수모와 우여곡절 끝에 'Quest Book' 출판사에 의해 발간되었다. 그 후 수년간 윌버는 엄청난 독서와 집필 활동을 계속하였는데, 이 기간에 그는 시간제로 노동일을 하면서 스스로 생계를 유지하였다고 한다. 동시에 그는 매월 일정 기간 수련원에 들어가 수련하는 것 외에 매일 여러 시간 명상과 함께 참선 수행을 심화하였다. 동시에 최초의 저서『의식의 스펙트럼』의 접근방법을 훨씬 더 발전시키는 일련의 논고와 책들을 잇달아 내놓았다.

한편, 윌버의 개인적 삶을 보면 20대 초부터 명상 · 참선, 연구 · 저술로 일관하며 활달하면서도 일면 영적 구루와도 같은 삶을 살았으나 결혼생활만은 시련을 겪었다. 첫 아내와의 결혼생활은 1981년에 파경에 이르러 원만하게 헤어졌다고 한다. 1983년에는 그를 숭배하며 흠모하던 시인이며 작가인 트레이야 킬람(T. Killam)을 만나 서로 사랑한 후 결혼하였으나, 결혼 후 열흘 남짓한 시기에 그의 아내는 유방암 진단을 받았다. 그 후 5년 남짓한 기간 아내의 병을 치료하기 위해 아내와 함께 끊임없이 여행하면서 전업적인 가족 '부양자' 노릇하는 법을 배웠다고 한다. 헌신적으로 병수발을 했지만 그의 아내는 1989년에 사망하였다. 그들이 함께한 삶에 대한 감동적이고 눈물겨운 이야기는 윌버 자신의 고백과 그의 아내의 명상 일기를 바탕으로 한 그의 자전적 저서『세상에서 가장 아름다운 용기』에 자세히 소개되어 있다.

슬픔에 잠긴 기간과 이 책의 집필이 끝난 후 윌버는 아내와 말년의 수년간을 함께 살았던 콜로라도 볼더로 돌아와 강도 높은 연구와 저술과 명상의 생활로 다시 돌아갔다. 결혼생활 이후에 결여되어 있던 것으로 보이는 '신들린 듯한 정신'과 영감은 명백하게 회복되었던 것이다. 그 후 그는 그의 사상을 더욱 심오하고 광범위하게 발전시킨 '온우주론'의 3부작을 집필하면서 그 외에도 더욱 성숙해진 철학 · 심리학 · 종교 · 문화 · 사회 · 예술 등의 사상을 담은, 주옥같은 저서들을 지난 10여 년 사이에 집필하였다. 그는 지금도 '통합연구회'를 중심으로 활발하게 사회 활동을 하면서 전 세계에서 쏟아져 들어오는 그의 사상에 관한 질문 · 토론에 답하거나 메시지를 전하면서 명상과 집필 활동을 계속하고 있다.

켄 윌버의 업적[3)]

이 시대의 자아초월사상과 통합사상 분야를 대표하는 대사상가로서의 윌버의 위대한 업적은 지난 30여 년간 그가 발표한 수많은 논고와 20여 권의 저서(8권의 전집과 최근의 여러 저서)에 잘 수록되어 있다. 윌버의 수많은 논고와 발간된 책의 일부는 처음에는 그가 수년간 편집자로 일했던 학술지 『Revision』에 발표되었다. 1979년에서 1984년 사이에 윌버는 트랜스퍼스널사상과 통합모형을 논리정연하게 전개하는 여러 권의 책과 수많은 논고를 발표하였다.

그중에 그의 제3기 사상까지의 주요 저서로는, 개인적 성장 발달에 관한 『무경계–개인적 성장에 대한 동서양의 접근 방법』(1979/1985, Shambhala), 『아트만 프로젝트–인간발달의 트랜스퍼스널적 관점』(1980, Quest Books), 집합적으로 인간의 인류학적 · 사회 문화적 진화발달에 관한 『에덴을 넘어–인간 진화에 대한 트랜스퍼스널 관점』(1981/1996, Shambhala), 과학의 인식론과 과학철학 그리고 그의 신과학사상에 관한 세 권의 주요 저서인, 『홀로그래프적 패러다임과 그 외의 역설들–과학의 주도적 첨단이론의 탐구』, 그의 과학사상의 대표 저서인 『아이 투 아이–새로운 패러다임의 모색』, 현대물리학 거장들의 신비사상에 관한 글들을 편집한 『현대물리학과 신비주의』, 종교의 심리학 · 사회학에 관한 『켄 윌버의 신』, 정신병리와 정신치료에 관한 다양한 트랜스퍼스널 이론을 소개하는 『의식의 변용–의식의 발달에 관한 전통적 · 명상적 시각』 등을 꼽을 수 있다.

사별한 아내의 병간호로 인한 시련과 공백기가 끝난 후 집필을 위한 수년간의 칩거 끝에, 1995년에는『의식의 스펙트럼』에 이은 1984년까지의 일련의 초중기 저술에 담긴 '전 스펙트럼적 모형들'을 더욱 심오하고 광범위하게 발전시켜 그 스스로 자신의 최초의 '성숙한' 업적으로 평가하는, 제4기의 원숙한 사상이 시작되는 온우주론의 3부작 중 제1부에 해당하는『성, 생태, 영성–진화의 영』을 발표하였다. 1년 뒤인 1996년에는 난해한 이 책을 일반 독자를 위해 대담 형식으로 쉽게 축약한 후 적절하게 부드러운 제목을 달아서『모든 것의 역사』를 내놓았다. 그의 초기 저술에서 나오는 기본 주제의 대부분이 이 두 권의 책 속에 담겨 있다. 이 책들에서 그는 초 · 중기 저술에서 심층적으로 다루지 않은 통합적 모형의 거대 담론을 수많은 개념적 혁신과 더불어 보다 심층적으로 취급하고 있다. 이를테면 이 두 책에는 일반 시스템 이론, 진화적 이론, 페미니즘, 생태학적 사고, 근대성과 포스트모던사상에 대한 철학적 연구 등이 내포되어 있다.

1990년대 후반에서 2000년대로 넘어 오면서 윌버는 학문의 대가로서 보다 성숙한 위치에서 온우주론의 3부작 작업을 계속하는 한편, 그의 원숙한 사상이 녹아 있는 여섯 권의 책을 더 내놓는다. 먼저 그는『켄 윌버의 아이 오브 스피릿–약간은 미친 세계에 대한 통합적 비전』에서 그간의 다양한 분야에 대한 통합적 접근의 본질을 탐구하는 발표 논고를 한데 모아 놓은 심리학, 철학, 인지과학과 의식 연구, 인류학, 예술, 문학이론 등을 포함하고 있다. 보다 최근에 그는 참과학과 참종교의 통합에 대한 심층적, 통합적 홀리스틱 사상을 쉽고 체계적으로 다룬『감각과 영혼의 만남–과학과 종교의 통합』을 출간하였다. 2000년에는 인간 의식의 성장 발달의 상이한 스펙트럼의 파동/수준에 따른 다양한 발달사조/라인/조류/계통의 사상들에서의 의식/자기/정신 그리고 심리학/심리치료에 관한 통합적 비전을 제시하는, 소위 온수준(all-level) · 온분면(all-quadrant) · 온계통(all-line)적인 AQAL 통합 패러다임을 체계화시킨『켄 윌버의 통합심리학』을 내놓았다.

그리고 양자물리학의 슈퍼스트링 이론의 궁극적 통일 모형인 '모든 것의 이론' T · O · E(Theory of Everything) 개념을 확장하여 알려진 온우주에 존재하는 모든 것의 전부를 포섭하는 보다 원숙한 제4기의 통합 패러다임을 바탕으로 경영·정치·의학·과학·영성 등을 위한 통합 비전을 제시하는『켄 윌버의 모든 것의 이론-경영·정치·과학·영성을 위한 통합적 비전』(2000, Shambhala)을 내놓고 있다. 그 외에도 최근에는 윌버 사상의 본질을 여러 저서에서 조금씩 발췌하여 발간한『켄 윌버 사상의 본질(The Essential Ken Wilber)』(1999, Shambhala)과 일기 형태의 명상록『켄 윌버의 일기(一味, One Taste)』(1999, Shambhala)가 나옴으로써 켄 윌버 사상을 보다 심층적으로 알고 싶은 사람에게 좋은 길라잡이가 되고 있다. 뿐만 아니라 최근에는 소설 형식의 저서『모든 것의 목격자(Boomeritis)』(2002, Shambhala)를 통하여 자아중심주의/자아도취주의에 빠진 '베이비 붐 세대'의 한 엘리트 젊은이가 에고의 장애를 넘어 통합적 비전을 깨닫게 되는 과정을 보여 주고 있다. 그 외에도 최근 그의 여러 저서에 나타나 있는 자아초월·영성사상을 뽑아 놓은『존재의 단순한 느낌(Simple Feeling of Being)』(2004, Shambhala)은 그의 영성과 자아초월사상을 맛볼 수 있는 좋은 길라잡이가 되는 책이다.

현재 윌버는 최근의 저서『통합영성』(2006, Integral Boods/Shambhala)에서 제4기까지의 사상과는 달리 제5기 사상이라고 일컬을 수 있는, 포스트모던적으로 보다 더 전향된 통합적 탈형이상학(IPM)에 바탕을 둔 통합방법론적 다원주의(IMP-AQAL) 모형과 탈형이상학적 영성을 제시하고 있다. 이러한 그의 탈형이상학적 통합사상을 보다 체계적으로 심화한 온우주론 3부작의 제2부『온우주적 카르마와 창조성-탈/근대성의 영(Kosmic Karma and Creativity-The Spirit of Post/Modernity)』을 이미 그의 웹사이트에 올려놓았고 출판할 예정이며, 제3부『성, 신, 젠더(Sex, God, Gender)』도 구상을 마치고 집필 단계에 있다고 한다.

반면 2000년대 초에 그는 주요 저서를 약간 수정하여 8권의 통합본(Collected Works)으로 다시 출판하기도 했다. 또한 최근에는 e-book과 Audio CD 형태로 주요 책들을 다시 출판하고 있다. e-book 형태로 새로운 저서인 통합불교에 대한『The Fourth Turning: Imagining the Evolution of an Integral Buddhism』과 그의 통합사상을 요약한『The Integral Approach』등을 내놓았다. 가장 최근에는 그의 AQAL 통합사상과 마음챙김명상을 통합한 『통합명상(Integral Meditation)』 그리고 통합종교사상에 관한 『통합불교(Integral Buddhism)』, 『미래의 종교(The Religion of Tomorrow)』를 출판함으로써 이 시대에 누구나 쉽게 그의 통합사상에 접근할 수 있게 하고 있다.

한편 1995년에는 '미국 종교 한림원'에서 켄 윌버의 사상과 업적을 조사하기 위한 대규모의 분과 토론회가 있었는데, 이는 최초로 윌버 사상에 대한 공개 학술토론으로 기록되고 있다. 이어서 1997년에는 그의 사상을 조명하기 위한 학술대회인 '켄 윌버와 트랜스퍼스널 연구의 미래(Ken Wilber and the Future of Transpersonal Inquiry)'가 개최되었을 때 전 세계에서 참가한 다양한 분야의 학자와 전문가들로 대회장이 넘쳤다고 한다. 이 학술대회에 이어 윌버 사상을 재조명하고 비판한 트랜스퍼스널 분야의 여러 학자의 논고와 그의 답변을 수록한 『대화 속의 켄 윌버(Ken Wilber in Dialogue)』(Donald Rothberg/Sean Kelly, 1998, Quests Books)가 출판됨으로써 윌버 사상을 트랜스퍼스널 분야의 다른 연구 맥락과 함께 살펴볼 수 있는 좋은 계기가 되고 있다.

미주

1) 이 부분은 『감각과 영혼의 만남』의 옮긴이의 글 1.을 바탕으로 기술하였다.
2) 이 부분은 『모든 것의 역사』의 옮긴이의 글의 II.1을 바탕으로 기술하였다.
3) 이 부분은 『모든 것의 역사』의 옮긴이의 글의 II.2을 바탕으로 기술하였다.

2 켄 윌버의 통합사상 개관-AQAL 메타이론

켄 윌버의 핵심 사상 개요[1)]

인간 의식의 연구와 트랜스퍼스널 자아초월(초개인) 심리학 분야의 대이론가로서, 20여 권의 방대한 저서에 나타난 윌버의 철학 · 심리학 · 과학 · 종교 · 사회학 · 인류학 · 문화 · 예술…… 사상은 모두 다 '영원의 철학'에서 나온 '존재의 대사슬(Great Chain of Being)/존재의 대원환[2)](Great Nest of Being)'[온수준(all-level)] [그림 2-1]과 진리의 사분면/온우주의 사분면[온분면(all-quadrant)], 그리고 인간 의식의 발달의 다양한 조류[온계통(all-line)] 및 인간 의식의 모든 상태

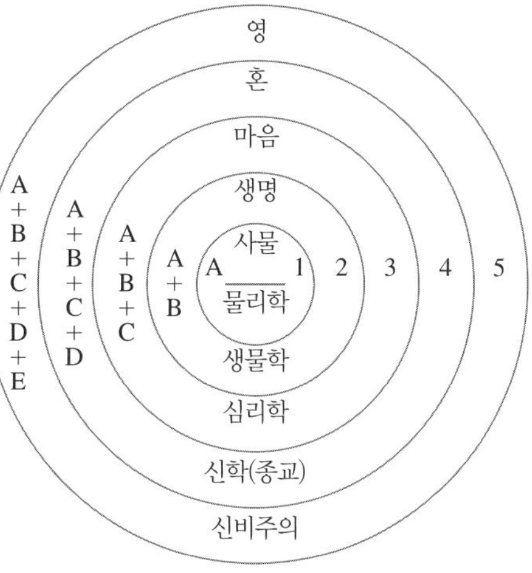

a) 깊이 순으로 나타낸 존재의 홀라키도
출처: Ken Wilber, 『모든 것의 역사』, p. 36

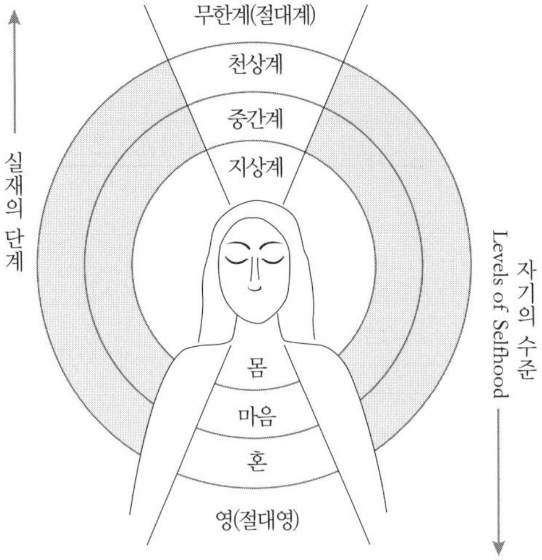

b) 존재의 대원환

출처: Huston Smith, 『잃어버린 진실(Forgotten Truth)』: 세계 종교의 공통 비전, p. 62

[그림 2-1] **존재의 대원환(존재의 홀라키도)**

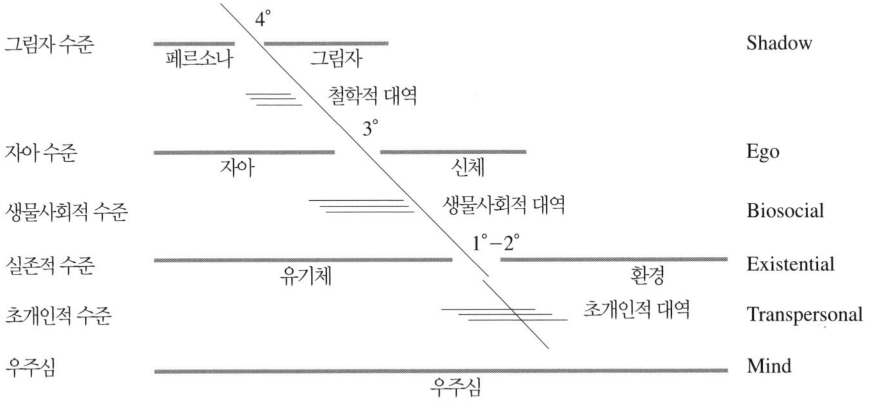

[그림 2-2] **윌버의 의식 스펙트럼도(윌버모형 I)**

출처: Ken Wilber, 『의식의 스펙트럼』, p. 234

[온상태(all-state)]의 통합을 바탕으로 하고 있다. 먼저 그의 핵심 사상과 업적을 올바르게 이해하기 위하여 그 스스로 구분하고 있는 그의 사상의 변천과 성숙의 과정에 대한 네 개의 주요 단계(phase)를 알아보자.

제1단계는 23세의 청년기에 집필한 최초의 저서『의식의 스펙트럼』(1977)과『무경계』(1979)에서의 융의 자기 심리학적 의식 스펙트럼 모형(윌버모형 I : [그림 2-2])에 나타난 낭만주의적 사상의 시기이다. 당시에 영성의 회복을 추구하는 철학사상과 트랜스퍼스널 심리학사상의 유행병 같은 낭만주의 철학에 자신도 흠뻑 젖어 있었고, 지금은 윌버 자신이 가장 경계하는 환원주의와 승화주의적 전초오류 PTF(Pre-/Trans- Fallacy)를 스스로 범했던 시기라고 회고하고 있다. 그 이후 그는 자기 이론에 포함된 PTF를 깨닫고서 제1단계의 낭만주의 모형을 버리는 고통을 거치며, 당시 발달심리학의 의식[인지, 욕구, 도덕성, 자기(self)]의 성장 발달 모형을 도입하여『아트만 프로젝트』(1980)와『에덴을 넘어』(1981)에서

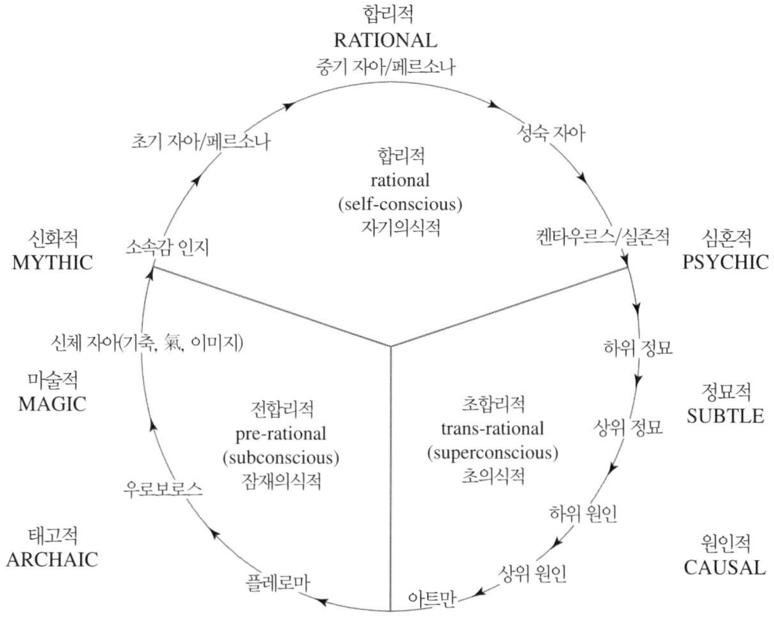

[그림 2-3] **의식의 스펙트럼 7계층 기본 구조와 상세 발달도(윌버모형 II)**

출처: Ken Wilber,『아트만 프로젝트』, p. 5,『아이 투 아이』, p. 248

개체 발생적인 개인의 성장 발달과 계통 발생적인 인류 문화의 진화 발달에서 사용한 의식의 '전 스펙트럼 모형'(Full Spectrum Model, 윌버모형 II: [그림 2-3])을 기본으로 하는 제2단계로의 사상적 성숙을 이룩하였다. 그 후 그는 인간 의식 성장의 상이한 수준/파동에 따른 발달의 다양한 계통/사조/조류를 포섭하는 보다 일반화된 모형(윌버모형 III: [그림 4-2])을『의식의 변용』(1984)에서 소개하였고, 1980년대 중반을 지나면서 더욱 통합적이고 세련된 모형을 도입하여 제3단계의 사상으로 발전하였다. 그리고 1990년대로 넘어오면서 그의 사상은 더욱 성숙하여 온우주론 3부작의 제1부인『성, 생태, 영성』(1995) 이후『켄 윌버의 통합심리학』(2000)에 이르는 최근 저서에서는 '윌버모형 III'과 '진리의 사분면'(의지적 · 행동적 · 사회적 · 문화적)을 통합하고 의식 발달의 다양한 조류/계통을 나타내는 '통합 심리도(Integral psychograph, 발달의 홀라키)'를 기본으로 하는 보다 완전한 통합모형(윌버모형 IV: [그림 4-4])을 통합 패러다임으로 제시하는 제4단계 — 혹은『모든 것의 이론』(2000)에서의 제5단계 초기 — 로 성숙하였다. 그의 2, 3, 4단계의 모형은 대체로 정합적인 순서에 따라 각각 그 선행 모형을 통합하며 그 위에 보다 포괄적으로 구축된 것이다. [여기서는 아직 발간되지 않은 앞에서 언급한 그의 온우주론 제2부『온우주적 카르마와 창조성 - 탈/근대성의 영』과 제3부『성, 신, 젠더』에 나타난 그의 제5단계 모형인 AQAL(All quadrants, All levels, All stages, All States, All types) 매트릭스와 더불어 통합적 탈형이상학, 즉 통합방법론적 다원주의에 대해서는 다루지 않았다.]

이처럼 변천 성숙해 온 그의 핵심 사상은, 플로티노스(Plotinus)의 신플라톤주의, 헤겔(G. Hegel)의 절대관념론과 신헤겔주의, 동양의 전통 종교(베단타사상, 중도공관 · 화엄학 · 유식학, 선불교 등)와 서양 종교(기독교, 유대교, 이슬람교)의 신비사상, 서양의 발달심리학, 포스트모던적으로는 스무츠(Smuts, 1926)의 홀리즘(holism) 사상과 케스틀러(Koestler, 1977)의 홀론/홀라키 사상[3], 보편적 통합주의[통합적 무조망주의(integral aperspectivism)] 포스트모던사상 그리고 합리적 신비주의에 따르는 트랜스퍼스널사상 등을 배경으로 하고 있다. 특히 그의 사상에서 가장 중요한 비중을 차지하는 '홀라키적 온우주론(Holarchic Kosmology)'[4]은 화

〈표 2-1〉 진리의 사분면

	U	
	내적 Interior (좌측 경로) 주관적	외적 Exterior (우측 경로) 객관적
개체적 Individual	진실성 truthfulness 진지성 sincerity 성실성 integrity 믿음성 trustworthiness (나)	진리 truth 대응성 correspondence 표상성 representation 명제성 propositional (그것)
집합적 Collective	(우리) 정당성 justness 문화적 적응 cultural fit 상호이해 mutual understanding 정의성 rightness	(그것들) 기능적 적응 functional fit 시스템이론 그물 systems theory web 구조적 기능주의 structurall-functionalism 사회시스템 망 social systems mesh
	상호주관적 Intersubjective	상호객관적 Interobjective

R

출처: Ken Wilber, 『모든 것의 역사』, p. 211. [그림 7-1]

이트헤드(A. Whitehead)의 과정철학, 힌두의 베단타사상, 불교의 중도공관 · 화엄사상 등에 뿌리를 두고 있고, 그레이브스, 벡, 코완의 인간 실존의식의 '나선동역학(Spiral Dynamics)'적인 진화발달사상, 신헤겔학파 크래머(Kramer)의 역동적인 변증법적 세계관과 맥락을 같이하고 있다.

무엇보다도 그의 성숙한 제4기 사상(윌버모형 IV)을 담고 있는『성, 생태, 영성』(1995),『켄 윌버의 아이 오브 스피릿』(1997),『감각과 영혼의 만남』(1998),『켄 윌버의 통합심리학』(2000),『켄 윌버의 모든 것의 이론』(2000) 등 최근의 여러 저서에서 제시하고 있는 온수준 · 온분면 · 온계통적인 역동적이고 심층적이며 포괄적인 통합적 진리관은, 전근대의 최상인 영원의 철학에서 나온 존재의 대원환의 홀라키적 온우주의 심층 구조[심상(深相, deep feature)]와 근대성의 최상인 '3대 가치권(예술 · 도덕 · 과학, 나 · 우리 · 그것, 삼보)'의 사분면적 다양성[모든 진리를 내면적/외면적, 개인적/집합적이라는 사분면으로 분류하여 그가 온우주의 '네 코너/사분면(四象限)'이라고 일컫는 것]의 표층 구조[표상(表相, surface feature)]와의 통합에 대한 심원한 통합적 비전을 제시하고 있다. 따라서 그의 사상을 제대로 이해하려면, 그가 창안한 의식의 전 스펙트럼 모형인 '윌버모형' Ⅰ, Ⅱ, Ⅲ([그림 2-2, 2-3, 4-1a])과 그가 제시하는 진리의 '사분면도'(〈표 2-1〉)와 의식의 전 스펙트럼 모형을 상호 연관적으로 도식화한 통합모형인 '윌버모형' Ⅳ([그림 4-1b])나 이에 따른 인간 의식의 기본 구조의 상이한 수준/파동을 통해 나아가는 다양한 발달 계통/사조/조류를 추적하는 개인의 심리발달의 홀라키적 통합심리도([그림 4-4])와 그 발달의 항해자로서의 자기(Self)의 성장 발달에 관한 『통합심리학』(2000)과 가장 최근 (제5기 사상을 담고 있다고도 할 수 있는) 저서인 『모든 것의 이론』에서 온수준 · 온분면 · 온계통의 전통합에 관한 그의 성숙한 제4기의 사상을 거의 모든 분야(정치, 경제, 경영, 사회, 과학, 영성 등)에 적용하는 온우주의 통합적 비전에 대해서도 개관해야 한다. 뿐만 아니라 그의 거의 모든 저서에 나타나는 끊임없이 '활동 중에 있는 영(Spirit-in-Action)'의 아트만 프로젝트에 의한 상승과 하강, 진화와 퇴화(evolution and involution)의 영원한 사이클 속에서 성장 발달, 진화와 퇴화(윤회, 輪廻)를 거듭하는 인간 의식의 트랜스퍼스널 영역을 넘어 오메가 포인트를 향해 나아가려는 목적인적 진화의 추동력과 이에 따른 통합적 영성의 길에 대한 안내 지도의 이해도 중요하다.

마지막으로 윌버가 『아이 투 아이』, 『감각과 영혼의 만남』, 『모든 것의 이론』 등에서 보여 주는 넓은 의미의 심층과학/영성과학적인 통합과학사상, 과학과 종교의 통합사상의 핵심은 넓은 의미의 체험주의에 따르는 '참과학적 방법의 세 요건'과 인간 의식의 '세 가지 눈(육안 · 심안 · 영안)'에 의해 타당성 있게 획득된 참지식(앎)의 진리에 바탕을 둔 넓은 의미의 과학/심층과학, 넓은 의미의 종교/심층종교사상이다. 따라서 그의 과학과 종교사상은 [그림 2-1]과 같이 존재의 대원환의 상이한 수준의 상이한 양태를 대상으로 하는 모든 다양한 계통의 다양한 수준의 경험과학, 정신과학, 영성/영지과학의 '진리의 사분면'적 통합에 따른 온수준 · 온분면적인 통합과학/심층과학사상과 통합종교/심층종교사상을 기본으로 하고 있다.

결론적으로 윌버의 사상은, 절대영에 의해 역동적으로 진화하는 홀라키적 온우주와 다양한 파동에 따라 발달하는 다양한 조류의 인간 의식에 대한 온수준 · 온분면 · 온계통 · 온상태적인 완전한 통합모형에 의해 역동적으로 변화하는 과정으로서의 온우주와 세계에 대한 진정한 의미의 심층적이고 포괄적인 통합 비전과 심오한 통합 패러다임을 제공하고 있다고 말할 수 있다.

AQAL Matrix 메타이론

지금까지 켄 윌버 핵심 사상을 개관하고 그의 통합사상의 핵심인 AQAL 통합모형에 대해 간략하게 설명하였지만, 여기서는 독자의 이해를 위해 그의 AQAL Matrix 메타이론만을 중심으로 다시 고찰해 보자.

켄 윌버의 온우주론 제1부인『성, 생태, 영성』이후『모든 것의 이론』까지의 그의 모든 저서에서 일관되고 보다 세련되게 체계적으로 다듬어진 (제4기 사상의 정수라 할 수 있는) AQAL Matrix 통합모형은 인간 의식과 관련되는 '모든 것'에, 즉 과학, 철학, 심리학, 사회학, 정치학, 경제학, 공학기술 등의 모든 학문 분야와 예술, 교육, 문화, 종교, 경영, 영성수행, 생활수련 등 모든 문제에 모두 다 적용할 수 있는 '모든 것'의 메타이론으로 제안된 것이다.

이미 언급한 바와 같이 AQAL 모형은 인간 의식 존재와 인식에 관한 전근대의 최상인 (영원의 철학의 존재의 대사슬/대등지의) 온수준과 근대의 최상인 (가치권의 분화를 사분면으로 나타내는) 온분면, 탈근대의 최상인 (인간 의식의 다양한 조류/계통을 통합하는) 온계통, 온상태, 온유형을 망라하는 통합모형이다. 물론 켄 윌버는 최근에 와서 제5기 사상에서 보다 포스트모던적으로 전향하면서 AQAL 모형을 탈형이상학적이고 통합방법론적 다원주의적 AQAL-IMP 4Q/8Z(4Quadrants 8Zone) 모형으로 확장하였다. 그는 이미『통합심리학』에서 쉘드레이크(R. Sheldrake)의 형태형성적 발달공간이라는 신과학적 가설 패러다임을 사용하여 AQAL Matrix의 설명을 시도하고 있다. 또한 그는 다변량 모델로서의 AQAL은 마치 컴퓨터 S/W의 OS(Operating System)와 같이 '모든 것'에 'IOS Basic'으로서 기본 통합운영 시스템이나 통합연산/통합수학(Integral Calculus/Integral Math) 모형같이 수리적으로 인간 의식의 모든 조망(perspectives)을 통합적으로 표현할 수 있다고 본다. 특히 윌버-콤(Wilber-Comb) 상태-단계(State-Stage) 모형과 함께 AQAL Matrix는 모든 인간 의식과 조망의 위치(address)와 고도(altitude)를 확인하는 도구로 사용될 수 있음을 보여 주고 있다.

따라서 현재의 AQAL-IMP/Wilber-Comb 모형은 지나치게 구도적이고, 통합 기계(Integral Machine)같이 제5기 AQAL Matrix를 만능의 템플레이트처럼 기계적으로 적응하고 사용하려고 하는 데 바로 그의 사상의 한계와 문제가 있다.

반면 그의 제5기 AQAL 사상은 『통합영성』과 그의 웹사이트 글에서 어느 정도 잘 알려져 있지만 아직은 그의 온우주론의 2부작, 3부작이 나오지 않았기 때문에 이 책의 제2부에서 비판적 고찰과 함께 개략적으로만 소개하였다. [그러나 이 책의 3부에서는 웹사이트에 올린 그의 온우주론 2부작의 통합기장(氣場, subtle energy field) 이론의 기(氣, subtle energy) 개념은 저자의 기(氣)사상과 함께 비교적 상세하게 소개하였다.] 따라서 이 책에서는 주로 제4기까지의 AQAL 사상을 중심으로 그의 사상을 소개하기 때문에 기존의 AQAL 메타이론의 온수준 · 온분면 · 온계통에 대해서는 4장 AQAL 통합철학과 5장 AQAL 통합심리학에서 상세하게 다루었다.

윌버의 제4기 AQAL 메타이론의 가장 근본 요소들인 온수준 · 온분면 · 온계통 · 온상태 · 온유형의 핵심 내용은 다음과 같이 다시 요약할 수 있다.

- 온수준: [그림 2-2], [그림 2-3]과 같은 인간 의식의 스펙트럼에서 스펙트럼의 각 단계의 의식 수준이며 발달의 기본 파동이다. 이는 어느 의식의 발달 계통(인지, 자아, 정서, 도덕성 등) 내에서 재현 패턴들의 질적으로 명확한 등급에 바탕을 두고 있다. 그래서 '상위적'(보다 복잡한) 의식 그리고 '하위적'(보다 단순한) 의식의, 축차적 전개의 '단계' 또는 '구조'이다. 일반적으로 이들은 전근대의 세계관, 전통 지혜를 대표한다. 이 온수준은 계통발생적으로 진화적 관점이나 개체발생적으로 발달적 관점에서 보면 신영원의 철학으로 해석한 의식의 스펙트럼이 된다.
- 온분면: 〈표 2-1〉, [그림 3-1]과 같이 표현되는 온우주의 네 코너/사분면(사

분위)으로도 일컬어지는 온우주 내 모든 존재/의식 홀론에 대한 개체적/집합적, 내면적/외면적 시각/조망이다. 온분면이란 어느 홀론이든지 내면적/주관적 '나(I)' 영역과 상호주관적 '우리/당신(We)' 영역과 외면적/객관적 '그것(It)' 영역과 상호 객관적 '그것들(Its)' 영역으로 범주화해 다중 조망으로 바라볼 수 있다는 것이다. 이것은 아원자 입자 홀론에서 식물에, 유인원에 이르는 모든 것에 대해 사분면적 조망/시각으로 조사 연구하고 인식할 수 있다는 것이다. 최근의 AQAL-IMP에서는 통합방법론적 다원주의에 따라 각 분면도 다시 내측/외측 관점에서 조망할 수 있어 8존(Zone)으로 구분할 수 있다고 본다.

이 온분면의 외면적인 시각인 '그것(It)'과 '그것들(Its)'을 하나로 취급하면, 온분면은 근대성의 가치권의 분화, 즉 근대의 3대 가치권(과학 · 도덕 · 예술), '삼보(The Big Three)'가 된다. 이는 주관적 자기 · 미학['인칭(I)' 언어], 상호주관적 문화 · 도덕['인칭(we)' 언어], 객관적 과학 · 자연['인칭(Its)' 언어]으로 질적 차별화가 된다. 이는 동서양의 전통인 플라톤의 진(Its) · 선(We) · 미(I), 유교의 지(I) · 덕(We) · 체(Its), 불교의 불(佛, I) · 법(法, Its) · 승(僧, We)이 모두 분화되고 통합된 형태로 표현된다. 그래서 온분면은 일반적으로 가치권이 분화된 근대적 세계관을 나타낸다.

- 온계통: [그림 2-4], [그림 4-4]와 같이 인간 의식, 자기체계의 다양한 발달의 라인/조류/계통이거나 진화하는 요소들로 구성된 발달의 패턴들이다. 이것들은 자기체계 발달의 인지, 도덕/윤리, 감정/정서, 상호개인적, 욕구, 자기정체성, 심미성, 가치, 성심리, 영성 등을 포함하는 다양한 전개 수준을 통해 진행하는 비교적 독립적인 조류이거나 능력으로 정의할 수 있다.
- 온상태: 구조화되어 지속적으로 작용하는 경향이 있는 의식의 구조적 수준, 자기체계의 발달 수준과는 달리 인간의 의식은 정상의식 상태에서 일시적 '상태'로 조대체의 전오식(감각, 지각)과 현재 의식이 깨어 있는(Waking) 상태,

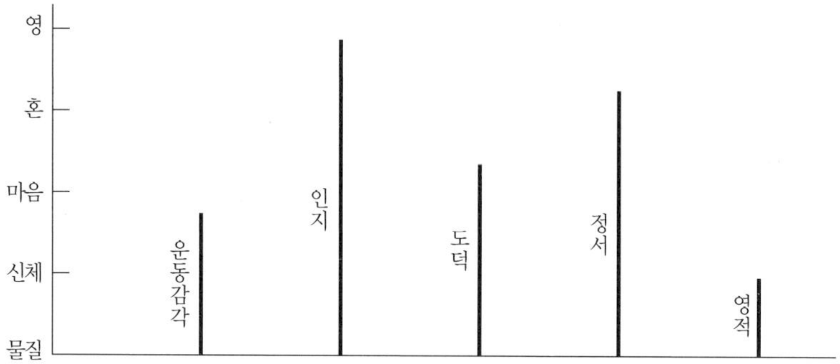

[그림 2-4] **온계통 의식 발달의 라인 · 조류들**

정묘체(혼체)가 깨어 있는 꿈꾸는 상태(Dreaming state), 꿈이 없는 수면 상태에서 원인체(영체)만 주시(witnessing)하고 있는 상태를 비롯하여 초의식 수준의 명상 상태에서의 절정 체험/신비 체험이나 트랜스 상태와 같이 약물에 의해 인위적으로 유도된 변성/비일상 의식의 상태를 모두 포함한다. 이것은 '통합 생활 수련(Integral Life Practice)'이나 교의적 방법론과 함께 통상(조대 → 정묘 → 원인 → 비이원으로의) 의식의 강도 높은 층변의 결과로 나타나는 상태–단계(state–stage)의 축차적 전개를 내포한다.

- 온유형: 인간은 생물학적 성별에 따라서 나타나는 성격/기질에 따라 동일한 의식의 수준에서도 정서, 도덕성, 세계관, 심미성 등의 심리나 행동 패턴이 달라진다. 그래서 남성/여성의 유형, 성격의 에니어그램 유형, 사상체질/8상체질 유형, 혈액형 유형 등에 따라 인간 의식 심리행동, 정신의 패턴이 달라진다는 것을 모두 포괄적으로 고려해야 한다.

이상에서 간략하게 살펴본 윌버의 AQAL Matrix 메타이론은 인간 의식과 관련되는 '모든 것'에 대한 통합이다. 시대적으로 보면 전근대의 영원의 철학적 존재의 대사슬과 근대의 가치권의 분화와 탈근대의 해체 구성주의적 모든 조류/사조의 시간축상에서 영의 전개로서의 진화발달적 관점에서의 통합이다. 그래서 AQAL 통합은 동서양의 사유와 인식의 차이를 고려하지 않고 서구적 관점에서 무차별적으로 이해하고 해석하는 전근대의 신영원의 철학적 통합, 근대의 3대 가치권의 통합, 탈근대의 보편적 구성주의적 통합을 모두 포괄하는 통합 패러다임 사상임을 알 수 있다.

그러므로 켄 윌버의 통합사상은 동서고금의 모든 사상의 '차이'에 대한 예리한 해석이나 인식을 바탕으로 하는 통합이 아니고 그냥 가급적 최대한으로 많은 분야의 연구를 존중하면서 모든 것을 정합적 구도와 양상으로 AQAL Matrix 안에 포함하려는 시도이다. 윌버는 강조하기를, 어느 누구의 이론도 100% 옳을 수는 없기 때문에 '누구든지 옳다. 다만, 부분적으로 옳다.'는 것이다. 그래서 그의 AQAL Matrix는 동서양의 전통 종교와 신비주의뿐 아니라 근대과학, 탈근대 철학들의 주장을 모두 포함하는 메타 통합이론이다.

이는 어느 진리 주장이든지 온우주에 대한 통합적이거나 보다 포괄적인 정의를 위한 이 전반적 '거대 그림(Big Picture)'이나 '모든 것의 이론(T · O · E)'에 기여할 부분적 진리이지만 그들 자신만의 가치 있는 것을 가지고 있다는 것이다. 그래서 이것은 탈포스트모던적인 통합방법론적 다원주의적 포스트 탈근대적 접근이면서 '모든 것은 부분적인 진리'이지만 주체의 포스트칸트적 인식의 진화 발달에 의해 단계적으로 더 깊고 더 온전한 모습이 드러난다는 탈형이상학적 사유에다 '100% 옳은 것은 없다.'는 포스트모던 사유마저 깔려 있는 통합 패러다임임을 알 수 있다.

이 장에서는 개략적으로 켄 윌버의 통합사상의 핵인 AQAL Matrix 메타이론의 기본 개념만을 요약하였다. 이제 제1부의 3장에서부터는 윌버의 AQAL 통합 패러다임을 그의 통합철학과 통합심리학을 통해 보다 상세하게 알아볼 것이다. 그리고 AQAL 통합사상이 그의 과학 및 종교의 통합사상, 그의 통합수행/수련/실천사상, 통합영성사상, 그의 자아초월사상에서 어떻게 나타나는지를 그의 대표저서에서 발췌한 핵심 내용을 중심으로 소개할 것이다.

모든 진리 주장, '모든 것'에 대한 '통합적 접근', 통합적 비전이 중요하다는 인식은 켄 윌버와 같기 때문에 그의 AQAL 통합 패러다임을 '모든 것'에 대한 통합적 인식의 기본 틀로써 받아들이면서도 저자는 윌버와는 달리 동서양의 전통 진리의 동일성과 차이를 동시에 보면서 보다 유연하고 화회(和會)적이며 상보적인 통합을 추구하기 때문에 저자의 생각을 반영한 켄 윌버의 사상의 비판이나 상보적 적용은 제2부와 제3부에서 다룰 것이다. 따라서 제1부에서는 가급적 저자의 생각은 배제하고 켄 윌버의 사상만을 저자의 동조적 관점과 함께 그대로 소개하는 방향으로 집필하였다.

미주

1) 이 부분은 『모든 것의 역사』의 옮긴이의 글에서 켄 윌버의 핵심 사상 III.1을 바탕으로 기술하였다.
2) Great Nest의 원래 의미는 대둥지, 즉 둥지 내 둥지를 의미하는 것이지만 홀라키를 나타내기 위해 동심원적으로 포섭하는 원환을 나타내므로 필자는 '대원환'이라는 용어로 바꾸어 사용하였다.
3) Arthur Koestler는 그리스어의 '전체'라는 의미를 가진 'holos'와 조각이나 부분을 말하는 접미어 'on'의 합성어로 '홀론(holon)'이란 말을 만들었다. 그 의미는 모든 존재는 더 하위의 존재에 대해서는 자기종속적 전체로 기능하지만 동시에 더 상위의 한 전체 존재에 대해 수동적 · 종속적 한 부분이 되는 전체/부분적 야누스 속성을 갖는 것을 지칭한다. 또한 모든 상위의 홀론은 더 하위의 홀론을 초월하면서 접어 넣은 채 포섭하는(내포하는) 홀리스틱 역량이 증가하면서 계층(hierarchy)적으로 등급화되어 있는 것을 지칭하기 위해 '홀라키(holarchy)'라고 일컬었다. 윌버는 모든 존재는 무수한 아홀론(subholon)으로 구성된 계층적 구조이고 온우주와 모든 실재는 홀론으로 구성된 홀라키라고 본다.
4) 여기서 윌버가 말하는 '온우주'는 원래 피타고라스학파의 우주의 정의인 'Kosmos'를 채택한 것으로, 이는 물질 우주 cosmos(물질권, physiosphere), 생물계 bios(생물권, bio sphere), 그리고 정신계(人智계, phyche; 정신권, nous, noosphere)와 신계(神界, theos)(신의 영역, theosphere, divine domain)를 모두 합한 총체적 온우주를 의미한다. 따라서 그의 온우주론(Kosmology)은 물질계에서 신계에 이르는 모든 차원의 홀라키적 온우주에 대한 존재론/실재론이고 온우주적 세계관이다.

3 통합철학사상

윌버의 통합철학

2장의 개관에서 요약한 바와 같이 윌버사상의 4기까지의 저서에 나타난 통합철학, 통합적 진리관은 그의 온수준 · 온분면 · 온계통 · 온상태 · 온유형 통합모형을 의미하는 AQAL Matrix 메타이론과 홀론/홀라키적 온우주론을 기본 틀로 하여 엮여 있다. 그의 통합철학은 전근대 · 근대 · 탈근대의 인간 의식과 관련된 인식론적 측면과 홀론/홀라키적 온우주의 존재론적 측면 모두를 현대의 '인간 의식' 연구의 바탕으로 하여 AQAL Matrix적으로 모두 통합하는 일종의 통합적 의식철학이며 온우주론적 AQAL 통합철학, AQAL 메타이론이라고 볼 수 있다.

윌버의 AQAL Matrix 모형에서 온수준은 영원의 철학의 존재의 대사슬/대둥지와 현대의 발달심리학과의 결합에 의해 만들어진 의식의 스펙트럼 모형이다. 이와 같은 의식 · 존재 · 인식의 스펙트럼의 온수준은 '활동 중에 있는 영(Spirit-in-Action)'의 시간축상에서의 진화에 의한 과정적인 전개로 보는 윌버의 신영원의 철학적 해석이다. 그의 온분면(온우주의 네 코너)은 온우주 내 모든 실재를 심층적 전일적 존재인 홀론/홀라키적 존재로 보고 있는 것이다. 이러한 홀론적 존재에 대한 현대의 가치권의 차별화된 최상의 인식은 플라톤의 진(眞) · 선(善) · 미(美)나 유교의 지(智) · 덕(德) · 체(體)나 불교의 불(佛) · 법(法) · 승(僧)의 현대적 해석(version)이라고 볼 수 있는 사분면(four quadrants)의 내면적/외면적, 개체적/집합적 측면이다. 그래서 온우주 내 모든 홀론은 온수준 · 온분면의 AQAL

Matrix의 기본모형에 의해 통합적으로 표현할 수 있다는 것이다.

나아가 그는 온우주 내 '모든 것'에 대해 적용할 수 있는 T · O · E(Theory of Everything)적 메타통합이론으로서 AQAL Matrix와 홀론/홀라키적 온우주론에다 인간 의식의 다양한 조류/계통(라인, streams/lines)의 온계통을 통합하여 인간의 의식 문제에 있어서 영성, 교육, 정치, 경제, 경영, 문화, 건강 등 모든 분야에 적용되는 통합 패러다임을 그의 통합철학의 기본 틀로 제시하면서 세계 철학으로서의 통합비전을 제시하고 있다.

여기서는 켄 윌버의 AQAL 통합철학, AQAL 메타이론의 근간이 되는 신영원의 철학, 의식의 스펙트럼(수준/구조)과 온우주의 네 코너로서의 진리의 사분면에 바탕을 둔 홀론/홀라키적 온우주론의 핵심 개념에 대해 그의 주요 저서에서 발췌한 내용을 중심으로 설명할 것이다. 그리고 '모든 것의 이론'으로서의 통합 패러다임 사상과 통합비전에 대해 간략하게 알아볼 것이다.

영원의 철학

헉슬리(A. Huxley, 1945)가 유명하게 만들었지만 라이프니츠(G. Leibnitz)가 최초로 사용한 위대한 종교들의 초월적 신비사상의 요체인 '영원의 철학(perennial philosophy)'의 가장 두드러진 특징은 존재와 의식을 최하위의 가장 조밀한 그리고 가장 단편적인 영역에서부터 최상위의 가장 '정묘(현묘, subtle)'하고 가장 '통일된' 영역에 이르기까지 여러 상이한 차원적 수준을 '계층(위계, hierarchy)'으로 설명하는 데 있다. 이것을 윌버는 러브조이(A. Lovejoy, 1964)의 '존재의 대사슬'로 설명하거나 또는 이보다는 홀라키적으로 더 홀리스틱한 특성을 더 잘 나타내는 [그림 2-1]과 같은 존재의 '대둥지(대원환, Great Nest)'를 이용하여 설명하고 있다. 그는 의식의 수준(존재의 대둥지)은 크게 대여섯 가지의 주요 수준, 즉 물질적(몸) · 생명기(氣)적(생명력) · 정신적(마음) · 정묘적(혼) · 원인적(영) · 궁극적 비이원[공(空)/영/우주심/일심(一心)] 수준으로 구분할 수 있다고 본다. 휴스턴 스미스(1992)의 대원환도에서는 보다 더 단순한 네 단계로 구분하고 있다. 오늘날 수많은 전통 종교와 철학에서는 이 모형을 더욱더 세분화하고 연장하기도 한다. 〈표 3-1〉에 보인 바와 같이 모든 주요 전통 종교와 철학은 [의식 홀론(holon)으로서의] 모든 존재/실재가 이와 같은 일반 '계층'(위계적/홀라키적 구조)을 갖고 있다는 데 동의하고, 그들 중 대부분은 상세한 부분까지 서로 일치하고 있다.[1)]

〈표 3-1〉 주요 전통 종교의 존재의 위계 수준 비교

일반인	윌버	氣學	정신 물리학	베단타	차크라/ 단전	불교		유식학	儒/道	仙/巫
하늘	절대영	靈光	Mind	아트만	해탈	空	眞如	一心	道/理	上帝/然
영	원인 (인과)	靈氣	Buddhi Causal	지복의 층	백회 인당	원인체 (法身)	無色界	아말라식 (9식) 아뢰야식 (8식)	性	佛界
혼	정묘 심혼	魂氣	H. Mental L. Mental	이성의 층	염천	정묘체 (報身)	色界	말나식 (7식)	魂	仙界 神明
마음	합리 신화	心氣 魄氣	H. Astral L. Astral	의식의 층	전중 황정	조대체 (化身)	慾界	오구의식 (6식) 前五識 (전5식)	心 魄	人間령 動物령
몸	마법 태고	生氣 精氣	Ether Matter	생기의 층 욕신의 층	단전 회음	사대/ 오온	사대/ 오온	사대	氣 身	저급령 사물정령

영원의 철학은 전통 지혜 중에서 해체할 수 없는 진리와도 같은 것이다. 이것은 세계의 위대한 영적 스승, 철학자, 사상가 그리고 심지어 과학자들 중 광범위한 대다수의 사람에 의해 기꺼이 받아들여져 온 진리관이고 세계관이다. 그래서 그것은 '영원의(perennial)' 혹은 영속적 혹은 '보편적(universal)'이라고 일컬어지고 있다. 그 이유는 이것이 동서고금을 막론하고 거의 모든 문화에서 공통으로 나타나기 때문이다. 우리는 인도, 멕시코, 중국, 한국, 일본, 메소포타미아, 이집트, 티베트, 독일, 그리스 등 어디에서나 그것을 발견할 수 있다.

더욱이 영원의 철학은 세계의 어디에서 어느 문화에서 나타나든 간에 본질적

으로 유사한 특징을 갖고 있으며, 문명화된 역사시대 이래 전 세계에 걸쳐 본질적으로 일치하고 있다. 무슨 일이든 거의 일치하기가 어려운 우리 현대인에게 이것은 다소 믿기 어려운 일인지도 모른다. 그러나 알란 왓츠(A. Watts)[2)]는 획득 가능한 증거에 바탕을 두고 다음과 같이 요약하고 있다.

> 우리 인간은 우리 자신의(존재의) 위치의 지극히 독특한 특징에 대해 거의 알아차리지 못하고 있다.
>
> 다른 한편으로 우리는 보편적 수준에서의 하나의 단일한 철학적 합의가 있어 왔다는 평범한 사실조차도 인정하기 어려운 현실임을 알 수 있다. 그것은 오늘날에 살거나 6,000년 전에 살았거나 상관없이, 극서의 뉴멕시코에서 왔거나 극동의 일본에서 왔거나 간에 관계없이 동일한 통찰의 진리들을 전해 주고 본질적으로 동일한 교의를 가르치는 사람들에 의해 계속 유지되어 온 것이다.

윌버는 『세상에서 가장 아름다운 용기(Grace and Grit)』[3)]에서 '영원의 철학'에 대해 다음과 같이 말하고 있다.

> 이것은 매우 놀랄 만한 일이다. 내가 생각하기에 그것은 근본적으로 이러한 진리의 보편적 본성에 대한 증언, 즉 세계의 모든 곳에서의 인간의 조건에 관한 그리고 절대신성(the Divine)을 향한 그것의 접근에 관한…… 어떤 심오한 진리에 동의해 온 집합적 인간성의 보편적 체험에 대한 하나의 증언 같은 것이라고 본다.
>
> 그렇다면 정확하게(궁극의 진리에 대한) 영원의 철학의 본질의 일부는 무엇인가?
>
> 얼마나 많은 심오한 진리나 일치점들이 거기에 있는 것일까?
>
> 많이 있지만 내가 가장 중요하다고 생각하는 것 일곱 가지만 들자면 다음과 같다.
>
> 첫째, 영(절대영, Spirit)은 존재한다.
>
> 둘째, 영은 내면에서 발견된다.
>
> 셋째, 그렇지만 우리 대부분은 죄, 분리, 이원성의 세계 속에 살다 보니—우리 인간은 타락되고 혼미(미혹)한 상태 속에 살다 보니—이 내면의 영을 깨닫지 못하고 있다.

넷째, 죄와 미혹의 이 같은 타락 상태에서 벗어나는 방법이 있고, 우리를 해방으로 인도하는(해탈의) 길(Path)이 있다.

다섯째, 이 길을 끝까지 걸어 나가면, 그 결과는 재탄생(환생)이나 깨달음, 내면의 영의 직접 체험, 지고의 해방(해탈)이고,

여섯째, 이는 곧 죄와 고통의 끝이고,

일곱째, 나아가 이는 곧 모든 유정의 존재(중생)를 위한 자애와 자비의 사회적 행위(보살행)로 나타난다.

존재의 대사슬

앞에서 언급한 바와 같이 영원의 철학의 중심이 되는 것은 서양 철학사에서는 존재의 대사슬(the Great Chain of Being)이다. 여기서는『켄 윌버의 아이 오브 스피릿(Eye of Spirit)』에서 켄 윌버가 제시하는 영원의 철학에서 말하는 존재의 대사슬에 대해 좀 더 상세하게 알아보자.[4] 존재의 대사슬 그 아이디어 자체는 꽤 단순하다.

영원의 철학에 따르자면 실재는 일차원적이 아니다. 그것은 눈앞에 단조롭게 뻗어 나가는 균일한 실체의 평원이 아니다. 실재는 오히려 여러 가지 상이하지만 연속적인 차원으로 구성되어 있다. 말하자면 현현하는 실재는 최하위의 가장 조밀하고 최소 의식적인 수준으로부터 최상위의 가장 정묘한 가장 의식적인 수준에 이르는 상이한 등급과 수준으로 구성되어 있다. 존재의 이 연속적인 차원이나 의식의 스펙트럼의 한쪽 끝은 서양에서 우리가 '물질(질료, matter)' 혹은 무정(無情)의 존재/비의식적 존재라고 일컫는 것이고, 다른 한쪽 끝은 (의식의 스펙트럼의 전체 순서를 모두 관통하고 있는 바탕이라고도 말하는) '영(spirit)' 혹은 '절대신성(Godhead)' 혹은 '초의식적(superconscious)'인 것이다. 그 사이 중간에 배열된 것은, [플라톤(Plato)의] 실재 혹은 [아리스토텔레스(Aristotle)의] 현실태(actuality) 혹은 [헤겔의] 포괄성(inclusiveness) 혹은 [오로빈도(Sri Aurobindo)[5]의] 의식(consciousness) 혹은 [라이프니츠의] 명료성(clarity) 혹은 [플로티노스

(Plotinus)의] 포섭성(embrace) 혹은 [가라브 도르헤(Garab Dorje)[6]의] 지각성(知覺性, knowingness)에 대한 그것들의 개별적인 수준의 정도에 따라서 배열된 존재의 다른 차원들이다.

대사슬은 때로는 단순히 물질 · 마음 · 영의 세 가지 주요 수준을 갖는 것으로 제시되기도 한다. 다른 해석들(vensions)에서는 물질 · 몸 · 마음 · 혼 · 영의 다섯 가지 수준으로 주어지기도 한다. 역시 또 다른 해석에서는 대사슬에 매우 철저하게 세분화된 단계가 주어지기도 하는데, 일부 어떤 요가 체계에서는 곧이곧대로 수십 개의 이산적이지만 연속적인 차원이 주어지기도 한다. 앞으로 당분간은 물질에서 몸으로 마음으로 혼으로 영으로 이르는 우리가 사용하는 존재의 단순한 계층만으로도 충분할 것이다.

영원의 철학의 중심이 되는 주장은, 보통의 선남선녀도 계층의 맨 위의 영(Spirit) 자체로까지 성장 발달(혹은 진화)할 수 있고, 그곳에 이르러 절대신성과의 '지고의 정체성', 모든 성장과 진화가 염원하는 '궁극의 완전성'을 깨닫게 된다는 것이다.

그러나 우리가 그러한 경지에 도달하기 전에 알아차리게 되는 첫 번째 사실은, 대사슬은 정말로 '계층'적이라는 것이다. 이것은 매우 어려운 시련기에 봉착한 단어이지만 과연 그렇다는 것이다. 그러나 영원의 철학에서 사용하듯이, 그리고 현대 심리학, 진화이론, 시스템이론에서 본질적으로 동일하게 사용하고 있듯이, 계층이란 단순히 그들의 전일적 역량에 따라서 본 사건들의 순위에 대한 등급화일 뿐이다. 발달의 여하한 순서에서도 어느 한 단계에서 전체인 것은 그다음 단계에서는 단지 더 큰 어떤 전체의 부분이 되어 버린다. 이를테면 어느 한 글자는 어느 한 전체 단어의 부분이고 이는 또 어느 한 전체 문장의 부분이고 이는 다시 어느 한 전체 단락의 부분이다라는 등이다.

아서 케스틀러(A. Koestler)는 하나의 맥락에서 한 전체인 것은 또 다른 맥락에서 더 넓은 한 전체의 부분이라는 것을 지칭하기 위하여 홀론(holon)이란 용어를 만들어 냈다. 예컨대, 영어의 'the bark of a dog(개가 짖는 소리)'이란 구절에 나오는 'bark'란 단어는 그 개별적 문자에 관해서는 한 전체이지만 그 어구 자체에 관해서는 한 부분이다. 그리고 그 전체(혹은 문맥)는 어느 한 부분의 의미와 기능을 결정할 수 있다. 말하자면 'bark'의 의미는 'the bark of a dog(개가 짖는 소리)'과 'the bark of a tree(나무껍질)'란 어구에서 보면 서로 다르다. 다시 말해 전체는 그 부분들의 합 이상이고, 그런 전체는 많은 경우 그 부분들의 기능에 영향을 미칠 수 있고 그 기능을 결정할 수 있다.

그렇다면 계층이란 단순히 전체성과 통합 능력에서의 증가를 나타내는 증가하는 홀론들의 순위일 뿐이다. 이것은 곧 '계층'이 시스템이론, 전체성이론 혹은 전일론(holism)[전체론(wholism)]에서 그와 같이 중심 개념이 되고 있는 이유이다. 그것은 영원의 철학에서도 절대적으로 중심이 된다. 존재의 대사슬에서의 각각의 확장되는 연결고리는, 신체의 고립된 정체성에서 마음의 사회적이며 공동체적인 정체성에, 나아가 영의 지고의 정체성에, 즉 문자 그대로 모든 현현하는 실재와의 정체성에 이르기까지의 통일성과 더 광범위한 정체성의 증가를 나타낸다. 이것이 바로 존재의 대계층이 흔히 일련의 동심원이나 동심구나 '둥지 내 둥지(nests within nests)'로 그려지고 있는 이유이다. 그렇다면 대사슬이란 실제로는 존재의 대둥지(Great Nest of Being)를 의미한다.

최종적으로 (발달/진화의) 과정이 역방향으로는 일어나지 않기 때문에, 계층은 비대칭적[혹은 '더 상위의' 계층적('higher'–archy)]이 되는 것이다. 예컨대, 맨 처음에는 문자가 그다음에는 단어가 그다음에는 문장이 그다음에는 단락이 있게 되지만 그 역은 아니다. 그래서 그러한 '역이 아니다.'는 것이 증가하는 전체성의 피할 수 없는 계층이나 등급화나 비대칭적 순위를 구성한다.

이미 언급한 바와 같이 세계의 위대한 전통 지혜들은 모두 다 기본적으로 영원의 철학의, 즉 존재의 대홀라키(the Great Holarchy of Being)의 변형된 해석이라는 것이다. 휴스턴 스미스는 그의 훌륭한 저서 『잃어버린 진리(Forgotten Truth)』에서 세계의 주요 종교를 '존재와 앎의 계층'이라는 한 구절로 요약하고 있다. 쵸트룽파 린포체(Chogyam Trungpa Rinpoche)는 『전사의 신성한 길(The Sacred Path of the Warrior)』에서 인도에서 티베트 그리고 중국에 이르는 모든 동양철학을 관류하는, 신도(神道)에서 도교(道教)에 이르는 모든 것의 이면에 깔려 있는,

본질적이며 그 배경이 되는 관념은 '지(地) · 인(人) · 천(天)의 계층'이라고 지적한다. 또한 그가 밝히는 바에 의하면 그것은 '몸[身] · 마음[心] · 영(靈)'과도 동등하다. 쿠마라스와미(Coomaraswamy)가 주목한 점은, 세계의 위대한 종교들은 예외 없이 전부 다 "그 정도에 있어서는 서로 다르지만 동물에서 예배 대상의 신(deity)에 이르기까지 확장되는 의식의 유형이나 수준의 어떤 계층을 나타내고 있고, 또 이에 따라 하나의 동일한 개체가 서로 다른 여러 상황에 대해 서로 알맞게 기능을 할 수 있다."는 것이었다.

이상과 같은 사실은 영원의 철학에서 가장 난해하기로 널리 알려진 역설을 우리에게 던져 준다. 우리가 보아 온 바로는, 보다 더 포괄적이고 따라서 절대신성이나 영의 절대적 총체성에 '더 가까운' 각각의 더 상위의 차원과 더불어 실재는 의식의 수준이나 차원들로 현현한다는 개념에 전통 지혜는 전적으로 동의하고 있다. 이러한 의미에서 영은 존재의 정상(頂上)이고, 진화의 사다리 위의 최상위의 발판이다. 그러나 영은 전체 사다리와 그것의 모든 발판이 만들어진 나무이기도 하다는 것도 역시 옳은 말이다. 영은 '진여(眞如, the Suchness)' '자성(自性, Isness)', 즉 존재하는 하나하나 모든 것의 본질이기도 한 것이다.

첫 번째 측면, 즉 최상위의 발판이라는 측면은 영의 초월적 본성이다. 그것은 어떤 '현실 세계적'이거나 피조물적이거나 유한한 것들을 훨씬 넘어서는 것이다. 설사 온 세상이나 우주마저 파괴되어 버린다 해도, 영은 그대로 남아 있을 것이다. 두 번째 측면, 즉 나무(의식의 사다리의 재료)라는 측면은 영의 내재적 본성이다. 영은 자연 속에, 문화 속에, 천상에, 지상에 아무런 부분적 속성이 없이 모든 현현하는 것과 사건 속에 똑같이 총체적으로 현존하고 있다. 이런 시각에서 보면 어떤 현상이 그것이 설사 무엇이라 해도 다른 것보다 영에 더 가깝지 않은데, 왜냐하면 모든 것은 영에 의해 똑같이 '만들어진' 것이기 때문이다. 그러므로 영은 모든 발달과 진화의 최상의 목표이자 또한 최종 단계에서와 마찬가지로 시작 단계에서도 전적으로 현존하는 것으로서의 발달의 전체 순서의 기저(바탕)이기도 한 양쪽 모두인 것이다. 영은 이 세계를 앞서지만 이 세계와 다른 것은 아니다.

영의 그런 역설적 측면의 양쪽 모두를 고려하는 데 실패함으로써 그것은 역사적으로 보면 영에 대한 어떤 면에서 매우 편향된(그리고 정치적으로도 위험한) 관점에 이르게 하고 있다. 전통적으로 가부장적 종교에서는 영의 초월적 본성을 지나치게 강조하는 경향이 있어 왔고, 그 결과 지상, 자연, 신체, 여자는 열등한 지위로 비하시켰다. 그에 앞서는 여가장적 종교에서는 오로지 영의 내재적 본성만을 강조하는 경향이 있었다. 그래서 그 결과로 초래된 범신론적 세계관은 유한하고 창조된 세상(the Earth)을 무한하고 창조되지 않는 영과 동일시하였다. 그대가 유한하고 한계가 있는 세상과 자신을 동일시하는 것은 자유이지만 그것을 무한하고 한계가 없는 것이라고 함부로 말할 자유는 없다.

여가장적 종교와 가부장적 종교 양쪽 모두, 영에 대한 이런 편향된 관점 모두, 대지의 여신의 다산을 기원하기 위한 잔인한 대규모의 인간 희생으로부터 하느님 아버지를 위한 무차별적 대규모 전쟁에 이르기까지, 오히려 가공할 만한 역사적 결과만 초래하였다. 그러나 이러한 밖으로의 일그러진 혼란의 와중에서도 영원의 철학[지혜로운 종교의 비교적(秘教的)이거나 내면적 핵심]은 언제나 그런 이원성들의 그 어느 것도 천상이거나 지상이거나, 남성적이거나 여성적이거나, 무한하거나 유한하거나, 금욕적이거나 향락적이거나 간에 다 외면하였고, 그러고는 대신에 그들의 합일이나 통합('비이원사상')에 주력해 왔다. 정말로 천상과 지상, 남성과 여성, 무한과 유한, 상승과 하강, 지혜와 자비의 이와 같은 합일은, 서양의 신플라톤주의로부터 동양의 금강승불교(Vajrayana)에 이르기까지 여러 다양한 전통 지혜의 '밀교적' 가르침 속에 명시적으로 나타나 있다. 그래서 그것이 바로 '영원의 철학'이란 용어가 대부분 적용되는 전통 지혜의 이와 같은 비이원적 핵심인 것이다.

그렇다면 우리가 (약간의 어려움을 필연적으로 수반하는) 이지적 용어로 영을 생각하려고 애쓴다면, 최소한 이러한 초월적/내재적 역설에 대해 명심해야 한다. 역설이란 단순히 비이원성이 이지적 수준에서 보이는 방식일 뿐이다. 영 자체는 전혀 역설적이지 않다. 엄격하게 말하자면 그것은 도저히 특성화할 수 없는 것이다.

이것은 계층(홀라키)에서도 중복되게 그대로 적용된다. 초월적 영이 스스로를 현현할 때 그것은 단계 혹은 수준으로, 존재의 대홀라키(Great Holarchy of Being)로 그렇게 한다고 말한 바 있다. 그렇다고 해서 영이나 실재 그 자체가 계층적이라고 말하는 것은 아니다. 영이나 실재는 결코 계층적이 아니다. 그것은 조금이라도 구체적이고 한정적인 특성이라고는 전혀 없어서 이지적 용어(하위적 홀론 용어)로는 도저히 속성을 규정할 수 없는 것이다. 말하자면 그것은 도저히 속성을 규정할 수 없는 순야타[shunyata, 공성(空性)]이거나 니르구나[nirguna, 무자성(無自性)]이거나 아포파틱(apophatic, 비우는 것)이다. 그러나 영은 스스로를 단계적으로 층, 차원, 몸(sheaths, 집), 수준, 등급으로 (선호하는 그 어떤 용어도 무방하지만) 현현한다. 그런 것이 바로 홀라키이다. 베단타 철학에서는 이것들을 브라흐만을 싸고 있는 체(体, koshas), 몸(sheaths) 혹은 층(layers)이라고 한다. 불교에서는 이것들은 여덟 가지 식(識, vijnanas), 인식의 8수준으로 그 각각은 그보다 더 상위 차원의 아래 단계이거나 보다 더 제한된 인식의 수준에 대한 해석이다. 카발라(Kabbalah)[7]에서 이것들은 세피롯(sefirot) 등으로 일컬어진다.

요점은 이것들(体, 층, 몸)은 현현하는 세계, 즉 마야[환영(幻影)의 세계]의 수준들이라는 것이다. 마야가 절대신성의 유희로 인식되지 않을 때 그것은 환상(착각)에 지나지 않는다. 계층은 곧 환상이다. 환상의 수준은 있지만 실재의 수준은 없다. 그러나 전통 지혜에 따르면, 우리가 사실 윤회로부터, 즉 그 독특한 목적에 기여하고 난 후에만 버려지는 사다리로부터 벗어날 수 있는 것은 그것(体, 층, 몸)의 계층적 본성을 이해함으로써만 (틀림없이 또 반드시 그래야만) 가능해지는 것이다.

일부 포스트모던 비평가들은, 대사슬의 바로 그런 개념은 그것이 계층적이므로 어쩐지 위압적인 것 같다고 그리고 자비로운 '연결' 대신에 불유쾌한 '등급화(ranking)'에 바탕을 두고 있는 것 같아 보인다고 주장한다. 그러나 이것은(다음 두 가지 사실에 비하면) 오히려 천진난만한 불평에 지나지 않는 것이다. 먼저 반계층 지향적이고 반등급 지향적인 비평가들은 그들 스스로 등급화의 계층적 판단에, 즉 그들의 관점이 다른 대안보다 더 좋다는 주장에 빠져 있는 것이다. 다시 말하면, 그들은 스스로 매우 강한 등급화 체계를 가지고 있다. 그것은 단지 그냥 숨겨져 있고 명료하지 않을 뿐인 그리고 완벽하게 자기모순적인 것이다.

그러나 다음으로는, 대사슬은 실제로 아서 케스틀러가 홀라키, 즉 보다 하위의 수준들을 초월하고 내포하는 각 상위 수준과 더불어 일련의 동심원이나 둥지라고 일컬었던 것이다. 두말할 나위 없이 이것은 등급의 부여이지만 세계와 그 속에 서식하는 자들의 점점 더 많은 것을 포함하는, 즉 각 상위 수준과 더불어 포괄성과 포섭성을 증가시키는 등급화이다. 그리하여 의식의 스펙트럼의 상위적 혹은 영적 수준에 도달하면 절대적으로 전(全)포괄적이고 전(全)포섭적인 것이 된다. 즉, 그것은 근원적인 의미에서 보편적 다원주의의 한 유형이 된다.

의식의 수준

영원의 철학에서 존재의 대사슬에 상응하는 인간의 의식은 여러 수준과 계층으로 구분된다. 여기서는 발달심리학적 의식의 스펙트럼 수준에 대해 논하기에 앞서서 켄 윌버가 『아이 투 아이』에서 동양의 베단타사상과 불교사상에서 구분하는 인간 의식의 수준에 대해 언급한 내용을 중심으로 알아보자.[8)]

영원의 철학, 영원의 심리학의 가장 두드러진 특징은 그것이 존재와 의식을 최하위의 가장 조밀하고 단편적인 영역으로부터 최상의 가장 정묘하고 통일된 영역으로 옮겨가는 차원적 수준들의 계층으로 제시한다는 것이다. 예컨대, 힌두교에서는 최하위 수준은 물질의 몸[annamayakosha, 층, 체(体)]이라 하는데, 이는 정기(精氣, 음식을 섭취하여 얻은 에너지)로 만들어진 수준을, 즉 물질적 신체와 물질우주를 의미한다. 그다음 수준은 생기의 몸(pranamayakosha)이다. 이는 생물학적 기능으로 만들어진 층, 즉 생명-호흡, 감정(정서), 생체에너지 등으로 일컬어진다. 이러한 양 수준은 대승불교에서는 전오식(前五識, vijńas)으로, 즉 오감과 그 물질적 대상들의 영역으로 지칭된다.

그다음의 상위 수준은 힌두교에 따르면 의식의 몸(manomayakosha), '마음으로 만들어진 층(집, sheath)'이다. 불교에서 이것은 상념의식[manovijńana, 오구의식

(五俱意識), 제6식]이라고, 즉 오감에 (근시안적으로) 근접하여 머무는 마음이라고 일컬어진다. 이것은 대략적으로 서양에서는 지능, 마음, 이지적(심적) 자아, 2차 과정, 조작적 사고 등으로 일컫는 수준이다.

힌두교에 따르자면 인습적 마음을 넘어서 있는 것이 이성의 몸[vijñanamayakosha, 불교에서 말나식/사량심(manas)이라고 일컫는 것]이다. 이것은 마음의 매우 높은 형태이므로 사실 너무나 미묘해 '정묘(精妙) 영역'이라는 가장 흔한 명칭으로 지칭하는 것이 더 바람직한 수준이다. 정묘 수준은 원형적 과정, 상위 상태의 통찰 및 비전, 무아경의 직관, 자각 인식의 비분면 명료성, 보통의 자아와 마음과 신체를 훨씬 넘어서 도달하는 열린 기저 의식을 내포한다고 말하고 있다.

정묘 영역을 넘어서 원인(인과, 시원) 영역[anandamayakosha, 힌두교에서의 지복의 몸, 불교에서의 오염된 아뢰야식/종자식/제8식(alayavijñana)]이 놓여 있다. 이것은 완벽한 초월의 영역으로서 너무나 완벽하여 어느 평범한 개인의 개념, 체험, 상상을 넘어서 도달한다고들 말한다. 이것은 무형상[무색(無色)]의 광휘의 영역, 현현하는 모든 것에 대한 근본 통찰, 무한 속으로의 지복에 넘치는 해방, 높거나 낮은 모든 경계로부터의 단절의 영역, 나아가 절대적으로 같거나 완벽하게 거울과 같은 지혜와 각성의 영역이다.

원인 영역을 지나면 의식은 그 절대의 상주처에서 다시 깨어난다. 이것은 여여(如如)의식[진여자성(眞如自性)]이며, 그것은 존재의 스펙트럼의 극한일 뿐만 아니라 스펙트럼의 각 수준의 본성, 원천, 여여(如如)이다. 그것은 근본적으로 모든 존재에 스며 있는 것이고 둘이 아닌(不二) 하나이다. 여기에 이르면, 그러나 그 앞의 수준에서는 아니지만, 모든 수준은 이 궁극의 신비(空, 一心)의 완전하고 동등한 현현으로 보인다. 그러므로 아무런 수준도 없고 차원도 없으며 더 높은 것도 없고 더 낮은 것도 없고 신성한 것도 없고 신성모독도 없는 것이다.

앞에서 요약한 내용에 따르면 대략 여섯 가지 주요 수준으로, 즉 물질적 · 생물적[생명(氣)적] · 심적(정신적) · 정묘적(혼적) · 원인적(영적) · 궁극의(비이원) 수준으로 구분할 수 있을 것이다. 오늘날 수많은 영적 전통에서 이 모형을 더욱더 세분화하고 연장하고 있다(이를테면 정묘 영역은 7개 수준으로 구성되어 있다고 말하기도 한다). 그러나 그러한 점만 제외하고는 모든 영원의 주요 영적 전통들은 그와 같은 일반 계층에 동의하고 있고, 그들 중 대부분은 상세한 부분에 이르기까지 그대로 일치하고 있음을 이해하는 것이 중요하다. 더구나 이 계층은 철학적으로 별도의 부차적인 쟁점이 되는 어떤 미묘한 문제가 아니고, 이러한 전통들에 있어서 그것은 말로 기술할 수 있는 범위 내에서는 영원의 지혜의 근본 핵심이다. 그렇다면 신비가들의 '세계관'에서 보여 주는 (최소한 여섯 가지 수준의) 이러한 계층적 형식에서 벗어나는 의식에 대한 그 어떠한 설명도 부적절하다고 말하는 것은 너무나 당연하다.

영원의 전통에 따르자면 다양한 수준 각각은 대응하는 합당한 연구의 장(場)을 갖고 있다. 수준-1의 연구는 기본적으로 물리학과 화학 분야의 연구, 즉 무생물적인 것에 대한 연구이다. 수준-2는 생물학의 영역, 즉 생명 과정에 대한 연구이다. 수준-3은 (자각의식이 '들어 있으면') 심리학과 (그것이 '빠져 있으면') 철학 두 분야의 수준이다. 수준-4, 정묘 수준은 성자적 종교의 영역, 즉 계시적 통찰, 빛과 지복의 후광, 천사적이거나 원형적인 직관 등을 목표로 하는 종교의 영역이다. 수준-5, 원인 수준은 현자적인 종교의 영역으로, 여기서는 더 높은 체험을 추구하기보다는 오히려 체험의 해체와 초월을 추구한다. 현자적인 길은 무형상(무색)의 의식에서의 모든 주체-객체의 이원성의 초월을 수반한다. 수준-6, 궁극적 수준은 궁극의 의식으로 갑작스럽게 깨어나도록[돈오(頓悟)하도록] 수준-4와 수준-5의 최종 장애를 밀고 나아가는 사람을 기다린다.

1. 물리적 수준: 무생물적 질료/에너지
2. 생물적 수준: 살아 있는, 유정(有情)의(감각 기능이 있는) 물질/에너지[생물/생기(生氣)]
3. 심리적 수준: 마음, 자아(ego), 논리, 사고
4. 정묘적 수준: 원형적, 초개인적, 직관적
5. 원인적 수준: 무형상(무색)의 광휘, 완전한 초월
6. 궁극적 수준: 여여(如如)의식(진여자성), 모든 다른 수준의 원천이며 본성

앞의 의식의 수준별 내용을 비교적으로 좀 더 쉽게 이해하기 위해 〈표 3-2〉에서 의식의 수준별 주요 영역과 일반 수준과 인지 수준을 상호 비교하여 제시하였다.

〈표 3-2〉 의식의 영역별 수준 · 인지 비교

주요 영역	일반 수준	인지
조대(粗大) 영역	신체자기(Bodyself) 기축자기(axial), 氣体자기(pranic), 이미지(image), 신체자기	감각운동적 하위-환상
화신(化身)	소속감-자기	소속감-인지
전오식(前五識)	자아/페르소나	지적 사고(개념/관념)
6식, 식(識, 표층 의식)	켄타우로스 실존적	상위-환상(비전-이미지)
	하위 정묘 수준	초감각적-인지, 비저나리
정묘(精妙) 영역		상위 심(Higher-mind)
보신(報身)		상위 직관(High-intution)
7식, 말나식, 의(意, 무의식)	상위 정묘 수준	여실적 영감(Literal-inspiration)
		조명(계시, Illumination)
		궁극의 계시
원인 영역	하위 원인 수준	수승한 통찰
법신(法身)		
8식, 아뢰야식(心, 藏識)	상위 원인 수준	영지. 십지보살/무색(無色, Jnana/formless)
空性(眞如自性)	궁극 의식	지고의 깨달음

의식의 스펙트럼

의식에 대한 정신물리학적 개념과 연관이 있는 '의식의 스펙트럼'이란 용어는, 켄 윌버가 전자파의 '스펙트럼'이란 용어를 차용하여 동명의 저서에서 스펙트럼이란 말을 최초로 사용하면서부터 시작되었다. 오늘날 '스펙트럼 심리학'의 대가로서 미국을 대표하는 신시대의 대철학자, 대사상가가 되게 만든, 트랜스퍼스널

(Transpersonal, 초개인, 자아초월) 심리학 분야의 패러다임의 변화를 가져오게 한 윌버 철학의 핵심 용어이다. 처음에『의식의 스펙트럼』에서 윌버는 인간 의식의 스펙트럼 구조를 서양 심리학(융의 심리학, 자기심리학)과 베단타 심리학의 기본 용어를 사용하여 인간의 '자기정체성' 의식의 이원화의 단계적 심화 과정을 진화로 보고 그 반대로 초개인적 비이원성의 단계적 회복 과정을 내화(내향적 진화, involution)로 보는 관점을 중심으로 나타내었다([그림 2-2] 참조). 그러나 영원의 철학적 존재의 대사슬과 앞 절에서 소개한 발달심리학적 의식의 진화를 설명하기에는 부적합하고 모순된 점[그가 말하는 전초오류(pre-/trans-fallacy)]이 있고 발달적 의식의 스펙트럼 구조로서는 적절하지 않으므로 지금은 이 스펙트럼 모형이 사용되지 않고 있다.

윌버는『켄 윌버의 아이 오브 스피릿』과 그 외의 여러 저서에서 '영원의 철학'과 의식의 '전 스펙트럼' 모형 사이의 관계를 다음과 같이 강조하고 있다.[9)]

> '영원의 철학'에서 중심이 되는 개념은 존재의 '대사슬/대둥지'이며 그 개념 자체는 꽤 단순하다. 영원의 철학에 따르면 '실재'는 일차원적이 아니다. 그것은 눈앞에서 단조롭게 뻗어가는 균일한 '실체'의 깊이가 없는 단조로운 평원이 아니다. 오히려 실재는 여러 상이하지만 연속적인 차원으로 구성되어 있다. 즉, 현현하는 실재는 가장 낮고 가장 조밀하며 최소의 의식적인 것으로부터 가장 높고 가장 정묘하며 가장 의식적인 것까지 서로 상이한 등급 혹은 수준들로 구성되어 있다. 이 존재의 연속체 혹은 의식의 스펙트럼의 한쪽 단은 '물질' 혹은 무정(無情)의 존재, 비의식적인 존재라고 일컫는 것이고, 다른 한쪽 단은 '영(절대정신)' 혹은 '절대신성(하느님)' 또는 '초의식(궁극의식)'이라고 일컫는 것이다. 또한 이는 존재의 대사슬의 전체 계층에서 모든 존재에 스며 있는 바탕이라고 말하기도 하는 것이다. 그 중간 과정에서 그것은 의식의 스펙트럼 구조 자체로 나타난다.

이에 따라 윌버는 발달심리학의 마음의 세분화된 단계와 동양의 전통 종교(특히, 베단타 심리학, 대승불교 · 유식학)와 서양의 신비주의에서 구분하는 자아초월(트랜스퍼스널) 영역에서의 초의식의 여러 수준을 통합하여 의식의 스펙트럼의 기본 모형으로 하고 있다. 윌버는 지난 30년간 그의 사상이 변천 성숙해 오는 과정에서 네 단계의 통합모형을 사용하고 있다. 그중에 의식의 전 스펙트럼 모형은 그의 통합모형의 '온수준' 모형에 해당된다. 이것을 단계적으로 보면, 먼저 앞에서 언급한 바와 같이 최초의 저서 『의식의 스펙트럼』에서 보여 주는 소위 낭만주의적이고 융의 자기심리학적 의식의 스펙트럼도가 제1단계의 최초 모형(윌버모형Ⅰ)이지만 '전초오류'로 인해 지금은 사용하지 않고 있다. 다음에 『아트만 프로젝트』(1980)와 『에덴을 넘어』(1981)에서 크게 세 가지 수준/영역의 기본 7계층/17상세 수준으로 나타낸 제2단계 모형(윌버모형Ⅱ)은 지금도 사용하고 있다([그림 2-3] 참조).

그리고 『의식의 변용』(1986)과 『켄 윌버의 아이 오브 스피릿』(1997)에서 제시한, 여러 다양한 의식의 발달 조류/계통과 더불어 의식의 수준/구조의 발달과 병리 현상, 테라피 · 치료양식을 통합적으로 비교 설명할 때 사용하는 [그림 4-1]과 같은 9계층으로 세분화된 의식의 전 스펙트럼 기본 구조 모형을 제3단계의 기본 모형(윌버모형 Ⅲ)으로 하고 있다. 물론 윌버는 최근의 『통합심리학』에서 수많은 인간 의식 발달의 조류를 차트로 비교하면서 의식의 스펙트럼 구조를 16단계로 더 세분화한 모형을 사분면과 통합한 제4단계 통합모형에서의 의식의 전 스펙트럼 모형으로 사용하고 있다. 그러나 이러한 그의 의식의 스펙트럼 모형은 1단계의 윌버모형 Ⅰ을 제외하고는 세분화의 차이만 있을 뿐 모두 근본적으로 동일하다.

따라서 여기서는 윌버의 『아트만 프로젝트』[10]와 『아이 투 아이』[11]에 제시되어 있는 윌버모형Ⅱ([그림 2-3] 참조)에 따른 의식의 스펙트럼의 축약된 계층발생적 기본 일곱 단계에 대해서만 설명 없이 간략하게 소개하였다.

- 태고적(Archaic) 단계: 이 단계는 물질적 신체, 감각, 지각, 감정(정서, 정동)을 포함한다. 이것은 대체로 보아 피아제(J. Piaget)의 감각운동지능, 매슬로(A. Maslow)[12]의 생리적 욕구, 뢰빙거(J. Loevinger)의 자폐(백일몽)적이고 공생적 단계, 제1 및 제2 차크라[물라다라(muladhara), 스바디스타나

(svadhisthana)], 물질적 신체(annamayakosha, 물질적 몸, 精氣)와 생기체(生氣体, pranamayakosha, 생명력elan vital)에 동등한 것이다.

- **마법적(Magic, 마술적) 단계**: 이 단계는 단순한 심상(이미지), 상징, 최초의 조악한 개념 혹은 최초이며 최하위인 심적 과정을 포함한다. 이것은 그것들이 응축(condensation), 전위(displacement), '상념의 전능성' 등을 드러낸다는 의미에서 '마법적'이다. 이것은 프로이트(S. Freud)의 일차 과정, 아리에티(Arieti)의 고논리(Paleologic), 피아제의 전조작(pre-op; pre operational thinking)사고, 제3 차크라[마니푸라(manipura)]에 해당한다. 이것은 콜버그(L. Kohlberg)의 전인습적 도덕성, 뢰빙거의 충동적이며 자기방어적 단계, 매슬로의 안전욕구 등과도 연관된다.
- **신화적(Mythic) 단계**: 이 단계는 마법적 단계보다는 더 진보된 것이지만 아직은 분명한 합리성이나 가설-연역적 추론의 능력은 없고, 겝서(J. Gebser)가 명시적으로 '신화적'이라고 명명한 단계이다. 이것은 본질적으로 피아제의 구체적 조작(con-op; concrete operational thinking)사고, 제4 차크라[아나하타(anahata)], 베단타 심리학의 의식(마음)의 몸(意識体, 心体, manomayakosha)과 대승불교의 상념의식[오구의식(五俱意識), 6識, manovijnana]의 시작 수준이다. 이것은 뢰빙거의 순응자와 의식적-순응자 단계, 매슬로의 소유 욕구, 콜버그의 인습적 단계 등과도 연관된다.
- **합리적 단계**: 이 단계는 피아제의 형식적 조작사고(form-op; formal operational thinking), 명제적이거나 가설-연역적 추론, 제5 차크라[비슈다(visuddha)], 의식의 몸과 상념의식의 절정에 해당한다. 이것은 뢰빙거의 의식적이고 개인주의적 단계, 콜버그의 탈인습적 '도덕성', 매슬로의 자기존중 욕구 등과도 연관된다.
- **심혼적(심령적, Psychic) 단계**: 여기서는(통합적 · 실존적 · 이성적) 켄타우로스 영역(the Centaur)과 하위의 정묘 영역을 하나의 일반 단계로 포함하고 있다. 비록 일부 문헌에서는 어떤 초상 현상이 여기서 보다 잘 일어날 수 있음을 시사하지만 '심혼적(심령적)'이라는 것이 반드시 '초상적(超常的)'임을 의미하

지는 않는다. 오히려 [이를테면 오로빈도와 프리존(Free John)[13]의 경우와 같이] 이 단계는 마음 그 자체보다 발달의 더 상위 수준으로서의 '심혼'을 지칭한다. 이것의 인지 구조는 '비전 논리(vision logic)' 혹은 통합적 논리, 제6 차크라[아즈나(ajna)], 대승불교의 말나식[사량식(思量識), 7識, manas]과 베단타 심리학의 이성의 몸[지성체(知性体), vijnanamayakosha]의 시작 수준이라고 일컬어져 왔다. 이것은 뢰빙거의 통합되고 자율적인 단계, 매슬로의 자기실현 욕구, 브라우톤(J. Broughton)의 통합화 단계 등과도 연관된다.

- 정묘적[신묘적(神妙的), 현묘적, Subtle] 단계: 이 단계는 기본적으로 원형적(archetypal) 수준, 오로빈도의 '개오(開悟, 계시, 조명)심(illumined mind)' '말나식'과 '이성의 몸'의 절정 수준, 진실로 초합리적[전(前)합리적이거나 반합리적이 아닌] 의식의 구조, 최상의, 가장 내밀한 의미에서의 직관(감상주의나 단지 육감적 의미가 아닌 것), 플라톤적 이데아(형상)의 보고(寶庫), 진언(종자 만트라, bija-mantra), 바사나스(vasanas), 제7 차크라[사하스라라(sahasrara)]의 시작 단계, 매슬로의 자기초월욕구의 시작 등에 해당한다.
- 원인적(Causal) 단계: 이 단계는 모든 수준의 비현현(非現顯)의 기저이며 여여(如如), 성장 및 발달의 극한, 최상의 의미에서의 '영(Spirit)', 단지 틸리히(P. Tillich)의 '대인(Big Person)'으로서가 아닌 '존재의 기저(Ground of Being)', 스피노자(B. Spinoza)의 '영원한 실체(External Substance)', 헤겔의 '절대정신(Absolutes Geist)', 제7 차크라와 그 너머의 것, 베단타의 지복의 몸(anandamayakosha, 至福体), 아뢰야식[alayavijnana, 일체종자식(一切種子識), 업식(業識), 8識], 카발라(Kabbalah)의 케터(Keter)[14] 등으로 일컬어진다.

이상과 같은 발달의 7개의 일반 구조 · 단계는 [그림 2-3]의 세 개의 일반 영역, 즉 전합리적[잠재의식적(subconscious)] 단계, 합리적[자의식적(self-conscious)] 단계, 초합리적[초의식적(superconscious)] 단계로 더 축소시켜 표현할 수 있다.

〈표 3-3〉 의식의 기본 구조와의 상관성

기본 구조	오로빈도	플로티노스	대승불교	요가심리학
감각물리적 수준	물질적·순응적·식물적 감각	감각적·식물적 생명기능, 사물		1. 물질세계와 본능 (굶주림/갈증)
환상적-감정적(정동적)	생기(활력)적-감정적	희열/고통(감정)	전오식(5감)	2. 정동-성적 수준
표상심 수준	의지심(하위심 preop과 대비)			3. 의지意志심; 권력 의지
규칙/역할심 수준	감각심(구체적 마음, conop과 대비)	이미지 개념과 의견	6식, 오구 의식(조대 혹은 구체적 성찰심; 협동된 감각)	4. 공동체 마음; 사랑
형식적-반성심 수준	이성적 마음 (formop과 대비)	논리적 능력 (형식적-조작심)		
비전-논리적 수준	상위심(다중회로적 관념화/비전)	창조적 이성 (비전-논리)		5. 합리적 언어심; 의사소통
심혼적 수준	개오(계시)적 세계심	혼/세계혼(심혼)	7식, 말나식 (자아의식, 무의식, 의식 상위심; 개인과 아뢰야식 혹은 집합적 마음 사이의 전달자)	6. 아즈나 차크라, 제3의 눈; 심령인지
정묘적 수준	직관심	직관심		7. 사하스라라 차크라; 왕관; 사하스라라를 넘어서는 그리고 그 안에서의 더 상위적인 차크라의 시작
원인적(인과적) 수준	초월심	정신(nous)	8식, 오염된 아뢰야식/업식 (집합적 원형심, 종자식)	
			9식, 순수 아뢰야식 (아말라식, 진여/자성)	시바/지고의 진아 (브라흐만, 세계영)
궁극의 수준	초심(지고의 신)	절대유일자 (하느님)		

윌버는 자신의 영원의 철학적 의식의 스펙트럼 모형의 [그림 2-3]과 같은 기본 구조는 〈표 3-3〉에 보인 바와 같이 오로빈도, 플로티노스를 비롯한 여러 전

통 종교의 위대한 신비가, 현인이 말하는 의식의 계층과 거의 동일함을 보여 주면서 그의 의식의 스펙트럼은 동서양의 발달심리학과 신비사상의 단순한 통합 모형이 아닌 영원의 철학적/심리학적 진리이고 그것이 바로 온수준의 참모습임을 강조하고 있다.

의식의 스펙트럼은 심리학에 의해 발달된 체계와 정관/명상적 전통에 나타난 체계를 통합하고 있는 인간 의식의 성장과 발달에 관한 윌버의 모형이다. 전반적으로 스펙트럼은 여러 방법으로 나누어질 수 있다. 예컨대, 『아트만 프로젝트』에서 윌버는 사물, 신체, 마음, 혼, 영의 영역으로 구성되어 있는 17개의 기본 수준 혹은 구조를 제시하고 있다. 이러한 지속적인 의식의 구조는 존재의 대홀라키[대사슬(Great Chain), 대둥지(Great Nest)]를 구성하는 것이다. 사용 목적에 따라 그는 스펙트럼을 일곱 개 혹은 아홉 개의 일반 수준으로 요약 손질하기도 하고, 심지어 세 개의 주요 영역으로 더욱더 요약하기도 하였다.

발달심리학적 측면에서의 인간 의식의 성장 발달은 4장 통합심리학에서 발달과정의 의식의 스펙트럼 기본 구조와 병리/치료 양태와 더불어 자아의식의 성장에 따른 다양한 발달 라인/계통의 인간 의식의 성장 발달에 대해 고찰할 것이다.

홀론과 홀라키

켄 윌버는 아서 케스틀러가 만든 용어인 홀론/홀라키(holon/holarchy)라는 개념을 사용, 그의 심층적, 전일론적 온우주론의 핵심 개념으로 사용하고 있다. 그는 우리가 존재하고 있는 이 우주를 포함한 모든 생명체가 홀론으로 구성되어 있음을 그의 온우주론 제1부 『성, 생태, 영성』과 『모든 것의 역사』 1장과 2장에서 매우 체계적으로 설명하고 있다. 여기서는 먼저 윌버가 『성, 생태, 영성』에서 온우주 내 모든 것은 홀론으로 되어 있고 그것이 계층적으로 되어 있다는 것을 밝히는 것부터 알아보자.[15)]

케스틀러는, 하나의 맥락에서는 한 전체이지만 동시에 다른 하나의 맥락에서는 한 부분이 되는 것을 지칭하기 위하여 '홀론'이란 용어를 만들어 냈다. 예컨대 영어의 'the bark of dog(개가 짖는 소리)'이란 어구에 관해 살펴보면, 단어 'bark'는 그 각각의 문자에 관해서는 한 전체이지만 어구 그 자체에 관해서는 한 부분이 된다. 그리고 그 전체(혹은 그 문맥)는 한 부분의 의미와 기능을 결정할 수 있다. 즉, bark의 의미는 'the bark of dog(개가 짖는 소리)'과 'the bark of a tree(나무의 껍질)'라는 어구에서 서로 상이하다. 다시 말해 전체는 그 부분들의 합 이상이고, 그런 전체는 많은 경우 그 부분들의 기능에 영향을 미치고 기능을 결정할 수 있다. (그리고 물론 그 전체 자체는 동시에 어떤 다른 전체의 한 부분이 된다.)

그렇다면 정상적인 '계층'이란 단순히 전체성과 통합적 역량에서 증가를 나타내는, 예컨대 원자에서 분자에 세포에 이르는 경우처럼, 증가하는 홀론의 '순서(order)'일 뿐이다. 이것이야말로 계층이 시스템 이론이나 전체성의 이론이나 전일론(전체론)에서 실로 중심이 되는 진정한 까닭이다. 더 큰 전체의 한 부분이라는 것은, 고립된 부분들 안에서는 홀로 발견되지 않는 어떤 원리(혹은 어떤 종류의 응집력)를 그 전체가 제공한다는 것을 의미한다. 그리고 이 원리는 그 부분들이 단순히 그것들 혼자의 힘만으로는 도저히 할 수 없는 방법들에 의해 결합되고 다함께 이어지고, 공통이 되는 어떤 것을 갖고서 연결되게 하도록 허용한다는 것을 의미한다.

그렇다면 '계층'은 단지 쌓은 더미들이 아닌 하나의 전체로, 결합되지 않은 단편조각들을 상호 상관성을 가진 회로망으로 전환시킨다. "전체는 그 부분들의 합보다 더 크다."고 말할 때 '더 크다'는 것은 '계층'을 의미한다. 그것은 파시스트적인 지배를 의미하지 않는다. 그것은 고립된 가닥들을 하나의 실제적인 그물망으로 결합하는, 즉 분자를 세포로, 혹은 세포를 유기체로 결합하는 더 상위적 (혹은 더 깊은) 공통 속성과 같다는 것을 의미한다.

이것이야말로 가드너(H. Gardner)가 '생물학'적으로 한 유기체란 '부분들이 계층적 하나의 전체로 통합된 어떤 총체성(totality)을 갖는 존재'로 보인다고 말할 때처럼, '계층'과 '전체성'이 흔히 동일한 문장 내에서 언급되고 있는 까닭이다. 또는 이것이 바로 야콥슨(Jakobson)이 언어를 "부분들로 구성된 한 전체이면서 동시에 그 자체는 더 큰 전체에 포함된 한 부분"이라고 설명하고 나서 곧바로

"그렇다면 계층은 (언어의) 구조적 근본 원리이다."라고 결론짓는 이유인 것이다. 또한 이것이야말로 정상적인 계층은 흔히 일련의 동심원이나 동심구 혹은 '둥지 내 둥지'로 묘사되는 까닭이다.

이와 같은 모든 이유에서 케스틀러는, 모든 계층은 홀론으로 구성되어 있고 또한 전체성의 정도가 증가하고 있다는 점을 주목하고 나서, '계층(hierarchy)'에 대한 올바른 표현은 실제로 홀라키라는 점을 적시하였다. 따라서 모든 계층, 즉 홀라키는 '단선적'이라는 일반의 공통되는 비난은 완전히 핵심을 놓치고 있는 것이다. 물론 어느 체계에서의 성장의 단계는 마치 우리가 그것을 도토리, 묘목, 상수리 순으로 적을 수 있는 것과 똑같이 '단선적' 순위에 따라 기록할 수 있다. 그렇지만 상수리나무(의 성장 자체)가 그러니까 단선적이라고 비난한다면 그건 어리석은 일이다. 성장의 단계는 우연히 일어나거나 무작위적이지 않고 오히려 어떤 종류의 패턴을 갖고 일어난다. 그러나 이 패턴을 '단선적'이라고 일컫는다면 그것은 그 성장 과정 자체가 엄격한 일방통행이고 그것들은 상호 의존적이고 복잡하게 상관적이라는 뜻을 전혀 함축하지 못하는 것이다. 그래서 오로지 실제적으로 내포되어 있는 복잡성을 이해하는 데 약간의 상상력을 동원하는 경우에만 우리는 '수준'이나 '사다리'나 '대층(帶層)'이라는 은유를 사용할 수 있는 것이다.

그래서 궁극적으로 성장 과정은 역방향으로는 일어나지 않기 때문에 계층/홀라키는 비대칭적[혹은 '상위적'-체계('higher'-archy)]인 것이다. 도토리는 상수리나무로 성장하지만 그 역은 아니다. 처음에 문자, 그다음에는 단어, 그다음에는 문장, 그다음에는 문단이 있지만 그 역은 아니다. 원자는 분자에 결합되지만 그 역은 아니다. 그래서 그와 같은 '역은 아니다.'는 증가하는 전체성의 피할 수 없는 계층이나 등급화나 비대칭적 순위를 구성하도록 만든다.

우리가 인식하고 있는 모든 발달적이고 진화적인 순차적 순서는 계층화에 의해, 증가하는 전일론적 발달의 순서에 의해, 예컨대 분자에서 세포로, 기관으로, 기관체계로, 유기체로, 유기체 사회로 순차적으로 진행된다. 인지발달에서 우리는 오직 한 가지 일이나 사건만을 나타내는 단순한 이미지로부터, 일이나 사건들의 전체 그룹이나 부류를 나타내는 상징과 개념에, 나아가 수많은 부류와 그

룹을 전체 네트워크로 조직화하고 통합하는 규칙들에 이르기까지 점점 확장되는 자각 인식을 발견한다. (남성이나 여성의) 도덕적 발달에서 우리는 고립된 주체로부터, 연관되는 주체들의 그룹이나 부족에, 나아가 어떤 고립된 요소를 넘어서는 그룹들의 전체 네트워크에 이르기까지 이동해 가는 추론을 발견하게 된다.

계층적/홀라키적 네트워크는 필연적으로 순차적이거나 단계적인 양상으로 전개된다. 왜냐하면 당신은 먼저 분자를 가져야 하고, 그다음에 세포, 그다음에 기관, 그다음에 복잡한 유기체를 가져야 하기 때문이다. 즉, 그것들은 모두 동시에 갑자기 진화의 장면에 뛰어들지는 않기 때문이다. 다시 말하자면 성장은 단계적으로 일어나고, 물론 단계들은 논리적이고 연대적 순서 양쪽 모두에 따라 등급화되어 있다. 보다 더 전일적인 패턴은 발달 과정에서 나중에 등장하는데, 왜냐하면 그것들은 마치 전체 문장은 오직 전체 단어들이 나온 후에만 출현하는 것과 마찬가지로 그것들 자신이 나중에 통합하고 통일하게 될 부분들의 창발을 기다려야 하기 때문이다.

어떤 홀라키는 제어 회로의 형식을 수반한다. 로저 스페리(R. Sperry)가 지적하듯이, (더 적게 전일적인 수준을 의미하는) 하위 수준들은 그가 '상향 인과'라고 일컫는 것을 통하여 더 상위의 (혹은 더 많이 전일적인) 수준들에 영향을 미칠 수 있다. 그러나 그가 또한 우리에게 환기시키는 바는, 똑같이 중요한 것으로 상위 수준은 하위 수준에 소위 '하향 인과'라고 일컫는 강력한 영향력이나 통제력을 행사할 수 있다는 것이다. 예컨대, 당신이 팔을 움직이려고 결심할 때 당신 팔 안의 모든 원자와 분자와 세포는 팔과 함께 움직인다. 이는 곧 하향 인과의 경우이다.

이제 어떤 계층적 패턴의 주어진 어느 수준 안에서 그 수준의 요소들은 이질적 등계층(heterarchism)으로 작용한다. 말하자면 어느 한 요소도 특별히 더 중요하거나 더 지배적인 것으로 보이지 않고, 각각은 전체 수준의 건전성에 어느 정도는 동등하게 [소위 '구두 끈(bootstrapping)' 은유로] 기여한다는 것이다. 그러나 이 하위적-순위(lower-order)의 전체가 일부분으로 되어 있는 어떤 상위적-순위(higher-order)의 전체는 자신의 각 구성 요소에 지배적인 어떤 영향력을 행사할 수 있다. 다시 말하자면 당신이 팔을 움직이고자 결심할 때 더 상위 순위의 전일적인 조직인 당신의 마음은 당신의 팔 안에 있는 하위 순위의 전체인 모든 세포에 영향력을 행사하지만 그 역은 아니다. 당신 팔 안의 한 세포는 전체 팔을 움직이도록 하는 결정을 내릴 수 없다. 말하자면 꼬리가 개를 흔들 수는 없는 것이다.

그래서 시스템 이론가들은 각 수준 내에서는 이질적 등계층이고 각 수준 사이에서는 홀라키적 계층이라고 말하는 경향이 있다. 그 어떤 발달과 성장의 순차적 순서에서도 더 포괄적인 단계나 홀론이 창발하면 그것은 앞서는 단계의 (즉, 앞서는 홀론의) 역량과 패턴과 기능을 내포한다. 그러고는 그 자신의 독특한 (그리고 보다 더 포괄적인) 역량을 추가한다. 그런 의미에서 그리고 그와 같은 의미에서만 새롭고 더 포괄적인 홀론은 '더 상위적인' 혹은 '더 심층적인' 것이라고 말할 수 있다. ('더 상위적인' '더 심층적인'이라는 표현 모두, 단순히 어떤 수평적 확장에서는 발견되지 않는 통합의 수직적 차원을 함의한다.) 유기체들은 세포를 내포하고, 그 세포는 분자를 내포하고, 그 분자는 원자를 내포한다(그러나 그 역은 아니다).

그래서 그 이전 단계의 중요한 가치가 무엇이든 간에 새로운 단계는 그 자신의 구성 조직 안에 더 추가되는 어떤 것(예컨대, 보다 더 통합적 역량)을 더하면서 그 앞 단계의 가치를 집어넣는 것이다. 바로 그 '더 추가되는 어떤 것'이란 그 이전의 (그리고 더 적게 포괄하는) 단계에 대해 상대적으로 '더 추가되는 가치'를 의미한다. '상위적 단계'에 대한 이와 같이 결정적으로 중요한 정의는 서양에서는 아리스토텔레스에 의해, 동양에서는 샹카라(A. Shankara)[16]와 열자에 의해 처음 도입되었다. 그것은 그 이후의 모든 발달적 연구에 중심이 되어 왔다.

하나의 손쉬운 예를 들어 보면, 인지와 도덕의 발달에서 남녀 아동 양쪽 모두에게서 전(前)조작적이거나 전(前)인습적 사고의 단계는 주로 ('자기애적'인) 개인 자신의 관점에 관심을 갖게 되어 있다. 다음 단계인 조작적이거나 인습적 단계에서도 여전히 개인 자신의 관점을 주로 고려하지만, 타인의 관점을 고려하는 역량을 추가하게 된다. 근본적인 것은 아무것도 상실된 것이 없고, 오히려 어떤 새로운 것이 추가된 것이다. 그래서 이와 같은 의미에서 이 단계는 더 광범위한 상호작용을 위하여 더 가치 있고 유용하다는 의미에서 더 상위적이거나 더 심층적이라고 적절하게 일컬어진다. 인습적 사고는 균형 잡힌 도덕적 반응을 이끌어

내는 데 전인습적 사고보다 더 가치가 있다(그리고 탈인습적인 사고는 보다 더욱더 가치 있다고 하는 등등이다).

헤겔이 최초에 언급한 것처럼 그리고 그 이후에 발달론자들이 화답해 왔듯이, 각 단계는 나름대로 적절하고 가치가 있지만 각각의 더 심층적이거나 더 상위적 단계는 보다 더 적절하고, 오직 그와 같은 의미에서만 보다 더 가치 있다(이는 항상, 보다 더 전일적이거나 보다 더 폭넓은 반응의 능력이 있다는 것을 의미한다).

'이질적 등계층론'과 '전일론'이 동일한 것이라고(그리고 그와 같은 양쪽 모두 분할적이고 속물적인 '계층'에 대비되는 것이라고) 주장하는 등계층론자들은 그것을 정확히 반대 방향으로 이해하고 있는 것이다. 전일론을 제대로 아는 유일한 길은 홀라키를 통해서이다. 이질적 등계층이란 본래 당연히 그 의미상 단순히 통합이 없는 분화, 즉 아무런 공통의 그리고 더 깊은 목적이나 조직을 인정하지 못하는 결합되지 않은 부분들이다. 말하자면 뭉친 덩어리이지 진정한 전체가 아니다. 모든 실재는 홀론이고 위계적이므로 홀라키로 보아야 한다. 그렇다면 왜 실재는 반드시 홀론으로 되어 있다고 보아야 하는지에 대해 좀 더 상세하게 알아보자.

하나의 전체로서의 실재는 사물이나 과정들로 구성되어 있는 것이 아니라 홀론들로 구성되어 있다. 말하자면 그것은 상하 방향으로 한계를 갖고 있지 않으며, 동시에 다른 전체의 부분이 되는 전체들로 구성되어 있다. 홀론은 사물이 아니라 과정이라고 말하는 것은 어떤 면에서는 옳지만, 과정 자체가 다른 과정 안에서만 존재한다는 본질적인 핵심을 놓치기 쉽다. 사물이나 과정은 없고 오직 홀론만 있는 것이다.

실재는 전체들로만 구성되어 있는 것이 아니므로 그리고 그것은 부분들만을 갖고 있는 것이 아니므로 오직 전체/부분들만 있다. 그렇다면 이 접근 방법은 원자론(atomism, 모든 사물은 오직 우연에 의해서만 상호작용하는 근본적으로 고립되고 개체적인 전체들이라는 것)과 전체론(wholism, 모든 사물은 단지 더 큰 그물망이나 전체의 가닥이나 부분들이라는 것) 사이의 해묵은 논란의 근본 바탕을 잘라 내 버린다. 왜냐하면 그와 같은 양쪽의 관점 모두는 절대적으로 틀린 것이기 때문이다. 전체란 없고 부분도 없다. 오직 전체/부분만 있는 것이다.

또한 이 접근 방법은 유물론자와 관념론자 진영 사이의 논란의 근본 바탕을 잘라 내 버린다. 실재는 쿼크나 혹은 '구두끈' 은유 같은 하드론이나 혹은 아원자적 교환으로 구성되어 있는 것이 아니다. 그렇다고 그것은 관념이나 상징이나 상념들로 구성되어 있는 것도 아니다. 그것은 홀론으로 구성되어 있다.

어떤 왕에 대한 오래된 우화가 있다. 그는 현자에게 가서 "이 지상은 어떻게 해서 무너져 내리지 않는가?"라고 물었다. 현자는 대답하기를, "이 지상은 사자 위에 놓여 있습니다." "그렇다면 그 사자는 무엇 위에 놓여 있는가?" "그 사자는 코끼리 위에 놓여 있습니다." "그 코끼리는 무엇 위에 놓여 있는가?" "그 코끼리는 거북이 등 위에 놓여 있습니다." "그러면 그것은 또 무엇 위에……." "왕이시여, 이제 바로 거기서 멈추시지요. 그 아래로는 맨 아래까지 무한정 계속 거북이들뿐입니다."

맨 아래까지 무한정 홀론들로 되어 있다는 말이다. "아원자적 입자들은 상대론적 양자역학에서만 엄격하게 정의될 수 있는 어떤 정확한 의미에서 보면, 각각 서로의 안쪽에 둥지를 짓고 있는 형국이다. 요컨대, 물리적 입자, 재정상화(再定常化)된 입자는 순환적인 혼란 속에 함께 뒤엉켜서 감겨 있는, 하나의 나(裸) 입자와 가상 입자들의 하나의 거대한 엉킴을 수반한다. 따라서 모든 실제 입자의 존재는 그것이 전파될 때 그것을 둘러싸고 있는 가상의 입자운(粒子雲) 속에 담겨 있는 무수하게 수없이 많은 다른 입자의 존재를 수반한다. 물론 그 입자운 속의 가상 입자들 역시 그 자신의 가상의 입자운, 거품 속의 거품(홀론 속의 홀론)을 끌고 나아가고 그리고 무한정으로 계속 그렇게……된다."[호프스태터(Hofstadter), 괴델 · 에셔 · 바흐(Gödel, Escher, Bach)]

그러나 그것은 역시 맨 위로도 무한정으로 거북이라는 말이다. 수학을 예로 들어 보자. 다른 어느 것들보다도 특히 타르스키의 정리(Tarski's Theorem)와 괴델의 불완전성 정리(Gödel's Incompleteness Theorem)로 귀착되는, 집합론에서 악명 높은 '역설들'[칸토르의 역설(Cantor's), 뷰라리-포르티의 역설(Burali-Fort's), 러셀의 역설(Russel's) 등]은 수학을 비가역적이고 언제나 끊임없이 확장하고 상한(上限)이 없는 우주 안에 위치시켰다. "(무한) 집합들의 총체성은 제대로 정의된 생성 과정의 최종점으로 규정할 수 없는데, 그 이유는 만약 그렇다고 한다면 우리는 하나의 집합으로서 지금껏 생성한 모든 것을 취한 후에 여전히 더 큰 집합 영역들을 계속하여 생성시켜 나갈 수 있기 때문이다. (무한 집합의) 어떤 정상적인 개념화의 대상은 언제나 보다 더 포괄적인 총체성 속에 내포될 수 있으므로 집합들(수학적 홀론들)의 총체성은, 어떤 무조건적이거나 절대적인 총체성이라는 단지 그런 이유 하나만으로도 인간의 마음으로는 적절하게 상상해 낼 수 없는 그러한 것이다. 더구나 그 집합들은 하나의 초유한적 계층 안에, 즉 위로 영원히 계속되는 그래서 위로 영원히('초유한적으로') 계속되어야 하는 홀라키 안에 배열되어 있다. 그렇지 않을 경우 수학은 비명을 지르며 자기 모순적 정지(停止)에 봉착하게 된다."[에드워즈(P. Edwards), 철학백과사전] 수학조차도 시간의 화살 속에 놓여 있다. 그리고 시간의 화살은 무한정으로, '초유한적으로' 홀라키적이다.

마찬가지로 이것은 철학에서도 중요하고, 특히 오늘날 '전체론'을 요란스레 떠들어 대는 수많은 '뉴에이지' 패러다임에서도 중요하다. '초유한적'(맨 위에로 무한정 계속되는 거북이)이란 우주 내의 모든 전체/부분의 총합은 그 자체로 한 절대 전체가 아니라는 것을 의미한다. 왜냐하면 그 총합이 (한 '전체'로) 되는 순간 그 총체성은 단지 바로 그다음 순간의 전체의 한 부분이 될 뿐이고, 이는 또다시 단지 그다음의 한 부분이 될 뿐이고…… 그래서 무한을 향해 계속 그렇게 되기 때문이다.

이것이 의미하는 바는 "우주의 기본 원리는 전체성이다."라고 우리가 마음 놓고 편히 말할 수 있는 곳은 어디에도 없다는 것이다(물론 "그 기본 원리는 부분성이다."라고 말할 수도 없다). 이것은 전체자의 원리가 세계를 지배한다고 말하는 것조차도 막는데, 왜냐하면 전혀 그렇지 않기 때문이다. 즉, 여하한 전체도 무한정으로 어디까지나 한 부분이기 때문이다.

그러므로 홀론들 내의 홀론들 내의 홀론들이란 세계는 전체이거나 부분이거나 간에 밑바닥이 없다는 것을 의미한다[그리고 영적인 의미에서 그 어떤 종류의 '절대적 실재'에 있어서도, 그것은 전체도 아니고 부분도 아니며, 하나도 아니고 다수도 아니라는 것을, 그래서 다만 순수한 무기저의 공(空, Emptiness)이거나 근본적으로 비이원의 '영'이라는 것을 우리는 알게 될 것이다].

이러한 점은 바로 그것이 총체화하며 지배하는 어떤 전체성(Wholeness)을 막아 주기 때문에 중요하다. '전체성'이란 매우 위험한 개념이고 사실 여러 가지 이유로 위험하다. 그중에 아주 사소한 점이라 볼 수 없는 것은, 무엇이든지 이데올로기적으로 막다른 곳으로 밀어 넣기 위해 그것은 언제나 이용 가능한 상태에 있다는 것이다. 누구든지 전체성을 궁극자라고 말할 때마다 우리는 매우 경계해야 한다. 왜냐하면 그들이 우리에게 말하고 있는 바는, 우리는 '전체성'에 대한 그들의 독특한 해석의 단지 '부분들'일 뿐이고 그래서 우리는 그들의 비전, 즉 우리는 그들의 아주 멋진 그물망 내의 단지 가닥들일 뿐이라는 비전에 순종해야 한다는 것이기 때문이다.

그들은 사회적 유토피아와 같은 전체주의자의 세계를 교묘하게 만들어 내고 싶어 한다. 이것은, 당신이 그들의 '전체성' 안에 무엇이 포함되어 있는가를 그들에게 단순히 묻고 나서, '전체자'에 대한 그들의 해석에 포함시키지 않고 있는 엄청나게 많은 것이 있다는 것을 즉각 알아차리게 될 때, 더욱더 경악을 금할 수 없게 되는 것이다. 에코페미니스트(생태여성주의자)들은 그들의 '전체' 안에 가부장제를 포함시키지 않고, 대개의 심층 생태주의자들은 그들의 '궁극적 전체성' 안에 명상적 상태를 포함시키지 않고, 생태철학자들은 일반적으로 산업화(혹은 그러한 연유로 영농사업) 등을 싫어한다. 그들이 옳을 수도 있고 옳지 않을 수도 있다. 하지만 내가 보기에는 전체자를 포섭하고 있다고 주장하는 사람들을 위해서 이런 이론가들은 실존의 엄청나게 많은 부분을 거부하고 있다.

다시 말해 실제로 궁극의 '전체자'라고 하는 그런 야수는 없고, 그래서 그것은 단순히 어디에도 존재하지 않는다. 그러므로 그것을 강요하려 드는 자들은 실재가 아니라 순전히 그들 자신의 이데올로기에 의해 그것에 그런 내용을 부여해야 한다. 그렇게 되면 우리는 그들의 찬란한 그물망 속의 단지 하나의 가닥들에 불과한 것으로 전적으로 규정되어 버린다. 그렇게 함으로써 하나의 총체화하는 사회적 의제는 현저하게 그럴듯해 보이게 된다. 하지만 하버마스와 푸코 같은 다양한 부류의 이론가의 관점만 보아도 그러한 총체화하는 의제를 생명 세계에서의 근대의 주적(主敵)으로 보아 온 관점에서 그다지 벗어나지 않는다.

지금까지 이 쟁점을 장황하게 말해 왔다. 왜냐하면 홀라키의 무한정성, 개방성, 어지러울 정도로 둥지를 짓는 본성으로 인해 지배자 홀라키가 아닌 실현 홀라키를 강조하는 것은 지극히 중요하기 때문이다. 더구나 지배자 홀라키는 어느 홀론이 전체/부분으로서가 아닌 전체자로서 성립되고자 할 때마다 틀림없이 생겨나게 마련이다. '궁극의 전체성', 이것은 지배자 홀라키, 병리적 홀라키의 본질이다. '순수한 전체성', 이 말은 총체적으로 거짓말이다.

이러한 모든 이유로 통상적으로 우주 내의 사건들의 총합을 (부분성을 넘어 전체성의 궁극적 우선권을 의미하는) 바로 '전체자(the Whole)'가 아니라 (전체/부분들의 총합인) 그냥 '모든 것(the All)'이라고 지칭하는 것이다. 그리고 이 총합은 그 자체가 하나의 전체가 아니고 하나의 전체/부분이다. 당신이 '모든 것'이라고 생각하자마자 곧 당신 자신의 사고는(첫 번째의 모든 것은 이제 더는 모든 것이 아니라 단지 새로운 모든 것의 부분이 되어 버리도록) 모든 것에게 아직 또 다른 홀론을 더하는 것이다. 그래서 우리는 (전체로서의) '모든 것'으로 상징화하는 그러한 것에는 결코 도달하지 못하고서 무한정으로 그냥 (부분/전체로) 그렇게 되어 나가는 법이다. 이런 점이 바로 그것은 결코 어느 한 전체가 아니고 (한 전체/부분의 시리즈 자체와 함께 그리고 '초유한적으로' 계속 그렇게) 전체/부분들의 끝이 나지 않는 시리즈일 뿐이라는 근거가 되게 하는 것이다.

피타고라스학파 사람들은 온우주(Kosmos)라는 용어를 도입하였는데, 우리는 이를 통상 '우주(cosmos)'라고 번역한다. 그러나 온우주의 원래 의미는 사물에서 수학으로, 신지(神智, theos)로 이르는 존재의 모든 영역에서의 패턴화된 본성이나 과정이지, 오늘날 통상적으로 '천체우주(cosmos)'와 '일반우주(universe)' 양쪽 모두가 의미하는 바의 단지 물질적 우주는 아닌 것이다.

그래서 윌버는 이 용어 온우주를 물질우주를 의미하는 우주(cosmos) 대신에 다시 도입하여 사용하고 있다. 온우주는 우주(혹은 물질권), 생물계(the bios 혹은 생물권), 정신계[the nous, 정신권(the noosphere)], 신지계(神智界, the theos, 신지권 혹은 신성의 영역)를 내포한다. 그들 중에 어느 것도 근본 바탕(본체, 本体)적인 것이 아니다['영'조차도 공(空) 속으로 희미하게 가려서 사라져 버린다].

그래서 우리는 한마디로 온우주는 맨 위로 맨 아래로 무한정으로 계속되는 끝이 없는 홀론으로 구성되어 있다고 말할 수 있다.

홀라키적 온우주

동서양의 '위대한 지혜의 전통'에 따르는 '영원의 철학'에서는 우리가 살고 있는 이 우주와 모든 생명체를 포함한 무한다중 거품우주나 '삼천대천세계'의 온우주는 홀라키적인 존재임을 밝히고 있다. 윌버가 그의 온수준적인 심층적 홀리스틱 사상의 핵심으로 하고 있는 온우주론 3부작의 1부, 『성, 생태, 영성』과 이를 축약한 『모든 것의 역사』 2, 3장에서 제시한 홀라키적 온우주론을 보면, '존재의 대사슬'과 '생명의 그물망'을 형성하고 있는 온우주 내의 모든 존재와 생명의 창발과 진화의 특성 그리고 모든 생명의 상호 연결 패턴을 20가지 교의적인 원칙(tenets)으로 집약하여 제시한다. 그중에 그는 온우주론과 그 세계관을 뒷받침하는 의식과 생명에 대한 중요한 네 가지 실상을 다음과 같이 기술하고 있다.[17)]

첫째, 모든 실재는 홀론으로 구성되어 있다. 모든 존재계를 포괄하는 온우주는 맨 위에서 맨 아래까지 홀론의 계층적 구조를 갖고 있다. 맨 아래와 맨 위는 단순한 관념적인 표현일 뿐 실제로는 '전체'란 없고, 현재 이 순간의 전체는 다음 순간의 더 큰 전체의 부분이며 맨 아래로 내려가면, 아원자적 입자 홀론보다 더 아래의 쿼크 수준의 홀론에서 아쿼크 수준의 아홀론으로 무한히 계속 내려간다. 현재 물리학 수준에서는 슈퍼스트링이 춤추는 양자장의 확률 파동의 세계인 에너지(氣)의 장(場)만 만날 뿐이고, 다만 궁극적으로 계속 올라가거나 내려가면 인간 의식이나 현대 물리학적 개념에서의 존재의 실상은 맨 아래와 맨 위, 전체와 부분의 개념과 구분이 사라진다는 것이다.

둘째, 모든 홀론은 작인(agency), 공존적 교섭(communion), 초월(transcendence), 분해(dissolution)라는 네 가지 추동력을 공유한다. 먼저, 홀론은 자칫하면 그를 없애려는 환경적 압력에 직면하여 그 자신의 전체성을 유지하고 자기정체성과 자율성을 보존, 유지하기 위한 능력과 기능인 작인의 인력(引力)을 갖는다. 또한, 다른 시스템인 바로 상위 홀론의 부분으로서의 적합성을 유지하기 위한 공존적 교섭의 인력도 가져야 한다. 이 두 가지에 실패하면 홀론은 없어진다.

다음에는 홀론의 수직적 능력으로서의 인력인 자기초월성과 자기분해성을 갖는다. 홀론의 자기초월적 과정은 진화의 도약과 창조적 점프이다. 이를테면, 사물에서 생명으로의 진화를 거친 생명홀론은 사물의 아홀론적 속성을 비환원적으로 스스로 초월한다. 반면에 홀론이 그의 전체성을 유지 보존하는 능력인 작인과 공존적 교섭력을 상실하면 분해되는 자기분해성을 갖는다. 홀론의 자기초월적인 창발적 진화 '양자적 진화' '자아실현적 진화'를 가져오는 추동력의 원인은 단순히 다윈의 진화론적인 '우연'이나 프리고진(I. Prigogine)의 비평형계의 '요동'에 의한 갈래치기 현상이라는 말로만 설명할 수는 없다. 그것은 온우주 자체의 구조적 직물(짜임새)의 내재적 원리로서 동양의 이/도/법성(理/道/法性)과 서양의 '활동 중에 있는 영(Spirit-in-Action)'이나 '창조 중에 있는 하느님(God-in the-Making)'의 섭리로 설명할 수밖에 없다.

셋째, 홀론은 창조적으로 창발한다. 홀론의 자기초월적 능력으로 인해 새로운 홀론이 창발한다. 이를테면, 제일 먼저 아원자 입자, 다음에 원자, 분자, 폴리머(생체고분자), 세포 순으로 차례로 창발한다. 창발된 홀론은 어떤 의미에서 정말 신기할 정도로 새로운 속성을 갖고 있다. 그들은 그들의(창발적 속성을) 구성 요소로는 무슨 수단을 쓴다 해도 도저히 환원될 수 없는 그런 성질과 자질을 갖는다. 창발적인 조직화의 특성은 '자기조직화'의 과정이 진행되면서(부분으로서의) 요소 이상의 새로운 속성들이 존재론적으로 생겨난다는 것이다.

홀론은 그 신기성에서, 그 창발성에서, 그 창조성에서 새로운 속성이 생겨나고 새로운 패턴이 드러나고 새 홀론이 나타난다. 따라서 이 창발성은 비결정성(indeterminacy)의 의미를 갖는데, 이는 이전에 없던 홀론 속성의 창발은 과거의 속성에 의해서는 결정할 수 없다는 것을 의미한다. 이와 같이 온우주는 '창조적 창발성'의 '양자도약'으로 드러난다. 우리는 창조적 창발성을 갖는 우주 속에 존재한다. 이러한 홀론의 창조성, 창조적 창발성은 '영'이 관여한다. 절대정신, '영'

에 대응하는 불교 용어는 '공(空)'이다. '영'/공이 사물/형색(形色, form)으로 나타나는 것이다. '공'으로부터 새로운 사물/형색이 창발되고 새로운 홀론이 창발하는 것이다. 이는 '우연'이 아닌 다른(필연의) 절대적 원리가 우주를 밀고 있음이 분명하다.

넷째, 홀론은 홀라키적으로 창발한다. 홀론은 언제나 위계적으로 창발한다는 것이다. 이를테면 이는 일련의 증가하는 전체/부분으로서 유기체는 세포를 포함하나 그 역은 아니며, 세포는 분자를 포함하나 그 역은 아닌 것이다. 이는 피할 수 없는 비대칭성과 위계성, 즉 홀라키를 구성하는 것이다. 각각의 더 깊고 더 높은 홀론은 자기보다 더 아래의 것들을 내포하면서 그 스스로의 새로운 그리고 더 확대된 패턴이나 전체성을 추가한다. 즉, 이것을 전체로서 정의하게 될 새로운 코드나 규범이나 형태형성장(morphogenetic field)[18] 혹은 작인을 추가한다. 따라서 단순한 전일주의와 홀라키적 전일주의는 근본적으로 상이한 것이다.

모든 존재는 홀론이고 위계 구조를 가지며 더 상위의 더 높은 차원은 맨 위에서 맨 아래로 무한 중첩되어 있으므로 전일성은 홀라키를 통해서만 가능하다. 보다 실제적으로 홀라키의 특성을 고찰해 보면 자연이나 생명홀론의 홀라키에서 어느 홀론이 그의 위치를 망각하고 찬탈에 의해 전체를 지배하려고 시도할 때 우리는 병리적이거나 지배적인 위계를 갖게 된다. 이를테면 암세포는 신체를 지배하고 억압된 에고는 유기체를 지배하는 등등이다. 병리적인 홀라키에 대한 치유는 홀라키 자체를 제거하거나 없애는 것이 아니라, 그것은 여하튼 불가능한 일이지만, 오히려 그 오만한 홀론을 사로잡아 자연스러운 홀라키로 그것을 돌려서 통합시키는 일이 바람직하다.

이상에서 살펴본 바와 같이 윌버의 자연과 생명/의식의 진화의 모든 수준을 포함하는 전일적 홀라키적인 온우주론(Holistic Kosmology)의 세계관 속에 윌버의 독특한 홀라키적 실재관/생명관이 나타나 있다. 윌버는 생명/의식의 창발과 진화의 원동력, 동인력(動因力)은 생명체의 영성(Spirituality)에서 나오며 이를 윌버는 '활동 중에 있는 영', 즉 진화의 '영'으로 보았다. 이와 같이 윌버는 '영원의 철학'에 따르는 온우주론의 홀라키적 실재관/생명관에서 다른 수준 사이의 상의 상관적 홀라키적인 상호 침투[상입(相入)]에 의한 그리고 동일 수준 내의 부분과 전체 사이의 대등한 상호 침투[상의(相依) 상관(相關)]에 의한 전일적이며 상관적인 홀라키적 존재관을 기본 패러다임으로 제시하고 있다. 쉽게 말하자면, 그의 홀라키적 온우주론은 모든 것은 다른 모든 것과 서로서로 연결됨으로써 다차원적인 심층 홀라키적 생명의 그물망(Web of Life)을 형성한다고 보고 있다.

온우주의 네 코너

켄 윌버는『감각과 영혼의 만남』의 4장, '근대성의 존엄성과 재앙'에서 근대성의 존엄성을 가치권의 차별성이라고 적시하면서, 특히 '3대 가치권'(진 · 선 · 미, 과학 · 도덕 · 예술)의 차별화(분화)를 가장 최상의 존엄성으로 보고 있다. 이 3대 가치권은 동양에서도 삼보라고 일컫는 것으로, 지(知) · 정(情) · 의(意), 지(智) · 덕(德) · 체(体), 불(佛) · 법(法) · 승(僧), 천(天) · 지(地) · 인(人) 등의 다양한 의미를 가지는데, 그것은 객관적 · 과학적 · 경험적인 외적 세계, 상호주관적 · 도덕적 · 문화적인 내적 세계, 주관적 · 해석적 · 대화적인 내면적 세계를 나타낸다. 또한 윌버는 3대 가치권/삼보는 다른 현실적인 언어를 갖고 있기 때문에, 주관적 · 의도적 · 내면적 영역은 '나'-언어로, 상호주관적 · 문화적 · 도덕적인 내면적 영역은 '우리'-언어로, 객관적 · 경험적인 외면적 영역은 '그것'-언어로 표현될 수 있고, 그 객관적 · 외면적 세계가 집합적 · 시스템적일 때는 '그것들'의 언어로 기술된다는 것이다.

윌버는 3대 가치권의 차이와 차별화(분화)의 관점을 바탕으로 전근대 · 근대 · 탈근대의 수많은 사상과 이론의 계통/사조/조류에 대한 자료 검색과 연구를 하는 과정에서, 모든 존재의 대사슬은 홀론이고 홀라키적이므로 모든 존재에는 주관적/내면적 측면과 객관적/외면적 측면이 있다고 말한다. 이 같은 내면 영역도 다시 개인적(나의) 영역과 집합적(우리의) 영역으로 그리고 외면적 영역도 개체적(그것의) 영역과 집합적(그것들의) 영역으로 구분할 수 있다는 것이다. 나아가 그것들은 모두 존재의 대둥지에 따라 상이한 위계적 홀라키로 상호 연관적으로 나타남을 깨달았다. 켄 윌버는 '진리의 사분면' '온우주의 네 코너'의 개념을 발견하고 이론적으로 정립하게 된 배경을 『감각과 영혼의 만남』 5장, 알려진 우주의 네 구석에서 다음과 같이 설명하고 있다.

> 이 문제를 연구하면서 지금까지 나는 시스템이론, 생태과학, 카발라(Kabbalah), 발달심리학, 유가(瑜伽)불교, 도덕발달, 생물학적 진화, 베단타(Vedanta), 신유학, 우주와 별의 진화, 화엄학, 신플라톤적 실체 등 전근대 · 근대 · 탈근대의 겹둥지(Nests)의 전체 스펙트럼에서 취한 수백 가지 위계에 대하여 철저한 자료 검색을 수행하였다. 수백 가지 위계의 사례를 수집한 뒤에 나는 그것들을 여러 방법으로 그룹화하려고 노력하였고 그런 연후에 점차 그것들은 모두 예외 없이 네 가지 주요 유형 중 하나로 맞아떨어지게 된다는 사실을 알아차렸다.

이러한 위계들의 네 가지 형식을 윌버는 진리의 사분면(四象限, four quadrants 四分面, 四分位) 온우주의 네 코너라고 일컫고 있다. [그림 3-1]은 온우주에 모든 실재를 온우주의 네 코너로 요약하여 알려 준다. 이 그림은 단순한 구도이므로 결코 완전하거나 모든 것을 망라하는 것이 아니고, 다만 이러한 주요 위계의 대표적인 표본일 뿐이다. 존재의 위계 사분면은 뒤에서 곧 설명하겠지만, 단순히 '개체적' 국면과 '집합체적' 국면의 '내적' 측면과 '외적' 측면을 각각 다루고 있다는 것이 곧 분명해졌다. 요컨대 위계의 네 가지 형식은 정말 서로 상이한 것이지만 그것들은 본질적으로 서로가 서로를 필요로 하는 것으로 보이는 측면에서는 모두 광범위하게 상호관계를 가지며 서로 깊이 연결되어 있다.

윌버가 강조하는 바는, 그가 발견한 진리의 사분면에서 확신하게 된 것은, 전통 종교의 고전적인 위계와 근대과학의 표준 위계는 사분면적 위계 중에 단순히 두 가지 분면(좌상 분면과 우상 분면)에 해당한다는 것이다. 뿐만 아니라 그것들은 각각 서로 깊이 상호 연결되어 있지만, 그것들도 역시 보다 더 큰 회로망의 한 부분이라는 것이다. 즉, 그것들은 밀접하게 상호 연결되어 있는 네 가지 상이한 형식의 개체적 · 내면적, 개체적 · 외면적, 집합적 · 내면적, 집합적 · 외면적 위계들을 대표하는 광범위한 온우주적 회로망의 일부분이라는 것이다. 이러한 진리

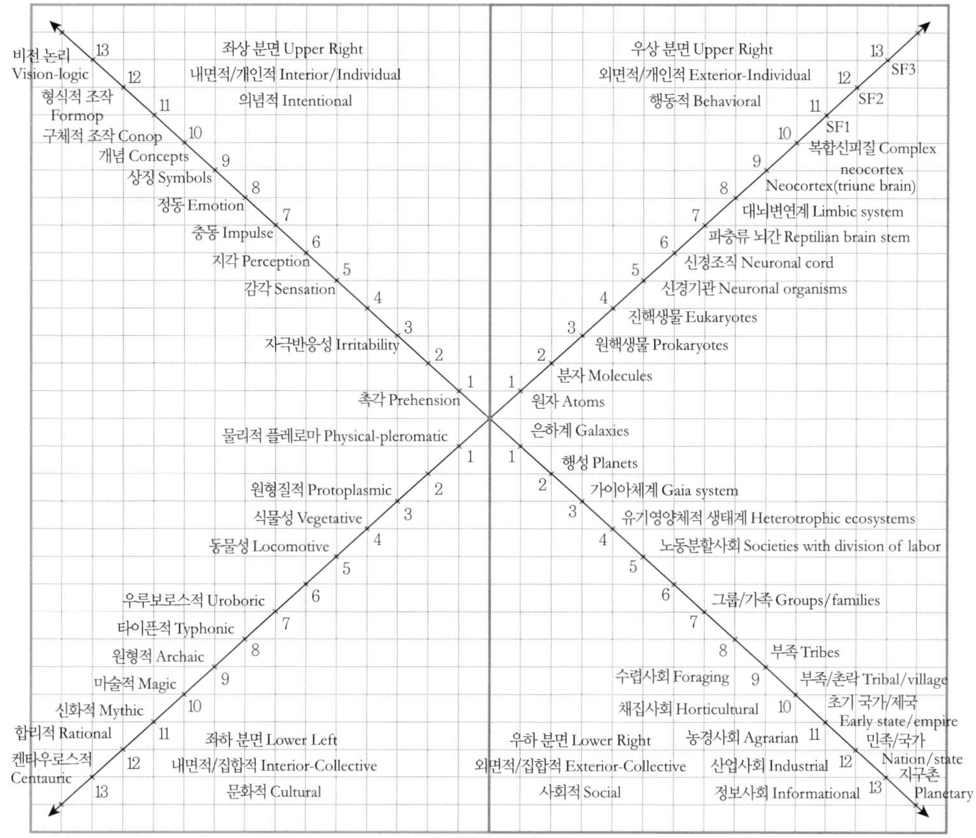

[그림 3-1] **온우주의 네 코너**

출처: Ken Wilber, 『감각과 영혼의 만남』, p. 114, 115

의 사분면은 그의 온우주론과 통합모형의 근간이고 그의 넓은 의미의 심층과학사상, 통합심리학사상, 과학과 종교의 통합사상, 통합실천/수련/수행사상의 바탕이 되고 있다.

통합적 접근: 진리의 사분면

윌버는 AQAL 통합사상의 온수준 · 온분면의 통합적 접근은 앞에서 언급한 홀론/홀라키적 온우주의 '온우주의 네 코너'로 그리고 존재의 온수준에 대한 '진리의 사분면'으로 이해해야 한다고 강조하고 있다.

그래서 여기서는 『켄 윌버의 일기』[19]에서 켄 윌버가 강조하는 온수준 · 온분면의 통합적 접근의 의미를 알아보겠다.

일반적으로 '통합적(integral)'이나 '홀리스틱[holistic, 전일적(全一的)]'이란 의미를 설명하는 데는 여러 가지 방법이 있다. 가장 보편적인 것은 사물 · 신체 · 마음 · 혼 · 영을 포함하고 통합하려고 시도하는, 즉 전체 존재의 대둥지(The Great Nest of Being)를 포함하려고 시도하는 접근 방법이다. 그래서 물리학은 사물을 다루고, 생물학은 살아 있는 신체를 다루고, 심리학은 마음을 다루고, 신학은 혼을 다루고, 신비주의는 정신(영)의 직접적인 체험을 다룬다. 그래서 실재에 대한 통합적 접근은 (단지 몇 가지 예만 든다 해도) 물리학, 생물학, 심리학, 신학, 신비주의 등을 포함하게 되는 것이다.

이것은 '통합적'이란 의미를 정의하는 데는 좋은 출발점이다. 하지만 그러한 수준들 각각은 실제로 최소한 네 가지 중요한 측면 혹은 차원을 갖고 있다는 점을 적시하여 좀 더 정교하게 구조화하는 구도를 만드는 것이다. 각 수준은 개체적, 집합적인 두 형태로 각각 내부로부터 그리고 외부로부터 보일 수 있다.

예컨대, 당신의 의식은 (지금 이 순간 당신의 마음을 통해 떠다니는 모든 이미지, 충동, 개념, 욕망을 지닌) '나(I)'로서 일인칭으로 체험되는 내부로부터, 즉 주관적인 쪽으로부터, 즉 지금 이 순간의 당신 자신의 자각 인식에 의해 보일 수 있다. 당신은 또한[예컨대 아세틸콜린(acetylcholine),[20] 도파민(dopamine),[21] 세로토닌[22](serotonin) 등의 뇌 내 호르몬을 내포하고 있는 뇌의 경우와 같이 모두 객관적인 그것-언어(it-language)로 기술되는] '그것(it)'으로서의 3인칭으로 객관적이고 경험적이고 과학적인 양식으로도 의식을 연구할 수 있다. 이러한 양쪽 모두는 단지 단수가 아닌 복수 형태로, 단지 '나(I)'나 '그것(it)'이 아니라 '우리(we)'로 존재한다. 또한 이 집합적 형태도 역시 내측과 외측, 즉 내부로부터 공유되는[우리(we)의] 문화적 가치 그리고 외부로부터 보이는[그것들(its)의] 외양적이며 구체적인 사회적 형태를 지니고 있다.

그렇다면 대사슬 내의 각 수준은 실제로 개체적이고 집합적인 양 형태로 내측과 외측을 갖고 있다. 그래서 그것은 우리에게 [그림 3-1]과 같은 실존의 각 수준의 4차원[혹은 '사분면(四象限, four quadrant)']을 제시하고 있다.

우측 분면의 양쪽 다 모두 객관적인 그것들(its)이기 때문에 그것들은 하나로 고려될 수 있고, 그래서 자주 네 개의 차원을 단지 [그림 3-2]와 같이 세 가지 차원으로, 즉 나 · 우리 · 그것이나 1인칭 · 2인칭 · 3인칭으로 단순화하여 나타내기도 한다.

이러한 세 가지 기본 차원을 기억하는 쉬운 방법이 있다. 미(美)는 응시자의 눈, 응시자의 '나(I)' 속에 있다. 선(善)은 그대와 나, 즉 '우리' 사이에 생기는 도덕적/윤리적/문화적 상호작용을 지칭한다. 진(眞)은 보편적으로 객관적 사실들 혹은 '그것들(its)'을 지칭한다. 그래서 '나(I)' · '우리(we)' · '그것(it)'의 세 가지 기본 차원(삼보/삼대가치권)은 미(美) · 선(善) · 진(眞)으로 지칭되기도 한다. 혹은 다시 말해 이것은 예술 · 도덕 · 과학으로도 지칭된다. 그래서 참으로 통합적인 시각은 단지 사물 · 몸 · 마음 · 혼 · 영에 대해서만 말하지 않을 것이다. 왜냐하면 그러한 수준들 각각은 예술의 차원 · 도덕의 차원 · 과학의 차원을 갖고 있고, 우리는 그것들 모두를 명시적으로 포함할 필요가 있기 때문이다. 그래서 예컨대 사물/신체 영역의 예술[자연주의, 사실주의(realism)], 이지적/심적(mental)

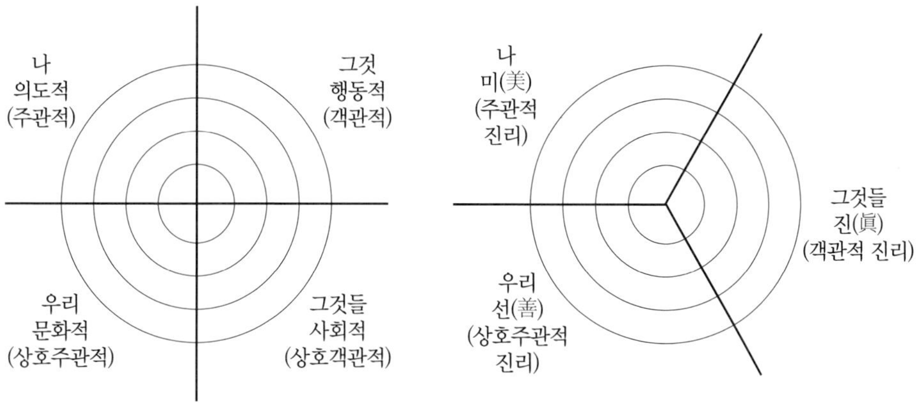

[그림 3-2] **온분면과 온수준의 통합**

출처: Ken Wilber, 『통합심리학』, p. 67, 73

영역의 예술(초현실주의적, 개념적, 추상적 예술), 혼(정신)과 영 영역의 예술[정관/관조적(contemplative), 초월적 변용적 예술]이 있는 것이다. 마찬가지로 감각적 영역[쾌락주의(hedonism)]으로부터, 이지적/심적 영역[상호성(reciprocity), 공정성(fairness), 정당성(justice)]으로부터 그리고 혼적(정신적), 영적 영역(우주적 사랑과 자비)으로부터 각각 생겨나는 도덕이 있다. 이와 같이 다른 분야도 다 마찬가지이다.

그러므로 이러한 세 가지 차원(나 · 우리 · 그것 혹은 예술 · 도덕 · 과학 혹은 미 · 선 · 진)을 실존의 주요 수준(사물 · 신체 · 마음 · 혼 · 영)과 다 함께 모아 놓는다면 이는 실재에 대한 진실로 훨씬 더 통합적이고 전일적인(홀리스틱한) 접근을 가능하게 해 줄 것이다.

『켄 윌버의 일기』에서 윌버가 보여 주는 이 세 가지 차원은 진 · 선 · 미, 지 · 덕 · 체와 같은 삼덕(三德)을 의미하고 궁극의 실재를 이해하는 영적 삼보(三寶)로서 다음과 같이 말할 수 있다. 그래서 켄 윌버는 『모든 것의 역사』에서 삼보에 대해서 다음과 같이 말하고 있다.[23)]

당신이 자신에 대해 아주 궁극적으로 진실할 때 결국 당신은 “나는 부처이다.” “나는 영(Spirit)이다.”라는 것을 깨닫고 고백하게 될 것이다. 그것에 미달하는 그 어떤 것도 하나의 거짓, 자아의 거짓, 분리된 자기 감각의 거짓, 무한에 직면한 위축인 것이다. 당신의 의식의 가장 깊은 휴식처는 지고의 정체성 안에서 영(Spirit) 자체와 직접 조우한다. “내가 아니라 그리스도가 내 안에 거주하신다.” 이는 말하자면 궁극의 나는 그리스도라는 말이다. 이것은 당신이 처음으로 실존으로 이끌어 내는 어떤 상태가 아니고, 단순히 인식하고 인정하는 무시간의 상태인 것이다. 그대는 “나는 부처이다.” 궁극의 미(美)라고 말할 때 아주 근본적으로 진실한 상태에 있는 것이다.

그래서 궁극의 문화적 적응 또는 정당성은, “우리 모두는 영적 공동체의 일원들이다.”에서 찾을 수 있다. 모든 유정의 존재들[중생(衆生)들]은, 사실상 모든 홀론은 불성을 함유한다(一切衆生 悉有佛性). 즉, 깊이, 의식, 고유의 가치, 영(Spirit)을 내포한다. 그러므로 우리 모두는 모든 존재의 평의회, 신비의 교회, 궁극의 우리(We)의 일원들이다. 그것은 곧 궁극의 윤리, 궁극의 선(善)인 것이다.

그래서 궁극의 객관적 진리란 모든 존재는 영(Spirit)이나 공(空)의 완벽한 현현, 즉 우리 모두는 궁극의 그것(It) 혹은 법(法, Dharma)의 현현이라는 것이다. 그것이 바로 궁극의 진리(眞)이다.

궁극의 나, 궁극의 우리, 궁극의 그것, 불(佛) · 승(僧) · 법(法)이 곧 삼보이다.

모든 것의 이론: 통합 패러다임 사상[24)]

왜 모든 것의 이론인가

켄 윌버는『켄 윌버의 모든 것의 이론』(2000)에서 윌버모형 Ⅳ의 온수준 · 온분면 · 온계통의 통합모형에서 한걸음 더 나아가, 그의 대 통합이론을 '모든 것의 이론'이라는 과감한 명칭으로 일컬으며, 다양한 발달 조류의 인간 의식과 온우주에 대한 통합적 시각을 철학, 심리학, 사회, 문화, 예술뿐만이 아니라 현실세계의 인지(人知)의 거의 모든 분야로, 정치 · 경제 · 경영 · 과학 · 종교 · 영성 등 모두의 통합적 비전으로 확장하는 시도를 하고 있다. 켄 윌버는 이 책에서 물질우주의 통일적 원리를 밝히려는 슈퍼스트링 이론, 통일장 이론, '모든 것의 이론(T · O · E)'의 용어를 취한 후 그 개념을 확장하여, 이를 물질적 · 정동적 · 심적 · 혼적 · 영적 차원을 모두 포괄하는 온우주를 통합하고 통일하는 포괄적인 원리로서의, 문자 그대로 온통합적 모형을 제시하고 있다. 따라서 진정한 의미에서의 모든 것의 이론은 사물 · 몸 · 마음 · 혼 · 영이 자기 · 문화 · 자연에서 나타나는 그대로 그것들을 모두 포함하는 광범위하며 균형 잡히고 내포적인 것이 되려고 시도해야 한다는 것이다. 그러므로 그것은 과학 · 예술 · 도덕의 3대 가치를 포섭하는 비전이고, 물리학에서 영성에 이르기까지, 생물학에서 미학에 이르기까지, 사회학에서 명상 · 정관적 종교 및 수련/수행 분야에 이르기까지 모든 분야를 포함하는 비전이며, 나아가 통합정치학, 통합의학, 통합경영, 통합영성 등을 보여 주는 비전이라는 것이다.

여기서 윌버는 '통합적(integral)'이란 용어를 모든 것의 균일화가 아닌 '다양성 속의 통일(unity-in-diversity)'이란 의미로 사용하고 있고, 따라서 T · O · E란 단지 인간성에서만이 아닌 온우주 전반에서의 보다 포괄적인 관점, AQAL Matrix의 온수준 · 온분면 · 온계통적 관점을 찾으려 한다는 것을 의미하고 있다. 또한 윌버는 강조하기를, 실재에 대한 진실로 홀리스틱하거나 통합적 관점을 개발하는 데 성공하게 된다면, 우리는 또한 새로운 형식의 보다 엄격한 이론, 즉 개인적/집합적, 주관적/객관적, 문화적/사회적 측면 전반에 걸쳐서 보다 더 포괄적이고 바람직한 시각에서 모든 관심사의 현재 상태에 대해 보다 더 엄격한 이론을 개발하게 된다는 것이다. 이러한 통합 패러다임은 본질적으로 비교적 부분적이고 편협하고 깊이가 없고 덜 포괄적이고 덜 통합적인 접근에 비해 훨씬 더 엄격한 접근이 될 것이다. 그렇다고 해서 이러한 통합적 비전, 이 같은 T · O · E는 결코 최종적이거나 고정된 관점이거나 유일한 관점이 분명 아니다. 다만, 단지 정합적 양상으로 수많은 분야로부터 가능한 모든 연구를 더욱더 존중하고 내포하려고 도모하는 관점, 즉 온우주에 대한 통합적이거나 보다 더 포괄적인 관점일 뿐이라는 것이다.

인간 의식 프로젝트: 나선동역학

윌버는 이미 『통합심리학』에서 인간 의식의 성장 발달, 내면적 발달과 의식의 진화에 대한 다양한 라인/계통/조류/사조 간의 유사성과 상이성을 100명이 넘는 의식의 발달론적 학자들 사이의 발달 차트를 비교하면서 고찰한 바 있다. 그 결과, 그는 대부분의 성장 발달의 사조와 계통은 비록 거의 독자적으로 성장 발달하면서도 발달의 순차적 순서에서는 서로 간에 상위성도 있지만, 일반적으로 일관성이 있다는 것을 밝힌 바 있다. 그는 대부분의 이러한 발달의 구도 중에는 경직되고 단선적이고 기계적인 모형은 거의 없고, 발달은 오히려 나선적 선회, 소용돌이, 조류, 파동을 가진 유채의 흐름과 유사한 사건이고 거의 무한대의 다중 양태를 보이는 것 같다고 말하면서, 그레이브스(C. Graves)[25]의 선구적 업적에서 나온 소위 '나선동역학(Spiral Dynamics)'이라고 일컬어지는 인간발달의 포괄적이고 역동적인 멋진 모형을 대표적인 예로 들고 있다. 그는 그레이브스의 말을 다음과 같이 인용하고 있다.

> 한마디로 내가 제안하는 바는, 성숙한 인간의 심리는, 한 개인의 존재의 문제가 변하게 되면서 보다 더 오래되고 보다 하위적인 등급의 행동 시스템을 보다 더 새롭고, 보다 상위적인 등급의 시스템으로 점진적으로 종속시키는 쪽으로 특징 지워 가면서 전개하고 창발하고 요동하는 나선적 과정이라는 것이다. 이어지는 순차적인 존재의 각 단계, 파동, 수준은 사람들이 존재의 다른 상태로 나아가는 도중에 통과하는 상태이다. 인간은 존재의 어느 한 상태에 중점적으로 빠져 있을 때는 그 사람은 그 상태에 맞는 독특한 어떤 심리를 갖게 된다…….

윌버는 강조하기를, 그레이브스의 발달단계의 착상은 단순히 개념적 아이디어나 어떤 선호하는 이론으로서가 아니라 매슬로에서 뢰빙거, 키건(R. Kegan)에 이르는 수많은 발달론자와 마찬가지로 엄청난 연구 결과와 명증적 자료에 근거하고 있다는 것이다. 그래서 그레이브스의 8단계 모형의 경우 현재까지 세계 도처의 5,000명 이상의 사람을 대상으로 검정한 모형이라는 것이다.

그레이브스의 '나선동역학' 연구는 벡과 코완의 『나선동역학』에 의해서 발전되고 손질되어 더 체계화되었다. 이들은 인간 의식 발달의 존재의 파동은 [그림 3-3]과 같이 여덟 가지 일반 단계 혹은 '밈(Meme)[26]' 또는 브이 밈즈(가치밈, vMemes)[27]라고 일컫는 단계를 거치는 것으로 보고 있다. '밈'이란 오늘날 무수하게 상이하고 대립되는 의미로 사용되는 말이지만, '나선동역학'에서는 이 말은 단순히 '인간의 여하한(사회적) 활동으로도 표현될 수 있는 사회적 실존의식 발달의 기본 단계'를 의미한다.

어떤 의미에서 다양한 밈은 자신의 내적 역동성과 변화하는 삶의 조건이라는 힘으로 존재의 거대한 동역학적 나선을 따라 발달할 때 자기에게 보이고 이용할 수 있는 '서로 다른 세계'라고 볼 수 있다. 각각의 밈은 전 단계를 초월하고 내포하는 홀론으로 서로 감싸 안으며 역동적으로 발달한다고 볼 수 있다. 벡과 코완은 '밈들'(혹은 단계들)은 경직된 어느 수준이 아니라 겹쳐지고 상호 엮이면서 흘러가는 의식 전개의 그물망 작업의 모양이나 동역학적, 나선 형태로 나타나는 '파동'이라고 단정한다. 이에 대해 벡은, "나선적 형태는 여러 순수한 형식이 중복 혼합되어 있는 잡다하고 비대칭적인 것이며, 이것들은 모자이크, 격자망, 혼합물이다."라고까지 말하고 있다. 벡과 코완은 존재의 상이한 밈이나 파동을 지칭하기 위해 다양한 명칭과 색깔을 사용한다. [그림 3-3]에서 처음 여섯 수준은 '제1층 사고(first-tier thinking)'라고 표시하기도 하는 '생존의 수준'(보다 세분하면

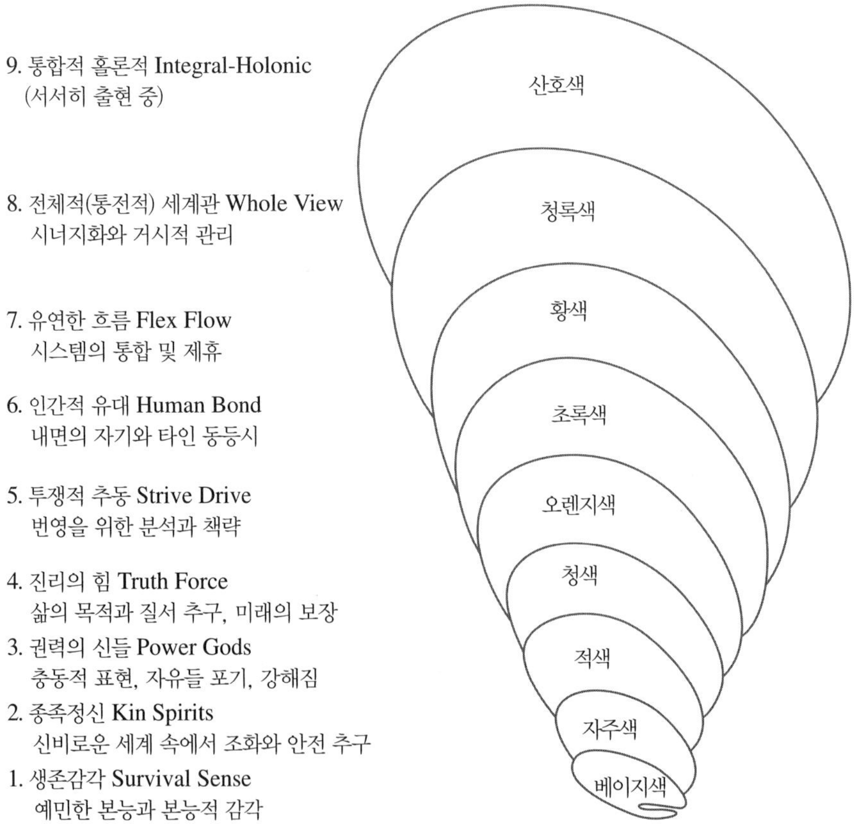

[그림 3-3] **발달의 나선동역학**

출처: Ken Wilber, 『켄 윌버의 모든 것의 이론』, p. 8

1, 2, 3수준은 생물학적 생존의 수준, 4, 5, 6은 인간적 생존, 소유의 수준이고, 6수준은 존재적 삶의 시작 수준이기도 함)이다.

그러고 나서 소위 '존재의 수준'(7수준은 실존 수준, 통합 수준, 8수준은 세계혼적 영적 수준의 시작 수준이기도 함)이라고 일컫는 상위 두 개의 주요 파동을 발현하게 하는 의식의 혁신적인 전환이 일어나는 '제2층 사고(2nd-tier thinking)'가 창발한다. 여기서는 벡과 코완이 『나선동역학』에서 제시하는 [그림 3-3]에 보인 바와 같은 아홉 가지 파동의 내용을 요약하여 다음에 기술하였다.

- 1단계: 베이지색밈[태고적/원초적 본능적(Archaic Instinctual) 수준]. 기본적 생존의 수준으로 음식, 물, 온기, 성, 안전이 최우선시된다. 단지 생존을 위하여 습관과 본능이 사용된다. 살아가기 위한 생존대 형성. (볼 수 있는 곳: 최초의 인간 사회, 신생아, 노쇠한 노인, 알츠하이머병 환자, 거리의 정신질환자, 굶주리는 사람, 성인 인구의 0.1% 정도, 0%의 사회적 힘)
- 2단계: 진홍(자주)색밈[마법적-물활론적(Magical-Animistic) 수준]. 사고는 물활론적(정령 숭배)이다. 선과 악의 마법적(주술적) 영들에 의해 세상에 축복과 저주를 내리고 이에 따라 사건을 결정짓는 주문/주술로 가득 차게 한다. 수호령의 형태를 띠고 보살펴 주는 조상의 영들이 존재하고 그 힘이 종족을 결속시킨다. 종족적 부족의 혈족 관계와 혈통이 정치적 힘을 형성한다. (볼 수 있는 곳: 저주에 대해 믿는 자, 피로 맺은 맹세, 원한이나 행운의 주술 미신자, 마법적/주술적 신념을 가진 사교(邪敎)집단, 지하테러/범죄 조직, 인구의 10% 정도, 1%의 사회적 힘)
- 3단계: 적색밈[권력의 신(Power God) 수준]. 종족/부족과 구분되는 '자기'가 최초로 출현한다. 강력하고 충동적이며 자아중심적이고 영웅적이다. 마법적 신화적 영웅, 용, 괴물, 권력자들, 원형적 신과 여신 숭배, 권력과 영광이 지배하는 봉건제국의 기반. 세계는 위협과 약탈자로 가득한 정글이다. 정복하고 피로 이기며 지배된다. 후회나 가책 없이 자기를 최대한 즐긴다. (볼 수 있는 곳: '미운 세 살', 반항적인 젊은이, 봉건왕국, 조폭, 제임스 본드의 악당, 모험적

군인, 거친 록스타, 흉노족의 아틸라, 파리대왕, 인구의 20% 정도, 5%의 사회적 힘)

- 4단계: 청색밈[신화적 질서(Mythic Order) 수준, 규칙 순응주의자 수준]. 전능한 '타자(Other)'나 '질서(Order)'에 의해 삶의 의미 방향, 목적이 결정된다. 이 정당화된 '질서'가 '옳고(正)' '그른(邪)' 절대적이고 불변하는 원리에 근거를 둔 행동 규약을 집행한다. 규약/규칙을 위반하는 것은 그 사회로부터의 영구적 추방을 의미한다. 대신 규약에 따르면 충성에 대한 보상을 받는다. 고대 봉건국가의 통치제도, 완고한 사회적 질서, 가부장적 질서, 유일방식의 법과 질서, 구체적 · 문자적인 근본주의자적 신념, 질서와 규칙에 대한 복종, 종교적/신화적 소속감, 성자적/절대주의적이거나 세속적 무신론적 질서/사명. (볼 수 있는 곳: 청교도적 미국, 유교적 사회, 싱가포르식 형벌제, 기사도 규약과 명예, 기독교 · 이슬람 근본주의자, 애국심, 도덕적 다수, 경직된 가부장적 사회 위계, 인구의 40% 정도, 30%의 사회적 힘)
- 5단계: 오렌지색밈[과학적 성취(Scientific Achievement) 수준]. '자기'는 청색의 '무리정신'에서 벗어나 전형적으로 '과학적'이라고 부르는 가설-연역적, 실험적, 객관적, 기계적, 조작적, 개인주의적 의미에서 진리와 의미를 추구한다. 세계는 자신의 목적을 위해 배우고 숙달하고 조정할 수 있는 자연법칙을 지닌 합리적이고 잘 돌아가는 기계와 같다. 매우 성취 지향적이고 물질적 이득/소유를 추구한다. 과학의 법칙이 정치, 경제, 인간사를 지배한다. 시장적 동맹, 개인의 책략적 이득을 위해 지구의 자원을 조종한다. (볼 수 있는 곳: 계몽주의, 월스트리트, 전 세계에 출현하는 중산층, 화장품 산업, 트로피 사냥, 식민주의, 냉전, 게임 산업, 물질주의, 자유로운 이기주의, 인구의 30% 정도, 50%의 사회적 힘)
- 6단계: 녹색밈[예민한 자기(Sensitive Self) 수준]. 공동체주의, 인간적 유대, 생태적 예민성, 네트워크화 지향적이다. 인간의 영혼은 탐욕, 독단, 파당성에서 해방되어야 한다. 애정과 배려가 냉혹한 합리성을 대신하고 지구/가이아, 생명을 소중히 여긴다. 계층 구조에 대항하여 수평적 유대와 연결을 만든다. 투과성 있는 자기, 관계적인 자기, 집단의 상호관계망, 대화와 관계를 강조한다. 집합적 공동체의 공유된 감성, 자유롭게 선택한 제휴, 화해와 의견 일

치를 통해 결론에 도달한다. 영성을 새롭게 하고 조화를 이루며 인간의 잠재력을 풍요롭게 한다. 강력한 평등주의, 위계적 구조 반대자, 다원주의적 가치, 다양성, 다문화주의, 상대적 가치체계, 다원적 상대주의 세계관, 주관적이고 비선형적인 사고, 지구 가이아 생태계의 모든 생명에게 감성적 다양성, 민감성, 배려를 보인다. (볼 수 있는 곳: 심층생태학, 로저스식 심리상담, 캐나다의 보건관리, 인본주의 심리학, 자유신학, 그린피스, 동물애호 생태심리학, 인권 문제, 여성 생태주의, 후식민주의, 푸코/데리다 해체주의, 인구의 10% 정도, 15%의 사회적 힘)

- 7단계: 황색밈[통합적(Integrative) 수준]. 삶은 자연적 계층 구조, 홀라키들의 시스템, 형태로 이루어진 만화경이다. 융통성, 자발성, 가능성이 가장 우선시된다. 차이와 다원성이 상호 의존적 자연스러운 흐름으로 통합될 수 있다. 필요시 타고난 탁월성의 정도에 따라 보완된 평등주의를 지향한다. 지식과 능력이 계급, 권력, 지위, 집단을 대신해야 한다고 본다. 세계 질서는 서로 다른 수준의 밈이 혼재하고 역동적 나선을 따라 일어나는 상하운동이 공존할 수 있는 유동적 흐름의 결과이다. (인구의 1% 정도, 5%의 사회적 힘)
- 8단계: 청록색밈[Turquoise, 전일적(Holistic) 수준]. 보편적인 전일적 체계, 통합적 에너지의 홀론/파동. 지식과 감정을 켄타우로스적으로 통합한다. 상호 엮어 짜인 다중 수준이 하나의 의식체계로 통합 지향적이다. 외적 질서(청색밈)나 집단 유대(녹색)에 기초하지 않은 살아 있고 의식적인 모습을 지닌 보편적 질서 '대통일(T · O · E)'이 이론적 · 실재적으로 가능하다. (인구의 0.1% 정도, 1%의 사회적 힘)
- 9단계: 산호색밈[통합적 홀론(Integral Holonic) 수준]. 아직 보편적으로 출현하지 않은 세계혼 수준의 온우주 의식, 모든 존재의 홀론적 통합의식으로 자아초월이 시작되는 단계

초록색밈이 완료되면서 인간 의식은 '제2층(2nd-tier) 사고'로 '양자도약'한다. 그레이브스는 믿을 수 있는 의미의 심연을 통과하는 '순간도약'이라고도 말

한다. 제2층-의식과 더불어 비로소 본질적으로 계층 구조와 이질적 등계층 구조(heterarchies, 등급화와 연결화) 모두를 사용하는 수직적이고 수평적인 사고를 할 수 있다는 것이다. 윌버는 각 파동은 모두 '초월하고 내포하는' 의식 홀론이므로, 본질적으로 그레이브스, 벡, 코완의 '나선동역학'은 그의 AQAL 모형의 '온수준'의 홀라키적 의식의 스펙트럼 발달 모형과 같다고 강조하고 있다. 그레이브스 등의 나선동역학의 제2층-의식 수준은 그의 의식의 스펙트럼 모형에서의 켄타우로스적 실존의식, 네트워크 논리의식 수준이고 상위의 성숙한 비전 논리 수준에 해당한다는 것이다. 게다가 7단계 황색밈 수준과 바로 위 8단계 '청록색밈' 수준은 이 수준의 접합적 인간 진화의 현재의 최선단인 0.1% 정도의 인구만이 이 수준에 있다는 것이다. 예컨대, 벡과 코완은 샤르뎅(T. de Chardin)의 '정신권(noosphere)', 초개인(트랜스퍼스널) 심리학의 등장, 혼돈과 복잡성 이론, 통합적 · 전일적 시스템적 사고, 간디와 만델라의 다원주의적 통합 등을 포함하는 것들이 분명하게 빈도가 점차 증가하는 도중에 있고, 가까운 장래에 9단계보다 더 상위의 '밈'들이 출현하게 될 것이라고 언급하고 있다.

통합적 변용

윌버의 통합모형에 따른 온수준 · 온분면 · 온계통적인 통합비전을 가지려면 최소한 성인 자아 수준의 합리적 · 형식적 조작심 수준에서 비전논리 수준의 의식 수준으로의 변용이 일어나야 한다. 하지만 그렇게 하려면 그레이브스/벡/코완의 '나선동역학'의 의식 파동의 발달의 8개 단계에서 제1층 사고의 맨 위의 수준인 (현재 인구의 10% 정도의) 녹색밈 수준에서 '제2층 사고' (현재 수준의 1~2% 정도의) 황색밈의 통합적 수준으로의 양자도약에 의한 통합적 변용이 일어나야 한다. 발달 이론가들은 [수평적 변환(horizontal translation)이 아니고] 이와 같은 수직적 변용(vertical transformation)이 일어나는 데 필요한 수십 가지 요인을 찾아내었다. 그러나 원래는 변용이 일어나려면 외적으로는 문화적 여건, 사회 제도, 기술 · 경제적 기반 그리고 내적 요인으로는 충족감, 부조화, 통찰, 개방성(열린 의식) 같은 여러 차원에서 촉매 요인이 있어야 할 필요가 있다고 보고 있다.

문제는 포스트 녹색밈 단계로의 변용이 일어나야 '제2층–의식'이 생겨날 수 있는데, 이(녹색밈) 단계의 독특한 성향으로 자기도취적 개인주의적 성향이 강하고, 그래서 이 단계를 넘어서기가 매우 어렵다는 것이다. 그레이브스는 '제2층'으로 양자도약하기 위한 에너지를 방출하기 위해서는 녹색밈을 분쇄해야 한다고까지 말한다. 이것은 오늘날 집합적 인류의 의식의 선단이 처해 있는 실태이다. 이처럼 녹색밈에의 고착의 주요 원인은 '부머리티스(Boomeritis, '붐 세대 기질')'[28] 이므로 통합적 변용이 쉽게 일어나려면 자기도취적 성향이 강한 '붐 세대 기질'에 대해 문제를 제기하고 이를 고쳐야 한다는 것이다. 그러나 만약 누구든지 자신의 '붐 세대 기질'을 깨닫고 그 위험을 인식한다면 이미 그 걸림돌을 쉽게 넘어선다고 보고 있다.

보다 완전한 통합지도

윌버는 '모든 것의 이론'으로서의 통합모형을 교육, 정치, 경영, 건강, 영성 등의 통합적 비전으로 적용하기 전에 보다 완전한 통합모형이 무엇을 의미하는지를 제대로 알아야 한다고 강조한다. 그는『켄 윌버의 모든 것의 이론』에서 다원주의자적 상대론에서 벗어나 보편적 통합주의로 옮겨가려고 할 때 필요한 보다 완전한 통합지도의 제작에서 포함해야 할 내용을 다음과 같이 요약하고 있다.

- 존재의 다중 수준이나 파동, 즉 사물에서 몸으로 마음으로 혼으로 영으로 (혹은 베이지밈에서 진홍색밈으로 적색밈으로 오렌지색밈으로……, 정묘 · 원인 · 비이원으로) 이르는 의식의 전 스펙트럼에 걸쳐 있는 대홀라키가 있다.
- 그리고 발달의 이러한 수준들을 통해 이동하면, ([그림 2–4]와 같이) 인지적, 도덕적, 영적, 심미적, 신체적, 정서적, 상호 개인적 등등(예컨대, 누구에게나 인지적 오렌지색밈, 감성적/정서적 자주색밈, 도덕적 청색밈 등등)을 포함하는 발달의 수많은 상이한 조류나 모듈이나 계통이 있다.

- 더구나 발달의 거의 여하한 단계에서도 누구에게나 깨어 있는 상태, 꿈꾸고 있는 상태, 잠자고 있는 상태는 있고, 비일상적인 명상적인 상태 같은 변성 의식 상태는 어느 수준에서도 일어날 수 있다. 그래서 예컨대 발달의 거의 여하한 단계에서도 [그림 3-4]와 같이 다양한 종교적 체험을 할 수 있는 상태를 포함하는 의식의 다중 상태에 열려 있다.
- 성별 유형, 성격 유형[에니어그램, Myers-Briggs 유형, 융 유형(Jungian)] 등을 포함하는 의식의 상이한 유형이 있고, 이러한 유형은 여러 수준, 여러 계통의 의식 상태에서 다 일어날 수 있다.
- 다중 유기체적 요인과 뇌의 상태가 고려되어야 한다. (오늘날 이 우상 분면은 정신의학, 인지과학, 신경생물학, 뇌과학에서 많은 주목을 받고 있지만, 그것의 의미가 있는 한계 내에서 여전히 전체 이야기의 1/4일 뿐이다.)
- 다양한 문화적 현실, 배경 맥락, 다원론적 지각, 언어적 수사학 등등 통합적 · 무조망적 벽걸이 융단의 광범위한 그물망 속에 포함되고 통합되어야 하는 풍성한(문화적) 바탕직물 모두를 포함하는 수많은 '문화적' 요인들로 인한 엄청나게 중요한 충격을 모두 고려해야 한다. (이에 못지않게 중요한 것으로서 진실로 '통합 변용적인 수련/실천'은 단지 영적 통합의 적용 영역으로서가 아니라 영적 변용의 수단으로서 연관성, 공동체, 문화, 상호 주관적 요인 일반에 상당한 비중을 둘 것이다.)
- (가이아에서 생태계 전반에 이르는 인간과는 무관한 생태사회체계와의 포괄적으로 중요한 관계뿐 아니라 특히 기술경제적 기반을 포함하는 자연에서 인간의 사회구조에 이르는) 모든 수준에서 '사회'체계의 엄청난 영향력이 고려되어야 한다.
- 이 개략적 개관에서 언급하지는 않았지만, 위대한 생명의 대하의 항해자로서의 '자기'의 중요성이 간과되지 말아야 한다. 자기는 단일 실체가 아니라 오히려 중심(重心)을 가진 '자기들'의 사회인 것 같아 보인다. 이것은 다수의 파동 · 상태 · 조류 영역 등을 어느 정도 통일된 조직으로 묶는 작용을 하고, 어느 일반 단계에서의 자기조직의 와해는 병증이 되고 만다.

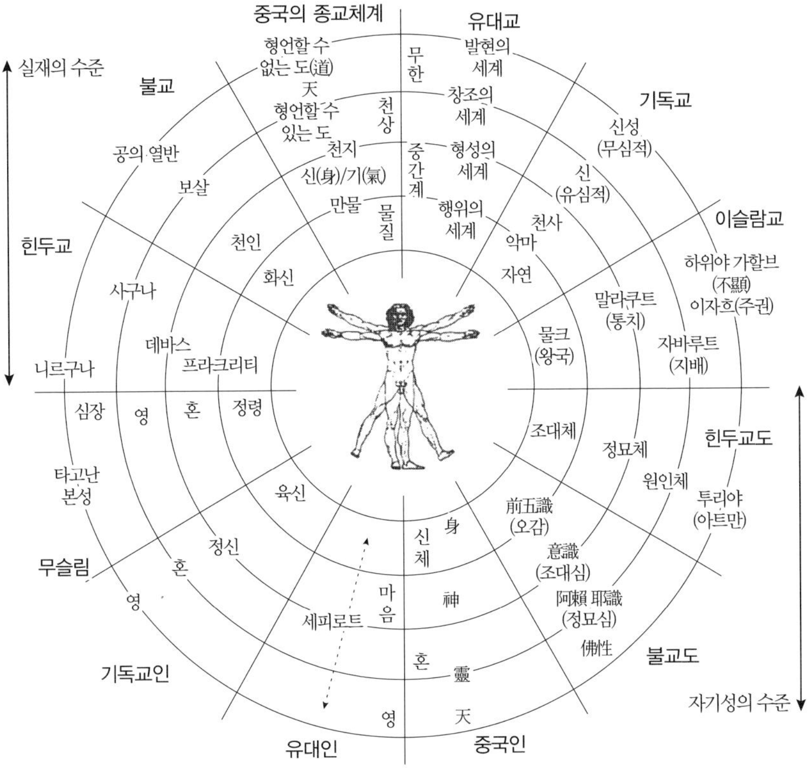

[그림 3-4] **세계의 다양한 종교의 전통 지혜에서의 '존재의 대둥지'**

출처: Ken Wilber, 『켄 윌버의 모든 것의 이론』, p. 68

윌버는 말하기를, 앞에서 언급한 것들은 온우주의 풍성한 홀론적 관점이 포함하고 싶어 하는 다수의 요인 중에 단지 몇 가지일 뿐이라는 것이다. 그는 최소한 이러한 항목들의 대부분을 정합적으로 포함하지 않는 여하한 모형도 진정한 통합적 모형이 될 수 없다고 단언한다. 그는 이상과 같은 통합적 시도는 새 천년에 문화적, 통합적 연구를 위한 중심 논점을 정확하게 적시하고 있다고 확신한다. 그것은 바로, 녹색밈 수준의 근사한 공헌(예컨대, 다원론적 예민성)과 그것의 병리현상들(예컨대, 붐세대 기질 등) 양쪽 모두 함께 녹색밈 단계에 갇혀 머물러 있을 것인가, 아니면 '제2층' 의식의 초월적 공간으로 도약해서 우리 자신의 존재적 가능성의 초개인적 파동 속으로 더 높은 진화를 향해 딛고 일어서야 할 것인가 하는 것이 문제라는 것이다.

모든 것의 통합비전

앞에서 고찰한 바와 같이 윌버는 『켄 윌버의 모든 것의 이론』에서 온수준 · 온분면 · 온계통적으로 보다 통합적 연구를 향한 온전한 통합모형을 제시하기 위하여 그레이브스, 벡, 코완의 인간 의식의 실존 파동의 '나선동역학'(1996)을 사용하여 [그림 3-5]와 같이 인간 의식의 온분면 · 온수준적인 보다 완전한 통합모형이 되는 방향을 제시하고 있다. 즉, 그는 그의 사상의 제4기 후반의 T · O · E적 전(全)통합모형을 통하여 자기 · 문화 · 자연에 나타나는 그대로의 몸 · 마음 · 혼 · 영을 통합하기 위한 가장 포괄적인 통합비전을 명확하게 보여 주고 있다.

특히 그는 그레이브스의 '나선동역학'의 의식 발달의 여덟 가지 색으로 나타낸 '밈'을 사용하여 '생존 수준'의 하위 6단계 밈의 '제1층' 의식과 '존재 수준'의 상위 2단계 밈의 '제2층' 의식을 구분하고서, 녹색밈의 다원론적 상대주의로부터 제2층 수준으로의 양자도약적 변용에 의해 통합적 · 켄타우로스적 · 비전-논리적 의식 수준으로 진화해야 비로소 진정한 통합비전을 가질 수 있다고 보았다. 그리고 최상위의 제8단계 청록색밈 수준으로의 통합적 변용이 일어나야 비로소 성숙한 상위의 비전 논리 의식 수준인 통합적 · 전일적(통전적) 수준 의식에 의해 '모든 것의 이론(T · O · E)'적인 온전한 통합 의식을 가질 수 있다는 것이다.

특히 윌버는 녹색밈 수준에 머물고 있는 자기도취적 다원론적 상대주의와 미묘한 환원주의적 평원적 홀리즘에 빠져 있는 '붐 세대의 기질(Boomeritis)'이 황색밈 수준의 양자도약에 의한 제2층의 통합적 의식 수준으로의 도약에 가장 큰 장애이고, 이를 뛰어넘어 통합적 변용을 쉽게 성취하는 길은 베이비붐 세대가 자기성찰적 문제의식과 열린 의식에 눈을 뜰 때에만 가능하다는 것이다. 그러므로 윌버의 'T · O · E'적인 통합모형은 그것의 전통합적이고, 비전 · 논리적 특성과 자아초월 영성 지향성으로 인해 녹색밈 수준의 붐 세대도 일단 그런 사상에

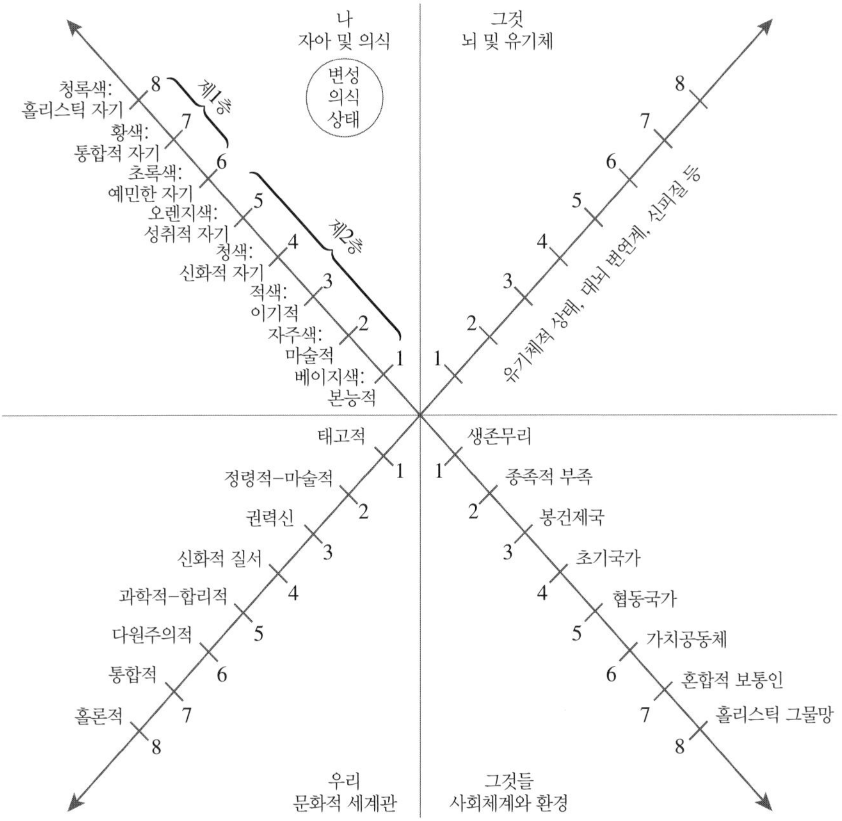

[그림 3-5] **인간 의식의 사분면**

출처: Ken Wilber, 『켄 윌버의 모든 것의 이론』, p. 70

눈을 뜨면 상위 밈으로 쉽게 성장하고 도약을 촉진할 수 있는 모형이다. 뿐만 아니라 T · O · E적인 통합모형은 하위의 밈들도 다 포섭하여 '좋은 과학'과 '심층 영성'이 모두 함께 전 지구적으로 문화를 제휴시키는 데 견인차 역할을 할 수 있다고 본다. 물론 그러한 통합모형은 의식의 내면적 차원만 고려하는 것이 아니라 외적인 현실 세계에서의 실제 적용과 상관성을 함께 추구하고 있다.

여기서 소개하지는 않았지만 그는 단지 이론적인 것만이 아니라 정치, 경영, 의료, 치료, 교육, 영성, 종교, 생태 등의 현실 세계에서 사용되는 T · O · E적인 통합모형의 실용적 적용에 대해서도 제시하고 있다. 그러므로 이와 같은 형식의 통합비전은, 21세기가 시작되는 포스트 탈근대시대에 다양한 진리 주장의 혼란 속에 빠져 있는 오늘의 우리 인류에게 '다양성 속의 통일성'을 충분히 선양하는 참다운 세계 철학과 보편적 입장이 무엇인가를 깨닫게 해 준다. 따라서 윌버의 'T · O · E'적인 통합모형은 심층과 표층, 내측과 외측의 인간 실존의 모든 영역, 권역 등을 취급하고 포용함으로써 모든 생명을 향한 진정한 포괄적 접근을 호소력 넘치고 설득력 있게 제시하고 있다고 볼 수 있다.

미주

1) 이 부분은 『모든 것의 역사』의 옮긴이의 글 III 2.1의 앞부분을 기술한 것이다.
2) 영국 출신의 성공회 신부로서 미국으로 이주하여, 제도화된 종교에서 벗어나 신비사상의 해설자 및 작가로 활동했던 1960년대 미국의 대표적인 신비주의 철학자의 한 사람이다. 그는 선, 도가 및 힌두사상을 서양에 소개하는 데 커다란 역할을 했으며, 동서양 종교의 비교 연구를 통해 종교, 심리학, 신비주의 계통의 많은 저술을 남겼다.
3) Ken Wilber, 『세상에서 가장 아름다운 용기』, pp. 153–154에서 발췌 인용.
4) Ken Wilber, 『켄 윌버의 아이 오브 스피릿』, Shambahla, pp. 39–41, 43–45, 32–33에서 발췌 인용.

5) 20세기 인도 베단타학파의 가장 뛰어나고 위대한 사상가, 통합요가의 창시자, 신비사상가. 인도의 전통 종교사상에 서양사상을 포함하는 형태로 그의 요가 체험을 바탕으로 힌두 철학을 비판적으로 취사 통합했다. 그가 이룩한 통합요가는 물질세계에서의 성취를 위한 서양의 추구와 존재와의 일체를 이루기 위한 동양의 추구를 통합한 수행법이다. 『The Divine Life』와 『Integral Yoga』 등 다수의 저서가 있다.

6) 티베트 불교에서 족첸(Dzogchen) 수련의, 즉 순수한 마음이 언제나 상존하고 구족하다는 것을 단지 깨닫기만 할 필요가 있다는 위대한 완전한 수련의 최초 스승.

7) 유대교 신비주의의 전통에 따른 신비적 가르침의 일반적인 형태를 지칭한다. 주요 텍스트는 13세기 스페인에서 쓰인 『조하르』이고, 유대교의 신앙 및 의례 등을 범신론적 신비사상으로 재해석한 비교적(秘敎的) 신학.

8) Ken Wilber, 『아이 투 아이』, pp. 124–126에서 발췌 인용.

9) Ken Wilber, 『켄 윌버의 아이 오브 스피릿』, p. 9에서 발췌 인용.

10) Ken Wilber, 『아트만 프로젝트』, p. 5에서 인용.

11) Ken Wilber, 『아이 투 아이』(Shambhala, 1984), p. 248에서 인용.

12) 일반적으로 발달적 '욕구계층이론'으로 널리 알려진 1960년대 미국의 대표적 심리학자. 제3세력(인본주의)의 심리학과 제4세력(초개인)의 심리학 도입에 선구적 역할을 한 학자이기도 하다. 1970년 갑작스러운 사망으로 주류 학계에 큰 주목을 끌지 못했던 그의 초개인 심리학은 윌버의 『The Spectrum of Consciousness』를 계기로 새로운 전기를 맞게 된다.

13) 1939년 뉴욕 롱아일랜드에서 태어난 미국의 신비사상가이며 구루, 스와미 묵타난다를 비롯한 요기들에게서 요가를 배워 신비 현상의 전모를 체험했다고 한다. 1970년 초월의식과 합일을 실현한 이후, 세계 전역에 자신의 가르침을 펴 나가기 시작했다. 저서로는 자전적인 책 『The Knee of Listening』(1973)과 『The Enlightenment of Whole Body』(1978)가 있다. 여러 차례 이름을 바꿨는데, 최근에는 아디다 삼라지(Adi Da Samraj)라는 이름을 쓰고 있다. 한때 켄 윌버도 그에게 사사받은 적이 있다고 한다.

14) 유대교 신비주의 카발라(Kabbalah)에서 온우주를 상징하는 생명수의 열 개의 위계로 된 세피로트(Sephirot, 樹)를 통해 창조주 신이 현세계에 나타나는데 지고의 제1 세피로트가 케테르(왕관)이다. 이는 신의 최초의 현현의 형태이며, 최하위 제10 세피로인 물질계 마르크트로로 향한 신의 유출과 케테르로의 귀환의 순환체계의 최상위.

15) Ken Wilber, 『성, 생태, 영성』, Shambhala, pp. 17–38에서 발췌 인용.

16) 인도의 가장 위대한 성자 · 철학자. 그의 이름은 '축복을 가져오는 자'라는 의미. 현대 인도 사상의 주류가 그로부터 유래된 비이원 유일사상의 아드바이타 베단타(Advaita Vedanta)학파의 가장 권위 있는 대표학자.

17) 조효남 역, 『모든 것의 역사』, pp. 47–67에서 저자의 설명과 함께 발췌 인용.

18) 형태형성장(morphogenetic field)이란 『A New Science of Life』의 저자 쉘드레이크(Rupert Sheldrake)가 도입한 신과학 용어로, 인간의 성장 진화는 단순히 생물학적인 유전적 진화를 넘어서는 초자연적인 현상이나 원리인 [봄(David Bohm)의 홀로그래프 우주, '숨겨진 질서'와 같은] '형성적 원인(formative cause)'에 기인한다는 것으로 생명의 형태는 그 행동뿐 아니라 그들의 형상화와 발달 모두 그것에 기인한다는 것이다. 생명의 형태는 시공을 가로질러 조작하는 형태 공명(morphic resonance) 과정을 통해 그들의 형상과 패턴을 물려준다는 것이다.

19) Ken Wilber, 『켄 윌버의 일기』, 3월 15일 pp. 62–65에서 인용.

20) 척추동물의 부교감신경과 운동신경에서 자극을 전달하는 중요한 신경전달물질.

21) 뇌 속에서 만들어져서 쾌감을 불러일으키는 각성제인 부신 호르몬이라는 뇌 내 호르몬.

22) 강한 혈관 수축작용이 있고 각성 · 쾌감을 제어 · 조절하며, 뇌의 활동을 높이는 뇌 내 호르몬.

23) 조효남 역,『모든 것의 역사』, p. 132에서 발췌 인용.

24) 이 부분은『모든 것의 역사』옮긴이의 글 III.5를 바탕으로 기술한 것이다.

25) 미국 Union College의 심리학 명예 교수인 그레이브스(Clare W. Graves)는 성격심리학 분야의 권위자로 인간 실존수준 이론인 나선동역학(Spiral Dynamics)의 창시자이다. 인간의 실존 의식의 사고체계와 가치구조는 생물 · 심리 · 사회(Bio · Psycho · Social)적으로 복합적이며 심층가치체계적으로 단계적으로 발달한다고 보았다.

26) 밈(meme)이란『이기적인 유전자(The Selfish Gene)』의 저자 리처드 도킨스(Richard Dowkins)가 그리스어의 문화적 모방이란 의미를 갖고 있는 mimeme이란 말에서 만든 용어로, 그는 유전자(gene)가 정자와 난자를 통해 하나의 신체를 건너뛰며 유전자 풀에 퍼지는 것과 같이, 문화는 모방의 과정을 통해서 한 사람의 뇌에서 다른 사람의 뇌로 비유전적 방법으로 전달되면서 복제되고 진화하는데, 이와 같이 '밈'이란 뇌에서 뇌로 모방을 통해 뇌에 복제되는 것으로 여겨지는 문화 요소를 일컫는다.

27) 브이 밈즈(vMemes)는 세계관, 옷 입는 스타일, 정부 형태에 이르기까지 여러 가지 방식으로 스스로를 드러낼 수 있는 밈적 심리구조, 가치체계 같은 양식을 말한다.

28) 부머리티스(Boomeritis)란 미국의 1960년대 베이비붐 세대, 반전운동 세대의 독특한 기질적 성향을 나타내는 용어이다. 특히 베이비붐 세대는 자기도취적이고, "아무도 내게 무엇을 하라고 말할 수 없어."라는 식의 인습을 거부하는 개인주의 성향이 강하면서 의식은 포스트모던적 다원주의 사고를 갖고 있다. 따라서 매우 높은 (다원주의적) 후인습적 '밈'과 자기도취적 전인습적 '밈'의 이분면 혼합 성향을 의미한다.

4 통합심리학사상

왜 통합심리학인가

윌버는, 그의 온수준 · 온분면 · 온계통적인 윌버모형 Ⅳ에 따라 인간 의식의 성장 발달과 모든 심리학 · 심리치료의 통합적 비전을 제시하는 최근의 저서『통합심리학(Integral Psychology)』(조옥경 역, 2008)에서 개인의 성장 발달의 상이한 파동/단계와 다양한 발달 계통(라인)/조류(streams/lines)의 통합모형을 상세하게 제시하고 있다. 윌버의 통합심리학에 대해 상세하게 알고 싶은 독자는 당연히『통합심리학』을 읽어 보아야 할 것이다. 여기서는 이미 국내에 소개되어 있는『통합심리학』에 대한 요약보다는 윌버가 말하는 통합심리학이 무엇이고 왜 통합심리학이 인간의 표층이나 심층 심리의 통합적 이해나 통합적 심리치료를 위해 필요한가에 대해 윌버가 제시하는 핵심 개념을 들어 간략하게 소개할 것이다.[1)]

통합심리학의 첫머리에서 그는 심리학은 인간 의식과 행동의 표출을 연구하는 학문이라고 정의한 다음, 의식의 기능은 지각하는 것, 요구하는 것, 의지를 나타내는 것, 활동하는 것을 포함한다고 하였다. 반면에 무의식을 포함하는 의식의 구조는 몸 · 마음 · 혼 · 영을 포함하고 있다고 강조한다. 따라서 의식의 발달은 전개인적에서 개인적으로 초개인적으로[잠재의식적에서 자기의식적으로 초의식적으로, 이드(id)에서 에고(ego)로 '영(Spirit)'으로] 전 영역에 걸쳐 있고, 의식의 관계적 · 행동적 측면은 객관적 의식 세계와 공유하고 있는 가치와 지각의 사회문화적 세계와의 상호 상관작용에 관련된다고 적시하고 있다.

그런데 그는, 행동주의 · 정신분석 · 인지과학 · 실증주의 등과 같은 근대 심리학의 발달 사조/조류의 근본 문제는 이처럼 엄청나게 풍부하고 다양하고 다변적이고 복잡한 인간 의식과 심리 현상을 자신이 가치 있다고 생각하는 것만 연구하고 다른 것을 무시하거나 부인하고 자신의 연구만 유일하게 가치 있는 것이라고 선언하는 데 있다고 본다. 따라서 윌버는 이러한 다양한 사조/조류는 각각의 시각과 접근에서는 옳고 의식의 방대한 장(場)에 부분적인 통찰을 제공하므로 이러한 인간 의식의 모든 정당한 측면을 높이 기리고 포섭하는 노력이 통합심리학의 목표라고 말한다. 그는 다양한 접근을 협동시키기 위해서는 이들 다양한 조류/계통의 체계(System)와 체계로 구성된 대체계와 작업하고 이들 간의 협동은 정향적 일반화(orienting generalization)와 함께 나아갈 수 있다고 설명한다.

간(間)패러다임적(cross-paradigmatic) 일반화는 포괄화와 네트워크화에 의한 광역 네트워크 구축의 논리가 요구되고, '둥지 내 둥지'의 논리로 포함할 수 있는 모든 것을 합당하게 포함하려는 시도이다. 즉, 이는 곧 비전 논리이고, 단지 나무만이 아닌 숲 역시 보려는 논리이다. 이와 같이 그는, 통합심리학은 네트워크 논리, 전체/부분의 변증법, 메타 맥락적 사고, 전근대 · 근대 · 탈근대의 지속적 통합 사이의 화해와 통합, 의식의 구조 · 상태 · 기능 · 양태 · 발달 · 행동적 측면 모두를 통합하는 것이라고 강조한다.

의식심리학으로서 윌버의 통합심리학의 AQAL Matrix적 통합모형의 핵심 개념은 다음과 같이 요약할 수 있다.

기본 수준이나 파동을 통한 존재의 대원환/대둥지의 인간 의식의 발달 계통/조류는 너무나 다양하기 때문에 어떤 경험적 확증을 가진 보다 뚜렷한 발달 조류의 일부만을 열거해도 20여 가지나 된다. 이에는 도덕, 감정, 자기정체성, 성심리, 인지, 선(善)의 관념, 영성적 라인들, 기쁨, 욕구, 세계관, 운동 기능 등을 들 수 있다. 이들은 비교적 독립적이고 개인별로 발달 속도나 역동성이나 출현 시기가 다르다. 어떤 계통은 매우 진보적인 반면에 어떤 것은 중간 정도이거나 매우 느리다. 대개의 발달 조류는 대체로 보편적 · 불변적 · 홀라키적 순서로 진행되는데, 그 이유는 이들이 일반 형태형성장(morphogenetic field)의 원리를 따르는 존재의 대홀라키이기 때문이고, 가장 중요한 측면은 이들이 계층적이라는 데 있다. 따라서 한 개인의 인지 · 도덕 · 감성 등의 다양한 발달 라인의 수준과 상태는 윌버 스펙트럼 모형 Ⅳ의 한 형태인 홀라키적 심리도(psychograph [그림 4-4] 참조)로 나타낼 수 있다. 통합모형에서 가장 중심은 기본 파동/수준과 발달 조류/라인의 다양성의 온수준 · 온분면 · 온라인의 AQAL Matrix적인 통합이고, 이 통합의 주체는 파동과 조류의 항해자/조종자로서의 자기(self)라고 보아야 한다. 자기와 그 자기의 기능 역시 그 자체가 『통합심리학』에서 켄 윌버가 제시하고 있는 수많은 자기 발달 차트에서 보듯이 인지적, 도덕적, 욕구적 성장 발달의 과정을 거치고, 이와 같은 것들의 통합의 궤적으로서의 '자기'는 개인의 성장 발달의 수준, 구조, 상태 모두를 균형적으로 발달하게 하고 통합하게 하는 책임이 있다고 보는 것이다.

의식의 구조 · 수준 · 상태

앞 장에서 설명한 바와 같이 윌버의 통합모형에서 '온수준'의 통합은 영원의 철학의 존재의 대원환/대둥지의 전(全) 스펙트럼적 통합이고, 이는 의식홀론의 통합을 의미한다. 각 홀론은 '홀론 내 홀론 내 홀론'으로서 '대둥지'적 홀라키로 존재하므로, 대둥지는 [그림 2-1]과 같이 단지 증가하는 전체성의 위계적(계층적) 수준들을 나타내는 큰 그림이다. 한마디로 기본 수준은 '존재의 대둥지' 내에서 단계, 파동, 권역(spheres), 둥지(nests)로 나타나는 기본 홀론들이다. 윌버는 본질적으로 동일한 의식홀론들을 상호 바꿔 가며 지칭하기 위해 기본 수준, 기본 구조, 기본 파동이란 용어를 사용하고 있지만, 각각은 중요한 정보를 전달하는 약간씩 다른 함의를 지니고 있다.

'수준'은 존재의 대원환 내 홀론들의 (초월하고 내포하면서 점차 증가하는) 전일적 포섭을 나타내는 둥지를 드러내므로 그 각각의 수준은 전일적 위계인 홀라키로 배열된 조직상에서 질적으로 서로 다른 것임을 강조한다. '구조'는 이 수준들이 존재와 의식의 지속적인 전일적(holistic) 패턴들이라는 사실을 강조한다. '파동'

은 이러한 수준들이 서로 엄격하게 분리되고 고립된 것이 아니라 무지개 빛깔과 같이 흐릿하게 겹치지만 분명 서로 다른 색깔을 나타내고, 그래서 기본 구조는 단순히 무지개 기본 색깔과 같이 볼 수 있다는 것이다.

다른 한편으로 존재의 대원환/대둥지의 베단타 심리학적 해석에서는 의식의 각 수준의 상태와 체(体)층, 구조 사이에 매우 엄격한 구분을 하고 있다. 베단타에서는 기본적으로 다섯 가지 주요 수준의 몸, 즉 물질적 수준(annamayakosha, 물질의 층), 생물적 수준(pranamayakosha, 생기의 층), 심적(mental) 수준(manomayakosha, 의식의 층), 더 상위의 혼적 수준(vijnamayakosha, 이성의 층)과 영적 수준(anandamayakosha, 지복의 층)을 말하고 있다. 또한 '체(body, sheath, system)'란 마음의 다양한 상태와 수준을 유지하게 하는 홀라키적 기능의 장(場)으로서, 베단타에서는 (물질적 마음을 유지하는) 깨어 있는 상태의 조대체, (감정적, 정신적, 상위의 정신 수준을 유지하는) 꿈꾸고 있는 상태의 정묘체, (영적 마음을 유지하는) 깊은 수면 상태의 원인체(인과체)라는 세 가지로 구분한다.

윌버는『통합심리학』에서 의식의 상태, 구조, 수준을 다음과 같이 구분하고 있다.

> 어느 주어진 의식의 상태는, 깨어 있거나 꿈을 꾸고 있는 것과 같은 상태는 사실상 의식의 여러 상이한 구조나 수준을 수용할 수 있다. 서구적인 용어로 말하자면, 의식의 깨어 있는(Waking) '상태'란, 감각운동적 · 전조작적 · 구체조작적 · 형식조작적 구조와 같은 의식의 매우 상이한 여러 가지 구조를 내포할 수 있다. 이와 같이 의식의 상태도 중요하지만 의식의 구조는 어느 개인의 성장 발달에서 현실적 의식의 상태에 관한 보다 상세한 정보를 제공한다. 그래서 의식의 전 스펙트럼적 접근은 상태와 구조 양쪽 모두를 포함하기를 원하는 것이다. …… 통합시스템에서는 두 가지 주요 형식의 구조로서 기본 구조와 다양한 발달 계통에서의 전이적 구조를 포함하고 있다. 심리학과 사회학 양쪽에서 의식의 구조는 단순히 의식의 구조적 '안전한 패턴'을 나타낸다. 심리학적 구조는 심층과 표층, 수준과 계통, 지속적인 것과 일시적인 것 등으로 수없이 많은 방법으로 나누어지고 더욱 세분화될 수 있다.

그러나 윌버는 주로 두 가지 구조를 사용하고 있다. 즉, (감각, 충동, 이미지, 규칙, 형식, 조작, 비전 논리, 심혼, 정묘 등과 같이) 의식의 기본 수준으로서의 구조와 (인지의 단계, 감정, 욕구, 도덕 등과 같이) 의식의 발달 라인으로서의 구조를 사용하고 있다. 말하자면, 의식의 구조는 발달의 수준과 발달의 라인에서 모두 발견되는 의식의 전 스펙트럼의 전일적 패턴들이다.

윌버는 또한 의식의 두 가지 일반 형식의 주요 상태로서 자연 상태와 변성의식 상태를 구분하고 있다. 의식의 자연 상태란 영원의 철학에 의해 확인된 세 가지 상태, 즉 깨어 있는(조대적), 꿈꾸고 있는(정묘적), 깊은 수면의(원인적) 상태를 모두 포함한다. 명상적 의미가 아닌 보통 의미의 깨어 있는 상태란 우리의 일상적 자아의 당처이지만, 꿈꾸고 있는 상태는 전적으로 심혼(심령, psyche)에 의해 만들어진 세계이기 때문에 혼의 상태에 들어가는 한 유형이고, 깊은 수면 상태는 순수한 무형상[무색(無色)]의 영역이기 때문에 무색의(원인적) 영역으로 들어가는 한 유형이다. 물론, 기공 · 정관 · 명상 · 참선 상태에서는 전면(frontal) 의식 상태에서도 의식의 더 심층적인 상태로 들어갈 수 있다. 일반적으로 '변성의식 상태'는 약물로 유도된 트랜스 상태에서나 임사 체험이나 명상 상태에 이르기까지의 모든 것을 포함하는 의식의 '비정상적'이거나 '비일상적'인 상태로 구분할 수 있다.

소위 '절정 체험'(일시적 변성의식 상태)에서는 개인은 깨어 있으면서도 심령적, 정묘적, 원인적이거나 비이원적 각성 의식의 어떠한 자연적 의식 상태도 어느 정도는 체험할 수 있다. 그래서 흔히 이것은 직접적인 영적 체험(자연신비주의, 신성신비주의, 무색/무형 신비주의와 같은 체험)으로 귀착되기도 한다. 사실 정관 · 명상 · 참선 · 기공을 수련하고 체험하는 사람에게는 깨어 있으면서 내면세계로 들어가는 절정 체험을 하는 것은 수련 과정에서의 일시적인 신비 체험으로 당연히 나타나는 것이다. 그러나 일반인은 비정상적인 상태(약물 복용, 엑소시즘, 주술적 상태)에서 일시적으로 경험하는 환각이나 트랜스 경험을 제외하고는 '절정 체험'을 거의 할 수 없다. 그래서 윌버는 '절정 체험'은 발달의 거의 어느 단계에서도 개인에게 어떤 방법으로든지 희미하나마 일시적으로 일어날 수 있고, 그래서 영적/초개인적 상태가 오직 발달의 상위 단계에서만 있을 수 있다는 관념은 잘못된 것이라고 강조한다. 따라서 물론 의식의 조대 · 정묘 · 원인 · 비이원의 주요 상태는 실제로 성장의 거의 어느 단계에서도 인간에게 일어날 수 있지만, 그러한 상태나 영역이 체험되고 해석되는 방법은 당연히 절정 체험을 갖는 개인의 의식 발달의 수준이나 단계에 어느 정도 좌우된다. 켄 윌버의 이러한 관점의 문제는 제2부에서 비판할 것이다.

이상에서 요약한 의식의 구조, 수준, 파동, 상태에 대한 고찰에서 알 수 있는 것은, 윌버의 통합심리학의 온수준 · 온분면 · 온계통적 통합에서는 인간 의식이 다양한 구조/수준/상태의 파동을 거치며 발달해 나아가는 과정에서, 발달 라인과 조류의 표상(表相)의 다양성과 심상(深相)의 통일성은 역동적으로 통합되어야 한다는 점이다.

통합심리학 모형

윌버는 『통합심리학』에서 인간의 성장 과정에 나타나는 자기와 의식의 심리학적 제문제, 예컨대 자기와 병리, 심리치료 · 테라피, 영성과 수련 등의 문제는 단순히 사분면의 좌상 분면의 내면 의식의 문제가 아니라고 강조한다. 그래서 그는 의식의 스펙트럼과 사분면 혹은 삼보(3대 가치권)를 통합한 [그림 4-4]와 같은 그의 가장 포괄적인 윌버모형 IV의 AQAL 모형에 따라 통합적으로 접근해야 함을 명증적이고 체계적으로 제시하고 있다. 다시 말하면 통합심리학에서 윌버는 인간 의식의 다양한 파동/수준에 따라 역동적으로 발달해 나가는 20여 가지의 발달의 계통/사조/조류에 관한 전근대 · 근대 · 탈근대를 망라하는 수많은 인간 의식과 심리에 대한 발달학자들의 연구 결과를 100개가 훨씬 넘는 차트로 정리하여 제시하고 있다. 그는 이 차트들의 상관성을 비교분석, 고찰함으로써 인간 의식과 심리학의 문제는 온수준 · 온분면적인 통합적 접근을 통해 해결해야 한다는 결론을 내리고 있다.

이에 따라 그는 통합심리학적 접근 방향을 다음과 같이 적시하고 있다.

오늘날 통합심리학을 향한 전근대 · 근대 · 탈근대적 접근의 모든 지속적인 진리를 통합하려면 전근대 세계관의 본질인 '존재의 대둥지'(의식의 스펙트럼)와 3대 가치권(예술, 도덕, 과학)의 차별성을 통합적으로 연구해야 한다. 이에 따라 통합연구의 부분적인 영역으로서의 통합심리학이 해야 할 일은 온분면에서의 온수준의 연구 발견을 협동하고 통합하는 일이다. 그것은 분명 좌상 분면의 문제에만 집중하지만 이 좌상 분면에 대해 완전히 이해하기 위해서는 다른 모든 분면의 맥락에서 함께 연구되어야 할 필요가 있다. 예컨대, 제반 심리학의 문제는 좌상 분면적 접근의 심리학인 자기 · 성격 · 의식 · 정신분석…… 심리학 등과 우상 분면적 접근심리학인 행동 · 인지 · 언어…… 심리학 등과, 좌하 분면적 접근의 심리학인 문화 · 도덕…… 심리학 등과, 우하 분면적 접근의 심리학인 사회 · 교육…… 심리학 등의 모든 연구는 서로 상관적이고 상보적이므로 병리학, 치료/테라피, 실천/수련/수행 등에서 통합적으로 접근해야 하는 것은 너무나 당연하다.

한마디로 윌버는 이와 같이 온수준 · 온분면 · 온계통적으로 접근해야만 진정한 통합심리학 모형이 된다고 말하고 있다.

통합심리학의 핵심 사상

앞에서 살펴본 바와 같이, 윌버는『통합심리학』에서 그의 완전히 성숙한 4단계 통합모형을 온수준 · 온분면 · 온계통의 AQAL Matrix적 접근을 통하여 인간 의식 발달의 모든 다양한 측면의 계통/사조/조류들의 의미를 존중하면서 포섭하는 모형으로 제시하려고 시도하고 있다. 이에 따라 인간의 마음에 관한 진실로 광범위한 지도(인식론)와 온우주의 전 포괄적인 심오한 지도(존재론)를 우리에게 보여 주고 있다.

윌버는, 이미 3장의 통합철학에서 '영'의 '대둥지'로서의 '생명의 대하'의 흐름과도 같은 인간 의식의 비선형적, 역동적 발달의 본질을 그레이브스, 벡, 코완의 나선동역학적 발달모형을 사용하여 분명하게 보여 준 바 있다. 그는 이처럼 역동적이고 다양한 인간 의식의 AQAL적 발달모형 모두를 포괄하는 통합심리학의 비전을 보여 주고 있다.

그는, 이와 같은 통합비전에서 우리는 인간 의식 발달의 상이한 수준을 나타내는 다양한 파동을 통하여 상호 연관적으로 작용하며 흘러가는 비교적 독자적으로 발달하는 계통과 조류를 발견하게 된다고 한다. 그리고 그는, 발달의 파동과 조류는 전반적인 '자기'[주체적 '나(I)', 객체적 '나(me)' 그리고 '진아(Self)'의 자기정체성의 당처]에 의해 조종되고 요술부리듯이 조작되고 있고, 그 '자기' 자체도 깨어 있거나 잠자고 있거나 깊은 수면 속에 있거나 변성의식 상태에 있는 것과 같은 의식의 상이한 상태 속으로 마치 물결이 흐르듯 흘러 들어간다고 본다.

이 모든 것은 발달의 광범위한 '형태형성장' 안에서 성장 · 발달 · 진화하고, 그래서 이것들은 거의 언제나 마치 매우 혼란스러운 세상만사 같아 보인다는 것이다. 『통합심리학』에서 윌버가 해낸 위대한 점은, 100개가 훨씬 넘는 발달의 조류, 계통/라인들의 비교 차트를 부록으로 만들어 인간 의식 연구 분야의 수많은 전근대 · 근대 · 탈근대의 사상가들의 발달 조류적 · 단계적 구조를 체계적으로 도표로 만들어 비교하며 요약한 것이다. 그리고 그러한 도표들의 비교 분석을 통하여 그들 모두는 일반적으로 어느 정도의 차이는 있지만, '존재의 대둥지'의 구조와 '생명의 대하'의 파동은 기본적으로 동일한 구조와 파동을 갖는다는 사실을 인정한 것이다.

윌버는, 3장에서 소개한 『켄 윌버의 모든 것의 이론』에서만큼은 상세하지는 않지만 『통합심리학』에서도 전통합스펙트럼 모형과 보조를 맞추어 그레이브스, 벡 · 코완의 '나선동역학'의 발달적 '가치 밈'의 개념을 명확하게 소개하고 있다. 게다가 발달의 조류와 기본 파동들, 즉 발달의 전면적 계통뿐 아니라 심층적 · 심혼적 계통 그리고 의식의 상이한 상태에도 더 비중을 두고 강조하고 있다. 따라서 개체적 인간 존재의 다양한 계통적 발달을 나타내는 [그림 4-4]의 '통합 심리도'와 같은 보다 더 진보된 모형과 시스템을 제시하고 있다. 무엇보다도 이와 같은 통합심리학적 비전의 전체를 구체적으로 삶 속에서 실현하기 위한, 9장에서 상세하게 설명하게 될, AQAL모형의 통합변용수련(Integral Transfor matirve Practice: ITP)과 이를 모듈화한 '통합생활수련(Integral Life Practice: ILP)'의 지침을 제시하고 있다.

결론적으로, 윌버의 통합심리학에 따르자면 정말로 진정한 방법의 심리학 연구는 이 온우주의 모든 영역과 차원 전반에 걸친 마음이나 정신이나 '영' 자체의 심리학적 · 정신과학적 · 영성과학적인 다수준화된 연구를 필요로 한다는 것이다.

의식의 기본 구조

여기서는 윌버가 『모든 것의 역사』, 『통합심리학』 등의 여러 저서에서 그의 AQAL 모형의 온수준을 발달심리학적 의식의 기본 구조로서 개인의 의식과 자기의 성장 발달을 설명하기 위해 사용하고 있는 (윌버모형 Ⅲ 이래로 현재의 윌버모형 Ⅳ, Ⅴ에서 그대로 사용하고 있는) 의식의 기본 구조에 대해 좀 더 상세하게 고찰하였다.[2)]

의식의 성장 및 발달은 가장 최소로 발달되고 가장 최소로 통합된 단계로부터 가장 최대로 발달되고 가장 최대로 통합된 단계에 이르기까지 일련의 단계나 수준을 거치며 이루어진다. 성장의 수준에는 필경 수십 가지의 상이한 수준 및 형식이 있게 마련이지만, 윌버는 그중에 가장 중요한 9수준만을 기본적으로 선택하고 있다.

의식의 기본 구조는 자각인식(awareness)의 근본적인 형성 블록들로서의 감각, 이미지, 충동, 개념 등과 같은 것이다. 윌버는 이 중에 [그림 4-1]과 같이 의식의 아홉 가지 주요 기본 구조를 열거하고 있다. 이것은 단순히 존재의 대사슬로, 즉 물질 · 신체 · 마음 · 혼 · 영으로 영원의 철학에서 알려진 것보다 더 확장된 해석 이상의 어떤 것이 아니다. 윌버가 제시하는 의식의 기본 구조는 [그림 4-1] (a)의 윌버 Ⅲ 모형과 (b)의 윌버 Ⅳ 모형으로 시기별로 약간 분류가 다르지만, 이는 단지 근본적으로 유사 단계를 묶는 차이일 뿐 동일한 것이다. 따라서 기본적으로 궁극과 수준을 제외한 아홉 가지 기본 수준을 상승하는 차례로 간략하게 살펴보면 다음과 같다.

첫 번째 수준은, 감각물리적/지각적(sensoriphysical/perceptual) 구조의 단계이

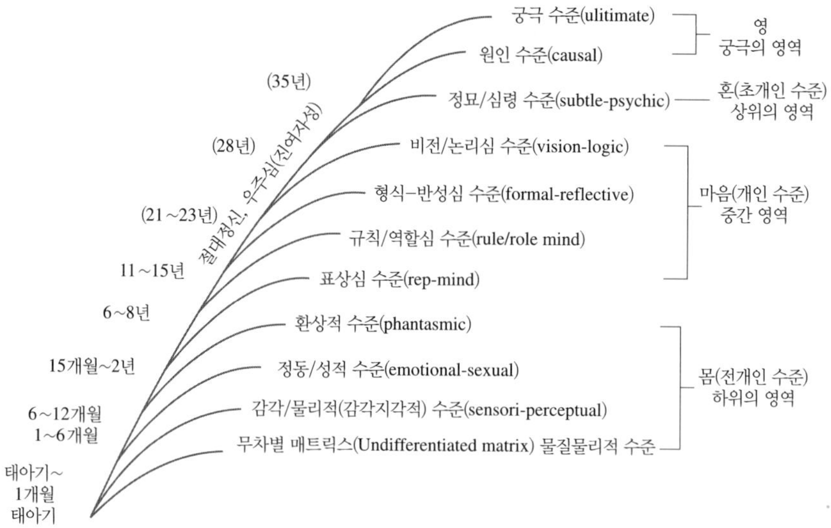

a) 윌버 모형 Ⅲ

출처: Ken Wilber, 『의식의 변용』, p. 69

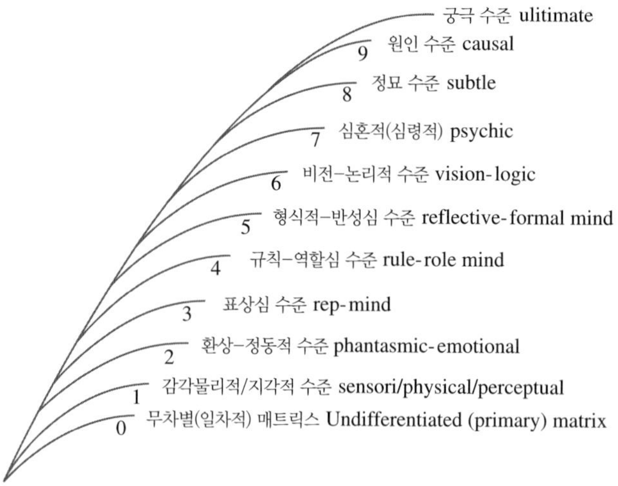

b) 윌버 모형 Ⅳ

출처: Ken Wilber, 『모든 것의 역사』, p. 164

[그림 4-1] **의식의 기본 구조**

다(이 수준의 세계관은 '태고적(archaic)'이라고 일컫는다). 여기에는 신체의 물질적 구성 요소뿐만 아니라 감각과 지각이 포함된다. 이것은 피아제가 감각운동적 지능이라고 일컫는 것, 오로빈도가 물리적 · 감각의 수준이라고 일컫는 것, 베단타 심리학에서 물질의 몸(annamayakosha)이라고 일컫는 것 등에 해당된다.

두 번째 수준은, 환상-정동적(감정적, phantasmic-emotional) 의식의 단계이다(이는 마법적 세계관의 시작 단계이다). 이것은 감정적(정동적)-성적(emotional-sexual) 수준, 충동의 수준, 리비도 · 생명력(생명의 약동, elan vital) · 생명에너지 · 기(氣, prana)의 수준이다. 여기에다 이미지, 즉 최초의 심적 형태의 수준이 더해진다. 아리에티(S. Arieti)가 '환상적(phantasmic) 수준'이라고 일컬었던 이미지(심상)는, 생후 7개월 전후의 영아에게서 나타나기 시작한다.

세 번째 수준은, 표상적(representational) 마음 혹은 줄여서 표상심(rep-mind)의 단계이다(이는 마법적 수준으로부터 신화적 수준으로 전환하는 단계이다). 이것은 피아제가 전조작적(preoperation) 사고(pre-op)라고 일컫는 단계이다. 이 수준은 2~4세 정도의 나이 사이에 처음 나타나는 상징과 4~7세의 나이 사이에 처음 나타나는 개념으로 구성되어 있다.

이미지, 상징, 개념들 사이의 차이는 무엇인가? 이미지는 어떤 사물이 정말 그러한 사물 같아 보이는 어떤 것을 표상한다. 그것은 꽤 단순한 것이다. 예컨대, 나무의 이미지는 어느 정도는 실제 나무와 닮아 보인다. 상징은 어떤 사물을 표상하지만 그 실물과 닮아 보이는 것이 아니다. 이는 훨씬 더 어렵고 더 높은 작업이다. 예를 들어, '피도(Fido)'라는 단어는 당신의 개를 나타내지만 그것은 실제 개와 전혀 닮아 보이지 않고 그래서 마음속에 떠올리기가 더욱 어렵다. 그것이 바로 단어는 이미지가 나온 후에만 생겨날 수밖에 없는 이유이다. 마침내 하나의 개념은 사물의 한 부류를 나타낸다. '개'란 개념은 단지 피도만이 아니고 모든 가능한 종류의 개란 개는 모두 의미한다. 이것은 여전히 더 어려운 작업이다. 어떤 하나의 상징은 표시적이고 어떤 하나의 개념은 함의적이다. 그러나 우리는 상징과 개념을 다 같이 전조작적 혹은 표상적 마음이라고 지칭한다.

넷째 수준은, 규칙/역할심(rule/role mind, 신화적 세계관)이다. 이는 피아제가 구체적 조작적(conrete operational) 사고[구체적 조작심(con-op)]라고 일컫는 단계로 7~11세 정도의 나이 사이에 발달한다. 불교도에게 이 수준은 상념의식[오구(五俱)의식, manovijnana], 즉 감각적 체험에 대해 구체적으로 조작하는 마음을 일컫는 것이다. 윌버는 이것을 규칙/역할심이라고 일컫는데, 그 이유는 그것은 곱셈이나 나눗셈 같이 규칙에 지배받는 사고를 해낼 수 있는 최초의 구조이며, 타인의 역할을 취할 수 있거나 그 자신의 사고와는 다른 어떤 시각(조망)을 현실적으로 가정할 수 있는 최초의 구조이기 때문이다. 이것은 매우 중요한 구조이다. 하지만 피아제가 이 단계를 구체적 조작적이라고 부른 것은, 설령 그것이 복잡한 조작을 수행할 수 있다고는 하나 매우 구체적이고 곧이곧대로의 방식으로 그렇게 하기 때문이다. 예컨대, 이것은 신화는 구체적으로 진실한 것이고 곧이곧대로 옳다고 생각하는 구조이다.

다섯째 수준은, 윌버가 형식적-반성심(합리적 세계관)이라고 부르는 단계이다. 이는 사고할 수 있는 능력뿐만 아니라 사고하는 데 대해 사고할 수 있는 최초의 구조이다. 그러므로 그것은 고도로 내관적(內觀的, 내면 성찰적)이고, 가설적 추론을 하는 능력 또는 명제를 증거에 대해 검증하는 능력이 있다. 이것은 피아제가 말하는 형식적-조작적(formal operational) 사고[형식적 조작심(form-op)]이다. 이것은 사춘기에 전형적으로 나타나고, 그 시기에 싹트는 자의식과 거친 관념론의 바탕이 된다. 오로빈도는 이것을 '추론적 마음'이라 지칭하고, 베단타 심리학에서는 그것을 의식의 몸(manomayakosha)이라고 일컫는다.

여섯째 수준은, 실존적 혹은 비전-논리적 의식의 단계이다. 이는 분할적이 아니라 포괄적이고 통합하고 네트워크화하고 결합하는 논리이다. 오로빈도가 '상위의 마음(higher mind)'이라고 일컬었고, 불교에서는 말나식(manas)이라고 지칭하는 것이다. 이것은 진정한 통합적 구조이다. 특히 그것은 마음과 몸을 보다 더 상위적 상태의 합일로 통합하는 능력이 있는데, 이것을 윌버는 마음과 몸의 (정체성이 아닌) 합일을 상징화하는 '켄타우로스'라고 일컫는다.

일곱째 수준은, 심혼(심령)적(psychic)이라고 일컫는 단계이다. 이는 비록 심령적 초능력이 여기서 발달하기 시작할 수도 있지만 그러한 능력 자체를 의미하는 것은 아니다. 하지만 이 단계는 단지 기본적으로 초개인적, 영적 혹은 관상적(명상적) 발달이 시작하는 단계를 의미한다. 오로빈도가 말하는 '조명심(계시심 illumined mind)'이 바로 그것이다.

여덟째 수준은, 정묘 영역(the subtle)이라고 일컫는 단계이다. 그밖에도 영적 발달의 중간 단계, 즉 이 수준은 다양한 계시적(조명적, luminous) 형상, 불교에서는 이담[yidam, 선정불(禪定佛), 티베트 불교의 완전한 깨달음을 성취한 불보살]이라고 하고 힌두교에서는 이쉬타데바(ishtadeva, 예배 대상의 천신(天神)]라고 알려진(셋째와 넷째 수준의 집합적 신화적 형상과 혼동해서는 안 되는) 신성한 형상이나 신위(神位, Deity)의 형상의 보고(寶庫)라고도 일컬어진다. 이것은 인격적 신의 보고이고, '진정한' 초개인적(자아초월적) 원형과 초개아적(supra-individual) 형상의 보고이다. 이것은 오로빈도의 '직관심'이고 베단타에서의 이성의 몸(지성체 vijnanamaya-kosha), 불교에서의 아뢰야식(8식, alayavijnana)이다.

아홉째 수준은, 원인 영역(the causal) 혹은 모든 다른 하위 수준의 순수한 비현현의 원천인 단계이다. 인격적 신이 아니라 무형상[무색(無色)]의 절대신성 혹은 심연(Abyss)의 보고이다. 이 수준은 오로빈도의 '대심(大心, overmind)', 베단타에서의 지복의 몸(anandamayakosha), 즉 지복체(至福体)에 해당한다.

최종적으로 이상의 전체 그림이 그려져 있는 종이(의식의 기본 구조 전체)는 궁극적 실재 혹은 영(절대정신)을 나타낸다. 즉, 이는 다른 수준들 가운데 한 수준이 아니라 모든 수준의 근본 바탕이며 순수한 실재(the Ground and Reality)이다. 이것은 오로빈도의 '초심(超心, supermind)'이고 불교에서의 순수 알라야[alaya, 진여자성(眞如自性)]이고 베단타에서의 투리아[turiya, 베단타에서 깨어 있는 의식(Jagrata), 잠자는 의식(Svapna), 꿈이 없는 잠자는 의식(Susapti)의 세 의식 상태를 넘어서는 제4의식을 의미하는 브라흐만의 순수통일/지고의식]이다.

그래서 첫째 수준은 물질/감각이고, 둘째 수준은 신체/생명(氣)이고, 셋째, 넷째, 다섯째 수준은 마음이다. 그리고 여섯째 수준은 켄타우로스라고 일컫는 것, 즉 심신의 통합이고, 일곱째, 여덟째 수준은 혼이고 아홉째 수준에다 바탕 종이(의식의 구조 전체의 바탕)를 더한 것이 영(Spirit)이다.

의식의 기본 구조에서 비전-논리(vision-logic)를 포함하는 단계까지의 의식의 기본 구조 도식은 피아제, 워너, 아리에티 등의 여러 학자의 연구에 분명하게 바탕을 두고 있다. 그 이상의 상위 수준은 여기서는 대여섯 개의 수준을 두 개의 일반 영역으로 축약한 정묘 수준과 원인 수준으로, 이는 대체로 힌두와 불교심리학 체계에 바탕을 두고 있다. 특히 이것들을 현대적으로 해석한 학자들, 예를 들면 오로빈도를 비롯한 많은 학자의 이론에 바탕을 두고 있다.

이 의식의 기본 구조의 도식에서 제시하는 바는, 의식의 수준과 수준 사이에는 각 수준 내에서의 수평적 발달뿐 아니라 수직적 발달이 있다는 것이다[전자를 간변(間变, 변환, translation), 후자를 층변(層变, 변용, transformation)이라 일컫는다]. 거기에다가 각 수준 혹은 기본 구조는 어느 정도로 그 발생 시기에 대해 선을 그을 수 있는 경계나 연대적 출발점을 갖고 있지만, 반드시 발달의 최종점의 둘레에 선을 그을 수 있는 분명한 경계를 갖고 있지는 않다. 그래서 예를 들자면, 형식적 조작 사고(반성적-형식적 마음)는 일반적으로 12세 정도에 나타나지만, 이는 점차 더 발달하면서 한 개인의 전 생애에 걸쳐 진행된다. 중요한 점은 그것이 '완전해졌다'고 말할 수 있을 때가 있는 게 아니고 오히려 그것은 사춘기의 초기 시작 단계 이전에는 어떤 형태로든 거의 나타나지 않는다. 즉, 구조적으로 조직화된 계층에서 그것을 하나의 과정으로 위치시키는 데 가장 쉽게 해 주는 것은 비록 그것이 어디까지나 유일한 기준이기도 하지만 창발의 시점이지 종점이 아니라는 것이다. 그러므로 [그림 4-1]의 도식에서 보면 그들의 지선(支線)이나 분기점(分岐點)에는 여러 상이한 구조의 최초의 발생에서 어느 정도 일반적으로 공인되는 시기를 수록하고 있다. 맨 위의 세 수준의 창발 시기는 아직은 모두 합의적으로 결정되는 것 같지 않기 때문에 괄호 안에 나타내었다. 피아제는 이상(異狀)심리를 제외하면, 대부분의 사람은 어느 정도까지는 형식조작 의식의 능력을 보유하게 된다고 논증하고 있다. 그러나 오늘날의 보통 사람이 자동적으로 이 단계를 넘어서 정묘, 원인 또는 궁극적 초월의 초개인적 영역으로 발달하지는 않는다. 이에 대한 설명을 위하여 윌버가 제시하는 잠정적인 가정은, 인류사적으로 보면 현재 이 시점까지의 전체적인 인간성은 형식조작적 사고의 수준까지 집합적으로 진화해 왔다는 것이다. 그러므로 현대에 태어난 개개인은 그 수준까지 발달하는 것은 어느 정도 확실하다는 것이다. 그렇지만 그 수준을 넘어서는 것은 '우리 스스로에 달려 있다.'고 본다. 생각건대, 마치 우리의 선조들이 이성적인 능력을 위해 분투해 온 것과 같이 더 많은 사람이 더 상위 수준에 도달하려고 노력하고 그러한 수준에 도달함에 따라 대대손손 이어지는 인류의 자손에게 이 상위의 수준을 집합적으로 물려줄 수 있을 것이다. 그 중간 과정에서는 판단에 따라 일단 임의로 정한 최초의 시점으로서의 발생 시기를 괄호 안에 제시하였다.

최초로 워너(Werner)에 의해 제안된 이와 같은 형식의 가지수(樹) 도식이 갖는 장점 중 하나는, 그것이 분명 기본 구조의 연대기적 발달과 그것에 계층적인 위계를 부여하여 그것들 '내에서' 흔히 동시 병행적으로 진행 중인 의식의 발달을 여하튼간에 거부감 없이 가능하게 해 준다는 것이다. 예를 들면, 반성적 마음은 말하자면 환상적 혹은 단순 이미지 마음보다는 의식의 구조적 조직의 상위의 위계이다. '그래서' 반성적 마음은 언제나 환상적 마음이 생겨난 '이후에' 출현한다. '하지만' 환상적 수준 자체는 여전히 반성적 마음이 생겨나서 성숙해 가면서, 또 그러는 동안에도 상당한 정도로 발전한다는 것을 보여 줄 수 있다.

이러한 현상은 일단 하나의 기본 구조가 출현하면, 앞에서 제시한 바와 같이 그 구조는 이어지는 더 상위의 구조들과 '동시에' 존재하며 남아 있게 된다. 그 구조는 남아 있게 됨으로써 그것은 지속적으로 동시에 발달되고 실현된다. 상당한 부분에서 이것은 전이(轉移)나 대치 단계의 경우에는 맞지 않는다. 하지만 수준-5의 도덕적 발달 수준에 있는 사람들은 동시에 그들의 능력을 수준-1의 무뢰한이 되는 역방향으로 거꾸로 발달시키지는 않는다. 이 단계들은 대치됨으로써 상호 배반적이다.

이제 특히 중간 수준에서의 기본 구조 그 자체에 대한 개략적인 기술을 해야 할 일만 남아 있다. 지금까지는 이들을 그냥 '마음'으로 함께 뭉뚱그리고 말거나 또는 적확하게 정의하지 못하였지만, [그림 4-1]의 의식의 기본 구조의 각 수준은 이미 앞에서 요약 기술하였다.

발달의 기본 구조와 단계

윌버의 의식의 전(全) 스펙트럼 모형에서 의식의 구조는 본질적으로 의식의 영구적이고 지속적이며 기본적인 구성 요소이다. 반면에 발달심리학 · 자기심리학에서의 의식의 단계란 본질적으로 의식의 일시적이며 전이적이거나 대치 가능한 국면이다. 윌버의 의식의 성장 발달 모형에 따라서 이것이 의미하는 바와 그리고 왜 그러한 구분이 그렇게도 중요한가를 알아보자.

인간 의식의 여러 상이한 구조, 과정, 기능이 인간 발달의 과정에서 출현할 때에, 그들 중 일부는 계속 존재하며 '남아 있게 되고', 그들 중 일부는 '사라진다'. 예를 들면, 음식에 대한 욕구, 즉 구강/항문(oral/anal)기의 영양 구조는 발달의 가장 초기 단계에서 발달된다. 마찬가지로 성심리적 발달의 구강 단계도 가장 초기에 생겨난다. 이 음식에 대한 욕구는 그대로 남아 있게 되지만, (고착/억압을 제외한) 구강 단계는 사라진다. 그러나 사람은 음식에 대한 욕구에서 결코 벗어나지 못한다. 사람은 구강 단계를 관념상으로 벗어난다. 이것은 결코 하나의 유별난 예가 아니다. 사실상 개략적으로 추정하자면, 발달의 절반 정도는 수정되거나 계속 발달하며 변하는 과정에 있어도 그대로 남아 존재하게 되고 나머지 절반 정도는 상실하거나 지나가 버린다. 이를테면 인지(認知)적 발달에서 하나의 인지 능력이 일단 출현하고 성숙하게 되면, 이미지, 상징, 개념 혹은 규칙을 불문하고 그것은 대체로 그대로 남아 있게 된다. 일반적으로 더 상위의 인지 구조는 더 하위의 것을 포함하면서 통합한다. 그렇지만 도덕적 발달에서는 상위의 단계는 하위의 단계를 대치하면서 그 하위의 것은 그렇게 많이 잔존시키지 않는다. 하위의 구조는 본질적으로 분해되거나 거부되는 것 같아 보인다.

그래서 예컨대, 피아제는 주장하기를, 인지 발달은 '감각운동' '전조작적 사고(Preop)' '구체적 조작사고(Conop)' '형식적 조작사고(Formop)'라는 네 가지 주요 단계적 구조를 통해 진행된다는 것이다. 상당한 유의 수준에서 개개의 인지 구조는 후속 단계의 조작에 필요할 뿐 아니라 또한 능동적으로 기여한다. 그래서 감각운동 인지는 전조작 및 구체적 조작사고에 (조작 대상이 되는) 피조작 자료를 제공하고, 구체적 조작사고는 다시 형식적 조작 논리의 피조작 자료를 제공한다.

중요한 점은, 감각운동 지능이 출현하고서 2세 정도가 되면 감각운동 지능은 어느 정도로 일단 완성되지만, 그러고 나서도 그것은 활동적이거나 중요한 역할을 멈추지 않으면서 계속 존재하고 기능하게 된다는 것이다. 감각운동 지능은 그 자체의 적절한 활동뿐만 아니라, 그보다 상위 구조의 의식에 기여하면서 내포된다. 이것은 바로 모든 기본 구조가 공통으로 갖고 있는 하나의 좋은 본보기가 되는 것으로서 그들은 일단 생겨나면 그대로 '남아 있게 된다'.

한편, 예컨대 뒤에 자기발달에서 나오는 콜버그의 도덕성 연구는 주로 전이(轉移)−대치 단계의 좋은 사례를 보여 준다. 콜버그는 주장하기를, 도덕성에 대한 개인적 지각은 최소한 여섯 개의 주요 단계를 통하여 발달한다는 것이다. 보다 중요한 것은 일단 어느 개인의 특정한 단계, 예로서 [그림 4−1]의 기본 구조의 여섯 번째 수준(〈표 4−1〉의 도덕성 발달의 #5단계)에 도달하고 나면, 그 사람은 '그보다 하위 단계(이 경우에는 〈표 4−1〉의 #1~#4에 이르는 모든 단계)의 모든 응답 특성'을 멈추게 된다(단계 #4 응답은 25%만, #1, #2, #3 응답은 실제로 거의 0%). 각각의 하급 단계는 그보다 상급 단계의 발달을 위하여 필요하지만, 각 하급 단계는 상급 단계에 의해 내포되지 않고 오히려 그것들에 의해 거의 전적으로 대치된다. 이것은 '전이−대치' 단계의 좋은 예이다. 즉, 하위 단계는 상위 단계의 전조(前兆)이지만 상위 단계의 한 구성 요소가 아니다. 그것은 오로지 대치될 뿐이며 내포되지는 않는다.

그렇다면 어떤 의미에서 기본 구조는 성장하면서 결코 벗어나게 되지 않는 발달의 단계이고 전이 구조는 성장해 가며 벗어나게 되는 단계이다. 전자는 '구조로 남아 있게 되는' 단계이고 후자는 기본적으로 '단계로서만' 역할하는 구조이다. 그것들 '모두' 다 구조와 단계의 속성을 드러내지만 상이한 면을 강조하자면 그렇다. 이러한 이유로 윌버는 전자를 통상 기본 '구조'라고 칭하고 후자를 전이(轉移) 단계라고 일컫는 것이다.

이에 따라 의식의 구조, 단계에 대한 논의는 세 부분으로 나누어진다. 첫째 부분에서는 의식의 기본 구조, 즉 몸, 마음, 심혼, 정묘, 원인 등과 그것들의 발달을 취급한다. 둘째 부분에서는 의식의 주요 대치 단계, 즉 〈표 4−1〉에 제시한 바와 같은 콜버그의 도덕적 단계, 뢰빙거의 자기(정체성) 인식 단계, 매슬로의(자기) 욕구계층 등등을 취급한다. 자기체계에 대한 셋째 부분에서는 이것들 사이의 이론적인 연결로서 윌버가 제안한 것에 대해 고찰한다.

의식의 발달과 자기·병리·치료[3)]

의식의 기본 구조의 각 단계에서 '자기'가 발달하게 되면 그것에 수반하는 것들이 비교적 잘되어 가거나 혹은 잘못되어 갈 수도 있다. 만약 잘되어 간다면 '자기'는 정상적으로 발달하고 비교적 순조롭게 기능하는 양상으로 다음 단계로 이동해 간다. 그러나 만일 어느 주어진 발달단계에서 어떤 것들이 계속 끈질기게 잘못되어 간다면 여러 다양한 병증이 심화될 수 있다. [그림 4−2]에서 보여 주는 바와 같이 병증의 유형, 즉 신경증의 유형은 반드시 문제가 발생하는 단계나 수준에 좌우된다.

달리 말하자면 의식의 발달의 각 단계나 수준에서 '자기'는 분명 어떤 난제와 직면하게 된다. 그러한 난제를 어떻게 처리하는가에 따라 그것이 비교적 건강하게 되어 가거나 아니면 비교적 혼란 속에 휘말려 가거나의 여부가 결정된다. 무엇보다 먼저 발달의 각 단계에서 '자기'는 그 단계와 스스로를 동일시하며 시작하고, 그래서 그것이 배변 훈련이거나 언어학습이거나 간에 그 단계에 적절한 과제를 수행해야 한다. 그러나 계속적인 성장 발달을 위해서 '자기'는 새로운 더 상위의 단계에 대비한 여유 공간을 마련하기 위해 스스로를 현재의 단계에서 벗어나게 놓아주거나 아니면 현 단계와의 자기동일시를 부정해야 한다. 다시 말해 '자기'는 스스로를 하위 단계로부터 차별화하고 더 상위 단계와 동일시한 다음, 상위 단계를 하위 단계와 통합해야 한다.

차별화하고 나서 통합하는 이 같은 과업은 '분기점(fulcrum)' 인식이라고 일컬어진다. 그것은 단순히 발달에서의 주요 전환점이나 단계를 의미한다. 그래서 [그림 4−2]의 '대응분기점(Corresponding Fulcrums)'이라고 명명한 두 번째 줄에

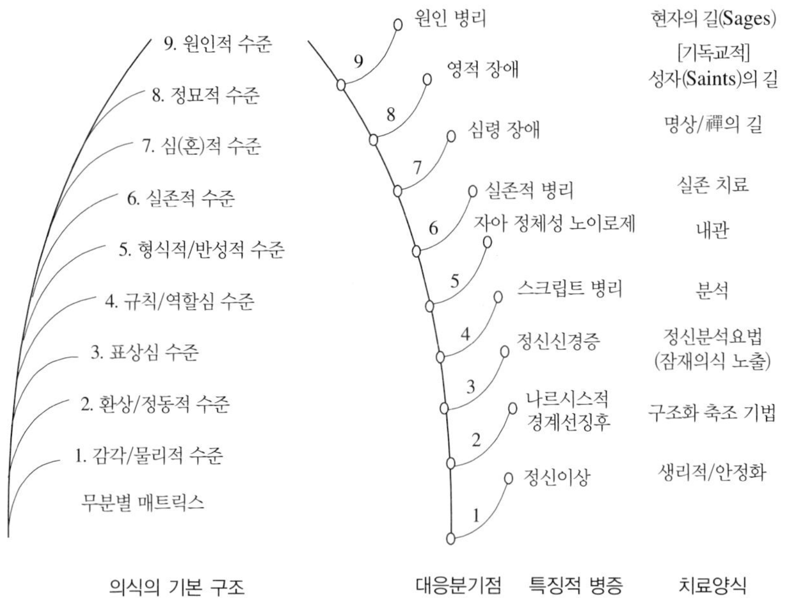

[그림 4-2] **의식의 구조, 분기점, 정신병리와 치료양식**

출처: Ken Wilber, 『의식의 변용』

서 우리는 의식 발달의 아홉 개의 주요 수준이나 단계에 상응하는 아홉 개의 주요 분기점 혹은 전환점을 보게 된다. 만약 어느 주어진 분기점에서 무언가 계속 끈질기게 잘못되어 가면 우리는 그 지점 고유의 특징적인 병증을 얻게 된다. 아홉 가지 주요 병증은 '특징적 병증(Characteristic Pathologies)'이라는 세 번째 줄에 열거되어 있다. 그림의 이 줄에서 우리는 정신병, 신경증(노이로제), 실존 공황 등 같은 것을 발견하게 된다.

그러다가 결국에는 여러 상이한 치료법이 다양한 병증을 치료하기 위해서 오랜 기간을 거치면서 발전되어 왔다. 그래서 각각의 특정 증상에 대해 최선이거나 보다 적절한 것이라고 증명되어 온 치료법은 '치료양식(Treatment Modalities)'이라고 명명하여 [그림 4-2]의 넷째 줄에 수록되어 있다. 이것은 심리치료(정신요법)와 명상과의 관계가 어떻게 성립되는가를 명확하게 보여 준다.

요컨대, 3장의 의식의 기본 구조와 여기서 기술한 발달심리학적 의식의 기본 구조의 발달 과정을 보면 그것들은 일단 기본적으로 발생하면, 그것들 특유의 기능을 충족하고 특유의 과업을 수행할 뿐 아니라 그것들보다 상위의 구조에 기여하거나 그 종속적 구조로서 작용하기까지 하므로 그대로 남아 있어도 전혀 문제가 되는 일은 없다.

의식의 전이 국면

앞에서 고찰한 바와 같이 의식의 기본 구조는 비록 본질적으로 지속적인 구조인 것으로 정의했지만 '단계'적으로 나타난다. 그렇다면 우리는 각 기본 구조는 그와 연관되어 있는 어떤 일시적이거나 국면-특유의 현상을 가질 수 있음을 기대할 수 있을 것이다. 이것은 정말로 그렇다. 의식의 기본 구조는 본질적으로 '인지적' 구조이므로 기본 구조의 일시적이거나 국면 국한된 측면은 단순히 축차적으로 새롭고 상위의 구조가 출현하면서 일어나는 인지적 지도나 세계 조망의 변화에 관계된다. 이제부터 이에 대한 여러 가지 예를 들어 보자.

최하위 수준들, 즉 함께 취급하자면 사물, 감각, 지각의 세계 조망은 '원형적' '플로레마적' '우로보르적' 등으로 일컫는다. (거의 이름을 붙일 가치가 없을 정도로 원시적인) 이 세계 조망은 주로 무분별화되고 글로벌하고 융합되고 혼동된 상태에 있다. 즉, 이는 영아의 의식이 '오직' 물리적이고 감각지각적 구조만 갖고 있을 때 세계가 보이는 방식이다. 보다 상위의 구조가 나타나면, 원초적 세계 조망은 사라지거나 포기되는데, 감각과 지각 능력 자체는 그렇지 않다. 후자는 기본적이며 지속적인 구조이지만, 전자는 단지 그들과 연관되어 있는 전이(轉移)적이거나 국면 일시적 인지 지도인 것이다.

정동적 · 성적 수준에서의 세계 조망은 '타이폰적(typhonic)' 단계라고 일컫는다. 이 단계는 원초적이며 보다 신체 · 안정성 위주의 앞 단계보다는 분별력이 더 갖추어져 있다. 그렇지만 이것도 아직은 감각되는 현재에만 한정되고 국한되어 있으며 오직 즉각적 욕구의 해소와 방출을 추구하는 역량만을 갖고 있고 대체로 전(前)정신적/전(前)이지적 세계 조망인 것이다. 더 상위 구조가 나타나면,

'전적으로' 감각수용적 세계는 사라진다. 그러나 감각 자체는 사라지지 않는다. 환각적이며 초기 전(前)조작 단계의 세계 조망을 우리는 '마법적' 단계라고 일컫는다. 마법이란 단순히 개인이 개념도, 규칙도, 형식적 조작도, 비전도 아닌 오직 이미지와 상징만을 갖고 있을 때 세계가 보이는 방식이다. 꿈의 세계에서처럼 환각적 이미지는 마술적 응축과 변형, 소원 성취, 욕구 해소 같은 것이 드러나 보이게 한다. 더 상위 구조가 나타나면, 마법적 세계 조망 자체는 포기되지만 이미지와 상징 그 자체는 중요한 기본 구조로 남아 있게 된다.

후기 전조작과 시작 단계의 구체적 조작에 의한 세계 조망을 우리는 신화적 단계라고 일컫는다. 신화는 개념과 규칙은 갖고 있지만, 형식적 조작이나 합리적 인지 능력이 없을 때 세계가 보이는 방식이다. 더 상위 수준이 나타나면 신화적 세계 조망 자체는 사라져 버리고 그 위의 것으로 대치될 것이지만, 그러나 구체적 조작심과 규칙/역할심 자체는 중요한 기본 구조로 남아 있게 될 것이다. 마찬가지로 발달이 초월적 영역으로 진행해 나가면서 전일(專一)적으로 합리적 세계 조망은, 즉 오직 형식적 조작심만 갖고 있을 때 세계가 보이는 방식은 심령적이고 정묘적 세계 조망으로 대치되지만 이성적 사유 능력은 그대로 남아 있게 된다는 등등이다.

그리하여 오직 감각운동 기능만 갖고 있을 때 세계가 보이는 방식인 원초적-타이픈적 세계 조망은 오직 전조작 의식만을 갖고 있을 때 보이는 방식인 마법적 조망에 의해 대치되고, 이는 다시 오직 구체적 조작만을 갖고 있을 때 세계가 보이는 방식인 신화적 의식에 의해 대치되고, 신화적 의식 자체는 형식적 조작에 의해 세계가 보이는 방식인 합리적 의식에 의해 대치된다는 등등이다. 원형적, 타이픈적, 마법적, 신화적 등등과 같은 전일적이지만 전이(轉移)적인 세계 조망은 축차적으로 대치된다. 그러나 기본 구조 자체, 즉 전조작, 구체적 조작, 형식적 조작 등등은 존재하면서 기능적으로 필요한 것으로 의식되면서 남는다. 이것은 예전의 세계 조망이 어떤 경우에도 재활성화될 수 없다는 것을 말하는 것은 아니다. 이를테면 우리가 꿈을 꿀 때는 형식적 조작과 구체적 조작은 정지되고, 그 대신 환상적, 전조작적, 마법적 세계관 속으로 다시 빠져들게 된다. 그렇지만 더 상위 구조가 출현하거나 재출현할 때에는 마술적 의식은 사라지지만 전조작심은 남아 있게 된다.

자기와 자기체계[4)]

여기서는 인간의 자기(self)나 자기체계, 자기의식의 성장 발달을 윌버의 발달심리학적인 관점에서 간략하게 알아볼 것이다. 아마도 의식의 기본 구조의 가장 두드러진 특징은, 그것들의 하나하나는 모두 '자기가 빠져 있다.'는 것이다. 즉, 의식의 구조에 대한 [그림 4-2]와 같은 구조수(構造樹)의 어떤 가지에서도 자아(ego)가 '있다'거나 자기 인식이 있다든지 인격적 '나'라는 것에 대한 느낌이 있다고 지적하여 말할 수 없다는 것이다. 윌버가 이같이 제시하고 있는 이유는 단순하다. 왜냐하면 그러한 기본 구조의 각각에는 원래 자기 인식 같은 것은 없고, '다만' 발달의 과정에서 자기체계가 생겨나면서 자기는 의식의 기본 구조를 (자기 성장의) 축차적인 토대로 삼기 때문이다. 어떤 의미에서 기본 구조는 사다리의 발판들을 형성하고, 그런 다음 그 위로 신체 수준에서 마음 수준으로, 정묘 수준으로, 원인 수준으로, 비이원의 영 수준에 이르기까지 (곧 알게 되겠지만 그 과정에서 어떤 자기 전이 단계를 축차적으로 생성해 내면서) 자기체계가 올라가는 형국이라 할 수 있다.

그러나 이제 우리의 관점은, 사다리에서 어느 한 개의 발판도 그리고 그것들의 어느 조합도 본래적 자기(自己)를 구성한다고 말할 수는 없다는 것이다. 이것은 '오온(五蘊)/오음(五陰)'이라는 불교의 개념, 즉 이를 현대 심리학적 용어로 개략적으로 다시 말하자면, 신체, 감각/지각, 정동/충동 같은 하위의 인지 그리고 개념, 사고, 비전 논리, 정묘식 같은 상위의 인지에 매우 유사하다. 이들 각각은 '무아(無我)' 혹은 자기가 없는 것이라고 말하지만, 여전히 그 각각은 (일시적으로 그리고 피할 수 없게) 자기 인식의 바탕으로서의 역할을 한다. 자기 인식이 오온의 의식 구조를 관통하여 넘어서 나아감으로써, 그리하여 그 자체가 존재하기를 멈출 때 그 결과 열반이나 무아의 찬란한 깨달음을 성취하게 되면, 그 안에는 오온이 아직도 기능을 계속하지만 그러나 인격화로 인한 의식의 일그러짐은 더 이상 없다.

본질적으로 동일한 아이디어를 요가차크라 심리학, 베단타 심리학의 의식의 층(몸), 대승불교(유식학)의 식(識)에서 찾을 수 있다. 이러한 각 심리/의식체계는 여러 개의 기본 구조, 의식의 층 혹은 차크라가 있다고 말한다. 그러나 예컨대 깨달은 성인은 물질적, 정동적, 이지적, 정묘적 기본 구조 '모두'에 접근할 수 있지만, 그는 자신을 그것들과 전유적(專有的)으로 동일시하거나 그것들에 의해 속박되지 않는다. 즉, 의식의 구조는 있지만 의식 '속에' 분리된 자기는 없다는 사실을 입증하듯이 근본적으로 분리된 자기 인식은 없다고 밝히고 있다.

그러나 이러한 사실이 시사하는 바는, 자기체계는 비록 '궁극적으로는' 환영적인 것이지만, 그럼에도 불구하고 만약 중간 단계의 기능을 위해서라면 그것은 절대적으로 필요한 역할을 한다는 것이다. 다시 말하자면 그것은 발달, 성장, 초월의 견인차이며, 아니면 지나치게 단순화한 안이한 은유로 돌아가서 보면, '자기'는 구조적 유기체의 사다리에서 발판들을 오르는 자이며, 이는 그 자신으로부터 자기를 해방하도록 운명 지워진 오름이다.

그렇다면 자기체계는 비록 궁극적으로는 환영에 불과하지만 중간 과정에서는 필요하고 적절하며 기능적이고 그래서 이것은 (최초에 매슬로가 자신의 이론을 기술하기 위하여 널리 사용한 어구이지만) 일반적으로 자기심리학(Self Psychology)으로 알려진 전반적인 주제로 우리를 끌어온다. 자기심리학에서 무엇이 자기이고, 그것의 기능과 구성 요소는 무엇이며, 그것이 어떤 발달을 거치는가 등에 대한 연구가 진지한 관심을 끌기 시작한 것은 실제로 불과 지난 수십 년 정도에 지나지 않는다. ("다만 지난 20년 사이에 심리학에서 자기란 주제 의식으로 돌아가는 현저한 변화가 있었다.") 에릭슨(E. Erikson), 로저스(C. Rogers), 코헛(H. Kohut), 뢰빙거, 매슬로를 비롯한 여러 자기/자아심리학, 발달심리학 학자들이 선봉이 되어서 선구적으로 자기체계의 본질, 특성, 기능을 연구하였고, 이러한 연구가 최근에 와서 심리학의 가장 중요한 분야로 인정받게 되었다.

켄 윌버는 『통합심리학』에서 자기의 정체성보다 의식 발달의 파동과 조류를 타고 가는 항해사(조종자)로서의 '자기'의 기능을 중요시하고 있다. 우리가 '나'라고 하는 것이 무엇인지에 주목하여 '자기 감각'을 느껴 본다면 적어도 두 개의 '자기' 요소가 있다는 것을 알게 된다. 그것은 윌버가 근접 자기(proximate self)라고 일컫는 관찰하는 내면의 주체 혹은 주시자로서의 자기와 원격 자기(distant self)라고 일컫는 관찰되는(자신에 대해 볼 수 있고 알 수 있는 객관적 대상으로서의) 자기로 구분된다고 본다. 즉, 첫째는 '주체'로서의 나(I)로 경험되는 자기이고, 둘째는 객체로서의 나(me) 또는 나의 것(mine)으로 경험되는 자기이다. 윌버는 이 두 가지 자기와 '자기성(selfness)'의 다른 원천을 합하여 전체 자기(overall self)라고 일컫는다. 여기서는 윌버가 강조하는 이러한 자기 인식과 함께 자기정체성의 저장소(locus)로서의 그리고 자기의 특성, 다양한 의식 파동의 발달의 항해사로서의 자기의 특성에 대해 발달심리학적으로 좀 더 상세하게 알아볼 것이다.

'자기(self)'는 심리학적으로 명확하게 정의하기는 어렵지만 주체로서 개인의 의식의 정체성과 관련된 몇 가지 특징을 통해 정의할 수 있다. 자기의 여러 특징 중 하나는 자기 안의 심리적 사건들의 흐름을 의미 있고 응집된 방식으로 전적으로 소유(전유)하고 구성하는 능력이라고 말할 수 있다. 이것은 자기를 자기 '조직화의 과정'으로 정의하고 있는 근대 정신분석학적 관점과 아주 다르지 않다. 프로이트의 '에고(ego)와 이드(id)'를 시작으로, 하르트만(H. Hartmann), 제이콥슨(E. Jacobson), 코헛을 비롯한 여러 자기심리학자로 이어져 내려오면서, '심리적 실재의 적극적 조직자'로서의 자기라는 개념은 점차 더 많은 신뢰를 얻게 되었다. 브란트(Brandt)는 이러한 일반적인 관점을 다음과 같이 요약한다. "자기는 단지 기저 의식의 정신적 부분이거나 의식 하부 구조들의 종합체가 아니라, 즉 단지 의식의 흐름의 총화가 아니라 이들 의식의 하부 구조들의 활동과 상태를 알게 해 주는, 즉 '언급의 기틀(frame of reference)'로서의 의식의 독립된 조직화의 원리이다." 따라서 앞에서 언급한 모든 것을 고려해 볼 때, 자기는 심리의 조직화와 통합 · 조정의 집행자라는 것이 그 첫 번째 특징임을 알 수 있다.

위와 동일한 이유로 자기는 자기동일시의 (의식/무의식의 집합적) 저장소라고 볼 수도 있다. 이것은 아마도 자기체계에 관한 가장 설득력 있는 정의 또는 특성이라 할 수 있다. 왜냐하면 의식의 구조적 사건들의 흐름을 전적으로 소유하고 조직화하는 과정에서 자기는 그러한 상황들의 와중에서 스스로 선택적 정체감(동일시 느낌)을 만들어 내기 때문이다. 이것은 전적으로 정상적이며 필요한 기능으로 보인다. 안정된 자기정체감을 형성하지 못해서 초래되는 비참한 결과인 에릭슨의 '정체감 위기' 또는 경계선 정신병과 신경증 환자에서 나타나는 콜버그의 정체감의 와해 등을 생각해 보면 누구나 자기의 필요성을 알 수 있다. 따라서 하나의 단순한 일반화로서 자기를 자기동일시의 저장소일 뿐만 아니라 정체감의 중심, 즉 전유화 작용과 관련되어 밀착된 '나임(I-ness)'의 직관적 파악이라는 의미를 갖는다.

마지막으로, 자기를 발달의 항해사(navigator)라고 생각해 볼 수도 있다. 왜냐하면 의식의 기본 구조/스펙트럼의 양쪽 끝을 제외하고 의식의 기본 구조의 사다리 어느 지점에서든 자기는 [그림 4-3]과 같이 몇 가지 다른 '방향적 끌림'에 직면하기 때문이다. 자기는 (제한 없이) 현 구조적 수준에 남아 있기를 선택할 수 있으며, 다른 수준을 위해 현 수준의 포기를 선택할 수도 있다. 만약 자기가 현재 수준을 포기할 경우, 자기는(의식의 기본 구조) 위계의 위쪽으로 이동할 수 있고 아래쪽으로 이동할 수도 있다. 따라서 어떤 수준에서든 자기는 보존 대 부정, 매달리기 대 놓아주기, 그 수준에서 살기 대 그 수준에서 죽기, 그 수준과 동일시하기 대 그 수준으로부터 탈동일시하기에 직면하게 된다. 수준들 사이에서 자기는 상승 대 하강, 즉 점진적으로 증가하는 구조적 조직과 통합 수준인 위계의 위

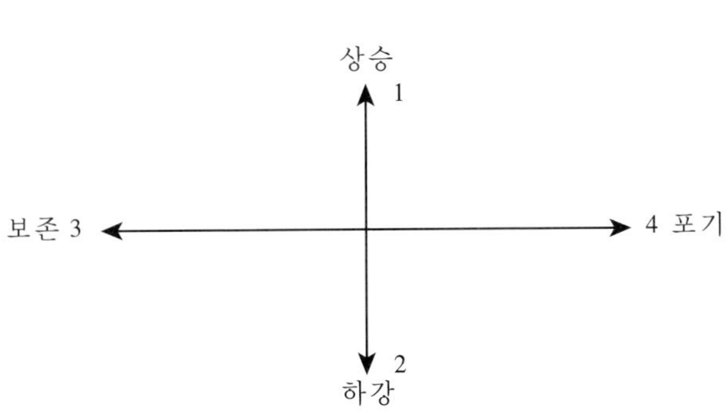

[그림 4-3] **자기의 방향적 끌림**

쪽으로 올라가거나 덜 조직화되고 덜 통합된 구조로 내려가는 문제에 직면하게 된다. 그렇다면 어떤 주어진 수준에서 자기는 그 수준을 보존할 것인가 아니면 부정할 것인가, 붙잡고 있을 것인가 버릴 것인가, 그 수준을 살릴 것인가 아니면 그 수준을 죽일 것인가, 즉 그것을 정체성으로 삼을 것인가 아니면 그것을 비정체성으로 할 것인가 하는 문제에 직면하게 된다. 다시 말해, 의식의 수준들 '사이에서' 자기는 상승할 것인가 아니면 하강할 것인가, 구조적 조직화와 통합을 증가해 가는 (상위의) 수준들의 계층 쪽으로 올라갈 것인가 아니면 덜 조직화되고 덜 통합된 (하위의) 구조 쪽으로 내려갈 것인가를 직면하고 있다. 편의상 이것을 [그림 4-3]과 같이 나타낸 것이다.

말하자면 자기는 이 그림의 십자로에 서 있는 셈이다. 자기는 두 가지 딜레마, 즉 보존/포기와 상승/하강을 균형 잡아야 하며, 네 방향의 발달 과정을 항해해야만 한다. 자기는 그저 의식의 흐름을 타고 떠내려가는 것이 아니라, 좋든 나쁘든 자기는 끌리고 밀치며, 붙잡고 놓아주고, 올라가고 내려가며, 보존하고 포기한다. '조종자'로서의 자기는 자기 발달과 자기 병리라는 면에서 복합적인 긴장과 기능적 딜레마를 어떻게 다루어야 하는가의 문제에 직면하게 된다.

이제 만일 자기가 참으로 자기조직화, 동일시 및 항해의(무의식의) 저장소라면, 자기의 발달 과정은 다음과 같은 것을 포함할 것이라고 기대할 수 있을 것이다. 개인이 성장해 가면서 기본 구조들 하나하나가 출현하고 발달해 감에 따라 자기는 그러한 구조들을 전유하거나 그것들과 동일시할 것이다. (동일시 장소로서의 자기는) 일단 한 구조와 동일시하게 되면, 자기 또는 자기의 보존 욕구(3요인)는 그로 인해 초래된 전반적인 자기-복합체를 공고히 하고 통합하기 위한 노력을 추구할 것이다(자기+전유된 기본 구조로서 자기의 세계관은 전유된 기본 구조, 즉 원시적이거나 마법적이거나 신화적인 것 등의 세계관일 것이라는 점에 주목해야 한다). 이러한 초기의 동일시와 공고히 하기 및 보존은 정상적이며 필요하고 적합한 기능이다. 그러나 만일 자기로서의 그 자기가 의식의 구조적 조직의 위계를 따라 위로 올라갈 경우, 마침내 그 자기는 보다 상위의 구조적 조직 수준과 더 높은 동일시를 허용하기 위해 하위 수준(혹은 수준들)과의 배타적인 동일시를 포기하거나 부정해야만 한다. 그 자기는 하위 수준의 '죽음', 부정 또는 포기(4요인)를 수용해야만 한다. 그 자기는 의식의 구조적 조직화의 다음 상위 수준(혹은 수준들)의 더 큰 삶과 통일성 및 통합으로의 상승을 위해 현 수준들과의 배타적인 관여로부터 탈동일시하거나 분리해야만 한다.

일단 새로운 수준으로 오르면 또다시 그 자기가 그 수준의 죽음을 수용할 만큼, 그 수준을 포기하거나 부정할 만큼, 그래서 다음 발달 수준으로 올라설 만큼 충분히 강해질 때까지 그 자기는 (3요인을 통해) 그 수준의 자기 복합체를 공고히 하고 강화하고 보존하려고 할 것이다. 따라서 자기의 보존과 부정 또는 삶과 죽음 모두 분명 달성해야 할 중요한 국면 특수적 과제를 안고 있는 셈이다. 보존 욕구에 의해서 어떤 수준은 소유되고 발달되고 공고하게 되며 통합된다. 어떤 수준을 '자신의 것'으로 만듦으로써 자기는 그것을 친밀하게 조직화할 수 있다. 그러나 일단 그러한 과제를 달성하고 나면, 오직 다시 부정에 의해서만 그 자기는 그 수준과의 배타적 동일시에서 죽을 수 있으며 그다음 상위의 통합으로 상승할 수 있다.

발달상의 병리는 이러한 국면 특수적인 과제 중 어느 쪽이든(혹은 양쪽 모두) 잘못 조종될 때 발생하는 것으로 보인다. 예컨대, 고착은 병적인 보존, 즉 주어진 수준에서의 해체, 부정 또는 죽음의 실패라고 생각할 수 있다. 즉, 그 사람은 '성장해서 떨쳐 버려야 할' 어떤 심리적 만족에 강박적으로 집착하고 있는 것이다. 반면 억압(repression)은 일종의 병적인 부정, 즉 미성숙한 죽음이라고 볼 수 있다. 억압은 한 속성이 적절히 통합되고 소유되고 공고하게 되기 이전에 그 속성과의 탈동일시이며, 따라서 그 속성은 억압에 의해 인격으로부터 분리되어 떨어져 나가게 된다. 필수적인 탈동일시 과정이 잘못된 분열로 변질되어 버린 것이다.

〈표 4-1〉 기본 구조와 자기 발달단계의 여러 국면 사이의 상관성

기본 구조	매슬로(욕구)	뢰빙거(자기인식)	콜버그(도덕인식)	
물질적		자폐적(Autistic)		
감각지각적		공생적(Symbiotic)		
	(생리적)			
정동적		초기적 충동		
환상적				
표상심	안전성	충동적	I. 전인습적	1. 처벌/복종
		자기방어적		
규칙/역할심	소유욕	순응자	II. 인습적	2. 소박한 쾌락주의
		양심적-순응자		(도구적 상대주의)
				3. 타인의 인정
				4. 법과 질서
반성심	자기-존중	양심적-	III. 탈인습적	5. 개인 권리
		개인주의적		(사회적 계약)
				6. 양심의 개인 원리
				(보편적 · 윤리적 원리)
비전-논리적	자기-실현	자율적		
		통합적		
정묘적	자기-초월			
원인적	자기-초월			
궁극적	자기-초월			

주어진 수준으로부터의 탈동일시라는 국면 특유의 과정은 정상적인 발달에 대단히 중요한 기능이고 그 자기 수준을 탈피하는 데 기여하는 것으로 보인다. 이러한 국면 특유의 탈동일시는 그 수준 또는 기본 구조 자체를 파괴하는 것이 아니라, 단지 중간 과정으로 필요했던 분리된 자기감이라는 기능적 존재감으로부터 자기를 해방시키고 자신의(분리감) 이전의 무아적(anatta, selfless) 상태로 되돌아오는 것이다. 우리의 사다리 비유로 말하자면, 각 성장 단계에서 자기가 아래 발판에서 위 발판으로 발을 내디딤에 따라 사다리의 아래 발판이 파괴되거나 부러지거나 제거되는 것이 아니라 그 발판에 대한 자기의 배타적인 집착이 파괴된다.

개인은 이제 부정되거나 해체되는 자기의 구조들을(대상화하여) 검토해 볼 수 있는 입장에 서게 되었다. 앞서 말했듯이, 그러한 자기의 구조들이 바로 전이-대치 구조의 예이다. 여기서 특별히 유지해야 할 점은 자기의 단계인데 이는 구조적으로 구성된 것들이다. 이러한 '배타적 (전유의) 구조들'은 특정한 기본 구조에 대한 자기 집착이 계속되는 한 지속되지만 일단 그 동일시가 해체되면 그(자기의) 구조 역시 해체된다는 것을 알게 된다.

자기의 주요 발달단계[5)]

만일 어떤 사람이 의식의 기본 구조의 계층적 위계를 선택한 다음 각 수준을 자기체계의 영향 아래 놓을 경우, 그 사람은 매슬로, 뢰빙거, 콜버그와 같은 학자들이 제시하고 서술한 자기 관련 계통의 발달단계의 기본 특성을 그대로 나타낼 것이라는 점이다. 그것은 거의 단순한 수학 풀이 과정과 같은 것으로서, 예컨대 자기가 동일시의 저장소라면, 자기를 정서적-성적 수준과 동일시할 경우 그 자기는 어떤 모습일까? 규칙/역할심과 동일시하면? 형식적 조작심과 동일시하면? 정묘적인 것과 동일시한다면 그 자기는 어떤 모습일까? 여기서는 의식의 기본 구조 각각에 대하여 그러한 질문을 제기함으로써 설명할 것이다. 이러한 제시를 위해 선택한 세 가지 발달 계통의 예만 인용한다면, 콜버그의 도덕성 발달단계, 뢰빙거의 자기인식/정체성/자아 발달단계 그리고 매슬로의 자기욕구의 계층적 발달단계와 똑같은 순서로 대단히 유사하게 서술할 수 있을 것이다.

여기서는 의식의 기본 구조와 매슬로, 뢰빙거 및 콜버그의 계층적 발달단계들 사이의 상호 관련성을 〈표 4-1〉에 제시해 놓았다. 매슬로와 뢰빙거 그리고 콜버그 사이의 상호 관련성은 원래 뢰빙거가 제시한 것이며, 피아제의 기본(인지) 구조와 콜버그 및 뢰빙거의 단계들 사이의 상호 관련성은 브레거(Breger)와 하버마스가 제안한 것들로서, 어떤 경우이든 이들 상호 관련성은 한 단계 정도의 오차 가능성을 인정해야 할 것이다(예컨대, 어떤 이론가는 2단계 도덕성을 구체적 조작심 밑에 놓고 4단계를 형식적 조작심 밑에 놓기도 한다. 이러한 것들은 대단히 중요한 구분이기는 하지만 전반적인 결론에는 여전히 부차적인 것이다).

하위 수준과 상위 수준들은 모두 논쟁이 많기 때문에(연구와 해석이 보다 어렵기 때문에) 상호 관련성에 대한 논의를 중간 부분에 있는 표상적 마음에서부터 시작해 보자.

대략 2세 내외에 출현하여 7세경까지 의식을 주도하는 표상심은 타인을 인식할 수 있는 능력은 있지만, 타인의 역할을 취할 수 있는 능력은 없다. 표상심과 동일시하고 있는 자기는 따라서 타인들에 대하여 반응할 수는 있지만 타인들과 더불어 의식적인 동조하에 작용하지는 못한다. 그런 점에서 표상심은 보다 이기적(selfish)이거나 자기애적인 구조이다. 즉, 무엇보다도 자기방어를 위한 관심을 가진 채 자신이 섬약하고 취약한 존재라는 인식은 하고 있으면서도, 그것을 위협할지도 모를 타인들을 충분히 이해할 수는 없는 구조이다. 이것은 매슬로의 안전 욕구 그리고 뢰빙거의 자기방어 단계와 일치한다고 볼 수 있다.

더 나아가, (전조작적 사고에 대한 피아제의 요약에 따르자면) 표상심은 또한 여전히 '신체에 밀착되어' 있기 때문에, 또는 여전히 정서적–성적 충동과 부분적으로 동일시하며 관여되어 있기 때문에, 이 일반 구조는 특히 발달의 초기에 뢰빙거의 '충동적' 단계를 드러내 보일 것이다. 충동적이며 자기방어적인 단계는 콜버그의 도덕성 발달의 처음 두 단계, 즉 처벌과 복종(#1단계) 및 소박한 쾌락주의(#2단계)에 상응한다. 다시 말해, 표상심은 신체에 밀착되어 있기 때문에 그 마음과 동일시하고 있는 자기 역시 신체에 밀착되어 있으며, 따라서 대체로 신체에 의해 동기 유발된다는 것, 즉 신체적 고통과 처벌(#1단계)에 대한 지나친 관심이나 신체적 쾌락(#2단계)에 의해 동기 유발된다는 것이 요점이다. 타인에 대한 실질적인 이해는 거의 없거나 전혀 없기 때문에, 이러한 전반적인 단계는 자기방어적(뢰빙거), 자기애적(프로이트), 자기중심적(ego–centric, 피아제), 전인습적(콜버그) 그리고 안전지향적(매슬로)이라고 일컬어진다.

규칙/역할심(rule/role mind)의 출현과 더불어, 타인들의 역할이나 조망을 취할 수 있는 능력이 출현한다. 그것과 동일시하고 있는 자기는 다른 사람들 사이에서 타인의 의견이나 역할과 자신의 의견이나 역할을 열심히 조화시키려고 노력할 것이다. 나아가서, 규칙/역할심은 아직 형식조작적 사고를 할 수 없기 때문에 이 수준의 자기는 진정한 역할과 잘못된(또는 속임수) 역할을 쉽게 판단해 낼 만한 내면적 능력을 갖고 있지 않을 것이다. 따라서 이 수준의 자기는 자신에게 부여된, 특히 권위 있는 인물에 의해 부여된 역할에 순응하려는 경향이 있을 것이다. 이것은 매슬로의 소속(소유) 욕구, 뢰빙거의 순응자(및 양심적 순응자) 단계 그리고 콜버그의 전반적인 인습적(순응자) 도덕성 단계에 해당한다.

규칙/역할심과 동일시하고 있는 자기는 어느 정도까지는 자신의 자기애적 상태를 피할 수 있으며, 다른 관점들로 이루어진 공동체에 참여하기 시작한다. 그러나 초기에는 그러한 관점들에 '사로잡혀' 있기 때문에 순응성이라 부르는 것이다. 자기는 정말로 적극적으로 순응을 추구하게 되는데, 그 이유는 그것이 그 자기의 동일시와 보존 그리고 삶의 장소이기 때문이다. 즉, 순응성을 잃는 것은 곧 '죽음'이기 때문이다. 역할심과 동일시하고 있는 자기의 공포는 다름 아닌 체면을 잃는 것, 국외자가 되는 것, 소속되지 못하는 것에 있다.

청소년기 무렵 형식적-반성심이 출현하기 시작한다. 이미 보았듯이 이 수준은 지속적인 자기반성과 내면 성찰이 가능한 최저의 구조이다. 반성심과 동일시하고 있는 자기는 인식과 행동의 양심적이며 자기탐구적 양식에 관여할 것이다. 이 마음은 인습적인 관행(역할심이 쉽게 할 수 없었던 것들)에 의문을 던질 수 있는 능력을 갖게 될 것이다. 따라서 탈인습적인 도덕적 결정에 개입할 것이다. 순응 욕구에 더는 속박되어 있지 않기 때문에, 그 자기는 자신의 양심 또는 진 · 선 · 미가 무엇인지를 형식논리적으로 반성하고 합리적으로 수립하는 자신의 내면적 능력에 더 많이 의존해야 할 것이다. 무엇보다도 이 수준의 자기는 이제 자기반성 과정과 동일시하고 있기 때문에, 이러한 과업에 성공하거나 적어도 시도하고 있는 자신을 보아야만 할 것이다. 이 수준의 자기의 '삶'은 이제 자기반성 중인 다른 사람들 사이에서의 자기반성 과정이며, 자기반성의 모험에 얼마나 성공하느냐가 대체로 자신의 내적 가치감을 결정짓는다. 이것은 매슬로의 자기 존중의 단계, 뢰빙거의 양심적 개인주의적인 단계(들) 그리고 콜버그에 의하면, 탈인습적 도덕성과 정확히 일치하는 것이다. 콜버그에 의하면, 탈인습적 수준은 '개인적 권리의 도덕성'(#5단계)과 '개인적 양심 원리'의 도덕성(#6단계) 단계로 구성되어 있는데, 이것은 거의 정확하게 각각 뢰빙거의 양심적 단계 및 개인주의적 단계와 일치한다.

그 이후에는 몇 가지 최상위적 발달 수준에 들어서게 된다. 물론 이 지점에 이르면서 자료가 급격히 빈약해지기 시작하지만 그 일반적인 논점을 밝히기에는 충분하다. 기본 구조의 발달이 형식적-반성심을 넘어서 지속해 갈 경우, 켄 윌버는 그다음의 주요 기본 구조는 의식의 최상위의 개인적-통합 수준인 비전-논리적 마음이라는 가설을 세운 바 있다. 이 수준과 동일시하고 있는 자기는 이미 발달시킨 것을 확고하게 통합할 뿐만 아니라, 내면에 소유하고 있을지도 모를 최상의 개인적 잠재력을 완성하려고 시도할 것이다. 우리는 이 단계의 자기감각을 '켄타우로스'적이라고 불렀다. 이것은 매슬로의 자기실현 단계 그리고 뢰빙거의 통합적/자율적 단계(들)와 일치한다. 콜버그의 연구가 이 지점에서 '끝난' 이유는, 도덕성에 관한 연구가 그 당시는 아직 이 단계를 넘어서까지 진행되지 못했기 때문이며, 현재는 그도 포스트 탈인습적인 도덕성 발달을 포함하고 있다.

비전-논리를 넘어서면 다양한 초개인적(자아초월, transpersonal) 수준들이 놓여 있다. 이러한 수준들을 하나로 묶어서 매슬로는 자기초월(self-transcendence) 영역(정통 심리학자들에 의해 흔히 무시되거나 부정된 영역)이라고 일컫는다. 그 당시에는 개인적인 영역의 중요성 때문이었겠지만, 매슬로의 '자기초월'에 대한 단일 범주는 적합하지 않다. 자기 존중 욕구까지 이끌어 가는 데 여러 단계가 있는 것과 마찬가지로 사실 초개인적(자아초월) 영역도 단일 구조와는 거리가 멀고, 적어도 넷 또는 다섯 수준, 때로는 열두 단계 이상의 세분화된 수준이 있는 것으로 알려져 있다.

의식의 파동과 조류들: 통합심리도

윌버는 『통합심리학』에서 존재의 대둥지의 기본 수준이나 파동을 따라 약 20여 개의 준독립적인 발달 라인/계통 또는 조류가 생긴다고 보고 있다. 실제로 그는 이러한 다양한 발달 계통에 대한 여러 심리학자와 발달론자들이 제안하는 발달 조류들을 100개가 넘는 발달 차트로 제시하고 있다. 이 중에 몇 가지 두드러진 발달 계통을 열거해 보면, 도덕, 정서, 자아정체성, 심리성적 문제, 인지, 역할 취하기, 창조성, 이타성, 영성, 의사소통 능력, 욕구, 세계관, 운동감각적 능력, 공감 등을 들 수 있다. 이 계통들은 대부분 '준독립적'이거나 서로 독립적인 것으로, 서로 다른 발달 속도, 역동성을 갖고 개인의 생에서 시기적으로 달리 발달할 수 있다는 의미를 갖고 있다.

여기서는『통합심리학』과『켄 윌버의 일기』에서 윌버가 제시하고 있는 개인의 의식에 있어서 발달의 파동과 조류의 특성과 그의 AQAL 모형의 온계통 통합심리도 이론에서 발췌한 내용을 중심으로 살펴볼 것이다.[6)]

윌버의 AQAL 통합모형은 존재의 대사슬/대둥지의 수준과 그런 수준들을 통해 이동하는 다양한 의식 발달의 계통들[또는 그런 의식의 파동을 통해 흐르는 다양한 조류(streams)]과의 통합을 포함하고 있다. 이를 설명하기 위해 네 개의 수준(신체, 마음, 혼, 영)만을 가진 대사슬의 단순한 해석을 사용한다고 해 보자. 그리고 오직 다섯 가지 계통만을 사용한다고 해 보자(실은 20여 가지 이상의 계통이 있다). 그리고 8장의 영성에 대한 일반 정의를 모두 다 포괄하기 위해서는 영성으로 하여금 각 계통에서 그리고 그 특유의 별개의 계통 양쪽 다에서 최상의 발달을 한다고 가정해 보자.

'계층(hierarchy)'이란 말은 많은 사람을 불쾌하게 만들기 때문에, 그런 오해를 받는 계층을 실제로 그것이 정의되는 방식 그대로, 즉 [그림 4-5]와 같은 홀라키도로 그려 내도록 해 보자. 이것은 동일한 개념이지만 어떤 사람은 이렇게 함으로써 열린 의식의 여권운동가들과 더 편안함을 느낀다. 윌버 자신도 그렇게 하는 것을 선호하는데, 그 이유는 그러한 도표가 존재의 대둥지의 '초월하며 내포하는' 본질을 아주 분명하게 보여 주기 때문이다.

윌버가 '통합심리도(integral psychograph)'라 일컫는 그림([그림 4-5] 참조)의 요점은 상이한 발달의 계통(또는 조류)들이 대둥지의 다양한 수준(또는 파동)을 거치며 이동할 때 그것들을 우리는 추적해 갈 수 있다는 것이다. 여러 계통에서 더 상위의 초개인적(자아초월적)인 또는 '영적인' 수준에 있을 수 있고, 다른 계통들에서는 더 하위의 개인적인 또는 '심리적인' 수준에 있을 수 있다. 그리하여 영적이고 심리적인 발달의 양쪽이 겹쳐진다. 그래서 별개의 영적 계통(들)도 마찬가지로 상대적으로 높거나 낮게 될 수 있는 것이다.

이러한 조류와 파동들 모두는 자기(또는 자기체계)에 의해 조종된다. 이 자기는 이와 같이 (여러 조류가) 혼합이 된 가운데에도 그것들 모두를 균형 잡히게 하고 어떤 종류의 조화를 찾을 수 있게 해야 한다. 더구나 그 파동이나 단계들 중 어느 것에서 어떤 일이 잘못될 수도 있다. 그러므로 우리는 그것들이 통합심리도내에 생겨날 때마다, 상이한 유형의 병리 현상이 각각의 발달 계통에서의 상이한 수준이나 파동에서 생겨날 때마다, 이런 다양한 유형의 병리 현상을 지도화할 수 있는 것이다.

방대한 증거(임상학적 · 현상학적 · 정관/명상적) 자료에 바탕을 두고 우리는 이러한 발달 조류의 상당수가 단계적인 양상으로 파동을 통해 진행해 나간다고 말할 수 있다. 하지만 그러면서도 전반적인 자기의 발달은 특정한 단계적 방식으로 진행하지는 않는다. 그 까닭은 단순히 자기는 모든 다양한 발달 계통의 혼합체이기 때문이고, 그래서 그런 것들의 순열과 조합의 가능한 수는 사실상 거의 무한대이기 때문이다. 다시 말해 전반적인 개인적 성장은 그것이 무엇이든 간에 어느 정해진 순차적 순서를 따르지 않는다는 것이다.

마지막으로 겹둥지형 [그림 4-4]에 제시되어 있는 바와 같이 각 상위적 차원은 하위적 차원을 초월하지만 내포하기(혹은 둥지로 감싸기) 때문에, 보다 상위적인 파동에 있다는 것은 곧 그보다 하위적인 것을 뒤에 버려 둔다는 것을 의미하지는 않는다. 이것은 사다리 모형에 바탕을 두는 게 아니라 (결코 그래 온 적이 없고) 각각 상위적 수준이 하위적 수준을 접어 넣거나 감싸 접어 넣는 형국으로, 플로티노스가 말하듯이 감싸 접어 넣는다(envelope)는 발달로서, 원자 · 분자 · 세포 · 유기체 기관의 홀라키적 모형에 바탕을 두고 있다. 그러므로 더 상위적 수준에서조차도 '보다 하위적'인 일이 여전히 동시에 일어나고 있다. 세포는 여전히 분자들을 갖고 있고 부처도 여전히 먹지 않으면 안 되는 것이다.

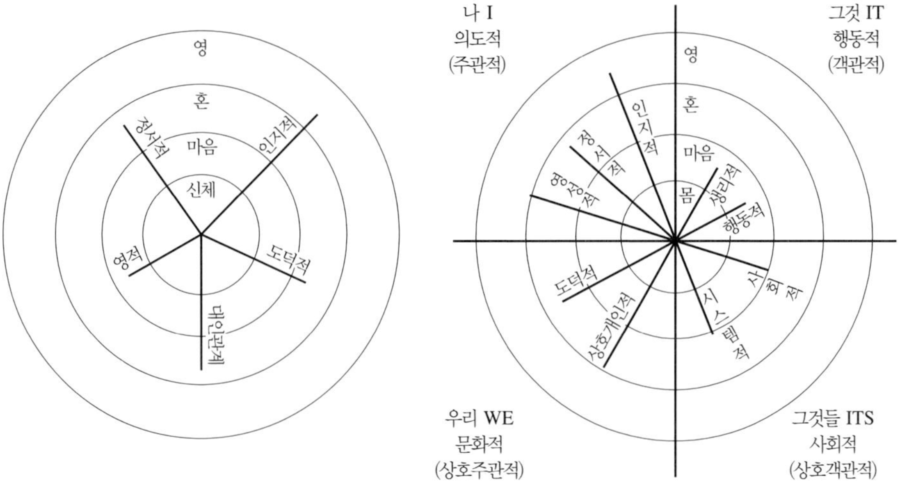

a) 온수준 · 온계층의 의식 발달의 홀라키

b) 온수준 · 온분면 · 온계통적 사분면과 홀라키적 통합심리도

[그림 4-4] **온계통 홀라키적 통합심리도**

출처: 윌버: 『통합심리학』, p. 12, 『켄 윌버의 ILP』, p. 147 그림

이러한 것이 한마디로 AQAL의 온계통 통합모형이다. 온계통의 통합은 존재의 다양한 수준을 내포하지만 어떻게 그리고 왜 서로 다른 계통들이 그러한 수준을 거쳐서 발달하는가를 충분히 이해하거나 고려하지 못한 전통적인 대사슬 모형을 개선한 것이라고 말할 수 있다.

자기의 발달 계통

앞에서 고찰한 바와 같이 대부분의 다양한 계통/조류는 서로 준독립적으로 발달한다. 이들은 주요 파동을 따라 자신만의 속도로 진행하므로, 발달 전반은 전혀 선형적 순서를 따르지 않는다고 하였다.

켄 윌버는 이러한 조류 중 하나의 발달 계통으로 간주하였던 '자기'는 실제로는 서로 다른 여러 조류의 발달로 구분하는 게 바람직하다고 본다.

앞에서 우리는 자기의 전체적인 조류에서 볼 때, 신체 자아(body ego), 페르소나, 자아(ego), 켄타우로스 같은 자기 조류의 주요 단계는 이전 단계의 발달 능력에 의존하는 것을 보았다. 일단 이러한 자기가 출현한다는 것을 강하게 뒷받침하고 있는 것은 사실이다.

윌버가 보기에 이러한 기존의 이론에 문제가 있다기보다는 자기의 발달은 전면 심리(자아)는 어느 정도 계층적/단계적으로 출현하지만 조대, 정묘, 원인 영역에서의 발달은 어느 정도 서로 독립적으로 발달할 수 있다는 것이다. 여기서는 『켄 윌버의 일기』에서 보여 주는 자기의 발달 조류에 대해 발췌 요약하였다.[7)]

처음부터 전통적인 대사슬은 그 각 수준과 연관된 존재의 수준과 자기감의 유형을 혼동하는 경향이 있다. 예컨대, 마음은 대사슬의 수준이지만 자아는 의식이 그런 수준과 동일시될(즉 마음과 동일시될) 때에 생겨나는 자기이다. 정묘 의식은 대사슬의(상위의) 한 수준이고 혼은 의식이 정묘 수준과 동일시될 때에 생겨나는 자기이다. 원인 의식/영은 대사슬의(더 상위의) 수준이고 진아(참자기, the True Self)는 그러한 수준과 연관된 '자기'라는 식으로 말할 수 있다. 그래서 대사슬에서의 수준의 순차적 순서는 신체 자아 · 자아 · 혼 · 진아(Self)의 상관되는 자기 단계와 함께 신체 · 마음 · 정묘 · 원인/영 순이어야 한다. 매우 단순화된 해석을 사용하자면 그렇다는 것이다. 전통적으로 몸, 마음, 혼, 영을 흔히 사용하지만 엄격하게는 실재/의식의 수준(몸, 마음, 정묘, 원인)과 그 수준들에서의 자기[신체 자아, 자아, 혼, 진아(Self)] 사이의 차이를 언제나 염두에 두어야 한다.

전통(심층심리학)이론에서는 일반적으로 우리 인간은 말하자면 전면 심리(the frontal)와 심층 심혼(the deeper psychic)이라는 두 개의 주요 개인성(personality) 체계를 가지고 있다고 주장한다. 전통적인 대사슬 이론가들은 전면 심리란 몸 · 마음과 연관되는 자기이고, 심층 심혼은 혼과 연관되는 것이라고 단순히 말할 것이다. 하지만 이것이야말로 정말 사다리식 배열의 한 형식이라고 말할 수 있을 것이다. 그렇지만 전면 심리와 심층 심혼은 그보다는 훨씬 더 유연해 보인다. 즉, 그것들은 발달의 서로 다른 수준이 아니라 별개의 계통인 것으로 보이는데, 그래서 그것들의 발달은 각각 서로 다른 것의 위에서가 아니라 나란히 일어나는

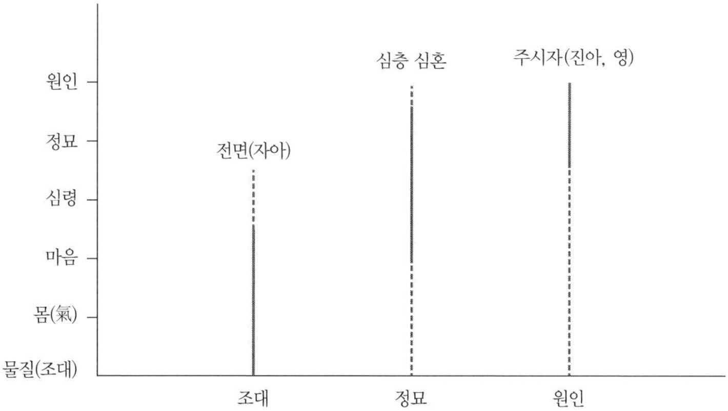

[그림 4-5] **자기의 발달심리도**
출처: Ken Wilber,『켄 윌버의 일기』, Fig. 7, p. 294

것이다. 이러한 것은 [그림 4-5]에 보여 주는 바와 같이 도해적으로 나타낼 수 있다.

전면(frontal) 심리는 조대(粗大)지향적 개인성이다. 아주 개략적인 의미로는 '자아(ego)' 또는 감각운동적 세계를 외향적으로 지향하는 개인성을 의미한다. 전면 심리는 물리적 개념과 더불어 발달 계통이나 조류를 시작하게 하고, 정동성적 혹은 생기(生氣)적인 단계를 거치며 심적 단계로 계속 발달해 나아가고, 심혼 단계에서 희미하게 사라진다. 전면 심리의 발달은 존재의 대둥지의 하위 수준에서 중간급 수준의 파동을 거치는 자기(또는 자기정체성)의 진화를 나타낸다.

일부 전통(종교)에 따르자면, 전면 개인성은 현생에서 발달하고 심층 심혼은 생과 생 사이를 거치면서(between lives) 발달한다고 한다. 아주 광범위한 의미에서 그것은 '영혼(soul)'이란 단어가 지닌 의미이다. 여하튼 심층 심혼은 관념(conception) 단계로부터 중간 단계에 이르기까지 얼마간은 존재한다고 보고 있다. 사실 그간의 일부 연구는 태내(prenatal), 출생간(perinatal), 신생아(neonatal)의 기억이 사실로 존재한다는 것을 시사하고 있다. 게다가 이러한 것들은 전면 개인성과 조대적 두뇌(그것들은 아직 발달되어 있지 않으므로)에 의해서는 지니고 있을 수 없는 것이다. 그래서 전통적으로는 이러한 기억은 심층 심혼적 존재가 지니고 있는 것으로 나중에 전면 심리 발달을 시작되면서 상실하게 되고 초기의 심혼적 존재의 상태로 가라앉게 된다고 주장한다. 마찬가지로 전생 기억도 그것들이 진정한 것이라면 심층 심혼이 지니고 있는 것일 거라는 주장이 있다. 그럼에도 심층 심혼적 자기를 인정하기 위하여 출생 전 태내 기억이나 전생에 대해 믿을 필요는 없다. 이런 것은 일차적으로 주로 상위적 의식에 대한 접근에 의해 밝혀지는 것이지 전생에 대한 접근에 의해 밝혀지는 것이 아니다.

비록 심층 심혼이 출생(혹은 출산 중간) 시부터 존재한다고 해도, 필요한 전면 심리 발달이 의식을 조대 영역으로 정착시키는 (그래서 적응시키는) 자신의 과업을 완수할 때까지는, 심층 심혼은 부드러운 역할을 수행한다. 전면 개인성이 희미해지기 시작하면서 심층 심혼적 존재가 점차 전면으로 나오는 것이다. 전면 개인성이 의식을 조대 영역으로 정착시키는 것과 꼭 마찬가지로 심층 심혼은 의식을 정묘 영역으로 정착시킨다. 그래서 정묘 영역과 연관되는 자기(the self)는 '혼(soul)'이다. 그런 까닭에 '심층 심혼'과 '혼'은 일반적으로 동의어로 받아들이고 있다. 그러나 심층 심혼은 비록 뿌리를 정묘 영역 자체에 두고 있긴 하지만, 그럼에도 (생후) 초기 단계의 일부로까지 그 범위가 미치고 정묘 수준에서 절정을 이루고 원인 수준에서는 사라지는 발달을 하고 있다.

전면 심리(the frontal)와 심층 심혼(the psychic)을 별개의 독자적 수준이 아니라 중첩되는 계통으로, 즉 상이한 파동이 아니라 종종 평행한 계층들로 만드는 것이 주는 이점을 알아차릴 수 있다. 한 걸음 더 나아가 그래서 원인 수준과 연관되는 최후의 주요 '개인성(personality)', 즉 진아(the Self)의 개인성이 있지만 그러나 역시 다른 것과 마찬가지로 더 초기의 단계 아래로 내려가서 시작하는 발달을 거친다. 말하자면 우리는 진아를 비록 기본적인 정착은 원인적이지만 발달에서 별개의 계통이나 조류로 통상 취급할 수 있다.

진아나 초개인적 주시자는 그 무엇으로 보아도 아무런 구체적인 특성이 없으므로[그것은 순수한 공(空)이거나 위대한 무생(無生, the Unborn)이므로] 자아나 혼과 같은 '개인성'은 아니다. 그것은 형상(色, Form)과는 여전히 별개인 어떤 공(空), 즉 주시되는 것으로부터 여전히 분리된 어떤 주시자라는 사실을 제외하고는 그렇다는 말이다. 그러고 보면 진아나 주시자는 주시 의식의 밑바탕, 즉 분리감의 근본 뿌리로서의 자기감이고, 최후의 그리고 가장 미묘한 이원성의 밑바탕, 말하자면 보는 자(the Seer)와 보이는 자 사이의 이원성의 밑바탕인 것이다. 그것은 비이원의 일미(One Taste)를 향하는 최상의 자기(the Self)이며 최종의 장애이다.

그럼에도 주시하는 것의 위력은 모든 하위 영역으로부터 해방하는 힘이고 주시자(the Witness) 자체는 비록 모든 이전의 단계에 잠재되어 있는 형태일지라도 비이원의 '참자기'를 향하는 것이다. 각각의 발달단계는 그 선행하는 것을 '초월하며 포함한다.' 그리고 '초월하는' 측면은 모든 경우에 하위적인 것을 알아차리는 상위적인 것의 힘이다(혼은 마음을 알아차리고, 마음은 몸을 알아차리고, 몸은 사물을 알아차린다). 그리고 각 경우에 '알아차린다'는 것은 단순히 그 단계를 통하여 비치는 주시자의 힘인 것이다.

비록 주시자는 매 단계에 초월적 성장의 힘으로 항존하지만 그것은 원인 영역에서 특유의 결실을 맺게 된다. 자아는 의식을 조대(粗大) 영역에 정초시키고 혼은 의식을 정묘 영역에 정초시키듯이 진아(the Self)는 의식을 원인 영역에 정초시킨다. 그 자기들 모두는 근본 성향을 '대둥지'의 특정한 영역이나 파동에 두고 있지만 역시 특유의 발달의 계통이나 조류를 갖고 있으며 그래서 [그림 4-5]에서 보여 주는 바와 같이 그것들은 종종 서로 겹쳐진다. 이것이야말로 수많은 명상 지도자와 진정한 자아초월 심리치료사들이 자신에게서 그리고 그들의 내담자들에게서 보는 것, 말하자면 자아 · 혼 · 영은 여러 방식으로 공존하고 함께 발달할 수 있다는 것을 보여 주는 것이다. 왜냐하면 그것들은 존재의 대둥지에서 (의식의) 파동을 통해 흐르는 비교적 별개의 조류이기 때문이다. 게다가 때로는 이러한 조류들 사이에 오히려 불균형한 발달이 있을 수 있다.

우리 모두가 잘 알고 있듯이, 설사 깨달았다고 해도 그런데도 여전히 강하고 힘이 넘치고 위력적인 개인성들을 갖고 있다는 의미에서의 '거대한 자아(Big egos)'를 여전히 가지고 있는 '무생(無生, Unborn)'의 수준까지 깨어 있는, 어느 정도 상당히 깨달은 구루(선사)들이 있다. 그러나 자아가 있다는 것 자체는 문제가 되지는 않고 그것은 모두 그 사람이 동시에 더 높고 더 깊은 차원으로 깨어서 살아 있는가 아닌가에 좌우되는 문제이다. 후버트 베노아(H. Benoir)가 말한 바와 같이, 문제가 되는 것은 자아와의 동일시가 아니라 그런 동일시의 배타적 본성이다. 우리의 자기정체성이 자아를 넘어서 더 심층의 심혼으로, 그러고는 심지어 무생(the Unborn)과 일미로까지 확장될 때 자아는 단순히 더 광대한 정체성에 이끌리어 포섭된다. 그렇지만 자아 자체는 조대 영역 안에서 기능적 자기로 남아 있게 된다. 그래서 그것은 적절하게 더욱 강도가 심화되고 보다 더 강력해진다. 그 이유는 단순히 그것은 이제 전체 온우주(Kosmos)에 접속되어 있기 때문이다. 수많은 위대한 구루/선사/현자들은 한마디로 말해 하나의 거대한 자아, 하나의 거대한 더 깊은 심혼, 하나의 매우 거대한 자기(Self)를 모두 한꺼번에 가졌었다. 그 이유는 단순히 그들의 이러한 면은 조대 · 정묘 · 원인 영역의 세 가지 기능적 수레 같은 것이고 세 개의 수레 모두는 위대한 깨어 있는 자들 안에서 적절하게 더욱 강도가 심화되는 것이다.

게다가 이러한 점이 바로 사람들을 혼란하게 하는 경향이 있다. 그러다 보니 비록 다양한 발달의 계통은 흔히 각각 서로 그리고 아무런 특정한 순차적 순서가 없이 중첩되긴 하지만 개개의 계통이나 조류 자체는 통상 그 특유의 불변적이고 보편적인 발달의 순차적 순서를 갖고 있다. 즉, 그것들이 의식으로 전개되는 한, 그것들은 대둥지 내에서 그리고 대둥지 자체에 의해 주어진 어떤 순위(order) 내에서의 수준이나 파동과 타협해야 한다. 예컨대 몇 가지만 언급하자면, 인지, 도덕, 감정, 운동감각적 재능, 대인 관계 능력 등의 모든 것은 전인습적 · 인습적 · 탈인습적 파동을 거치며 발달한다는 결정적 증거를 우리는 갖고 있다. 달리 말하자면 다양한 조류는 보편적인 대둥지 자체에 의해 결정되는 양상으로 대둥지 내에서의 수준은 거치며 이동하는 것 같아 보인다. 비록 온갖 종류의 퇴행과 일시적인 전향적 도약이 가능하긴 하지만 오로빈도가 말한 대로, 개별적인 조류는 축차적인 (대둥지 자체의 파동들을 통해 굽이치는) 전개의 법칙을 따른다는 경험적인 사실만은 그대로 남는다.

윌버는 강조하기를, 비록 [전면적(frontal) 계통, 심층 심혼적 계통 그리고 주시하는 능력을 포함하는] 모든 발달의 계통은 특유의 단계들을 따라가지만, 계통들의 전반적인 혼합은 그렇지 않다. '전반적인 자기'는 어쩌면 20여 가지나 되는 상이한 발달 계통의 요지경 같은 것이고, 그래서 각각 개개인의 전개는 근본적으로 하나의 독특한 사건이 된다는 것이다.

미주

1) 이 장의 앞부분, 통합심리학의 핵심사상까지는 『모든 것의 역사』 옮긴이의 글에서 요약한 윌버의 『통합심리학』 내용을 바탕으로 기술한 것이다.
2) Ken Wilber, 『세상에서 가장 아름다운 용기』, pp. 183-187(원서)의 내용을 바탕으로 기술한 것이다.
3) Ken Wilber, 『세상에서 가장 아름다운 용기』, pp. 183-184에서 발췌 인용.
4) Ken Wilber, 『아이 투 아이』의 pp. 403-408의 '자기체계'를 바탕으로 기술한 것이다.
5) Ken Wilber, 『아이 투 아이』의 pp. 408-417의 '의식의 자기체계'를 바탕으로 기술하였다.
6) Ken Wilber, 『켄 윌버의 일기』 Nov. 16 pp. 283-292에서 일부 발췌 인용.
7) Ken Wilber, 『켄 윌버의 일기』, Nov. 26 pp. 293-298 원서에서 발췌 인용. 여기서는 자기, 영혼, 참나에 대한 윌버의 발달-진화적 관점을 소개하는 데 목적을 두고 있으므로 그의 관점을 비판 없이 그냥 소개하였다. 그러나 윌버의 '자기발달 심리도'에서 보여 주는 관점은 어디까지나 전통 지혜와 현대심리학 어느 쪽에도 맞지 않는 자기에 대한 윌버의 발달 진화적 관점일 뿐이다. 필자는 윌버와는 달리 전통 지혜와 현대심리학의 상보적 관점을 갖고 있다.

5 심층과학사상

켄 윌버는 그의 심층과학사상을 담고 있는 대표적인 저서『아이 투 아이(Eye to Eye)』에서 육안 · 심안 · 영안에 대응하는 넓은 의미의 심층과학에 대한 담론을 설득력 있게 제시하고 있다. 또한 그의 과학과 종교의 통합사상을 담고 있는『감각과 영혼의 만남(The Marriage of Sense and Soul)』11장의 '과학이란 무엇인가'에서도, 과학은 통상 우리가 생각하는 감각적 체험의 자연과학만이 아니고, 그래서 심적 · 정신적 · 이지적 체험의 과학과 영적 체험의 과학도 모두 넓은 의미의 과학에 포함시켜야 한다고 강조하고 있다. 여기서는 윌버의 과학사상을 담고 있는 두 저서에 나타난 심층과학사상의 개요를 발췌하여 소개하였다.

심층과학사상

육안 · 심안 · 영안: 앎의 세 양태[1)]

윌버의 독특한 과학사상을 잘 보여 주는 주 저서 중 하나인『아이 투 아이』의 요체는 인간 의식에는 거대한 스펙트럼이 있다는 것이다. 그리고 그는, 우리 인간에게는 그 스펙트럼에 대응하는 육안(육신의 눈) · 심안(마음의 눈) · 영안(정관/관조의 눈)이 존재하는데, 이 세 가지 눈에 의해 획득된 앎의 각 양태는 그 자체가 매우 독특하며 매우 타당한 앎의 영역으로서 각 눈에 대응하는 감각 · 마음 · 초월의 영역을 갖고 있다고 강조한다. 이들 앎의 세 가지 양태는 모두 대등한 확신을 갖고 타당성을 부여할 수 있는 완전하게 타당한 앎의 형식이라는 것이다.

윌버의 육안 · 심안 · 영안은 중세 프란시스코 교회의 위대한 지도자/기독교 신비가/철학자이었던 성 보나벤투라(St. Bonaventure)[2)]와 또 다른 유명한 기독교 신비가 성 빅토르의 후고(Hugh of St. Victor)[3)]의 다음과 같은 가르침에 따르고 있는 것이다. 성 보나벤투라는 말하기를, "사람에게는 지식을 획득하는 데 필요한 '세 가지 눈'이 있다. 이는 공간/시간/객체적 대상의 외적 세계를 지각하는 '육신의 눈', 철학/논리/마음에 대한 지식을 획득하는 '이성의 눈', 초월적인 실재에 대한 지식으로 상승하는 '정관(靜觀, 관조, 명상)의 눈'을 의미한다. 또한 모든 지식은 일종의 '조명(illumination)' 같은 것으로서 먼저 육신의 눈을 비추게 해서 감각적 대상에 대한 지식을 주는 외적인 눈인 '하등한 눈'이 있고, 다음에는 이성의 눈을 비추게 하여 우리에게 철학적 진리의 지식을 주는 '내면의 눈'이 있으며, 또한 정관의 눈을 비추게 하여 완전한 진리를 드러나게 하는 초월적 순수한 존재의 눈이라고 할 수 있는 '수승한 눈'이 있다."

그의 이러한 관점은 빅토리아 시대의 첫 번째 위대한 신비가인 성 빅토르의 후고가 앎을 '인지(cogitatio)' '성찰(meditatio)'과 '정관(contemplatio)'으로 구분한 것과도 정확히 일치한다. 여기서 '인지', 즉 단순한 경험적 인지는 육안을 사용하여 물질세계를 추구하는 것이고, '성찰'은 심안을 사용하여 심혼의 내면에서 이성적 진리를 추구하는 것이다. '정관'이란 영안에 의해 나타나는 초월적 통찰에 의해 하느님과 영혼이 순간적으로 통합되는 '영지(靈知)'의 경지이다. 앞에서 육안 · 심안 · 영안(慧眼, 天眼, 神眼, 佛眼)이란 기독교적인 말이지만 비슷한 개념을 전통 심리학/철학/종교의 모든 주요 학파에서 찾아볼 수 있다. 사실상 인간의 '세 가지 눈'은 '영원의 철학'에서 서술하고 있는 의식의 세 가지 주요 영역인 조대(粗大, 육신, 물질, 化身) 영역, 정묘[정신(mental), 심혼(psyche), 報身] 영역, 원인(causal, 초월, 공, 영, 法身) 영역에 대응하는 것이다.

윌버의 홀라키적 온우주론에 의하면 인간 의식은 맨 하위적인 물질의 단계로부터 홀라키적으로 차례로 창발적 진화를 통해 발달해 온 것이다. 그래서 상위적인 의식은 보다 하위의 의식을 내포하면서 초월한다. 그런 까닭에 우리의 마음의 장(場)은 육신의 장을 포함하지만 그 이상으로 크게 초월한다. 그런 까닭에 육안으로는 전혀 현존하지 않는 것을 심안으로 볼 수 있는 것이다. 마찬가지로 이성이 육신을 초월하듯이 정관은 이성을 초월하기 때문에 이성으로 환원되거나 그로부터 나올 수 없는 것이다. 이성의 눈이 초감각적이라면 정관의 눈은 초이성적/초논리적/초이지적인 것이고, 정관의 눈이 가져다주는 영지는 이지적인 영역을 초월하는 것이다.

따라서 윌버의 넓은 의미의 심층과학의 본질은 각 수준의 눈은 제각기 고유의(감각적 · 이지적 · 초월적인) 지식의 대상을 갖고 있다는 데 바탕을 둔다. 즉, 상위의 눈은 하위의 눈의 언어로 환원되거나 도저히 설명될 수 없으며 또한 각 수준의 눈은 그 자신의 장(場)에서는 타당하지만 다른 모든 의식의 장을 움켜잡으려 시도한다면 PTF '인지 오류'를 범한다는 것이다. 윌버는 영원의 철학에 따른 세 가지 상이한 의식의 수준인 세 가지 눈에 의해 획득되는 인지(人知)를 굳은모 · 무른모 · 초월모로 구분하고서, 육안과 심안에 의해 실로 포괄적인 패러다임을 도출할 수 있다면 영안(정관의 눈)까지 포함함으로써 보다 완전한 통합적 패러다임이 의미 있게 도출될 수 있음을 보여 준다.

윌버는 인간 의식의 전 스펙트럼에서 나온 인지(人知)를 세 가지로 나누고 있지만, 정신과학적 의미로 보면 인간 의식의 기본 구조의 층에 따라서 굳은모 H/W(신체), 에너지모 E/W(氣), 무른모 S/W(마음), 초월모 T/W(혼), 궁극모 U/W(영)로 구분하는 것이 더 바람직하다고 본다.

과학적 방법의 세 요건[4)]

일반적으로 전통 경험과학의 과학적 방법에서는 과학의 자료를 경험주의자들이 신봉하고 인정하는 육안에 의해 획득된 실험 · 관측 자료로 국한하고 있다. 그런데 아이러니하게도 이 모든 감각적 자료는 인간의 이성적 · 합리적 · 논리적인 분석 판단에 의해 과학적 이론으로 체계화되어야 한다. 이는 소위 경험과학적 방법이 일단 경험적 자료를 획득한 후에는 인간의 심안에 의한 내면적 지식과 판단력에 의존하고 있음을 보여 주는 것이다. 이러한 점을 윌버는 그의 최근의 저서『감각과 영혼의 만남』에서 다음과 같이 설명하고 있다.

> 경험과학은 객관적 지식을 획득하고 나서 그것이 맨 먼저 과학적 지식으로 정착되는 것을 허용하는 주관적이고 상호주관적인 구조에 그 과학적 조작을 의존하고 있다는 데 오늘날의 과학철학자들은 대체로 동의하고 있음을 우리는 알고 있다. 직설적으로 말하자면 감각적 외부 세계의 지식은 외부 세계 그 자체만큼 실제적이며 중요한 비감각적 내면세계에 의존하고 있다. …… 한쪽을 인정하지 않는 것은 다른 쪽을 인정하지 않는 것이 된다. …… 만일 감각 지향적인 과학이 이러한 내면세계를 조사하도록 잘 갖추어져 있지 않다면 그 자신의 조작 능력을 부인하지 않으면서 감히 내면세계의 존재를 부인할 수는 없는 것이다. 과학은 더 이상 외적세계만이 실재라고 주장할 수는 없는 것이다.

윌버의 이러한 관점은 우리 인간에게 부여된 육안 · 심안 · 영안의 세 가지 지식 획득 능력이 각각 고유의 영역에서는 반드시 필요한 도구이며 서로 대등하다는 데서 나온 것이다. 그러므로 경험과학이 지금껏 주장해 온 내면세계의 비과학성에 대한 제일의 거부 요건인 "내면 영역은 그들 자신의 실재성은 없다."는 터무니없는 신념은 완전히 폐기되어야 하고, 이와 같이 경험과학이 내면세계를 인정하지 않을 수 없다면 단지 내면적이라는 이유 때문에 '영(정신, Spirit)'을 과학적 대상의 밖으로 내버릴 수는 없다는 것이다.

윌버는 '경험'에 대한 경험주의자들의 혼동의 일부 원인은 역사적으로 '경험적(empirical)'이란 말을 '체험적(experiential)'이란 말과 매우 다른 의미로 잘못 사용되어 온 사실에 기인한다고 본다. 그래서 그는 과학적 방법에 대한 올바른 이해는 이 두 가지 형태의 경험주의에 대한 올바른 이해로부터 출발해야 한다고 다음과 같이 강조하고 있다. "일반적으로 '경험적'이란 가장 넓은 의미에서의 '체험적'이란 의미를 갖는다. 우리가 경험적 자료를 갖고 있다고 말하는 것은 단순히 우리가 직접 체험적 증거나 자료 또는 확증을 갖고 있다는 것을 의미한다. 이러한 넓은 의미에서의 '경험주의자'가 된다는 것은 어떤 주장에 대한 '체험적 증거'

를 요구하는 것이지 단지 독단이나 신념 또는 검증 불가능한 추론에 의존하지 않는다는 것이다." 윌버는 이러한 입장에 전적으로 동조하면서 다음과 같이 역설하고 있다.

> 사실상 '체험적 증거'를 요구한다는 넓은 의미에서의 경험적이란 말을 사용하면서 나는 내 스스로를 유연한 경험주의자로 자처한다. 왜냐하면 경험에는 감각적 체험 · 이지적 체험 · 정신적 체험이 있고, 그래서 진정한 경험주의는 바로 가장 넓은 의미에서 감각적 · 이지적 · 정신적 세 영역 중 어느 하나에 대한 과학적 진리 주장에 근거를 마련하기 위하여 언제나 해당 영역의 '체험'에 호소한다는 것을 의미하기 때문이다.

그러므로 윌버는 감각 운동적 세계의 감각적 '경험주의', 논리학 · 수학 · 기호언어학 · 현상학 · 해석학 같은 것을 포함하는 '이지적 경험주의' 그리고 체험적 신비주의와 영성 체험과 같은 '정신적 경험주의'가 있다고 강조한다. 예컨대, 감각 운동적 세계의 본래적 면모와 같이 육안에 의해 알려진 증거가 있으며, 수학 · 논리학 · 상징적 해석 같은 심안에 의해 알려진 증거가 있고, 참선삼매 · 상행(常行)삼매 · 영지(靈智)와 같은 영안에 의해 알게 된 증거가 있다는 것이다. 나아가 윌버는 이러한 각 양태에서의 체험적 증거는 실제로 매우 대중적이 되어 있거나 전문가 사이에 상호 공유되고 있다는 것이다. 왜냐하면 그들 각각은 선생의 도움으로 훈련되거나 교육될 수 있기 때문이다. 예를 들면, 양자역학적 경험 자료는 양자역학을 고도로 교육받은 사람들에 의해서만 인정되고 공유되는 것같이 각 양태의 체험적 증거는 교육받은 눈만이 공유하고 검정할 수 있다.

윌버는 과학적 방법 일반의 핵심 요건으로 인정되고 있는 것들을 세 가지로 정리하고 있다. 그는 이 요건들이 내면 영역에 대해서도 똑같이 적용 가능한 것임을 깨닫게 한 후에, 그래서 외적인 것과 대등한 신뢰도를 갖는 내적인 것을 정당화할 수 있는 넓은 의미의 과학적 방법론을 우리에게 제시한다. 먼저 윌버는 경험과학에서 주장하는 합리적이고 논리적인 '과학적 방법'의 바탕을 체계적으로 일반화한 것으로 볼 수 있는 과학적 탐구의 핵심적인 세 측면으로 그가 '모든 타당한 참 앎'의 '세 요건(Three Strands)'이라고도 일컫는 것을 『아이 투 아이』, 『감각과 영혼의 만남』, 『켄 윌버의 모든 것의 이론』 등에서 다음과 같이 요약하고 있다.

- 도구적 교시(instrumental injunction): 이것은 하나의 실제적 실행, 하나의 본보기, 하나의 패러다임, 하나의 실험, 하나의 규칙 같은 것이다. 그것은 항상 "당신이 이것을 알기를 원하면 반드시 이것을 해야 한다."와 같은 형태이다.
- 직접적 이해(direct apprehension): 이것은 교시에 의해 나타난 영역의 직접 체험이다. 즉, 기초 자료의 직접적인 체험이나 이해이다. 비록 자료가 간접적인 것이라 해도 체험하는 순간 그것은 즉각적으로 이해된다. 윌리엄 제임스(W. James)는 지적하기를, '자료'의 의미 중 하나는 직접적이며 즉각적인 체험이란 뜻이 있으며 그래서 과학은 그러한 '자료' 내에서 그 모든 구체적 주장을 캐낸다는 것이다.
- 전문가 사회의 승인(communal confirmation 또는 거부): 이것은 어떤 참지식의 교시적 · 이해적 요건을 이미 완료한 전문가 집단에 의한 획득된 자료나 증거에 대한 검증 절차를 의미한다.

윌버의 넓은 의미의 과학적 방법의 '세 요건'은 누구나 쉽게 이해할 수 있는 것이다. 이것이 왜 육안의 경험만이 아닌 심안 · 영안에 의한 체험에 그대로 적용될 수 있는가에 대한, 그래서 우리는 왜 참 앎과 과학적 방법의 세 요건을 심층과학적 방법의 세 요건으로 받아들여야 하는가에 대한 윌버의 주장을 좀 더 경청해 보자.

우리가 목성의 달을 보려면 망원경이 필요하고, 햄릿을 이해하기 위해서는 읽는 법을 배우는 것이 필요하고, 피타고라스 정리의 진리를 알기 위해서는 기하학을 배워야 한다. 우리가 만약 세포가 핵을 갖고 있는지를 알고 싶다면 먼저 식물 조직을 채취하는 법, 세포를 채색하는 법, 현미경을 사용하는 법을 배워야 하며 그리고서 관찰해야 한다. 다시 말하자면 모든 형태의 앎은 그들의 매우 주요 속성의 하나로 '교시'를 갖고 있다는 것이다. 우리가 만약 무엇을 '알고자' 하면 반드시 이것을 '해야 한다'는 것이다. 이것은 생물학과 같은 감각적 과학뿐 아니라 다른 모든 분야의 과학에서도 명백하게 옳다.

하나의 교시는 하나의 지적 각성, 경험, 자료를 드러나게 하며 이들 자료는 순수한 지식의 결정적인 의지처가 된다. 이것이 또한 의미하는 바는 만일 다른 유능한 개인들이 교시에 따라 실험을 반복한다면 그들도 대체로 똑같은 자료를 경험하게 된다는 것이다. 또한 이러한 지적 체험이나 이해는 이미 교시를 적절하게 수행함으로써 자료를 드러나게 한 다른 전문가들에 의해 검사(수용 또는 반박)된다.

앞에서 제시한 윌버의 '참지식'의 세 요건은 육안의 자료만 인정하는 전통 경험과학의 '과학적 방법'과도 정확하게 일치하지만 보다 중요한 점은, 이 요건은 심안 · 영안에 의해 획득된 자료를 대상으로 하는 상위의 심층과학의 과학적 방법으로 사용할 수 있는 동일한 도구라는 데 있다. 더구나 이 '세 요건'은 과학적 참앎에 대한 과학철학의 가장 영향력 있는 세 주요 학파의 핵심 주장, 즉 토머스 쿤주의(제1요건, 패러다임, 교의), 경험주의(제2요건, 경험자료), 칼 포퍼주의(제3요건, 반증주의)를 그대로 수용하고 있다. 그래서 그의 심층과학적 세 요건은 더욱 설득력이 있고 공감이 가는 주장이다. 그의 주장을 직접 들어 보자.

이상과 같은 앎의 세 요건은 내가 믿기에는 과학적 방법 (그리고, 내가 보여 주려고 애쓰고 있는 바와 같이, 일반적으로 앎의 모든 타당한 양태)의 본질적 구성 요소이다. (과학적 방법에 대한) 나의 접근 방법이 오늘날 가장 영향력 있는 과학철학의 세 주요 학파, 즉 경험주의, 토머스 쿤주의, 칼 포퍼주의에서의 각각의 요소들을 명시적으로 모두 내포하고 있다는 사실로 인해 이(과학적 방법의 세 요건) 결론은 더욱 강화된다…….

다른 한편으로 우리가 반증 가능성 원리를 감각적 자료에 국한시키는 제한을 일단 풀어놓고서 이지적이고 영적인 자료의 영역도 마찬가지로 감시하도록 자유롭게 놓아준다면, 그것은 감각적 영역에서 이지적 영역과 영적 영역에 이르기까지의 모든 영역에서의 지식 탐구에서 매우 중요한 국면이 된다. 그래서 그들 각 영역에서 참으로 그것은 우리로 하여금 허위로부터 진실을, 독단적인 것으로부터 논증 가능한 것을 분리해 내도록 도와준다.

그렇게 되면 이와 같은 참 지식의 세 요건은 깊숙한 내면적인 것들의 미묘한 세계, 온우주의 내부 세계, 신성(the Divine)의 세계의 자료 전반에 걸친 우리의 안내자가 될 것이다. 그곳(내면 영역)에서도 그것들(세 요건)은 우리로 하여금 그것들이 외적인 것들에 대해 그렇게 하듯이 신뢰할 만한 것을 엉터리로부터 분리해 내도록 도와줄 것이다.

넓은 의미의 과학의 양식[5)]

윌버는 과학사상에 관한 그의 역저『아이 투 아이』에서 갈릴레오와 케플러에서 시작된 귀납적 증명을 바탕으로 하는 경험·분석과학인 현대 자연과학과 대별하여 넓은 의미의 과학으로서 상위과학의 개념을 체계적으로 제시하고 있다.

윌버는 인간에게는 존재에 대한 인식의 창인 세 가지 눈, 육안·심안·영안이 있기 때문에 앎의 일반 양식도 감각적·이지적·영적 앎의 양식으로 구분된다고 본다. 그래서 그는, 감각적 앎은 직접적으로, 이지적 앎은 즉각적으로, 초월적 앎은 직관적으로 이성적인 판단이나 전문적인 식견이나 자료를 획득하게 만든다는 것이다. 그런데 윌버는, 이 중에서 단어·상징·개념 등으로 표현되는 이지적 양식에 해당하는 모든 판단이나 식견이나 자료는 언제나 정말로 순수하게 상징적·의도적·성찰적·논증적인 특성을 갖기 때문에, 이것들이 다른 영역으로부터 오는 자료를 지칭하거나 표현하기 위하여 사용될 수 있음을 유의하여 앎의 인식론적 관계를 [그림 5-1]과 같이 지식의 다섯 가지 양식으로 나타낼 수 있다고 보았다.

윌버는 앎의 이러한 여러 양식에 따라 앞에서 기술한 과학적 방법을 충족하는 넓은 의미의 과학을 다음과 같이 구분할 수 있다고 강조한다.

먼저 넓은 의미의 '과학'이란, 감각·이지·초월의 영역 어디에 속하든 간에 어

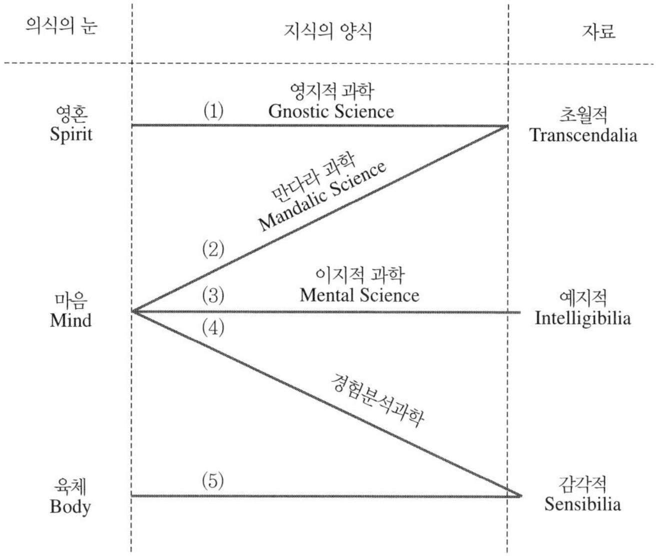

[그림 5-1] **지식의 양식**

출처: Ken Wilber, 『아이 투 아이』, p. 67

떤 전문적인 식견이나 자료의 획득 및 확인에 있어서 세 가지 양식의 앎 중에 어느 한 양식의 참앎의 세 요건을 성실하게 따르는 어떤 학문의 분야를 의미한다.

[그림 5-1]에서 보는 바와 같이 모든 자료가 감각적 육안의 객관적 영역에 바탕을 두고 있을 때 이를 우리는 제4양식의 경험 · 분석적, '독백적(monological)' 과학이라 한다. 또한 자료가 이지적 심안의 영역에 바탕을 두고 있으면 현상학적 · 합리적 · 해석학적 · 기호언어학적인 제3양식의 이지적 · '대화적(dialogical)' 과학이라 한다. 자료가 초월적 혜안의 영역에 바탕을 두고 있을 때 초논리적 · 초월적 · 정관(관조)적 과학이라고 말한다. 정관적 과학을 다시 다음과 같이 세분한다. 먼저 이성적 마음에 의해 제2양식에 바탕을 두고 초월적인 자료의 정리 분류를 시도하면서 초월 영역의 '지적 도식화', 정신에 대한 합리적이며 타당성 있는 논의, 절대자에 대한 구술적 논의 등에 바탕을 둘 때 그리고 이 양식의 과학으로서의 상대적인 부적절성과 모순성을 확고하게 이해하면서 논리적이고 과학적일 때 이를 제2양식의 '만다라적(mandalic)' 과학이라 한다. 반면에 제1양식에

바탕을 두고서 초월은 초월로 직접 이해하기 위한 방법론과 초월적 앎에 바탕을 둔 가르침이나 본체/신성/'영'에 대한 직접적이며 직관적 이해를 추구하는 과학을 제1양식의 본체론적 혹은 '영지적(gnostic)' 과학이라 일컫는다. 그러나 소위 초과학(para science)이라는 ESP/영매/강령 등의 초상 현상을 조사하는 심령과학이나 밀교적 신지학(Theosophy) 등은 앞에서 언급한 과학의 어느 한 범주에 속한다고 볼 수는 없다.

윌버는 이와 같은 과학의 분류에서 경험 · 분석적인 자연과학을 제외한 모든 과학을 '상위과학'이라 일컫고 있고, 독일의 빌헬름 딜타이(W. Dilthy)는 이를 최초로 '정신과학'이라고 포괄적으로 지칭한 바 있다. 그는 마음과 정신을 의미하는 독일어 'Geist'를 사용하여 자연과학을 제외한 모든 이지와 정신의 과학을 이렇게 일컫는데, 여기에는 사회과학을 비롯하여 역사, 경제학, 법리과학, 종교과학, 시스템과학, 심리학 등이 모두 포함된다.

여기서 우리는 '참과학'의 진정한 모습을 바라보았다. 다음 장에서는 진정한 '참종교'를 바라볼 것이다. 그래서 아마도 우리는 과학이 그 스스로의 용인하에 그 범위를 좁은 의미의 경험주의에서 넓은 의미의 경험주의로 확장할 수 있는 것과 꼭 마찬가지로, 말하자면 종교도 독선적(교조적 교리) 주장에서 벗어나 그 범위를 직접적인 영적 체험으로 확장할 수 있다는 것을 알게 될 것이다. 윌버의 표현을 그대로 사용하면, 이와 같은 추이(推移) 속에서 사실상 (좁은 의미의 경험주의 대 넓은 의미의 경험주의, 독선적 교리 대 영적 체험) 그 어느 쪽도 제대로 봉사하지 못한 그들의 전통적인 보따리의 한 측면을 기꺼이 양보하는 양쪽의 집단과 더불어, 과학과 종교는 대등하게 논증 가능한 바위, 수학, 영의 존재를 발견하게 하는 체험적 자료에 공통의 기반을 두는 쪽으로 신속하게 접근 가능할 것이다.

넓은 의미의 과학의 사분면[6]

윌버에 의하면 육안 · 심안 · 영안에 의한 과학의 네 양태에 따른 상위과학/심층과학/정신과학의 출현에 있어서, 〈표 2-1〉과 같은 진리의 사분면에 따른 넓은 의미의 과학의 출현을 목표로 하지 우측 분면의 좁은 의미의 과학을 목표로 하지 않기 때문에, 단지 '그것들'의 외적인 것만 포함하는 심층과학이 아니라 '나'와 '우리'의 내면적인 것을 포함하는 '심층과학'을 다음과 같이 지향하고 있다는 것이다.

[그림 5-2] **넓은 의미의 과학의 사분면**

출처: Ken Wilber, 『감각과 영혼의 만남』, p. 178

우리의 인지(人知)는 자기 · 자아표현과 미학의 심층과학을, 즉 외적 대상인 '그것들'의 과정 · 체계의 과학뿐이 아니라 '나'와 '우리'의 도덕/윤리와 가치/의미의 심층과학을 원하고 있다. 따라서 각 영역은 직접적인 경험과 증거의 실마리에 의해서 체험적인 모든 지식과 검정 가능한 모든 주장에 바탕을 둔 심층 경험주의에 의해서 결합되고 통일된다. 이러한 통합은 순수하게 하나의 '다양성-속의-통일'이기를 약속하는 것이다. 각 영역은 현저하게 상이하며 또 그렇게 되도록 허용되어 있지만, 그것들에의 접근은 교시에 따른 자료의 노출과 검정이나 거부라는 심층과학의 '세 요건'을 따라야 한다. 이 '다양성-속의-통일'은 마치

상이한 동굴 내부를 조사하는 하나의 손전등과도 같다. 빛은 동일하지만 조사의 실제 결과는 동굴 내 위치에 따라 상이한 형상을 취할 것이지만 동일한 빛이 상이한 구역들을 드러낸다.

그러므로 심층과학의 '세 요건'을 [그림 5-2]와 같이 과학의 '사분면'에서 우상분면에 적용하면 이는 외부 세계의 과학인 물리학, 화학, 지질학, 생물학, 신경세포학, 의학, 행동주의 등을 우리에게 제공한다. [그림 5-2]는 이러한 분야의 예를 일부 뛰어난 선구자들과 함께 보여 주고 있다. 반면 '우하' 분면에 심층과학의 '세 요건'을 적용하면 공동체의 외부 세계의 과학인 생태학, 시스템이론, 외적 전일주의, 사회학 등을 제공한다. 또한 '좌상' 분면의 심층과학은 우리에게 내면세계의 지형/자료/형상 등을 알려 준다. 인간 영역에서 이것은 심안을 향해 열려 있는 논리학과 수학 같은 보다 형식적인 구조뿐 아니라, 나아가 내관적 심리학과 심층심리학에 의해 드러난 보다 더 개인적 형상까지도 내포하며 이것은 자기와 자기표현, 예술과 미학, 정신 현상학 일반의 영역과 같다. '좌하' 분면의 넓은 의미의 과학에서는 공동체 의식의 내면세계인 어떤 문화에서의 상호 주관적 징후 및 가치 또는 참여 문화의 의미와 세계관 등을 드러낸다. 이 분면의 연구는 사회 구성원의 내면적 응집력으로 작용하는 문화적 참여의 의미와 상호 주관적 가치 등에 집중한다.

결론적으로 윌버의 넓은 의미의 과학이란, 진리의 대등하게 중요한 사분면적 상이한 형식은 진리의 정당한 '타당성 기준'으로 간주할 수 있다는 것이다. 따라서 넓은 의미의 체험주의에 따르는 과학적 방법론이 똑같은 방식으로 [그림 5-2]와 같이 상이한 과학의 사분면에 적용될 때마다, 도표와 같이 그것은 상이한 형식의 진리, 즉 객관적(행동적) 진리, 주관적(의도적) 진리, 상호 객관적(사회체계) 진리, 상호 주관적(문화적 정당성) 진리를 만들어 낸다. 한마디로 '과학의 세 요건'이라는 하나의 정당한 과학적 방법에 의해 획득된 다수의 과학적 진리는 각각 대등하게 신뢰할 만하다는 것이다.

PTF 전초 인지 오류[7)]

윌버의 핵심 사상을 말할 때 빼놓을 수 없는 것은 그가 모든 진리에 대한 가장 포괄적인 통합사상가이면서도 인지(人知)의 거의 모든 분야의 수많은 전근대·근대·탈근대 사상 이론들에서의 존재와 실재에 대한 인지적 오류를 적시하고 있다는 것이다. 이를 위해 그는『아이 투 아이』에서 전초 인지 오류(Pre-/Trans-Fallacy: PTF)라는 개념을 처음 도입하였다. 그는 PTF를 두 가지 유형으로 구분하여, 의식의 전개인·개인·초개인적 영역/수준을 혼동하고서 초개인 수준을 전개인 수준으로 환원하는 제1형 PTF(소위 PTF-1의 세계관, WV1)와 전개인 수준을 초개인 수준으로 승화시키는 제2형 PTF(소위 PTF-2의 세계관, WV2)를 구분하여 기존의 학문과 사상들의 인지적 오류를 밝히는 독창적인 개념을 제시한다. 윌버는『아이 투 아이』의 7장에서 PTF에 대해 상세하게 논술하면서 그 기본 개념을 다음과 같이 말하고 있다.

> …… 발달이란 전개인적 영역에서 개인적 영역으로, 초개인적 영역으로 이동하는 것이므로 그리고 전개인적·초개인적 영역 모두 그것들 자신의 방식으로 비개인적이므로, 전개인적·초개인적 영역은 제대로 교육받지 않은 눈에는 비슷해 보이거나 심지어 동일하게 보이게 된다. 다시 말하면 사람들은 점차 전개인적 차원과 초개인적 차원을 혼동하는 경향을 갖게 된다. 그래서 바로 거기에 PTF의 핵심이 있게 된다. 이 같은 인지 오류는 두 가지 주요 형태를 갖는데, 하나는 우리가 PTF-1이라고 부르는 초개인적인 것의 전개인적인 것으로의 환원이며, 다른 하나는 PTF-2라고 하는 전개인적인 것의 초개인적인 것으로의 상승(승화)이다. [그림 5-3]의 (a)에서 보면 중요한 점은, 인간 의식의 3단계 발달 지도에서 만일 A와 C 사이의 미묘하지만 현격한 차이를 이해하지 못한다면 어느 것이라도 발달적 지도상의 두 끝점은 서로를 향해 무너진다. PTF-1에서는 (b)의 경우와 같이 C점이 A로 붕괴되거나 환원된다. PTF-2에서는 (c)의 경우와 같이 A가 C로 상승된다. 결과적으로 두 다리를 가진 발달 대신에 우리는 하나의 단일축의 발달을 갖게 된다. 이러한 붕괴는 즉각적으로 두 대립되는 세계관을 창조한다. 실세계는 여전히 A, B, C를 내포하므로, PTF-1과 PTF-2는 여전히 존

재의 전 스펙트럼으로 파급된다. 그러나 두 오류 모두 다 필연적으로 그것들 각각의 결함을 가진 눈으로 세계를 해석할 것이다. 그리하여 PTF의 두 형태와 연관하여 두 개의 주요 세계관, 환원주의와 승화주의가 발생하는데 이것을 정확하게 (b), (c)에서 보여 주고 있다.

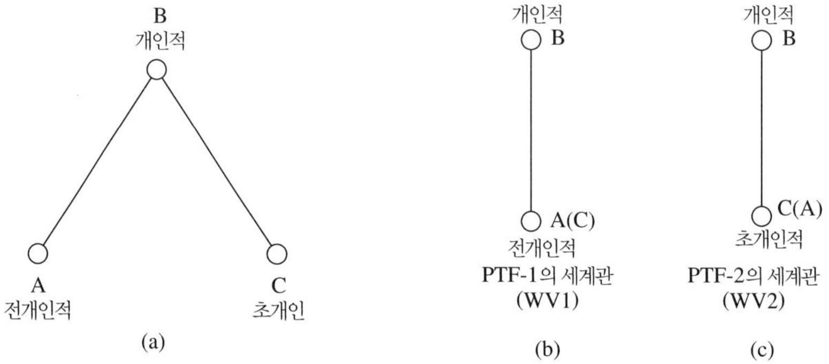

[그림 5-3] **PTF의 기본 속성 및 형태**

출처: Ken Wilber, 『아이 투 아이』, pp. 201-203

윌버는 발달심리학적으로 [그림 5-4]와 같이 PTF-1(WV1) 인지 오류의 전형적인 예로 초개인 심혼 수준의 현상을 모두 마법적 수준의 전개인적 성적 리비도로 환원하는 프로이트 학파를 들고 있고, 반대로 PTF-2 인지 오류의 예로 전조작적 심리 수준의 유아의 신화적, 절대권자에의 순응적 심리 현상을 모두 심혼의 원형적 · 정묘적 현상으로 승화시킨 융학파를 들고 있다.

그러나 윌버의 PTF 인지 오류는 워시번(M. Washburn)이나 켈리(S. Kelly) 같은 신융학파에 의해 유아 성장기의 기저 무의식의 '역동적 기반(Dynamic Ground)'과 의식의 병행 발달적 특성으로 인하여 재고되어야 한다고 공격받고 있다. 하지만 아직도 그의 PTF 이론은 그의 사상 중 수많은 이론의 '인지 오류'를 체계적으로 밝힐 수 있는 가장 독창적인 이론의 하나로서 높이 평가받고 있다.

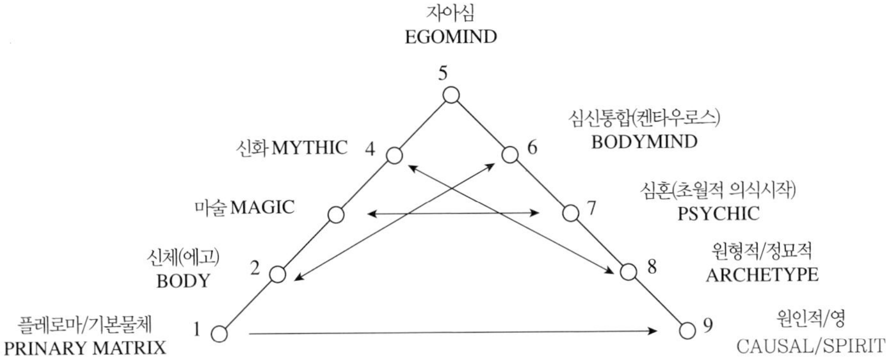

[그림 5-4] 의식(자아)의 발달단계와 PTF

출처: Ken Wilber, 『아이 투 아이』, pp. 201−203

미주

1) Ken Wilber, 『아이 투 아이』 1장의 '영의 세 눈'을 참고하여 기술한 것이다.
2) 1221~1274; 중세 이탈리아의 위대한 스콜라 신학자 · 철학자, 신비사상가 · 성자.
3) 중세 빅토리아 시대의 파리 교외의 성 빅토르 수도원을 중심으로 하는 신비주의 신학의 대표 신학자 중 한 사람으로서 그 시대의 가장 위대한 신비사상가.
4) Ken Wilber의 『아이 투 아이』와 저자가 옮긴 『감각과 영혼의 만남』의 11장 '과학이란 무엇인가'의 '올바른 지식의 세 요건'을 바탕으로 기술한 것이다.
5) Ken Wilber, 『아이 투 아이』의 2장 증명의 문제의 이론과 가설을 바탕으로 기술한 것이다.
6) 저자가 옮긴 『감각과 영혼의 만남』 11장 '과학이란 무엇인가'의 '각 분면의 넓은 의미의 과학'을 바탕으로 기술한 것이다.
7) Ken Wilber, 『아이 투 아이』의 7장 '전초인류'를 바탕으로 하여 기술한 것이다.

6 심층종교사상

앞 장에서는 윌버의 과학사상을 개관하였다. 윌버의 과학과 종교의 통합사상을 다루려면 그의 종교사상에 대해 먼저 알아볼 필요가 있다. 켄 윌버의 종교사상은 종교사회학에 관한 그의 저서『켄 윌버의 신(A Sociable God)』의 2005년 신판에 잘 나타나 있다. 그리고 그의 과학과 종교의 통합에 관한 주 저서인『감각과 영혼의 만남(The Marriage of Sense and Soul)』에 신화적 교리를 신봉하는 현교적 좁은 종교와 심층영성을 중시하는 심층종교에 대해 상세하게 다루고 있다. 그 요점은『켄 윌버의 모든 것의 이론(A Theory of Everything)』의 과학과 종교 부분에도 잘 요약되어 있다.

윌버는 과학과 종교 사이의 화해와 궁극적인 통합을 허용하는 방식으로, 어떻게 하면 이들 양쪽 진영에게 받아들여질 수 있는가를 배려하는 어법으로, 과학과 종교 양쪽 모두에 대한 생각을 시작할 수 있는가에 대해 제시하고 있다. 이러한 그의 시도를 보다 체계적으로 이해하기 위해 여기서는 앞 장에서 소개한 그의 심층과학사상에 이어서 그의 심층종교사상에 대해 이해하기 위해 주로『감각과 영혼의 만남』 12장 '종교란 무엇인가'에서 그대로 발췌한 내용과 위에서 언급한 그의 세 권의 저서에 나타난 그의 종교사상을 중심으로 소개하였다.

종교란 무엇인가

'종교란' 물론 수많은 의미와 정의와 제안적인 기능을 갖고 있다. 종교란 용어는 독단적 믿음으로부터 신비적 체험에 이르기까지, 신화로부터 근본주의에 이르기까지, 확고하게 견지되는 이념(ideals)으로부터 열정적인 신앙에 이르기까지 모든 것에 적용되어 왔다. 더구나 종교학자들은 (천사에 대한 믿음과 같은) 종교의 내용을 (사회적 유대를 지속하는 것과 같은) 종교의 기능으로부터 분리하려는 경향이 있다. 그러다 보니 종교의 내용이 의심스러운 경우까지도 그 기능이 유익할 수도 있다는 어정쩡한 결론에 도달하고 있다. 우리는 여기에서 이제 종교에 대한 수많은 이러한 정의와 제안된 기능에 대하여 조사할 것이다.

그러는 사이에 한편으로는 진정한 의미의 영성을 언급하는 데 있어서 전근대적 세계 속에서 존재하고 있는 것이든 아니면 근대적 세계로까지 넘어오고 있는 것이든 간에, 엄청나게 많은 전 세계의 종교체제의 실체를 형성해 온 신화적 주제와 신화 시대의 서사시적 주제는 거의 다 제외하고 있다는 사실을 누구나 쉽게 알아차리게 될 것이다. 예컨대, 동정녀에 의한 탄생, 육신 승천, 홍해의 갈라짐, 구백 살이나 되는 사람으로서의 노자의 출생, 신성한 힌두뱀 위에 놓여 있는 지구, 신화적 가이아(Gaia)로서의 여신과 같은 것은 제외하고 있다.

이러한 믿음이 중요하지 않다거나 그들이 전혀 어떠한 기능도 발휘하지 못한다고 주장하고 있는 것이 아니다. 사실 그러한 믿음은 매우 중요한 발달적이거나 진화적 기능을 발휘한다. 그러나 곧 알게 되겠지만 근대성에 의한 역행할 수 없는 차별화로 인해 대부분의 그러한 전근대적 믿음과 종교의 기능은 더는 정당성이 없고 더는 근대의 의식 속에 버틸 수 없다.

따라서 내가 주장하고 있는 바는 영성의 근대과학(직접적인 영적 체험 및 그 자료에 대한 과학)의 문제에 관한 한 그러한 신화적 주제 그리고 신화 그 자체는 진정한 영성의 본질적인 부분을 결코 형성하지 못한다는 것이다. 하지만 이와 같은 주장에 대해 종교는 정도가 너무 지나치다고 생각하지 않을까? 과연 얼마나 많은 종교가 이러한 주장에 동의할 것인가?

만일 과학과 종교가 통합되어야 한다면 그들 각각은 분명 약간씩은 서로에게 베풀지 않으면 안 된다. 그렇다고 해서 그들을 변형시킴으로써 그들 스스로 자신을 알아보지 못할 정도가 될 만큼 양보해서는 안 된다는 것이 나의 변함없는 생각이다. 이제는 과학도 그 특유의 방법인 좁은 의미의 경험주의(감각적 체험)가 아니고 넓은 의미의 경험주의(체험 일반)에 의존하고 있다는 사실을 스스로 인식할 필요가 있다는 것도 우리는 알았다. 그리고 (논리로부터 수학에 이르기까지의) 과학이 가지고 있는 실재로 거의 모든 개념적 장치는 이미 넓은 의미에서의 경험적인 것이기 때문에 우리는 이것은 매우 어려운 확장이 아니라는 것도 알았다.

사실 우리는 과학으로 하여금 단순히 보다 더 정확한 자기상(自己像)을 형성하기를, 즉 보다 더 넓고 보다 더 정확한 (그리고 이미 암묵적으로 받아들이고 있는) 자기 개념의 정립을 위해 더 편협하고 보다 덜 정확한 자기 개념을 포기하기를 요구할 뿐이다. 앞에서 언급한 바와 같이 대부분의 과학철학자는 이미 그렇게 하고 있다. 이제 그들은 "고전적 경험주의는 하나의 신화이다."라고까지 말하고 있다.

마찬가지로 우리는 종교로 하여금 그 특유의 가능성에 대한 보다 더 진솔한 자기상을 받아들이도록 요구해야 한다. 특히 근대성에 역행할 수 없는 차별화를 본받아서 종교는 스스로에 대해 심각하게 질문을 던져야 한다. 무엇이 전근대 종교적 주장의 실질적인 인지(認知) 내용의 골간이고 타당성인가? 모세가 정말로 홍해를 갈랐는가? 예수가 실제로 동정녀에 의해 탄생했는가? 지구가 정말로 신성한 뱀 위에 놓여 있는가? 창조는 정말로 6일 만에 일어났는가? 노자는 그가 태어났을 때 실제로 900살이었나?

만약 그러한 선언적인 신화적 주장을 옆으로 조용히 제쳐 둔다면 종교가 그 스스로를 호칭할 수 있는 것으로 과연 무엇을 남겨 두고 있는가? 그래도 여전히 종교는 과연 스스로 자신을 알아볼 수 있을 것인가?

종교에서 신화의 문제

종교에서 신화적 진리 선언은 분명 독선적이다. 이것은 그 선언적 주장을 곧이곧대로 진실한 것으로 간주할 경우에 그것들은 아무런 뒷받침할 만한 증거도 없이 단순히 주장하는 것에 불과한 것일 뿐이라는 의미이다. 그러므로 그 주장들은 당연히 모든 타당한 지식의 세 요건에 대한 시험에 실패하게 된다. 역사상 한

때는 그러한 믿음은 사회적 응집력 유지와 같은 다양하면서도 중요한 여러 문화적 기능을 수행했다. 그 주된 이유는 그것들이 정당한(혹은 합의에 의해 성립된) 상호 주관적인 세계관의 기반을 형성했기 때문이다. 그렇지만 근대성이 지닌 분별(가치권의 차이/차별)과 그로 인한 근대성의 더욱 중후해진 존엄성과 더불어 보다 더 고도로 복잡 미묘하고 세련된 (과학적) 진리의 노출은 이러한 신화적 주장을 돌이킬 수 없는 의심 속으로 몰아넣었다.

개개의 발달적 진리의 전개와 더불어 상위 영역의 진리는 하위 영역의 진리와는 심원하게 상이한 상황, 즉 상위 영역은 그보다 하위 영역을 초월하며 내포하기 때문에 그보다 선행하는 것들의 다양한 특색을 보존하면서 역시 부정도 하는 상황에 처하게 되었다. 근대성은(가령, 천벌이나 정의와 같은) 신화의 가장 최상의 정수를 뽑아서 표현한 소망 · 이상 · 가치 같은 것의 대부분을 보존하지만(가령 우리 모두를 실제로 아담과 이브의 후예라고 보는 것과 같은) 종교의 문자 그대로의 교리 내용의 대부분을 부정한다.

이것은 곧 내가 대부분의 근대 종교 사회학자들과 견해를 달리하고 있는 이유이다. 일반적으로 그들은 신화는 인지적으로 전혀 아무런 가치가 없다는(그 같은 주장은 터무니없다는) 견해를 고수하고 있다. 그럼에도 신화는 여전히 수많은 문화를 위해 필수적인 사회적 결속력과 응집력을 형성한다. 이것은 분명 하나의 비정합적인 입장이다. 그렇다고 해서 우리 인간은 오로지 신화적 교리의 인지적 허위성에만 매달려 있을 수는 없다. 신화는 그 특유의 세계 공간 내에서는 충분히 옳은 것이고, 다만 (보다 더 발달된) 조망적 이성은 단지 '보다 더 옳다'는 것일 뿐이다. 말하자면 그것은 검증 가능한 지식을 드러내기 위한 그 역량에 있어서 보다 더 발달되고, 보다 더 분별 있게 되고/통합되고, 점차 보다 더 복잡 미묘해진다는 것일 뿐이다.

그러므로 합리성과 같은 더 상위의 진리는 신화라는 더 하위의 진리에 대하여 판단을 내리기 때문에 대부분의 경우 신화는 도저히 그와 같이 보다 더 복잡 미묘한 시험을 통과하여 살아남지 못한다. 모세는 홍해를 가르지 않았고, 예수는 생리적인 의미의 처녀에 의해 탄생했던 것이 아니다. 그와 같은 신화적 주장은 더 상위의 이성의 눈으로 보면 정말로 터무니없는 것이다.

물론 전근대 부활주의자들은, 신화는 이성보다 더 상위의 진리와 소통하게 하고 그러한 진리로 인도한다고 주장하면서, 흔히 신화를 좀 더 깊은 은유적 의미[가령 동정녀에 의한 탄생은 우리 인간의 보다 더 상위의 자기(Self)의 순수하고 '순결한' 본성에 대한 진정한 은유이다]로 해석하려고 한다. 이와 같은 주장은 다음과 같이 이중으로 표리부동한 것이 된다. 왜냐하면, 첫째, 이 접근 방법은 신화적 표현이 보다 더 우월할 것으로 간주되고 있는 어떤 심오한 진리를 설명하기 위해 실제로는 이성을 사용하고 있기 때문이다. 둘째, 그래서 그 신화를 믿는 자들이 절대로 받아들이지 않을 어떤 방식으로 신화에는 이러이러한 진리가 내포되어 있다고 해석하고 있기 때문이다. 신앙심이 깊은 어떤 사람에게는 동정녀에 의한 탄생은 단지 하나의 은유가 절대로 아니며 구체적이고 문자 그대로의 역사적 사실이다(물론 전근대 부활주의자들은 이같이 받아들이는 것을 실제로 단호하게 거부한다). 전근대 부활주의자들은 — 신화를 실제로 믿는 자들은 그 신화 자체가 그러한(심오한 상징적) 의미를 담고 있다고는 한 번도 느껴진 적이 없는 — 어떤 신화적 상징을 더 심오한 진리를 담고 있다는 의미로 해석하기 위해 단순히 이성의 더 높은 권위를 사용하고 있다. 그래서 이성을 넘어서 그 이상으로 신화를 고양하고자 시도하고 있는 전근대 부활주의자들은 그들의 갖가지 모든 언사에서 위의 두 가지 속임수를 교묘하게 숨기고 있는 것이다. 이는 신화가 지니고 있지 않은 어떤 영예를 신화에게 부여하고 있는 반면에 이성은 스스로 그것에 실제로 기여할 수 있는 기회마저도 박탈당하게 된다는 것을 뜻한다. 이런 이중 거짓이 (신화를 통한) 영적 변용의 한 근원으로 인간성에 제공된 셈이다.

그러나 사실은 엄연히 그대로 남아 있다. 신화의 문자 그대로의 구체적인 형태는 근대성의 시험을 견디어 낼 수 없는 것, 견디어 내지도 못해 왔던 것이다. 그와 같은 구체적 주장은 정말로 거짓이다. 그래서 만약 종교가 근대 세계에서 생명력을 갖는 형태로 살아남으려면, 마치 좁은 의미의 과학이 환원주의적 제국주의의 짐을 기꺼이 벗어던지려고 해야 하는 것처럼 종교도 스스로의 거짓된 주장의 짐을 기꺼이 벗어던지려고 해야 한다.

진짜 문제는 영성에 대한 신화 · 신화학적 · 신화 서사시적 접근 방식이 모두 다 초이지적이고 영적인 영역을 설명하려고 도모하는 데 있어서 여러 다양한 유형의 이지적 형태를 수반한다는 점에 있다. 그래서 그러한 접근 방식이 전근대적 신화 시대에 대해 제 아무리 어떤 상황 특유의 적절성을 지니고 있다고 해도, 이제 그들은 더는 집합적이거나 개인적인 수준에서 먹혀들지 못하고 있다. 신화는 근대성이 지닌 도저히 역행할 수 없는 분별에 맞서지 못하게 되어 있다. 신화는 전합리적인 것을 초합리적인 것으로 혼동한다. 그것은 퇴행적 성향의 윤리적이며 인지적 양태들을 그 안에 품고 있다. 그것은 어떠한 종류의 타당성 기준(validity claims)과 실증적인 증거도 애써 외면하며 덮어 두려 한다. 그리하여 진실을 회피하여 종교는 오직 신화가 생긴 주된 동기 중 하나로서의 권위에만 의지하여 남아 있게 된다.

그러고 보면 증거는 신화를 발가벗기기 때문에 신화는 그 본래적인 속성으로 인하여 애써 증거로부터 멀리 숨으려고 한다. 그래서 신화는, 역사적으로 늘 그래 왔듯이, 개인적이고 사회적인 억압의 거대한 근원인 것이다. 하버마스가 지적한 바와 같이, 이러한 점들을 계몽운동가들이 언제나 자신을 신화에 대한 저항 세력으로 이해하게 만든 빌미를 제공했던 것이다. 오늘날의 전근대 부활주의자들에 의해 부여된 멋진 후광에도 불구하고 이러한 신화들은 사실 알고 보면 사회적 위계, 성적 억압, 노예체제, 야만적 고문의 원천이었다. 때문에 계몽운동 시대의 클라리온 나팔 소리같이 낭랑하게 퍼져 나간 외침은 신화를 향한 것이 아니고 증거를 향한 것이었다. 그것은 '그 잔혹 행위를 결코 잊지 말라.'는 계몽운동의 전투적 함성이었고, 바로 (신화를 발가벗기려는) 정확히 그와 같은 이유 때문에 나왔던 것이다.

그러므로 계몽운동은 신화를 갖고서 우리에게 다가오는 자들은 모두 다 은밀하게 숨겨진(혹은 그다지 숨겨지지도 않은) 권위를 추구하려고 다가오는 자들이라는 견해를 갖고 있었다. 신화의 이러한 형태를 당당하게 행사하려고 기도(企圖)하는 자들은, 당연히 이해가 가지만, 애써 증거를 외면한다. 왜냐하면 그들의 주장을 증거에 노출시키면 그들의 권위에 대한 그러한 주장은 설자리를 빼앗기고,

그리하여 그들의 권위를 주장하는 자들의 자격마저도 역시 송두리째 박탈당하고 말 것이기 때문이다. 그러므로 그들은 진실을 숨기고 권좌에 앉아서 대개 그들의 전능한 신(God)이나 위대한 여신(Goddess)의 이름으로 그러한(숨겨진 진실과) 똑같은 어둠 속에서 다른 것도 모두 덮어서 호도하려고 애쓰고 있는 것이다.

어떤 특정한 신화적인 신성한 신위[천신(天神)]의 이름을 앞세워 역사상 전체적으로나 또는 부분적으로 일어났던 전쟁이 이 지구라는 행성 위에서 어떤 다른 호전적 의도를 가진 세력보다 훨씬 더 많은 인간을 살해했다는 사실은 전혀 놀라운 일이 아니다. 계몽운동가들이 아주 올바르게 지적했듯이, 증거를 숨기려는 종교적 주장은 신이나 여신의 목소리가 아니고, 대개 단지 사회적으로 높은 신분에다 고압적인 자만심을 지니고 있는 사람들의 목소리에 지나지 않는다. 진실이 아닌 권위는 애써 증거를 숨기려는 주장을 추구하게 되어 있다.

영성의 명상적 핵심

그렇다면 진정한 영성은 이제 더는 단지 신화적이거나 상상적이거나 신화학적이거나 신화 서사시적인 것일 수는 없다. 그것은 언제나 반증 가능한 증거에 바탕을 두어야 한다. 다시 말해 그것은 그 핵심에서는 일련의 신비적 · 초월적 · 명상적 · 관조적 · 요가/기공적 직접 체험이어야 하고, 감각적이 아니고 이지적이 아닌 초감각적 · 초이지적 · 초월적 의식이어야 한다. 즉, 단지 육신의 눈(육안)으로나 마음의 눈(심안)으로가 아니라 관조의 눈(영안)으로 보이는 체험적 자료이어야 한다.

한마디로 말해 진정한 영성은 직접적인 영적 체험에 바탕을 두어야 하고, 모든 타당한 지식의 세 요건, 즉 교시 · 이해 · 승인/거부 — 전범 · 자료 · 반증 가능성 — 에 엄격하게 근거를 두어야 한다.

온갖 다양한 형태의 전근대 종교는 근대성이 지닌 분별로 인하여 미증유의 상황에 봉착하게 되었다. 근대성이 가치권을 차별화하였고 그래서 각 가치권이 아무런 방해도 받지 않고 그들 특유의 존엄성을 갖고 나아갈 수 있도록 해 주었다는 바로 그 사실 때문에, 이 새롭게 해방된 가치권들은 전근대 종교들이 제공할 수 있는 그 어느 것보다도 거의 모든 면에서 신속하게 앞질러 나갈 수 있었다. 감각적 사실의 세계와 관련된 문제에 관한 한 전근대 종교가 주는 해답은(가령 이 세상은 6일 만에 창조되었다고 하는 것은) 오늘날 근대 경험과학과 정면으로 배치되어 그것은 도저히 과학의 적수가 되지 못했다. 정신권(mental sphere)과 그것에 관련되는 문제에 관한 한 종교는(성서적 이야기의 현실적 근거들을 포함하여) 수학, 논리학, 비판철학, 문헌학, 해석학과 직면하게 되었다. 그래서 다시 한 번 전근대 종교는 근대성이 지닌 분별과는 도저히 경쟁 상대가 되지 못했다.

종교는 그 심장부와 혼과 본질을 강조할 때에만, 말하자면 육신의 눈(육안)에 의해 드러나지 않지만(그것은 과학에 맡기고), 마음의 눈(심안)에 의해서도 드러나지 않지만(그것은 철학에 맡기고), 오히려 정관/관조의 눈(영안)에 의해 드러나는 직접적인 신비 체험과 초월의식을 강조할 때에만 참으로 종교다울 수 있다. 그렇게 함으로써 종교는 비로소 근대성에 맞설 수 있고 근대성이 필사적으로 필요로 하는 어떤 것을, 즉 영적 영역이 생겨나게 하기 위한 진짜 순수하며 검증 가능하고 반복 가능한 교시를 제공할 수 있다.

근대와 포스트모던 세계에서의 종교는 그 유일한 힘—즉, 관조(묵상 · 명상 · 정관)—에 의지하게 될 것이다. 아니면 그것은 그 특유의 집착(신봉)하는 것들 속에 갇혀서 단지 발달의 전근대적이고, 전분화된 수준을 유지하는 역할을 하는 데만 급급하게 될 것이다. 즉, 종교는 (인간성의) 성장과 변용에 원동력이 되는 어떤 엔진이 아니라 훨씬 더 소극적으로 관여하는 퇴행적이며 반진보적이고 반동적인 세력이 될 뿐이다.

그렇지만 아직도 다음과 같은 껄끄러운 가시 돋친 질문은 여전히 남는다. 만일 종교가 그 신화의 보따리를 고려 대상 밖으로 묶는다면(혹은 일시적으로나마 옆으로 밀쳐 둔다면) 그래도 그 스스로를 알아볼 수 있을까? 이에 대한 하나의 답변으로, 나는 주요 종교들 자체의 추종자들이 아니라 그 창시자들의 사례를 주시하라고 권하고 싶다.

영적 체험의 정신과학

우리가 곧 알아차릴 첫 번째 사실은 위대한 전승 종교의 창시자들은 거의 예외 없이 일련의 심오한 영적 체험을 겪었다는 것이다. 그들의 계시, 직접적인 영적 체험은 홍해를 가르는 것에 대해서나 콩을 자라나게 하는 방법에 대한 신화적인 선언을 하는 것이 아니라 오히려 궁극의 신성[the Divine, 영(Spirit), 공(空), 신위(神位, 조물주, 天帝), 절대자]에 대한 직접적인 이해였다. 그들이 도달한 최고의 경지에서의 이와 같은 이해는 개체와 영의 직접적인 합일이나 심지어 정체성에 대한 것, 이지적 신념으로 생각되는 것이 아니라 직접적인 체험 속에 살아 있는 합일에 대한 것, 실존하는 것의 진정한 최상의 선(summum bonum)에 대한 것, 그와 같은 것들의 직접적인 실현에 대한 것이었다. 그 실현이란 독특한 합일 속으로, 온 세상의 바탕이고 목표이고 근원이고 구원인 것으로서의 어떤 합일 속으로 빠져들어 가기에 충분한 경지에 도달한 영혼 위에 위대한 해방(해탈), 재탄생, 메타노이아(metanoia회심) 혹은 깨달음의 축복을 베풀어 주는 것이다.

그래서 각 영적 선구자들이 제자들에게 가르쳐 준 것은 일련의 신화적이거나 독선적인 믿음이 아니라 일련의 실행(수련), 교시, 전범이었다. 말하자면 "나를 본받아서 이것을 행하라."와 같은 것이었다. '이것을 행하라.'는 교시는 독특한 유형의 정관적 기도들, 요가(기공)를 위한 철저한 가르침, 특유의 명상수련, 그리고 실질적인 내면적 전범을 내포했다. 즉, 그대가 이 궁극의 신성(the Divine)과의 합일을 알고 싶다면 그대는 반드시 이것을 실행(수행, 수련)해야 한다는 것이다.

이러한 교시는 진취적인 선구자들의 영적 체험이나 영적 자료를 바탕으로 그 제자들에 의해 재생산되었다. (수십 년, 때로는 수 세기에 걸친) 잇따른 내면적 실험 과정을 통하여 교시와 자료는 보다 더 빈틈없는 관찰을 하는 방향으로 더욱 세련된 초기의 혹은 원시적인 방법 및 자료와 더불어 자주 다듬어지고 더욱 정교해졌다. 이에 관한 수없이 많은 사례 중 몇 가지만 언급하면, 소승불교의 대승불교로의 성장 및 진화 그리고 나아가 장엄한 금강승불교(Vajrayana)로의 성장 진화, 하시딤(Hasidim)[1]과 카발라(Kabbalah)를 통한 유대교 신비주의의 절묘한 성장, 초기 베다(Vedas)[2]시대로부터 위대한 샹카라[3]로 나아가 최고의 경지에 도달한 라마나 마하르시(R. Maharshi)[4]로 이르기까지의 힌두교의 위대한 개화, 플라톤에서 플로티노스까지 6세기에 걸쳐서 다듬어진 그리스 철학 등을 들 수 있다.

다른 한편으로는 어떤 특정한 영적 법통[교파, 종파, 선문(禪門)]이 탐구적이며 실험적인 과정을 멈추는 순간부터, 즉 영적 탐구에서 그 법통이 (참된 앎의) 세 가지 요건 모두를 채택하기를 멈추는 순간부터 그것은 직접 증거와 체험 혹은 변용하는 힘이 결핍되어 있는 단지 독선이나 신화적 선언 쪽으로 경직되어 가기 시작했다. 그러고 나서 그것은 찬란하면서도 영적인 장엄함이 빛나는 위대한 해방(해탈, 깨달음) 속에 자아(ego)를 초월하는 대신에 불멸성을 향한 투사 속에 고립된 자아들을 단지 교리 해석으로 위로하는 역할만 해 왔던 것이다.

결론은 아주 명백해 보인다. 관조의 눈을 포기할 경우 종교는 근대 철학에 의해 조각조각 난도질당함으로써 마음의 눈만 남게 되고, 이는 또 근대과학에 의해 박해당함으로써 육신의 눈만 남게 된다. 만일 종교가 유일하게 그 특유의 것이 되는 어떤 것을 갖는 게 있다면 그것은 바로 관조(정관, 명상, 참선)이다. 게다가 그것이 적절하게 사용될 경우에만 올바른 앎의 세 요건 모두에 부합되는 관조의 눈이 된다. 그러므로 종교의 위대하고 지속적이며 유일한 힘은, 바로 그 핵심으로 가면 그것은 (어느 영역에서건 교시, 자료, 반증 가능성의 세 요건에 순응하는 직접적인 체험으로서의 넓은 의미의 과학을 사용하는) 영적 체험의 과학이 된다는 데서 나오는 것이다.

따라서 만약 과학이 (어쨌든 어느 정도는 이미 그렇게 하고 있는) 더 넓은 의미의 경험주의를 지향하여 과학의 좁은 의미의 경험주의를 포기한다면, 또한 종교가 (어쨌든 그 창시자들이 예외 없이 보편적으로 그랬던 것처럼) 진정한 영적 체험을 선호하여 그 거짓 신화적 주장을 포기한다면, 그 순간 아주 갑작스레 과학과 종교는 수 세기 동안의 적이라기보다는 쌍둥이 형제같이 보이기 시작할 것이다.

그렇다면 그 이유는 너무나도 명백하다. 왜냐하면 진짜 전쟁은 '참'인 과학과 '거짓'인 종교 사이의 전쟁이 아니라, 오히려 참과학 및 참종교라는 한편과 거짓

과학 및 거짓 종교라는 다른 한편 사이의 전쟁이기 때문이다. 참과학과 참종교는 양쪽 모두 올바른 앎의 축적이라는 세 요건을 따르지만, 반면에 거짓 과학[의사(擬似) 과학]과 거짓 종교(신화적이고 독선적 종교)는 그 시험에 형편없이 실패하고 만다. 그러므로 참과학과 참종교는 그들 각각의 권역 안에서 거짓된 것, 독선적인 것, 검증 불가능한 것, 반증 불가능한 것에 대항하여 실질적으로 제휴하게 된다.

만일 우리가 과학과 종교의 참되고 순수한 통합을 성취하게 하려면 당연히 그것은 참과학과 참종교의 통합이지 거짓 과학과 거짓 종교의 통합이 아니어야 할 것이다. 그리고 그것이 의미하는 바는, 각 진영은 스스로 편협하거나 독선적인 잔재를 버리지 않으면 안 되고, 그래서 보다 더 정확한 자기 개념, 즉 자신의 독특한 신분에 대한 보다 더 정확한 이미지를 받아들이지 않으면 안 된다는 것이다.

영의 눈: 영안

앞에서 우리는 앎의 올바른 형태가 모두 어떤 교시 · 해명(조명) · 승인을 고루 갖추고 있음을 보아 왔다. 우리가 목성의 달(Jupiter), 피타고라스 정리, 『햄릿(Hamlet)』의 의미, 혹은…… 영(Spirit)의 실존 중에 어느 것을 주시하고 있는가와는 전혀 무관하게 이것은 참이다.

목성의 달은 육신의 눈(육안)이나 그것의 확장된 도구들(감각적 자료)에 의해 드러날 수 있고, 피타고라스 정리는 마음의 눈(심안)과 그것에 의한 내향적인 이해(이지적 자료)에 의해 드러날 수 있다. 반면에 영의 본질은 관조의 눈(영안)과 그것에 의해 직접적으로 노출된 지시 대상들, 즉 영적 영역에 대한 직접적인 체험 · 이해 · 자료에 의해서만 드러난다.

그러나 앎의 올바른 양태 중 어느 하나에 제대로 접근하기 위해 나는 교시에 충실해야 한다. 즉, 나는 교시적 요소를 성공적으로 완수해야 하고 그 전범을 따라야 한다. 이것은 물리적 과학, 이지적(mental) 과학(소위, 이지적 정신과학), 영적 과학(영성과학)을 막론하고 어느 것에서나 모두 옳다. 그래서 물리적 과학에서의 전범이 망원경이라면 그리고 이지적 과학에서의 전범이 언어적 해석이라면, 영적 정신과학에서의 전범 · 교시 · 패러다임 · 실행은 명상이나 관조(정관, 관상)이다. 그것도 역시 교시와 해명(이해)과 승인을 갖고 있고, 그 모든 것은 반복 가능하고, 즉 검정 가능하거나 반증 가능하고, 그래서 그 모든 것은 지식 획득을 위한 완벽하게 올바른 양태를 구성한다.

그러나 그 모든 경우에 있어 우리는 교시를 준수해야 한다. 우리는 전범적 실행을 받아들여야 하고, 이것은 영적 정신과학에서도 마찬가지로 확실히 옳은 것이다. 만약 우리가 교시적 실행을 제대로 받아들이지 않는다면 우리는 참되고 순수한 패러다임을 갖지 못할 것이므로 우리는 영적 영역의 자료를 결코 경험해 볼 수 없을 것이다. 그렇다면 사실 우리는 갈릴레이의 교시에 따라서 망원경 자체를 통해 관찰하기를 거부한 교회 사람들과 별로 다를 바 없게 될 것이다.

이 영적 교시가 무엇을 의미하는지를, 그리고 왜 그것이 정말 영적 정신과학을 성립시키는지를 좀 더 자세하게 조사해 보자.

영적 정신과학에서의 훈련

선(禪)불교는 영적 수련에서 '허튼소리 하지 않는' 교파로 정평이 나 있다. 따라서 선은 영적 체험 과학의 고전적 사례로서 좋은 역할을 하고 있다. 다음에 기술한 관점은 (몇 가지 예에 불과하며), 베단타, 기독교 관상(contemplation), 명상적 도교, 신유학 또는 수피(Sufi, 이슬람 신비주의) 명상 등에서도 쉽사리 찾아질 수 있는 것들이다.

전형적인 선 이야기는, 이를테면 "인생의 의미는 무엇인가?" "왜 내가 여기 있는가?" "부처는 무엇이고 어디 있는가?" 등등과 같이 철두철미하게 난처한 질문을 제자가 스승에게 진지하게 던지는 것으로 시작된다. 그다음에는 스승이 반대로 질문을 던질지도 모르는데, 그중에 어떤 것은 ("알고자 하는 자는 누구인가?"와 같은) 매우 단도직입적일 수도 있지만, 그중에 어떤 것은 ("한 손으로 치는 손뼉 소리는 무엇인가?"와 같이) 널리 알려진 터무니없는 말 따위이다. 어떤 의미에서 이것들은 "너의 영적 이해를 지금 당장 보여 다오!" "너의 불성을 지금 당장 보여 다오!"에 대한 변형된 다른 표현이다.

물론 선사(禪師)는 모든 상상 가능한 지적인 답변을 물리칠 것이다. 어떤 똑똑한 제자는, "우리는 모두 위대한 생명의 그물의 가닥들입니다."라고 말할지 모른다. 그것은 전적으로 틀린 답변이다. 왜냐하면 그것은 이지적 답변이지 직접적으로 초이지적이거나 초개념적이거나 영적인 답변이 아니기 때문이다. 좀 더 높은 수련 단계에 도달한 제자는 하품을 하거나, 깡충깡충 뛰어 오르내리거나, 마룻바닥을 두드릴지도 모른다. 이것은 그 행위가 직접적이며 즉각적이지 어떤 종류의 이지적 허튼 수작이 아니라는 점에서 최소한 더 근접해 가고 있는 것이다. 그렇지만 모든 경우에 있어 선사는 관조의 눈(초월적 혜안)으로 이해된 즉각적인 깨우침의 직접적인 증거를 보기를 원하는 것이지 마음의 눈으로 보이는 어떤 종류의 이지적 철학을 보려는 것이 아니다. 그래서 이지적인 답변은 내용이 무엇이든 간에 극단적 할[5]과 함께 거부당할 것이다.

반면 새로 입문한 제자는 이 영적 지식을 획득하기 위해 오히려 교시 · 패러다임 · 전범 · 수련법을 받아들여야 하는데, 이 경우 이것은 좌선, 즉 앉아서 하는 명상을 말한다. 이러한 매우 길고 복잡한 이야기를 무모할 정도로 줄여서 한마디로 말하자면 평균 5~6년간의 전범적 수련을 거친 후에야 제자는 일련의 심오한 개오(開悟)를 갖기 시작할 것이다. 게다가 여러 해에 걸쳐서 수십만의 수련자들이 다만 어떤 간질병적 발작이나 신경 분열적 환각만을 수련 결과로 보상받기 위해 이 기나긴 지옥 코스를 통과했을 것이라고 믿기는 극히 어려운 일이다.

그렇다. 분명 이것은 영적 자료 영역에서의 박사(Ph.D.)과정 훈련이다. 그래서 일단 이 교시적 수련이 결실을 맺게 되면 일련의 개오나 해오(解悟)가, 보통 일컬어지는 말로는 '견성(見性, kensho)' 또는 '깨달음(satori)'이, 직접적이며 즉각적인 돈오(頓悟)로 순간적으로 일어나기 시작한다(그러나 엄격하게 보면 불교에서의 개오/해오, 돈오/견성/깨달음은 분명하게 다른 의미이다). 그러고 나면 이 자료는 교시적 요건과 개오적 요건을 완수한 수행자들의 공동체[선문(禪門)]에 의해 검사된다(승인되거나 또는 거부된다). 이 경지에 이르면 "불성(절대신성 혹은 '영')이 무엇인가? 또는 어디 있는가?"와 같은 질문에 대한 대답은 극명하게 분명해지고 단도직입적이 된다.

그렇게 되면 선사가 제자에게 "부처는 어디 있는가?"라고 물을 때 제자는 직접적이며 즉각적으로 대답할 것이다. 그 답이 내면 깊숙한 곳으로부터 자신도 모르게 무의식적으로 일어나는 깨우침에서 솟아 나온다면 스승은 그것을 즉각 알아차릴 것이다. 그 답변은 단지 어떤 채색된 감각의 편린에서 나오는 것이 아니고, 또한 어떤 이지적인 상징이나 신화적인 것이나 합리적 추상적인 개념에서 나오는 것이 아니라, 오히려 너무나 지극히 단순하고 명백하여 그것은 선(禪)에서 마치 찬물 한 잔을 당신 얼굴에 쏟아붓는 것과 같다고 말하는 명상적(contemplative) 깨우침에서 직접적으로 나오는 것이다.

요점은 단순하다. "'영'은 존재하는가?"라는 질문에 대한 실질적인 답변은, 즉 전문가적으로 옳고 명쾌한 답변은 바로 깨달음(견성, satori)이다. 전문가적으로 옳은 답변은, 교시를 따르라, 실험(실천적 수련)을 실행하라, 자료를(체험을) 수집하라 그리고 (수련과 견성을 통해 획득한) 그것들을 유사한 자격을 갖춘 [선문(禪門)의] 공동체에 검사받아라와 같은 것이다.

우리는 그렇게 하는 것 말고는 무엇이 답변이 될 수 있는지를 이지적으로는 도저히 언명할 수 없다. 왜냐하면 만약 우리가 이지적으로 답하려 한다면 교시를 준수하지 않는 단지 공허한 말만 풍성해질 것이기에 그것들은 전적으로 의미 없는 것이 되고 말 것이기 때문이다. 스펜서 브라운(S. Brown)이 말한 바와 같이 이것은 마치 파이를 굽는 것과도 매우 흡사하다. 당신은 조리법(교시)에 따라서 파이를 굽고 나서 그것을 직접 맛본다. "파이 맛이 무엇과 같은가?"라는 질문에, 우리는 묻는 자들에게 오직 조리법만을 가르쳐 줄 수 있을 뿐이고, 그들로 하여금 그것을 직접 구워서 그들 스스로 맛보게 하는 수밖에 없다.

마찬가지로 '영'의 존재에 대해서도 우리는 교시를 준수하라고 말하는 것을 제외하고는 궁극적으로 만족할 만한 그 어떤 다른 양식으로도 그 해답을 이론적으로나 구두적으로나 철학적으로나 합리적으로나 이지적으로 기술할 수 없다. 만일 당신이 이것을 알고 싶으면 당신은 이것을 직접 스스로 해야 한다. 그 외에는 어떤 다른 접근 방식에서도 우리는 오직 관조(명상/정관)의 눈으로만 보일 수 있는 것을 보거나 언명하기 위해 마음의 눈을 사용하려고 애쓸 것이므로 가장 나쁜 의미에서 증거는 없이 언명만 있는 형이상학 외에는 아무것도 얻는 것이 없을 것이다.

그러므로 굳이 말하자면 이렇다. 명상의 교시나 패러다임을 받아들여라. 그러고는 각성(깨어 있는) 의식을 통해 영적 자료의 믿기 어려울 정도로 미묘한 현상을 식별해 내는 법을 배울 때까지 그러한 인지적 수단(수련 방법)으로 계속 수행하고 닦아 나가라. 마치 수학자들이 내적인 증명을 그 교시를 완수한 다른 수학자에게 검사받는 것과 마찬가지로, 이미 그와 같이 하여 성취한 다른 수행자들에게 당신이 관찰한 것들을 검사받으라. 그렇게 함으로써 당신의 수행 결과를 인정받거나 포기하라. 그러면 그와 같이 초월적 자료를 확인하는 과정에서 '영'의 실재는 근본적으로 최소한 바위가 육안에 의해 분명하게 보이는 것만큼, 기하학이 심안으로 분명하게 이해되는 것만큼 분명해질 것이다.

신의 존재에 대한 증명

참되고 순수한 영성은 육신의 눈(육안)과 그 감각적 경험주의의 소산이 아니고 마음의 눈(심안)과 그 합리적 경험주의의 소산도 아니다. 그것은 오로지 궁극적으로 관조의 눈(영안, 혜안)과 그 영적 경험주의(그 이름이 무엇이든지 간에 종교적 체험, 영적 개오 혹은 견성 등)의 소산임을 우리는 보아 왔다.

서양에서는 칸트 이래로 그리고 근대성에 의해 (3대 가치권의) 분화가 있게 되자 종교는 (그리고 형이상학 일반은) 매우 어려운 시련의 시기에 봉착하게 되었다. 내 견해로는 그것이 그렇게 된 주 이유는 다름 아니고 오직 관조의 눈(영안)으로만 밝혀낼 수 있는 것을 마음의 눈(심안)으로 밝히려고 시도했기 때문이다. 마음은 형이상학적으로 가치 있는 것들을 실질적으로 도출해 낼 수 없으면서도 여전히 그렇게 할 수 있다고 계속 큰소리치며 주장하고 있기 때문에 누군가는 필경 그 부당성을 폭로하고 현실적인 증거를 요구하게 되어 있었다. 칸트가 그 같은 요구를 하자 형이상학은 곧 붕괴되었다. 그 결과 형이상학은 전형적인 본래 모습대로 당연하게 바로 그렇게 된 것이다.

그러다 보니 감각적 경험주의이거나 순수이성이거나 실천이성이거나 또는 그들의 어떤 조합이거나 간에 결코 '영'의 영역 속을 들여다볼 수 없다. 칸트가 남긴 연기만 나도록 타 버린 (형이상학의) 잔해 속에서 얻을 수 있는 오직 가능한 결론은, 모든 미래의 형이상학과 참되고 순수한 영성은 직접적인 체험적 증거를 제공하지 않으면 안 된다는 것이다. 그것이 의미하는 바는, 감각적 체험과(과학적이고 실증적인) 경험주의 그리고 이지적 체험과(순수하고 실천적인) 합리/이성주의에다가 그 위에 다시 더해진(관조/관상, 명상/참선, 요가/기공을 바탕으로 하는) 영적 체험과(영적 수행/수련과 그 체험적 자료를 갖춘) 신비주의가 있어야 한다는 것이다.

감각적 체험, 이지적 체험, 영적 체험에 대한 직접적인 이해의 가능성은, (감각적 · 이지적 · 영적 수준 또는 의식의 전 스펙트럼에 걸쳐서 우리가 아무리 많은 수준을 예로 인용하기를 바랄지라도) 모든 수준에서 빠짐없이 적용되는(교시 · 이해 · 승인, 또는 전범 · 자료 · 반증 가능성 같은) 모든 올바른 지식의 세 가지 요건에 의해 인도(引導)되는 각각의 그 진리 주장과 함께 칸트주의자들의 반론의 뇌관을 근본으로 제거해 버리고 지식의 탐구를 증거의 길 위에다 확고하게 바로잡아 놓는다. 지식의 이 세 가지 요소에 의해 인도되어 참과학과 참종교의 진리 주장은 비로소 명예를 회복할 수 있다. 그들은 마치 현금과도 같은 소중한 가치를 지니고 있다. 그래서 그 현금은 감각적인 것으로부터 이지적인 것에, 영적인 것에 이르기까지 모두 통용되는 체험적 증거인 것이다.

이와 같은 접근 방식에 의해 종교는 적절한 권능을, 즉 감각적이거나 신화적이거나 이지적인 것이 아닌 오히려 궁극적 관조적(명상/정관적)인 권능을 다시 획득하게 된다. 세계 도처에 있는(영적) 실험적인 신비가들의 위대하고 또한 비밀스러운 메시지[비교(秘敎)적 가르침]에 의하면 관조의 눈으로만 영을 볼 수 있다고 한다. 말하자면 관조의 눈(영안, 혜안)으로만 전능한 신(God, 하느님, 부처님)을 볼 수 있고, 관조의 눈에 의해 위대한 내면세계가 찬란하게 전개된다는 것이다.

그래서 모든 경우에 당신이 하느님(부처님)을 보는 눈은 하느님(부처님)이 당신을 보는 눈과 동일한 눈이고, 그것이 바로 관조의 눈이다.

참종교/심층종교란 무엇인가

앞에서 종교란 무엇을 의미하는가에 대한 켄 윌버의 사상을 간략하게 살펴보았다. 참 좋은 종교, 심층종교에 대해 알아보려면 먼저 종교의 일반적 의미가 어떻게 이해되고 있는가부터 알아볼 필요가 있다. 켄 윌버는 『켄 윌버의 신』에서 종교란 말이 어떻게 사용되는가에 대한 의미를 다음과 같이 다양한 관점에서 대비시키고 있다(Wilber, 1983: 98–102).

- 비합리적 약정으로서의 종교 대 지극히 의미 있는 혹은 통합적인 약정으로서의 종교
- 불멸성 프로젝트로서의 종교 대 몽매주의적 맹목적 믿음으로서의 종교
- 진화적 성장으로서의 종교 대 고착/퇴행으로서의 종교
- 현교적(Exoteric) 종교 대 비교적(Esoteric) 종교
- 정통적(Legitimate) 종교 대 진정한(Authentic) 종교

앞에서 켄 윌버가 종합한 종교사회적으로 보는 종교의 여러 의미 중에 처음 세 가지 관점은 무신론적 사회학자나 사회심리학자, 회의론자의 시각에서 보는 종교의 의미이므로 여기서 더는 언급할 필요가 없다고 본다. 반면에 현교적/정통적 종교 대 비교적/진정한 종교의 구분은 곧 윌버가 『감각과 영혼의 만남』에서 강조하는 좁은/천층종교와 넓은/심층종교의 구분을 의미한다.

일반적으로 좁은/천층 종교(shallow religion)는 현교적 종교와 같이 신화적 교리와 경전의 복음만을 곧이곧대로 문자 그대로 믿고, 그래서 믿는 자는 구원받고 불신자는 지옥에 떨어진다는 믿음을 강화하는 분리된 자아를 공고히 하고자 한다.

반면에 넓은 의미의 심층종교는 현교적 가르침, 의식, 복음도 중시하지만 비교도 중시하며 정관/명상, 신비 체험을 통해 '자기[자아(ego)]'를 버리고 내려놓는, 그래서 자기를 초월하는 심층 영성의 개화를 추구하는 종교이다. 우리는 현교와 비교가 조화된, 현교적 가르침과 정관/명상에 의한 영성 개화를 중시하는 종교를 참종교라고 일컫는다.

켄 윌버는 『감각과 영혼의 만남』에서 심층종교에서 심층 영성의 실재성은 참선 · 수련 과정이 '과학의 세 요건'을 만족시키는 영적 과학의 특징을 갖고 있음을 보여 준다. 따라서 심층 영성은 초의식적, 초합리적, 초이성적 인간 의식의 성장 발달의 일부로서 넓은 의미의 심층 영성/영지과학으로 포함할 수 있다고 보고 있다. 다음 장에서 보여 주는 넓은 의미의 심층과학과 넓은 의미의 심층종교 사이의 통합은 켄 윌버가 추구하는 과학과 종교 양쪽의 약간씩의 양보를 바탕으로 한다.

미주

1) 유대 종교사상에 나타난 율법의 내면성을 존중하는 경건주의 운동, 좁은 의미로는 성속일여(聖俗一如)의 신앙을 주장하는 종교 혁신 운동.

2) 고대 인도의 브라만교 성전(聖典)의 총칭. 인도 최고의 문헌으로 고대 인도의 종교 · 사회 일반을 이해하는 데 중요한 문헌.

3) 788~820. 인도의 가장 위대한 성자 · 철학자. 그의 이름은 '축복을 가져오는 자'라는 의미. 현대 인도사상의 주류가 그로부터 유래된 비이원 유일사상의 아드바이타 베단타(Advaita Vedanta)학파의 가장 권위 있는 대표학자.

4) 1879~1950. 아루나찰라(Arunachala)의 성자로도 불리는 현대 인도의 가장 위대한 영적 지도자.

5) 선가(禪家)에서 학인(學人)의 어리석음을 위엄 있게 꾸짖는 소리.

7 과학과 종교의 통합

켄 윌버가 보는 과학과 종교의 통합은 기본적으로, 『감각과 영혼의 만남』에서 제안하고 있는 앞 장에서 소개한, 참과학인 넓은 의미의 심층과학과 참종교인 넓은 의미의 심층종교 사이의 통합을 의미한다. 그러기 위해서는 신화를 신봉하는 현교의 좁은 종교와 경험주의를 신봉하는 견고한 경(硬)과학(Hard science)인 좁은 과학이 조금씩 서로 양보할 필요가 있다고 강조한다. 특히 『켄 윌버의 모든 것의 이론』에서 그는 한걸음 더 나아가 과학과 종교의 통합은 전통 종교와 (근대 계몽주의 전통을 이어받은) 자유주의 사상 사이에 서로의 반목을 해소하고 화해 속에 서로를 인정하면서 동행하기 전에는 결코 통합은 이루어질 수 없다고 본다. 이러한 통합은 양쪽 다 열린 의식으로 자신의 AQAL 통합모형에 의해 진리에 대해 통합적 인식을 갖게 되어야 가능하다고 보고 있다.

21세기 고도 과학기술의 시대에 과학과 (전통)종교 사이의 화해는 한편으로는 더욱 어려워지고 있지만 참과학과 참종교 사이의 화해는 어떤 방법으로든 불가피하다. 종래의 통합 담론의 대부분은 '영'에 대한 이데아와 철학적이거나 과학적 관념을 다룸으로써 통합에 관한 접근을 시도했으나 과학이나 종교 양쪽 중 어느 쪽의 공감도 얻지 못하였다. 대신에 켄 윌버는 통합 담론의 논의에서 정관/명상적이고 체험적인 영성을 포함하는 시도를 통해 직접적인 영적 체험과 이들 체험에 대한 정확한 영적 지도(Spiritual map)와 모형이 모두 필요하다고 보고서 자신의 AQAL 통합모형을 과학과 종교의 통합모형에 적용하고 있다. 여기서는 켄 윌버가 『감각과 영혼의 만남』과 『켄 윌버의 모든 것의 이론』에서 제시하는 통합 담론을 중심으로 그의 과학과 종교의 통합사상을 알아보자.

과학과 종교의 관계

그간 과학과 종교의 관계와 통합의 시도에 관한 무수한 담론이 쏟아져 나왔지만 약간씩만 상이할 뿐 근본적으로는 대동소이하다. 말하자면, 과학과 종교 사이의 전쟁에서 평화적 공존에, 상호 영향을 미치는 교류에 그리고 통합의 시도에 이르기까지 비슷한 담론이 주류를 이루고 있다. 그중에 대표적인 학자인 이안 바버(I. Barbour)는 『과학이 종교를 만날 때(When science meets religion)』에서, 유지니 스콧(E. Scott)은 『과학과 종교 운동(Movement of Science and Religion)』에서 다음 〈표 7-1〉과 같은 네 가지 관점을 제시하고 있다.

〈표 7-1〉 과학과 종교의 관계

단계	일반 이론가들	이안 바버	유지니 스콧
1	전쟁/반목/갈등	갈등/상호 전쟁 –과학적 유물론 대 성서문자주의	전쟁: 과학이 종교를 이기거나 종교가 과학을 이김
2	평화적 공존	독립: 별개의 비중첩권(NOMA), 서로 다른 언어·기능	별개 영역: 과학(자연적 사실), 종교(영성 문제)
3	상호 영향 교류	대화: 상호 대화 통해 상호 이익, 한계와 궁극의 질문에 봉착 시 서로 도와줌	수용: 종교가 과학적 사실의 수용(재해석) 뒤에 과학을 사용하나 그 핵심 신학적 믿음 견지, 일방향 통행적
4	통합의 시도	통합: 자연신학/자연의 신학, 체계적 융합(과정철학, 신학)	관여: 양쪽 다 동등한 동반자로 상호 수용, 상호작용, 이방향 통행

켄 윌버는 『감각과 영혼의 만남』에서 현세계에서의 과학과 종교의 관계에서 포스트모던적 관점을 제외하고는 〈표 7-1〉의 네 단계 관점에 상응하는 다음과 같은 다섯 가지 관점을 제시하고 있다.[1)]

과학은 종교의 타당성을 부인한다

이것은 경험론자와 실증주의자들의 표준 접근 방식이고, 여러 모습으로 근대성의 공식적인 분위기로 되어 버렸다. 오늘날 유물론자/무신론자/회의론자 과학자들 가운데 리처드 도킨스(R. Dawkins), 프란시스 크릭(F. Crick), 스티븐 핑커(S. Pinker)로 대표되는 과학자들의 가장 일반적인 입장 중 하나이다. 그들이 보기에 종교란 단지 기껏해야 순진하거나 단순한 과거로부터의 미신적 유물이거나 유전적으로 자연의 종(種)을 재현하기 위해 사용하는 생존을 위한 속임수일 뿐이라는 것이다.

종교는 과학의 타당성을 부인한다

이것은 근대성에 대한 기독교, 이슬람교 등의 근본주의자 특유의 반발론에서 생겨난 것이다. 과학이 종교를 부인하는 데 대해 앙갚음이라도 하듯이 이들이 내는 반론은 다음과 같다. 과학이란 타락된 세계의 일부이고 그래서 도저히 참 진리에는 근접할 수 없는 것이다. '신'이 세계를 6일 만에 창조했고, 그 전체 반석 같은 성서적 기록을 다 포함해서 그건 다 절대적 진리인 것이다.

과학과 종교는 서로 다른 영역을 취급한다

이것은 대부분의 전통 종교의 표준 입장이었고, 오늘날 종교를 가진 과학자들의 전형적인 생각이다. 그래서 과학과 종교는 평화롭게 공존할 수 있다. 이것은 가장 세련된 입장 중 하나이고 여기서는 '강한 해석(Strong Version)'과 '약한 해석(Weak Version)'이 있다.

- 강한 해석: 이 관점은 인식론적 다원주의(Epistemological Pluralism)로 일컬어지고 있다. 전통적인 '존재의 대사슬'이 여기에 속한다.
  실재는 다양한 차원(물질 · 육신 · 마음 · 혼 · 영)으로 구성되어 있기 때문에 과학은 하위 영역인 물질과 신체를 취급하고 종교는 혼과 영의 문제를 취급하기 때문에 이들을 통합해야 큰 그림을 그릴 수 있다는 것이다.

- 약한 해석: '비중첩 역'이라는 스테판 굴드(S. Gould)의 용어로 상징되는 NOMA(Non Overlapping Magisteria)에 의해 과학과 종교는 서로 다른 별개의 영역을 취급하지만 그들은 서로 근본적으로 불상응하기 때문에 진리의 '큰 그림(Big Picture)'으로 통합될 수 없다는 것이다. 즉, 양쪽은 모두 서로 존중되어야 하나 본질적으로 상이하기 때문에 완전히 통합될 수는 없다고 보는 생각을 갖는, 주로 종교를 가진 과학자들의 관점이다. 그들은 과학과 종교가 서로 적응하거나 상응할 수 있다는 것을 상상하지 못한다.

과학 자체는 '영'의 존재에 대한 그럴 법한 논변을 제공한다

이것은 인식론적 다원주의에 대한 하나의 변형된 이론(異論)이다. 최근에 전문가들과 일반인은 많은 사실과 발견이 직접 영적 실재를 가리킨다는 주장을 취하는 입장을 갖고 있다. 그래서 과학은 '신(God)/여신(Goddess)'을 직접 드러나게 도와줄 수 있다는 것이다. 예컨대, 빅뱅이나 평행우주 이론이 그 표준적인 예이다. 빅뱅 급팽창이론/무한다중거품우주론이나 평행우주론은 기독교 창세기의 창조와는 다르지만 심오한 창조의 원리와 섭리가 없이는 상상할 수 없는 듯해 보이는 것이다. 그래서 진화는 '지적 설계'를 따르고 있는 것으로 보인다. 그리고 인류(발생) 원리(anthropic principle)에 의해 어떤 종류의 지성이 우주적 진화 뒤에 있는 것 같아 보인다는 등등의 여러 담론이 있다. 스콧의 과학에 대한 종교의 일방향 통행적 수용과 유사하게 과학이 종교를 풍성하게 하기 위해 사용된다. 그러나 일반적으로 그 반대는 없다. 예컨대, 바버의 '자연신학(natural theology)'이나 수많은 생태철학자 같이 '자연의 독해'로부터 영은 직접 찾아질 수 있다고 보는 것이다. 그러나 그 반대로 드러난 '영(Spirit)'의 자연을 해석하는 데 사용되는 영적 용어(성서적 언어)로서의 이안 바버의 '자연의 신학(theology of nature)'은 아니다.

이것은 이 주제에 대한 가장 대중적인 접근 방법이고, 신비주의를 증명하고 성원하는 신과학 패러다임에 대한 가장 인기 있는 저자 가운데 아마 가장 흔한 담론이다.

과학 자체는 세계에 대한 지식이 아니고 단지 세계에 대한 해석일 뿐이므로 과학은 시나 예술과 마찬가지로 그 이상도 그 이하도 아닌 동일한 타당성을 갖는다

이것은 전형적인 포스트모더니즘의 핵심 입장이다. 사실상 포스트모더니즘에서는 세계는 인식되는(perceived) 것이 아니라 다만 해석되는(interpreted) 것일 뿐이라고 말한다. 앞의 접근 방법은 과학과 종교의 주제에 대한 저술을 하는 인기 있는 작가들 가운데 가장 흔한 방법인 반면에, 이 접근 방법은 학계나 문화계 엘리트 가운데 가장 흔한 방법이다. 더구나 이들은 여하한 통합 담론을 끌어내는 데도 기여하지 않고 오히려 이 쟁점에 대한 다른 사람들의 어떤 가치 있는 담론을 해체하는 데 쓰이고 있다. 물론 내가 보기에는 포스트모더니스트들에 의해 제기된 정말로 중요한 어떤 쟁점이 있기 때문에 통합적인 관점에서 이들의 시각을 포함하려 노력하고 있지만 포스트모더니즘은 막다른 길의 어떤 형태인 것만은 분명하다.

과학과 종교의 통합의 길

켄 윌버는 앞에서 언급한 접근 방법은 통합에는 관심이 없거나 있다고 해도 모두 충분히 진정으로 통합이 가능한 관점은 없다고 본다. 왜냐하면 어느 것도 전통 종교의 핵심 내용, 핵심 부분을 포함하고 있지 않기 때문이라는 것이다. 그래서 켄 윌버는 과학과 종교는 서로에게 약간의 베풂이 있어야 하고 먼저 종교의 '직접적인 영적 체험'을 통합 테이블의 어젠더에 포함해야 한다고 본다. 하지만 이안 바버와 같은 이론가들은 영적 체험을 최소한 인정하지만, 대개 통상 현대의 인지과학, 뇌과학, 명상/정관적 현상학에서의 혁명은 침묵하고 있다. 이 모든 것을 함께 합쳐야 지금까지 제안되었던 과학과 종교의 통합을 훨씬 더 장대한 스케일로 지향할 수 있다고 보고 있다. 그래서 윌버는 그의 통합사상인 AQAL Matrix 메타이론을 과학과 종교의 통합에도 적용하면서 앞에서 논한 넓은 의미의 심층과학, 참 좋은 과학과 넓은 의미의 심층 영성의 심층종교, 참 좋은 종교와의 통합을 핵심으로 하면서 좁은 의미의 견고한 과학과 좁은 의미의 전통 현교

적 영성의 종교도 AQAL 통합모형 속에서 포함하고 있다.

켄 윌버는 『감각과 영혼의 만남』에서 종교와 과학을 통합하는 기본 방향에 대해 다음과 같이 요약하고 있다.[2)]

종교와 과학을 통합하는 것은 전근대적 세계관과 근대적 세계관을 통합하는 것이다. 그렇지만 전근대성의 핵심은 존재의 대사슬인 반면에 근대성의 핵심은 예술 · 도덕 · 과학의 가치권의 분화이다. 그러므로 과학과 종교를 통합하기 위해서는 존재의 대사슬과 (근대성에 의한) 가치권의 분화를 통합할 필요가 있다. 이는 전통적인 존재의 대사슬의 각 수준은 근대성의 관점에서 보면 조심스럽게 분별(차별화)되어야 할 필요가 있음을 의미한다. 우리가 만약 그렇게 할 수만 있다면 우리는 영성의 핵심 주장, 즉 존재의 대사슬과 근대성의 핵심 주장, 즉 가치권의 차별화 양쪽을 모두 만족시킬 수 있게 될 것이다.

이 통합이 '속임수' 없이, 즉 종교나 과학 어느 쪽이든 그들이 스스로를 알아볼 수 없을 정도로 확장되거나 변형되는 일 없이 될 수 있다면, 이는 양 집단이 서로를 순수하게 화용할 수 있는 통합이 될 것이다. 과학과 종교의 이와 같은 통합은, 근대적인 마음에서 지금까지는 교묘하게 벗어나 있던 어떤 한 방법에 의해 진리와 의미를 함께 아우름으로써 전근대의 지혜 중 최상의 것과 근대의 지식 중 가장 수승한 것을 통일할 수 있게 될 것이다.

이와 더불어 그는 하나의 가능한 해석을 다음과 같이 제안하고 있다.

나는 과학과 종교를 향한 위에서 기술한 다섯 가지 입장은 그리고 그러한 입장들에 의한 통합 가능성은, 모두 다 부적절하다고 논박할 것이다. 처음 두 가지 입장은, 과학이 종교를 거부하고 종교도 과학을 거부하는 것으로서 분명 통합으로 가지 않으려는 것이다. 그러나 다른 세 가지는(인식론적 다원주의, 그럴 법한 논변, 포스트모던 패러다임은) 과학과 종교 양쪽이 모두 받아들일 수 있다고 보는 양상으로 과학과 종교를 통합할 만큼 충분히 강력하다는 것을 증명하지 못하고 있다.

지금까지 보아 온 바와 같이, 과학과 종교의 통합이 가능할 수 있는 유일한 길은 근대성이 지닌 주요 차별성(분별)과 대사슬을 통합하는 데 있다. 이 독특한 통합은 이 같은 양쪽의 입장 모두를 수용하는 데는 실패할 우려가 있지만, 그래도 여전히 통합의 핵심 해법을 포함하고 있는 듯해 보이는 해법은 바로 이 접근 방법뿐이라는 것이다.

하나의 간단한 예로 인식론적 다원주의의 경우를 들어보자. 우리가 보아 온 바와 같이 그것은 지금까지의 대안 가운데는 가장 복잡 미묘한 것이다. 인식론적 다원주의의 전통적 관점에 따르면 과학은 거대한 존재의 위계의 맨 아래 바닥 단계의 가닥에 놓여 있다. 이러한 관점에서 보면 과학은 감각적 수준(육신의 눈)의 사실만을 우리에게 알려 준다는 점을 상기해야 한다. 그 위에는 이지적(심적) 영역(마음의 눈)의 예술 · 도덕 · 논리가 있고, 그 위에는 영적 영역(관조의 눈)의 종교와 신비주의가 있다. 이는 근대과학이 받아들이기를 전적으로 거부하는 역할이며, 사실상 받아들이지 않을 역할이 분명한 것으로서 위계의 토템상(totem pole)에서 맨 아래 수준으로 과학이 좌천된 것이다. 이것이 바로 이 전통적인 인식론적 다원주의가 근대과학의 존경을, 아니면 협력을 행사받지 못하는 이유이다.

그러나 앞으로 보게 될 보다 미묘한 통합에서는 그러한 각각의 수준(감각적 · 심적 · 영적 수준)은 근대성에 의한 (가치권의) 분화에 따라 예술 · 도덕 · 과학으로 또다시 구분된다. 그러므로 서론적 기술을 위해 여기서는 이것을 매우 느슨하게 설명하지 않을 수 없는데, 말하자면 감각적 영역의 예술 · 도덕 · 과학이 있는가 하면 이지적(심적) 영역의 예술 · 도덕 · 과학이 있고 영적 영역의 예술 · 도덕 · 과학도 있다는 것이다.

이러한 유형의 통합이 타당하다는 것이 입증되기만 한다면 영성, 즉 존재의 대사슬의 핵심 주장 그리고 근대성, 즉 가치권의 차별화의 핵심 주장 모두를 정말로 만족시키는 것은 정확히 그 방법뿐이라는 것이다.

이렇게 되면 과학은 대사슬의 맨 아래 바닥 단계의 가닥 위에 걸쳐 있는 것이 아니라, 최하위에서 최상위에 이르기까지(감각적 과학 · 이지적 과학 · 영적 과학에 이르는) 대사슬의 각 수준으로 올라가면서 과학이 해야 할 역할을 갖고 있는 것이다. 과학이 떨어져 나가는 데서 바로 영성이 이어받는 것이 아니라, 양쪽 모두 함께 대사슬의 위로 발달해 나간다는 것이다. 전근대성과 근대성이 실재를 위한 탐구에서 서로 손에 손을 잡고서 같이 자리 잡게 하고, 그래서 과학과 종교를 가장 긴밀한 포옹 속에 함께 어울리게 함으로써 과학은 아래가 아니라 나란히 가게 되는 것이며, 이것은 지식의 탐구를 포괄적으로 재정초(再定礎)시키는 것이 된다.

과학과 종교의 AQAL Matrix적 통합

아직도 일반인은 물론이고 수많은 과학자와 종교인도 스테판 굴드의 NOMA와 같이 과학과 종교는 서로 별개의 영역이라는 철저한 이원론적 관점을 갖고 있다. 왜냐하면 '자연'은 과학에 의해 드러나는 사실의 영역이지만 '인간'의 삶의 가치와 의미는 종교에 의해 드러나는 가치의 영역이라고 믿기 때문이다. 켄 윌버는 사실 대 가치, 과학 대 종교, 경험 대 영성, 외면 대 내면, 객관(대상) 대 주관(자기)……이라는 여러 형태로 나타나는 서구의 전통 이원론적 사고의 조잡한 이원론이 문제라는 것은 오늘날 누구나 알고 있다고 본다. 그러나 대사슬로 대표되는 플로티노스, 휴스턴 스미스, 오로빈도 등의 전통사상가들의 사상도 이제는 이원론의 문제를 실재의 영역이 단지 두 영역이 아닌 여러 수준의 영역이 있다고 보는 것과 같다는 것이다. 그래서 최상위의 비이원 영역이 최하위의 영역의 바탕이 되고 있다고 보아 이원론을 벗어나려고 하지만 대사슬의 전통적인 제시 방법은 굴드의 두 개 영역의 NOMA가 아닌 4~5개 영역의 NOMA와 같이 존재의 세계를 인식하는 데 문제가 있다고 보고 있다. 대사슬을 '대둥지'로 보아 상위 수준이 하위 수준을 내포하고 감싸 넣는 둥지라 해도 상위 영역과 하위 영역의 관계는 여전히 불명확하다는 것이다. 이러한 문제는 과학을 최하위 영역에 위치시키는 데서 생기는 문제라고 진단하고 있다. 과학이 대사슬에서 존재의 최하위 영역으로 보는 물질의 영역만이 아닌 각 수준의 존재, 존재의 각 층에 대해 그 기능과 인식에 대해 말할 때 그리고 그것을 종교와 달리 말할 때의 문제를 지적하고 있다. 윌버는 이러한 문제를 극복하는 방향을 『감각과 영혼의 만남』에서 다음과 같이 제시하고 있다.[3)]

"이것은 정말로 신나는 일이다. 좌상측 분면의 심층과학은(근대 발달심리학으로부터 관조적 정신과학에 이르기까지) 전근대 종교의 핵심에서 드러난 바와 같이 전통적인 존재의 대사슬로 정확하게 수렴한다. 이러한 점에서 대사슬은 심층과학에 의해 아주 놀랄 만큼 멋진 비호를 받는다."

그렇지만 이것이 또한 무엇을 의미하는지를 유의해서 보자. 각각의 모든 전통지혜에서 존재의 대사슬은 실재의 전체를 망라한다. 그러나 우리가 바로 앞에서 본 바와 같이 근대성이 지닌 분별(3대 가치권, 혹은 진리의 사분면 일반의 분화)이라는 시각에서 보면 대사슬은 그것의 최하위의 (물질) 수준과는 동떨어져 있는 오직 좌상측 분면만을 실제로 다루고 있다. 그것은 실재의 전체성과는 거리가 멀고, 말하자면 그것은 단지 실재의 4분의 1만 다루고 있을 뿐이다.

그래서 바로 그러한 점은 왜 전통적인 대사슬이 근대성에 의한 (가치권의) 분화로부터 살아남지 못했고 또 살아남을 수 없었던가 하는 정확한 이유가 되는 것이다. 왜냐하면 사실 실제로 대사슬은 전반적인 온우주의 '4분의 1'만을, 즉 전개인적 수준으로부터 개인적 수준에, 나아가 초개인적 수준에 이르는 개체의 내면적 차원만을 다루고 있기 때문이다. 그래서 그것은 뇌와 의식(우상측 분면)에 대한, 또는 문화적 세계관이 어떻게 개인의 인식에 영향을 미치는가(좌하측 분면)에 대한 또는 어떻게 하여 어떤 문화의 사회적 조건이 그 문화권 사람들의 가치를 형상화하는지(우하측 분면)에 대한 놀라운 발견을 포함하는 다른 세 분면에서의 깜짝 놀랄 만큼 멋진 발견에 대한 아무런 개념도 갖고 있지 않고 그래서 그것들에 대해 답변할 아무런 방도도 갖고 있지 않다는 것이다. (대사슬에서) 그러한 분면 모두는 '물질/사물(matter)'이라는 것으로(우상 및 우하측 분면으로) 한데 뭉쳐 취급되었거나(좌하측 분면까지도 포함하여) 다 같이 모조리 무시되었다. 그 이유는 다름 아니라 전근대적 관점에서 보면 이것들은 대체로 아직은 분화되어 있지 않은 상태에 있었기 때문이다.

전근대에서 제외된 그러한 분면 하나하나는 모두 대사슬에 대하여 일련의 무자비한 공격을 개시했으며, 그러한 공격은 대부분의 경우 총체적으로 보면 옳은 것이었다. 물리학 · 화학 · 생물학 · 언어학 · 해석학 · 시스템이론 · 문헌학 · 기호언어학 · 인류학 · 사회학 같은 근대의 세분화된 학문의 영역은 전근대의 전분화(前分化)된 세계관을 앙갚음이라도 하듯이 맹렬하게 비난했다. 이로 인해 대사슬이나 그것과 연관되는 영적 세계관은 그 어느 쪽도 결코 원상태로 회복될 수 없는 지경으로까지 되어 버렸다.

정말 너무나 지나치게 대사슬 이론가들은 우측 분면 모두를 그들이 우측 분면을 인정하는 정도 내에서 대사슬의 최하위 단계, 즉 물질적 수준에 위치시켰다. 그래서 (생기체와 마음을 포함하는) 모든 보다 상위적 수준은 물질적 신체를 '초월하는' 것으로 보았다. 그렇지만 근대성이 지닌 분별에 의해 밝혀진 바에 의하면 '물질' 영역은 (존재의) 거대한 위계의 최하위 단계라기보다는 오히려 그들은 그 위계상에서 각각의 모든 단계의 외면적 형태라는 것이다.

(독자는 [그림 3-2]에서) 이 사실을 쉽게 알 수 있다. 우측 분면이나 물질적 요소들은 (존재의) 계층에서 최하위 수준이 아니라, 그것들은 단순히 각각의 모든 좌측 분면 요소의 객관적 상관자들(correlates)이다. 그것들은 하위적인 것과 상위적인 것이 아니라 외적인 것과 내적인 것이다. 예컨대, 물질적 대뇌신피질은 최하위 수준에 놓여 있는 것이 아니다. 그것은 진보된 자기성찰적 의식의 상관적이고 외면적인 형태이며 그래서 그 의식과 밀접하게 상호 엮어 짜여 있다. 우측 분면이 좌측 분면보다 결코 더 하위적인 것이 아니고, 그것들은 실존의 어느 주어진 수준에서의 외적인 것과 내적인 것이다. 그래서 아주 소수를 제외하고는 대사슬 이론가들은 이 점을 전적으로 간과했고, 그러다 보니 대사슬은 설명 가능한 범위만큼의 정확성을 갖고서 대체로 좌상측 분면 문제에만 달라붙었던 것이다.

그러므로 근대성에 의한 (가치권의) 차별화 덕분에 우리는 전통적인 대사슬이, 말하자면 실재의 전부가 아닌 4분의 1만 점유하고 있다는 사실을 분명하게 알 수 있다. 달리 말하자면 그 어떤 전근대 문화에서도 결코 생긴 적이 없던 일로서 대사슬은 이제 근대성의 차별화 안에 옴짝달싹 못 하게 위치된 것이다. 대사슬은 그 본질적 윤곽 안에서 정당성을 인정받게 되었다. 그러나 이제 그것은 다른 세 분면과, 즉 대등하게 중요한 분면과 나란히 자리매김함으로써 기본적으로 좌상 분면 내에 위치하게 되었다. 그래서 사분면은 각각 그 특유의 환원될 수 없는 진리를 온우주적 진리의 전반적인 모습에 기여하도록 가져오고 있는 것이다.

이것이야말로 우리가 이 책(『감각과 영혼의 만남』)의 서두에서 찾고자 했던 것, 즉 전근대와 근대의 세계관 양쪽을 모두 수용할 수 있고, 그래서 종교와 과학을 통합할 수 있는 어떤 구도를 찾고자 착수했던 바로 그것이다. 전근대 종교의 핵심은 대사슬이었고, 반면에 근대성의 본질은 3대 가치권의 분화나 사분면의 차별화였으므로 우리는 종교와 과학을 통합하기 위해 대사슬을 사분면과 통합하도록 추구해야 한다. 사실 지금껏 우리는 바로 그와 같은 일을 해 왔던 것이다.

내가 믿고 있는 바대로, 이 통합이 건전하다는 것이 입증된다면 존재의 대사슬은 근대성에 의한 3대 가치, 사분면의 차별화 안에서 그 스스로의 정당한 자리를 잡을 수 있다. 그렇게 되면 전통적인 영적 정신과학으로부터 나오는 방대한 양의 자료는, (생물학, 신경학, 의학 같은) 근대의 객관적 과학과 (해석학, 기호언어학, 정치이론 같은) 문화과학 그리고 (시스템 분석, 생태학, 사회학 같은) 사회과학으로부터 나오는 대등하게 방대한 양의 자료와 서로 상관성을 갖게 될 수 있고 통합될 수 있을 것이다.

(진리의) 이러한 분면들은 모두 상호 관계를 갖고 있고 서로서로 상호 의존적이므로 대사슬 자체는 그들 없이는 존재할 수 없다. 그래서 전근대 종교와 근대 과학이 오랫동안 갈망해 왔던 통합이 마침내 현실로 될지도 모르는 것은 오로지 우리가 사분면 전부를 인정하고 존중하고 포함함으로써만 가능하다.

이제 우리는 정확히 어떻게 하면 이 광범위한 본격적인 통합이 일어날 수 있는가를 탐색하는 준비가 되어 있다고 본다.

켄 윌버는, 종교는 우주와 인간 존재의 내면의 의식 · 가치 · 영성의 문제를 다루고 과학은 우주와 인간 존재의 외면을 다루기 때문에 이는 자연스레 전근대의 최상인 존재의 대사슬/대둥지의 존재의 수준(온수준)과 근대의 최상인 가치권의 분화의 네 차원인 사분면(온분면)의 수준과 차원의 문제로 된다고 본다. 이것이 곧 그의 AQAL Matrix의 기본 이론이므로 그는 존재의 대홀라키의 수준과 차원의 통합 문제를 다음과 같이 기술하고 있다.

> 모든 올바른 지식이 갖추어야 할 세 요건(패러다임, 경험, 반증 가능성)을 이용함으로써 우리는 전통적인 존재의 대홀라키와 사분면을 통합할 수 있는 한 방법을 제시할 수 있었다. 그와 같이 함으로써 우리는 전통적 대사슬에서의 각 수준이 단일하고 균등하며 균일한 평면적 세계가 아니라 오히려 '대사슬'의 각 수준이 실제로는 최소한 4차원 혹은 사분면으로 구성되어 있다는 것을 알아냈다. 각 수준은 주관적이고 객관적이며 상호 주관적이고 상호 객관적인 차원을, 즉 의념적/의도적(좌상측 분면), 행동적(우상측 분면), 문화적(좌하측 분면), 사회적(우하측 분면) 차원을 갖고 있다.

여기서 '수준'과 '차원'이란 용어는 매우 주도면밀하게 선택된 것이다. 5층 건물의 예를 들어보면, 그 건물의 각 층은 다른 층보다 더 상위이거나 하위인 층들을 가진 어떤(존재, 의식, 인식의 높이) 수준이다. 그렇지만 각 층의 길이와 폭은 그것의 차원들(제원들)이다. 길이나 폭은 어느 것도 다른 것보다 더 나은 것이 아니며 양쪽 모두 똑같이 있는 것이고 똑같이 중요한 것이다. 우리는 다른 것이 없이 어느 하나를 (차원으로) 만들 수는 없다.

그러므로 만약 우리가 대사슬을 몸 · 마음 · 혼 · 영으로 나타내게 되면, 이러한 각 수준은 의도적이고 행동적이며 문화적이고 사회적인 차원(측면, 분면)을 갖는다. [그림 3-2]에서 우리는 수많은 이러한 예를 볼 수 있지만, 이 그림에서는 다만 이지적(심적인 정신적) 수준까지의 진화를 다루고 있기 때문에 앞으로 나아가면서 더 높은 수준들의 예를 보여 줄 것이다.

따라서 우리가 사용하는 (존재에 대한) 척도 중 하나로 수직적 수준들(전통적 대사슬)을 내포하고 있고, 또 다른 하나로 각각의 모든 수준 내에 존재하는 수평적 차원들(네 분면)을 내포하고 있다. 이와 같은 두 가지 척도를 통합함으로써 우리는 비로소 전통적인 존재의 대홀라키의 각 수준에서 사분면(혹은 단순히 3대 가치권)을 찾아낼 수 있는 것이다. (하지만 오직 그러한 수준들 자체가 심층과학의 시험을 통과하는 한도까지만 그렇다는 것이다. 심층과학의 시험을 통과하지 못한 어떤 '수준들'까지도 통합해야 할 의무가 있는 것은 아니다. 왜냐하면 우리는 그것들이 사실적인 것인지 또는 참으로 순수한 것인지에 대해 보장할 수 없으며 독단적인 어떤 것을 통합하는 데는 관심이 없기 때문이다.)

그러므로 만일 우리가 대사슬의 단순한 해석을, 즉 몸 · 마음 · 혼 · 영을 계속 사용하려고 한다면 그리고 편의상 만약 사분면을(예술 · 도덕 · 객관적 과학의) 3대 가치권으로 축약한다면 이러한 네 수준에서는 각각 세 차원을 모두 다 함께 갖고 있는 것이 된다. 이로써 감각적 영역의 예술 · 도덕 · 과학이 있고, 이지적 영역의 예술 · 도덕 · 과학이 있고, 심혼 영역의 예술 · 도덕 · 과학이 있고, 영적 영역의 예술 · 도덕 · 과학이 있는 것이다.

이제 남아 있는 일이란 열두 가지 영역 각각에 대한 어떤 구체적인 실례를 보여 주는 것이다. 나는 각 영역 특유의 여러 가지 상세한 것들을 보여 주려고 하는데, 그중 어떤 것은 독자들이 동의하겠지만 어떤 것은 동의하지 않을지도 모른다. 이것은 다만 내가 독자들로 하여금 어떻게 우리가 다차원적 탐구 노력을 추구해 나갈 것인가를 보여 주는 일련의 실례로써 받아들이기를 바라는 것이다. 만약 독자가 다른 구체적인 사례들 혹은 상이한 것들을 다 같이 함께 사용하기를 원한다면 그래도 좋을 것이다. 하지만 내가 사용하는 특수하고 상세한 어떤 실례로 인하여 일반적인 해석 절차를 훼손시키지 않도록 유의해야 한다. 또한 독자의 머릿속이 내 자신이 제시하는 사건의 해석으로만 잔뜩 채워지지 않도록 하기 위해 이러한 사례들을 의도적으로 단순하게 줄여서 요약하여 윤곽만 그려 나갈 것이다.

그러면서 그는 우상분면 과학의 새로운 역할과 수준에 대해 다음과 같이 주장하고 있다.

> 내가 과학의 수준들이라고 말할 때 그것은 객관적, 외적, 감각-경험적 과학의 수준을 의미한다. 이 시점에서 우리는 넓은 의미의 과학이나 심층과학(그들이 내적이거나 외적이거나 어디에 적용되든지 간에 모든 올바른 지식의 세 요건을 충족하는 것)에 대해 말하고 있는

것이 아니다. 지금 우리는 전통적인 경험과학에 대해 언급하고 있는 것이다. 왜냐하면 아주 중대한 핵심 요점은 다름 아니고 감각적-경험과학이 비록 더 상위의 내면적 영역 속을 그것들 특유의 용어로 직접 들여다볼 수는 없지만, 그럼에도 그것은 그것들의 경험적 상관자들을 기록해 낼 수 있다는 게 사실이기 때문이다. 근대성에 의한 (가치권의) 차별화에 대한 포괄적인 요점은 단순하다. 그것은 모든 내면적 사건은 외면적 상관자들(모든 홀론은 좌측과 우측 분면의 차원 양쪽)을 모두 갖고 있고, 그래서 이 점이 감각적-경험과학 자체의 역할을 극적으로, 정말 아주 극적으로 변화시킨다는 것이다.

그 주된 이유는, 이제 객관적 경험과학은 존재의 위계상에서(전통적인 접근 방식이 과학에게 준, 그래서 동시대의 인식론적 다원주의가 여전히 과학에 부여하고 있는) 최하위 가닥으로 더는 그 신분을 추락당하지 않고서 오히려 그것은 모든 상위의 수준의 외적 양태에 모두 똑같이 접근하고 있기 때문이다. 이는 곧 경험과학으로 하여금 존재의 대사슬의 최하위 수준을 벗어나서 위로 이동하도록 만들고 그것을 대사슬의 각 수준의 외측에 위치시키도록 만드는 것이다. (독자는 [그림 5-1], [그림 4-4]에서 이 사실을 쉽게 알 수 있다.) 그래서 당연하지만 객관적 경험과학이 전체 이야기를 다 말해 주지는 않는다. 그렇다고 해서 과학이 더 상위의 영역에 대해서 아무것도 할 말이 없다는 것은 아니다. 하지만 이러한 관점은 전통적인 그리고 현대적인 인식론적 다원주의 양쪽 모두가 도저히 받아들일 수 없는 입장이다. (그래서 바로 그러한 점이 인식론적 다원주의가 대사슬의 붕괴에 기여한 치명적인 오류이다.)

더구나 (경험과학의) 이러한 역할은 사실상 초월적인 것과 경험적인 것과의, 즉 저(피안) 세계적인 것과 이(차안) 세계적인 것과의, 흠 없는 완전한 결합을 제공하면서 우리로 하여금 형이상학적이거나 혹은 초월적인 주장을 철저하게 경험과학에 '바탕을 두게' 하거나 '구체화'하도록 허용하고 있다. 왜냐하면 더 상위의 수준 자체는 자연적이거나 경험적이거나 객관적인 것 위에 군림하는 것이 아니라 그것들은 자연적이고 경험적이며 객관적인 것 안에 있는 것이기 때문이다. 즉, 그것들은 경험과학의 머리 위에 있는 것이 아니라 그것과 나란히 있는 것이다. 영은 자연(혹은 우측 분면 세계)을 물리적으로 넘어서는 무엇이 아니다. 영은 자연의 내면이자, 온우주의 내부이다. 우리는 그것을 위로 올려다보지 않고 안으로 들여다보는 것이다.

좌측 분면과 우측 분면, 즉 내면세계와 외면세계의 결합은, 말하자면 저 피안 세계와 이 차안 세계의 결합, 상승과 하강의 결합, 영적인 것과 자연적인 것의 결합은 내가 믿기로는 어느 한쪽의 입장만을 취할 경우에 직면하게 되는 도저히 극복할 수 없는 곤란을 피하는 어떤 결합으로, 일종의 초월적 자연주의이거나 자연주의적 초월주의이다.

우리가 앞에서 본 바와 같이, 전근대적 세계관을 요약하는 하나의 방법은 그것이 대체로 내면적 영역만을 강조했다는(존재의 대사슬 그 자체는 그것의 최하위 수준을 제외하고는 전체적으로 내면적이고 초월적인 것이었다는) 것이다. 반면에 근대적 세계관을 요약하는 하나의 방법은 그것이 대체로 외적이라는(자연주의적이고 우측 분면 지향적이라는) 것이다. 따라서 좌측 분면과 우측 분면, 내면과 외면, 초월적인 것과 경험적인 것을 통일하는 초월적 자연주의의 한 유형이야말로, 최상의 전근대적 지혜와 최상의 근대 지식과의 결혼 비결을 요약하는 또 다른 하나의 방법이 되는 셈이다.

이상과 같은 서언적 고찰과 더불어 이제 우리는 감각적-경험과학의 사실적 수준들을 바라볼 수 있다. 물론 어떤 의미로 보면 감각적-경험과학에는 아무런 수준이 있을 수 없다. 과학은 단순히 감각 운동 세계의 사실을 기록하는 것이고 그것이 끝이다. 그것은 분명 옳은 말이지만 '감각 운동적 사실들'은 가치와 의미와 도덕과 예술에 있어서 스스로 동급화되어 있는 내적인 것들에 대응하는 외적인 것들이다. 경험과학은 이러한 내면세계의 외적 상관자들을 탐지하도록 완벽하게 고안되어 있다.

하나의 단순한 예를 들어 보자. 1970년에 월리스(R. Wallace)는 권위 있는 학술지 『과학(Science)』에 「초월 명상의 생리학적 효과(Physiological Effects of Transcendental Meditation)」를 발표한 바 있고, (그리고 잇달아 다른) 그의 연구에서도 명상 상태에 들어간 사람들은 혈액 내의 화학 반응에서 뇌파의 패턴에 이르기까지의 모든 것을 내포하는 신체의 생리에 아주 사실적이고 때로는 매우 극적인 변화를 보여 준다는 것을 입증했다. 이 반복 가능한 자료를 바탕으로 월리스는 결론짓기를, 명상 상태는 깨어 있는 상태, 꿈을 꾸는 상태, 깊은 수면 상태만큼 똑같이 사실적인 일종의 '제4의 의식 상태'라는 것이다(예컨대, 네 가지 뇌파의 모든 상태는 EEG[electroencephalogram, 뇌전도(腦電圖)] 장치 모니터상에 나타나는 바와 같이 서명 뇌파 패턴을 갖고 있기 때문이다).

이 연구는 명상 상태를 정당화하기 위해 모든 우파니샤드(Upanishads)[4]를 합쳐 놓은 것보다도(최소한 서양인의 마음을 위해서는) 더 많은 기여를 했다는 데는 논란의 여지가 없다. 왜냐하면 이 연구는 명상이 그 외의 무엇이든 아니든 간에, 그것이 단지 주관적 환상이나 헛된 백일몽이나 흐릿한 몽환 상태가 아니라는 것을 분명히 입증했기 때문이다. 명상은 전체 유기체 안에서 무엇보다 가장 의미 있는 것으로는, 의식의 중심자리라고도 할 수 있는 뇌 자체의 전기적 패턴에서도 극적이고 반복 가능한 변화를 만들어 내고 있다고 생각한다.

그렇다면 의문이 생겨난다. "하지만 이 제4의 의식 상태의 실제적인 의미는 무엇이란 말인가? 그것은 우리에게 과연 무엇을 말해 주는가?" 그리고 이러한 질문에 관해 유일하게 가능한 답변은 "그대 스스로 그 상태로 들어가서 찾아내라."이다. 왜냐하면 명상을 하는 사람들의 거의 보편적인 의견 일치는 이 상태가 되어서야 비로소 신성이 드러나기 시작한다는 것이다.

'암, 그러면 그렇지.' 하면서 경험과학자는 이에 대해 특유의 반론을 펴면서 반박하기를, "EEG는 명상가들이 영이나 신성이나 어떤 종류의 참으로 순수하게 신비적인 상태를 보고 있는지 어떤지를 보여 주는 것은 아니다. 모든 EEG는 명상 상태의 뇌파에는 경험상 어떤 차이가 있다는 것을 보여 주었을 뿐이다. 당신들은 명상적 상태가 어떤 신성한 실재라거나 더 높은 실재라거나 또는 다른 의식 상태보다 어떤 면에서 보다 더 사실적이라고 결론 지을 아무런 권리를 갖고 있지 않다."라고 말할 것이다.

옳은 말이다. 하지만 그러한 말은 EEG상의 모든 (의식파) 상태에 대해서도 옳은 것이라야 한다. 당신이 혹 일각수를 보는 꿈을 꿀지도 모르는 꿈의 상태에 있을 때도 EEG는 또 하나의 특수한 패턴을 기록할 것이다. 당신이 깨어나면 EEG는 또 다른 패턴을 기록할 것이다. 주관적으로 우리는 꿈의 상태에서의 일각수가 현실로는 존재하지 않는다는 것을 깨닫게 되고, 그래서 우리는 깨어 있는 상태가 현실이고 꿈은 현실이 아니라고 말한다. 그렇지만 EEG는 그들 각각을 똑같이 현실적인 것으로 기록한다. 객관적 기계 장치는 주관적 실재들을 분간할 수 없고, 다만 그러한 실재들의 경험적이거나 외적인 상관자들에 대해서만 분간할 뿐이다.

달리 말하자면 경험적인 기계 장치는 우리에게 이와 같이 서로 다른 상태에 대한 정량적인(우측 분면적인) 측면은 알려 주지만 정성적인(좌측 분면적인) 측면은 알려 주지 않는다. 그리고 기계상의 그 어느 것도 어느 한 상태가 다른 것보다 보다 더 사실적이라거나 보다 더 가치 있다거나 보다 더 의미 있다고 말할 수는 없는 것이다. 다만 그것은 하나는 또 다른 하나와 서로 다르다고 말할 수 있을 뿐이다. 또한 그것은 자비가 살인보다 더 좋다거나, 진실성이 속임수보다 더 좋다거나, 인내가 편협함보다 더 좋다거나, 보살핌이 소홀함보다 더 좋다고 말할 수 없고 다만 그들은 서로 다르다고만 말할 수 있을 뿐이다. 기계는 오직 크기, 규모, 중량과 같은 것들 그 자체가 모두 무가치한 것들의 변화를 기록할 뿐이다. 반면에 정성적인 차이는 내면의 마음의 눈(심안)이나 내면을 향한 관조의 눈(영안)에 의해서만 보인다. 이 모든 것은 가치중립적으로 객관적인 기계 위에 모두 다 똑같이 기록될 뿐이다.

그래서 EEG 뇌파장치는 제4의 의식 상태가 다른 의식 상태보다 더 사실적이라고 (또는 더 상위의 실재들을 드러내고 있다고) 말하지 않는다는 경험과학자의 견해는 옳은 것이다. 그러나 EEG 뇌파장치는 깨어 있는 것이 꿈꾸는 것보다 더 사실적이라거나 자비는 살인보다 더 좋은 것이라고도 말하지 않을 것이다. 만약 경험과학자들이 깨어 있는 것이 꿈꾸는 것보다 더 사실적이라거나, 자비는 살인보다 더 좋은 것이라거나, 인내는 편협함보다 더 좋은 것이라는 견해를 고수한다면 그들은 마찬가지로 명상적 상태는 일상의 깨어 있는 상태보다 심지어 더 사실적일 수 있는 신성의 세계로 들어가는 통로일 가능성도 열어 두어야 할 것이다. 왜냐하면 그러한 모든 경우에서 그것은 확실히 모두 주관적으로 공언된 것들이기 때문이다.

그들은 심층과학을 사용하여 실질적으로 그 주장을 검사(또는 논박)할 수 있다. 즉, 명상의 교시나 패러다임을 취한 다음, 그 교시에 의해 드러난 자료 · 직접 체험 · 이해를 수집하고 나서 그 결과 얻어지는 자료를 처음 두 요건을 이미 완수한 다른 사람들의 것과 비교하고 대비할 수 있다. (마치 갈릴레이의 망원경을 통해 관찰하기를 거부하는 성직자들에게 목성의 달들의 존재에 대해 어떤 의견을 형성할 자격이 주어지지 말았어야 했던 것처럼, 이 교시를 거부하는 자들은 단순히 그 명제의 진리성 여부에 대한 투표에 참여하도록 허용해서는 안 된다.)

일단 교시를 받아들이는 사람 가운데는 제4의 의식 상태에서 '영적'이라는 말로 흔히 특징지어지는 의식의 질(質), 통찰력, 자유가 점차 증가하면서 전면으로 나오게 된다는 데에는 강한 의견 일치를 보고 있다. 자기 · 의식 · 자비 · 사랑 · 보호 · 책임 · 관심에 대한 확장된 감각은 점진적으로, 그러나 끈덕지게 각성 의식 상태로 들어가려고 하는 경향이 있다. [이러한 주장 역시 경험적이고 현상학적 검사들을 거칠 수 있다는, 또 거쳐 왔다는 것이다. 이러한 연구에 대한 요약은 『켄 윌버의 아이 오브 스피릿』을 참조하기 바란다.]

한마디로 요약하자면, 위대한 신성의 참된 윤곽은 바로 이 제4의 의식 상태를 통해 보다 더 분명하게, 또 보다 더 강렬하게 나타나기 시작하는 것 같아 보인다. 정확하게 말해, 주관적으로 그러한 의식 상태는 (각성에서 사랑, 자비로 이르는) 흔히 '영적'이라고 일컬어지는 의식의 질적인 증가로 체험되지만, 반면에 객관적으로 그것은 서명 뇌파 패턴을 포함하는 유기체 내에서 생리적 변화의 어떤 독특한 집합으로 기록된다.

명상적 상태 그 자체에 관한 한, 최근의 연구는 바로 '그' 명상적 상태의 무수한 수준 또는 여러 세부 수준을 밝혀내기 시작해 왔다는 것이다. 그 각각의 수준은 하나의 독특한 뇌파 패턴(혹은 다른 경험적 상관자들)을 갖고 있다는 것이다. 여기서 또다시 나는 단순히 전통적으로 '유상(有相)삼매(savikalpa samadhi)'와 '무상(無相)삼매(nirvikalpa samadhi)'[지관(止觀)삼매]라고 일컬어지는 두 가지 명상적 상태만을 사용할 것이다.

유상삼매란 '형상(形相)을 가지고 하는 명상'[유상관(有相觀)]을 의미하고, 무상삼매란 '형상이 없이 하는 명상'[무상관(無相觀)]을 의미한다. 유상삼매는 주관적으로는 원형적 계시의 다양한 현시, 내면 깊숙하게 느껴지는 사랑과 자비의 확장된 상태, 타인에게 헌신 봉사하는 심오한 발심(發心) 같은 것이 생겨나게 한다. 반면에 객관적으로는 (다른 여러 가지 현상 가운데) 뇌반구의 동조 현상이 일어나는 경향이 있다.

무상삼매는 주관적으로는 모든 정신적(심적) 활동의 완전한 정지, 즉 광대한 (무한하기까지 한) 자유와 무경계의 실존을 동시에 체험하는 근본적으로 무형상[formless, 무색(無色)]의 의식 상태, 즉 모든 현현하는 것이 창발하는 거대한 심연(Abyss)이나 공(空)이 생겨나게 한다. 반면에 객관적으로는 오히려 경험적 유기체 내에 [뇌파, 알파(α) · 베타(β) · 세타(θ) · 델타(δ)파의 변화를 포함한] 몇 가지 파격적인 생리적 변화를 가져오는 경향이 있다. 그중 가장 놀랄 만한 것 중 하나에는 간혹 알파 · 베타 · 세타파가 거의 완전하게 정지되는 상태가 되지만 델타파는 현저하게 증가하는 경우도 포함된다. [통상 델타파는 이 경우에서와 같이 명상(참선)의 주체가 폭넓게 깨어 있고 초각성 상태에 있는 경우를 제외하고는 아주 깊은 꿈이 없는 수면과 관계되는 뇌파이다.]

그러므로 우리가 감각적-경험과학의 수준에 관해 언급할 때, 사실 그 수준들은 (육안의 눈과 그것의 확장에 의해 보이는, 즉 근대 경험과학에 의해 보이는) 객관적이고 외적인 세계 내에 기록되는 그대로의 (마음의 눈이나 관조의 눈으로 보이는) 내면적 수준들을 의미한다. 이것은 곧, (모든 홀론은 예외 없이 좌측 분면과 우측 분면의 양쪽 차원을 다 갖고 있다는 사실 때문에) 좌측 분면 세계에 대한 우측 분면 상관자들을 나타낸다는 것을 의미한다.

그렇다면 객관적 과학은 존재의 대홀라키 내의 모든 수준에서 중요한 차원 중 하나임에 틀림없다. 과학이란 영이 현현하는 개개의 모든 수준에서 그 스스로를 표현할 때의 바로 영의 외면 세계, 영의 객관적 진리, 영의 표면과도 같은 것이다. 과학은 바로 영의 그것(It)이다.

과학과 종교의 통합의 비전

윌버는『감각과 영혼의 만남』에서 이미 서로 적대 관계에 있는 근대의 실증주의적 경험과학과 전근대의 전통 종교는 진리의 온수준과 온분면의 통합구조 안에서 넓은 의미의 심층과학과 넓은 의미의 심층종교로서, 영성을 포용하는 좋은 과학, 과학적 진리를 포용하는 영성 종교로서 상보적으로 상생의 관계에서 공존하며 통합될 수 있음을 보여 주었다. 그는『켄 윌버의 모든 것의 이론』에서도 다시 과학과 종교 사이의 통합의 핵심인 온수준 · 온분면적 통합의 비전을 요약하여 제시하고 있다.

윌버에 의하면 [세계 도처의 다양한 전통 종교의 전승 지혜에서 나온 '존재의 대등지'들을 나타내는 휴스턴 스미스(1992)의 지도에 따라]『온우주의 만다라(Kosmic Mandala)』의 저자 브래드 레이놀즈가 만든 [그림 3-4]에서 보듯이, 세계의 거의 모든 전통 종교의 전승 지혜는 영원의 철학적으로 몸 → 마음 → 혼 → 영에 이르는 '존재의 대사슬'을 거의 동일하게 보여 준다. 이것은 바로 존재의 대홀라키를 단순화한 그림이고, [그림 2-1]과 같은 존재의 대원환도와 같은 것이다. [그림 2-1]에서 모든 학문은 존재의 대사슬에서 그 관심 영역에 따라 물리학(사물) → 생물학(생명체) → 심리학(마음) → 신학(혼) → 신비주의(영)의 영역으로 구분된다. 따라서 혼과 영의 수준도 '참과학의 세 요건'을 만족하는 넓은 의미의 영성과학(만다라 과학, 영지과학)으로 인간 의식 발달의 초개인적 수준의 넓은 의미의 과학으로 연구될 수 있고, 종교의 심층영성은 이 같은 심층과학을 수반할 수 있는 것이다.

윌버는 영성을 수평적 표층영성과 수직적 심층영성으로 구분하고서 개인의 분리된 자기에 의미를 부여하고 위안과 구원을 추구하는, 그래서 자기를 강화하는 수평적/변환적(translative) 영성을 추구하는 좁은 의미의 종교가 있고, 자아를 넘어서는 비이원적 통일 의식의 상태에서 분리된 '자기'를 초월하고자 추구하는, 즉 수직적/변용적(transformative) 영성을 추구하는 넓은 의미의 종교가 있다고 본다. 그가 말하기를, 넓은 의미의 종교의 이 같은 심층영성은 단순히 주관적인 감성 차원의 문제가 아니라 이 온우주에 대한 '진리'를 영성과학적으로 드러내고 있다. 이에 따라 그는 수직적 심층영성을 받아들이는 심층종교를 넓은 의미의 종교라 하고 수평적 표층영성만을 인정하는 종교를 좁은 의미의 종교라고 구분하고 있다.

윌버가 말하는 온수준 · 온분면적 종교와 과학의 통합은, 넓은 의미의 심층종교와 넓은 의미의 심층과학의 통합을 의미하지만 이는 좁은 의미의 수평적 영성을 추구하는 종교와 좁은 의미의 실증적 경험과학을 추구하는 과학을 배제하는 통합이 아니라 이 모두를 포괄하는 통합이다. 뿐만 아니라 이렇게 되면 과학과 종교의 멋진 차이를 서로 존중하면서도, 과학은 심층과학/영성과학적으로 사분면의 온수준에 걸친 정신과 영성의 영역을 존중할 수 있고, 좌상 분면의 심층영성도 대응하는 우상 분면 수준의 경험과학적으로 밝힐 수 있다는 것을 인정하게 된다. 반면에 종교는 종교대로 사분면 중에 좌측 분면의 내면의식 정신세계를 영성과학적으로 받아들여야 할 뿐 아니라 심층세계의 실재의 현현으로서의 우측 분면의 외적 현실세계의 과학적 진리도 받아들이게 된다. 이것이야말로 윌버가 추구하는 진정한 과학과 종교의 통합의 길이다.

미주

1) 켄 윌버 지음/조효남 역, 『감각과 영혼의 만남』, pp. 48–60에서 발췌 인용하여 저자의 의견과 함께 기술.
2) 켄 윌버 저/조효남 역, 『감각과 영혼의 만남』, pp. 44–45에서 인용.
3) 조효남 역, 『감각과 영혼의 만남』, pp. 333–337에서 발췌 인용.
4) 인도 사상의 원천인 고대 인도의 경전. 오의서(奧義書)라고도 일컫는 힌두교의 가장 중요한 철학서. 베다의 네 부분 중 최종 부분에 해당한다는 의미로 베단타라고도 일컬어진다.

8 영성과 영적 성장

영성이란 무엇인가

윌버는 우리가 '영성'이라고 말할 때 무엇을 의미하느냐에 따라 의식의 발달 수준/파동, 계통/조류와 관련되는 광범위하고 다양한 의식 현상의 다음과 같은 다섯 가지 매우 중요한 측면을 영성의 의미로 정의할 수 있다고 보고 있다. 그는 이들 중 일부는 단계적으로 발달하고 다른 일부는 단계적이 아니지만 이 모두를 통합심리학적 영성의 관점에 포함하는 게 바람직하다고 말한다. 여기서는 비판이나 보완적 고찰 없이 『통합심리학』[1]에서 보여 주는 그의 영성에 대한 일반적인 정의적 개념에 대해 알아보자.

- 영성은 어느 발달 계통에서나 최상위의 의식 수준(포스트 탈인습적 단계)을 수반한다: '영성'이란 어느 계통이든 기본적으로 초이지적[초심적(transmental)], 초의식적, 자아초월적(transpersonal), 초합리적(transrational), 포스트 탈인습적(post-postconventional) 의식 수준을 의미한다. 따라서 영성이란, 이를테면 (초합리적 직관 같은) 최고 수준의 인지 능력, (자아초월적 사상과 같은) 최고로 발달된 정서/감정, (모든 중생에 대한 초월적 자비 같은) 최고의 도덕적 서원, [초개인적 자기나 자아초월적 '주시(Witness)' 같은] 우리의 가장 진화된 '자기(self)' 등의 최상의 잠재력, 가장 숭고한 동기, 최상위적 서원 같은 인간의 최상의 영적 본성의 발현을 의미한다. 다시 말해 인간 본성이 보통의 자아

수준 이상으로 도달한 (최상위적으로 진화된 모습의) 인간 성장의 첨단을, 즉 인간의 진화를 선도하는 선단을 구현하는 인간 의식의 제반 측면을 반영하는 가장 최상의 영적 본성에 대한 통합적인 용도로 사용되고 있다.

- **영성은 여러 발달 계통의 최상위 수준들의 총합이다:** 이는 정의 1과 비슷한 정의지만 개인별 발달의 모든 계통에서의 최상위의 총합이므로 단계적은 아니다. 그러나 여전히 각 계통은 발달적이므로 그 총합도 발달적이다. 이 정의는 영성의 매우 현실적이고 중요한 측면, 즉 영성의 여하한 정의도 완전히 다 포함하고자 하는 의미를 내포하고 있다고 본다.
- **영성 자체는 별개의 발달 계통이다:** 이 경우 영성의 발달은 명백히 발달 계통/라인이란 의미의 정의(定義)상 발달을 의미하므로 그 자체로 영성은 일종의 단계적 전개를 보여 준다고 본다. 이러한 관점은 대부분의 동서양의 종교, 신비사상에서 볼 수 있는 영성에 대한 의미이다. 그래서 동서고금을 막론하고 신비사상에서 영성의 단계적 발현은 매우 심오하게 중요하고 그런 단계적 발달이 없는 영성은 결코 완전하지 않다는 것이다.
- **영성이란 발달의 어느 단계에 있든지 간에 가질 수 있는 (궁극의 관심사에 대한) 덕성의 태도이다:** 이것은 아마 가장 대중적이고 보통의 정의이다. 예컨대, 개인의 궁극적 관심사인 사랑, 개방성(열린 의식), 통합성, 친절, 용기, 감사, 절제, 지혜, 선행, 인내 등의 선한 인성/덕성이나 좋고 바람직한 인지 능력을 의미한다. 그럼에도 이런 인간의 인성/덕성이나 인지 능력에 관련된 의미는 정합적인 양상으로 정의하거나 언명하기가 매우 어렵다는 게 증명되어 있다. 이를테면 조건이 내재된 사랑은 사랑이라고 할 수 없고 무조건적 사랑은 모든 의식 수준에 있지 않다. '개방성'도 전인습적 개인이나 타인의 역할을 이해하지 못하는 어린이에게서는 기대할 수 없는 것이고 그 잠재력이 완전히 형성되어 나타난다고 볼 수 없다. 통합적 태도도 어느 단계에 오면 생기는 '자기'의 능력이지 영성은 아니다.
- **영성은 기본적으로 절정 체험을 수반한다.:** 이는 많은 경우에 확실히 옳다고 보지만 절정 체험은 통상 발달적이거나 단계적 전개를 보여 주지는 않는

다. 그것들은 일시적이며 거쳐 가고 전이적이다. 그렇지만 수련을 통해 켄 윌버가 『켄 윌버의 일기(一味, One Taste)』에서 말하는 영적인 전개(Sprititual Unfolding)의 고원 체험(plateau experience)이나 항구적 적응(permanent adaptation)의 경지에 이르면 이것도 지속적인 특색을 갖게 되고 [그림 4-5]의 발달의 상위 구조가 된다.

이상에서 저자의 보충 설명과 함께 언급한 것이 켄 윌버가 종합한 영성에 대한 다섯 가지 정도의 보다 통상적인 정의이다. 이는 우리가 '영성'이라고 정당하게 부를 수 있는 것 모두가 단계적 발달을 보여 주는 것은 아님을 알 수 있다. 그럼에도 영성의 많은 측면은 어떤 발달 계통의 최고 수준이든 [그림 4-4]의 심리도에서 보여 주는 별개의 발달 계통이든 간에 발달적이거나 단계적인 면을 수반하는 것으로 알려져 있다. 특히 켄 윌버는 개인의 '영적 수준(spiritual level)'이나 '영적 계통(spiritual line)'이라는 개념 모두가 다 사용될 수 있다고 본다. 특히 '영적 수준'인 경우 영성은 한 개인의 궁극적 관심사의 전인습적(preconventional) → 인습적(conventional) → 탈인습적(postconventional) → 포스트-탈인습적(post-postconventional)의 발달축에서 일반적으로 포스트-탈인습적 영성의 의미를 선호하고 있다. 정의 3과 같은 별개의 '영적 계통'의 발달은 개인의 심리 발달과 병행할 수 있다고 보지만 오히려 영성은 '영적인 전개'에 의해 단계적으로 성장한다고 보고 있다.

수평적 변환 영성과 수직적 변용 영성

윌버는 『켄 윌버의 일기』에서 세계의 전통 종교의 영성의 양면성을 영적 정통성과 영적 진정성에 있다고 보고 있다. 영적 정통성은 종교적 믿음으로서의 의식의 변환(translation)에 의해 자아를 공고히 하는 위로를 받을 수 있다는 것이다. 하지만 의식이 성장하여 어느 수준에 이르면 그 위로는 오히려 고통으로 변하고 자아를 내려놓고 진정한 의식의 변용(변형)을 통해 자아초월적 자기해방을 향해 자기를 벗어나려고 하는 영적 성장을 가져다준다는 것이다. 진정한 영적 성장은 이러한 자아초월적 변용/변화를 통해서만 가능하다고 본다. 종교의 변환적 영성의 기능도 여전히 인간의 영적 성장을 위한 그 중간 단계에서 영적 정통성과 함께 필요하고 영성의 순화를 위한 중요한 기능을 한다고 역설하고 있다.

여기서는 켄 윌버가 『켄 윌버의 일기』[2]에서 보여 주는 종교적 영성의 양면성인 변환과 변용에 대해 알아보자.

그간 『켄 윌버의 신(A Sociable God)』, 『에덴을 넘어(Up from Eden)』, 『켄 윌버의 아이 오브 스피릿(Eye of Spirit)』 같은 일련의 저서들을 통하여 그는 종교 자체는 언제나 두 가지 매우 중요한 그러나 매우 상이한 기능을 수행해 왔다는 것을 보여 주려고 노력해 왔다. 그 하나는 종교는 분리된 자기를 위한 의미를 창출하는 방도로 작용한다는 것이다. 그것은 싸잡아 말하자면 분리된 자기로 하여금 난폭한 운명의 돌팔매질과 화살에 의미를 부여하고 견디어 내도록 도와주는 종교의 신화와 설화와 복음해설과 종교의식(儀式)과 부활을 제공한다는 것이다.

종교의 이러한 기능은 한 개인에게서 의식의 수준을 통상적으로 또는 반드시 변화시키지는 않는다. 즉, 그것은 의식의 근본적인 변화(변용)를 가져오게 하지 않는다. 그것은 분리된 자기를 한꺼번에 산산이 부수어 버리며 벗어나는 해방을 가져오게 하지 않는다. 오히려 그것은 자기를 위로하고 자기를 공고하게 하고 자기를 방어하고 자기를 증진한다. 분리된 자기가 신화를 믿거나 종교 의식을 수행하거나 큰소리로 기도하거나 독단적 교리를 포옹하고 있는 한, 자기는 구원의 신(神)이나 선호하는 여신의 존재의 영광 속에 현생에서나 혹은 영원한 경이로운 삶을 보장하는 내생에서 '구원'될 것이라고 열렬히 믿고 있다.

그러나 두 번째로는, 종교는 역시, 통상 아주 매우 소수의 사람을 위해, 근본적인 변용과 해방의 기능도 해 왔다는 것이다. 종교의 이러한 기능은 분리된 자기를 공고하게 하는 게 아니라 오히려 철저하게 분쇄해 버린다. 즉, 그것을 위로하는 게 아니라 폐허화하고, 보강하는 게 아니라 텅 비게 하고, 충족시키는 게 아니라 분쇄하고, 위안하는 게 아니라 개혁한다. 한마디로 의식의 인습적인 강화가 아니라 의식 자체의 가장 심층적인 자리에서의 근본적인 변형(transmutation)과 변용(transformation)이다.

종교의 이러한 두 가지 중요한 기능을 서술할 수 있는 여러 상이한 방식이 있다. 첫 번째 기능은 자기를 위한 의미를 창출하는 기능인 수평적 변동의 유형이다. 두 번째 기능은 자기를 초월하는 기능인 (당신이 선호하는 은유에 따라 더 상위적이거나 더 심층적인) 수직적 변동의 유형이다. 윌버는 첫 번째 것을 변환이라고 명명하였고, 두 번째 것을 변용이라고 명명하였다.

의식의 변환과 더불어 자기는 실재에 대한 생각을 하거나 느낌을 갖는 데 있어서 단순히 새로운 방식이 주어진다. 자기에게 새로운 신념이 주어진다. 어쩌면 원자적인 것 대신에 전일적인 것이, 어쩌면 질책하는 것 대신에 용서하는 것이, 어쩌면 분석적인 것 대신에 관계적인 것이 주어진다. 그런 다음 자기는 이러한 새로운 신념이나 새로운 언어나 새로운 패러다임에 의거하여 자신의 세계와 자신의 존재를 변환시키는 법을 배운다. 그리고 이 새롭고 황홀한 변환은 최소한 얼마 동안은 분리된 자기의 가슴속에 내재된 공포를 완화하거나 사라지게 하도록 작용한다.

그러나 의식의 변용과 더불어 의식의 변환 과정 바로 그 자체가 도전받고 주시되고 뿌리째 훼손되고 결국은 와해되어 버린다. 전형적인 변환과 더불어 자기(주체)는 세계(대상들)에 대해 생각하는 새로운 방식이 주어진다. 그렇지만 근본적인 변화(변용)와 더불어 자기는 스스로 자신의 목을 조사받게 되고 그 속을 들여다보게 되고, 멱살을 잡히고 그리고는 문자 그대로 목 졸려 질식사 당하게 된다.

마지막으로 또 한 가지 방식으로 설명해 보면, 수평적 변환과 더불어, 이것은 지금껏 가장 일반적으로 행해지고 가장 널리 퍼져 있는 그리고 광범위하게 공유되고 있는 종교의 기능이기도 하지만, 자기는 최소한 얼마 동안은 자신이 그 같은 변환을 붙잡음으로써 행복하게 된다. 자신이 그것의 노예로 사로잡히는 것에 만족하게 된다. 사실 자신의 가장 내면의 상태인 절규할 정도의 공포에 직면해서도 자기만족으로 흡족해 하게끔 되는 것이다. 의식의 변환과 더불어 자기는 세상 속에서 잠들게 되고 윤회의 악몽 속에서 무감각해지고 근시안이 되어 비틀거리게 되고 세상사에 부딪치기 위한 마취제로 엮어 짜인(종교의) 지도가 주어지게 된다. 그래서 이것이 곧 종교적 인간성의 보통의 상태인 것이다. 하지만 변용적 영성이 개화된 각자(覺者)들이 근본적으로 (그 변환 상태를) 벗어나 도달하고자 도전해 온 경지는 결국에 가서는 그(변화된)것들을 본래의 모습(자성)대로 되돌려 놓는(返本還元) 바로 그런 경지이다.

진정한 변용을 한다는 것은 믿음 차원의 문제가 아니라 믿는 자의 죽음에 대한 차원의 문제이다. 세계를 변환하는 차원의 문제가 아니라 세계를 변용하는 차원의 문제이다. 위안을 찾는 차원의 문제가 아니라 죽음 저편에 있는 영원성을 찾는 차원의 문제인 것이다. 자기를 만족하게 만드는 게 아니고 자기를 토스트같이 구워지도록 만드는 것이다.

지금까지 윌버는 비록 명백하게 변용을 선호해 왔고 변환을 얕잡아 보아 왔지만, 사실은 전체적으로 보면 이러한 기능들의 양쪽 모두 다 믿기 어려울 정도로 중요하고 모두 다 필수 불가결한 것이다. 개개인은 대부분이 깨달은 상태로 태어나는 게 아니다. 그들은 죄와 고통, 희망과 두려움, 욕망과 절망의 세계 속에 태어난다. 그들은 위축되기 쉽게 되어 있고 또 그렇게 되기를 욕망하기도 하는 자기로 태어난다. 또한 굶주림, 갈증, 눈물, 공포에 익숙한 자기로 태어난다. 그들은 아주 일찍부터 그들의 세계를 변환하기 위한 여러 방도를 배우고 그것을 의미 있게 만들고 그것에 의미를 부여한다. 그리하여 분리된 자기의 행복한 표면에서 결코 깊숙하게 아래로 내려가 숨지 않고 있는 공포와 극심한 고통에 대해 자신을 방호하기 시작한다.

우리가 그리고 당신과 내가, 고작 별 볼 일 없는 변환을 초월하고 진정한 변용을 찾기를 희구하는 것만큼, 그럼에도 변환 그 자체는 우리의 삶의 더 큰 부분에 절대로 꼭 필요하고 아주 중대한 기능을 하고 있다. 적절한 건전성과 정확성으로 적절하게 의식을 변환할 수 없는 사람들은 곧잘 극심한 신경증이나 정신병마저 걸리게 된다. 게다가 그렇지 않으면 그들에게 세상은 의미를 갖는 것을 멈추게 된다. 즉, 자기와 세상 사이의 경계가 초월되지 않고 대신 무너져 내리기 시작한다. 이것은 관통해 나가는 것이 아니라 좌절하는 것이고, 초월이 아니라 질병이다.

더구나 우리의 의식이 성숙화되는 과정의 어느 시점에 이르게 되면 변환 자체는 아무리 적당하거나 확신에 차 있거나 간에 그것의 단순히 위안하는 기능을 멈추게 된다. 제아무리 새로운 신념, 제아무리 새로운 패러다임, 제아무리 새로운 신화, 제아무리 새로운 관념도 침투해 들어오는 고뇌를 진정시켜 멈추지는 못할 것이다. 자기에 대한 새로운 신념이 아니라 자기의 총체적 초월만이 유일하게 나아갈 수 있는 길이다.

그러한 길을 위해 준비되어 있는 개개인의 수는 언제나 그래 왔듯이, 언제나 그렇겠지만 여전하게 매우 적은 소수일 뿐이다. 그 대신 대부분의 사람에게는 여하한 종류의 종교적 믿음도 단순히 위안의 범주로 떨어질 것이다. 그것은 괴물과도 같은 세상의 와중에서 살아가기 위해 어떤 종류의 의미를 빚어내는 새로운 수평적 변환일 것이다. 그리고 종교는 대개의 경우 언제나 이 첫 번째 기능을 서비스해 왔고 아주 잘 봉사했다.

따라서 윌버는 이러한 첫 번째 기능(수평적 변환과 분리된 자기를 위한 의미의 창조 기능)을 기술하기 위하여 정통성이란 말을 사용한다. 종교의 중요한 서비스의 대부분은 자기에게 정통성을, 즉 자기의 신념, 패러다임, 세계관, 세계 내 존재 방식에 정통성을 제공하는 것이다. 자기와 그 신념에 정통성을 제공하기 위한 종교의 이러한 기능은 설사 제아무리 일시적이거나 상대적이거나 비변용적이거나 미혹스러운 것이라 해도, 그럼에도 그것은 세계의 종교적 전통에서 가장 위대하고 가장 중요하고 단일한 기능을 해 온 것이다. 자기와 그 신념을 위한 수평적 의미, 정통성, 도덕적 구속력을 제공하는 종교의 능력은, 또 종교의 그러한 기능은 역사적으로 어느 한 문화가 지닌 가장 위대하고 단일한 '사회적 응집력'이 되어 온 것이다.

그래서 누구든 사회를 함께 묶어 주는 기본 응집력을 쉽게 또는 가볍게 함부로 변경하도록 가만두지 않는 것이다. 왜냐하면 대개 그러한 응집력이 소멸되면, 그래서 그러한 변환이 소멸되면, 그 결과는 앞에서 언급했듯이 돌파구가 아닌 몰락이고 해방이 아닌 사회적 혼돈을 초래하기 때문이다.

변환적 종교는 정통성을 제공하는 반면 변용적 종교는 진정성을 제공한다. 그럴 준비가 되어 있는, 즉 분리된 자기가 주는 고통으로 병들어 있어서 더는 정통적인 세계관을 포섭할 수 없는, 그러한 소수의 개인에게는 참다운 진정성, 참다운 깨달음, 참다운 해방을 향한 변용적 통로가 점점 더 강렬하게 요구된다. 그런 고통에 대한 당신의 인내력에 좌우되기는 하지만 머지않아 잃어버린 무한성의 지평에 대한 믿을 만한 확신을, 변형/변용을 그리고 해방을 요구하는 소리에 답하게 될 것이다.

변형/변용적 영성은 현존하는 여하한 세계관에 대해서도 전적으로 지지하거나 정통성을 부여하려 들지 않고, 오히려 세상이 정통적이라고 간주하는 것들을 해체하고 분쇄함으로써 진정한 신빙성을 제공하고자 추구한다. 정통적(변환) 의식은 이 세계에 대해 의미를 갖게 하는 방도로서 합의에 의해 승인되고, 군중 심리에 의해 채택되고, 문화와 반문화 양쪽에 의해 포섭되고, 분리된 자기에 의해 고양된다. 그러나 진정 믿을 만한(깨어 있는) 의식은 곧 신속하게 자신의 등에 있는 그러한 것들 모두를 흔들어 떨어져 나가게 한다. 그러고 나서는 대신 오직 모든 영혼의 가슴속에 찬란하게 빛나는 무한성만을 바라보는 응시 속에 안식하면서(그대로 믿기에는 너무나 고지식한) 영원성의 분위기를 가슴으로 호흡하게 된다.

따라서 변화/변용적 영성, 진정한 영성은 혁명적이다. 그것은 세상에 정통성을 부여하지 않고 세상을 부수어 버린다. 그것은 세상을 위로하지 않고 분쇄해 버린다. 그리고 그것은 자기만족을 제공하지 않고 자기를 원래의 상태로 되돌려 놓는다.

영적 성장의 단계

윌버는 『켄 윌버의 일기』에서 한 인간의 영성이 어떻게 하면 더 높은 단계로 영적 성장을 향해 믿음 → 신앙 → 체험 → 적응의 단계를 거쳐 전개할 수 있는가를 보여 주고 있다. 이것은 윌버의 영적 성장에 대한 핵심 사상을 보여 주는 것이고, 이것은 불교 수행의 단계인 신(信) · 해(解) · 수(修) · 증(證)과 정확히 같지는 않지만 어느 정도 유사한 것이다. 그가 말하는 영성의 단계적 전개에 대해 알아

보자.[3)]

영적인 전개[4)]에는 네 가지 주요 단계, 즉 믿음, 신앙, 직접 체험, 항구적인 적응의 네 단계가 있다. 말하자면 당신은 영(Spirit, 하느님, 절대자)을 믿을 수 있다. 당신은 영에 대한 신앙을 가질 수 있다. 당신은 영을 직접 체험할 수 있다. 당신은 영이 될 수 있다.

그러한 것들은 사람들이 의식의 보다 상위 수준이나 구조를 통해 성장하고 진화할 때 거치는 전형적 단계(stages)이다. 그렇다면 기본 구조와 거치는 단계 사이의 차이는 무엇인가? 전자는 항구적인 획득이고 후자는 일시적인 국면이다. 물질 · 신체 · 마음 · (정묘적)혼 · (원인적)영은 모두 의식의 기본 구조이다. 일단 창발하고 나면 그것들은 항구적인 능력으로 존재하면서 남아 있는 경향이 있다(깨달은 사람조차도 음식을 먹는 물리적 신체, 생각할 수 있는 마음을 가지고 있고, 더 나아가 그들은 정묘적–꿈의 상태로 계속하여 들어가지만 그들은 의식이 있는 채로 그렇게 한다. 이때 그들은 여전히 정묘적 수준의 의식의 현상을 가지고 있지만 그러나 이는 더 상위 수준, 즉 원인적 주시자와 비이원의 일미로부터 보고 있는 것이다).

그러나 발달하는 동안 개개인은 전반적인 기본 구조가 창발하게 되면서 다양한 국면을 거쳐 간다. 그래서 이러한 국면이나 단계들은 일시적이고 지나가며 전이적으로 되는 경향이 있다. 예컨대, 우리는 어린아이가 신체를 사용하여 걷기를 배우는 '걸음마 단계'를 비유해 말하기도 한다. 일단 걷기의 기본 역량을 터득하면, 걷는 능력은 항구적으로 남지만 걸음마 단계 자체는 지나간다(여전히 걸음마 걸음을 하고 있는 어른은 장애가 있거나 술 취해 있거나 양쪽 다인 사람이다). 기본 구조와 역량은 남아 있고 국면이나 단계는 거치며 지나간다.

우리는 이미 의식의 기본 구조의 일부를, 단순히 물질 · 신체 · 마음 · 혼(심령적 · 정묘적) · 영(원인적 · 비이원적)이라는 존재의 대둥지의 주요 수준을 이미 보아 왔다. 그렇지만 사람들이 대둥지의 더 상위 수준으로 성장하고 진화해 나가게 되면서 그들은 자신의 영적 성장의 이해에서 믿음, 신앙, 체험, 적응의 네 가지 단계를 거치는 성향이 있다.

믿음(belief)

영적인 정초의 가장 초기 (따라서 가장 통상적) 단계이다. 믿음은 일반적으로 심적(mental) 수준에서 최초로 생겨나는데, 그 이유는 그것이 이미지, 상징, 개념을 요구하기 때문이다. 그러나 마음 자체는 특유의 발달 과정에서 여러 개의 전이적 단계들을 — 마법적 · 신화적 · 합리적 · 비전-논리적 단계들을 — 거치고 그러한 단계 각각은 영적이거나 종교적 믿음의 유형(또는 단계)의 단초가 된다.

먼저, 마법적 믿음은 종종 주체(자기) 및 객체(대상)가 융합되면서 에고(자아) 중심적이 된다. 그래서 개인적 자기는 물리적 세계와 다른 사람들을 심적 기원(祈願)을 통해, 즉 가장 잘 알려진 예로 주술(呪術)과 동조적 마법을 통해, 극적으로 영향을 미칠 수 있다는 관념에 의해 표시된다. 반면에 신화적 믿음은 모든 인간적 활동 위에 궁극적 위력을 지닌 하나 또는 그 이상의 물리적으로 구현된 신이나 여신에다 그(믿음의) 영적 직관을 쏟아붓는다. 이 믿음은 언제나 사회 중심적이거나 종족 중심적인데, 그 이유는 서로 다른 사람들은 상호 배타적인 상이한 신화를 갖고 있기 때문이다. 즉, 만약 예수가 인류의 단 하나밖에 없는 유일한 구세주라면 크리슈나(Krishna)는 아무 쓸모없게 만드는 그런 믿음이다. 그러나 합리적 믿음은 믿게 되는 것을 이성이 전적으로 선택하는 한도 내에서는, 종교를 탈신화화하려고 애쓰고 그래서 신(God)이나 여신(Goddess)을 인간 형상을 지닌 예배 대상의 신위(神位)가 아니라 존재의 '궁극의 기저(Ground of Being)'로 묘사하려고 애쓴다. 이러한 합리화는 비전 논리적 신념과 함께 더욱 절정에 도달하는데, 여기에서는 시스템이론과 같은 과학이 종종 이러한 존재의 기저를 '대홀리스틱 체계(Great Holistic System)' '가이아(Gaia)' '여신(Goddess)' '생태-영(Eco-Spirit)' '생명그물(The Web of Life)' 등으로 설명하기 위해 사용되고 있다.

이러한 것들 모두는 통상적으로 강한 정서적 감정과 더불어 갖는 심적/이지적(mental) 믿음이지만, 그러나 그것들은 반드시 초심적/초이지적(transmental)인 영적 실재를 직접 체험할 필요는 없다. 그래서 그것들은 단순히 (수평적인) 변환적 믿음의 형태에 불과하다. 그것들은 최소한 개인의 현재 의식의 수준을 변경하지 않고서도 포섭될 수 있다. 그러나 그러한 단순히 변환적 몸짓이 성숙해지기 시작하게 되면서 그리고 상위적 의식의 영역이 직접적으로 서서히 출현하여 자기에 대해 점차 더 세게 압박을 가하게 되면서 단순한 믿음은 신앙에 길을 내주게 된다.

신앙(faith)

믿음이 의식을 지배하는 데 필요한 그 위력을 상실할 때 시작된다. 이렇게 되면 머지않아 곧 그 어떤 심적/이지적 믿음도 위풍당당함을 상실하기 시작할 것이다. 왜냐하면 바로 그것은 심적/이지적이지 초심적/초이지적이거나 영적이 아니기 때문이다. 예컨대, 생명의 그물로서의 영에 대한 이지적 믿음은 마음을 설득하는 데 필요한 위력이 빛바래기 시작할 것이다. 즉, 당신이 아무리 열심히 생명의 그물을 계속 믿고 있더라도 당신은 여전히 희망과 공포로 에워싸여 있는 분리된, 고립된 자아처럼 느끼게 될 것이다. 당신은 더 열심히 믿으려고 노력할 것이지만 여전히 먹혀들지 않을 것이다. 당신이 5년간을 정말로 열심히 믿으며 지낸다 해도 아직도 여전히 분리되고 홀로 남은 당신처럼 느끼게 된다. 고지식한 믿음은 단지 변환적 의미를 갖는 한 유형을 당신에게 제공할지는 모르지만 현실적인 변화/변용을 제공하지는 않을 것이다. 그래서 이러한 사실이 서서히 고통스럽게 명백해진다. 당신이 만일 마법적이거나 신화적 믿음에 빠져 있다면 그것은 더욱더 나쁜 징조이다. 왜냐하면 이러한 것은 당신을 변화시키지 않을 뿐만 아니라 당신의 인식 속에 퇴행적 힘으로 작용하고 그리하여 당신을 초합리적인 것을 향해 앞으로 나아가게 하는 것이 아니라 오히려 그것과는 거리가 멀어지게 하기 때문이다.

그러면서도 여전히 가이아나 생명그물에 대한 이지적 믿음 뒤에는 이따금씩 진정한 영적인 초이지적인 직관, 즉 '생명의 일자(the Oneness of Life)'에 대한 직관이 있을 수 있다. 그렇지만 이러한 직관은 믿음이 의식을 꽉 움켜쥐고 있는 한 충분히 실현될 수 없다. 왜냐하면 모든 믿음은 궁극적으로(믿는 자/개체와 예배 대상의 일자/전자 사이가) 분할적이고, 이원적이며 전일적인 믿음도 분석적인 믿음만큼이나 똑같이 궁극적으로는[개체와 전자(全者)/모든 것 사이가] 이원적이기 때문이다. 그 이유는 이러한 믿음은 다 그들의 대대적(對待的) 믿음에 의해서만 의미를 갖기 때문이다. 당신은 전자(the All)에 대해 생각하게 되어 있는 게 아니고 당신이 전자/모든 것으로 존재하게 되어 있다는 것을 모른다. 그래서 당신이 전자에 대한 믿음에 달라붙어 있는 한 그 같은 것(영적 직관)은 결코 일어나지 않을 것이다. 고지식한 믿음은 영혼을 위한 영적으로 칼로리가 비어 있는 허울뿐인 영양분이고 그래서 머지않아 곧 그것들은 열광하고 위로하는 것을 멈추게 된다.

그러나 통상적으로는 한편으로 믿음을 놓아 버리는 것과 다른 한편으로 직접 체험을 찾아내는 것 사이에서 개인은 오직 신앙(faith)에 의해서만 버티게 되어 있다. 만일 일자(一者, Oneness)에 대한 믿음이 더 충분한 위안을 제공하지 못한다고 해도 여전히 그 개인은 일자가 그나 그녀를 어쩌면 소리쳐 부르고 있다는 신앙을 가질 수 있다. 그래서 그들은 옳다. 믿음이 믿기 어렵게 될 때 신앙은 병정처럼 무장하는데, 왜냐하면 신앙은 상위적 실재, 영 · 신 · 여신 · 일자에 대한 마음을 넘어섬으로써 믿음을 넘어서 상위적 실재의 희미하지만 직접 부르는 소리를 듣기 때문이다. 신앙은 직접적 · 초이지적 · 초합리적 체험의 한계선상에서 있는 것이다. 교조적 믿음이 부족하면 그것은 안전보장의 의미도 없고, 아직 직접 체험도 하지 못하고 있으므로 그것은 확실성의 의미도 없는 것이다. 신앙은 무인의 영토인지라 수천의 질문은 있지만 답변은 없는 것과 같다. 그것은 자신의 영적인 거주처를 찾아내려고 하는 오로지 옹고집의 의지만을 지니고 있다. 그리고 그것은 그 자신의 숨겨진 직관에 의해 끌리게 되어 결국에 가서는 직접 체험을 찾아내게 된다.

직접 체험(direct experience)

체험은 신앙에 본질적으로 내재된 성가시게 괴롭히는 질문을 명쾌하게 답변해준다. 직접 체험에는 통상 두 가지 국면이 있는데, 절정 체험(peak experience)과 고원(高原) 체험(plateau experience)이 그것이다.

절정 체험은 상대적으로 짧고 통상 강렬하고 종종 자발적으로 생기며 빈번하게 (개인의) 삶에 변화를 가져온다. 그것들은 실제로는 개인 자신의 상위적 잠재능력의 초개인(자아초월)적이고 초이지적인 수준을 들여다보는 '살짝 들여다보는 체험이다.' 심령(심혼)적 절정 체험은 자연 신비주의 세계[조대 수준의 일자(一者)] 속을 얼핏 보는 것이고, 정묘적 절정 체험은 신성(유신론적) 신비주의(정묘 수준의 일자) 속을 얼핏 보는 것이고, 원인적 절정 체험은 공(空, 원인적 수준의 일자) 속을 얼핏 보는 것이고, 나아가 비이원적 절정 체험은 일미 속을 얼핏 보는 것이다. 로저 월시(R. Walsh)가 지적한 바와 같이, 절정 체험의 수준이 높으면 높을수록 그런 체험은 더욱더 희귀한 것이다. (이것이 왜 '우주의식'에 대한 대개의 체험이란 실제로는 단지 자연 신비주의나 조대 수준의 일체감일 뿐이라고 말하는, 즉 신비적 영역의 가장 얕은 층을 얼핏 보는 것일 뿐이라고 말하는 이유이다. 대부분의 사람은 애석하게도 이것을 일미로 착각한다. 이러한 혼동이 생태-이론가들에게 유행처럼 번져 있다.)

대부분의 사람은 어느 정도는 이해 가는 믿음이나 신앙의 단계에(그리고 보통은 마법적이거나 신화적인 그러한 단계에) 머물고 있다. 하지만 때때로 개개인은 진정한 초개인적 영역의 강한 절정 체험을 하게 될 것이고, 그런 체험은 그들을 종종 더 좋게, 때로는 더 나쁘게 압도해 버린다. 그래서 그들이 단지 책에서 읽은 신념을 되풀이하거나 단지 의식의 변환적 공론만을 일삼는 게 아니라는 사실을 우리는 알 수 있다. 그들은 진실로 더 상위 영역을 보게 된 것이고 그래서 그들은 정말이지 더는 이전과 똑같은 사람이 아닌 것이다.

[이런 체험이 그들에게 언제나 반드시 좋은 것만은 아니다. 예컨대, 곧이곧대로 구체(조작심)적-신화적 수준에 있는 어떤 사람이라도 정묘적 수준의 절정 체험을 할 수 있다. 그 결과 그들은 재탄생한 근본주의자로 된다. 그들의 특정한 신화적 신의 모습을 가진 인물이 전체 세계를 구원할 수 있는 유일한 인물이라는 것이다. 그래서 그들은 당신의 영혼을 구원하기 위해 당신의 육체를 불태워 버리게 할 수 있을 것이다. 비전-논리 수준에 있는 어떤 사람도 심령적 수준의 절정 체험을 할 수 있다. 그러면 그들의 '새로

운 에코패러다임(eco-paradigm)'이 지구라는 행성을 구원할 수 있는 유일한 것이 된다. 그리고 그들은 당신을 당신 자신으로부터 구원하기 위한 에코파시즘(eco-facism) 속으로 기꺼이 밀집 대형으로 행진하게 만들 것이다. 그와 같은 종류의 종교적 광신은 해체해 버리기가 거의 불가능하다. 그 이유는, 그것은 상위적 진리와 하위적 망상과의 강력한 혼합 의식이기 때문이다. 상위적 진리는 종종 참으로 진정한 영적 체험, 즉 상위 영역에서의 '살짝 들여다보는' 진실한 체험이다. 그렇지만 그것은 정확히 말해 짤막하고 일시적인 체험이기 때문에, 그래서 지속적이며, 꾸준하고 명확한 인식이 아니기 때문에, 그것은 하위적 수준 쪽으로 즉각 낚아채져 의식이 아래쪽으로 변환되게 하고, 그곳에서 그것은 믿음에 의해 완전히 머리가 돌아 버린 경우에까지도 거의 흔들림이란 있을 수 없는 정통성을 부여하게 된다.]

절정 체험은 통상적으로 짤막한 기간, 몇 분에서 몇 시간 동안 지속하는 반면에, 고원 체험은 항구적인 순응이 되는 과정에 근접하면서 보다 불변적이고 지속적이 된다. 절정 체험은 즉각적으로 올 수 있고 통상 그렇게 오는 반면에 그것들을 지속시키고 그것들을 절정으로부터 고원으로, 즉 짤막한 변성의식 상태로부터 보다 더 지속적인 특성으로 변환시키기 위해서는 오랜 기간의 수련을 필요로 한다. 거의 누구나 어느 시기든지 어느 연령이든지 간에 짤막한 절정 체험을 맛볼 수는 있지만 나는 수년간의 지속적인 영성 수련을 수반하지 않는 고원 체험의 진실한 경우를 거의 알지 못한다. 그러므로 믿음과 신앙은 현재까지는 가장 보통 유형의 영적인 적응인 반면 절정 체험은 희귀하지만 진정한 영적 체험이지만, 영적 전개에서 이 시점에서부터는 우리는 지속적이고 강도 높고 오랜 기간에 걸친 심오한 영성 수련에 몸담아 온(고원 체험의) 사람들만을 발견하게 될 것이다.

절정 체험과 같이 고원 체험[5]은 심령적이거나 정묘적이거나 원인적이거나 비이원적 영역의 체험일 수 있다. 나는 선(禪) 수행에서 가져온 네 가지 모두를 망라하는 실례를 하나 들어 보겠다. 전형적으로 선(禪)명상 수련을 하는 개인은 호흡을 하나에서 열까지 반복적으로 세면서 시작한다. 그들이 숫자를 세는 것을 잃지 않고서 30분 정도 그렇게 할 수 있게 되면, 그들에게 공안[公案, 예컨대 무

(無)자와 같은 것이, 이것은 나의 최초의 공안이었지만]이 주어진다. 다음 3, 4년 동안 그들은 매일 여러 시간 동안 무자 음에 집중하면서 그것을 놓치지 않으려고 애쓰면서[동시에 "무(無)의 의미는 무엇인가?" 또는 "무에 집중하는 자는 누구인가?"와 같은 강도 높은 의심을 가지면서] 수련한다. 매년 여러 번 그들은 7일간의 결제나 강도 높은 수련 모임에 참여한다. 거기서 그들은 온종일에 걸쳐 그리고 밤까지 [행주좌와(行住坐臥)] 용맹 정진하며 수련하도록 권고받는다.

최초의 중요한 고원 체험은 수련생이 그들의 깨어 있는 시간 동안 '무(無)'자 화두를 간단없이 잡고 있을 수 있을 때 일어난다. 무가 너무나 의식의 그와 같은 한 부분으로, 당신의 그와 같은 한 부분으로 되어 버렸기에, 실로 당신은 간단없이 무가 되기에, 당신은 그것을 알아차림의(깨어 있는) 각성 속에 문자 그대로 온종일 단절 없는 양식으로 잡고 있을 수 있다. 다시 말하자면 주시하는 각성 인식의 유형이 이제는 조대의 깨어 있는 상태에 있는 동안 줄곧 불변의 항상의 능력이 된 것이다. 그러고 나면 수련생에게 만약 그들이 진실로 무자 화두를 뚫고 나가고 싶어 한다면 그들은 수면 중에까지도 그것을 잡고 있는 것을 계속해야 한다고 말해 주게 된다. (내가 처음에 이 말을 들었을 때 나는 그것은 일종의 남성 입문식 유머 유형의 농담 정도로 생각했었다. "당신이 전투하는 제1보병의 일원이 되고자 원한다면, 여보게 자네는 세 마리의 살아 있는 뱀을 먹어야 하네."와 같은 것 말이다. 나는 그들이 단지 나를 위협하려고 애쓰고 있다고 생각했다. 그러나 실은 그들은 나를 도우려고 애쓰고 있었던 것이다.) 또 다른 2, 3년간 그래서 헌신적으로 정진하는 수련생들은 꿈의 상태 속으로 곧바로 무자 화두의 정묘적 집중이 정말로 계속된다. 정묘적 꿈의 영역에서조차도 이제는 불변의 주시하는 인식이 있는 것이다. 이 시점에서 수련생들이 원인적 비현현[또는 순수한 지멸(止滅)]식(識)으로 접근하게 되면서 그들은 견성(見性, satori)으로 알려진 [돈오(頓悟)의] 폭발에 근접해 있게 된다. 이는 '일미의 위대한 해방'으로 순수한 원인적 흡인의 '얼어붙은 얼음'을 깨고 나오는 것이다. 처음에 일미는 그 자체가 절정 체험이지만 그것 역시 더 이상의 계속 수련과 더불어 고원 체험이 되고 그러고 나면 항구적 적응으로 될 것이다.

적응(adaptation)

단순히 어떤 주어진 의식 수준으로의 불변적이고 항구적인 접근을 의미한다. 우리 대부분은 이미 물질 · 신체 · 마음으로 적응되어(또는 진화되어) 있다. 우리 중 일부는(심령적, 정묘적, 원인적, 또는 비이원적) 초개인적(자아초월적) 수준들로의 절정 체험을 한 적이 있다. 그러나 실제 수련과 함께 우리는 이러한 상위 영역의 고원적 체험으로 진화할 수 있고 이러한 고원적 체험은 그 이상의 수련과 함께 항구적인 (변화적/변용적) 적응으로 될 수 있다. 즉, 심령적 · 정묘적 · 원인적 · 비이원적 수준들로의 항상적 접근은, 즉 자연신비주의, 신성(deity) 신비주의, 무형/무색(formless) 신비주의, 통합(integral) 신비주의로의 항상적 접근은 모두 현재의 물질 · 신체 · 마음만큼이나 쉽게 의식에 의해 이용 가능한 것이다. 그래서 이것은 모든 세 가지 의식 상태, 즉 깨어 있는 상태, 꿈꾸는 상태[혹은 사비칼파 사마디(savikalpa samadhi), 유상(有相)삼매][6], 잠자는 상태[혹은 니르비 칼파 삼마디(nirvikalpa samadhi), 무상(無相)삼매][7]를 통한 불변의식[사하자(sahaja)] 속에 마찬가지로 명백히 증거가 되고 있는 것이다. 그렇게 되면 마하르시의 "꿈이 없는 깊은 수면 속에 존재하지 않는 것은 실재가 아니다."라는 말의 의미가 명확해진다. 궁극의 실재는 깊은 꿈 없는 수면을 포함하는 모든 세 가지 상태 내에 존재해야 한다. 그래서 '순수의식'은 모든 세 가지 의식 내에 존재하는 유일한 것이다. 이러한 사실은 당신이 순수하고, 공(空)한 무형[無形, 무색(無色)]의 순수의식으로 안식하면서 모든 세 가지 상태가 생겨나서 머물다가 지나가는 것을 주목할 때 완벽하게 명백해진다. 하지만 반면에 당신은 모든 형상(色)의 순수한 공(空) 속에서, 즉 찬란하게 비치는 전자(the All)인 일미 속에서, 영구히 그리고 영원히 해방(해탈)되어 그대는 부동자(不動者), 불변자(不變者), 불생자[不生者, 무생자(無生者)]로 남아 있게 된다.

"그것이 어떤 다른 사람이었나? 그것이 바로 당신 자신이 아니었나?"

앞에서 언급한 것들은 우리가 자신의 영적 본성의 상위 수준에 자신을 적응시켜 나갈 때 거쳐 가는 성향이 있는 몇 가지 주요 단계이다. 즉, 그것은 믿음[마법적 · 신화적 · 합리적 · 전일적(holistic) 믿음], 신앙(상위 영역에 대한 직관은 있지만 아직은 직접 체험은 아닌 신앙), 절정 체험(심령적 · 정묘적 · 원인적 · 비이원적인 절정 체험, 이것은 통상 일회적 도취이기 때문에 특별한 순서에 따르지 않음), 고원 체험(심령적 · 정묘적 · 원인적 그리고 비이원적인 고원 체험 어느 한 단계에서의 능숙함이 다음 단계에 요구되기 때문에 거의 언제나 그러한 순서로 생겨남) 그리고 항구적인 적응(똑같은 이유로 역시 그러한 순서로 심령적 · 정묘적 · 원인적 그리고 비이원적인 의식에의 변화적/변용적 적응)인 것이다.

여러 가지 중요한 관점은 다음과 같이 요약할 수 있다.

- 당신은 영적 발달의 상대적으로 높은 수준에 있을 수 있지만 다른 계통들에서는 여전히 상대적으로 낮은 수준에 있을 수 있다[예컨대, 전면(표층)의식(the frontal)은 매우 지지부진하더라도 보다 더 심층적인 심혼적 능력은 계속 진보해 나갈 수 있다]. 영적으로는 발달했지만 성적인 관계, 정서적 친교, 육체적 건강 등에서는 여전히 오히려 미성숙한 사람들을 우리 모두 잘 알고 있다. 당신이 일미에 항상적인 접근을 한다고 해도 그런 것이 당신의 근육을 더 강하게 성장시키지는 않을 것이다. 그렇다고 해서 그런 것이 반드시 그런 새 일자리를 당신에게 갖다 주지도 않을 것이고, 당신에게 여자가 생기게 하지도 않을 것이고, 당신의 신경증을 모두 치료해 주지도 않을 것이다. 당신은 여전히 영적 수행이나 명상의 상위 단계로 진보해 가게 될 때 (그렇다고 해서 반드시 파내어지지는 않는) 그림자적인 인격 요소들의 깊은 의식의 주머니를 여전히 가지고 있을 수 있다. (이는 다름 아니라 명상은 대중적인 관점과는 반대로 폭로기법이 아니기 때문이다. 만약 그렇다면 대부분의 명상 지도자들은 심리치료가 필요 없을 것이다. 하지만 반면에 대개 그들 모두는 다른 모든 사람처럼 그것을 필요로 하고 있다. 명상은 일차적으로 억압된 무의식을 폭로하는 것이 아니고 상위적 영역의 창발을 허용하는 것이다. 즉, 이는 통상 하위의 억압된 영역은 여전히 하위적이고 여전히 억압된 채로 남아 있게 한다는 말이다.)
- 그렇다면 당신이 자신의 영적 전개 속에서 진보해 가게 되더라도 그것(명상)

을 좋은 심리치료요법적 수련과 조합하는 것을 한번 고려해 보라. 왜냐하면 일반적으로 영성 수련은 정신역학적 무의식을 적절하게 드러내지 못할 것이기 때문이다. 그것은 육체적 훈련을 적절하게 하지 못할 것이기 때문이다. 그러므로 체력단련을 위해 역도도 해 보라. 그것은 기체(氣体, pranic body)의 훈련도 제대로 하지 못할 것이다. 그러니 태극권을 추가해서 해 보라. 그것은 집단 또는 공동체의 역동적(group or community dynamic) 요법과는 잘 맞지 않을 것이다. 그래서 …… 추가해 보라. 물론 어떻게 하든 요점은, 개인이 자신의 상위적 발달과 함께 진행하기 위한 오직 올바르고 균형 잡힌 방식으로 통합적 수련(integral practice)을 해야 한다는 것이다.

- 비록 그러한 단계들의 대다수는 정해진 순서에 따라 전개되기는 하지만, 그런데도 어느 개인의 전반적 발달(또는 자기-발달)은 정해진 패턴을 따르지도 않고, 고정된 단계를 따르지도 않고, 경직된 순차적 순서를 따르지도 않는다. 전반적인 발달은 수십 가지의 상이한 발달 계통의 혼합형이고, 그러한 것들 모두는 비교적 독립적으로 발달하고, 그래서 어떤 전반적인 패턴이 고정될 수는 없다. 각각의 개인은 자신의 독특한 영성의 전개를 따르게 될 것이다.
- 비록 내가 상위적 단계들을 기술해 왔고, 그 접근에는 통상 최소한 용맹 정진하여 수련하는 데 5, 6년이 걸리지만(그리고 그 최고 단계는 흔히 30년 혹은 그 이상이 걸리지만), 당신이 초보자라면 그러한 것이 당신으로 하여금 미루게 하는 이유가 되지는 말아야 한다. 단순히 수련을 시작하라. 물론 5, 6년은 눈 깜짝할 사이에 지나갈 것이지만, 당신은 풍성하게 수확하게 될 것이다. 반면에 만약 당신이(마법적이거나 신화적이거나 합리적이거나 전일적인) 믿음들 외에는 아무것도 팔지 못하고 있는 그런 선생들에게만 경청한다면 당신은 5, 6년간의 더 서글픈 경험 외에는 아무것도 얻는 게 없을 것이다. [전일적 믿음은 이지적/심적 영역에 대해서는 좋고 매우 정확하다. 그러나 영성은 초이지적/초심적(transmental) 영역, 상위심적(上位心的, supramental) 영역, 초의식적 영역에 대한 것이고, 마음의 변환은 당신이 마음을 초월하는 데 도움이 되지 않을 것이

다. 그래서 개인중심적(person-centered) 문명 종교(civil religion)는 조금이라도 당신 자신으로부터 당신을 구원하지는 못할 것이다.] 오히려 당신은 정관/명상적[관상적(contemplative)], 초개인적(자아초월적), 상위심적 수련을 받아들여야 한다. 그러므로 아무리 수련이 위압적으로 보이더라도 단순히 그냥 시작해 보라. 오래된 농담이 말하듯이, "너는 코끼리를 어떻게 먹니? 한 번에 한 입씩 먹어 들어가지."와 같은 말이다.

- 그래서 사실은 코끼리를 몇 입만 먹어 들어가도 당신은 이미 상당한 이점을 획득하기 시작할 것이다. 예컨대, 당신은 토머스 키팅(T. Keating) 신부가 가르친 대로 하루에 20분 정도 향심기도(向心祈禱, Centering Prayer)를 하며 시작할 수도 있다. 많은 사람이 즉각적인 효과, 즉 조용해지고, 의식이 열리고, 타인을 배려하고, 경청하는 등의 효과를 보고하고 있다. 가슴이 조금씩 녹아내리고 그래서 당신도 그렇게 된다. 지크르(Zikr)를 반 시간 하거나, 위빠사나(vipassana)를 40분 정도 하거나, 당신의 일상 스케줄 속에 짜 넣은 요가수련을 하루에 두 번 하거나, 탄트라 시각화 명상을 하거나, 가슴으로 하는 기도를 하거나, 매일 아침 침대에서 일어나기 전에 15분간 호흡 세기 등을 할 수 있다. 그러한 것 중에 어느 것도 좋다. 무엇이든 간에 당신에게 먹혀드는 것이면 그냥 처음 몇 입만 먹어 보라…….
- 우리는 자신에 대해 품위를 지키는 게 필요하다. 그건 옳은 말이지만 우리는 역시 굳건할 필요가 있다. 자신을 진정한 자비로 대해야지 어리석은 자비로 대해서는 안 된다. 따라서 자신에 도전하고 자신을 격려하고 자신을 밀고 나가야 한다. 즉, 수련을 시작해야 한다.
- 이러한 수련 중 어느 것을 붙잡고 나가기 시작하게 되면서 당신은 매년 수일간은 강도 높은 수련회에 참가하는 게 적절하다는 것을 발견하게 될 것이다. 이것은 당신에게 수련의 약간 '엿봄' 체험을 수련의 초보적 고원 수준으로 확장하는 기회를 제공할 것이다. 당연히 세월이 지나가겠지만 당신은 세월과 더불어 수련이 익어갈 것이고, 천천히 그러나 확실히 당신 자신의 더 낮은 측면을 초월하고 그래서 더 큰 측면 쪽으로 통로가 열릴 것이다. 그러한 모

든 시간을 되돌아보게 될 때 마치 그것이 단지 꿈처럼 느껴질 날이 올 것이다. 왜냐하면 사실 그것은 꿈이고, 그로부터 당신은 곧 깨어날 것이다.

- 요점은 단순하다. 만약 당신이 진정한 변형적/변용적 영성에 관심이 있다면 확실하게 믿을 만한 영적 스승을 찾아서 수련을 시작하라. 수련하지 않고서는 결코 믿음, 신앙, 무작위의 우연한 절정 체험의 국면을 넘어서 이동하게 되지 않을 것이다. 결코 고원 체험으로 진화하지 못할 것이고, 그로부터 항구적인 변용적 적응 속으로 들어가지 못할 것이다. 기껏해야 당신은 자신의 상위적 상태의 영토 내의 일시 방문자, 자신의 '진아' 안으로의 여행자로 남아 있을 것이다.

미주

1) Kwn Wilber, 『켄 윌버의 통합심리학』, pp. 129-134에서 발췌 인용.

2) Ken Wilber, 『켄 윌버의 일기』, 12월 11일, pp. 26-37에서 발췌 인용.

3) Ken Wilber, 『켄 윌버의 일기』, 11월 30일, pp. 312-321에서 발췌 인용.

4) 영적인 전개(Sprititual Unfolding): 윌버는 『켄 윌버의 일기』에서 한 개인의 영적 전개(영성의 발현)는 믿음(befief)→ 신앙(신념)(faith)→ 직접 체험[절정 체험(peak experience)→ 고원 체험(plateau experience)] → (항구적, 영적) 순응(permanent adaptation)의 단계를 거친다는 것을 설득력 있게 제시하고 있다. (조효남, 「직지인심적 일미의 깨달음-켄 윌버 사상의 본질」; 『지금 여기』, 2006. 1/2. vol. 61 참조)

5) 고원 체험(plateau experience): 매슬로에 의해 처음 도입된, 지속적인 신비 체험에 의한 지속적 자아초월적 의식의 체험 상태를 일컫는 말로, 절정 체험은 통상적으로 짤막한 기간-수 분에서 수 시간 동안-지속되는 반면에, 고원 체험은 항구적인 순응이 되는 과정에 근접하면서 보다 불변적이고 지속적이 되는 것이다. 절정 체험은 즉각적으로 올 수 있고 통상 그렇게 오는 반면에 그들을 지속시키고 그들을 절정으로부터 고원으로-짤막한 변성의식 상태로부터 보다 더 지속적인 특성으로-전환하기 위해서는 오랜 기간의 수련을 필요로 한다.

6) 유상삼매(有相三昧)란 베단타와 불교에서 색계의 형상을 가지고 하는 분별지(分別智)의 수행. 소위 유상관(有相觀)에 의한 색계 선정삼매를 의미한다.

7) 무상삼매(無相三昧)란 베단타와 불교에서 무색계의 무분별지(無分別智)를 깨닫기 위해 하는 수행. 소위 무상관(無相觀)에 의한 무색계 선정삼매를 의미한다.

9 통합생활수련

윌버는『켄 윌버의 일기』에서 개인의 영적 성장을 위해 필요한 온건강 차원의 섭생과 치료에서 수련/수행과 일상적 삶에서의 실천에 이르기까지 AQAL Matrix적 온분면 · 온수준 · 온계통 접근의 중요성을 강조하고 통합적 생활수련/실천의 실례를 사분면의 도표로써 온수준 · 온계통적인 치료 · 수련 · 수행법들을 제시하였다. 윌버는 최근의『통합영성』에서 AQAL−ILP(Integral Life Practice) Matrix를 그의 제5기 AQAL 4Q/8Z 모델에 따라 동서양의 수백 가지의 변용적 수련을 집대성하는 보다 포괄적이고 통합적인 생활수련 모델로 제시하고 있지만, 여기서는 소개하지 않을 것이다. 중요한 것은 정교한 모듈이 아니라 각자의 의식 수준과 적성에 맞는 사분면적 통합수련으로 치료법, 수련법, 섭생법, 수행/수련 문화공동체 참여/봉사, 사회적 의무이행 등을 실행하는 것이다.

이런 관점에서 여기서는 먼저 윌버가『켄 윌버의 일기』에서 보여 주는 통합생활수련 지침과 함께 그가『무경계』,『세상에서 가장 아름다운 용기』, 등에서 보여 주는 AQAL 통합적인 수행적 삶의 방향에 대해 먼저 언급하였다. 이것은 윌버와 제자들이 집필한 유일한 모듈형 패키지 수련지침서인 '통합생활수련(Integral Life Practice: ILP)'(『켄 윌버의 ILP』, 안희영, 조효남 공역, 학지사, 2014)에 그대로 구현되어 있다. 따라서 여기서는 ILP에서 강조하는 '통합생활수련' 지침에 대해서만『켄 윌버의 ILP』에서 발췌하여 간략하게 소개하였다.

통합적 생활수련[1)]

통합수련(통합수행)에 대해 언급하는 데는 수많은 방식이 있다. '통합요가(Integral Yoga)'란 말은 오로빈도[와 그의 제자 쵸두리(Chaudhuri)]에 의해 처음 사용된 용어이다. 그들에 의하면 이 말은 구체적으로 인간에게 있는 상승적 조류와 하강적 조류 양쪽을 — 단지 의식의 변화/변용뿐만이 아니라 동시에 신체의 변화도 함께 — 통일하는 수련(수행)을 의미한다.

토니 슈바르츠의 『무엇이 진정 문제인가(What Really Matters)』가 그렇듯 마이크 머피(M. Murphy)의 『신체의 미래(Future of the Body)』도 통합적 시각에 대한 탁월한 개요서이다. 윌버는 『켄 윌버의 아이 오브 스피릿』에서 자신의 통합적 접근에 대해 약술하였다. 머피와 레너드(Leonard)의 『우리에게 주어진 삶(The Life We Are Given)』은 통합수련의 한 유형의 실천적 지침서이며 매우 강력하게 권장할 만한 책이다.

누구든지 자기 나름의 통합적 수련을 함께 모아서 구성할 수 있다. 인간 심신의 — 육체적 · 정서(감정)적 · 이지적(심적), 사회적 · 문화적 · 정신적(영적) — 모든 주요 잠재력과 차원을 모두 동시에 훈련한다는 것이 그 아이디어이다. 사분면 전반에 걸쳐 맞물려 돌아가는 몇 가지 예를 보여 주기 위해 각 분면으로부터의 몇 가지 대표적 수련과 함께 우리는 누구나 다음 통합적 사분면 수련/수행/실천과 같은 역량과 수준을 갖고 있다는 점을 강조하였다.

우상 분면(Upper Right, 개인적, 객관적, 행동적)

- 신체적(Physical)
  - 식이요법: 프리티킨(Pritikin),[2)] 오니시(Ornish),[3)] 존 방법(The Zone),[4)] 밥 아노트(Bob Arnot)[5)] – 비타민, 호르몬
  - 구조적: 체력 단련, 에어로빅, 등산, 롤핑(Rolfing)[6)] 등
- 신경생리적(Neurological)
  - 약리학적: 적절한 경우 여러 약물치료/의약품

– 뇌/심전도 장치: 자각 의식의 알파(α)파, 세타(θ)파, 델타(δ)파 상태 유도 보조 장치

좌상 분면(Upper Left, 개인적 · 주관적 · 의지적)

- 감정 정서적(Emotional)
  – 호흡: 태극권, 요가, 생체 에너지학, 기(氣)순환(소주천), 감각에너지 깨우기(feeling–energy), 기공(氣功)
  – 성(性): 탄트라 성적 교섭, 자기–초월적(self–transcending) 전신(全身) 성 행위
- 정신적(Mental, 심적)
  – 치료(테라피): 심리치료, 그림자 작업, 인지치료
  – 비전: 의식적인 삶의 철학 받아들이기, 시각화요법(visualization), 확언요법(affirmation)
- 영적(Spiritual)
  – 심령 수준(무속/요가수행자): 자연 신비주의, 무속적, 초급 탄트라 수련
  – 정묘 수준[성자(saint)]: 신성 신비주의, 요가, 이담(yidam, 堅實心), 관상기도, 고급 탄트라 수련
  – 원인 수준[현자(sage)]: 무형 신비주의, 위빠사나(vipassana), 자기 탐구(self–inquiry), 있는 그대로의 주의(bare attention), 주시훈련(witnessing)
  – 비이원 수준[해탈자(解脫者), siddha]: 비이원 신비주의, 족첸(Dzogchen, 위대한 완성) 수련, 마하무드라(Mhamudra, 大印)[7] 수행, 샤이비즘[시바신(神) 신봉주의, Shaivism], 참선(參禪) 등

우하 분면(Lower Right, 사회적, 상호 객관적)

- 시스템적(Systems): 가이아, 자연, 생명권, 온수준에서 지정학적 기반 구조(infrastructures)에 대한 모든 수준에서의 의무 실행하기
- 제도적(Institutional): 가족, 도시, 주, 국가, 세계에 대한 교육적 · 정치적 의

무 그리고 시민의 의무 실행하기

좌하 분면(Lower Left, 문화적 · 상호 주관적)

- 관계(Relationship)
  - 가족, 친구, 살아 있는 존재(중생) 전반과의 관계들
  - 자기 비움에 의한 개인의 (영적) 성장의 일부로 만들기
- 지역사회/공동체 봉사(Community Service)
  - 자원봉사, 노숙자 보호소 봉사, 호스피스 봉사 등
- 도덕성(Morals)
  - 살아 있는 모든 생명(중생)과의 관계에서 자비수행을 하면서 지선(至善, the Good)의 상호 주관적 세계에 참여하기

생활 속의 통합적 치유 · 수련 · 실천(ILP)에 관한 전반적인 아이디어는 너무나 자명하다. 각각의 범주로부터, 아니면 실용적으로 적용 가능한 만큼의 많은 범주로부터 하나씩 기본 수련법을 뽑아낸 다음, 그것들을 동시에 수련하라는 것이다. 포함되는 범주가 많으면 많을수록 그것들은 더욱더 효과적이 된다(왜냐하면 그것들은 모두 수련자 자신의 존재의 다양한 측면으로서 모두 서로 밀접하게 연관되어 있기 때문이다). 그것들을 부지런히 수련하라. 그리고 심신의 다양한 잠재력이 드러나도록 통합적 노력을 경주하라. 심신 자체가 공(空) 속에서 펼쳐질 때까지 그렇게 하라. 그러고 나면 전체 여정은 결코 일어난 적조차도 없었던 한 여행으로부터의 희미한 기억이 될 뿐이다.

켄 윌버의 통합수련 아이디어는 그의 동료와 제자들(Terry Patten: Adam Leonard Marco Morelli)이 주축이 되어 계발한 통합수련 이론서이며 수련 지침서인 『켄 윌버의 ILP』[8]에 잘 구현되어 있다. 여기서는 필자의 관점이 아닌 ILP에서 윌버와 파텐(T. Patten) 등이 주장하는 그대로 그들의 AQAL 관점에서 기본 개념에 대해서만 간략하게 소개하였다.

ILP란 무엇인가

수련을 위한 AQAL 통합적 얼개는 우리에게 이용 가능한 수많은 수련 옵션을 의미 있게 만들도록 도와준다. 그러므로 AQAL-ILP는 궁극적으로 최상의 유연성과 포괄성을 제공한다. 그래서 개개인은 자신의 수련 의도를 아주 충분히 그리고 매우 깊숙이 존중할 수 있고 자신의 잠재 능력을 발휘할 수 있다. ILP의 얼개는 최대한의 유연성을 허용한다. 그것은, 우리가 깨닫게 되고 보다 더 성공적이고 보다 더 좋아 보이고 언젠가는 희망적으로 완벽하게 될 때까지, 독특하고 개성화된 수련을 설계하기 위한 한 세트의 도구를 제공한다. 어떤 것이 가장 잘 맞는 것인가는 시간이 가면서 자연스레 변한다는 것을 이해하고 나면 그 어떤 형태라도 지금 당장은 자신에게 가장 잘 맞는 것이다.

ILP의 'AQAL 통합적' 부분은 AQAL이 아주 근본적으로 포괄적이라는 데 있다. AQAL은 모든 것의 이론, 즉 매우 광범위하지만 엄밀한 용어로 생명과 실재를 온전하게 이해하는 하나의 방식이다. AQAL은 스스로 제시하는 모든 수준과 모든 차원에서의 의식, 즉 '온우주'와 인간 발달의 지도이다. AQAL은 수백 가지 다른 이론들로부터 핵심 진리들을 내포하는 지도의 지도와 같은 메타이론이다. 그것은 영적 전통, 철학, 현대 과학, 발달심리학 그리고 수많은 다른 분야를 정합적인 전체로 조직화한다. AQAL은 위대한 사상가들, 스승들, 저술가들이 자기와 세계에 대한 우리의 이해를 가능하게 해 준 수많은 조망/관점을 다 밝혀 준다.

AQAL은, 여전히 서로 다른 길로 흩어지는 수련 경로들 사이의 건강한 차이를 존중할 수 있는, 그리고 그런 자격의 부여를 생각할 수조차 없는 수련에 대한 실로 보편적인 접근법에서는 빠져 있는, 어떤 강력한 핵심 수련을 제공한다.

ILP는 수련에 모듈형(Modular) 접근법을 제시한다. ILP 모듈은 몸이나 마음이나 영이나 그림자와 같이 우리 존재의 어떤 특수한 부분에 관련되는 수련의 범주이다. ILP 수련 모듈을 확인해 보면 그것은 우리의 수련적 삶을 개관하도록 해 줄 것이다. 그래서 어떤 분야를 훈련하고 어떤 것은 내버려 둘 것인가를 스스로 결정하도록 허용할 것이다. 모듈형 접근법의 이점 중 하나는 한 묶음의 수련 모듈들만 갖고서도 자신의 삶의 모든 핵심 분야에 다 개입할 수 있다는 것이다. 정확히 어떻게 그렇게 하는가에 대한 적절한 선택을 유지하면서도 그렇게 할 수 있다.

ILP는 어떤 특정한 구체적인 수련을 강요하지 않는다. 그리고 '수련/수행/실천'이라고 말할 때 우리는 요가, 역도, 일지 쓰기, 봉사활동 등등과 같은 의식적이며 규칙적으로 수행/훈련/실행하는 활동을 의미한다. 오히려 그것은 본질적인 몇 개의 일반 분야인 모듈들 그리고 중요하지만 선택 항목적인 다른 분야를 함께 제시한다. 그러고 나서 그것은 우리가 그러한 분야들에 정확히 어떻게 관여하고 싶은가를 결심하도록 허용한다. 이렇게 하는 것은 모든 기초 수련을 다 망라하면서도 여전히 자신에게 알맞은 수련을 선택하기가 더 쉽게 만들어 준다.

ILP는 스케일 조절이 가능하다. 이것이 의미하는 바는, 우리는 수련을 당신의 가용한 시간 틀에 맞추어 수용할 수 있도록 단순화하고 단축할 수 있다는 것이다. 우리는 종종 수련을 하기에는 너무 바쁜 자신을 발견하곤 한다. 하루에 10분 정도밖에 안 되는 적은 시간에도 ILP의 기본 형태를 실천할 수 있다. 그러므로 어느 누구든지 아무리 바빠도 통합적 생활수련 ILP를 실천할 수 있다.

만약 우리가 심층적이고 급속한 변용에 관심이 있다면 역시 우리는 가장 심층적인 수준에서, 전통적인 수도사나 올림픽 선수의 수련/훈련과 똑같은 강도로, 수련에 전념하는 삶에 몰입하기 위해서도 ILP 원리를 사용할 수 있다. 그렇게 하려면 수련은 하루에 여러 시간 동안 길게 연장될 수 있고, 수련회에 참가하는 것이나 헌신적인 수행 공동체에서 살아가는 것도 포함할 수 있다.

ILP는 우리의 수행에 대한 관심 영역이 넓은 편인가 아니면 매우 특수한가에 따라 독특한 관심, 열정, 욕구를 실현 가능하게 해 주는 맞춤형 수련이 가능하다. 그것은 경직된 구조로 옥죄이게 만들지 않고 오히려 자신의 존재의 수많은 차원에 창의적으로 관여할 수 있는 유연하고 개방적인 공간을 창조한다.

ILP의 금과옥조(金科玉條) GS(GoldStar) 수련과 같은 특정한 수련은 가장 활기차게 도약하게 해 주기 위하여 농축된 정수(精粹)만 뽑아 놓은 것으로서 가장 본질적인 것은 보존하고 그렇지 않은 것은 버린 것들이다.

통합적 생활수련 ILP는 ……

교차훈련 통해 효과 극대화
– 자기, 문화, 자연에서의
몸, 마음, 영에 대해 시너지적으로 작업하는 –

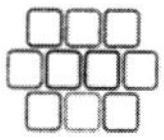

모듈적 수련
– 당신으로 하여금 특수한 분야나 '모듈들'에서의
수련을 혼합하고 맺어 주는 –

스케일 조절이 가능
– 당신이 갖고 있는 얼마든지 많은 혹은 적은 시간에 따라
조정하고, 1분 모듈까지 가능한 –

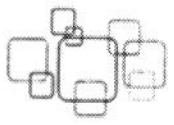

맞춤형 수련이 가능
– 당신의 개인적인 삶의 스타일에 맞춘 수련, 당신에게 적합한 프로그램을
당신이 직접 설계하고 필요로 하는 수련을 기초로 그것을 적응시킴 –

정수만 뽑아놓은 수련
– 탈포스트 근대의 삶을 위한 수련의 고도로 집중되고 효과적인 형태를 제공하기 위해
전통적 수련의 핵심만 추리고 추스려서 문화적이거나 종교적 보따리 필요 없이 가능 –

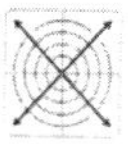

통합적 수련
– AQAL™기술에 바탕을 둔 인간 존재에 내재된 수많은 잠재력을
지도화하기 위한 온수준, 온상한 'All Quadrant, All Level' –

마지막으로, ILP는 통합적이다. 이는 구체적으로 말하자면 'AQAL에 의해 더욱 강력해진다.'는 의미이다. AQAL은 이 시대에 이용 가능한 의식의 가장 포괄적인 지도이다. 그래서 ILP는 21세기에 수련의 최첨단 형태를 창안하는 데 그것을 사용하게 해 준다.

착수 패드(Launching Pad): 네 개의 핵심 모듈

ILP는 다음과 같은 네 개의 핵심 모듈로 되어 있다.

- 신체
- 마음
- 영(Spirit)

- 그림자

중요한 추가 모듈에는 다음과 같은 것이 포함되어 있다.

- 통합윤리
- 통합 성(性)요가
- 일
- 정서 교류
- 통합적 양육(부모 노릇)
- 통합적 대인관계
- 통합적 소통

ILP를 위한 보편적 출발점은 개인적 존재의 네 개의 기본 차원, 즉 몸 · 마음 · 영 · 그림자에 관계되는 네 개의 핵심 모듈이다. 그래서 누구나 원한다면 혼자서 스스로 그것들을 실행할 수 있다. 우리는 실제로 삶의 대부분의 분야에서든 보다 더 큰 명료성, 현존성, 약동성을 갖고서 다중조망을 통해 내향적으로 그리고 외향적으로 기능을 더 잘 발휘하게 될 것이다.

전통적인 영적 성장의 길들은 보통 이 모듈 중에 2~3개 정도만 강조해 왔다. 그것들에는 그림자 모듈 같은 것은 거의 포함하지 않고 있다. 자기 발달의 근대

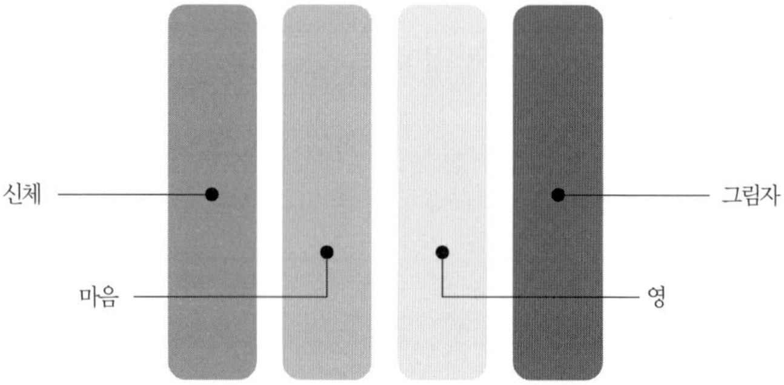

[그림 9-1] 네 개의 핵심 모듈로 시작하라

적 그리고 탈근대적 수행의 길은 종종 그림자 작업을 포함한다. 그러나 일부는 마음 모듈 같은 것은 버린다. 대부분은 영 모듈에서 통상 명상적 전통의 깊이와 엄격성이 결여되어 있다.

핵심 모듈 외의 부가적 모듈에서 알아차림과 보살핌/배려를 자신의 모든 핵심 인간관계와 사회적 기능(평생 직업, 친밀도, 가족 그리고 그 외 더 많은 것)에 보탤 수 있다. 어떤 모듈이라도 어느 주어진 시간에 실천의 초점이 될 수 있다. 그래서 모든 핵심 및 부가적 관련 모듈이 다 중요하다. 만약 우리가 자신의 삶의 목적이나 가슴속 열정으로 평생 직업을 바로잡기를 원하는 단계에 있다면 우리는 필경 일(Work) 모듈에 그리고 자신만의 독특한 자기를 펼쳐 나가는 데 초점을 맞추기를 원할 것이다. 만약 우리가 단지 사랑에 빠져 있다면(혹은 사랑을 구하고 있다면), 아니면 친밀한 파트너와 여러 논쟁적 갈등 문제로 고심하고 있다면 우리는 아마도 대인관계 모듈에 초점을 맞추고 싶을 것이다. 만약 우리가 새로운 가족생활을 시작하고 있다면, 그런 경우 당연히 필요하다고 생각하는 양육(부모 노릇) 모듈에 집중할 것이다.

네 가지 핵심 모듈은 추천되는 수련 기반이지 경직되고 독선적인 구조가 아니다. 누구나 삶의 여로는 수많은 장(章)을 갖게 될 것이고, 그래서 수련에서 강조하는 면도 이에 따라 옮겨가게 될 것이다. ILP 모듈은 우리 삶의 보다 더 중심 차원을 고려하기 위한 하나의 방식일 뿐이다. 게다가 우리는 ILP 모듈을 삶의 경직되고 구획화된 추상적 단위로 생각할 필요가 없다. 우리는 그것을 떨어져 있으면서도 억지로 거북하게 걸치고 있는 방식으로 자신에게 관련시킬 필요가 없다. ILP 모듈은 수련하는 삶의 방향과 균형을 잡아 주고 삶을 통합한다.

금과옥조 GS수련

각 모듈은 우리가 선택할 수 있는 상당수의 수련을 포함한다. 예를 들면, 신체 모듈은 광범위한 수련을 포함한다. 여기에는 역기 들기, 에어로빅, 스포츠, 수영, 요가, 기공(氣功), 다이어트, 영양식단 등이 포함된다. 생활에서 구체적으로 실현하는 측면에 집중하는 여하한 신체적 단련/훈련 행위도 신체 모듈 수련으로 간주할 수 있다. 마찬가지로, 기도, 명상, 헌신적 예배 같은 수련은 영(Spirit) 모듈에 속한다. 왜냐하면 그것들은 당신 존재의 영적 차원에 연관되기 때문이다.

우리는 네 개의 핵심 모듈의 각 모듈을 위해 여러 가지 권장할 만한 수련법을 개발하였다. 우리는 그것들을 황금률/금과옥조 GS수련이라 부른다. 그것들은 최초이며 AQAL에 기초하고, 특히 21세기 삶에서 전통적 · 근대적 · 탈근대적 접근법의 최선을 통합하는 데 적절하다. 수많은 금과옥조 GS수련은 전통 수련의 정수(精粹)다. 종교적이고 문화적인 보따리는 다 빼고서도 그렇다.

통합적 생활 매트릭스 ILP Matrix

모 듈

	핵심 모듈				추가 모듈				
	신체	마음	영성	그림자	윤리	직업	대인관계	창의성	혼/정신
표본적 수행들	3-身 훈련★ FIT [근력훈련]★ 에어로빅 연습 균형 다이어트와 의식적 식사 요가 무술수련 스포츠/댄스	독서와 공부모임 토의와 토론 쓰기와 일지 쓰기 당신의 의미-만들기 바라보기 통합[AQAL] 골격★ 학위 취득	명상 기도 영의 3면목 [3面目]★ 통합적 탐구 영적공동체 예배 · 노래 · 성가 자비교환	3-2-1 과정 꿈 해석 작업 일지 쓰기 심리치료 가족/부부치료 정서 변화 미술, 음악, 댄스 치료	도덕적 탐구 통합윤리★ 자원봉사일 사회적 실천주의 전문직 윤리 박애/자선 가슴에서 우러난 서비스	올바른 생활태도 시간관리 전문성 개발 통합적 소통★ 개인적 생산성의 체계 재정지능	의식적 전념 주간확인 친밀도 워크숍 통합적 양육 상처받기 쉬운 것 통합성(性) 요가★	통합적 예술성 음악 연습, 연주, 작곡 창의적 쓰기 댄스와 드라마 요리와 실내장식 창의적 공동체	절제와 자적 자연과 교섭 삶의 목적 발견하고 살기 심층심리학 미술, 음악, 문학과 동조하기 비전탐구 여행

다음과 같이 매우 단순:

- 네 개 핵심 모듈 각각에서 마음에 드는 하나의 수련을 뽑으라.
- 당신이 바라는 만큼 추가 모듈로부터 수련을 추가하라.
  (특히 금과옥조 GS수련 ★을 추천)

어떤 경우에 우리는 새롭게 알게 된(현대적 삶에 맞는 수련의) 요구를 나타내기 위해 애초부터 수련을 새로 만들어 내기로 했다. 모든 금과옥조 GS수련은 수련의 가장 적당한 측면을 모두 포괄하면서 체계적으로 계통화되어 있고 축약되어 있다.

ILP는 누구나 원하는 만큼 풍성하게 되고 확장될 수 있다. 그렇지만 바쁠 때를 위하여 1분 모듈이라고 부르는 금과옥조 GS모듈의 속성 버전을 고안해 냈다. 1분 모듈은 그것을 완수하는 데 매우 적은 시간이 들지만 놀랄 정도로 효율적이고 진정한 훈련으로 축약된 금과옥조 GS수련이다. 그것은 우리가 거의 언제 어디에서나—직장에서, 지하철에서, 점심식사 후에, 수업 사이에, 잠들기 바로 전에—할 수 있는 금과옥조 GS 미니 수련이다.

1분 모듈은 더 강도 높은 수련에 대한 대치가 아니다. 이상적으로 우리는 자신의 수련에 깊게 빠져 들기 위해 매일 한두 시간을 낼 수 있고, 때로는 더 길게 여러 날 동안 잡힌 수련회에서 더 많은 수련 시간을 가질 수 있다. 그러나 그렇게 많은 시간 여유가 없을 때 1분 모듈은 우리가 수련의 본질과 항시 접하고 있도록 도와준다.

1분 모듈을 활용하여 우리는 현실적으로 하루에 10분 정도 내에 ILP 전부를 다 할 수 있다. 이것은 우리가 바쁠 때조차도 수련을 계속 유지하기 쉽게 만들어 준다. 그것은 또한 수련하지 않는 데 대한 핑계마저 없애 준다! 누구든지 ILP를 규칙적으로 수련하기 위해 시간을 낼 수 있다.

수련에는 끝이 없다. 수년간의 헌신적인 수련 뒤에 경험이 많은 수련자는 흔히 보다 더 현묘하고 보다 더 미묘한 차이를 갖는 방식으로 똑같은 모듈로 수련한다. 일단 전체 삶이 수행이라면 우리는 자신의 현재의 마음과 정서의 상태를 갖고서 보다 깊게 수련을 하는 경향이 있다. 우리의 수련은 인간관계, 일 그리고 다른 추가 모듈을 더욱 심오하게 만든다. 물론 우리는 몸, 마음, 영, 그림자로 계속해서 되돌아간다. 수련은 우리의 삶과 수련의 성숙이 각 새로운 국면으로 이동해 가면서 계속해서 적응하고 유연해지고 진화해야 한다.

ILP의 원리는 우리로 하여금 효과적으로, 균형 있게 그리고 매우 효율적으로 전반적인 수련을 설계하고 계속 개선해 나가도록 도와줄 것이다. 우리는 본질적인 문제들의 어느 것도 그냥 내버려두지 않거나 또는 자신의 발달의 주요 차원을 소홀히 다루지 않을 것이다. 이것은 우리가 명상 수련의 강도 높은 단계나 신체 단련을 위한 집중된 훈련 기간 같은 특정한 성장에 집중할 기간에도 그렇다는 말이다.

수련이 일이나 가족으로 인해 명백하게 뒤로 밀려나는 삶의 국면에서조차도 적절하고 유연한 모양을 갖출 수 있는 그런 수단을 갖게 될 것이다. 통합생활수련 ILP의 모듈과 수련에 우리가 관여하는 방식은 시간이 지나면서 진화할 수 있다. ILP 수련의 일반 지침은 삶의 모든 순간에 자연적으로 내재된 정향성을 향해 발달할 수 있는 수련에 확고하게 전념하기 위한 좋은 지침이 될 수 있다. 거기에는 건강한 인간의 삶의 들숨만이 아니라 날숨을 위한, 즉 삶의 모든 질과 국면을 위한 여유도 있다.

최선의 길은 그냥 시작하는 것이다! 초보자이거나 숙련된 수련자이거나 간에 가장 지적이고 유용한 수련을 자신의 삶으로 가져오기 위해 ILP를 활용하라는 것이다.

일단 기본적인 것을 알고 나면, 자신의 ILP를 시작하는 것은 쉬운 일이다. 어떻게 단순하고 신속하게 그렇게 할 수 있는가를 요약하면 다음과 같다.

- ILP는 네 개의 핵심 모듈, 즉 몸 · 마음 · 영 · 그림자로 되어 있다. 그것은 교차훈련의 원리를 통해 작용한다.
- ILP를 시작하기 위해 필요한 모든 것은 각 핵심 모듈 내에서의 하나의 수련이다.
- 자신의 ILP를 설계하라. 그리고 그것을 자신의 스케줄의(크거나 작은) 현실적인 제약, 수련에 전념하는 수준, (수련을 염원하는) 영감의 상태에 적합하도록 스케일하라.
- 섞어서 짝을 지으라. 적절한 정도로 추가 모듈로부터의 수련을 포함하라. 그리고 자신의 삶에서 가장 적당하고 필요한 것에 집중하라.

- 금과옥조 GS수련은 ILP를 위해 최적화되어 있다. 그것들은 특히 정수를 뽑은 것이고 집중되어 있고 효과적이다. 그렇지만 의무적은 아니다. 바쁘다면 1분 모듈을 해 보라.
- 가장 곤란한 부분은 인생이란 학교 자체이다. 그러나 수련은 우리로 하여금 일상적 삶의 어려움과 즐거움을 모두 포용하도록 그리고 근본적으로 보다 더 존재적이고 생동하며 능력을 발휘하도록 도와준다.

미주

1) Ken Wilber, 『켄 윌버의 일기』, 6월 18일 pp. 129−131에서 인용.
2) 프리티킨(Nathan Pritikin)은 식이요법과 건강과의 관계에 대한 프리티킨 프로그램의 창안자이다. 그는 다이어트와 건강 관련 책으로 베스트셀러 저자가 되었고 그의 장수센터는 수만 명이 거쳐 갈 정도이다. 그 자신이 그랬듯이 만성 심장질환 환자가 식이요법과 운동을 통해 건강을 회복할 수 있음을 보여주어 미국의 건강 혁명에 크게 기여하였다.
3) 『관계의 연금술』이란 책의 저자인 오니시(Ornish) 박사는 이 책에서 심장에 대한 과학적 실험을 통해, 물리적인 식이요법, 흡연, 운동, 유전, 약, 수술 등의 물리적인 요소의 영향보다 마음속 감성적이며 정서적인 요소가, 즉 공동체 의식, 사랑과 친밀감이 심장이나 건강에 더 큰 영향을 미친다는 것을 과학적으로 밝혔다.
4) 존(The Zone)이란 아이카사노이드(Eicosannoids, 인체의 생리 현상과 면역 반응을 조절하는 호르몬)의 균형을 유지하면 몸과 마음이 최고 수준에 달하게 되는 최상의 건강 상태, 즉 신체가 최고의 효율로 움직이는 신진대사 상태에 이르는 경지를 말한다. 존에 들어갈 수 있는 방법으로 동양의 종교와 무술이나 심지어 약을 사용하기도 하지만 반드시 들어간다는 보장은 없고 적당한 음식과 식이요법으로 존에 도달할 수 있고 운동선수들은 지속적으로 마음의 여유, 적당한 긴장, 유연한 몸, 높은 집중력을 수반하는 이런 상태를 종종 경험한다고 한다.
5) 『유방암 예방 식단』의 저자인 아노트(Arnot) 박사는 이 책에서 유방암과 식이요법과의 관계를 과학적으로 밝히고 유방암 예방을 위한 식이요법과 운동의 12가지 방법을 제안하였다.
6) 이다 롤프(Ida Rolf) 여사에 의해 개발된 일종의 마사지치료법으로, 신체 구조의 개선을 목표로 하기 때문에 '구조적 통합'이라고 일컬어진다. 주로 척추의 왜곡을 교란하는 데 중점을 두고 골격근에 대한 심도 깊은 마사지를 위주로 하는 마사지 기법.
7) 대인(大印)이라는 의미로, 인(印)은 바꾸거나 변하게 할 수 없는 것을 의미하는 티베트 금강승 불교의 대표적 경전인 틸로파의 정수. 마하무드라 명상/禪은 모든 언어와 상징을 넘어선 공의 실현, 윤회로부터의 자유로운 경지를 노래한다.
8) 이하 부분은 필자와 안희영 교수가 공동 번역한 『켄 윌버의 ILP』의 2장에서 발췌하여 요약 기술한 것이다.

10 자아초월사상

원래 트랜스퍼스널(transpersonal)이란 용어가 담고 있는 함의가 워낙 다양하고 복합적이다 보니 이것을 적합하게 의미하는 우리 용어는 없다. 다만, 전문가마다 초개인, 자기초월, 자아초월 등의 여러 용어로 사용하고 있으나 최근에 국내에서 '자아초월(trans-ego)'이란 용어가 트랜스퍼스널이란 뜻으로 가장 널리 쓰이고 있다. 그래서 자아초월과 트랜스퍼스널이 정확히 같은 의미는 아니지만 여기서는 일반적으로 사용되는 용어를 그대로 따랐다. 이 장은 켄 윌버의 자아초월 사상을 소개하기에 앞서 필자가 보는 자아초월심리학과 자아초월사상의 기초 개념부터 소개할 것이다.

자아초월이란 무엇인가

트랜스퍼스널/자아초월심리학(transpersonal psychology, 초개인심리학)에서 시작된 트랜스퍼스널학(transpersonalogy)은 너무나 광범위하고 포괄적인 학문이므로 "자아초월(transpersonal)이 무엇을 의미하는가?" "자아초월사상의 비전과 전망은 무엇인가?" 등에 대한 견해는 학자마다 상이하고 다양할 수밖에 없다. 따라서 '자아초월'에 대한 일반적인 정의와 대표적인 학자들이 내린 정의의 개요를 먼저 간략히 소개하려 한다.

트랜스퍼스널(자아초월)이라는 용어는, 보통의 인간 체험의 차원에 대한 정의를 넘어서는 자아와 인격의 통상적 한계를 초월하는 초월적 의식의 어떤 것을 정의하기 위한 시도로, 윌리엄 제임스(W. James)에 의해 최초로 사용된 적이 있지만, 칼 융(C. Jung)도 집단 무의식의 동의어로서 자아초월적 무의식이란 용어를 최초로 사용한 바 있다.

트랜스퍼스널이란 말의 본격적인 의미를 알아보기 전에 접두어 '트랜스(trans)'의 의미부터 살펴보기로 하자. 웹스터(Webster) 사전에서는 트랜스를 두 가지 의미로 정의하고 있다. 첫째, 트랜스는 초월적인, 즉 시공간적 실재를 넘어서는 실재에서와 같이 '위로 그리고 넘어서(above and beyond)'라는 수직적인 의미로 정의된다. 둘째, 그것은 대륙 간(transcontinental)이란 말과 같이 '가로질러(across)' 또는 '다른 쪽으로(to the other side of)'라는 수평적인 의미로 정의된다. 프랭클린 다케이(F. Takei)는 트랜스의 이러한 양쪽의 의미 모두가 트랜스퍼스널이 무엇인가를 정의하는 데 적절하다고 보면서, 다음과 같이 그것을 정의하고 있다.

트랜스퍼스널을 '개인적인 것을 넘어서(beyond the personal)'라고 정의하는 것은 자아초월심리학이 형성되던 초기의 수년 동안 강조되던 바 그대로이다. 때로는 트랜스퍼스널(자아초월적) 비전은 정말로 신비 체험, 변성의식 상태, 쿤달리니(Kundalini)[1] 상승 체험, 초감각적 체험, 주술적 여행, 신과의 합일적 상태, 임사체험 등과 같은 문제를 포함하는 '개인적인 것을 넘어서는 것'이라고 전적으로 생각되었다. 이러한 현상은 자아초월에 대한 상당히 의미 있는 부분을 차지하고는 있지만, 근래에 와서 자아초월적 시각은 대부분의 사람이 살고 있는 일상의 평범한 생활과 의식에서 벗어나 진정한 초월적 신영성을 찾고자 하는 보다 더 완전한 관점을 향해 이동해 가면서 그러한 초점이 점점 더 흐려지고 있다.

트랜스(trans)를 '가로질러(across)'라고 정의하는 것은 개인적 영역을 가로질러 자기의 모든 측면을 인정하고 탐구하고 개척하며, 개인적 영역을 보다 큰 자아의 틀 안에 정초시키기 위해 노력하는 것을 가리킨다. 그에 따라 '자기'는 심리치료에서 여전히 매우 중요한 초점을 지닌 것으로 간주되며, 전통적이고 관습적인 요소를 가로질러 확장, 이동함으로써 보다 큰 영적 맥락으로 인도될 것이다. 말하자면 개인적 자기는 실존적 진공 상태로부터 빠져나와서, 세계의 영적 전통들이 가리키는 보다 광범위한 차원으로 이동해 가는 것이다.

글자 그대로의 자아초월이라는 의미는 수직적 의미로서의 '넘어서(beyond)'와 수평적 의미로서의 '가로질러(across)'라는 두 가지 뜻을 모두 가진다. 따라서 그것은 '개인적인 것과 그것을 넘어서는 것'을 함의한다. 이러한 관점에서 자아초월사상은 자기초월뿐만 아니라 영적인 것이 개인적인 것 안에서 그리고 그것을 통하여 어떻게 표현되는가에 대해서도 연구하는 것이라고 할 수 있다.

자아초월(transpersonal)에서 트랜스(trans)라는 부분은 자아초월학의 연구가 무엇에 대한 연구인지를 이해하는 데 관건이 되고 있다. 최근에 마크 서스톤(M. Thruston)은 좀 더 포괄적으로 트랜스라는 용어의 의미에 '투명한(transparent)'이라는 또 다른 뜻을 추가하여 '트랜스'를 다음과 같은 세 가지 방향으로 정의하고 있다.

- '초월하는(transcendent)'이라는 말에 해당하며, '넘어서'라는 의미를 갖는다. 자아초월적 자기(transpersonal self)는 당신의 일상적 삶에 가장 친숙한 정체성의 개인적 의미를 넘어서 나아간다는 것이다.
- '대륙횡단적(trans-continental)'이라는 말에 해당하며, '가로질러'라는 의미를 갖는다. 자아초월적 자기(transpersonal self)는 세계 내 다른 사람과 다른 모든 것과의(때로는 보이지 않는) 연결과 연결 고리라는 뜻을 갖고 있다.
- '투명한(transparency)'이라는 말에 해당하며, '통하여'라는 의미를 갖는다. 자아초월적 자기(transpersonal self)는 당신의 3차원적 개인적 자기, 즉 유한성 내에서 또한 그것을 통하여 작용하는 무한성의 체험 내에서 또한 그것을 통하여 조작할 수 있는 더 상위적 차원으로 구성되어 있다.

따라서 한마디로 개인을 넘어서란 의미의 자아초월이란 인간 정신(psyche)의 인습적·개인적·개체적 수준을 넘어서는 발달을 의미한다. 보다 구체적으로 자아초월이란 평균적 개인의 성숙한 자아와 실존의식을 넘어서, 가로질러, 통하여 열린 의식의 확장(수평적 트랜스)과 의식의 변용(수직적 트랜스)과 개인적 의식의 투명성(투명한 트랜스)을 통한 자아초월적·초개인적·초개아적 의식 영역으로의 발달을 총칭하는 말이다.

트랜스퍼스널학이란

한편 트랜스퍼스널학(자아초월학)이 무엇인지는 저명한 트랜스퍼스널 학자 부부 로저 월시와 프랜시스 본(F. Vaughan)이 『에고를 넘어서는 길: 트랜스퍼스널 비전』의 서론에서 잘 밝히고 있다. 그들은 먼저 "트랜스퍼스널 체험이란 정체성이나 자기의 의미가 개체적이거나 개인적인 수준을 넘어서[트랜스(trans)하여] 확대되어 가서 인류 · 생명 · 정신(psyche) · 우주의 보다 넓은 측면을 포함하게 되는 체험이라고 정의할 수 있다."라고 말한 다음, 트랜스퍼스널학 분야에 대해 다음과 같이 정의 내리고 있다. "트랜스퍼스널학 분야에서는 트랜스퍼스널 체험과 그와 관련되는 제반 현상을 연구한다. 각 분야의 전문가들은 그들의 전문 분야의 범위를 확장하여 트랜스퍼스널 현상의 연구를 포함하고서 그들의 특정한 분야의 학문적 전문성이 이러한 연구를 이끌도록 추구한다."

트랜스퍼스널학 연구의 이론적 · 학문적 기틀을 제공하는 관련 분야로는, 영원의 철학[perennial philosophy, 초월의 철학, 도(道)의 철학 등], 영원의 종교(신비주의, 영성 · 심층종교), 영원의 심리학(불교심리학/유식학, 요가/베단타심리학 등), 넓은 의미의 정신과학, 영성과학(영지과학, 심층과학), 신과학/정신물리학, 기학(氣學, 氣철학, 氣심학, 氣과학, 氣수련학) 등이 포함된다. 따라서 트랜스퍼스널학의 조사 연구는 기존의 제반 심리학과 정신분석학의 이론 및 임상은 물론, 신경과학 · 인지과학 · 인류학 · 사회학 · 철학 · 비교 종교 등과 같은 여러 분야로부터의 지식을 구축하고 통합하며 서양뿐 아니라 동양적 관점도 내포한다. 특히 트랜스퍼스널학에서 관심이 있는 연구 토픽 중에는, 다중의식 상태(깨어 있는 상태 · 꿈꾸는 상태 · 깊은 수면 상태), 참선/기공/명상/요가수련, 신비주의, 천인합일/신인합일/절정 체험/신비 체험, 초상 현상 · 특이공능 · 초능력, 자각몽 · 환각제 등에 의한 비일상 변성의식 체험, 초개인적 가치 · 윤리 · 관계, 임사 체험 · 전생 퇴행, 자아초월적 심리적 안녕/지복감, 초관습적 의식 발달, 사랑/자비 같은 초개인적 감성, 이타/헌신/봉사/보살행위, 깨달음/견성오도, 트랜스퍼스널 병리와 테라피 등을 포함한다.

따라서 트랜스퍼스널학은 인간 정신, 인간 의식 연구의 전 스펙트럼(전개인적 · 개인적 · 초개인적 수준, 본능적 · 에고적 · 영적 양식, 잠재의식적 · 자기의식적 · 초의식적 영역)에 걸친 인간 정신의 성장 진화 과정의 각 수준/양태/영역에 대한 이론 및 임상적 연구를 통합적으로 추구하는 분야이다. 특히 트랜스퍼스널 체험과 현상을 중심으로 하는 트랜스퍼스널 정신병리 · 이상심리, 트랜스퍼스널 치유 · 치료, 트랜스퍼스널 이론 및 임상병리, 트랜스퍼스널 수행/수련/실천 기법 등에 대한 다학문적 · 다문화적 · 다양태적 접근에 의한 이론 · 임상 · 실험 · 응용연구를 통합적으로 추구하는 분야이다. 그러므로 트랜스퍼스널학의 기본 전문 분야에는 트랜스퍼스널 이론(transpersonal theory), 트랜스퍼스널 임상병리학(transpersonal clinical pathology), 트랜스퍼스널 심리학(transpersonal psychology), 트랜스퍼스널 병리학(transpersonal pathology), 트랜스퍼스널 정신의학(transpersonal psychiatry), 트랜스퍼스널 정신치료(transpersonal psychotherapy), 트랜스퍼스널 의학(transpersonal medicine, 보완대체의학, 홀리스틱/홀론 의학), 트랜스퍼스널 수련(transpersonal practice, 통합수련) 등이 포함된다.

이 외에도 트랜스퍼스널학의 이론 및 실제를 각 분야에 응용하는 트랜스퍼스널학의 응용학문 분야에는, 트랜스퍼스널 인류학(transpersonal anthropology), 트랜스퍼스널 사회학(transpersonal sociology), 트랜스퍼스널 생태학(transpersonal ecology), 트랜스퍼스널 운동(transpersonal movement), 트랜스퍼스널 교육(transpersonal education, 홀리스틱 교육), 트랜스퍼스널 정치학(transpersonal politics), 트랜스퍼스널 경영학(transpersonal management), 트랜스퍼스널 예술(transpersonal art), 트랜스퍼스널 문학(transpersonal literature) 등이 포함된다.

트랜스퍼스널학에 대한 이상의 정의와 관련 분야에 대한 이해에서 분명하게 유의해야 하는 점은 기존의 현대 학문의 제 분야의 연구 성과를 조금도 제외시키지 않고서 모든 학문의 연구 성과를 모두 포괄한다는 것이다. 이를테면 소위 제4심리학이라는 트랜스퍼스널 심리학에서는 기존의 제1~제3심리학인 정신분석 · 행동주의 심리학 · 인본주의 심리학은 물론 그 외의 모든 심리학 이론의 연구 성과를 바탕으로 또 이들을 모두 포괄하고 통합하면서 트랜스퍼스널 연구를 수행한다. 따라서 트랜스퍼스널학은 어느 특정한 철학이나 세계관이나 종교에 연관시키지 않고, 특정한 연구 대상이나 방법에 국한하지 않는다. 월시와 본에 의하면, "트랜스퍼스널학에서는 개인적 영역을 제외하거나 비정당화하지 않는다. 오히려 개인적 · 초개인적 체험 양쪽 모두의 중요성을 인정하는 보다 큰 맥락 안에서의 개인적 관심을 설정한다. 그러므로 '트랜스퍼스널'이란 용어의 하나의 해석에 의하면, 초월적 단계는 개인적 단계를 통하여[트랜스(trans)하여] 표현된다는 것이다."라고 강조하고 있다.

그러나 트랜스퍼스널학은 인간의 일상으로 깨어 있는 단일 의식 상태만을 주로 연구하고 인정하는, 그리고 다른 의식 상태는 병리적 현상으로 간주하는 전통 서양 심리학, 인류학, 사회학 같은 학문과는 달리, 일상의식과 다양한 비일상의 변성의식 상태를 포함하는 인간 의식의 다른 상태를 모두 유도하고 조명하기 위한 이론과 임상 및 실천연구를 하는 의식의 전 스펙트럼적, 전 상태적 학문 분야이다. 따라서 현재 트랜스퍼스널학 분야에서는 오늘날의 다중의식 상태와 관련된 제반 분야들을 연마하고 동서고금의 트랜스퍼스널 체험과 그 현상의 이해와 표현과 유도를 현대 세계로 이끌어 와서는 시대 횡단적 · 문화 횡단적 지혜의 최상을 현대의 학문 분야와 결합하려고 시도한다.

따라서 트랜스퍼스널학에 대한 이해에서 무엇보다 가장 중요한 점은, 서양의 기존 주류 학파의 통상적인 학문의 범위를 넘어서는 트랜스퍼스널한 인간 정신과 의식을 포함하지만, 심리학의 제1(정신분석), 제2(행동주의), 제3(인본주의) 심리학과 같은 기존 학파의 인간 의식 연구에서 이룩한 수많은 공헌에도 높은 가치를 부여한다는 것이다. 그리고 인류의 개체적 · 집합적 진화의 가능성에 대한 보다 큰 비전 내에서 기존의 학파들을 대치하는 것이 아니라 보다 더 포괄적이고 균형 있게 통합하려는 것이 트랜스퍼스널학이 추구하는 진정한 '트랜스퍼스널 비전'이다.

특히 트랜스퍼스널학에서는 트랜스퍼스널 비전을 매우 중요하게 여기며, 트랜스퍼스널 체험을 바탕으로 보통 인간의 자아실현 단계를 넘어서 수평적 · 수직적 트랜스를 통한 인간 발달의 무한한 가능성의 풍요함을 지향한다. 그러나 트랜스퍼스널 체험은 비일상적 변성의식 상태에서만 일어나고, 자아를 초월하는 트랜스 체험은 환각제나 비정상적 트랜스에 의한 체험이 아닌 다양한 정관/명상적 각성 상태에서 일어난다. 이러한 상태를 유도하기 위한 기법과 범위는, 동서고금의 전통 종교와 신비주의의 다양한 수행/수련기법을 비롯한 현대의 다양한 테라피와 실천기법 등 매우 방대하다. 따라서 트랜스퍼스널학의 각 분야는 종교와 정관/명상적 수행의 어떤 측면의 현대적 재해석과 조명을 제공한다. 이에 따르면 세계의 위대한 종교의 정관적이고 신비적인 체험의 핵심은, 의식의 특수한 트랜스퍼스널 상태, 특히 깨달음/해방/구원으로 일컬어지는 초월의식 상태를 유도하기 위한 다중의식 상태를 지향하는 전통에 두고 있다. 이러한 자아를 초월하는 의식의 해방 상태가 유도되는 정관/명상적 수련의 일부는 트랜스퍼스널 기술(技術) 혹은 초월의 기술로 간주된다.

이와 같은 심층적 트랜스퍼스널 체험을 한 사람들은 거의 예외 없이 인간 본성과 우주에 대한 보다 큰 관점을 수용한다. 그들은 외부 세계만큼 광대하고 신비한 내면의 우주를, 감각적 · 물리적 도구로는 도저히 접근 불가능한 체험의 영역, 즉 심오한 마음과 다차원적 의식의 영역이 있고, 우리는 그러한 영역들 속에 존재하고 있다고 결론짓는다. 나아가 트랜스퍼스널 체험은 인간 본성과 마찬가지로 온우주도 역시 그러하다는 것을 깨닫게 하고, 엄청나게 광범위한 실재의 비물리적 영역이 존재한다는 것을 제시하고 있다. 이에 따라 인간의 실존과 우주의 실재는 다층/다차원으로 보이고 흔히 실재의 총체인 것으로 가정하는 물리적 우주는 다만 다차원/다수준의 실재의 한 영역에 불과하다는 것을 깨닫게 해준다.

결론적으로 현재의 인류의 개체적 · 집합적 성장 발달이나 인류와 온우주에 대한 이해 수준이 어디에 와 있든지 간에 인간의 본성과 우주는 트랜스퍼스널학에 의해 점차 그 모습을 드러내게 되어 있고, 이러한 최선단의 탐구를 위해 트랜스퍼스널학에서는 개인적 · 초개인적, 동양 · 서양, 지성 · 지혜, 예술 · 철학, 과학 · 종교, 내관 · 정관, 고대 · 현대를 포괄하면서 균형 있는 통합적 탐구를 창달한다. 오직 이러한 포괄적 · 통합적 접근에 의해서만 우리는 인류의 지속적인 성장 발달의 비범한 가능성을 반영하는 비전인 진정한 트랜스퍼스널 비전에 대한 희망을 가질 수 있다.

자아초월심리학의 특성

자아초월심리학은 심리학의 연구를 의식 연구, 영적 탐구, 심신 관계 및 의식의 변용에 대한 것으로 확장한다. 자아초월심리학의 최초의 확립 과정에서는, 자아실현을 이룬 개인들에 관한 매슬로의 연구가 결정적으로 고무적인 계기를 제공했다. 매슬로의 연구는 심리적 상흔과 개인의 발달뿐 아니라, 절정 체험, 고양된 창조성, 이타주의적 이상과 보통의 개인성조차도 초월하는 개인적 활동에 역점을 두었다. 이어서 로저 월시, 프랜시스 본, 스타니슬라브 그로프(S. Grof), 아서 디크먼(A. J. Deikman), 찰스 타트(C. T. Tart), 켄 윌버와 같은 학자들의 뛰어난 연구 성과에 의해 다듬어짐으로써, 오늘날 자아초월심리학은 비정상적 행동으로부터 건강한 정상 기능에 이르기까지, 영성의 구현과 초월적인 의식에 이르기까지 인간 체험의 전 영역에 대한 연구를 모두 포괄하고 있다.

자아초월심리학을 설명하기 위하여, 로버트 허친스(R. Hutchins)는 그 특성을 열 가지로 요약하고 있다.[2)]

① 자아초월심리학은 인간의 심리정신 건강과 인간 잠재력에 대한 심리학이다. 인간의 정신병리를 인정하고 그 요법에 역점을 두지만, 그것은 질병이나 질환으로부터 인간 정신의 모형을 도출하지 않는다. 자아초월심리학은 완전한 인간 발달모형을 지향하며, 정상적 인간 정신의 성장지향적 본성의 모형을 도출하기 위하여 성인, 예언자, 위대한 예술가 영웅과 여걸들을 살펴본다. 자아초월심리학은 우리 자신 모두를 본질적으로 신경증적인 존재로 정의하는 대신에, 위대한 남녀 성현의 말과 행동에서 예증되듯이, 보다

완전한 인간성을 향한 발달의 과정에 나타나는 모든 것을 파악할 수 있도록 만든다.

② 자아초월심리학과 특히 자아초월 정신요법은, 인간의 인격 그 자체를 목적으로 보지 않는다. 우리의 개인적 삶의 이력과 이로 인해 귀결되는 인격적 특성, 성향, 속성은 우리의 자아초월적 본질을 덮고 있는 껍질이나 피부 정도로 보고 있다. 이것을 다른 말로 표현하자면 인격은[창조 중에 있는 '신(God-in-the-making)'] 하느님의 설계상 영혼이나 영으로 하여금 세계를 통해 항해하는 것을 가능하게 하는 그릇이나 운반체이다. 그러므로 인격의 적절한 역할은 반투명한 창과도 같은 내면의 신성에의 봉사자가 되는 것이다.

③ 자아초월심리학은 인간 발달의 심리학이다. 발달론적 심리학자들은 자기와 그 안정성이라는 의미에서 발달의 연속체가 있다는 대상관계 이론가들의 말에 동의한다. 이 연속체는 대상 항상성과 강한 자아정체성을 아직 성취하지 않은 개인들, 즉 정신병적이라고 일컬어질 수도 있는 사람들로부터 시작한다. 발달의 사다리에서 위로의 정상 발달을 향한 단계는 '경계선 성격 장애'를 가진 사람이고 그들에게는 자기와 대상 항상성의 감각이 불안정하게 발달되어 있다. 보다 완전한 기능을 향한 위로의 발달의 또 한 단계는 자아정체성의 강한 감각과 분명한 대상관계를 가진 소위 '정상인'들의 성장 발달이다.

이 시점에서 자아초월심리학은 심리적 대상관계이론으로서 인간 발달의 다음 단계를 가리키며 연장한다. 거기에는 개인의 인격이나 개인적 정체성으로부터의 탈동일시와 대상 비영속성이나 전이성이 있다. 이 단계는 고급 수준의 명상가들에 의해 획득되는 의식의 상태에 의해 전형화된다. 발달의 보다 상위 단계는 성자나 신비가들에서 보듯이 지고의 정체성(즉, 깨달음이나 신과의 합일)과 정상적(일상적 · 현실적) 실재의 상대적인(차이와 근원적 동일성의) 본성을 개인이 깨닫는 데 자리한다.

④ 자아초월심리학은 전인적인 접근 방법이다. 그것은 지적, 정서적, 영적, 신체적, 사회적 그리고 개인의 삶의 창조적 표현 측면에서의 균형적인 발달을

추구한다. 그러므로 이러한 모든 분야는 학술적으로, (정신 · 심리치료)요법적으로 역점을 두어 다루며 통합과 균형을 추구한다. 이것이 자아초월심리학의 교육모형이다.

⑤ 자아초월심리학은 개인성을 통하여 초개인성(자아초월성)으로 나아가는 심리학이다. 그것은 단지 우리의 인간성을 초월하는 것과는 거리가 멀고, 포괄적인 방식으로 내면의 신성을 인식하는 데 도달하도록 우리의 인간성을 통해 작업하는 과정이다. 그러므로 자아초월심리학은 개인의 성장과 성숙의 결과로 인해 개인적(personal) 심리학으로부터 생겨나는 것이다.

⑥ 자아초월심리학은 주류 심리학으로부터 아직 전반적으로 인정받지 못하고 있지만 심리학에서의 미래적 전범이다. 그것은 그보다 선행하는 정신분석적 · 행동주의적/실험주의적 · 인본주의적 심리학을 모두 포함하면서 그 위에 세워지는 것이다. 그것은 이전의 주류 심리학의 연장과 더불어 이와는 상이한 시각의 양쪽을 다 제공한다. 그래서 그것은 결코 여하한 방식으로든 기존의 이론이나 기법의 타당성을 거부하지 않는다. 그것은 단순히 그들을 새로운 맥락 속에 위치시킨다. 자아초월심리학에서는 종교적이고 신비적인 체험과 그들로부터 도출되는 시각이 실재에 대한 타당한 접근이고, 과학적으로 연구될 수 있다고 확신한다. 그것은 인간 체험의 이러한 가장 의미 있는 것들을 이해하기 위한(정신, 영성) 과학의 초기 단계적 시도이다.

⑦ 자아초월심리학은 의식의 상이한 상태와 위치(단계)를 인정하고 연구한다. 그것은 꿈꾸는 상태, 최면적 트랜스 상태, 깨어 있는(waking) 상태의 의식과 같은 상이한 상태는 모두 그것들 자체 내에 세부 수준들을 갖고 있고, 그것들 특유의 상태, 특수한 체계, 특유의 실제들을 지니고 있다는 것을 인정한다. 나아가 자아초월심리학은 개인의 하루 일과 동안 들어가고 나올 수 있는 의식의 여러 상이한 상태가 있을 뿐만 아니라, 발달을 통해 개인이 비교적 항구적으로 있을 수 있는 의식의 단계나 위치가 있다는 것도 인정한다.

⑧ 자아초월심리학은 최근의 혁신적인 사상이라기보다는 대체로 올더스 헉슬리(A. Huxley)의 저서에 의해 알려진 '영원의 철학(perennial philosophy)'으

로 회귀한다. 수천 년 동안 인류의 중심 관심사가 되어 온 무속적(주술적) 치유 역시 자아초월심리학의 관심 대상이 되고 있다.

⑨ 자아초월심리학은 심층심리학이다. 그것은 프로이트와 그의 후계자들, 융, 랭크(O. Rank), 라이히(W. Reich), 아싸지오리(R. Assagioli)에 의해 시작된 정신요법의 다양한 조류 중 일부이다. 이들은 칼 융이 그랬듯이, 잠재의식과 자아의식뿐만 아니라 초의식까지도 통합한 초개인적 심층심리학이라고 주장한다. [윌버를 비롯한 일부 학자는 기존의 심층심리학과 구별하기 위해 고원심리학(height psychology)이라고 일컫는다.]

⑩ 자아초월심리학의 가장 단순한 정의는 그것이 영적(spiritual) 심리학이라는 것이다. 그것은 우리의 인간성이 성적 본능과 공격성을 향한 충동 그리고 전체성을 향해 신성과 연결되고 그것을 체험하는 것을 향한 추동의 양쪽 측면을 다 갖고 있다는 것을 인정한다.

자아초월심리학의 연구 대상

트랜스퍼스널학의 가장 기본 분야인 자아초월심리학이 무엇인가에 대해 그리고 그것이 전통적인 주류 심리학과 어떻게 다른가에 대해 영국심리학회에서의 자아초월심리학에 대한 정의를 참조하여 설명하기로 한다.[3]

자아초월심리학은 주류 심리학과 영적 체험 영역을 통합하는 위치에 있다고 볼 수 있다. 그것은 심리학적 개념, 이론, 방법을 영성 수련의 주제, 대상, 실행 방법과 통합하는 심리학의 새로운 분야이다. 그 관심 분야 중에는 영적 체험, 의식의 신비적 상태, 주시/관법 수련과 명상적 수련, 무속적(주술적) 의식 상태, 비교적(祕教的) 의식(儀式), 영적 체험, 정신병과 억압 같은 정신착란 상태, 그리고 관계 · 봉사의 자아초월적 차원과 자연계와의 조우가 포함된다.

자아초월심리학의 중심 개념은 자기초월 또는 전체자와의 보다 깊고 광범위하고 통일된 정체성의 감각이다. 그렇지만 자아초월심리학은 종교가 아니다. 그것은 신념체계를 제시하거나 제도적 구조를 제공하지도 않는다. 오히려 그것은 연구와 체험에 의거한 통찰을 제공하고 그 발견을 평가하고 확인하고 부당성을 증명하기 위한 수단 방법을 제공한다.

자아초월심리학은 심리학과 영성 수련 양 측면의 이점이 있다. 심리학은 인간 체험의 가능한 전체 범위의 보다 완전하고 풍부한 설명을 위해 자아초월의 영역으로 확장될 수 있다. 영성 수련은 영적 추구를 하는 동안 생겨나는 심리적 문제를 보다 정교하게 취급하기 위한 인간 발달, 치유, 성장에 대한 통찰과 기교를 심리학적으로 통합할 수 있다. 나아가 자아초월심리학은 영적 세계에 관한 전망들의 유사성과 차이를 이해하도록 돕기 위한 전망을 제공하는 한편, 이론과 연구, 실무 등을 포괄한다.

자아초월심리학은 사람들로 하여금 그들이 누구인가에 대한 보다 더 심층적이고 보다 광범위한 감각을 체험하는, 또는 타인들, 자연, 다른 '영적' 차원과의 더 거대한 연결성에 대한 감각을 체험하는, 그러한 의식의 상태와 과정에 대한 연구에 관심이 있는 심리학의 한 분야이다. 자아초월심리학에서의 공통적인 과정은 자아초월적(transpersonal) 체험은 일상의 심적 · 에고적 자기를 초월하는 의식의 보다 상위적인 양태를 수반한다는 것이다.

자아초월심리학은 일부 유럽 국가를 제외하고는 대개의 주류 심리학에서는 아직도 공식적으로 인정받지 못하고 있는, 학술적으로는 비교적 생소하고 새로운 분야이다.

자아초월심리학이 심리학의 한 분야인 것은 분명하지만, 그것은 편협하지 않으며 통합적인 접근 방법의 중요성을 인정한다. 그러한 접근 방식에서는 다른 분야들도 트랜스퍼스널에 대한 종합적이고 통합적인 탐사를 하는 데 그들 특유의 기여를 하고 있는 것으로 인정하고 있다. 이러한 다른 분야에는 철학, 정신의학, 사회학, 정치학, 교육, 인류학, 역사, 문학연구, 종교연구, 생물학, 물리학 등이 포함된다.

자아초월학은 이런 것이 아니다

① 가장 폭넓은 의미에서 트랜스퍼스널 심리학은 (정신)과학적 학문이지 종교나 관념론이 '아니다'.

개개의 자아초월심리학자들은 비록 대부분은 어떤 종류의 실천(예컨대, 명상, 종교의식, 봉사, 헌신, 자아초월요법, 성찰적 삶, 정치적 활동 등)에 관여하고 있지만 자신의 종교나 영적 신념을 갖고 있거나 갖고 있지 않을 수도 있다. 현재 자아초월 학자에는 불교도적인 영감을 지닌 자아초월심리학자가 지배적으로 많기는 하지만, 다른 전통에 친근한 학자도 역시 골고루 있다. 이들 중에는 기독교도, 유대교도, 수피(sufi), 힌두교도, 무속 신봉자, 도교, 탄트라 불교도, 마법 신봉자, 구르제프주의자(Gurdjieffian), 신지학 신봉자 등이 모두 포함된다.

② 자아초월심리학은 '뉴 에이지(New Age)'가 '아니다'. 다만, 다음과 같은 영적 · 초월적 · 초의식적 분야들을 포괄적인 연구 대상으로 한다.

자아초월심리학은 비록 의식, 과학, 문화에서의 패러다임 전이를 나타내지만 그것은 소위 반문화의 요소를 특징짓는 뉴에이지적 신념을 무비판적으로 채택하는 종류의 사상들로부터 스스로 일정한 거리를 두고자 한다. 자아초월심리학에서는 수정점(Crystals), UFO, 외계인 유괴, 차크라(chakra), 오라(aura), 요정, 심령술, 공중부양, 물 위 걷기, 천년왕국 같은 것은 대체로 제외한다. 왜냐하면 이러한 현상이나 실행 또는 체험이 변용을 초래하는 것으로 조사되는 경우에는 예외이기는 하지만, 만일 관계가 있다고 해도 아주 적기 때문이다.

③ 자아초월심리학은 형이상학이 '아니다'.

자아초월심리학의 형이상학적 이해나 해석은 오히려 문제를 야기할 소지가 있다. 왜냐하면 많은 사람이 자아초월 체험은 영적이거나, 신성하거나 초월적 영역에서의 형이상학적 신념을 의미한다고 주장할 수 있기 때문이다. 그러나 자아초월을 보다 주관적인 용어로, 예컨대 보다 심층적인 '자기'와 자연의 세계 또는 사회적, 상호 개인적 차원과의 연결성에 보다 큰 의미를 두고 '자기'가 성장 발달하는 것으로 이해하려는 자아초월심리학자가 많다. 그리하여 실제로는 자신의 형이상학적 가정에 대해 체험을 향해 분명하게 열려 있는 것이 보다 중요하다.

④ 자아초월심리학은 반합리주의가 '아니다'.

비록 많은 사람은 자아초월적 의식의 가장 높은 상태는 말로 표현할 수 없을 정도로 신성하고 합리적인 이해를 넘어서는 것이라고 논변할지 모르지만, 자아초월심리학은 합리적이고 지적인 분석을 저버리거나 평가절하하지 않는다. 이것들은 이러한 분야에서의 우리의 지식과 이해를 훨씬 더 깊게 할 수 있기 때문이다. 그렇지만 직관, 통합적 인식, 정관/명상과 같은 앎의 초합리적 양태의 실재와 중요성을 인정하는 것이 매우 중요하다.

- 사랑의 체험
- 감정 이입
- 창의성과 영감
- 채널링/영계통신
- 자아초월적 예술
- 변성의식
- 꿈 의식/자각몽(lucid dreaming)
- 심신 관계/심신균열의 치유
- 환각적 체험(psychedelic experience)
- 신비 체험
- 상위적 자기
- 자기초월
- 의식의 진화
- 지식에 대한 통합적 접근

⋮

- 영적 돌발 상황과 위기
- 영혼의 암흑기
- 원형적 체험
- 임사 체험, 죽음과 죽어감
- 명상 심리학
- 동서양의 종교적/비교적 전통 내에서의 수련과 체험
- 불교 심리학
- 생태주의적 의식
- 자기와 자아실현 심리학
- 자아초월에 관한 상위적 자기 남녀의 입장
- 심리치료/상담교육에서 자아초월적 접근
- 자아초월적 연구 방법

⋮

자아초월심리학의 선구자들

① 윌리엄 제임스: 초상 체험과 종교적 체험의 다양성에 관한 초석을 놓는 작업을 통해 자아초월(트랜스퍼스널)의 개념을 도입한 최초의 선구자.

② 올더스 헉슬리: 특히 환각제를 사용하는 의식의 명백한 확장에 관한 연구 때문에, 그리고 『영원의 철학(perennial philosophy)』이란 저서를 통해 전통 지혜의 초월적 요소를 분석한 선구자.

③ 떼이야르 드 샤르댕(T. de Chardin): 생물 과학을 기독교 신학과 통합한 의식의 진화에 관한 모형을 개발한 선구자.

④ 스리 오로빈도[4]: 동양철학에 바탕을 둔 의식의 진화에 대한 유사한 모형을 개발한 선구자.

⑤ 칼 융: 집단무의식과 원형(archetype)의 개념을 도입하였고, 특히 심리학적 시각에서 종교적 원형을 이해하려고 시도한 선구자.

⑥ 에이브러햄 매슬로: 자아실현, 절정 체험, 자아초월, 메타 동기에 관한 연구를 통해 그는 제3세력(인본주의 심리학)과 제4세력(자아초월심리학)의 핵심 창시자의 한 사람이었다. 안소니 슈티치(A. Sutich)와 스탠 그로프(S. Grof)와 함께 자아초월심리학 학회지(Journal of Transpersonal Psychology, 1969)와 자아초월심리학학회(Association for Transpersonal Psychology, 1772) 창립의 발기자 중 한 사람.

⑦ 빅터 프랭클(V. Frankl): 강제수용소의 비참함과 극한적인 실존 상황 체험을 통해 극한 상황의 의지적 극복에서 나온 실존분석(의미치료, logo therapy)을 창안하고 자기실현보다는 '의미에의 의지'를 통한 자기초월을 강조한 실존주의적 선구적 트랜스퍼스널사상가.

⑧ 스타니슬라브 그로프: LSD 약물의 사용과 홀로트로픽(holotropic)[5] 호흡요법(Holotropic Breathwork)에서 나타나는 자아초월 체험에 대한 방대한 탐구의 권위자.

⑨ 로베르토 아싸지오리: 정신통합(Psychosynthesis), 정신요법과 개인 성장에

대한 자아초월에 기초한 접근의 창시자.

⑩ 찰스 타트: 변성의식에 대한 체험적 연구의 선구자.

⑪ 켄 윌버: 현재 트랜스퍼스널 심리학과 통합사상을 주도하는 이론가. 전근대와 근대와 탈근대를 통합하는 의식의 스펙트럼적 진화 모형과 모든 사상의 통합에 대한 뛰어난 모형을 개발한 대사상가.

자아초월사상의 조망

자아초월 사상가 프랭클린 다케이의 글에서 발췌한 자아초월사상의 조망을 살펴보기로 한다.[6)]

자아초월사상의 비전

자아초월사상은 세계의 영적 전통(힌두교, 불교, 도교, 유대교, 기독교, 이슬람교, 및 주요 전통 종교들)의 지혜와 서양의 철학(플라톤, 아리스토텔레스, 아우구스티누스[7)], 토머스 아퀴나스, 칸트, 헤겔, 키르케고르, 화이트헤드, 하이데거 등)과 심리학(융학파, 인본주의, 실존주의 등)을 융합한 것으로 이해할 수 있다.

"나는 누구인가?"라는 질문에 답하여, 세계의 영적 전통들은 내면 깊숙이 들어가 보고 응답하기를, '영적 존재' '영혼(spirit)'이라고 말한다. 종교적 수행에서는 영적 전통이야말로 내면의 보다 심층적인 정체성과 연결을 추구하는 수단이라는 것이다. 다른 한편으로 서양의 철학과 심리학의 주류 학파들은 그러한 질문에 대해 '영혼(spirit)' '자기(self)' '진아(true self)' '자아(ego)' '개인성(personality)' 등과 같이 다양하게 응답해 왔다. 근대 서양철학의 주류 학파들은 존재의 이지적 명확성을 제시하기 위해 애써 왔고, 심리학의 주류 학파들은 이러한 존재를 심층 정신요법으로 연결시키는 데 노력해 왔다.

그러므로 자아초월적 관점은 영적 전통과 근대의 주류 철학, 심리학의 학파들의 사상을 새로운 창조적 통합에 의해 함께 묶어서 그것을 '인간 의식'에, 영적 ·

철학적 · 심리학적 유의성을 구현하는 용어에 연결하려고 시도하는 것이다. '자기'의 한계를 넘어서 이동하는 데 있어서, '의식'은 이드(id), 자아(ego), 초자아(superego)라는 프로이트의 초기의 형식화를 훨씬 더 넘어서는 체험의 영역으로 열려 있는 것으로 보인다. '의식'은 '존재'의 새로운 국면이 현현되는 곳마다의 방대한 다차원적 실존인 것으로 보인다. 이 집합적 지혜는 모든 실존을 하나의 방대한 영적 실재로 말하고 있다. 다른 모든 존재와 모든 인간은 이러한 영적 실재에 참여하고 있다고 본다.

우리의 '자기'는 그리고 우리의 철학적/심리학적 실존은 이러한 영적 전통에 의해 근본적으로 영적인 본질에 대해, 우리 존재의 기저에 대해, 최대한으로 알 수 있는 표층적인 언어적 표현으로 기술된다. 사물의 외향적 · 경험적 외관만을 고려하는 설명은 철학적이든 심리학적이든 간에 어쩔 수 없이 그것만으로는 부족할 수밖에 없다. 분명 어떤 철학의 학파와 심층심리학에서는 사람들이 일반적으로 인식하지 못하는 역동적 실재를 발견하기 위해 표층을 지나서 내부를 바라보는 것과 마찬가지로, 영적 전통의 가르침도 우리가 '자기(self)'라고 일컫는 외적인 경험적 실존을 뒷받침하는 의식의 지고의 근원, 궁극적으로 영적인 근원을 지향하고 있다.

자아초월사상의 이론적 특성

자아초월사상은 심리학 분야의 사상가와 학자들에 의해, 많은 사람 중에 특히 칼 융, 로베르토 아싸지오리, 켄 윌버, 스타니슬라브 그로프 등에 의해 초기의 명확한 목소리를 내게 되었다. 그들은 기존 심리학 분야의 한계를 인정하였고 동서양의 영적 전통과 서양의 일부 철학적 학파(플로티노스의 신플라톤주의, 기독교 신비주의, 칸트/헤겔/셸링 등의 관념론, 화이트헤드의 과정철학 등)로부터의 통찰과 가르침을 추구하였다.

자아초월사상은 학문적으로 하나의 통일된 체계가 아니다. 그것은 다수의 상이한 형식화와 통합과 함께 여전히 매우 새롭고, 탐구되지 않은 상당히 많은 영역을 갖고 있다. 자아초월사상의 이론은 모든 다른 학문의 이론과 마찬가지로 실재에 대한 우리의 체험을 조직화하는 방법일 뿐이지 그러한 것이 실재 자체는 아니라는 것을 인식하는 것도 역시 중요하다. 자아초월사상이 아직도 형성 단계에 있다는 사실에도 불구하고 그것은 역사적으로 상당한 발달을 거쳐 왔다.

이 분야의 뛰어난 선구자들에 의한 최초 20년의 저작들은 주로 인간 체험의 '상단(上端, highend)'이라고 일컬을 수 있는 것에 초점을 맞추어 왔다. 최초에 자아초월심리학회지에 실린 수티치(A. Sutich)가 기술한 그 목적에 대한 언명에서 발췌한 다음 내용을 보면 이러한 것을 이해하기에 충분하다.[8)]

> 트랜스퍼스널 학회지는, 메타-욕구(meta-needs), 궁극의 가치, 통일적 의식(unitive consciousness), 절정 체험, 황홀경, 신비 체험, 본질, 지복, 경외심, 경이로움, 자기실현, 궁극의 의미, 자기의 초월, 영, 일상적 삶의 신성화, 일체성, 우주적 각성, 우주적 유희, 개인 및 종의 범위의 시너지, 최대의 상호 개인적 조우, 초월적 현상, 최대의 감각적 각성, 응답성과 표현 그리고 관련되는 개념, 체험 활동에 대한 이론 및 응용 연구, 최초의 공헌, 경험적 논고, 기사 및 연구의 발간에 관심을 둔다.

이러한 체험에 주의를 기울임으로써 자아초월적 시각은 전통적인 과학적 · 자연주의적 · 데카르트적 세계관에서 벗어나 보다 전일적이고 영적인 전망을 향한 주요 패러다임의 전이를 초래하는 데 도움을 가져왔다. 또한 그것은 영적 추구야말로 인간적 동기의 본질적 측면이라는 것을 확인해 왔다.

'신'이나 '브라흐만'이나 '불성'이나 '실재'나 '존재'나 '진리'나 '사랑'이나 다른 어떤 것들로 부르든 아니든 간에 '신성(the Divine)'을 추구하는 것은 아직은 서양 전통 철학과 주류 심리학에서 실제로 거의 무시되어 왔다. 자아초월적 시각은 이러한 주제에 중심 동기를 부여하는 힘을 인식의 중심으로 가져왔다. 종교는 어떤 사람에게는 대단한 의미를 찾아 주지만 어떤 사람에게는 그렇지 못하고, 단지 조직화된 종교와 관련하여 조직화되어 확립된(믿음, 신념의) 구조로 보일 수도 있다. 영성(spirituality)은 신성(divinity)에 대한 영혼의 자유로운 탐구이고, 혼히 전통적인 조직화된 종교와 관련 맺지 않고 있다.

보다 최근에는 영적인 것이 일상생활에서 어떻게 표현되는가에 관한 자아초월적 조망의 이론이 있어 왔다. 최초의 자아초월적 관점은 전체를 포함해야 한다는, 단지 인간 체험의 상단이 아니라 일상적 의식의 개인적 영역도 포함해야 한다는 것을 보다 분명히 하고 있다.

이와 같이 보다 큰 관점으로 우리는 인간적으로 기능하는 모든 것과 정신병리의 '하단(下端, lower-end)'의 탐사에서조차도 상이한 조망을 가정한다. 그래서 정신병은 단지 정신병리적인 것보다 더 이상의 의미를 내포하는 것으로 보일 수도 있다. 그것은 광대한 우주적 힘으로의 정신적 통로와 영적 창발과 심리학적 치유를 위한 가능성을 제공하는 것으로 보일 수도 있다.

이러한 이론의 중요성은 그것이 자아초월사상의 관점을 정의하는 아치형의 이론적 틀이라는 데 있다. 자아초월적인 내용은 반드시 자아초월적인 교육이나 요법에서 생겨나는 것은 아니지만, 사상적 의미를 부여하는 이론의 틀은 자아초월적 비전을 제공한다. 자아초월적 시각은 선생이나 치료사가 말하거나 행하는 것 속에 있는 것이 아니라, 오히려 특수한 상황을 알려 주고 그것에 의미를 부여하는 선생이나 치료사의 행동의 배후에서 조작하는 침묵의 맥락 속에 있는 것이다.

자아초월 사상의 기본 원칙

자아초월적 관점 속에는 수많은 상이한 조망이 있지만 이러한 상이한 관점을 통일하는 몇 가지 기본 원칙이 있다.

- 우리 인간의 본질적인 본성은 영적이다: 자아초월사상은 서양의 철학 및 심리학의 주류 학파들의 인간 실존의 본성에 대한 이론이 비록 한계를 지니고 있다 하더라도 옳다는 것을, 말하자면 자아초월사상은 우리 존재가 본성적으로 심리학적 · 철학적 · 영적이라는 것에 대한 그들의 관점이 옳다고 긍정한다. 그러면서도 자아초월적 관점은 '자기'의 심리학적이고 철학적 구조를 뒷

받침하고 지향하는 영적 근원의 탐구에 최우선 순위를 두고 있다.

- **의식은 다차원적이다:** 전통 심리학의 분야 내에서는, 그리고 철학의 일부 분야에서는, 어느 정도까지 일상적인 것과 다른 체험을 한 개인들을 '악령에 들리거나' '정신병을 앓는' 환자 또는 '백일몽 환자'로 보고 있다. 영적 전통에 대한 사려 깊은 연구, 소위 '변성의식 상태'에 대한 연구는 대부분의 사람이 경험하는 정상의 일상적 깨어 있는 의식은 의식의 외향적 끝단에 지나지 않는다는 것을 보여 준다. 종종 영적 체험은 개인의 정상 의식이 얼마나 제한되고 제약되어 있는가를 드러내는, 보다 확장된 의식의 영역과 상태 속으로 그를 밀어 넣는다. 그간의 연구 결과에 의하면, 전통 지혜의 진리, 모든 존재의 우주적 연결, 외적인 다양성 속의 통일성, 이러한 물리적인 현현 뒤에 있는 명료성, 평화, 빛, 사랑, 지식, 힘에 보다 더 열려 있는 의식의 정묘 영역과 수준을 보여 주고 있다. 만일 이러한 차원 중의 어느 것을 제외하면 그것은 의식에 대한 피상적이고 허약한 이론으로 전락하고 만다.
- **인간 존재는 심화되는 개인적 · 사회적 · 초월적 깨우침을 통하여 전체성의 탐색으로 표현되는 영적 추구를 향한 정당한 추동을 갖는다:** 전체성을 위한 탐색은 욕구의 계층에 대한 매슬로의 연구를 보는 한 방식이기도 하지만, 개인의 자기발견, 자기실현 그리고 자기초월을 향한 욕구의 수준을 증진하게도 해준다. 자아초월적 비전은 전체적인 인간 성장 진화의 드라마를 영적 합일을 향한 보다 큰 탐구의 맥락 속에서 본다. 영적인 추구는 심신의 건강뿐 아니라 보다 완전한 인간의 심신 및 정신의 건강과 성취를 위해 필수적이다.
- **지혜와 내면으로의 안내에 의해 보다 심층적인 근원을 접촉하는 것은 가능하고, 성장에도 도움이 된다:** 서양의 철학과 정신요법의 어떤 학파들은 의식적인 자아나 자기보다 더 깊은 근원의 안내자를 노출하려고 노력하였다. 소크라테스(Socrates)는 아테네 시민에게 "자신의 영혼을 돌보라."라고 격려하였다. 플라톤(Plato)은 "신성한 에로스에 의해 사로잡히고자 하는 욕구"에 대해 말했다. 아리스토텔레스는 '직관적 지성'에 호소하고 말하며, 보통 수준의 철학자들도 '신성한 은총'에 대해 언급하였다. 키르케고르(Kierkegaard)

는 '진정하지 않은 자기'와 구별되는 것으로서 '자아'에 대해 호소하였다. 마찬가지로 심리학 체계에서는 이것을 다른 용어로 기술한다. 게슈탈트요법(Gestalt therapy)은 '유기체적 지혜'에 대해 말한다. 융은 '자기(self)'에 호소한다. 실존 심리요법에서는 '자아'를 절충된 '비자아'보다 순수한 안내자로 만든다.

자아초월적 조망은 더 큰 정서적 · 심리학적 · 철학적 통합을 위한 내면의 지혜에 근접하는 데 있어 개인을 돕는 것을 목표로 하지만, 어떤 특수한 철학적 체계나 심리학이 그것을 무엇이라고 일컫든 간에 그것은 자기나 유기체의 지혜의 근원이라는, 즉 보다 심층적인 영적 실재라는 것을 분명히 하고 있다.

⑤ **개인의 의식적 의지와 서원을 영적 추동과 통일하는 것은 인간 성장의 초월적·목표지향적인 건강한 가치이다:** 영적 추동의 자신을 표현할 수 있는 무한한 방법을 인정하는 것은 자아초월적 관점에서 일차적 가치이다. 어떤 특수한 영적인 길은 물리적이고 심리학적 문제를 모두 반드시 해결하지는 않는다. 오히려 영적인 지향은 도(道)나 천명(天命)이나 신의 의지나 카르마(karma)로 모호하게 표현되는 정신과 우주의 치유력과 더 거대한 우주적 유대 속으로 우리를 밀어 넣는다. 그러므로 자아초월적 시각은 영적인 추동을 강력하게 뒷받침한다. 그것은 또한 개인들이 신체적 · 정서적 · 심리학적 · 사회적 · 지적인 문제를 취급하는 것을 피하기 위하여 영적인 추동을 오용할 수도 있는 방법에 대해 경계하고 정신 차리도록 만든다.

⑥ **우리의 삶과 활동은 의미가 있다:** 우리의 활동과 정서는 우리의 성장 발달에 유의미성을 가지고 있다. 그들은 단지 무작위적이고 시사점 없는 사건들이 아니다. 순수한 과학적 · 자연주의적 시각은 우리로 하여금 보다 폭넓은 관점에서 삶을 보도록 허용한다. 영적인 관점에서 보면 심신의 건강은 우리가 무엇인가에 대한 우리 속에 내재된 의미를 드러내려고 할 때 나타난다는 것이다. 자아초월적 조망은 보다 심층적인 의미를 연속적으로 발견하고 이러한 심층적인 의미를 연속적으로 구성하고 해석하기 위한 우리의 노력을 인

정받고자 하는 욕구까지도 다 볼 수 있다는 것이다. 자아초월적 관점에서 보면, 이러한 의미를 발견하는 것은 극단적으로 심리요법적이고, 개인은 의미 있는 것이라면 어느 것도 다 극복할 수 있다는 빅터 프랭클의 관찰과도 일치한다.

⑦ **자아초월적 맥락은 사람들이 어떻게 보는가를 상호 발달적으로 구체화한다**: 대개의 전통적인 교육은 학생들을 '텅 빈 석판'으로 기술되는 마음을 가진 것으로 보고, 이러한 것들을 '옳고 적절한 정보'를 가진 마음으로 채우는 것은 전문가인 선생의 책임이라고 말한다. 그렇지만 트랜스퍼스널 관점은 학생/상담자를 교사/치료자와 똑같이 진보하는 사람과 동료 탐색자로 본다.

트랜스퍼스널과 초개인성

윌버는 앞에서 소개한 트랜스퍼스널의 일반 개념과는 달리, 통상적인 자아초월(trans-ego)의 의미와는 달리 '트랜스퍼스널'을 '초개인성'으로, 좁은 에고의 개인성을 넘어 더 큰 개인성이 더해진 의미로, 홀라키적 초월의 의미로 사용하고 있다. 여기서는 켄 윌버가 『성 · 생태 · 영성』에서 피력하고 있는 트랜스퍼스널에 대한 그의 독특한 관점을 알아보자.[9)]

트랜스퍼스널(초개인적 · 자아초월적)이란 말은 약간은 좀 어색하게 들리고 사람들을 혼동시킨다. 그러나 그 요점은 에머슨(Emerson)이 말한 바와 같이 아주 단순하게 "영혼은 개개인을 모른다."에 있다. 그는 설명하기를[이에 대한 인용문 전반에 걸쳐 에머슨은 남성을 사용하고 있다. 대혼(大魂) 또는 대령(大靈, Over-Soul)에 대한 그의 개념의 요점은 남성도 아니고 여성도 아니었기 때문에 그가 오늘날 살아 있다면 남성과 여성 모두를 사용했을 것이다. 이 점이 바로 왜 대혼이 그 어떤 그리고 모든 제한적인 역할로부터의 진정한 해방에 개념적으로 정초될 수 있었는가를 시사하는 것이다. 예컨대, "영혼은 개개인을 모른다."와 같은 것이다]. 영혼에게는 개개인이란 없고, 영혼은 신(God)에 바탕을 두고 있다. 하지만 '무개인적(Impersonal)'이란 반드시 옳은 표현이 아니다. 왜냐하면 그것은 개인성의 완전한 부정을 의미하는 경향이 있지만, 반면에 의식의 더 상위의 발달에서는 개인성은 부정되면서 보존되고, 또는 초월되면서 내포되기 때문이다. 그런 의미에서 '초개인적'(자아초월적 · 초개아적)이다. 그래서 나는 초개인적이란 '개인성이 더해진(personal plus)' 것을 의미하지, '개인성이 감소된(personal minus)' 것을 의미하지 않는다는 점을 유념하는 것이 매우 중요하다고 생각한다.

그러나 현실적으로 '초개인적' 체험은 실제로 무엇을 의미할 수 있는가? 그것은 생각하는 만큼 그다지 신비스러운 것은 아니다. 켄타우루스 의식(the Centaur)에 대한 설명에서 브로튼(Broughton)과 그 외 다수의 연구에 따르자면 자기(self)는 경험적 자아나 경험적 개인을 이미 초월하기 시작하고 있다는 것이다[관자(觀者, the observer)는 보통 알려진 자기 개념과는 구별된다]. 당신 자신은 지금 이 순간 객관적인 자기를 알아차릴 수 있고, 개체적 자아나 개인을 관(觀)할 수 있고, 자기 자신을 일반적으로 알아차리고 있는 것이다.

그러나 그렇다면 누가 관(觀)하고 있다는 것인가? 당신의 개체적 자기를 관하고 주시하고(바라보고) 있는(witnessing) 것은 무엇인가? 따라서 그것이 어떤 중요한 방식으로 당신의 개체적 자기를 초월한다는 것은 무엇을 의미하는가? 그것은 도대체 누구이며 무엇이란 말인가? 에머슨은 다음과 같이 고상하게 말하고 있다.

> 모든 사람은 다음과 같은 사실을 보여 주려고 애쓴다. 사람한테 영혼은 유기체적 기관은 아니지만 모든 기관을 살아 움직이게 하고 운동하게 하는 것이다. 그렇다고 그것은 기억이나 계산이나 비교의 힘 같은 기능이 아니라 이러한 것들을 손발처럼 사용한다. 그것은 어떤 능력이 아니라 빛이다. 그것은 지능이나 의지가 아니라 지능과 의지의 주인이다. 그것은 그 기관들이 놓여 있는 우리 존재의 배경, 즉 소유되지도 않고 소유될 수도 없는 어떤 광대한 공간[무경계의 장(場)] 같은 것이다. 내면으로부터 혹은 존재의 배경으로부터 어떤 빛이 우리를 통해 사물들 위에 비치고, 우리는 아무것도 아닌 한갓된 존재이지만 그 빛이 바로 모든 것이라는 진리를 우리로 하여금 깨닫게 해 준다.

당신 안의 관자(觀者), 당신 안의 주시자(the Witness)는 당신 안의 고립된 개인을 초월하고 나서, 대신 에머슨이 말한 바와 같이 내면으로부터 혹은 존재의 배경으로부터, 각성 인식의 방대한 팽창을 향해 열어 놓는다. 그 같은 인식은 더는 개체의 심신에 사로잡히지 않고, 더는 개개인을 차별하는 자이거나 악용하는 자가 아니고, 더는 고독한 자기의 지나가는 순간의 즐거움과 헤어짐의 슬픔으로 인해 넋을 빼앗기지도 않는다. 그렇지만 그것은 마치 빛이 세계로부터가 아니라 그 세계 속으로 비추는, "빛이 우리를 통하여 사물들 위에 비추는", 어떤 통로(opening) 혹은 소통로(clearing)와도 같이 침묵 속에 조용히 서서 지켜보고 있는 것이다. 자기, 개인을 관(觀)하거나 주시하고 있는 바로 그것은 그만큼 자기, 개인으로부터 자유롭다는 것이다. 그리고 그 통로를 통하여, 에머슨이 말하듯이, "우리의 무릎을 꿇게 만들지도 모르는" 진정한 자기(Self), 즉 영혼(Soul)의 빛과 권능이 쏟아져 들어온다는 것이다.

> 사람이란 모든 지혜와 모든 선(善)이 거주하고 있는 사원의 겉모습 같은 것이다. 우리가 통상 ('개체적 개인'이나 자아로서의) 사람을 먹고 마시고 헤아리는 사람으로 부르는 것은, 우리가 그를 알고 있는 바대로 제대로 그 사람 자신을 표상하는 것이 아니고 잘못 표상하는 것이다. 만약 그가 그의 행위를 통해 자신의 영혼을 나타나게만 한다면, 우리가 존경하지 않는 그 사람보다는, 사실 우리가 아는 그는 자신의 영혼의 유기체적 기관일 뿐이므로, 바로 그 영혼이 우리의 무릎을 꿇게 만들지도 모른다. 그 영혼이 그의 지능을 통해 숨 쉴 때 그 영혼은 천재가 되고, 그 영혼이 그의 의지를 통해 숨 쉴 때 그 영혼은 미덕이 되고, 그 영혼이 그의 감정을 통해 흐를 때 그것은 사랑이 된다. 지적인 것에 대한 맹신은 그 영혼이 어느 정도 자기 자신(그 특유의 개인)이 되었을 때 비로소 시작된다. 의지의 나약함은 개개인이 어느 정도 자기 자신이 되었을 때 시작된다. 이 모든 것은 영혼으로 하여금 우리 인간을 통해 스스로의 나아갈 길을 갖도록 하기 위해 어떤 특정 개인의 삶의 목표를 개선시키는 것이다…….

그래서 그들을 통해 영혼이 비치는, 즉 그들을 통해 "영혼이 자신의 나아갈 길을 가지고 있는", 그러한 사람들은 그래서 우리 가운데 나약한 성격, 우매한 개성, 굴종적인 인품을 가진 자들이 아닌 것이다. 그들은 개인성이 감소된(personal minus) 자들이 아니라 개인성이 더해진(personal plus) 자들이다. 그들은 이제 더 이상은 그들 개인의 인격과 배타적으로 동일시되지 않는다는 바로 그 때문에, 그러면서도 그들은 여전히 인격을 지니고 있기 때문에, 그래서 영혼의 힘과 불길이 바로 그런 인격을 통해 흐르는 것이다. 그들은 때로는 부드럽게 말하고 흔히 침묵 속에 잠겨 있을 수도 있지만, 그것은 그들 주위의 모든 요란하게 떠들어대는 자아(에고)들을 틀림없이 다 떠내려 보내는 우레 같은 침묵이다. 아니면 그들은 생기와 활력이 넘치고 매우 외향적으로 활동적일 수 있지만 그들의 역동성은 끌어당기는 자성(磁性)이 있고, 그래서 사람들은 아무튼 그들의 현존에 끌리고 매혹된다.

다음과 같은 점을 실수 없이 분명히 해야 한다. 이들은 강한 기질을 소유한 인물이고, 이러한 영혼은 때로는 황당하게 과대 포장된 인물이기도 하고, 때로는 세계적으로 유례를 찾아보기 힘든 역사적인 인물이기도 하다. 그 이유는 다름 아니라 그들의 성격은 기질상 벽력같이 소리 지르는 그리고 그 주위에 있는 자들에게 거칠게 대성일갈하는 어떤 우주적 근원에 접속되어 있기 때문이다.

> ……(에머슨의 메시지는 이렇다) 영혼(Soul)은 개체도 아니고 문화도 아니고 전통도 아닌데 연계되어 있지만, 모든 사람 속에서 모든 사람 너머에서 신선하게 솟아나면서, 시간과 장소와 역사의 세계에서는 아무것에도 굴종하지 않는 어떤 진리와 영광 속에 스스로의 근본 바탕을 두고 있다. 우리 모두는 '우리 자신에게 비친 빛'이 틀림없고 또 오직 그럴 수밖에 없는 것이다.

미주

1) 탄트라 요가에서 척추 부근 최하위 몰라다라 차크라 내에서 뱀처럼 똬리를 튼 채 조용히 잠들어 있는 신비한 생명의 원동력으로, 쿤달리니 요가수행에 의해 차크라를 통해 차례로 상승하여 최상위 일곱 번째 사하스라라 차크라에 도달하고, 이 상승에 의한 결합은 수행자에게 무한한 지복감과 신성한 깨달음에 이르게 한다고 한다.
2) www.itp.edu/about/index.cfm 참조.
3) www.mdani.demon.co.uk/trans/tranintro.htm 참조.
4) 1872~1950. 현대 인도 베단타학파의 위대한 사상가, 통합 요가의 창시자. 인도의 전통 종교사상에 서양사상을 포함하는 형태로 그의 요가 체험을 바탕으로 힌두 철학을 비판적으로 취사 통합했고, 절대자로서의 실재는 초심(Supermind)을 통해 우주적 존재로 하강하고 신적 존재로 상승한다는 것을 사상의 기본 바탕으로 하는 신비사상가.
5) 이는 그리스어의 홀로스(holos=whole) 전체와 트레페인(trepein=moving in the direction of) ~향해 나가다의 합성에 의해 스탠 그로프(Stan Grof)가 만든 용어로, 이는 '향전체성적(向全体性的)'이라는 의미를 갖는다. 그로프의 홀로트로픽 테라피란 과호흡(hyperventilation)에 의한 호흡법과 감정, 기억 따위를 환기하는 음악 및 보디워크를 결합한 향전체성적 치료법으로, 그의 정신의 신작도법 이론에서 말하는 의식의 전영역, 전체성을 실감하면서 우주심과 자신의 인격의 통합을 실현해 가는 것을 목표로 한다.
6) www.corporate.skynet.ke/hypraoges taltalt/artikelenm.htm 참조.
7) 354~430. 중세 유럽의 기독교의 대표적인 플라톤주의적 신학자 · 성자.
8) Sutich, *Journal of Transpersonal Psychology*, 1969, p. 19에서 인용.
9) Ken Wilber,『성, 생태, 영성』, pp. 279-282에서 인용.

11 자아초월의 지혜에 이르는 길

앞 장에서 트랜스퍼스널(초개인성, transpersonal)이란 의미에서의 자아초월의 의미에 대해 살펴보았듯이, 초개인성이란 의미에서의 자아초월이란 초의식적 수준, 세계혼적 수준으로의 개인 의식의 수직적 상승과 수평적 확장에 의한 변화/변용을 포괄적으로 일컫는 의미를 담고 있다. 일반적인 의미로는 자아초월(trans ego)이란 자기중심적 에고, 집착, 자기애로부터 벗어나는 것을 말한다.

따라서 일반적으로 자아초월은 한 개인의 의식이 켄 윌버가 말하는 실존적 · 비전논리적 · 켄타우로스적 심신이 통합되는 자기실현 수준에 도달한 뒤에 종교적 관상이나 정관/명상을 통한 영성 체험을 하거나 요가/명상/참선/기공 같은 수련을 통한 절정 체험, 초의식 체험, 신비 체험에 의한 소유의 집착심에 얽매인 자아를 벗어나거나 내려놓는 각성, 깨우침, 깨어 있는 경지에 이른 것을 일컫는 말이다.

자아초월적 영성의 발현으로 깨우침이나 견성오도(見性悟道), 확철대오의 깨달음의 경지에 이르면 초월적 의식에 의해 업장(業障)이나 탐진치에 사로잡힌 좁은 자아(ego)가 떨어져 나가는 탈에고적으로 되면서 자아를 내려놓고(放下着), 번뇌와 망상과 업장에서 자유롭게 되면서 이타적 보살심이나 나눔/배려/사랑/자비 의식이 자연스레 생겨난다. 그리고 신인합일/천인합일(神人合一/天人合一) 의식과 지복감으로 환희가 넘치고 항상 사념처(四念處, 身受心法)를 주시하며 늘 정신 차리고 깨어 있는 상태에 있게 된다.

물론 자아초월 의식은 불교에서 색계 사선정(色界 四禪定), 무색계 사선정(無色

界 四禪定)을 구분하듯이 여러 수준과 단계로 자아초월 수준을 구분할 수 있다. 비록 자아초월을 경험하고 어느 정도 깨어 있더라도 비교적 아래 수준에서는 아직도 업장이 있고 번뇌가 있고 자기집착(我相)이 순간순간 있게 마련이다. 그러나 수행이 깊어지면서 실존적 자기의식 수준과는 확연하게 다른 초의식 세계, 자아초월 영성, 신비의 세계에 눈을 뜨고 좁은 자아에서 벗어나 의식이 최소한 세계혼적 수준에 이르게 되면, 고통받는 자와 중생에 대한 가슴에서 우러나오는 사랑/자비심이 흐르고 더는 자기애적/언어적 사량심, 시비/분별심, 소유적 삶의 번뇌/탐진치심에 의해 끄달리지 않는 자유로운 마음(無碍心) 경지에 이르게 된다.

자아초월의 지혜가 생긴다는 의미는 하이데거 철학적으로는 소유적 삶에서 존재적 삶으로 바뀐다는 의미이지만, 켄 윌버가 말하는 의식의 홀라키적으로 초개인적 의식 수준에서는 전이성적 · 이성적 · 초이성적, 전합리적 · 합리적 · 초합리적, 전인격적 · 인격적 · 초인격적, 전언어적 · 언어적 · 초언어적인 의식의 수준을 모두 통합하는 의식이 된다는 것이다.

방편적으로 언어적으로는 시비/분별이 필요할 때는 시비/분별하지만 원효가 말하는 비변비중(非邊非中)의 의언이언(依言離言)적이고 득의이언(得意而言)적으로 중도적(中道的) 언행/사유와 진리 인식을 하게 되는 경지에 이르게 된다. 불교적으로 자아초월의 지혜란 일체의 제법(諸法), 정법(正法)을 깨우쳐 정사(正邪)를 중도적으로 판단 분별하는 마음이 작용하는 교학적(教學的) 지혜(즈나나 요가적 지혜)가 생기고, 궁극적으로 불심/진여심(佛心/眞如心)의 작용으로 반야의 지혜가 발현되어 지혜로운 마음이 구족하게 되면 사랑/지복/자유/무애(無碍)/헌신/이타심/보살심이 생기게 된다.

자아초월의 지혜에 이르는 길에는 다양한 길이 있다. 자율적 자기, 자기 정체성, 자기존중의 확립 단계를 거쳐 자기실현에 이르는 단계적 영적 성장을 통해서야 비로소 그 위의 초의식의 세계에 대한 눈(영안/혜안)이 열리고 자아초월적 영성이 개화되면서 자아초월의 지혜가 생기게 된다. 켄 윌버가 말하는 자아초월적 영성과 영적 성장에 대해서는 이미 8장에서 다루었고 저자가 보는 상보적 영적 성장에 대해서는 제3부에서 지면의 제약으로 약간만 언급하고 별책에서 본격적으로 다룰 것이다. 불교적으로는 자아초월의 지혜에 신(信)·해(解)·수(修)/행(行)·증(證) 단계를 거치며 정혜쌍수(定慧双修), 선교(禪敎)합일의 가르침에 따르는 수행의 요체는 팔정도/삼학(八正道/三學)의 실천에 있다. 그러나 여기서는 켄 윌버의 주요 저서에 나타난 그의 자아초월사상을 중심으로 알아볼 것이다.

켄 윌버의 자아초월사상

불교를 비롯한 모든 종교의 경전이 언어로 말할 수 없는 궁극의 진리를 언어로 표현하고 있듯이 자아초월적이고 통합철학적인 윌버의 모든 저술의 궁극의 메시지는, 그의 자아초월과 영적 깨달음에 관한 가르침의 정수를 뽑아 실은『존재의 단순한 느낌(Simple Feeling of Being)』[1)]의 서문에서 마크 팔머(M. Palmer) 등이 언급하듯이, "그의 모든 저술은, 궁극적으로 영성 수련과 마음속의 몸, 혼 속의 마음, 영(靈) 속의 혼의 황홀한 통로를 통해 드러난 진리에의 참여에 근본 바탕을 두고 있다. …… 그의 노력은 모든 중생을 해탈시키고자 하는 보살의 서원의 심오한 현시에 조금도 못 미치지 않는다."라는 말 속에 함축되어 있다.

따라서 그의 가르침은 모든 조망을 존중하고 통합함으로써 '모든 것의 이론' T·O·E(Theory of Everything)적이고 AQAL(All Quadrant, All Level) Matrix적인 통합적 비전으로 모든 것을 비추고 있다. 나아가 언어와 개념을 넘어서 공(空)과 궁극의 실재 자체의 직접적인 깨우침으로 온전하게 나아가도록 하기 위한 수단으로서 오히려 언어와 개념의 가치를 인정하도록 끊임없이 초대하고 있다. 이것은 역시 교학의 길, 즈나나(지혜) 요가(jnana yoga)의 길이기도 한데, 팔머가 언급한 바와 같이 이 길에서는 누구나 현현하는 영역들의 진정한 심오성에 의해 '신비(Mystery)'를 향해 깨어나 열리게 될 때까지 세계를 공부하고 지식을 축적하게 된다.

켄 윌버가 영적 깨달음이나 증오(證悟)적 돈오견성(頓悟見性)/확철대오의 어느 경지까지가 있는지는 정확하게 알 수는 없다. 하지만 그의 20여 권에 이르는 통합적 철학·심리학·종교·과학·TOE 등으로부터 그의 심오한 사상의 영적인 측면과 그의 깨달음의 경지를 가늠할 수 있는 부분만 뽑아 놓은 『존재의 단순한 느낌(The Simple Feeling of Being)』과 명상록적인 저서 『켄 윌버의 일기(One Taste)』를 읽고 나면 어느 정도 짐작할 수는 있다. 이 두 책은 그의 삶과 사상 모두에 스며 있는 신비적 핵심을 표현하는 그의 영적 구도의 메모나 시론(試論)이기도 하다. 그러므로 이러한 저서들은 영적 가르침의 선사이며 학승이고 학자이며 학생이고 수련자이며 예지자이고 철인이며 철학자로서의 그의 영적 본성과 영적 체험, 그의 깨달음의 경지 속을 들여다보는 기회를 제공해 준다. 그러나 무엇보다도 마치 육조혜능(六祖慧能)의 직지인심 견성성불(直指人心 見性成佛)과도 같은 그의 독특한 직지인심적 교시(敎示)에 의한 궁극의 진리, 우리의 본래 면목을 깨닫게 해 주는 그의 영적 가르침은 사변도 아니고 관념도 아니다. 다만, 높은 깨우침의 경지에서 나온 탈형이상학적 심오한 언어적 가르침과 영적 안내지도를 통해 우리로 하여금 궁극의 진리에 대해 영적 직관이나 또는 각자의 영적 체험의 수준에 따라 어렴풋하게나마 맛을 보고 해석하게 해 준다는 데 가장 큰 의미가 있다.

켄 윌버의 영적인 가르침을 이해하려면 『존재의 단순한 느낌』에서의 마크 팔머 등의 다음과 같은 말을 이해하는 게 지름길이다. "수많은 신비의 전통에서의 명상수련에는 흔히 두 가지 요소가 있다. 그것은 창조 단계와 완성 단계이다. 첫째 창조 단계에서는 특정한 신성한 에너지(氣)의 성스러운 머무름을 나타내는 복잡한 이미지나 만다라를 의식(儀式)적 시각화를 통해 창조해 낸다. 다음 완성 단계에서는 개인 스스로 (자비나 지혜 같은) 신성한 에너지로 자신을 변용하고 원초적 각성(awareness)의 '투명한 빛(Clear Light)'만 남겨 놓고는 전체의 시각화를 공으로 용해해 버린다." 마찬가지로, 윌버는 수많은 저서와 논고를 통해 독자들을 다중의 층[layers, 수준, 노선/계통, 단계, 체(体, kosha)…… 같은 것]과 사분면의 만다라로 온우주를 시각화하도록 초대한다. 그러고 나서 윌버는 그의 이론적 · 명상적 사유를 통합하여 독자에게 세계를 신성한 통합적 궁전으로 변화시킬 수 있는 명상적 가르침을 제공한다. 그의 저서들의 절이나 장의 끝부분에서 윌버는 독자 자신이 만다라라는 것과 그들 자신이 세계의 매트릭스를 생기게 하고 드러나게 하는 인식 자체라는 것을 상기시킨다[저자가 보기에 이는 유식학의 일체유식 심외무경(一切唯識 心外無境)을 상기시킨다]. 그 결과, 전체 지적인 구성체계를 '진여(Suchness)' 속으로 용해하고, 그래서 그의 통합적 지도는 '영원한 현재(the Eternal Now)'의 물속으로 뛰어드는 '도약대'가 된다. …… 이와 같은 방식으로 윌버의 작업은 가장 지적인 순간에도 언제나 영(Spirit)을 기억하는 일에 봉사해 왔다. 그는 모든 중생에게 '언제나 이미', 바로 지금 여기 삶의 시점이자 유희(the point and play)의 '근원(the Source)'으로 깨어나도록 명쾌한 나팔소리를 제공한다."

이 장에서는 윌버가 그의 『무경계(No Boundary)』에서 보여 주는 '진아(眞我)', 『켄 윌버의 일기』에서 보여 주는 '무아(無我)', 『켄 윌버의 아이 오브 스피릿』에서 보여 주는 '비이원적 비전'을 통해 그리고 이미 9장에서 소개한 『세상에서 가장 아름다운 용기(Grace and Grit)』에서 보여 주는 '족첸수행' '통렌수행'과 함께 그가 안내하는 진정한 자아초월의 지혜에 이르는 길을 찾아가 보자.

진아(眞我)

여기서는 『무경계』에서 켄 윌버가 보는 동서양의 전통 지혜 '영원의 종교'에서 말하는 개체화된 궁극의 실재, 내면의 본성(本性)으로서의 진아(眞我, the Real Self)를 중심으로 알아볼 것이다.[2] 윌버는 동서양의 영원의 철학과 영원의 종교에서 말하는 궁극의 참자아, 나의 나(I-I)의 본성(자성)은 본질적으로 동일하다고 본다.

진아는 인류사를 통하여 다양한 신비적이고 형이상학적인 전통들에 의해 수십 가지의 상이한 이름이 주어져 왔다. 그것은 알-인산 알-카밀(al-Insan al-Kamil), 아담 카드몬(Adam Kadmon), 루아크 아도나이(Ruach Adonai), 누스(Nous), 뉴마[정령(精靈)Pneuma], 푸루샤(Purusha), 여래장(如來藏, Tathagatagarbha), 보편자(Universal Man), 성체(聖体, The Host), 브라흐만-아트만(the Brahman-Atman), 즉자성(卽自性, I AMness) 등으로 알려져 왔다. 약간 다른 각도에서 보면 그것은 법계(法界, the Dharmadhatu), 심연(the Void), 진여(眞如, Suchness), 절대신성(Godhead)과 실제적으로 동의어이다. 이러한 말들 모두는 단순히 무경계의[본체계(本体界)에 대한] 실상계(實相界)의 상징에 불과하다.

오늘날 '진아'는 흔히 인간 본성의 '가장 깊은 내면의' 핵심임을, 즉 아주 현저하게 주관적이고 내면적이고 개인적이고 비객체적이고 내측이고 내부인 것임을 시사하는 어떤 종류의 명칭을 사용하여 흔히 지칭되고 있다. 신비가들은 "천국은 네 안에 있다."라고 말한다. 그것은 우리 존재의 가장 깊은 내면에 숨겨진 모든 존재하는 것의 진아를 발견해 낼 때까지 우리는 자신의 영혼의 깊숙한 곳을 탐구해야 한다고 말하는 것이다. 스와미 파라바바난다(Swami Prabhavananda)가 "그대는 그대가 누구라고 무엇이라고 생각하는가?" 내부에 절대적으로 기본적으로 근본적으로 깊숙이 내면에서 존재하는 그대는 도대체 누구이고 무엇인가? 말하곤 하듯이, 흔히 '자아(the Self)'는 '내적 주시자(Inner Witness)' '절대적 보는 자(觀者)이자 전지자(全知者, Absolute Seer and Knower)', 인간의 '가장 내밀한 본성(Inner-most Nature)' '절대적 주체성(Absolute Subjectivity)' 등과 같은 어떤 것으로 일컬어지고 있음을 발견하게 될 것이다. 그래서 베단타[3] 힌두교의 고승, 샹카라[4]는 다음과 같이 말하는 것이다. "우리의 자아의식의 바탕에는, 자재(自在)하는 순수한 실재(Reality)가 있다. 그 실재는 세 가지(깨어 있고, 꿈꾸고, 잠자고 있는 상태) 의식 상태의 주시자이며, 오감(五感)과는 확연히 구별된다. 그 실재는 의식의 모든 상태안의 전지자(the Knower)이다. 그것은 마음의 있거나 없음[유심(有心)이나 무심(無心)]을 알아차리고 있다. 이것이 곧 아트만[진아(眞我), Atman], 지고의 존재(Supreme Being), '원초적 신(the Ancient)'이다."

시비야마(Shibyama) 선사의 어록에서 나온 다음과 같은 훌륭한 인용문도 이에 대해 언급하고 있다.

> 그것(실재)은 바로 주체성과 객체성 모두를 초월하고 그것들을 자유롭게 창조하고 사용하는 '절대적 주체성(Absolute Subjectivity)'이다. 그것은 본질적으로 실존의 전(全) 의미를 지니고 있어 결코 객관화되거나 개념화될 수 없으며 본래 완전한 그것은 '근본적 주체성

(Fundamental Subjectivity)'이다. 그것을 이러한 명칭들에 의하여 일컫는 것 자체가, 객관화와 개념화를 향해 한 발을 내딛는 것이기에 이미 실수를 범하는 것이다. 그래서 에이사이(英西, Eisai) 선사는, "그것은 결코 이름을 붙일 수 없는 것이다."라고 말한 것이다.

결코 대상화되거나 개념화될 수 없는 절대 주체성은 시공(時空)의 제약에서 자유롭다. 그것은 생사에 예속되지 않는다. 그것은 주체와 객체를 넘어서고, 비록 그것은 한 개체 속에 거주하지만 그 개체에 제한받지 않는다.

그렇지만 '진아'는 우리 각자의 내부에 있는 진관자(眞觀者, 진정한 보는 자, the True Seer), 내적 주시자(내면의 바라보는 자, the Inner Witness) 또는 절대 주체성이라고 말하는 것은 우리가 지금까지 합일의식(unityconsciousness)에 대해 말해 온 바에 비추어 보면 모순되어 보일 수도 있다. 왜냐하면 우리는 한편으론 '진아'는 항존(恒存)하는 무경계의 각성의식이고 그 안에서는 주체와 객체, 보는 자와 보이는 것, 체험자와 체험되는 것이 단일한 연속체를 이루고 있다는 사실을 보아 왔지만, 반면 다른 한편으론 우리는 방금 '진아'를 내적 주시자, 궁극의 전지자(全知者)로 서술해 왔기 때문이다. 우리는 그것은 관자(觀者, 보는 자)이지 보이는 것이 아니고, 그것은 내측이지 외측이 아니라고 말했다. 우리는 이와 같은 외관상의 모순을 도대체 어떻게 다루어야 하는 것인가?

첫째, 말로 표현할 수 없는(語不成說/不立文字적인) 합일의식에 대한 체험을 서술하려고 애쓸 때 신비가들이 직면하는 어려움을 인식해야 한다. 이러한 것들 중에 맨 먼저 부딪치는 것은, '자아'는 무경계의 각성인 데 비해 모든 언어와 사고는 경계를 짓는 것에 불과하다는 사실이다. 그러나 이것은 어느 특정한 언어에 국한되는 결점이 아니라, 오히려 모든 언어에 내재되어 있는 바로 그들 자체의 구조적 속성 탓이다. 한 언어는 오직 관습적 경계들을 구성할 수 있는 범위 내에서만 유용성을 갖는다. 경계가 없는 언어는 전혀 언어가 아니다. 그렇기 때문에 합일의식을 논리적으로 형식적으로 말하고자 하는 신비가는 매우 역설적이거나 모순되게 들리도록 운명 지워져 있는 것이다. 문제는 그 어떤 언어적 구조이든 바닷물을 포크로 건지려 하듯이 합일의식의 본질을 잘 포착할 수 없다는 것이다.

그래서 신비가들은 길(道, Way)을 가리키고 보여 주는 것으로 만족할 수밖에 없으며 우리는 그것에 의지하여 스스로의 힘으로 합일의식을 모두 체험할 수밖에 없는 것이다. 이러한 의미에서 볼 때 신비가의 길은 전적으로 실험적인 길이다. 신비가들은 아무것도 맹목적으로 믿지 말라고, 또 자신의 이해와 체험 이외에 어떤 권위도 받아들이지 말라고 권고한다. 그들은 오직 깨어 있는 속에 몇 가지(수련)의 실험을 해 볼 것을, 자신의 현존재의 사태를 주의 깊게 바라보기를, 또 자기 자신과 우리의 세계를 가능한 한 명료하게 보려고 노력할 것을 권고한다. 비트겐슈타인(L. Wittegenstein)이 외치듯이, "생각하지 말고 단지 바라보아라(觀하여라)!"라는 것이다.

그러나 도대체 어디를 바라보라는[관(觀)하라는] 것인가? 이것은 곧 신비가들이, "안쪽을 관(觀)하라. 안쪽으로 깊숙이, '진아'는 내부에 놓여 있기 때문이다."라고 보편적으로 답하는 바로 그 관점이다. 이제 신비가들은 '진아'를 그대의 내측에 존재하는 것으로 진술하고 있는 게 아니다. 그들은 그냥 당신의 내측을 향해 가리키고 있다. 그들은 정말로 내부를 관(觀)하도록 말하고 있는데, 그 최종 해답이 현실적으로 그대의 내부에 있지 외부에 있는 것이 아니기 때문이 아니라 그대가 조심스럽고 일관성 있게 내측을 관(觀)하게 되면 그대는 조만간에 외측을 발견하게 되기 때문이다. 다시 말하자면 당신은 내측과 외측, 주체와 객체, 관자(觀者, 보는 자)와 보이는 것이 하나이고, 그리하여 자연스레 당신의 본래 의식의 자연 상태로 몰입하게 된다는 것을 깨닫는다. 그래서 신비가는 우리가 앞에서 말한 모든 것에 모순되어 보이는 방식으로 '진아'에 대해 말하는 것으로 시작한다. 그렇지만 만약 우리가 끝까지 신비가를 뒤따라 나간다면 그 결론은 일치한다.

'절대적 주체성'이나 '내적 주시자'와 같은 어떤 것은 최소한 신비가가 그 말을 사용하는 방식이 무엇을 의미하는지를 고려하면서 말하기 시작해야 한다. 절대적 주체성은 여하한 상황에도 어느 때에도 결코 보이거나 들리거나 알려지거나 감지될 수 있는 특정한 대상일 수 없다는 그런 것이라는 말이다. 절대적 관자(觀

者)이므로 그것은 결코 보일 수 없는 것이다. 그래서 노자(老子)는 그것(道)에 대해 다음과 같이 말한다.

> 눈은 응시하지만 그것을 일별조차 할 수 없기에
> 그것은 현묘한 것이라 일컬어지네
> 귀는 듣지만 그것을 들을 수 없기에
> 그것은 심원한 것이라 일컬어지네
> 손은 그것을 느끼지만 그것을 찾을 수 없기에
> 그것은 극소한 것이라 일컬어지네

그러므로 이 자아나 절대 주체성을 접촉하기 위해 대개의 신비가들은, 스리 라마나 마하르시의 말에 따라 다음과 같은 표현에 동조한다. "일곱 가지 체액(humor)으로 이루어진 조대(粗大)의 몸은 내가 아니다. 그것들 각각의 대상을 파악하는 오감의 기관들도 내가 아니다. 생각하는 마음조차도 내가 아니다."

그렇다면 이 '자아'란 도대체 무엇인가? 라마나가 적시하듯이, 그것이 나의 신체일 수는 없는데, 왜냐하면 나는 그것을 느끼고 알 수 있고 그래서 알려질 수 있는 것은 절대적인 전지자(全知者, '아는 자')가 아니기 때문이다. 그것이 나의 소원, 희망, 두려움, 감정일 수는 없는데, 왜냐하면 나는 어느 정도 그것들을 보고 느낄 수 있고, 그래서 보이는 것은 절대적인 관자(觀者, 보는 자)가 아니기 때문이다. 그것이 나의 마음, 나의 인격, 나의 상념일 수는 없는데, 왜냐하면 그런 것들 모두는 주시될 수 있고, 그래서 주시될 수 있는 것은 절대 주시자가 아니기 때문이다.

이러한 식으로 자아를 찾아 끈질기게 내부를 관(觀)함으로써 나는 비로소 그것이 전적으로 내부에서만 찾아질 수는 없다는 사실을 깨닫기 시작하는 것이다. 나는 지금까지 나 자신을 저기 바깥에 있는 모든 대상을 주시하는 내면에 있는 '작은 주체'로 생각하는 데 익숙해 있었다. 그러나 신비가는 이 '작은 주체'도 사실 하나의 객체로 보일 수 있다는 것을 분명하게 보여 주고 있지 않은가! 그것(작은 주체)은 진정한 주체, 나의 자아가 전혀 아니다.

그러나 신비가들에 의하면, 바로 지금 여기 삶과 생활 속에 우리의 주요 문제가 있다. 왜냐하면 우리 대부분은 자기가 자신을 느끼거나 자기 자신을 알거나 자기 자신을 지각하거나 최소한 어떤 의미로는 자기 자신을 자각할 수 있다고 상상하기 때문이다. 우리는 지금 이 순간에도 그 같은 느낌을 갖고 있다. 그러나 신비가는 답하기를, 내가 지금 이 순간에 나의 '자기'를 보거나 알거나 느낄 수 있다는 사실이 곧 이 같은 '자기'는 도저히 나의 자아일 수 없다는 점을 결정적으로 보여 준다는 것이다. 그것은 거짓 자기, 사이비 자기, 망상, 속임수이다. 우리는 알고 있거나 알 수 있는 것들 모두를 구성하는 대상들의 집합체로서의 자신을 무심코 자기와 동일시해 왔다. 고로 이 알 수 있는 대상들의 집합체가 진정한 전지자(全知者)나 진아일 수는 없다. 우리는 우리의 신체, 마음, 성격과 같은 대상이 우리의 진정한 '자기'를 구성한다고 상상하면서 자기 자신을 이러한 대상과 동일시해 왔다. 그러고 나서 단지 망상에 지나지 않는 것을 지키고 보호하고 연장하려고 애쓰면서 전 생애를 허비하고 있다.

우리는 조용히 그러나 틀림없이 발견되기를 기다리고 있는 우리의 지고의 정체성(Supreme Identity)을 지닌 채로 오인된 정체성이란 전염병의 희생자가 되고 만 것이다. 신비가들은 우리 자신의 거짓자기(pseudo-self)의 근처에 있거나 그 아래에 있거나 그보다 선행(先行)하는 누구나 무엇인 존재로 우리 자신을 깨어나게 하는 것 이상은 다른 아무것도 원하지 않는다. 그리하여 그들은 우리가 이와 같은 허위의 자기와 동일시하는 것을 멈추기를, 또 내가 내 자신에 대해 알거나 생각하거나 느끼거나 하는 것은 무엇이든지 간에 나의 자아를 구성할 수 없다는 사실을 깨닫기를 요구한다.

나의 마음 · 나의 신체 · 나의 상념 · 나의 욕망, 이러한 것들은 나무 · 별 · 구름 · 산과 마찬가지로 나의 자아가 아니다. 왜냐하면 나는 똑같은 이 모든 것을 대상으로 주시할 수 있기 때문이다. 이러한 식으로 진행해 가면 나는 나의 진아에 투명해지게 되고, 그래서 어떤 의미에서 보면 나라는 것은 이 고립되고 피부로 둘러싸인 유기체를 훨씬, 훨씬 더 넘어서 존재한다는 사실을 깨닫게 된다. 내가 내 안으로 더 깊이 들어가면 갈수록 더욱더 나는 나로부터 점점 더 떨어져 나온다.

이 같은 탐구를 더욱 밀고 나가면 의식 안에서 신기한 뒤집기가 일어나는데, 이는 『능가경(Lankavatara Sutra)』[5]에서 "의식의 최심층부 밑자리에서의 전회(轉廻)"라고 일컫는다. 내가 절대적 관자(觀者, Seer)를 찾으면 찾을수록 그것을 하나의 대상으로서 발견할 수 없다는 사실을 점점 더 깨닫게 된다. 그것을 하나의 특정한 대상으로 찾을 수 없는 것은 그것은 곧 모든 대상 자체라는 단순한 이유 때문이다! 나는 그것을 느낄 수 없는데 그것은 바로 느껴지는 모든 것이기 때문이다. 내가 그것을 경험할 수 없는 것은 그것이 곧 경험되는 모든 것이기 때문이다. 내가 볼 수 있는 것은 그것이 무엇이든 관자가 아니다라는 말은 옳다. 왜냐하면 내가 보고 있는 모든 것이 곧 관자이기 때문이다. 내가 나의 자아를 찾아 내면으로 들어갈 경우 발견하게 되는 것은 오직 (대상으로서의) 세계뿐이다.

그러나 이제 한 가지 이분면의 모순이 일어나고 만 것이다. 왜냐하면 나는 내부의 자아란 실제로는 외부의 현실 세계이고 그 역도 마찬가지라는 사실을 깨닫게 되기 때문이다. 주체와 객체, 안쪽과 바깥쪽은 비이원적[불이(不二)]이고 또 항상 그래 왔다는 것이다. 거기에는 그 어떤 근본적인 경계도 존재하지 않는다. 세계가 곧 나의 몸이며, 바라보고 있는 내가 곧 바라보고 있는 것(보이는 것)이다.

자아는 안에도 밖에도 살지 않기 때문에, 주체와 객체는 실은 둘이 아니기 때문에, 신비가들은 여러 상이한 방식으로 그러나 다만 외관상으로 모순된 방식으로만 실재에 관해 말할 수 있는 것이다. 그들은 모든 실재에는 무엇이든 간에 없다고 말하거나, 아니면 실재는 그 어떤 주체도 전혀 내포하지 않는다고 진술할지도 모른다. 아니면 주체와 객체 양쪽 모두의 존재를 부정할 수도 있다. 아니면 그들은 상대적 주체와 상대적 객체 양쪽을 초월하면서도 여전히 내포하는 절대 주체성에 대해 말할 수도 있다. 이러한 말은 모두 단순히 내측 세계와 외측 세계란 단지 단일한 항존하는 무경계 각성인식 상태에 대한 두 가지 다른 이름에 지나지 않는다는 것을 말하는 다양한 방식일 뿐이다.

우리가 일반적으로 생각하는 자아는 앞에서 고찰한 심리학적 자기(self) 정체성인 나, 에고를 의미한다. 그러나 불교에서는 자아가 오온(五蘊)으로 되어 있는 허상인 아상(我相)의 가아(假我)를 의미한다. 그래서 상주불변의 자아는 없다고 보기에 '무아(無我)'라고 하지만 아트만에 상응하는 청정한 자성, 즉 참자아는 부인하지 않는다. 그렇다면 참자아는 곧 '진아'를 의미하고 이는 동서양의 모든 전통 종교사상에서 나타난다.

윌버는『성 · 생태 · 영성』에서 라마나 마하르시가 말하는 궁극의 나, 자아초월적 나, 주시자인 '나-나(I-I)'에 대해 베단타적 관점에서 다음과 같이 서술하고 있다.

> 진아(the Self)는 "이것도 아니고 저것도 아니다." 이를 산스크리트어에서는 '네티 네티(neti neti)'라고 한다. 진아는 이것도 아니고 저것도 아닌데, 왜냐하면 그것은 이것이나 저것의 순수한 주시자이고 그래서 모든 경우에 여하한 이것도 여하한 저것도 초월하기 때문이다. 진아는 '일자(One)'라고도 말할 수 없는데, 왜냐하면 그것은 단지 또 하나의 속성, 즉 지각되거나 주시되는 또 하나의 대상이기 때문이다. 진아는 '영'은 아니고, 오히려 그것은 지금 현재 그러한 개념을 주시하고 있는 바로 그것이다. 진아는 '주시하는 자'도 아니다. 그런 것은 단지 또 하나의 단어나 개념일 뿐이고, 그래서 "진아는 그런 개념을 주시하고 있는 바로 그것이다." "진아는 '공(空)'도 아니고 어떤 순수한 '자기(Self)'도 아니다." 등과 같이 여러 가지로 말할 수 있다.

진아에는 좋거나 나쁜 특성이 없다. 진아는 모든 속성에서 자유롭다. 속성은 마음에만 속하는 것이다. 그것은 속성을 넘어선다. 통일성(unity)이 있다면 이원성도 있을 것이다. 숫자적인 하나는 다른 숫자들을 생겨나게 한다. 진리는 하나도 아니고 둘도 아니다. 그것은 있는 그대로이다.

사람들은 진아를 어떤 무엇으로 보기를 원한다. 그들은 그것을 강렬하게 빛나는 빛 등으로 보고 싶어 한다. 그러한 것이 어떻게 있을 수 있나? 진아는 빛도 아니고, 어둠도 아니고, 관찰되는 것이 아니다. 진아는 언제나 주시자이다. 그것은 영원하고 앞으로도 한결같이 그대로 있는 것이다.[6)]

라마나 마하르시는 종종 진아를 '나-나'라는 명칭으로 언급하는데, 그 이유는 진아는 보통의 '나(I)'에 대해서도 단순히 주시자이기 때문이다. 라마나는 말하기를 우리는 모두 완벽하게 '나-나'를 자각하고 있는데, 왜냐하면 우리는 현재 이 순간을 주시하는 우리의 능력을 모두 알아차리고 있기 때문이다. 그러나 우리는 순수한 '나-나'나 순수한 '보는 자(the Seer)'를 보일 수 있는, 그래서 바로 보는 자나 진아(참자기)가 아니라, 단지 어떤 기억이나 이미지나 정체성이나 자기 개념에 불과한 어떤 대상으로 착각한다. 그 모든 것은 대상이고 그중의 어느 것도 대상의 주시자는 아니다. 우리는 '나-나'를 이것이나 저것인 나와 동일시하고, 그러다 보니 단지 유한하고 시간적인 대상과 동일시하게 되고, 그래서 모든 유한한 대상들의 돌팔매질과 화살에 맞아 고통을 받게 된다. 반면에 '진아'는 언제나 있는 그대로, 무시간적이고 영원하고 불생(不生)이고 미동하지도 않고 불사(不死)이고 언제나 항상 현존으로 남아 있다.

'나-나'는 항상 거기에 있다. (대상으로서) 그것에 대해 아는 것은 없다. 그것은 획득되는 어떤 새로운 지식이 아니다. '나-나'는 항상 거기에 있다.

진아를 체험하는 일을 한순간이라도 놓치는 사람은 아무도 없다. 깊은 수면 속에서도 당신은 존재하고, 깨어 있을 때도 당신은 그대로 남아 있다. 동일한 진아가 양쪽의 상태에 있는 것이다. 그 차이는 다만 세계에 대한 각성인식과 무각성인식에 있다. 세계는 마음과 더불어 떠오르고 마음과 더불어 진다. 떠오르고 지는 그런 것은 진아가 아니다.

개개인은 언제나 마음과 몸을 진아와 혼동하기 때문에 비참할 수밖에 없다. 방황하는 것이 마음의 본성이다. 그러나 당신은 마음이 아니다. 마음은 치솟아 오르기도 하고 가라앉기도 한다. 그것은 비영구적이고 전이적(轉移的)이지만 당신은 영원하다. 진아 외에는 아무것도 없다. 진아로 산다는 것이 바로 그런 것이다. 마음에 결코 구애받지 말아야 한다. 만약 마음의 근원을 찾으려고만 하면 마음은 진아가 아무런 영향을 받지 않은 채로 사라져 버릴 것이다.

……따라서 라마나는 우리로 하여금 마음의 근원을 찾아보라고, 즉 정신(mental) 혹은 개인적 '나'라고 인식하고 있는 것을 찾아보라고 조언해 준다. 왜냐하면 그것은 어떤 특정 상태, 특정 대상, 특정 환경, 특정 탄생, 특정 죽음의 요동에 의해 변화하지 않는 초개인적(자아초월적, transpersonal) '나-나'이기 때문

이다.

'나'의 근원을 추적해 나가면 원초의 '나-나'만이 계속 남아 있게 되고 그래서 그것은 표현 불가능[어불성설(語不成說)]한 것이다. 깨우침(Realization)의 근본 자리는 내부에 있고 그래서 찾는 자는 그것을 그의 외부에 있는 대상으로 찾을 수 없는 것이다. 그 자리는 지복(至福)이고 모든 존재의 핵심(궁극의 깊이)이다. 그리하여 그것은 우주심(the Heart)이라고 일컬어진다. 마음은 이제 자신을 우주로 다양화된 것으로 본다. 만약 다양성이 현현(顯現)이 아니라면 그것은 그 자신의 본질로, 그 본래의 상태로 남아 있게 되고, 그래서 그러한 것이 곧 우주심이다. 우주심으로 들어간다는 것은 위축된 것들(대상들)이 없이 남아 있다는 것을 의미한다. 우주심은 유일한 궁극의 실재(the Reality)이다. 마음은 다만 순간 스쳐 가는 (일시적) 국면일 뿐이다. 자신의 참자기(Self)로 남아 있다는 것은 우주심으로 들어가는 것이다.

진아(the Self)는 태어나는 것도 아니고 죽는 것도 아니다. 현자들은 진아 속에서 모든 것을 본다. 그 속에는 다양성이란 없다. 만약 어느 사람이 그가 태어났고 그래서 죽음의 공포를 벗어날 수 없다고 생각한다면 그로 하여금 진아가 어떤 태어남을 갖는지 어떤지를 찾아내게 해 보라. 그는 진아는 항상 존재한다는 것을, 또 태어난 신체 자체는 오온(五蘊)으로 되어 있다는 것을 그리고 오온의 생겨남이 모든 화(禍)의 근원이라는 것을 발견하게 될 것이다. 오온의 근원을 찾아 들어가 보라. 그러면 당신은 언제나 항존하는 가장 내밀한 '진아' 속에 거주하게 되고 탄생이라는 관념과 죽음의 공포에서 자유롭게 될 것이다.

누구든 (나를 구성하는) 오온의 근원을 향한, '나'와 '세계'의 근원을 향한 '자기탐구(self-inquiry)'를 추구하게 되면, 그는 무엇이든 간에 모든 대상으로부터 자유로운 순수한 '공(空)'의 각성 상태로 들어가게 된다……. 이는 베단타에서 니르비칼파 사마디(무상삼매, nirvikalpa samadhi, 니르비칼파란 '속성이나 대상'이 없다는 의미)로 알려져 있는 것이다. 깨어 있는 각성 상태에서 완전한 명료성, 완전한 의식이 있지만, (정묘 영역에 이르기까지 그리고 이 영역을 포함하여) 전체 현현하는 세계는 생겨나는 것을 단순히 멈추게 된다. 그래서 우리는 에크하르트(Meister

Eckhart)가 "절대신성의 벌거벗은 존재"라 일컬었던 곳으로 인도된다. 스리 라마나(Sri Ramana)는 다음과 같이 말한다.

> 당신이 언제나 진아를 붙잡고 있다면 (그래서 모든 상황에서 주시자로 남아 있다면) 그 밖에 존재하는 것은 없다. 세계를 보고 있을 때 당신은 진아를 붙잡고 있다는 것을 잊어버린다. 그 반대로 진아를 붙잡고 있어 보라. 그러면 세계는 나타나지 않을 것이다.

물의 끊임없는 흐름과도 같이 한순간의 그침도 없이 진아 속에서 조금의 해이도 있을 수 없는 항상성(constancy)을 확고부동하게 함으로써 무상삼매의 자연적이거나 불변하는 상태가 생성된다. 이렇게 되면 아주 쉽고 자발적으로 브라흐만에 대한 그와 같이 직접적이고 즉각적이며 장애받지 않는 보편적인 지각이 생겨나고, 이는 곧 모든 시공(時空)을 초월하는 것이다.

라마나와 에크하르트(그리고 그들만이 아닌 여러 현자)에게 원인 영역은 일종의 궁극의 오메가 포인트이다. 모든 현현의 궁극의 근원(the Source)으로서 그것은 모든 발달의 궁극의 목표(the Goal)이다. 라마나는 말하기를 "이것은 궁극의 자아실현(Self-Realization)이고, 이것은 곧 우주심의 매듭(The Knot of the Heart, 분리된 자기감각)을 잘라 버리는 것이다. 말하자면 이것은 의심과 이원성을 넘어서는 해방의 무한한 지복감이다. 이원성으로부터 자유의 이러한 상태를 깨닫는 것은 삶의 지고의 선(the summum bonum)이다. 이것을 획득한 자만이 지반묵타(jivanmukta, 아직 살아 있는 동안에 해방된 자, 즉 돈오 해탈자)이고 단지 진아에 대한 이론적 이해[해오(解悟)], 또는 욕구하는 바 모든 인간 행동의 목적과 목표를 가진 자는 아닌 것이다. 그렇게 되면 그 수행자는 궁극의 나-브라흐만(Aham-Brahman) '나-나'는 절대자이다. 속에 남아 있도록 명(命)을 받는다."

무아(無我)

여기서 켄 윌버가 『켄 윌버의 일기』에서 말하고자 하는 무아(無我, Egolessness)

는 불교의 오온으로 이루어진 자아를 상일주재적/자기동일적 자아로 착각하고 집착하는 그런 자아는 실재하지 않는다는 제행무상(諸行無常), 제법무아(諸法無我), 적정열반(寂靜涅槃)의 삼법인(三法印)의 연기적 세계의 공(空)을 깨우치게 하는 불교의 무아(無我)와는 다른 개념으로 사용하고 있다. 즉, 심리학적으로 자아(ego)가 사라지는 무아가 아닌 자기초월적(transpersonal) 의미로 개인성이 더해진 우주적인 '참자기(The Real self)'인 '진아(眞我, Atman)'에 접속된 큰 자아(big ego)는 필요한 것이다. 그래서 통상 자아가 사라진다는 잘못된 의미로 사용되는 무아(egolessness)를 비판하는 의미를 담고서 켄 윌버가 『켄 윌버의 일기』에서 말하고 싶은 무아(無我, 무에고)에 대해 알아보자.[7)]

자아(ego), 영혼, 진아가 모두 동시에 현존할 수 있다는 바로 그 점 때문에 지나칠 정도로 혼동을 야기해 온 관념인 '무아'의 진정한 의미를 좀 더 잘 이해할 수 있다. 그러나 무아는 기능적 자기의 결여를 의미하지 않는다(그러한 상태는 정신병자적이지 현자적이 아니다). 무아는 자신이 더는 그런 자기와 배타적으로 동일시되지 않는다는 것을 의미한다.

우리가 '무아'라는 개념에 문제를 갖고 있는 여러 가지 이유 중 하나는 사람들이 '성자적'이거나 '영적'이라는 말에 대한 모든 환상을 충족시키기 위해 자신의 '에고 없는 현자들(egoless sages)'을 원하기 때문이다. 이것이 보통 의미하는 바는, 현자들은 언제나 한결같이 품위 있게 미소 지으며 육신적인 욕망이나 욕구 없이 목 아래로는 죽어 있다는 것이다. 그들은 보통 사람이 전형적으로 문제를 갖고 있는 것들 모두를, 즉 돈, 음식, 섹스, 관계, 욕구 등을 성인(聖人)들은 갖고 있지 않기를 바란다. '에고(자아)가 없는 현자들'은 '그러한 모든 것 위에' 있기를 모든 사람이 원하는 것이다. 그들이 원하는 성인/현인은 곧 (욕구는 없이 품위 있게 미소 지으며) 말하는 머리만 갖고 있는 사람이다. 종교는 모든 저급한 본능들, 충동욕구들, 관계들을 단순히 제거할 것이라고 그들은 믿는다. 그러므로 그들은 종교로부터 어떻게 열정적으로 삶을 사는가에 대해 조언받는 게 아니라, 어떻게 하면 그것(에고적 본능)을 회피하고 억압하고 거부하고 그로부터 도피할 수 있는가에 대해 조언받기를 기대한다.

다시 말하자면 보편적인 개인은 영적 현자에게는 '개인보다는 (에고적 본능이) 더 적게 있기를', 여하튼 대개의 인간을 추동하는 지저분하고 원기왕성하고 콤플렉스가 있고 두근두근하고 욕구가 넘치고 충동하는 모든 기운이 결여되어 있기를 원한다. 우리는 현자에게는 우리를 추동하는 이런 모든 것이 결여되어 있기를 기대한다! 즉, 우리를 놀라게 하고 혼란시키고, 우리에게 고통을 주고, 우리를 당황하게 하는 것들 모두가 결여되어 있기를 기대한다. 우리는 현자들이 그런 것들 모두 다에 손대지 않게 되기를 바란다. 그래서 그런 결핍, 그런 비어 있음, 그런 '덜 개인적인 것'이 곧 우리가 흔히 '무아적인(에고가 없는, egoless)'이라는 말로 의미하는 것이다.

그러나 '에고가 없는'이란 말은 '보다 덜 개인적(less than personal)'임을 의미하는 것이 아니고, 그것은 '보다 더 개인적(more than personal)'임을 의미한다. 개인적인 것의 빼기가 아니라 개인적인 것에 더하기를, 즉 모든 정상적인 개인적 속성에다 어떤 초개인적인 것을 더하는 것을 의미한다. 모세(Moses)에서 그리스도(Christ)에 파드마삼바바(Padmasambhava)에 이르는 위대한 요가수행자들, 성자들, 현자들을 생각해 보라. 그들은 나약한 기질을 가진 대가 약한 남자들이 아니었다. 오히려 사원에서 가죽 채찍을 휘두르는 것으로부터 온 나라를 평정하는 일에 이르기까지 열화같이 온통 쥐고 흔드는 개혁가였다. 그들은 어떤 유토피아적 천국에 대한 신앙심 때문이 아니라 그들 특유의 말 때문에 세상을 요란스레 떠들썩하게 하였다. 그들 중 대다수는 수천 년이나 지속해 온 대규모의 사회 개혁을 선동하였다. 게다가 그들은 인간의 육체적 · 정서적 · 심적 차원을, 그들의 수레인 자아(에고)를 회피하지 않았다. 오히려 세계를 바로 그 밑바탕까지 뒤흔들었던 추동력과 강도로 그 일에 몰입했다. 물론 의심할 여지없이 또한 그들은 혼[더 심층의 정신(psychic)]과 영(무형상/무색의 자기)에, 그들의 힘의 궁극의 근원에 접속되어 있었다. 하지만 그들은 그런 힘을 행사하였고 그래서 어떤 구체적인 결과를 안겨 주었다. 그 주된 이유는 그와 같은 힘을 모든 사람이 알아들을 수 있는 용어로 말할 수 있는 하위 차원에 아주 극적으로 관여했기 때문이다.

시대를 쥐고 흔드는 위대한 개혁가들은 조그만 에고(자아)를 가진 자들은 아니었다. 그들은 그 용어의 정말 가장 좋은 의미에서의 거대한 에고를 지닌 자들이었는데, 그 이유는 바로 에고(조대 영역의 기능적 수레)는 혼(정묘 영역의 수레)과 '자아(Self)'(원인 영역의 수레)와 나란히 존재할 수 있고 또 존재하기 때문이다. 위대한 스승들은 조대 영역을 움직일 수 있는 한도 내에서는 자신의 에고와 함께 그렇게 하였는데, 왜냐하면 에고는 그러한 영역의 기능적 수레이기 때문이다. 그렇지만 그들은 단지 그들의 에고만으로 동일시되지는 않았다(그런 자는 자아도취자이다). 그들은 단지 찬란한 온우주적 근원에 접속되어 있는 그들의 자아(에고)를 찾아낸 것이다. 위대한 요가수행자, 성자, 현자들은 엄청나게 대단한 성취를 했는데, 바로 그들은 멍청한 소인배 아첨꾼이 아니라, 온우주(Kosmos) 자체의 역동적 기저(Ground)와 목표(Goal)에 접속되어 있는, 자신의 더 상위의 자아에 접속되어 있는, 브라흐만과 하나인 순수한 아트만(Atman, 순수한 나-나)으로 살아 있는 위대한 거대한 자아(에고)들이었기 때문이다. 그들이 입을 열자 세계는 무릎 꿇고서 떨며 진동하였고 그 찬란한 신(God)과 직면하게 되었다.

성 테레사(St. Teresa of Avila)[8]가 위대한 명상가였냐고? 그렇고말고. 그리고 성 테레사는 왕조적 전체 가톨릭 전통을 개혁한 최초의 유일한 여성이었다(그 점에 대해 한번 생각해 보기 바란다). 석가모니 부처는 인도를 밑바탕까지 뒤흔들었다. 루미(Rumi)[9], 플로티노스(Plotinus), 보리달마(Bodhidharma), 쇼갈보살(Lady Tsogyal), 노자(Lao Tzu), 플라톤(Plato), 발셈 토브(the Baal Shem Tov)[10] 등과 같은 이러한 남녀 성현은 수백 년, 때로는 수천 년이나 지속해 온 조대 영역에서의 혁명을, 마르크스(K. Marx)나 레닌(V. Lenin)이나 로크(J. Locke)나 제퍼슨(T. Jefferson)도 당시 감히 주장할 수 없었던 어떤 것을 시작했다. 게다가 그들은 목 아래로는 전부 죽어 있었기에 그렇게 했던 게 아니었다. 그들은 신에게 직접 접속되어 있던, 더 심층의 정신에 접속되어 있던 기념비적이고 영광스럽고 신성한 거대한 자아(에고)들이었다.

초월적 자아(transcending ego)라는 관념에는 확실히 진리의 어떤 유형이 있다. 그것은 결코 에고를 파괴한다는 것을 의미하지 않는다. 그것은 어떤 것보다 더 거대한 것에 접속된다는 것을 의미한다. 용수(龍樹)보살(Nagarjuna)[11]이 말하듯이 상대계에서는 아트만(진아, 眞俄, atman)은 실재이다. 하지만 절대계에서는 아트만이나 아나트만(무아, 無我, anatman) 어느 쪽도 실재가 아니다. 그러므로 어느 경우에도 아나타(무, 無, anatta)는 실재에 대한 올바른 기술(記述)이 아니다. 소아(小我)는 증발해 버리지 않는다. 그것은 관습적 영역에서 활동의 기능적인 중심으로 남아 있다. 앞에서 말했듯이 그러한 자아(ego)를 상실한다는 것은 곧 현자가 아니라 정신병자가 된다는 것이다.

'에고를 초월한다는 것'은 그러므로 현실적으로 더 심층적이고 더 상위적 포섭 속에 에고를 초월하지만 내포한다는 것을 의미한다. 이는 처음에는 혼이나 더 심층적 정신 속에, 그런 다음에는 주시자나 원초적 자기와 더불어, 그런 다음에는 일미의 광휘 속에 받아들이고 접어 넣고 포함되고 각각의 전 단계와 더불어 그렇다는 것이다. 그러한 것이 의미하는 바는, 우리는 소아(小我)를 '제거'해 버리는 게 아니라 오히려 그것을 전적으로 수용하고서, 열정을 갖고 그것과 살면서 상위적 진리와 소통하는 데 필요한 수레로 그것을 사용한다는 것이다.

단도직입적으로 말하자면 자아(에고)는 영에 대한 장애가 아니라 오히려 영의 찬란한 현현이다. 자아의 형상을 포함하는 모든 색(色, 형상)은 공(空)과 다르지 않아[색불이공(色不異空)], 자아를 제거할 필요가 없고 오히려 단순히 어떤 충만함으로 그것과 더불어 사는 것이 필요하다. 자기 동일시가 자아(에고)로부터 흘러나와서 온우주 전반(the Kosmos at large)으로 흘러 들어갈 때 개개의 아트만은 실은 알고 보면 브라흐만의 한 조각에 불과한 모든 것이라는 사실을 자아는 발견한다. 거대 자기(big Self)는 소아가 아니며, 그러므로 당신이 자신의 소아에 갇혀 있는 한은 죽음과 초월이 필요하다. 자아도취자는 단지 전체 우주를 포섭할 만큼 아직 충분히 크지 않은 사람이고 그래서 그들은 그 대신 자신이 온우주의 중심이 되고자 애쓰는 것이다.

그러나 우리는 현자들이 대아(big egos)를 갖는 것을 원치 않고, 또한 심지어 우리는 그들이 어떤 현현하는 (세속적) 차원을 조금이라도 드러내는 것을 원치 않는다. 어느 때이든지 현자가 돈, 음식, 섹스, 인간관계에 관해 인간적인 면을 드러내면 우리는 놀라며 크게 충격을 받는다. 왜냐하면 우리는 삶에서 온통 도망가려고 세속적 삶을 살지 않으려고 획책하고 있는데 이와는 달리 세속적 삶을 사는 현자는 우리의 기분을 몹시 상하게 하기 때문이다. 우리는 밖으로 뛰쳐나가고 싶어 하고 상승하고 싶어 하고 도망가고 싶어 하는데, 이와는 반대로 마음껏 즐기며 삶에 관여하고 삶을 철저히 살면서 삶의 각 파도를 붙잡고 끝까지 파도타기를 하는 현자는 아주 깊숙이 심원하게 우리를 기분 상하게 하고 놀라게 한다. 왜냐하면 그렇다는 것은 우리 역시 마음껏 즐기면서 모든 수준에서 삶에 관여해야 하고 그래서 삶을 피해 빛나는 창공의 구름 속으로 그냥 도망치지 않아도 된다는 것을 의미하기 때문이다. 우리는 현자들이 육체나 에고나 충동적 욕구나 생명의 약동성이나 섹스나 재물이나 인간관계나 세속적 삶 같은 것을 갖지 않기를 바라고 있는 것이다. 왜냐하면 그러한 것들은 습관적으로 우리에게 고통을 주고, 그래서 우리는 그들로부터 뛰쳐나가고 싶기 때문이다. 우리는 삶의 파도타는 것을 원하지 않고, 파도가 사라지기만을 바란다. 우리는 마치 증발기(vaporware) 같은 영성을 원하고 있는 것이다.

하지만 다른 면을 우리에게 보여 주는 통합적 현자, 비이원적 현자들이 있다. 일반적으로 '탄트라적(Tantric)'이라고 알려져 있는 이 현자들은 (세속적으로) 살아가면서 초월적 삶을 고집한다. 그들은 현실 참여를 통한 해방(해탈)을, 윤회 가운데 열반을 그리고 완전한 세속적 침잠에 의한 총체적 해방을 찾아내려고 고집한다. 그들은 깨어 있는 상태로 아홉 개의 지옥문 속으로 들어간다. 왜냐하면 그 외 어디에서도 아홉 천국(九天)을 찾을 수 없기 때문이다. 그들에게는 소외되는 것은 아무것도 없다. 왜냐하면 일미(一味)가 아닌 것은 아무것도 없기 때문이다.

한마디로 요점은 신체와 그 욕구 속에, 마음과 그 관념 속에, 영혼과 그 빛 속에 충분하게 안식해야 한다는 것이다. 모든 것이 똑같이 유일한 일미(the One and Only Taste)의 몸짓이므로 그 모든 것을 완전하게 동등하게 동시에 포옹하는 것이다. 강렬한 욕망을 받아들이고서 그 욕망이 노는 것을 주시하고, 관념 속으로 들어가서 그 관념들의 영특함을 따르고, 영에 의해 삼켜져서 시간이 이름 붙이기를 잊어버린 영광으로 깨어나는 것이다. 전체 현시의 바탕이 되는 항존하는 각성인식 속에 모두가 수용되고, 똑같이 수용된 몸 · 마음 · 영인 것이다.

밤의 정적 속에서 여신(the Goddess)은 속삭이고, 낮의 광명 속에서 사랑하는 신(the God)은 포효한다. 생명은 고동치고 마음은 상상하며 감정은 파도치고 상념은 방황한다. 이러한 모든 것은 곧 경청하고 있는 모든 사람에게 조용히 속삭이면서 그 자신의 몸짓으로 영원히 유희하고 있는 일미의 끊임없는 운동이 아니고 무엇이겠는가. 이것이 바로 당신, 당신 자신이 아닌가? 천둥이 우르릉거릴 때 당신은 자신의 참자기(Self)의 소리를 듣지 않는가? 번개가 내리칠 때 당신은 자신의 참자기를 보지 않는가? 구름이 하늘을 가로질러 조용히 떠다닐 때 이것은 바로 당신 자신의 무한한 존재가 당신을 향해 도로 손짓하고 있는 것이 아닌가?

비이원적 비전

『켄 윌버의 아이 오브 스피릿』에서 켄 윌버는 궁극의 수준의 의식으로서 비이원적 의식은 아무리 우리가 도달하려고 노력해도 도달할 수 없는 우리가 도달해야 하는 상태가 아닌 깨우침이고 인식이라는 것을 강조하고 있다. 이것은 알아차림의 깨달음이지 우리가 무시간적으로 머무는 의식의 상태가 아니라는 것이다. 그렇지만 이러한 깨우침이나 인식을 위해서는 온갖 수준의 명상/참선 같은 예비 수련은 필요하다고 강조한다. 비이원적 의식은 의식의 상태의 변화를 가져오는 게 목표가 아니고 비이원적 인식을 깨우치는 것이라고 보는 것이다. 『켄 윌버의 아이 오브 스피릿』에서 보여 주는 윌버의 비이원적 비전의 의미에 대해 알아보자.[12)]

많은 사람이 어떤 종류의 것이든 '신비주의'나 '초월주의(transcendentalism)'에 대해서는 강한 거부감을 갖고 있는데, 그 이유는 어쩐지 그것이 이 세계를 부정하거나 이 세상을 혐오하거나 신체와 감각과 그 활기찬 생명력 등을 경멸하는 것이라고 생각하기 때문이다. 그러한 점은 (정통 신비사상과는) 동떨어진 어떤 접근 방법에서는 그럴지도 모르지만 서양의 플로티노스와 에크하르트[13)]로부터 동양의 용수보살과 쇼갈보살[14)]에 이르는 위대한 비이원적 신비가들의 핵심 사상을 보면 분명 아니다.

오히려 이 현자들은 거울과 그 반사상(像)들이 분리된 것이 아니라는 것과, 혹은 대양은 그 안의 수많은 파도와 하나라는 것과 꼭 마찬가지로 절대적인 실재와 상대적인 세계는 ('비이원'의 참 의미인) '불이(不二)'라는 생각을 보편적으로 지니고 있었다. 그래서 영의 '저 세계'와 분리된 현상의 '이 세계'는 깊숙이 그리고 심오하게 '불이(不二)'라는 것이다. 이 비이원성은, 비록 당신이 명상을 하고 있든 안 하고 있든 간에 매우 단순하고 매우 일상적인 인식이 되는 것이긴 하지만, 어떤 명상 상태에서 보통 일어나는, 다시 말해 관조(관상, 명상, contemplation)의 눈에는 보이는, 직접적이고 즉각적인 깨우침이다. 당신이 지각하는 하나하나의 모든 것은 영 자체의 찬란한 광휘이므로 그래서 영은 그 모든 것으로부터 따로 떨어져 있는 것으로 보이지 않는 것이다. '꾀꼬리가 노래한다. 단지 그뿐 그 외에는 아무것도 아니다.' 이것은 당신의 의식 상태의 가능한 모든 변화를 통하여 변함없는 깨우침이 되고 매우 자연스럽게 반드시 그렇게 된다는 것이다. 이것은 궁극의 실재(the Real)로부터 숨으려고 하는 근본적인 어리석음[전도몽상(顚倒夢想)]으로부터 당신을 해방시켜 준다.

그렇다면 우리가 그러한 인식을 일상적으로 갖지 못하는 것은 어째서일까?

그 같은 질문에 대해 위대한 비이원적 지혜의 전통들은 모두가 꽤 비슷한 답변을 주고 있다. 하지만 우리의 자각인식은 그것으로부터 회피하려는 어떤 형태의 먹구름으로 가려져 있기 때문에 영이 바로 지금, 바로 여기에 전적으로 그리고 완전하게 현존한다는 것을 우리는 모르고 있다. 우리는 무선택적으로 현재를 자각하기를 원하지 않는다. 오히려 그것(현재)으로부터 도망가거나 혹은 그것을 쫓아가고 싶어 하거나, 아니면 우리는 그것을 변화하게 하고 그것을 변경하게 하고 그것을 증오하고 그것을 사랑하고 그것을 지겨워하거나, 혹은 어떠한 방법으로든 우리 자신을 그 속으로 빠져들어 가게 하거나 그로부터 빠져나오게 하기 위해 그것을 휘젓고 교란하고 싶어 한다. 우리는 현재의 순수한 현존(Presence) 속에 안식하게 되는 것을 제외하고는 무엇이든 마다 않고 다 하려 들 것이다. 우리는 순수한 현존과는 결코 안식하지 못할 것이다. 우리는 신속하게 다른 곳에 있기를 원한다. 대탐색(The Great Search)이란 마치 끝없이 무수한 형태를 갖고 있는 게임과도 같은 것이다.

비이원 명상이나 정관(靜觀, 관조, 관상, contemplation)을 하면 분리된 자기 감각의 동요는 아주 깊숙이 이완하게 되고, 자기(the self)는 모든 공간의 광대한 팽창 속에 풀리게 된다. 그와 같은 순간에 그대는 '저기 밖에' 있는 세계를 바라보면서 '여기 안에' 있지 않다는 것이 명백하게 된다. 왜냐하면 이원성은 순수한 현존과 자발적으로 빛나는 광명(luminosity) 속에서 아주 쉽게 붕괴되어 버리기 때문이다.

이러한 깨우침은 수많은 형태를 취할 수 있다. 그중 단순한 것 하나는 다음과 같은 어떤 것이다. 당신은 산을 바라보고 있을 수 있고, 당신은 자신의 현재의 각성의 무추구성 속에서 이완되고, 그렇게 되면 어느 순간 갑자기 산이 전부이고 당신은 무(無)가 된다. 당신의 분리된 자기 감각은 갑자기 그리고 총체적으로 사라지고, 단순히 순간에서 순간으로 일어나는 모든 것만이 존재한다. 당신은 완전하게 정신 차리고 있고 완전하게 의식적이고 어느 곳에서도 당신을 찾을 수 없다는 것을 제외하고는 모든 것이 전적으로 정상적으로 보이게 된다. 당신은 저기 밖에 있는 산을 바라보고 있는 당신의 모습의 이쪽에 있는 것이 아니다. 그대는 단순히 산이고 그대는 하늘이고 그대는 구름이고 그대는 매우 단순히 매우 명확하게 정말 꼭 그렇게 순간순간 생겨나는 모든 것이다.

우리는 합일(unity)의식으로부터 사하즈 사마디(무위자연삼매, sahaj samadhi)에 이르는 이러한 상태에 대한 모든 멋진 명칭을 잘 알고 있다. 그러나 그것은 정말로 당신이 언젠가는 깨우치게 될 가장 단순하고 가장 명료한 상태인 것이다. 더구나 당신이 그 같은 상태를, [그대와 전체 우주가 일미(一味) 또는 하나 되는 체험이기 때문에] 불교도들이 일미[일미선(一味禪), One Taste]라고 일컫는 것을, 일단 한 번 어렴풋이나마 감지한다면 이 상태 속으로 당신이 들어가는 것이 아니라는 것이 명백하다. 오히려 그것은 어떤 심오하고 신비스러운 방식으로 기억해 낼 수도 없을 만큼 아득한 시간이 되기 이전부터 당신 존재의 시원적(primordial) 조건이 되어 온 어떤 상태이다. 당신은 사실 어느 한 순간도 이 상태를 떠나 본 적이 결코 없다.

이 점이 바로 선(禪)에서 그것을 문이 없는 문[무문관(無門關)]이라고 일컫는 이유이다. 그러한 깨우침의 이쪽에서 보면 그것은 마치 당신이 그 상태로 들어가기 위해 어떤 특별한 무엇을 해야 하는 것처럼, 어떤 문을 반드시 통과해야 할 필요가 있는 것처럼, 보이는 것이다. 그렇지만 당신이 그렇게 한 다음 뒤로 돌아서 바라보면 거기에는 그 무엇이든 간에 문 같은 것은 없고 있어 본 적도 결코 없다는 것이다. 무엇보다도 당신은 애초에 이 상태를 결코 떠나 본 적이 없기에 그래서 그 상태로 들어갈 수 없다는 것이 명백하다. 그래서 무문관이다! "모든 형색[形色, 상(相)]이 있는 것은 곧 그대로 공(空)한 것이다[색즉시공(色卽是空)]."라는 것은, 당신과 나를 포함한 모든 것이 무문관의 다른 쪽에서 보면 언제나 이미 있는 그대로라는 것이다.

그러나 만약 그것이 정말 그렇다면 왜 구태여 영성(정신) 수련을 해야 하는 것일까? 그것은 대탐색의 단지 또 다른 형태가 아닐까라고 물을 수도 있다. 그렇다. 실제로 영성 수련은 대탐색의 한 형태이고 그렇기 때문에 그것은 실패하도록 운명 지어져 있는 것이다. 그러나 이것은 정곡을 찌르는 요점이다. 당신과 나는 우리가 영을 깨닫기 위해 무언가를 해야 할 필요가 있는 일이 있다는 것을 이미 확신하고 있다. 우리는 (말하자면 내 안에) 영이 존재하지 않는 곳들이 있는 것으로 느끼고 있고, 우리는 이러한 일들의 그릇된 상태를 바로잡으려고 하는 것이다. 그래서 우리는 이미 대탐색에 착수하였고, 그리하여 비이원적 명상은 그런 사실을 이용하면서 어떤 독특하고도 어느 정도는 ["마치 강가에서 물을 팔고 있는 것"과 같다고 선(禪)에서 일컫는] 교묘한 양식으로 우리로 하여금 대탐색을 시작하게 하는 것이다.

윌리엄 블레이크(W. Blake)는 "자신의 우둔한 행위를 끝까지 고집하는 바보는 결국은 현명해질 것이다."라고 말한 적이 있다. 그래서 비이원 명상은 단순히 우둔한 행위를 촉진하는 것과도 같다. 만약 진정으로 자신에게 영이 결핍되어 있다고 생각한다면 이 우둔한 행위를 한번 시도해 보라. 영이 되려고 애써 보라. 영을 발견하려고 애써 보라. 영을 접촉하려고 애써 보라. 영에 도달하려고 애써 보라. 영을 획득하기 위하여 명상하고 또 명상해 보라!

그러나 물론 실제로 도저히 이렇게 할 수 없다는 사실을 당신은 알게 된다. 당신은 결국 당신의 발에 도달하는 것보다 조금이라도 더 멀리 영에 뻗칠 수는 없다. 당신 자신이 언제나 이미 영인지라 그 어떤 종류의 탐색이든 간에 시간을 허비해 가며 여기저기 기를 쓰고 두드리며 다닌다고 해서 영에 도달하게 되지는 않는다. 그렇지만 만약 이 말이 분명하게 이해되지 않는다면 정말 한번 그렇게 해 보라. 비이원 명상이란, 마치 당신이 대탐색으로 인해 극도로 소진되고 완전히 탈진한 채로 앉아 있게 되고 그리고 비로소 당신의 발을 알아차리게 될 때까지 그렇듯 불가능한 짓을 하려고 하는 어떤 심각한 노력과도 같은 것이다.

비이원적 전통들이 더 상위의 의식의 상태를 부인한다는 말은 아니다. 그들은 결코 부인하지 않는다. 그들은 개개인이 탈형상(postformal)의식[무색식(無色識)]의 특정한 상태에 도달하는 것을 도와주는 수없이 많은 수련 방법을 갖고 있다. 그러나 그들은 그런 변성(의식) 상태, 시간적으로 시작과 끝이 있는 상태는 궁극적으로 무시간성과 아무런 연관이 없다고 주장한다. 진정한 목표는 무상태(의 인식)이지, 상태의 변화가 주는 끊임없는 황홀경이 아닌 것이다. 그 같은 무상태의 조건이 바로 의식의 이런 상태와 상상 가능한 모든 상태의 참된 본성이다. 그래서 당신이 가진 그 어떤 의식 상태도 그냥 그대로 아무런 문제가 없다는 것이다. 상태의 변화가 궁극의 핵심이 아니다. 무변화를 인식하는 것이 요점이고 시원적인 공(空)을 인식하는 것이 요점이다. 그래서 당신이 숨 쉬고 있고 희미하게나마 깨어 있기만 한다면 의식의 그 같은 상태도 그냥 그대로 아무런 문제가 없는 것이다.

그럼에도 전통적으로는 수련에 대한 당신의 진지성을 입증하기 위하여 명상 의식의 다양한 상태에 통달하는 것을 포함하는 그리고 어떤 (명상수련의) 안정된 포스트-탈인습적(post-postconventional) 적응 안에 합류시키는, 상당히 많은 여러 가지 예비 수련을 완수해야 하는데 이 모든 것은 바람직하고 좋은 것이다. 그렇지만 그러한 의식 상태의 그 어느 것도 최종적인 것이나 궁극적인 것이나 특권적인 것으로 고수되는 것이 아니다. 게다가 변화하는 상태가 결코 목표는 아니다. 오히려 당신이 그런 것들 중에 그 어느 것도 깨달음을 구성하는 것이 아니라는 사실을 이해하기 시작하는 것도 바로 다양한 명상 상태를 들락거림으로써 비로소 알게 되는 것이다. 그런 수행 모두가 시간적으로 시작이 있고 그래서 그것들 중에 어느 것도 무시간적인 것은 없다. 요컨대 의식 상태의 변화가 핵심이 아니라는 사실을 깨우치는 것이고, 그러한 깨우침은 그 무엇이든 간에 의식의 여하한 상태에서도 일어날 수 있다.

미주

1) Ken Wilber, 『존재의 단순한 느낌』, pp. Ⅳ–XII에서 인용.
2) Ken Wilber, 『무경계』, pp. 54–59에서 발췌 인용.
3) '베다의 끝부분'을 의미하는 우파니샤드를 가리키는 명칭. 후에는 이 베단타경에 교리의 근거를 두고 있는 힌두교 철학의 정통학파들 중에서 가장 중요한 학파를 지칭.
4) 인도의 가장 위대한 성자 · 철학자. 그의 이름은 '축복을 가져오는 자'라는 의미. 현대 인도 사상의 주류가 그로부터 유래된 비이원 유일사상의 아드바이타 베단타(Advaita Vedanta)학파의 가장 권위 있는 대표학자.

5) AD 400년경에 쓰인 경전으로, 선종에서는 금강경과 더불어 불교의 유식도리(唯識道理, 인식의 이치)를 연구하고 이해하며 실천하는 데 필요 불가결한 소의(所衣) 경전이다. 능가경(愣伽經)에선 무지의 시발을 이 현상계 전체가 우리 자신의 순수의식의 그림자 현상이라는 것을 알지 못한 데서 비롯되었다고 보고, 이 순수의식을 철저히 구명하게 되면 현상과 본질이 이분되기 이전의 무분별계로 들어갈 수 있음을 핵심 교의로 삼는다. 중국 선종의 시조 보리달마가 제2조 혜가에게 전해 준 경전이기도 하다.

6) 모든 인용은 『스리 라마나 마하르시와의 대화(Talks with Sri Ramana Maharshi)』[티루바나마라이(Tiravannamalai): 스리 라마나쉬라만(Sri Ramanasraman), 1984])에서 하였다.

7) Ken Wilber, 『켄 윌버의 일기』, 11월 17일 pp. 298-301 원서에서 발췌 인용.

8) 중세 스페인 아빌라 태생의 여성 기독교 신비가 · 종교 개혁가 · 성자.

9) 1207~1273. 이슬람 신비주의/수피즘(sufism)의 가장 위대한 신비가 · 시인 · 영적 스승, 페르시아 출신의 위대한 수피.

10) 1700~1760. 일명 베쉬트(Besht)로 더 잘 알려진 유대교 영성운동 신비주의 일파인 하시디즘의 창시자.

11) 2~3세기경의 인도의 위대한 불교철학자. 대승불교의 중도공관(中道空觀)의 가장 핵심 사상서인 『중론(中論)』의 저자로 중관학파의 창시자이며 대승불교를 발흥시킨 8종(宗)의 조사(祖師).

12) Ken Wilber, 『켄 윌버의 아이 오브 스피릿』, pp. 283-286에서 발췌 인용.

13) 1260~1328. 중세 독일의 도미니크 수도회의 수도원장으로 위대한 신비사상가 신학자. 동양의 힌두와 불교의 신비사상과 유사한 범신론적 경향으로 인하여 사후에 이단 선고를 받은 기독교 신비가. 1302년 당시 세계에서 가장 유명했던 파리 대학에서 학위를 수여받은 후 마이스터 에크하르트로 알려졌으나, 만년에는 그의 신비사상이 "무지하며 훈련받지 못한 사람들을 난폭하고 위험스러운 가르침으로 선동한다."는 죄목으로 종교재판에 회부되었고(1326), 사후에는 28종에 이르는 그의 저서가 이단으로 선고(1329)되어 금서가 되었던 종교개혁의 선구자.

14) 8세기경, 파드마삼바바의 수제자 중 한 사람으로서 티베트인에게 니르마나카야(nirmanakaya), 즉 인간을 깨달음으로 인도하기 위해 인간으로 환생한 화신불로 존경받으며 완전한 깨달음에 도달한 첫 여성 보살. 파드마삼바바는 8세기경, 티베트 불교에서 최고의 영적 스승으로서 구루 · 림포체(rimpoche)라 불리는 탄트라 불교(밀교)를 처음으로 티베트에 소개하고 티베트 불교를 확립한 위대한 스승으로 추앙받는 전설적인 인도의 고승. 파드마삼바바는 인간에 의해서가 아닌 '연꽃 속에서 태어난 존재(Lotus Born)'라는 의미이다.

12 궁극의 진리

지금까지 제1부에서 켄 윌버의 AQAL 통합사상의 통합적 비전, 홀라키적 온우주론과 T · O · E적 통합 패러다임, 세계 철학으로서의 통합철학 그리고 여기에 바탕을 둔 AQAL 통합심리학, 과학사상 · 종교사상과 그 통합사상, 영성과 영적 성장, 나아가 자아초월적 진리관 등에 대하여 다각적 측면에서 고찰하고 소개하였다. 최근에 와서 켄 윌버의 초의식적 세계와 자아초월적 의식의 수준에 대한 존재론과 인식론은 소위 제5기 사상으로 종래의 영원의 철학에서 진화론적이고 신과학패러다임에 입각한 탈형이상학적, 포스트칸트적, 신영원의(neo-perennial) 철학적 인식론/존재론으로 변하였다. 그러나 그의 궁극의 진리관은 여전히 변하지 않고 있다.

켄 윌버는 궁극의 진리란 궁극의 실재로서 '활동 중에 있는 영(Spirit-in-Action)'의 시간축상에서의 전개라는 의미로, 신영원의 철학적으로 동서양의 궁극의 실재[영(Spirit), 공(空), 브라흐만, 도(道), 리(理), 절대신성/하느님(Godhead) 등]를 무차별적으로 회통하게 사용하고 있다. 따라서 '영/공'의 현현으로서 온우주와 이 세계는 플로티노스의 신플라톤주의적으로 보거나 힌두의 베단타적으로 보거나 불교의 유식학적이거나 연기/윤회(緣起/輪廻)적으로 보거나 간에 단계적 진화/상승과 퇴화/하강의 사이클을 반복하는 계층적, 홀라키적 온우주로 보고 있다. 그리고 개체 홀론으로서의 개인은 목적인(目的因)[1]으로서 오메가 포인트를 향한 영의 시간축상에서의 진화적 전개에 의해 공(空)과 궁극의 비이원의 깨달음의 경지에 도달할 수 있다는 것이다.

그런데 최근에 와서 그는 궁극의 경지에 도달하기 위한 완전한 깨달음/해탈은 시간축상에서 진화와 함께 일어나기 때문에 온우주적 카르마(Kosmic Karma), 온우주적 기억(Kosmic Memory), 온우주적 습성(Kosmic Habits)의 형태로 진화에 의해 궁극에 도달하는 깨달음에 도달할 수는 있지만 진화도상에서의 절정 체험이나 비이원 상태의 의식의 깨우침 같은 인식에 의해서는 궁극의 깨달음에는 도달할 수 없다는 견해를 갖고 있다. 이에 대해서는 제2부에서 상세하게 논할 것이다.

켄 윌버의 궁극의 진리에 대한 인식과 관점을 엿볼 수 있는 그의 자아초월, 깨달음 사상은 그의 여러 저서에 나타나 있지만 주로 『성 · 생태 · 영성(Sex · Ecology · Spirituality)』과 『켄 윌버의 일기(One Taste)』에 많이 나타나 있다. 여기서 그 상세한 내용은 지면 관계로 소개할 수 없고, 내용 중 몇 가지 일부만을 발췌하여 소개하였다. 보다 상세한 윌버의 자아초월적 궁극의 진리는 그의 최근의 저서 『존재의 단순한 느낌(Simple Feeling of Being)』과 『켄 윌버의 일기』를 참조하는 게 좋을 것이다.

신성의 유희[2)]

플로티노스[3)]는 이미 알고 있던 대로,

세계가 고요해지게 하자.

하늘과 땅과 바다가 정적 속에 들게 하자.

세계로 하여금 기다리고 있게 하자.

자기 속박은 이제 그 스스로의 각성의 텅 빈 바탕 속으로 들어가 편히 쉬게 하고 그곳에서 조용히 사라지게 하자.

그 소란 속 하나하나의 모든 틈 사이로 성령(Spirit)이 쏟아져 들어오는가를, 석양 속의 태양과 그 영광으로 넘치는 지상과 그 모든 찬란한 서식자들 위에 어떻게 새로운 광휘를 베푸는가를 보라.

온우주가 공(空, Emptiness) 속에서 춤추는 것을 보라.

크고 작은 모든 피조물 속의 빛의 유희를 보라.

시간이나 공포를 거부하는 환희에 넘치며

하나하나 투명함을 베풀어 주는 하늘의 영광(Glory) 위로 떠다니며, 사랑이 없는 자기의 광기를 원래의 상태로 회복시키고서

그 광기를 찬란한 광휘 속에 묻어 버리는

바로 그 절대 신성(the Divine)의 유희 속에서 노래하고 기뻐하는 유한의 세계를 보라.

정말로 정말로, 이제 자기 속박은 그 스스로의 각성의 텅 빈 바탕 속으로 들어가 편히 쉬게 하고 그곳에서 조용히 사라지게 하자.

열광적으로 신성 속에 춤추며 스스로 빛나고 스스로 해방하며,

결코 더 밝아지지도 멈추지도 않는 빛(Light)에 취하여

온우주가 제자리에서 솟아나는 것을 보라.

찬란한 심연(the Abyss) 속에서 투명한 이미지로 희미하게 비치며,

시간이나 소란 속에 결코 사로잡히지도 않으며

세계가 생겨나고 쓰러지는 것을 보라.

산이 물 위를 걷는 것을 보라.

태평양을 단숨에 들이키라.

눈 깜빡하고 나면 수십억의 우주가 생겨나고 쓰러진다.

숨을 내쉬며 온우주를 창조하라.

숨을 들이쉬며 그 우주가 소멸되는 것을 목격하라.

그 황홀경이,

자신만을 포옹하는 방식들이 주는 고통으로 미칠 지경이 되어

끊임없는 고뇌의 윤회바퀴살을 세차게 끌어안는

사랑이 없는 자기의 위로 넘쳐흐르게 하고 보다 밝게 빛나게 하자.

그리고 대신에 성 카트린(Saint Catherine)[4]과 함께 의기양양하게 노래하자.

"내 존재는 바로 신(God)이다. 단순한 참여에 의해서가 아니라

내 참 존재(Being)의 진정한 변용에 의해서.
나의 나(me)는 신이다!"

그리고 그 기쁨을 줄리안(D. Julian)[5)]과 함께 노래하자.
"자 보아라! 나는 신이다!
보라! 나는 모든 것 속에 있다!
보아라! 나는 모든 것을 한다!"
그리고 그 기쁨을 하꾸인(白隱) 선사와 함께 외치자.
"바로 이 몸이 부처의 몸이다! 그리고 바로 이 땅이 극락정토(the Pure Land)이니라!"

그리고 이 세상은 축복받은 존재가 되고 모든 나(I)는 신이 되고,
모든 우리(We)는 신의 가장 진실한 예배의 대상이고
모든 그것(It)은 가장 우아한 신의 사원이다.

그리고 고통을 받고 고통을 주는 그 무신(Godless)의 탐색에 이제 종지부를 찍자.
온우주의 가슴(the Heart)속 응어리는,
유일한 신을 받아들이기 위해 느슨해지고
그래서 잃었다 되찾은 사랑하는 자(The Beloved)에 의해 황홀해지고 기쁨으로 충만하게 되는
성령이 흘러넘치게 하라.
그러고는 죽음과 절망뿐인 무신의 숙명이 사라지게 하고,
돌보지 않고 버려진 삶의 광기가 사라지게 하라.
그리고 오직 시간만이 지배하는 곳의 잔혹한 날들과
끝없는 밤의 눈물과 공포를 사라지게 하라.
그리고 나 안의 나(I-I)는 새벽을 맛보기 위해 일어나고
사랑만이 오늘의 위에 빛나게 비칠 것이라는 것을 안다.
그리고 그 찬란한 비추임(the Shining)은 말한다.

그것 모두를 사랑하고 미칠 듯이 그것을 사랑하라고,

그리고 그것을 항상 끝없이 언제나 맹렬하게 선택 없이 사랑하라고

그리하여 전자(全者, the All) 속으로 들어가라고,

무심으로 그것을 사랑하고 그리하여 그 유일하고 찬란한 신성을 포옹함으로써

전자가 되라고.

이제 공(空)으로 이제 색(色, Form)으로, 모두 함께 영원히

무신의 탐색은 소멸되고

사랑만이 오늘을 비칠 것이니라.

한 손으로 손뼉 치기[6)]

"한 손으로 손뼉 치는 소리가 무엇인가?"라는 선(禪)의 공안(公案)을 우리는 모두 알고 있다. 물론 우리는 손뼉을 치기 위해 언제나 두 손이 필요하다. 그리고 그러한 것이 전형적인 체험의 구조이다. 우리는 이 안의 주체로서의 우리 자신의 지각을 갖고 있고, 저 밖의 객체로서의 세계를 갖고 있다. 우리는 이러한 체험의 '두 손', 주체와 객체를 갖고 있다. 그래서 전형적인 체험이란 곧 하나의 요동, 하나의 소리를 만들어 내기 위한 두 손 모두의 충돌이다. 저 밖의 객체는 주체로서의 나에게 충돌하고 그래서 나는 하나의 체험을 한다. 두 손이 함께 손뼉 치고 나서 체험이 새로 생겨난다.

그러므로 체험의 전형적인 구조는 안면에 한 방의 주먹을 날리는 것과 같다. 보통의 자기는 난타당한 자기이다. 그것은 '저 밖의' 우주에 의해 아주 완전히 난타당한다. 보통의 자기는 일련의 타박상, 일련의 상흔, 즉 함께 충돌하는 두 손의 체험의 산물이다. 이 타박상은 '두카(duhkha)', 즉 고(苦, 번뇌)라고 일컬어진다. 크리슈나무르티(Krishnamurti)[7)]가 곧잘 말했듯이, 주체와 객체 사이의 그러한 간격 속에 인류의 전체 고통이 놓여 있는 것이다.

그러나 비이원 상태와 함께 갑작스레 두 손이 없어진다. 돌연히 주체와 객체는 곧 한 손이다. 돌연히 당신 외부로부터 당신에게 충돌하려는, 당신에게 타박상

을 입히려는, 당신에게 고통을 주려는 것은 아무것도 없다.

돌연히 당신은 어떤 체험도 갖지 않는다. 당신이 곧 생겨나는 모든 체험이고, 그래서 당신은 모든 공간 속으로 순간적으로 해방된다. 당신과 온우주는 위대한 완성(Perfection)을 가져온 하나의 손, 하나의 체험, 하나의 현시, 하나의 몸짓이다. 당신 밖에는 당신이 원하거나 요구하거나 추구하거나 붙잡을 수 있는 것은 아무것도 없다. 말하자면 당신의 영혼은 우주의 모든 코너로 확장하고 무한한 희열로 모든 것을 포섭한다. 당신은 아주 완전하게 충만하고 아주 완전하게 포화되는데, 너무나 충만하고 너무나 포화되어서 온우주의 경계는 완전히 폭발하여 사라지고, 날짜나 기간, 시간이나 위치가 없이 무한한 보살핌의 대양 속에 씻기도록 당신을 내버려 둔다. 당신은 전자(全者, the All)로서 전체자 속으로 해방된다. 당신은 스스로 보이는 찬란하게 빛나는 온우주이고, 당신은 일미(一味)의 우주이고 그 맛은 절대적으로 무한하다.

그렇다면 그 같은 한 손으로 손뼉 치는 소리는 무엇인가? 그 같은 일미의 맛은 무엇인가? 당신 밖에는 당신을 때릴 수 있는, 당신을 상하게 할 수 있는, 당신을 밀 수 있는, 당신을 당길 수 있는 것이 아무것도 없을 때 한 손으로 치는 손뼉 소리는 대체 무엇인가?

산 위에 걸린 햇빛이 보이는가? 시원한 미풍이 느껴지는가? 완전히 명백하지 않은 것은 무엇인가? 이미 깨달음을 성취하지 않은 자는 누구인가? 한 선사(禪師)가 말했듯이, "내가 종이 울리는 소리를 들었을 때, 거기에는 나도 종도 없고 다만 종소리만 있었다."라는 것이다. 즉각적 체험에는 두 번이란 것도 없고, 두 개란 것도 없다. 안쪽도 없고 바깥쪽도 없고, 주체도 없고 객체도 없다. 다만 오직 즉각적 인식 그 자체, 한 손으로 손뼉 치는 소리뿐이다.

그렇다면 당신은 투명한 창의 이쪽에서 저 밖에 있는 온우주를 바라보면서 이 안에 있는 것이 아니다. 투명 유리창은 산산이 부서졌고 당신의 심신(心身)은 탈락되고 당신은 그 같은 속박에서 영원히 자유롭고 당신은 이제 '당신의 얼굴 뒤에서' 온우주를 바라보고 있는 것이 아니다. 단순하게 말해 당신이 곧 온우주이고, 당신이 그러한 모든 것이다. 이것은 곧 왜 당신이 온우주를 삼킬 수 있고 수 세기를 가로지를 수 있어도 그래도 전혀 아무것도 움직이지 않는가 하는 이유인 것이다. 이와 같이 한 손으로 치는 손뼉 소리는 빅뱅이 만들어 내는 소리이다. 그것은 우주 공간에서 폭발하는 초신성(超新星)의 소리이다. 그것은 앵무새가 노래하는 소리이다. 그것은 수정같이 맑은 날의 폭포 소리이다. 그것은 현현하는 전체 우주의 소리이다. 그래서 당신이 바로 그 소리이다.

이것이 바로 당신의 본래면목(本來面目)이란 왜 이 안에 있는 어떤 것이 아닌가 하는 이유이다. 그것은 가장 순수한 공(空)이거나 희미하게 빛나는 현시(顯示)의 투명성이다. 온우주가 생겨나고 있다면 당신이 바로 그것이다. 아무것도 생겨나지 않아도 당신이 바로 그것이다. 어느 경우든지 당신이 바로 그것이다. 어느 경우든지 당신은 이 안에 있는 것이 아니다. 창문은 산산조각 부서져 버렸다. 주체와 객체 사이의 간극은 사라져 버렸다. 어느 곳에서나 찾아질 수 있는 두 번이란 것도 없고 두 개란 것도 없다. 세계는 결코 당신에게 두 번 주어지지 않고 다만 언제나 오직 한 번만 주어진다. 그래서 당신이 바로 그것이다. 당신이 바로 그 일미(一味)이다.

이러한 상태는 당신이 초래할 수 있는 어떤 것이 아니다. 이 비이원 상태, 일미의 이 상태는 당신이 그것을 분할하기 전의 모든 체험의 진정한 본성이다. 이 일미는 노력을 통해 당신이 초래할 수 있는 어떤 체험이 아니고, 오히려 그것은 당신이 그것에 어떤 것을 하기 전의 모든 체험의 실제적인 조건이다. 이와 같이 인위적이 아닌 상태는 노력을 앞서고 파악을 앞서고 회피를 앞서는 것이다. 그것은 바로 '그것을 비이원적으로 보기' 위한 노력을 포함하여 당신이 그것에 어떤 것을 하기 전의 실재 세계이다.

그러므로 당신은 자각인식에 대해서나 체험에 대해서 그것을 비이원적으로 만들기 위해 특별히 어떤 것을 해야 할 필요가 없다. 그것은 비이원으로 출발하며 그것의 진정한 본성은 여하한 파악, 여하한 노력, 여하한 획책도 앞서는 비이원이다. 만약 노력이 생겨도 좋고, 노력이 생기지 않아도 좋다. 어느 경우든 노력과 무노력을 다 같이 앞서는 오직 일미의 즉각성만 있다.

그렇다면 이것은 분명 들어가기가 어려운 어떤 상태가 아니고 오히려 피하기가 불가능한 상태인 것이다. 그것은 언제나 그래 왔다. 당신이 일미를 체험하지 않았던 순간은 결코 있던 적이 없다. 말하자면 그것은 전체 온우주 내에 유일하게 불변하는 것이다. 그것은 실재의 모든 것 가운데 유일한 실재이다. 일천조 년 동안에 단 1초도, 당신이 이 일미를 알아차리지 않은 적이 단 1초도 결코 없어 왔고, 극지(極地)의 대기 중의 일진 돌풍과도 같이 당신의 본래면목 속에 일미가 직접 있지 않았던 적은 결코 단 1초도 없어 왔다.

물론 우리는 이것에 대해 자주 자신에게 거짓말해 왔다. 우리는 이것에 대해, 즉 일미의 우주, 한 손으로 치는 원초적 손뼉 소리, 자신의 본래면목에 대해 흔히 진실성이 없이 지내 왔다. 비이원적 전통은 이 같은 상태를 야기하지 않도록 하는 데 목표를 두고 있지만 그러한 것은 불가능하므로, 대신 당신이 더는 그것을 무시하지 않고 당신이 정말로 누구라는 것에 대해 더는 자신에게 거짓말하지 않도록 단순히 그것을 당신에게 적시하는 데 목표를 두고 있는 것이다.

궁극의 영적 시험[8)]

죽음에 대하여 신비가들은 죽음이 삶에 대한, 사실은 영원한 삶에 대한, 비밀을 포함한다는 데 모두 의견이 일치하고 있다. 에크하르트가 세계 모든 곳의 신비가들에 화답하여 말했듯이, "그 누구도 철저하게 죽은 사람들만큼 신(God)에 대해 많이 알지 못한다." 또는 라마나 마하르시가 말했듯이, "당신은 당신이 존재하기를 멈추는 곳에 당신의 영광이 놓여 있다는 것을 머지않아 알게 될 것이다." 또는 [일본 선(禪) 승려들의] 선 수도원(The Zenrin)에서는, "살아 있는 동안 철저하게 죽은, 죽은 사람처럼 살라."라고 가르친다.

물론 그들은 물리적으로 죽은 것을 의미하지 않는다. 그들은 분리된-자기 감각이 죽은 것을 의미한다. 그래서 당신은 다음과 같은 항목들을 상상하려고 노력함으로써 죽음과 연관시켜서 그대 자신의 영적 각성을 '시험'할 수 있다.

① 한 유명한 선(禪)공안은 말하기를 "너의 본래면목(本來面目)을 보여 다오, 너

의 부모가 태어나기 전에 네가 가졌던 면목 말이다." 이것은 어떤 술수이거나 상징적 질문도 아니다. 그것은 명료하고 단순한 답변과 함께 매우 직설적이다. 당신의 본래면목은 현현하는 세계 이전의 단순히 순수한 무형상[무색(無色)]의 주시자이다. 그 자체가 무시간적이거나 시간에 앞서는 순수한 주시자는 시간의 모든 시점에 똑같이 존재한다. 그렇다면 물론 이것은 당신이 당신의 부모가 태어나기 전에 가졌던 진아(the Self)이다. 그것은 역시 빅뱅 이전에 그대가 가졌던 진아이다. 그래서 그것은 당신이 당신의 신체가, 그리고 전체 우주가 소멸되어 버린 후에도 갖게 될 진아이다.

이 진아는 시간에 앞서서 존재하기 때문에 당신의 부모 이전에 그리고 빅뱅 이전에 존재했다는 그것으로 전부이다. 그래서 당신은 지금 당장 순수한 주시자 속에 단순히 그냥 안식함으로써 당신의 부모가 태어나기 전부터 당신이 가졌던 진아를 직접 접촉할 수 있다. 그들은 지금 이 순간, 또 지금 이 순간, 또 지금 이 순간도 하나이며 똑같은 무형상의 진아이다.

당신의 부모가 태어나기 전의 당신이 어떤 모습과 같은가를 '상상함'으로써 당신은 당신의 현재의 신체와 에고와 더불어 자신이 지닌 모든 정체성이 떨어져 나가게 하도록 강요받는다. 당신은 현실적으로 당신을 넘어서는 당신 속에 있는 것, 순수하고 공(空)하고 무형상(무색)이고 무시간성인 주시자나 원초적 진아를 찾아내도록 강요받는다. 당신이 무시간의 주시자('나는 이것도 아니고 저것도 아니다.')로 현실적으로 안식할 수 있는 정도까지 되면 당신은 분리된 자기로서는 죽어 버린다. 그래서 당신의 본래면목, 즉 당신의 부모가 태어나기 전에, 빅뱅이 생기기 전에, 시간이 생기기 전에 당신이 가졌던 면목을 발견하게 된다. 당신은 실로 위대한 무생(無生, the Unborn)을 발견한 것이다.

② 앞에서와 비슷하게 당신이 죽은 뒤 100년 뒤에 무슨 세계가 올 것인가를 상상해 보라. 당신은 구체적으로 상세한 것들을 상상할 필요는 없고, 단지 세계는 당신이 세상을 떠난 뒤 1세기 정도에도 계속되고 있을 것이란 사실을 알아차려 보라. 당신이 없는 그러한 세계를 상상해 보라. 너무나 많은 것

이, 사람들이, 기술들이, 자동차와 비행기 등이 너무나 다르게 변해 있을 것이다. 그러나 한 가지는 변하지 않고 똑같을 것이다. 즉, 공(空, Emptiness), 일미(一味, One Taste), 영(靈, Spirit)은 언제나 똑같을 것이다. 자, 그렇다면 당신은 그런 것을 지금 당장 맛볼 수 있다. 하나이며 동일한 무형상의 주시자가 모든 눈으로 바라볼 것이고, 모든 귀로 들을 것이고, 모든 손으로 만질 것이다……. 그것이 바로 지금 당신 자신의 원초적 진아이기도 한 동일한 무형상의 주시자, 바로 지금 당신 자신의 것이기도 한 동일한 일미, 바로 지금 당신 자신의 것인 찬란히 빛나는 동일한 영, 바로 지금 당신 자신의 것인 똑같은 근본적 해방(해탈)인 것이다.

당신은 천 년 전에 어떤 다른 사람이었는가? 당신은 지금부터 천 년 뒤에 어떤 다른 사람이 될까? 영원히 당신 자신의 가장 심층의 존재인 이 유일한 진아(One self)는 도대체 무엇인가? 당신은 시간의 거짓말을 믿어야만 하는가? 당신은 유일한 영(One Spirit)이 존재하지 않는다는 광기(狂氣)를 삼켜야만 하나? 당신은 바로 지금, 모든 전체(시방) 세계에 일자이며 유일자(One and Only One)로 존재하는 당신의 본래면목을 내게 보여 줄 수 있는가?

부디 간청하건대, 당신은 양자역학의 공동창시자이며 노벨상 수상자인 슈뢰딩어(Erwin Schroedinger)의 말을 경청해 보기 바란다. 그리고 내가 어떻게 하면 그가 문자 그대로 바로 이것을 의미하고 있다고 당신을 확신시킬 수 있겠는가?

"당신이 당신 자신의 것이라고 일컫는 지식, 감정 그리고 분별력의 통일이, 그다지 오래전이 아닌 어느 주어진 순간에 무(無)로부터 존재 속으로 갑자기 생겨나게 되어 있어야 한다는 것은 불가능한 일이다. 오히려 지식, 감정, 분별력은 본질적으로 영원한 것이고 변화될 수 없고 모든 사람 속에 있는, 아니 모든 유정의 존재 속에 있는, 숫자적으로 하나(일자)이다. 당신의 실존을 위한 조건은 바위만큼이나 오래된 것이다. 수천 년 동안 남자들은 생존을 위해 애써 왔고 고통을 받아 왔고 자식을 돌보아 왔으며, 여자들은 고통 속에 출산을 해 왔다. 백 년 전에(당장 시험해 볼 일이 있다) 또 하나의 사람이 이 지점에 앉아 있었고,

당신과 마찬가지로 그는 빙하 위로 스러져 가는 빛을 향해 가슴속에 경외의 마음과 염원을 갖고서 응시했었다. 당신과 마찬가지로 그는 남자에 의해 보살펴지고 여자에 의해 태어났다. 그는 당신이 그러는 것과 같이 고통과 덧없는 즐거움도 느꼈다. 그는 어떤 다른 사람인가? 그것이 바로 당신, 당신 자신이 아니었나?"

그것이 바로 당신, 당신의 원초적 자아가 아니었나? 당신이 곧 인류 자체가 아닌가? 당신이 곧 그 유일한 주시자이기 때문에 당신은 모든 것을 인간적으로 어루만지지 않는가? 따라서 당신이 곧 그 유일한 진아이기 때문에 당신은 세계를 사랑하고 모든 사람을 사랑하고 온우주를 사랑하고 있지 않는가? 어떤 한 사람이 다쳤을 때 당신도 눈물 흘리지 않는가? 한 어린아이가 배고파 할 때 당신도 울지 않나? 한 영혼이 심한 고통을 받을 때 당신도 괴로워 비명을 지르지 않나? 당신은 다른 사람이 고통받을 때 당신도 고통받는다는 것을 안다. 당신은 이것을 알고 있다! "그것이 어떤 다른 사람인가? 그것이 바로 당신, 당신 자신이 아니었나?"

③ 천 년 전에 또는 앞으로 천 년 후에 당신이 어떤 모습이었나 또는 어떤 모습일까를 생각함으로써 당신은 현재의 신체와 에고를 떨어져 나가게 하고, 당신을 넘어서 나아가는 당신 속에 있는 것, 순수하고 무형상이고 무시간적인 진아 또는 전체 시방세계의 주시자를 발견한다. 당신은 24시간마다 한 번씩 단지 상상적인 연습이 아니라 사실로서 당신의 에고적 정체성을 완전하게 떨어져 나가게 한다. 매일 밤 꿈이 없는 깊은 수면 속에서 당신은 무형상의 영역 속으로, 대상이 없는 순수한 의식의 영역 속으로, 형상이 없는 무시간적 진아 속으로 도로 뛰어들게 된다.

이것이 바로 왜 라마나 마하르시가 "깊은 꿈 없는 수면 속에 있지 않는 그런 것은 실재가 아니다."라고 말한 이유이다. 순수한 실재(the Real)는 깊은 꿈 없는 수면을 포함하는 모든 세 가지 상태에 존재해야 한다. 모든 세 가지 상태에 존재하는 유일한 것이 무형상의 진아 또는 순수한 의식이다. 그래서 매일 밤 당신은 분리된 자기 감각이 죽고, 자아(에고)가 죽고 그리고 당신의 본래면목인 무한성의 대양 속으로 도로 뛰어들게 되는 것이다.

그러한 세 가지 경우 모두 다, 당신의 부모가 태어나기 전에 당신이 가졌던 진아(the Self), 지금부터 백 년 뒤에 당신이 가지게 될 진아 그리고 깊은 꿈 없는 수면 속에 당신이 가진 진아는 모두 다 하나이며 동일한 것을 가리킨다. 즉, 당신을 넘어서 나아가는 당신 속의 무시간적 주시자, 모든 형상(色)과 하나인 순수한 공(空), 근본적 일미 속에서 전자(the All)를 포섭하는 원초적 진아가 바로 그것이다. 바로 이것(just this)인 그것(진아, That)은 변하지 않아 왔고, 변하지 않을 것이며, 결코 변하지 않을 것이다. 왜냐하면 그것은 결코 그 모든 고통과 공포를 가진 시간의 부패되는 흐름 속으로는 결코 들어가지 않기 때문이다.

그렇다면 궁극의 '영적 시험'은 단순히 죽음에 대한 당신의 관계이다(왜냐하면 그러한 세 가지 경우 모두는 죽음의 예이기 때문이다). 만약 당신이 지금 당장 하고 있는 것의 '궁극의 진리'를 알고 싶다면 단순히 그것을 그러한 시험 중의 어느 하나에 제시해 보라. 점성술 점을 친다고? 만약 그것이 깊은 꿈 없는 수면 속에 존재하는 것이 아니라면 그것은 실재가 아니다. 늑대들과 함께 달린다고? 만약 그것이 지금부터 100년 뒤에도 존재하는 것이 아니라면 그것은 실재가 아니다. 영혼을 돌본다고(Care of the Soul)? 만약 그것이 깊은 수면 속에 존재하는 것이 아니라면 그것은 실재가 아니다. 당신의 내면의 (영적) 어린아이를 치유한다고? 그것이 당신의 부모가 태어나기 전에 존재했던 것이 아니라면 그것은 실재가 아니다. 당신의 환생한 전생들을 기억한다고? 그것이 깊은 꿈 없는 수면 속에 존재하는 것이 아니라면 그것은 실재가 아니다. 영적인 세척을 위해 다이어트를 이용한다고? 만약 그것이 지금부터 100년 뒤에도 존재하는 것이 아니라면 그것은 실재가 아니다. 가이아(Gaia)를 숭배한다고? 만일 그것이 깊은 꿈 없는 수면 속에 존재하는 것이 아니라면 그것은 실재가 아니다.

그러한 모든 상대적 실행(수행)들과 변환적 신념은 괜찮은 것이다. 그렇지만 그들은 위대한 무생(無生, the Unborn), 당신의 본래면목, 즉 그 모든 찬란한 형상 속에 있는, 지금 그리고 또다시, 지금 그리고 영원히, 언제나 이미 있는 당신 자신의 진정한 존재와 생성 과정의 형상 속에 있는 영의 면목(The Face of Spirit)에 비하면 부차적이라는 것을 잊지 말아야 한다.

"그것이 다른 어떤 사람이었나? 그것이 바로 당신, 당신 자신이 아니었나?"

불변의식[9)]

내가 스리 라마나 마하르시의 해설을 곁들인 글에서 "깊은 꿈이 없는 수면 속에 존재하지 않는 것은 실재가 아니다."라는 문장을 읽었을 때 나는 명상에 대하여 극도로 심각한 자세를 갖게 되었다.

그런 글은 충격적인 표현인데, 왜냐하면 꿈이 없는 깊은 수면 상태에서는 기본적으로 아무것도, 문자 그대로 아무것도 없기 때문이다. 그런 것이 바로 그의 요점이었다. 라마나가 말했듯이, 궁극의 실재[또는 절대영(Spirit)]는 의식 속으로 확하고 들어와서는 확 하고 나오는 어떤 것일 수 없다. 그것은 불변적이고 항구적인 어떤 것, 또는 보다 전문적인 표현으로는 무시간성으로 인해 시간 내 모든 시점에 완전하게 현존하는 어떤 것이어야 한다.

이 말은 나를 아주 깊숙이 흔들어 놓았는데, 왜냐하면 나는 여러 번 견성(見性)이나 돈오(頓悟) 같은 체험[일미(一味)의 강력한 일별]을 했었지만 그것들은 모두 깨어 있는 상태에 국한되었기 때문이다. 더구나 내가 염두에 두고 있던 것들의 대부분은 깨어 있는(waking) 상태에 존재했었다. 그런데도 분명히 깨어 있는 상태는 항구적이 아니다. 그것은 24시간마다 오고 간다. 그런데도 위대한 현자에 따르자면 언제나 의식하고 있는(always conscious), 즉 문자 그대로 언제나 깨어 있고, 꿈꾸고, 잠자는 모든 상태를 통해 의식하거나 알아차리고 있는, 우리 속에 어떤 것이 있다는 것이다. 그래서 그러한 항존(恒存)하는 알아차림(ever-present awareness)은 곧 우리 속에 있는 영(Spirit)인 것이다. 불변의식(또는 비이원의식)의 아래로 흐르는 조류가 곧 순수한 영 자체의 직접적으로 단절 없이 방사하는 빛인 것이다. 그것이 바로 여신(Goddess)과 우리의 연결, 곧장 신(God)으로 이르는 우리의 파이프라인인 것이다.

그러므로 만약 우리가 영과 함께 우리의 지고의 정체성을 깨닫기를 원한다면, 불변의식의 이러한 조류 속으로 자신을 접속시켜야 하고, 그래서 모든 의식 상태의 깨어 있고, 꿈꾸고, 잠자는 상태의 변화를 거치며 그것(불변의식의 조류)을 따라가야 할 것이다. 이렇게 하는 것은, 첫째, 여하한 그러한 상태들(이를테면 몸, 마음, 자아, 또는 영혼과 같은 상태)과의 배타적 동일시로부터 벗어나게 할 것이다. 둘째, 우리로 하여금 그러한 모든 상태를 통해 불변인 것을 또는 무시간적인 것을, 즉 여여[如如, 진여(眞如)]의식(Consciousness as Such) 혹은 어떤 다른 이름으로는 무시간성의 '영(Spirit)'……을 인식하고 동일시하도록 허용할 것이다.

당신의 경우에 이 불변의 비이원의식이 명백해지는 순간, 새로운 운명이 현현하는 세계의 한가운데서 깨어나게 될 것이다. 당신은 자신의 불심(佛心)을, 즉 당신 자신의 절대신성(Godhead), 당신 자신의 무색(無色)의, 무공간의, 무시간의, 무한의 공(空), 브라흐만(Brahman)인 자신의 아트만(Atman), 당신의 케터(Keter), 그리스도 의식, 찬란한 셰키나(Shekinah) 등 수없이 많은 말로 표현된 일미(一味)를 발견하게 될 것이다. 그것은 실수란 있을 수 없도록 틀림없이 그렇게 되는 것이다. 바로 그것이 당신의 진정한 정체성, 즉 순수한 공 또는 순수한 무속성의 진여의식이고, 그리하여 당신은 사소한 대상들의 세계 속의 조그만 주체와 자신을 동일시할 때 필연적으로 생겨나게 마련인 공포와 고통(번뇌)에서 해방된다.

일단 당신이 불심으로서, 아트만으로서, 순수한 영이나 절대신성으로서 당신의 무형상(무색)의 정체성을 발견하고 나면, 당신은 그러한 불변의 비이원적 상존(常存) 의식을 받아들일 것이다. 그래서 보다 하위의 상태, 즉 정묘심(精妙心)과 조대체(粗大体)로 다시 들어가서는 그들에게 찬란한 광휘와 함께 활기찬 생명력을 다시 불어넣을 것이다. 당신은 단지 무색과 공으로 남아 있지는 않을 것이다. 당신은 공(空)의 자기 자신을 비우게 될 것이다. 당신은 마음과 세계 속으로 자신을 쏟아부을 것이다. 그리고 그것들(마음/세계)을 그 과정에서 창조할 것이다. 그것들 모두 속으로 똑같이 들어갈 것이지만 특히 독특하게 당신이라고 불리는(내 경우에는 켄 윌버라고 불리는) 그 특정한 마음과 신체 속으로 들어갈 것이다. 이런 더 하위적 자기는 바로 당신 자신이기도 한 영의 수레가 될 것이다.

그러고 나면 당신 자신의 사소한 마음과 신체와 감정과 상념을 포함하는 모든 것은 바로 당신 자신이기도 한 광대한 공(空) 속에서 생겨날 것이고, 그 모든 것은 그것들이 생겨나는 것과 꼭 마찬가지로 그것들 특유의 진정한 본성으로 스스로 해방될 것이다. 그 이유는 당신은 이제 그것들 중 어느 하나와 자신을 동일시하지 않고 오히려 지금 현재의 당신 자신이기도 한 공과 개방성(Openness) 속에서 그것들을 놀게 하고 그것들 모두를 생겨나게 하기 때문이다. 그렇게 되면 당신은 근원적인 자유(Freedom)로 깨어날 것이고, 그와 같이 찬란한 해방의 노래를 부르며, 보이는 게 너무나 투명한 무한성의 빛을 비추고 또한 기쁨의 대양을 마시게 될 것이다. 당신은 달을 몸의 일부로 바라볼 것이고 가슴의 일부로 태양에 경배할 것이다. 그래서 그것은 모든 것이 정말로 그렇다는 것이다. 영원히 언제까지나, 영원히 언제까지나 오직 이것만이 있는 것이다.

그러나 당신은 이러한 자유를 아직 찾아내지 못했거나 아니면 어쩌다 그것을 달성했다고 하자. 그것은 사실 애초부터 순수한 주시자의 집에 살아온 동일한 자유이다. 당신은 단지 순수하고 공(空)한 자기(Self), 즉 근원적인 나-나를 자각하고 있을 뿐이다. 그것은 애초부터 줄곧 당신의 자연스러운 자각의식의 일부였지만 당신의 넋을 나가게 만드는 삶이란 영화에 취하여 그만 잃어버렸던 것이기 때문에 단지 그것을 알아보지 못한 것이다.

불변의식의 깨어남과 더불어 당신은 '균열된 마음(split-minded)'이라는 대중적 의미에서 신성한 정신분열적인 어떤 자가 된다. 왜냐하면 당신은 주시자와 자아(the ego) 양쪽에 다 접근하고 있기 때문이다. 당신은 실제로는 '전체적-마음가짐(whole-minded)'의 상태이지만 그 상태는 마치 균열이라도 있는 것처럼 들리게 된다. 왜냐하면 당신은 당신 속의 불변의 주시자나 영을 알아차리고 있고, 또한 당신은 삶이란 영화, 에고 그리고 그 모든 것의 부침을 역시 완전하게 알아차리고 있기 때문이다. 그래서 당신은 여전히 고통과 고난과 슬픔을 느끼지만 더는 그런 것들은 당신에게 그것들의 중요성을 확신시킬 수 없다. 당신은 이제 삶의 희생자가 아니라 오히려 그 주시자인 것이다.

사실 이제는 당신은 당신의 감정을 두려워하지 않기 때문에 훨씬 더 큰 강도로 그것들에 관여할 수 있는 것이다. 이제 삶이란 영화는 더욱 선명하게 되고 더욱 가슴 설레게 된다. 그 이유는 당신은 이제 그것을 움켜쥐거나 회피하지 않고 그래서 더는 그것으로 인한 고통을 완화하거나 희석하려고 애쓰지 않기 때문이다. 당신은 이제 목소리를 낮추지 않는다. 오히려 더 강하게 울고 더 크게 웃고 더 높이 도약하고자 할지도 모른다. 무선택의 각성이란 당신이 이제는 느낌이 오는 것을 멈추게 된다는 것을 의미하지 않는다. 오히려 그 말은 당신이 완전하게 느끼고 깊게 느끼고 무한히 그 각성 자체를 마음껏 느낀다는 것을, 그래서 그 각성이 상처받을 때까지 웃고 울고 사랑한다는 것을 의미한다. 삶은 스크린 밖으로 즉각 뛰어내리고, 당신은 그 모든 것과 하나가 된다. 왜냐하면 당신은 그 삶을 되감지 않기 때문이다.

만일 당신이 꿈을 꾸고 있고 그래서 그것이 실재라고 생각한다면 그것은 매우 두려워지게 된다. 예를 들어, 나이아가라 폭포 위를 가로지르는 줄타기를 하고 있는 꿈을 꾸고 있다고 해 보자. 줄에서 떨어지면 당신은 죽음의 나락으로 떨어진다. 그래서 당신은 매우 천천히 조심스럽게 줄 위를 걷고 있을 것이다. 그렇다면 이제는 당신이 자각몽(lucid dreaming)을 꾸기 시작하고 그래서 그것은 단지 꿈이라는 사실을 깨닫고 있다고 상상해 보라. 당신은 어떻게 하게 되나? 보다 더 조심스러워지고 신중해지나? 아니고 말고. 당신은 줄 위에서 뛰어 오르내리고, 제비돌기도 하고, 튀어 오르기도 하면서 즐거운 한때를 보내고 있다. 그 이유는 당신은 그것이 실재가 아니라는 사실을 알고 있기 때문이다. 그것이 꿈이라는 사실을 깨닫게 될 때 당신은 놀이를 할 여유를 가질 수 있다.

당신이 일상적 삶이란 단지 꿈일 뿐이고 단지 영화일 뿐이고 단지 유희일 뿐이라는 사실을 깨닫게 될 때 똑같은 일이 생긴다. 당신은 보다 더 조심스러워지거나 보다 더 두려워 겁먹거나 보다 더 위축되어 안으로 기어들게 되지도 않는다. 당신은 뛰어 오르내리며 제비돌기도 하기 시작하는데 왜냐하면 바로 그것은 모두 꿈이고 그것은 모두 순수한 공(空)이기 때문이다. 당신은 느낌이 더 적어지지 않고 오히려 더 풍부해진다. 당신은 이제 그렇게 할 여유를 가질 수 있기 때문이다. 당신은 이제 죽는 것을 두려워하지 않고 따라서 사는 것도 두려워하지 않는다. 당신은 급진적이면서 거칠게도 되고, 강렬하면서 활기차게도 되고, 충격적이면서 어리석어 보이게도 된다. 당신은 그 모든 것이 쏟아져 나오게 하는데 왜냐하면 그것은 모두 당신의 꿈이기 때문이다.

그렇게 되면 삶은 진정한 강도, 선명한 조명, 급격한 비등(沸騰)을 나타낸다. 고통은 더욱 고통스럽고 행복은 더욱 행복해진다. 기쁨은 더욱 기뻐지고 슬픔은 심지어 더욱 슬퍼지게 되기도 한다. 그 모든 것은 명경심으로 붙잡거나 회피하지 않는 마음으로, 즉 단순히 유희를 주시하고 그래서 주목하고 있을 때조차도 유희를 할 여유를 가질 수 있는 마음으로 찬란하게 살아서 약동하게 된다.

만약 당신이 모든 것을 자신의 최상의 자기(Self)의 꿈으로 보았다면 무엇이 당신의 동기를 유발할 것인가? 무엇이 이 유희로 가득한 꿈의 세계에서 현실적으로 당신을 움직이게 하는 것일까? 꿈속에서 일어나는 모든 것은 다음과 같은 점을 제외하고는 어떤 깊은 수준에서 보면 기본적으로 재미거리이다. 꿈을 실재라고 믿기 때문에 고통받고 있는 친구들을 볼 때 당신은 그들의 고통을 완화해 주고 싶어 한다. 그들이 깨어나게 되기를 바란다. 그들이 고통받는 것을 목격하는 일은 재미있는 일이 아니다. 그래서 깨어 있는 사람들의 가슴에서 깊고 강력한 자비심이 생겨난다. 그래서 그들은 다른 무엇보다도 먼저 다른 사람들을 깨어나게 하고자 간구한다. 그리하여 두려움에 차서 삶의 어리석은 꿈[미몽(迷夢)]을 심각하게 받아들이는 것으로부터 오는 슬픔과 연민, 시련과 고통, 공포와 번민에서 그 사람들을 구제하기를 희구한다.

그렇다면 당신은 신성한 정신분열증을 가진 자이다. 즉, 당신은 순수한 주시자와 자아—필름(ego—film)의 세계 양쪽을 동시에 접촉하고 있다는 의미에서 '균열된 마음을 가진 자(split—minded)'인 것이다. 그러나 그런 것은 정말이지 실제로는 당신이 '전체적 마음을 가진 자(whole—minded)'라는 것을 의미한다. 왜냐하면 이러한 두 세계는 실제로는 둘이 아니기 때문이다. 자아(에고)는 단지 주시자의 꿈일 뿐이고, 주시자가 그 특유의 무한한 풍성함에서 창조해 내는 필름일 뿐이다. 단순히 그렇게 함으로써 그것은 영화처럼 보기 위한 어떤 것을 가지게 될 것이다.

바로 그러한 시점에서 전체 유희는 당신 자신의 불변의식 내에서 생겨난다. 안쪽도 없고 바깥쪽도 없으며 여기 안에 대 저기 밖에 같은 것도 없다. 일미의 비이원적 우주는 당신 자신의 진정한 본성의 자연스러운 몸짓으로 생겨난다. 당신은 태양을 맛볼 수 있으며 달을 삼킬 수 있고, 그래서 수 세기(世紀)가 당신의 손바닥 안에 꽉 움켜쥐도록 들어온다. 순수한 나-나, 위대한 나라는 존재(I Amness)는 무한으로 숨 쉬고 그 자아의 노래(the Song of its very Self)로 온우주를 창조한다. 자비의 대양은 진정한 당신 자신의 본래면목(Original Face)으로부터 눈물로 흘러내린다.

지난밤 나는 싸늘하고 투명한 수정 같은 연못 속에 비친 달의 모습을 보았고 그 외에는 전혀 아무것도 일어나지 않았다.

바로 이것[10)]

공(空)의 '심장부(the heart, 一心)'에는 신비스러운 충동이 있는데, 그 '공'의 '심장부'에는 실제로는 아무것도 없기 때문에 신비스러운 것이다. (왜냐하면 공 속에는 아무것도 없고 그것이 끝이다.) 그러면서도 이 신비스러운 충동, 창조하려는 …… 충동이 있다. 노래하는 것, 빛이 나는 것, 찬란하게 비추는 것, 향기를 발하며 뻗어 나가고 축복하는 것, 노래하며 소리 지르고 걸어 다니는 것, 들뜨고 벅차오르는 것, 이러한 신비스러운 충일함이 공의 '심장부'에 있다.

'공'은 '공' 자체를 비운다. 그러므로 공은 충만(Full)하게 되고, 당신의 가장 심층의 자아의 '심장부(the heart)'에 숨겨진, 유희하기 위한 무한의 충동의 결실인 모든 세계를 잉태하게 된다. 만일 당신이 주시자로 안식하고 나-나로 물러나 있고 바라보는 자(the Looker)를 매우 조심스레 바라본다면, 당신이 지금 당장 내면으로 돌아서서 보는 자(The Seer)를 보려고 애쓴다면, 당신은 전혀 아무것도 보지 않은 것이다. 왜냐하면 당신은 보는 자를 볼 수는 없는 것이다. 당신이 찾아내게 될 모든 것은 방대한 자유(Freedom)와 공이고, 그 속에 전체 온우주가 지금 일어나고 있는 것이다. 당신의 가장 심층의 여여(如如)인 순수한 공으로부터 모든 세계가 일어난다. 바라보는 당신 자신의 충동이 이 우주를 생겨나게 했다. 그리고 그것은 바로 여기에 모든 공간의 방대성 속에 거주한다. 이것은 말하자면 당신 자신의 원초적 각성인식의 순수성 속에 있는 것이다. 이것은 줄곧 명백하게 그래 온 것이고, 이것은 당신이 내내 알아 온 것이다. 바로 이것 그리고 더는 아무것도 없는 '바로 이것'뿐이다.

미주

1) 목적으로서의 원인, 즉 그것을 위해 무엇인가가 일어나게 되어 있는 어떤 것으로서, 사건을 미리 정해진 목표에 따라 규정하는 원인성.

2) Ken Wilber,『성 · 생태 · 영성』, pp. 522−523에서 인용.

3) 205~270. 헬레니즘 시대에 신플라톤주의의 대표적 철학자. 그의 사상은 플라톤 철학을 발전시켜 만물이 일자(Eines)에서 유출된다는 역동적인 일원론의 체계를 바탕으로 하고 있고, 그의 사후에 제자 포로피리오스(Porophyrios)에 의해 편찬된 주 저서『에네아데스(Enneades)』는 아우구스티누스를 통해서 기독교의 플라톤주의 신학과 결부되어 유럽 정신사에 막대한 영향을 미친 철학자.

4) 1347~1380. 이탈리아 시에나 태생으로 중세 말기의 위대한 영적 신비가 중 한 사람. 이단으로 고소당하기도 했으나 사후에 성자의 반열에 오른 여성 신비가.

5) ?~1383. 노르위치(Norwich)의 줄리안. 귀부인 줄리안이라고 불리는 14세기경 영국의 신비주의의 위대한 여성신학자, 신비가.

6) Ken Wilber, 『모든 것의 역사』, pp. 229-231에서 발췌 인용.

7) 인도 남부의 가난한 바라문 가정에서 태어났으나, 미래의 영적 지도자가 될 자질을 발견한 신지학회의 후원으로 영국과 프랑스에서 교육을 받았다. 1929년 신지학회의 구루(Guru)의 지위를 벗어던지고 영적 스승이 아닌 진리의 애호자 위치에서 수많은 가르침을 펴다 91세를 일기로 생을 마쳤다. 『Commentaries on Living』(1956), 『The First Last Freedom』(1954) 등의 저술이 있다.

8) Ken Wilber, 『켄 윌버의 일기』, 12월 29일 pp. 366-369에서 발췌 인용.

9) Ken Wilber, 『켄 윌버의 일기』, 3월 23-24일 pp. 68-73에서 발췌 인용.

10) Ken Wilber, 『켄 윌버의 일기』, 7월 31일에서 발췌 인용.

제2부

켄 윌버의 탈형이상학 사상

개관 및 비판

들어가는 말

켄 윌버는 분명 이 시대를 대표하는 통합철학, 통합심리학, 통합수련을 비롯한 모든 분야에 적용 가능한 T · O · E적 AQAL Matrix 통합모델을 중심으로 하는 통합사상 분야의 대사상가이다. 그를 심지어 문수보살의 화신이라고 보는 브래드 레이놀즈와 같이 전 세계에서 켄 윌버를 추종하는 다양한 분야의 전문가들이 점차 늘어 가고 있는 것만 보아도 그의 사상의 위대성을 부인할 수는 없다. 지난 10여 년 사이에 켄 윌버가 주도하는 통합연구회(Integral Institute: I–I)를 중심으로 전 세계의 여러 분야의 전문가들이 I–I 관련 여러 웹사이트의 온라인상에서 I–I의 활동 소개, 학술 정보, Q&A, 토론, 포럼 등을 활발하게 수행하고 있다. 이와 같이 I–I를 중심으로 하는 통합사상가들의 활발하고 다양한 학술 활동, 강좌/교육 활동, 공동체 참여 활동, 사회 · 문화 활동만 보아도 윌버의 사상은 21세기 통합철학, 통합영성, 통합문화, 통합경영, 통합정치 등 모든 분야의 통합 패러다임을 선도하는 대표적인 사상임을 실감할 수 있다.

그러나 AQAL–Matrix 메타이론으로 상징되는 그의 통합사상은 그 위대성에도 불구하고 약점과 문제점이 적지 않다. 이미 오래전에 『대화 속의 켄 윌버(Ken Wilber in Dialogue)』에서 여러 트랜스퍼스널 학자들이 켄 윌버의 트랜스퍼스널사상과 AQAL 통합 패러다임의 단선적이고 경직성이 있는 측면과 논쟁적인 그의 사상을 비판한 바도 있다. 하지만 어느 누구보다도 통합생태 사상가인 하겐스(Hargens)가 최근에 자신의 통합생태학 박사 학위 논고에서 켄 윌버의 AQAL–IMP(Integral Methodological Pluralism) 메타이론과 탈형이상학

IPM(Integral Post-Metaphysics)에 대해 매우 적절한 비판을 제기하였다. 그는 켄 윌버의 IMP/IPM적인 AQAL-Matrix 통합모형을 “모형으로서 실재(Reality)를 추상화한 하나의 틀이므로 그것이 실재를 드러내는 만큼 그것은 실재를 은폐한다. 더구나 그것이 은폐하는 것을 알 수조차 없고, 그것은 탈인습적인 수준의 심리적 잠재력을 갖지 않은 사람에게는 무용한 것이다. 그의 모형은 주로 비전논리로부터 본 온우주의 모습이고, 이것은 다른 수많은 발달론적 입장을 가진 관점 중 하나일 뿐이다. 그의 AQAL 통합모형은 다른 모형들과 마찬가지로 그 자신의 조망을 타당하게 해 주고 확장해 주는 이론가들, 이론들, 해석들 및 연구들을 선정하고, 선호하고, 집중 조명하는 무의식적 성향을 갖고 있다. 그것은 한 특수한 방식으로 분면, 수준, 계통/라인, 상태, 유형에 의해 재현되는 실재들을 결합한다. 하지만 다른 제시도 얼마든지 가능하고 그런 모형들이 생겨나고 있다. 무엇보다도 그것은 대체로 오늘날 금강승 불교(Vajrayana)를 아는 21세기 백인 중산층 미국인 남성 ……의 산물이다.”라고 비판하고 있다. 그의 비판은 상당히 공감이 가는 측면이 많은 적절한 비판이다.

한편, 개인적으로 1990년대 초부터 10여 년 이상 켄 윌버 사상에 심취해 온 저자로서는 최근 2000년대 초부터 그의 사상의 제5기 AQAL-IPM 사상으로의 변화에 대한 한계와 문제를 점점 더 실감하고 있다. 무엇보다도, 일반적 정향화로서의 켄 윌버의 트랜스퍼스널사상(비록 그는 오래전부터 자신을 트랜스퍼스널사상가가 아니라고 주장하고 있지만), 통합사상은 최근에 와서 포스트모던적으로 보다 더 전향된 제5기 사상으로 넘어오면서, 종래의 동서양의 전통 지혜, 영원의 철학 · 종교들을 심층과학적 신비사상으로 인정해 온 제4기 사상까지의 통합적 진리의 안내자로서의 탁월성에서 벗어나서, 탈형이상학적 · 포스트모던적으로 더 경직화된 바람직하지 않은 방향으로 나아가고 있다고 느끼지 않을 수 없다.

그의 제5기 사상과 탈형이상학의 핵심은, 그의 온우주론(Kosmology) 3부작의 제2부 『온우주적 카르마와 창조성-포스트/근대성의 영(Kosmic Karma and Creativity-Spirit of Post/Modernity)』의 웹사이트 발췌문과 『통합영성(Integral Spirituality)』에서 보듯이 포스트모던적으로 보다 더 전향된 모습을 보여 주고 있다. 이로 인해 그는 모든 것을 관념론적이면서 단선적인 창발적 진화론의 관점에서 보면서 전통 형이상학의 '소여의 신화(the myth of the given)' '선존재하는 존재론의 구조(pre-existing ontological structures)'를 부인/해체하고 있다. 그리고 그는, 화이트헤드의 사변적 과정철학의 관점과 신과학/신생물학의 패러다임 [마투라나/바렐라(H. Maturana/F. Varela)의 자기창출(Autopoiesis)[1], 쉘드레이크의 형태형성장(Morphogenetic Field) 등]에서 나온 [온우주적 카르마(Kosmic Karma), 온우주적 습성(Kosmos Habits), 온우주적 기억(Kosmic Memory) 등과 같은] 신과학적 개념을 사용하여, 그가 강조하는 소위 '형이상학의 보따리'가 필요 없는 포스트칸트적 존재론에 의해, 모든 존재론적 · 인식론적 구조를 객체적 존재와 주체적 인식의 공창조(co-creation)로, 지각(perception)이 아닌 조망/시각(perspective)으로 보고 있다.

따라서 그의 탈형이상학적 통합사상의 문제는, 동양의 전통 지혜를 단순히 '형이상학'으로 획일적으로 단정하고서 포스트모던 구성주의, 해체주의적 관점에서 그리고 그러한 관점을 관념론적 진화 발달사상과 화이트헤드의 과정철학적 용어와 신과학 패러다임의 용어를 일반화하여 사용하면서 그 자신의 AQAL-Matrix 모형의 구조/단계-상태 모형에 적합하게 함으로써, 자신의 포스트모던적인 탈형이상학적 가설을 배타적이고 '단언적'으로 주장하는 데 있다.

더구나 이러한 진화론적 · 포스트모던적 · 탈형이상학적 AQAL-IMP 메타이론의 고정된 시각 안에서 그는 단순한 형이상학이 아닌 것이 분명한 동양사상, 불교사상에 대한 인식의 한계를 드러내고 있다. 특히 깨달음(Enlightenment)에 대한 문자적이고 관념론적이고 진화론적인 AQAL/Wilber-Comb적 구조-상태 모형에 천착하는 자신의 탈형이상학적인 독단적/독선적 정의로 인해, 깨달음에 대한 심각한 오해와 오류를 야기하고 있음을 적시하지 않을 수 없다.

제2부에서는 켄 윌버의 탈형이상학을 개관하고 비판하였다. 여기서는 윌버의 포스트모던적이고 탈형이상학적인 존재론과 '깨달음'의 정의의 허구성에 대한 필자의 비판적 관점을 중심으로 고찰하였다. 켄 윌버 사상의 한계를 넘어서기 위한 상보적 통합사상의 방향은 제3부의 들어가는 말에서 제시할 것이다.

미주

1) 생물학자 마투라나(Humbertos Maturana)와 바렐라(Francisco Varela)에 의해 만들어진 용어로, 유기체나 생명체의 생명 현상의 특징적 본질로 생명을 유지하기 위해 끊임없이 스스로 자기조직(self-organization)하고 자기갱신(self-renewal)을 하며 그 구조의 통합성이 유지되는 방향으로 스스로 규제(self-regulation)하며 끊임없이 순환되는 생물체계의 자율적 특성을 의미하는데, 지금은 끊임없이 순환되는 생물체계의 자율적 특성을 의미한다. 지금은 생명 현상뿐 아니라 사회 현상과 자연 현상 일반까지 확대한 일반적인 의미로 사용한다.

13 통합적 탈형이상학 개관[1)]

여기서 먼저 켄 윌버가 최근 저서 『통합영성(Integral spirituality)』에서 제시하고 있는 통합적 탈형이상학(Integral Post−Metaphysics: IPM)의 핵심 주장을 요약해 보자.

주지하는 바와 같이 형이상학이란 존재론의 문제(존재/실재는 무엇인가?)와 인식론의 문제(우리는 그것을 어떻게 아는가?)를 취급하는 철학의 한 분야이다. 최초의 형이상학은, 아리스토텔레스의 제자들이 'Physics'에 이어 쓰인 그의 책을 'Meta−physics'라고 명명하면서 시작되었다. 윌버는 형이상학은 아리스토텔레스에서 시작하여 칸트에 와서 끝났다고 단언한다. 왜냐하면 칸트의 비판철학은 형이상학의 존재론적 대상을 주체의(인식의) 구조로 대치하였기 때문이라는 것이다.

켄 윌버는 형이상학적 존재론을 벗어나야 하는 이유는 단순하다고 본다. 우리는 경험주의자의 '소여(所與)'의 표상 원리와는 달리 코페르니쿠스적 전환에 의해 경험적 대상을 완전히 실재 소여의 대상으로 인지하지 않고 오히려 아는 주체의 인지적 (의식의) 구조는 대상에 속하는 것으로 보이는 다양한 특성 등을 그 알려진 대상에 부여한다는 것이다. 실제로 대상은 미리 주어진 것이 아니라 오히려 그 알려진 대상은 그것을 아는 주체의 공창조물(co−creation)이라는 것을 의미한다는 것이다.

실재는 지각(perception)이 아니라 최소한 부분적으로는 개념(conception)이다. '존재론'은 단지 그 자체로는 존재하지 않는다고 본다. 그래서 윌버가 보기에는 형이상학은 이러한 것을 알아내지 못하는 사고의 유형에 대한 광범위한 명칭이거나, 아니면 '형이상학은 소여의 신화에 계속 먹이를 던지는' 사상이다. 그래서 그는 해체주의적/구성주의적인 포스트모던 시각에 의해 형이상학의 존재론을 부정하고서, 형이상학은 폐기되거나 아니면 포스트모던 시각에서 최소한 완전히 재고되어야 한다고 주장한 바 있다.

그래서 윌버는 형이상학이 이와 같이 근대와 탈근대의 인식론에 의해 철저하게 비판되고 있기 때문에 자신은 탈형이상학(Post-Metaphysics)을 통해 위대한 전통지혜의 영적 체계를 그들의 '형이상학적 보따리'가 필요 없이 재구성하려고 노력하고 있다는 것이다.

윌버의 IPM의 핵심 개념은, 크게 포스트모던적/포스트칸트적인 구성주의적 존재론/인식론과 이에 따른 깨달음에 대한 정의(定義)와 인식의 문제로 구분하여 고찰할 수 있다.

소여의 신화를 거부하는 탈형이상학적 존재론

존재의 대사슬은 오늘날 근대의 과학주의자들과 탈근대의 포스트모던 해체/구성주의자들에 의해 부인되거나 존재론적으로 혹독한 비판의 대상이 되고 있다. 하지만 그것은 인류의 대부분의 역사시대를 거쳐 오면서 문명화된 인류의 대부분에게 공식 철학이 되었고 대다수의 보다 심오한 사변적 마음을 가진 사람들과 전통 종교의 위대한 영적 스승들이 지녀 온 세계관이었다.

존재의 '대사슬' 자체는 일반적으로 적게는 3~4수준(몸 · 마음 · 혼 · 영)에서 많게는 1~2개 이상의 수준에 이르는 세분화된 어느 수준들로 구성되어 있다고 보고 있다. 이들 수준은 존재(Being)의 수준(존재론)이면서 동시에 앎(Knowing)의 수준(인식론)을 의미한다. 그것들은 플라톤의 원형(Platonic Archetype), 집합적 기억, 장식(藏識)/종자(種子, Vasana), 헤겔의 이데아(Hegal Idea), 또는 후설의 아이도스(eidos) 등과 같이 '영원히 또는 무시간적으로 주어져(given)'[또는 '미리 주어져(pregiven)'] 있거나 그냥 객관적이거나 존재론적 양상으로 존재하고 있다고 말하고 있다는 것이다. 그래서 윌버는, "이러한 것들은 인류의 가장 위대한 철인/영적 스승들의 거의 대부분이 '존재와 앎의 대홀라키(Great Holarchy of Being and Knowing)'의 어떤 해석(version)으로 기술해 온 것이기 때문에 '그것들을 쓰레기통에 던지기 전에', 최소한 그것을 대치할 만큼 좋은 어떤 것을 찾는 게 바람직하다."라는 극단적으로 폄하하는 표현과 함께 포스트모던적 시각으로 완전히 전향된 관점을 제시하고 있다.

이어서 윌버는 주장하기를, 형이상학은 일반적으로 '실재의 이러한 수준들이 존재한다고 단순히 가정하였고' 그리하여 세계, 신(God), 영혼, 해방[해탈(nirvana), 회심(metanoia), 속죄, 구원……]과 고통[죄, 망상, 환영(maya), 타락, 윤회……] 같은 것을 설명하기 위해 그들 존재의 수준을 사용하는 데 열중하였다는 것이다. 그러나 윌버는 포스트/모던철학의 비판적 선회와 함께, 이러한 구조들(structures) 자체는 설명이(그리고 방어가) 요구되고 있다는 것이다.

한걸음 더 나아가 윌버는, 자신의 탈형이상학적 주장은 형이상학이나 영성철학(spirituality philosophy)이 정말로 필요로 하는 모든 요소 모두를 그들의(형이상학적) 주장 없이 설명할 수 있다고 강조한다. '형이상학적 가정들은 영성을 돕기보다는 오히려 해치는' 그리고 단순히 말해 '불필요한 거추장스러운 보따리에 불과하고' 영성은 오늘날과 미래의 세계에 살아남으려면 탈형이상학적이 되어야 한다고 단정하고 있다.

윌버가 그의 탈형이상학적 선회에서 가장 중요하게 생각하는 것 중 하나는, '존재와 앎의 대홀라키' 같은 이론은 그리고 '형이상학'이라고 일컬을 수 있는 것은 어느 것이든 거의 다 단순히 다양한 성향의 철학자와 현인이 그들의 체험을 해석하기 위해 사용한 방편에 지나지 않는다는 것이다. 예컨대, 플로티노스가 존재와 앎의 열 가지 수준을 말한 것은, 단순히 그가 체험했던[특히 '신비적 합일(Unio mystica)'의 다양한 신비 체험을 가졌던] 어떤 확실한 통찰과 체험을 해석하기 위해서 그가 알고 있던 최선의 방편일 뿐이라는 것이다. 말하자면 열 개의 별개의 구조와 층을 가진 '대사슬'이라고 명명된 선존재하는 건물이 있었던 것이 아니고 누구든지 플로티노스가 숲속을 걸으며 명상했던 동일한 물리적 장소에 갔다면 그렇게 볼 수도 있는 것이다. 그래서 만약 우리가 신(God), 혼, 신비적 일체감 같은 것을 이러한 수준들로 설명하려고 한다면 그것은 아주 훌륭한 방식이고, 또한 '신비의 합일' 상태에서 체험한 실재에 비하면 물질세계의 현현은 망상에 지나지 않아 보인다는 식으로 설명한다면, '대홀라키' 그리고 형이상학 일반은 단순하게 실재를 해석하기 위한 아주 훌륭한 방법이었다는 것이다.

윌버는 존재와 앎의 대홀라키는 여전히 실재를 해석하는 훌륭한 방법이긴 하지만, 그것의 많은 면이 결단코 뼈를 깎는 각오로 깊숙하게 개선되고 수정되어야 할 필요가 있다고 강조하면서 그 이유를 다음과 같이 들고 있다.

첫째, 가장 우선적으로 알아야 할 사실은 실재의 열 개 정도의 수준은 사과나 바위나 종이 클립같이 어느 누구나 모두 그들 위에 걸려 넘어지게 잡다하게 널려 있는 선존재하는 구조들이 아니라는 것이다. 설사 실재의 열 개 수준 같은 어떤 것이 있다는 것을 그대로 받아들인다고 해도 그들 수준은 독립적으로 존재하는 구조가 아니라 부분적으로는 "아는 주체의 '공동구조(공동구성물, Con-structures)'로", 즉 '인간 의식의 구조'로 [그래서 '영(Spirit)'의 탈근대적 선회의 본질적 부분인 구성주의(constructivism)로] 이해해야 한다는 것이다.

둘째, 의식의 이러한 구조의 실존에 대한 검증 방법은, '단지 전통이 그렇게 말하니까' 그에 따라 그들의 존재를 주장하거나 또는 '단지 내관이나 명상(또는 진위를 알 수는 없지만 주장하는 문화를 초월하는 어떤 다른 주장과 단정)'에 '그들의 존재의 바탕을 두고 있는 것'들을 더는 포함할 수 없다는 것이다. 그들은 최소한 객관적 증거에 대한 '근대성의 요구'와 '상호주관적 기반'에 대한 탈근대성의 요구의 어떤 해석을 포함해야 한다는 것이다. 그런 것이 없다면 '첫 번째로는, 당신은 단지 주어진 신화(given myth)를 제시하고 있을 뿐이다.'(또는 주어진 신화학: 신화는 적당한 증거가 없는 진리 주장이다. 이것은 바로 근대성이 극복하고자 맹렬하게 싸워 온 진리 주장의 유형이다. 왜냐하면 그런 주장은 너무나 자주 제국주의의 권력을 수용하는 경험적 허위이기 때문이다.) '두 번째로는, 당신은 소여의 신화(the myth of the given)를 제시하고 있을 뿐이다.'(이는 어떤 사회의 문화로부터 자유로운 것처럼 보이려고 하는 진리 주장이다. 이는 바로 탈근대성이 극복하고자 맹렬하게 싸워 온 주장의 유형이다. 왜냐하면 그들은 너무나 자주 지배계층에 의한 사회적 소외와 억압을 수용하는 허위 의식의 모드이기 때문이다.)

셋째, 의식의 이러한 구조는 영구히 또는 무시간적으로 주어진 것이라고 생각할 수는 없다. 그것들은 신(God)의 마음속에 있는 영원한 이데아가 아니다. 그것들은 역사 밖에 있는 의식의 어떤 집합적 형태가 아니다. 그것들은 비시간적 시각상(視覺像)의 직관적 이미지가 아니다 등등으로 말할 수 있다. 오히려 대체로 존재와 앎의 탈형이상학적 이러한 수준은 '시간축에서 진화와 역사 속에서 발달해 온 형태라고' 생각되어야 한다. 이것은 영성철학이 어떤 선험적 형태 같은 것은 조금도 없이 성립될 수 있다는 말이 아니다. ('그 어떤 철학도 그렇게 할 수 없다.') 그렇지만 '더 적을수록 더 좋다는 것이다.' 그래서 윌버는 "가정된 선험적 형태들은 최소한 정당화(그리고 타당성 주장)의 근대와 탈근대의 형태들을 언급하면서 방어했어야 한다." 그리고 "단순히 그런 것들이 '존재한다는 것을 주장하는 것'은 범주적으로 그렇게 하도록 허용하지 않을 것이고, '당신이 나만은 알고 있다'고 주장하면 신(God)이 개인적으로 도와주지도 않을 것이다."라는 조롱 섞인 말투로 극단적으로 부인하고 있다.

이와 같이 실재에 대한 윌버의 포스트모던 구성주의적 탈형이상학적 사고는 윌버의 온우주론 제2부의 탈형이상학 부분의 내용을 발췌 게재한 웹사이트 글에 잘 제시되어 있다.

윌버는 온우주론의 제2부에서 신플라톤주의적 관념론에 바탕을 둔 창발적 진화론과, 화이트헤드의 과정철학과, 현대 신과학의 관점에서 나온 윌버의 '온우주적 카르마(Kosmic Karma)' '온우주적 습성(Kosmic Habits)' '온우주적 기억(Kosmic Memory)' 관련 내용과 포스트모던적 재구성적 탐구(reconstructive inquiry)와 퇴화적 소여(involution givens) 문제 등의 가설을 통해 탈형이상학적으로 선소여의 문제와 선존재하는 존재론적 구조의 문제를 피해 가려 하고 있다. 그의 지나칠 정도로 신념에 차 있는 서구의 신플라톤주의적, 헤겔의 절대 관념론적인 철학적 관점에 대해서는 논의의 핵심이 아니므로 기술하지 않을 것이다.

그러나 결국 윌버는 신플라톤적 서구 절대관념론의 전통의 오메가 포인트를 향한 '퇴화와 진화의 목적인적 과정'을 거치는 '활동 중에 있는 영(Spirit-in-Action)'의 전개라는 (전통 동양사상, 불교사상 등에서 보면 마치 소설 같은) 가설을 그의 탈형이상학의 '퇴화적 소여'로 받아들이고 있다. 그래서 헤겔과 마찬가지로 이 세계(온우주)는 시간축상에서 창발적 진화를 통해 '영(Spirit)'이 스스로 깨어 나가는 자기 전개 과정이라고 보고서, '퇴화의 소여'는 불가피하고 유용한 신화라고 규정한다. 그것은, 인간의 마음 자체가 곧 진화의 소산이지만, 그 마음이 모순되지 않는 방식으로 진화를 추론하기 위해서 반드시 사용해야 하는, 꼭 필요한 얼개라고 주장하고 있다. 결국 그는 창발적 온우주의 진화를 신플라톤주의적 관념론과 화이트헤드의 과정철학에 의해 자기창출, 형태형성장 같은 신생물학적/신과학적 용어를 온우주적(Kosmic)으로 일반화해 자신의 탈형이상학적 가설을 도출해 내고 있다[그가 말하는 온우주(Kosmos)는 피타고라스가 말하는 진정한 온우주나 불교에서 말하는 '삼천대천세계'의 온우주가 아니라 이 지구/가이아상에서 가장 진화된 인간 중심의 온우주이다]. 그러한 관점이 형이상학의 '선소여'와 '선존재하는 존재론적 구조'를 넘어서는 최선의 탈형이상학적 방식이라고 확신하고 있다.

윌버의 탈형이상학의 바탕이 되는 '퇴화적 소여'의 유용한 신화적 가설은 다음과 같이 요약할 수 있다.

- 에로스(Eros), 유한한 영역에서 보다 더 큰 통일성과 전체성을 향한 이러한 추동은 에로스라 일컫고, 이것은 무한자를 찾기 위한 모든 유한자의 추동이다. 이것은 유한한 계기들의 증가하는 통일과 차별화의 통합으로 나타난다……. 그것은 진화에서 의심의 여지가 없는 패턴이고, 진화 자체에 의해서는 설명될 수 없는 패턴이다.
- 영(Spirit)은 모든 홀론에게 뻗쳐 있고, 이것은 아가페(Agape)라고 일컫는다.
- 그것은 현현하는 영역에서의 형태형성적(morphogenetic) 경사(gradient) 같은 것이다. 이것은 현현이나 AQAL의 모든 가능한 형태를 가로지르는 시공간의 곡률을 언급한다. 에로스는 증가하는 포섭(embrace)의 경사를 통해 조작한다……. 퇴화(involution)는 일련의 고정된 세계(planes)와 미리 주어진

수준들이 아니다.(미리 주어진 대사슬은 없다.) 그것은 그 고정된 내용과 형태에 의해서가 아니라 활동하는 장(場)에서 그것들의 상대적 위치에 의해 정의되는 광대한 형태형성적 포텐셜 장을 창조한다.

• 확실한 '원초적 형태(Prototypical Forms)'나 '패턴(Pattern)'이 있다. 20가지 (홀론의) 원칙(tenets)은 단순히 '대수면(Big Sleep)'의 잔류(residual) 형태이고 (빅뱅 이후의) 2라운드가 움직이도록 설정된 '대망각(Big Forgetting)'의 메아리, 즉 퇴화적 형태이다.

이해의 편의를 위해 앞에서 필자가 언급한 것을 포함하여, 윌버의 탈형이상학에 대해 황용식[2)] 교수가 자신의 중요한 관점을 요약 · 정리한 것을 언급하면 다음과 같다.

• 윌버의 IPM은 지각(perception)을 시각/조망(perspective)으로 대치함으로써 사물 · 사건 · 구조 · 과정 · 시스템 · 종자식 · 원형 · 법(dharmas)이 아닌, 조망의 영역으로 현현하는 영역을 재정의한다. 왜냐하면 그러한 모든 것은 그들이 그 어떤 것이기 전에 조망이기 때문이다.
• '위대한 전통'은 현대 세계에 적절한 방식으로 그들의 정관적(contemplative) 전통의 형이상학적 핵심을 제시하는 데 실패하였다. 그 결과, 근대성은 전근대성 전체를 모두 거부하였다.
• 주관주의자 대 상호주관주의자 사이의 좌측 분면(LH)의 대격돌 결과, 근대주의와 탈근대주의 양쪽 모두 영성을 거부하였다.
• 근대 인본주의(현상학, 실존주의, 내관)와 근대과학 양쪽 모두 탈근대 상호주관주의자들의 눈에는 '소여의 신화' '주체의 철학' 그리고 '뿌리 깊은 독화적(monological) 방법론'의 문제를 갖고 있는 것으로 보였다.
• '소여의 신화'나 독화적 의식은 본질적으로 수백 가지 모습 중 어느 하나로서 현상학과 고지식한 경험주의의 또 다른 명칭에 불과한 것이다. 그것은 다음과 같은 신념을 내포한다.

- 실재는 단순히 내게 주어진 것이라는 신념
- 개인의 의식이 진리로 인도한다는 신념
- 주체에 대한 진리의 안내자는 부분적으로는 문화적 네트워크에 의해 구성된 것이라는 진리를 이해하는 데 실패
- 자연의 거울이나 반사 패러다임은 적절한 방법론이라는 신념

• (영적 연구에서 불교 · 신패러다임 · 명상 · 정관적 연구에 이르는) 주관주의는 상호 주관주의와의 타협에 형편없이 실패해 온 모든 접근 방법이다.

• '의식의 철학'과 명상 · 정관적 전통은 엄청난 실수를 범하고 있고 종교는 허위의식(false consciousness)이라고 일컬어지는 것에 사로잡혀 있다. "의식의 철학은 어떻게 다른 세 분면(상호주관적/문화적 좌하 분면, 객관적/과학적 우상 분면, 사회적/시스템적 우하 분면)이 의식 자체에는 완전히 보이지 않는 방식으로 의식에 엄청난 충격을 주며 주형적 틀을 부여하는지를 알아차리지 못하고 있다. 그러므로 내관 · 명상 · 정관…… 같은 것은 그들의 방법론으로는 빠져 나오게 할 수 없는 다양한 유형의 망상과 무지에 사로잡혀 있다. 탈근대성은 이러한 점을 즉각 적시하였고…… 그러고는 근대성과 전근대성 양쪽의 독화적 지식을 유린하는 방향으로 나아갔던 것이다.

• "불교심리학과 상좌부 불교(Theravada)와 유식학(Yogachara) 전체는 독화적 의식 위에 세워졌었다. ……사실상 전근대성(그리고 근대성)에 의해 제공되는 이러한 유형의 지식은 좌하 분면의 구성적 본질을 알아차리지 못하고 있었다."

• 명상에 대한 보다 전문적인 탈근대주의자들의 비판은 다음과 같다. "명상적 알아차림은 독화적 자각의 전형적 유형이다. ……그러나 어떤 사람을 해방시키는 것과는 거리가 멀게 알아차림의 그러한 양태는 문화적 각인성, 상호 주관성에 대한 그들의 무지를 호도한다. 그래서 그것은 사회적이고 문화적 관심사들이, 즉 가부장중심적 · 성차별주의자적 · 자민족중심적 · 남성중심적 관심이 견성(見性, satori)으로 깨어 있는 동안에도 명상가

의 알아차림 인식에 걸려들지 않고 그대로 받아들여지는 그런 무지이다. 그러므로 견성오도[깨달음(enlightenment)]는 단지 대화적 실재의 억압과 소외를 허용하는 상호주관적 무지에 대한 거대한 호도작업에 지나지 않는다."

- 전근대주의자들이 말하고 보여 주는 것은 기본적으로 좌상 분면(UL)에 적용되는 것이고, 반면에 근대성은 대체로 우측 분면(RH)을 취급하고 있고, 탈근대성은 좌하 분면(LL)을 취급하고 있다. 이 모든 것은 열정적으로 포섭될 수 있고, 이것이 곧 IPM이라는 주장이다.
- "통합방법론적 다원주의(Integral Methodological Pluralism: IMP)는 정관/명상적 전통의 중요한 진리를 재구성할 수 있다. 그러나 근대주의자와 탈근대주의자의 비판에 도저히 살아남을 수 없는 그런 형이상학적 체계가 필요 없이 재구성할 수 있다. 여하튼 그것들(형이상학적 체계)은 정말로 필요 없다는 것이 판명된 요소들이다."
- AQAL은 이러한 모든 문제를 명시적으로 심각하게 고려해 왔다. 그래서 인류의 그리고 '영'의 자기 이해의, 전근대 · 근대 · 탈근대 사조의 최상의 요소들을 통합해 나아가는 한 방법이다. 그러므로 통합적 접근은 다른 두 사조에 의한 공격에서 벗어나 오히려 그러한 조류들 각각을 보호한다.

이와 같은 윌버의 탈형이상학적 AQAL-IMP 통합모형은 3부에서 다양한 주제에 대한 상보적 통합적 인식을 위한 응용 사례에서 보여 주듯이 비전논리적으로 실재를 인식하고, 통합적으로 어떤 분야의 문제를 이해하는 데는 유용한 도구이다. 그러나 동양 전통사상 모두를 형이상학적으로 해체하고서 관념론적이고 발달진화론적 시각에 의해, AQAL Matrix적이고 포스트모던적 시각에서 탈형이상학적으로 궁극의 실재(Reality), 온우주(Kosmos), 궁극의 자기(Self)에 대한 견성오도, 확철대오 깨달음(Enlightenment)을 정의하려고 시도하는 데 문제와 한계가 있다.

무엇보다도 윌버의 탈형이상학 모형은, 시간축상에서 본 형상(Form)의 발달진화론적 AQAL적 특성으로 인해 어떤 시점에서의 '깨달음(Enlightenment)'에 대한 명언적(名言的) 정의는 미끄러지는 척도(sliding scale)가 될 수밖에 없다. 그래서 깨달음에 대한 시간축상에서의 진화적 정의는 그의 진화론적 AQAL적 탈형이상학으로는 원천적으로 무모한 자승자박적 시도일 수밖에 없는 것이다. 우선 다음 절에서는 그의 깨달음에 대한 정의(定義)의 비판에 앞서 그의 깨달음의 정의와 그 해석에 관련된 주장의 허구성부터 그의 주장대로 알아보자.

탈형이상학적 깨달음의 미끄러지는 척도

켄 윌버는 『통합영성』에서 깨달음(Enlightenment)/견성오도(見性悟道)/확철대오 자체는 형이상학적 논의의 대상이 될 수 없고 깨달음에 대한 형이상학적 이해만 있을 수 있음에도, AQAL-IMP 패러다임의 탈형이상학적 시각에서 현대의 영성과 관련하여 깨달음에 대한 진화론적이고 비전논리적인 정의를 도출해 내고자 상당히 많은 지면을 할애하여 논리를 전개하고자 애쓰고 있다.

먼저 『통합영성』에서 보여 주는 윌버의 깨달음에 대한 정의의 핵심 관점부터 요약해 보자.

① 윌버는 깨달음의 '미끄러지는 척도'라는 아이디어를 제시하면서 깨달음에 대한 올바른 정의를 어떻게 해야 하는가에 대해 다음과 같은 의문을 던진다. "만약 형상[형색(形色), 색(色, Form)]의 세계에서 진화가 일어난다면 그리고 '깨달음(Enlightenment)'이 '형상을 내포하는 세계와 하나이다.'라는 의미를 포함한다면, 당신은 진화하는 세계를 완전하게 인식하면서도 여전히 깨달음의 무시간적 본성을 빼앗지 않는 방식으로 어떻게 깨달음을 정의할 수 있는가?" 그러면서 윌버는 AQAL 패러다임의 관점에서 탈형이상학적 깨달음이 갖는 문제를 다음과 같이 서술하고 있다.

- 만약 진화가 일어난다면 깨달음은 어떤 의미를 가질 수 있나? 깨달음이란 '모든 것과 하나'가 되는(Being One with Everything) 어떤 것을 의미하는

듯한데, 만약 그 '모든 것이 진화하고 있다면' 그리고 내가 오늘 아침에 깨닫는다면 내일이 오면 나의 깨달음은 부분적일 수밖에 없는 것이 아닌가? 해가 뜨면서 나는 깨닫지 못하게 되는 게 아닌가?

- 이에 대한 전형적인 답변은 다음과 같이 말하는 것이다. 즉, '깨달음이란 무시간적이고 영원하고 무생(無生, Timeless and Eternal and Unborn)인 것과 하나가 되는 것'이므로 나는 '무시간성'과 하나가 될 수 있고, 그래서 그것은 시간의 세계(그리고 진화하는 형상/形色)에 의해 영향받지 말아야 한다. 그러므로 그런 것이 그 문제를 해결해 준다. 그러나 그렇게 정의하게 되면 기껏해야 영(Spirit)에 엄청난 이원성 — 무시간성 · 영원성 대 시간성 · 진화성이라는 이원성 — 을 야기하는 것이다. 그렇다면 내가(깨달음을) 실제로(그렇게) 말하는 것은 깨달음은 '영'의 절반과 하나가 되는 것에 지나지 않게 되고 만다.
- 우리는 '비이원(nondual) 신비사상'은 '조대(粗大, gross) · 정묘(精妙, subtle) · 원인(causal) 영역의 모든 것과 하나됨'이라는 것을 보았다. 그렇지만 당신은 마법 · 신화적 수준을 포함하는 거의 어느 수준에서도 비이원 상태의 체험을 할 수 있다. 예컨대, '신화적 세계는 그보다 더 상위 단계로부터의 형상을 포함하지 않는다.' 그렇다면 그것만으로도 당신은 지금 당장 순수한 '통일(unity)' 체험인 비이원의 항존하는 자각을 실현할 수 있지만 그러한 체험은 우주의 상당히 많은 부분을 제외해 버리는 것이다. 그렇다면 현실적으로 견성오도(Satori)는 단편적인 세계와의 통일/합일(unity)일 수밖에 없다. 일반적으로 말하자면 이는 좋은 일이 아니다.

켄 윌버는 위 세 가지는 (깨달음 인식에 대한) 동일한 오해의 변형에 불과하고 문제를 더욱 어렵게 만드는 것은 그것이 문제의 시작(문제의 A부분)에 불과하다고 주장하고 있다.

② 윌버는 문제의 A부분을 설명하기 위해, 영(Spirit)을 공(空, Emptiness)과 색(色, Form, 형상)의 합일(合一, union)로 정의한다고 해도[여기서 공(空)은 무시간적 · 무생 · 비현현 · 비진화이고, 색(色)은 현현적 · 시간적 · 진화적이라는 것이

다] 현현하는 색계(色界)는 진화하고 있고 점점 더욱더 복잡해지고 있기 [시간이 지나면서 그것은 점점 더 충만(Fuller)해지고 더 충만해지고 있기] 때문에 깨달음에 근본적인 문제를 야기한다는 것이다. 오늘 내가 여하한 깨달음을 달성한다고 해도 내가 지금부터 10년, 100년, 1000년 뒤에 달성하는 깨달음을 얻는 데 비하면 깨달음으로써 충만하지 않게 될 것이라는 문제를 제기한다.

그런데 만약 내가 깨달음을 오직 '무시간성'과 '무생'의 실현으로만 정의하는 것으로 돌아간다면, "나는 영(Spirit)은 현현하는 색계라는 것도 부인해야 하고, 그래서 나는 매우 이원적 '영'을 갖게 된다."라고 윌버는 주장한다. 한편 윌버는, 데이비드 데이다(D. Deida) 같은 서구의 몇몇 불교이론가가 말하는, '공(空)은 자유(Freedom)이고 색(色)은 충만성(Fullness)이다.'라는 공(空)과 색(色)에 대한 멋진 인식을 사용하면, 문제의 A부분을 해결하는 데 도움을 줄 수 있다고 본다. 즉, 깨달음은 공(空)과 색(色)의 합(合)이고 또한 자유와 충만성의 합이다.'라고 볼 수 있다는 것이다. 그 이유는 만약 '공(空)'이 궁극의 '자유'와 하나가 되는 것이라면, 색계(色界)와 하나가 된다는 것은 곧 궁극의 충만성이기 때문이라는 것이다. 전체 현현하는 영역과 하나가 — 영원 속의 모든 색신(色身, Form Body/Rapakaya)과 하나가 — 된다는 것은 영원성이 시간의 생성물과 사랑에 빠져 있다는 것을 발견하게 된다는 것이다.

윌버는 이러한 정의가 매우 옳다고 보고, 이때 깨달음의 정의와 관련된 문제의 A부분을 다음과 같이 언명한다. 색(色, 형색)은 진화하고 있고 다시 말해 색은 충만성이 진화하고 있고 그래서 당신이 더욱더 충만해지고 더욱더 충만해진다는 것이다. 그래서 당신이 오늘 깨닫기를 원한다면 당신의 깨달음은 내일의 깨달음보다 점점 더, 점점 더 적어지고 있다는 것이다. 그래서 당신이 근본적으로 비이원성을 위반하지 않고서는 그런 것은 별로 신경 쓸 일이 아니라고 설명할 수는 없다는 것이다. 이것은 전통 지혜에서는 아무런 문제가 안 되었다. 왜냐하면 그들은 색계(色界, 형상의 세계)가 진화하고 있다는 사실을 몰랐고 그래서 이런 문제가 그들의 인식의 레이다 망에 결코 들어갈 수 없었기 때문이다. 색계는 그들에게 정지된 채로 그대로 있었지만 오늘날 우리는 그것이 실제로 전개하고 실제로 진화한다는 것을 알고 있다. 그래서 공과 색의 합일(union)은 곧 무생(無生, unborn)과 진화의 합일이다. 그래서 내일은 더 자유로워지지 않더라도 그것은 항상 더 충만해지기 때문에 진화는 어느 주어진 시점에서의 그 성취의 깨달음을 빼앗아 가 버린다는 것이다.

③ 윌버는 결론적으로 다음과 같이 깨달음 문제의 A부분을 요약하고 있다. "깨달음 문제의 A부분은 단순히 진화의 어느 주어진 시점에서, '깨달음은 그 당시의 색계(형상의 세계)와의 하나이다.'라고 말함으로써 해결할 수 있는 것 같이 보인다. '모든 것과 하나'라는 말은 그 특정한 시기의 모든 것과 하나임을 의미한다. 예컨대, 툰드라의 샤먼(shaman)은 비이원적 합일의 체험을 할 수 있고 그래서 공과 하나가 되고 역사상 그 시기에 있던 모든 색계와 하나가 될 수 있다. 그 외에는 그 당시의 모든 것을 망라하는 그런 것과 하나 되는 것, 즉 염려할 것이 있는 모든 것과 하나 되는 것 외에는 아무것도 하나 될 것이 없다. 그 당시에는 더 '충만한' 것은 아무것도 없고, 그보다 더 상위적 통일/합일은 없다. 이어지는 후대에는 '더 충만'해질 수도 있다. 그래서 모든 것과 하나 되는 것은 그런 것들을 포함할 것이다. 그대는 어느 한 시기의 '합일(unity)'을 그 후대의 어느 시기의 '합일'과 비교할 수 없다. 왜냐하면 비록 양쪽의 '합일'의 체험이 진실일지라도 그들은 사과와 오렌지이기 때문이다."

④ 윌버는 위에서 언급한 깨달음의 정의의 문제에서 문제의 A부분의 해결만으로는 문제가 해결되지 않고 더 어려운 문제인 문제의 B부분을 해결해야 한다고 주장하면서 이를 서술하기 위해 불필요한 정도로 수많은 지면을 할애하여 장황한 설명을 하고 있다.

한마디로 그가 주장하는 요점을 말하자면, 그가 말하는 깨달음 문제의 A부분은 '형상'과 '충만성'이 시간축상에서 진화하므로, 깨달음이란 그 당시의 공과 색계와의 하나됨이라고 말하는 것만으로는 완전히 해결이 안 된다는 것이다. 그가 보기에 보다 어려운 문제는 깨달음 문제의 B부분으로서, 존재와 앎의 수준(구조적 단계)의 시간축상에서의 진화 과정에서 앎과 존재의 수준은 전통적 대사슬(Great Chain)사상의 관점같이 선소여된 존재의 선존재하는 존재론적 구조가 한꺼번에 주어지는 것이 아니라는 것이다. 왜냐하면 그것은 장구한 시간에 걸친 창발적 진화 과정에서 온우주적 카르마(Kosmic Karma)나 온우주적 습성(Kosmos Habits)이나 온우주적 기억(Kosmic Memory)에 의해 보편적인 구조화가 되면서 단계적으로 진화되어 왔기 때문이라는 것이다. 그렇다면 대사슬 이론가들의 선소여적 존재론의 구조에 의한 공과 색계(형상계)의 합일이라는 깨달음의 정의는 허구적일 수밖에 없다는 것이다. 그래서 완전한 깨달음은 색계의 완전한 구조화된 전개가 이루어질 때까지 기다려야 하고 깨달음은 진화의 단계별로 구조화된 앎과 존재의 수준까지의 제한된 것일 수밖에 없다는 것이다(문제 B에 부딪치게 되므로 어느 시점에서의 깨달음일 수밖에 없다는 주장이다). 이와 같은 발달진화론적인 기본 시각에서 켄 윌버가 주장하는 깨달음 문제의 B부분에 대한 그의 주장의 요점을 살펴보자.

⑤ 윌버는 가치의식 수준의 구조적 발달 진화를 예를 들어 설명하면서, 각 단계의 지배적 의식 수준은 선단의 진화된 개인들에 의해 한 단계 더 위의 새로운 창조적인 앎과 존재의 모드로 밀어올리기 시작하면 점점 더 많은 개인이 상위적 호응을 공유하게 되면서 그것은 더욱더 흔들기 어려운 '온우주적 습성'으로 되면서 한 단계 위의 보다 복잡성을 갖는 인식, 의식으로 가치 구조가 진화되고, 이러한 방식으로 가치 구조가 계속 한 단계씩 발달 진화해 왔다는 주장이다.

예컨대, 대략 5만 년 전 마법시대에 진홍색(magenta) 가치[마법적-물활적(magical-animistic)] 구조가 그 당시의 인류가 진화한 최상의 수준이었을 때 어떤 고도로 진화한 개인들이 의식을 앎과 존재의 새롭고 창조적인 모드로 밀어올리기 시작하였다는 것이다. 그들이 복잡성과 의식의 더 상위 수준에 호응하게 되면서 점점 더욱더 많은 개인이 호응을 공유하면서 적색 가치[자아중심적, 전면적(frontal)] 구조가 온우주적 습성으로 자리 잡기 시작했고, 이 수준이 더 많이 자리 잡을수록 그것은 더욱더 고정된 습성이 되었다는 것이다. BCE 1만 년경에 이르러 이 적색 가치 구조는 인류의 보통의식 수준의 호응을 지배했고, 다시 마찬가지로 소수의 영웅적 개인들이 더 상위적 주황색 가치(신화적 · 절대주의적 · 민족 중심적) 구조가 보다 더 의식적이고 보다 더 자각적이고 보다 더 복잡성을 수반하는 호응 쪽으로 밀고 가기 시작하면서 최초로 자리 잡기 시작했다는 것이다. 이 구조는 점차 온우주적 습성으로 자리 잡고 대략 6,000년 전에 다시 마찬가지 방식으로 오렌지 밈이 최초로 자리 잡고 점차 기축시대[일명 추축(樞軸)시대, BCE 500년경] 이후 2,000년이 지나 오늘날 현대에 이르면서 3~4개의 새로운 주요 보편적 구조(대체로 오렌지, 녹색, 하늘색, 청록색)가 자리 잡게 되었다고 주장하고 있다. 윌버는 여러 관련 문헌을 종합하여 오늘날의 서구 문화에서는 약 40%가 주황색, 약 50%가 오렌지, 약 20%가 녹색, 약 2%가 청록색이라고 보고 있다. 그렇다면 더 상위 수준도 상태가 아닌 구조/수준으로 오늘날에 가용한가라는 질문에 그는 그렇다고 하면서 최소한 3~4개 정도의 구조/단계가 있는 것으로 보인다고 말하고 있다. 그러고는 이것들도 역시 이미 어디엔가 존재하고 있는 선존재하는 존재론적이거나 형이상학적 구조가 아니라 그것들은 고도로 진화된 영혼들에 의해 새로운 영역으로 밀고 나감으로써 자리 잡은 최초로 어느 정도는 잠정적인 구조이고, 그들은 그것들을 사분면적으로 공창조하고 있다는 주장이다. 이러한 보다 더 상위적 포스트 청록색적 구조는 어쩌면 빠르게는 대략 1,000년 전 전후의 최초의 선구자들이 새로운 그러나 아직은 형성되지 않은 영역으로 그들이 탐구한 대로 영역을 공창조하면서 밀고 들어갔을 때 자리 잡기 시작했다는 것이다. 오늘날까지 이러한 상위 구조로 안전하게 이동한 사람들의 총합은 수천 명에 불과하고, 이것은 인류의 1%의 '100분의 1'보다 훨씬 더 적은 수이다.

이상과 같은 발달진화론적으로 온우주적 습성이 존재론적으로 더 상위 구조를 드러나게 하기 때문에 플라톤적 원형이나 실재의 존재론적 세계(planes) 같은 어떤 형이상학적 보따리들—사람들에 의해 보이도록 기다리며 여기저기 널려 있는 존재의 독립된 수준들—같은 것은 필요 없다. 그런 것들은 어느 것도 똑같은 (존재의) 결과를 얻기 위해 그리고 이러한 '고정된' 수준을 설명하기 위해서 전혀 필요하지 않다는 것이다.

한 개인은 단지 가용한 모든 구조에 의해서만이 아니라 가용한 상태에 의해서도 합일을 실현할 수 있다는 것이다. 그런 까닭에 깨달은 사람이란 '그 시대 당시에 온우주에서 최상의 가용한 구조로까지 발달하고 가용한 상태(즉, 일반적으로 조대 · 정묘 · 원인에 이르는 상태)를 통해 합일을 체험한 [깨어 있음(Wakefulness)을 체득한] 어떤 사람이라고 윌버는 강조하고 있다. 그가 제시하는 깨달음 문제의 B부분의 해답은 깨달음을 다음과 같이 정의함으로써 해결할 수 있다고 주장한다. 말하자면, "깨달음이란 어느 주어진 시대에 존재하고 있는 모든 상태와 모든 구조와의 합일의 실현이다."라고 정의할 수 있다는 것이다.

깨달음에 대한 이와 같은 정의의 일반 윤곽은 진화적 '깨달음'의 '미끄러지는 척도'를 설명하는 데 매우 적합하다는 것이다. 말하자면 '공'은 — 무시간성, 무생(無生), 무현현(無顯現), 무사(無死)는 — 동일하지만 형상(色)은 진화를 계속하고 있는데 '깨달음'은 그들 양쪽과, 즉 공과 색 모두와의 하나됨이라는 것이다. 또한 더욱더 충만해지는 형상의 측면에서는 플라톤적 원형으로서가 아니라 진화하는 형상으로 일단 자리 잡게 되면 정말로 마치 그들이 선존재하는 존재론적 구조같이 영구히 주어진 것같이 보이는, 그러나 실제로는 이제 온우주적 습성에 지나지 않는 형상으로 자리 잡고 있는 온우주 내 모든 수준을 포함한다는 것이다.

켄 윌버는 진화의 시간축에서 온우주적 습성이 이러한 구조화/수준으로 자리 잡게 되는 것을 '각인의 깊이' 개념을 사용하여 설명한다. 그는 더 오래된 예전 것일수록 더 깊게 온우주에 각인된 것이고 그래서 그랜드 캐니언(Grand Canyon)의 단층 깊이의 유비를 사용하여 그것은 아주 오래된 것이므로 수 킬로미터의 단층 깊이를 가진다고 설명한다. 윌버는 다음과 같이 말한다. "그 깊이는 적색 수준이 대략 5만 년 전에 시작한 것에 대비되고, 그것은 온우주에서 매우 깊은 단층이 되었다." 그래서 1만 년 전에 시작된 주황색은 그랜드 캐니언으로 치면 500m 깊이에 해당하고 오렌지색은 대략 기축시대에 시작되었지만 실제로는 겨우 300년 전에 서구의 계몽으로 개화되었기에 아마 100m 깊이 정도라는 것이다. 녹색은 오늘날 인구 중에 어느 정도 가변적 유연성이 있는 9%이지만 1960년대에 시작했고 그래서 겨우 10m 깊이 정도라는 것이다. 하늘색과 청록색은 정말 이제 막 자리 잡고 있고 그래서 1m 깊이 정도일지도 모른다는 것이다. 청록색보다 상위 구조는 사람들이 막대기로 땅을 긁어서 온우주적 습성이 우주 속으로 각인되기 시작하는 것 같고, 이것은 그것들 모두가 그랬듯이 작은 물줄기가 시냇물이 되고 그러다가 격랑의 강물이 캐니언을 온우주 속으로 각인한다는 것이다. 이렇게 되던 캐니언은 온우주에서 실재적 구조가 된다(그리하여 존재론적으로 선존재하는 것으로 보인다)는 것이다. 그러나 오늘날 청록색보다 상위 구조는 정말로 사람들이 막대기로 땅을 긁는 것과 같고, 남색(indigo)은 3~4cm 깊이일지도 모르고 연보라색은 개인의 '본래면목'의 표면에 희미한 상처를 내는 정도이다……라고 강조하고 있다.

켄 윌버는 점점 보다 더 많은 사람이 발달의 포스트 청록색 수준으로 밀고 들어가면 그러한 수준/구조들은 창조되거나 활성화되어 자리 잡게 될 것이라 주장한다. 즉, 그 고도(altitude)에서의 AQAL 실재와 사분면 격자(tetra-merh)로 생겨나는 구조들이 선정되고 앞으로 나아갈 것이고, 그렇게 되면 사실상 그 심층 구조들은 더는 개인들에 의한 타협의 대상이 아니라는 주장이다. 켄 윌버는 이렇게 하는 것이야말로 전통 지혜의 형이상학적 보따리의 실제로 거의 어느 것도 필요 없이 위대한 형이상학 체계의 모든 것을 생성할 수 있는 길이라고 강조한다.

이러한 발달진화적 관점에서 켄 윌버는, 자신이 보는 현대 세계에서 무엇이 깨달음을 구성하는가에 대해, 즉 무엇이 온우주에서 가용한 최상의 상태와 단계인가에 대해 다음과 같이 말한다. 그가 보기에 (조대, 정묘, 원인, 비이원에의 접근을 포함하는) 그것은 최소한 네 개 정도의 주요 상태에 대한 숙련뿐 아니라 인지와 자기 발달의 라인에서 남색 고도이다. "모든 종류의 다른 가능한 실현도 존재하고 그것들 중 일부는 매우 심오한 것도 사실이지만, '총체적 실현'이나 '충만한 깨달음(Full Enlightenment)'은 모든 주요 상태들(수평적 깨달음)과 하나가 되고 역사상 어느 주어진 시대에 존재하는 주요 단계들(수직적 깨달음)과 하나가 되는 것의 실현을 포함할 것이다. 그래서 오늘날은 그러한 의미에서 최소한 남색 고도와 비이원 상태가 가용하다."라고 그는 말하고 있다.

윌버는 깨달음에 대한 이 같은 결론과 더불어 그의 탈형이상학적 관점을 다음과 같이 요약하면서 결론짓는다. "…… 존재론적으로 존재와 앎의 선존재하는 수준 모두는, 유식(唯識)의 여덟 가지 식(識)으로부터 카발라(Kabbalah)의 세피롯(Sefirot)에 이르기까지 근대와 탈근대 양쪽에 의해 완전히 초토화되기도 했지만 단순히 말해 이제 그것들은 더는 필요하지 않다. 왜냐하면 우리는 그러한 수준들의 모든 하나하나의 본질적인 것을 완벽하게 탈형이상학적 방식으로 생성해 낼 수 있기 때문이다. 칸트는 다양한 형태로 근대와 탈근대 양쪽에서 받아들여진 측면에서 그들 존재론적 언급(referent)을 분해했다. 그래서 그는 당연히 옳게 그렇게 하였던 것이다. 그리고 그 같은(존재론적) 공간의 인식론적 기반 위에 세계공간(worldspace)의 실존(existence)에 대한 증명을 요구했다. 즉, AQAL적 탈형이상학은 이러한 요구에 완전히 부합하는 요구이다. 이 '포스트 칸트적 탈형이상학(Post-Kantian Post- Metaphysics)'이, 또는 그와 같은 어떤 것이 오직 근대/탈근대 세계의 영성철학(Spiritual Philosophy)에 열려 있는 유일한 길이다."

미주

1) Ken Wilber, 『통합영성』, 부록 II, Integral Post-Metaphysics, pp. 231-273 참고.
2) 황용식, '마음에 대한 켄 윌버의 접근', 'On Integral Approach and Methodology: With Special Reference to Ken Wilber'. 제22차 세계철학자대회 학술발표논고, 국제철학연맹, 한국철학회, 2008.07.30.~08.05.

14 켄 윌버의 탈형이상학 비판

앞에서 지금까지 고찰한 윌버의 탈형이상학적 온우주론(Kosmology)과 이에 따른 AQAL–IMP 통합사상은 실재에 대한 포스트모던적 시각과 과학적 마인드에 비전논리적 인식을 갖고 있으면서 온우주의 관념론적 · 과정적 · 창발적 진화를 확신하거나 선호하는 사람들에게는 매우 설득력 있는 사상인 것만은 분명하다.

윌버의 탈형이상학은 전통적인 서구의 형이상학에서 기본 전제로 제시하는 존재론의 바탕인 '존재의 대사슬'에서 온우주에 존재의 구조가 선소여로 미리 주어져 있고 선존재하는 것이라는 관념을 해체하였다. '선소여(pregiven)'와 미리 존재하는 존재론적 구조를 버리고서, 대신에 온우주의 모든 존재론적 구조와 '존재와 앎'의 구조는 미리 주어져 있다는 가설이 필요 없이 영의 전개로서의 온우주의 진화 과정에서 진화 단계에 대응하는 의식의 구조화와 함께 자연스레 단계적으로 창발한다는 것이다. 이러한 단계적 창발적 진화의 원리는 신과학적으로 셸드레이크의 형태형성장(Morphogenetic Field) 원리와 화이트헤드의 과정철학적 용어에 바탕을 두고서 신생물학적 개념을 온우주론으로 일반화하여 온우주적 카르마(Kosmic Karma), 온우주적 습성(Kosmos Habits), 온우주적 기억(Kosmic Memory)이란 용어를 사용하여 설명하고 있다.

윌버의 이러한 시각은 포스트모던적이고 비전논리적인 시각에서 보면 당연히 설득력 있고 타당성 있는 논변이고 담론이다. 그러나 근본적인 문제는, 윌버가 자신은 관념론의 형이상학적 가설인 영의 전개와 에로스와 아가페의 신화, 퇴화적 소여(involution givens)의 신화를 자신의 탈형이상학적 가설의 기본 바탕으로 삼으면서도, 동서양의 전통 지혜의 영원의 철학은 획일적으로 모두 형이상학이라고 단정하는 데 있다. 그리하여 (성현들의 신비 체험과 깨달음에 의해 체험적으로 초의식의 구조화와 함께 알아내어 이미 밝혀진) 존재의 상위적 실재에 대해서도 모두 다 선소여에 의해 선존재하는 존재론적 구조로 보고서 이는 모두 '소여의 신화'에 먹이를 던지는 허구적 가설이라고 단정하고 있다. 그러고 나서는 이러한 전통 형이상학의 '보따리들은 쓰레기통에 넣어 버리고' 그런 것 없이도 포스트모던적 · 포스트칸트적 탈형이상학으로 근대와 탈근대에서 의미 있게 받아들일 수 있는 형태로 제시할 수 있다는 것이다. 이와 같이 동서양의 전통사상을 획일적으로 전통적인 형이상학으로 단정하여 폄하함으로써 탈형이상학만이 포스트모던/탈포스트모던 시대에 옳다는 (비전논리적) 이성주의로의 회귀적이고 단정적인 시각을 고수하고 있다. 윌버의 이러한 주장은 다음과 같은 논리의 비약과 종래의 자신의 통합사상에 대한 자승자박적 문제를 안고 있다.

첫째, 윌버가 쓰레기통에 넣어 버릴 수 있다는 전통 형이상학의 존재와 앎의 대사슬/대둥지는 그것을 주장하는 철학자 철인이나 전통 종교의 성현들의 각기 다른 주장이 아니고, 윌버 스스로가 제4기까지의 자신의 모든 저서에서 존재의 대둥지를 영원의 철학의 핵심 개념으로 삼고 있는 것이다. 이것은 종교와 문화, 종파/학파에 따라 상세한 구분은 몇 가지에서 수십 가지에 이르기까지 다르지만 기축시대 이래로 전 세계, 동서남북 어디에서나 기본적으로 그 구조와 단계는 물질 · 생명 · 마음 · 혼 · 영으로 크게 구분 지어 왔다. 이것은 기축시대 이래 동서남북의 전통 종교의 성현들 그리고 영적 스승, 구루, 선사들의 신비 체험(명상, 참선, 기공, 기도……)에 의한 상태의 일시적 체험만이 아닌 고원 체험적으로 초의식적 상위의 의식이 구조화된 것이고, 그에 따른 신통의 경지에서 깨달음에 의해 '동일하게' 알아낸 해체할 수 없는 우주의 존재자적(ontic) 구조이고 초의식적(혼계, 영계, 신계) 세계에 대한 앎(인식)이므로 결코 단순한 '소여의 신화'가 아니다. 이것은 선단의 인류에 의해 구조적으로 '밝혀진 존재와 앎에 대한 공통의 진리'이다. 즉, 홀라키적으로 구조화된 세계의 존재와 앎에 대한 영원의 철학, 영원의 종교, 영원의 진리인 것이다. 그리고 선단의 인류들에 의해 밝혀진 초의식적/

초자연적 세계에 대한 존재론적으로는 홀라키적인 계층적 구조의 온우주이고 인식론적으로는 구조화된 초의식 수준의 구조-단계인 것이다.

윌버가 단정하여 말하는 것과는 다르게 동양의 전통 종교, 특히 불교에서는 어느 성현들의 어느 가르침에서도, 어느 경전이나 어느 논장에서도 그런 초의식적 세계가 몇 층 건물 구조와 같이 고정되어 주어져 있는 것으로 설명하고 있는 데는 없다. 특정 종파별 세분화된 수행의 계위(예컨대, 화엄의 보살의 52계위)나 이에 대응하는 세계를 설명하기 위한 방편으로 제시하는 것 외에는 획일적으로 '선존재하는' '소여적' 세계를 주장하는 것을 거의 찾아볼 수 없다. 다만, 조대의 세계(慾界), 정묘(精妙)의 세계(色界), 원인(因果)의 세계(無色界) 등과 같이 공이나 궁극의 비이원(一心, 眞如自性)에서 현현하는 육도(六度)의 세계를 크게 질적으로나 차원적으로 구분하는 것은 존재의 대사슬과 유사하지만, 그것은 기축시대 이래 동서남북의 모든 문화를 관통하는 통문화적으로 동일한 '영원의 철학적 존재와 앎의 구조'인 것이다. 동서고금의 거의 모든 전통 종교의 가르침이 인류의 진화의 선단에 있는 철인, 성현이 모두 명상 · 참선 · 기도…… 수행의 일시적 절정체험이 아닌 지속적 신비 체험, 고원 체험, 깨달음의 영능/신통에 의해 동일하게 알아낸 홀라키적으로 구조화된 초의식의 세계에 대한 모든 가르침이다. 이 체험에 의한 공통된 가르침이 그럴진대 그것이 어찌 그들 수많은 선단의 인류에게 의식의 구조화가 된 단계가 아닌 일시적으로 머무르는 상태일 뿐이고 '소여의 신화'라고 매도할 수 있겠는가?

둘째, 윌버는 전통 형이상학의 존재의 대사슬 이론을 동서양의 형이상학으로 획일적으로 적용하고 있지만, 서양 관념론의 전통에서는 플로티노스를 비롯하여 수많은 이론가가 있지만, 동양의 전통 지혜에서는 플로티노스식의 존재의 대사슬 개념 자체가 없다. 현상세계를 넘어 상위적인 초의식적 존재의 세계, 초월적 인식의 세계, 궁극의 세계에 대한 가르침은 있지만 존재의 대사슬을 동서양의 전통사상에 무차별하게 적용하는 것은 인지적 오류를 범하는 것이다. 윌버에 의하면 그들은 진화 자체를 몰랐기 때문에 '선소여'의 신화를 주장할 수밖에 없었다고 단정하지만 그리고 동양의 전통 지혜를 가르친 전통 종교의 성현들 모두 진화론을 몰랐기 때문에 '소여의 신화'를 이야기했다고 말하지만, 그가 동양사상 · 불교사상의 원리를 제대로 알고 있다면 그렇게 단정적으로 말할 수 없다.

물론, 가장 심오한 동양사상인 불교에서 현대의 신생물학적 진화론이나 관념론자들이 말하는 영의 전개로서의 창발적 진화론을 현대적 용어로 말하지는 않는다. 하지만 오히려 조대의 세계(현상계, 우주자연)의 삼천대천세계, 불상부단(不常不斷)의 연기적 세계의 끊임없는 변화의 성(成) · 주(住) · 괴(壞) · 공(空)과 생명 세계(욕계)의 생(生) · 로(老) · 병(病) · 사(死), 생(生) · 주(住) · 이(離) · 멸(滅)의 반복적 성장 · 퇴화 · 변화의 과정을 현대의 양자 천체 우주론의 무한다중세계의 생성, 변화, 소멸의 원리와 동일하게 보고 있다. 이러한 변화의 연기적 원리의 통찰 속에 연기(緣起)와 삼법인(三法印)과 사성제(四聖諦)와 반야공관(般若空觀)의 원리를 깨달아서 모든 중생을 육도 윤회로부터 벗어나도록 가르치고 생명 세계(衆生)의 구제/구원이나 보살서원 의식을 통해 의식의(영적) 성장/발전을 하도록 가르치는 것은 현대적 의미의 인간 의식의 성장 진화와 본질적으로 같은 것이다. 더구나 생명 세계의 진화는 단선적 진화가 아니고 집합적이므로, 인류 전체는 평균치 의식은 청색 수준 아래에서 오렌지색 수준 아래로 진화했지만, 초의식 세계에 대한 인식과 같은 선단 의식은 오히려 예전 기축시대 이후 천년간보다 퇴화된 중세 같은 억압의 시대나 현대 같은 평원화되어 후퇴하는 시대에는 퇴행적인 나선적 진화를 보이고 있다. 윤회도상에 있는 개인의 성장 진화도 퇴행적 · 평원적 환경에서 일부 발달 라인은 퇴화를 보일 뿐 아니라 성장 · 진화 · 변화 · 퇴화의 나선적 사이클을 반복하는 상승/하강, 진화/퇴화하는 법칙을 보여 주고 있다.

이를테면 불교는 중생의 성장 진화/퇴화를 연기(緣起)의 원리와 삼법인(三法印 無常 · 無我 · 苦), 사성제(四聖諦), 팔정도(八正道)의 가르침 속에 윤회전생(輪廻轉生)의 반복 과정에서 무명(無明)에서 벗어나는 불성의 개화, 즉 영적 성장 진화를 말하고 있는 것이다. 그렇기 때문에 윌버가 서양사상의 관념론적 · 창발적 진화론 자체를 모른다고 해서 동양사상 모두를 '소여의 신화'를 받아들이는 형이상학으로 폄하 매도하는 것은 불교와 같은 동양사상의 진수를 모르거나 간과하는 데서 나온 서구 중심적 해석 탓이다. 오늘날 현대 신과학(양자물리학, 신생물학적 생명과학, 양자과학, 양자생물학 등)에서 보여 주듯이 비국소적 · 전일적 · 생태적 · 과정적 · 형태형성적으로 자기조직화하며 생성 · 변화 · 소멸, 진화/퇴화를 거듭하는 온우주와 생명 세계의 근본 원리는 동양의 불교 · 베단타 · 도가 · 환단사상 등 전통 지혜의 삼원일체(三元一體)적 원리와 동일하다. 더구나 성주괴공을 거듭하는 법계(삼천대천세계/십화장세계)의 일중다(一中多) 다중일(多中一) · 일즉다(一卽多) 다즉일(多卽一), 상즉(相卽) 상입(相入) · 상의(相依) · 상관(相關), 이사무애(理事無碍) · 사사무애(事事無碍)의 연기적 화엄불교사상과 생성 소멸을 거듭하는 11차원의 무한 다중 양자우주에 대해 말하는 양자론 · 양자천체 물리학의 양자패러다임이 서로 정확히 일치하고 있기 때문에, 윌버가 그러듯이 동양의 전통 지혜를 서양의 전통 형이상학과 같은 선상에서 한꺼번에 획일적으로 매도해서는 결코 안 되는 것이다.

셋째, 윌버는 자신의 탈형이상학에서 온우주의 관념론적 · 과정적 · 창발적 진화를, 그것도 시대적으로 단선적으로 집합적으로 한 단계씩 진화해 왔다는 발달론적 · 발달심리학적 가설에 따라서 AQAL Matrix적 온우주론을 정당화하고 동서양의 모든 전통사상을 단순히 선소여의 선존재하는 존재론의 구조를 바탕으로 하고 있는 단순한 형이상학이라고 단언적으로 폄하하고 있다. 나아가 윌버는 '깨달음'조차도 시대적으로, 단선적 진화론적으로, (문자)언어 중심으로 단정적으로 설명하고 있다. 예컨대, 앞 절에서 기술한 바와 같이 그는 인류의 의식 수준의 단계적/구조적 진화는 태고적 석기시대를 지나 문화 역사시대로 진입하면서 진홍색 구조(5만 년 전 시작될 당시의 지배적 최상위 수준인 마법적-물활적 사고)에서 시작하여 적색 구조(BC 1만 년 전 시작 당시의 지배적 의식의 최상위 수준인 에고중심적 · 권력추구적 사고)로 진화해 왔다고 주장한다. 다시 주황색 구조(1만 년 전 시작 당시 최상위 수준인 신화적 · 절대주의적 · 민족중심적 사고)로, 다시 오렌지색 구조(기축시대에 시작해 서구에서 300년 전 계몽시대에 와서 개화된 오늘날 지배적 의식의 최고 수준인 합리적 · 과학적 사고)로, 다시 녹색 구조(1960년대에 시작된 개인주의적 · 다원주의적 사고)에 이르기까지 단선적 의식의 진화를 주장하고 있다.

그러면서 그는 그 이상의 하늘색(teal), 청록색(turquoise), 남색(indigo)은 현대에 와서야 겨우 구조화가 시작되는 단계에 있다고 보고, 그랜드 캐니언의 단층 비유를 사용하여 인류 의식의 단선적 진화를 설명하고 있다.

이러한 단정적 가정에서 윌버가 범한 가장 큰 실수 중 하나는 다음과 같이 적시할 수 있다. 인류는 호모 사피엔스로서 생물학적인 진화가 완료된 선사시대까지는 인간의 뇌가 뇌간(파충류뇌, 意) → 대뇌변연계(고대 포유류의 뇌, 情) → 대뇌신피질(영장류뇌, 知)을 거치며 영장류를 넘어 진화하면서 더 고도의 H/W적 생물학적 진화를 다 이룩하였다. 그 이후 역사시대로 진입하여 문명화된 삶, 문화적 삶을 영위하게 되면서 이루어지는 의식의 진화는, 그가 인정하듯이 인류의 공동체 문화 생활 속에서 역사적으로 '밈(Meme)'적으로 획기적 진화가 있었기에 가능했지만, 역사시대 이후에 '밈'적 의식의 진화가 더는 단선적으로 확정적이지 않다는 것을 간과한 데 있다. 왜냐하면 특정한 역사시대의 특정 지역의 문화 수준이나, 그 사회 속에서의 인간의 인지(人知) 수준이나, 영적 능력의 차이에 따라 진화는 병행적 · 복잡계적 · 나선적으로 이루어지고, [그림 14-1]에서 보여 주듯이 인류의 집합적 의식의 구조는 단계적으로 확률적으로 진화해 오지만 평균 의식보다 상위의 더 진화된 의식의 구조화가 이루어진 상위적 인간들은 특히 기축시대 이후에는 시대별로 언제나 구조화되어 있어 왔고 그들이 오히려 후속시대의 의식의 진화를 선도한 것이 사실이기 때문이다.

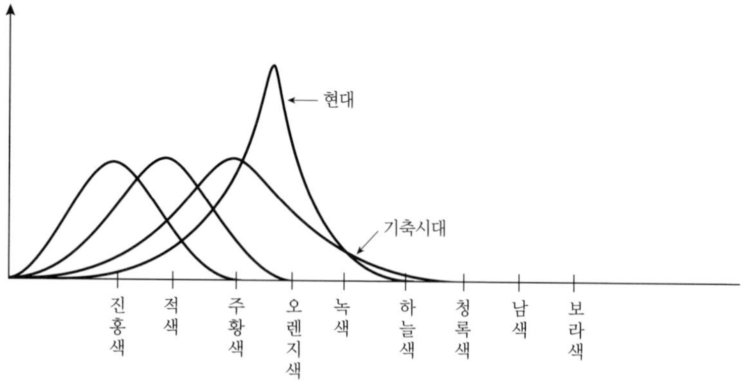

[그림 14-1] **인류의 집합적 의식의 확률적 진화**

기축시대 이래 과학은 근대에 와서 눈부신 발전을 했고 지난 100년 사이에 과학과 인지(人知)가 빅뱅을 했다고 하나 인간의 의식에 관한 한 화이트헤드가 서양철학은 플라톤 사상의 주석에 불과하다고 했다. 마찬가지로 동양사상도 불교사상, 힌두/베단타사상 도가/노장사상, 유가/성리학사상 등에서 근본적으로 더 진화된 것이 없다. 따라서 서구 사상이나 동양의 사상을 막론하고 기축시대 이래의 플라톤 철학이나 동양의 베단타 · 불교사상 · 노장사상 등 모든 영속철학의 원리를 이제는 양자과학 · 신과학적으로 이해할 수 있게 되었다는 것을 제외하고는 본질적으로 더 진화된 것이 없다는 점에 유의해야 한다. 더구나 2,500년 전의 기축시대와 그 이후 천 년 전까지의 인류 의식의 상위적 선단에 있던 수행자들, 성현들, 철인들의 의식 구조를 보면, 켄 윌버가 오늘날 현대에 와서야 구조화되었다고 보는 녹색, 하늘색, 청록색, 남색 수준까지 보통 사람과는 달리 상대적으로 보다 더 구조화되어 진화한 사람들이 오늘날보다 많았다. 따라서 어느 시대의 전통 지혜를 막론하고 그 시대의, 특히 동양의 성현들의 가르침을 보면 영성 · 신비 체험에서 나온 단순히 형이상학이 아닌 자연중심적 · 생명존중적 · 삼원일체적 사상임을 우리의 환단사상이나 불가나 힌두나 도가나 유가사상 등에서 쉽게 찾아볼 수 있다. 특히, 하늘색, 청록색 이상의 수준은 동양에서는 천 년 이전이 현재의 의식의 평원화 시대보다 훨씬 더 많았다고 말할 수 있다. 왜냐하면 기축시대 이후 종교적 수행, 수련에 의해 초의식 세계의 체험을 통해 영능을 갖게 되고 통전적 자아초월의식으로 원융 회통하며 다른 사상, 다른 가치, 다른 이념도 인정하면서 이타적(利他的) · 헌신적으로 보살심을 갖고 살았던, 그래서 그 수준의 의식의 구조화가 이루어졌던 사람의 수가 오늘날보다 상대적으로 훨씬 더 많았다고 보아야 할 것이다.

그래서 큰 깨달음을 성취한 성현들뿐 아니라 자아초월 · 초의식 수준으로의 인간 의식의 진화와 영원의 철학, 영원의 진리적 전통 지혜의 발전도 동양에서는 오히려 기축시대와 그 이후의 천 년 시대 사이에 무수히 많았다.

다시 말하자면, 서양에서도 그리스 시대에 이미 합리적이고 과학적이고 이성적 사고를 하는 사람이 많았다는 것은 널리 알려진 역사적 사실이다. 특히 동양의 인도, 중국, 한국 등에서는 기축시대 이후 지난 천 년 전까지의 시기에 오늘날보다 상대적으로 훨씬 더 많은 학자, 선사, 성현이 있었다. 그들의 가르침을 보면 의식의 구조화 수준이 현대의 이성적 수준을 넘어 하늘색, 남색 수준, 심지어 오늘날은 없는 궁극의 보라색에 도달된 성현도 있었다. 그들의 체험과 영능과 신통과 깨달음에서 나온 가르침과 행적을 보면 그들의 의식은 단지 의식의 상태가 아닌 초의식 수준의 단계까지 구조화되어 있었다는 것을 너무나 명백하다.

넷째, 윌버는 전통 형이상학에서는 그리고 대사슬 이론가들은 물질을 존재의 최하위로 '위계적'으로 보고 있어서 물질과 정신은 생명의 외적이고 내적인 측면이고 정신은 '물질내적(intraphysical)'인 현상임을 모르고 있었다고 단정하고 있다. 그러나 그는 동양의 전통 지혜에서는, 특히 불교에서는 물질이나 물질적인 것을 최하위로 보지 않는다는 사실을 모르고 있다. 동양에서 물질(精)/육신과 정신은 도가의 정(精)·기(氣)·신(神)과 유가의 천(天)·지(地)·인(人), 환단사상의 성(性)·명(命)·정(精) 등 삼재(三才)/삼극(三極)/삼신(三神)의 상의상관적 관계에서 보듯이 단순히 물질을 최하위로 보는 사상을 갖고 있지 않다. 더구나 불교에서는 물질(형상, 色)과 궁극의 실재(空, 眞如自性)를 위계적으로 보지 않고 연기/공사상의 공즉시색(空卽是色)·색즉시공(色卽是空), 공불이색(空不異色)·색불이공(色不異空)에서 보듯이 공과 색은 존재론적이나 인식론적으로 근본적으로 동일한 것이고, 공의 현현으로서의 형상의 색계를, 무자성(無自性)의 연기적 현상으로서의 물질(色)을 말하고 있다.

또한 유식(唯識)/일심(一心)사상에서는 일체유심조(一切唯心造), 심(식)외무경(心(識)外無境)에서 보듯이 물질계, 현상계 모두 심(心, 아뢰야식)이 반연하여 만들어진 상(相)이고 경(境, 물질/대상세계) ↔ 근(根, 생명의 신경계) ↔ 식(識, 前五識, 6識) ↔ 의(意, 말나식) ↔ 심(心, 아뢰야식)의 상의(相依)·상관(相關)의 상호 의존적 관계임을 알 수 있다. 또한 화엄의 일승(一乘) 법계사상의 이사무애(理事無碍)·사사무애(事事無碍)사상의 상즉(相卽)·상입(相入) 사상에서 보듯이 사(事, 물질, 현상계)법계와 리(理, 空, 眞如, 一心)법계가 서로 걸림이 없는 서로 침투되어 있는 세계, 즉 윌버가 말하는 '물질내적' 관계임을 알 수 있다. 뿐만 아니라 윌버는 동양사상을 서양의 형이상학과 무차별하게 획일적으로 취급함으로써 오히려 불교의 공사상, 유식사상, 화엄사상 같은 사상은 현대의 과정철학, 신과학, 양자천체물리학, 카오스/복잡성 과학의 원리를 그대로 포함하고 있음을 인식하지 못하고 있는 데 그의 탈형이상학적 가설의 근본 오류가 있다고 볼 수 있다.

켄 윌버의 탈형이상학에서 가장 기본 전제는 전통 형이상학은 동서를 막론하고 근대나 탈근대 정신이 받아들일 수 없는 '소여의 신화'에 불과한 '선존재하는 존재론적 구조'를 가정하는 데 있다고 보는 것이다. 그의 탈형이상학은 이러한 가정 대신에 진화의 장구한 시간축상에서 '영'이 '대수면(Big Sleep)'/'대망각(Big Forget)' 상태에서 깨어나 '온우주적 카르마' '온우주적 습성' '온우적 기억'에 의해 스스로 AQAL 사분면적으로 공진화/공발생의 형태를 통하여 스스로의 존재와 앎을 구조화하면서 창발한다는 가설에 의존하고 있다. 그는 이와 같은 자신의 탈형이상학을 탈근대적 · 상호주관적 진리관과 과학적 마인드에 부합하는 새로운 형이상학이라고 '단언적'으로 주장하고 있다.

그러나 켄 윌버가 '소여의 신화'로 매도하는 존재의 대사슬의 선존재하는 구조는 서양의 일부 관념론적 형이상학자들의 경우 단순히 선존재하는 구조로 가정했다고 볼 수 있다. 하지만 기축시대 이래로 동양에서는 역사상 수많은 성현, 선사/대사, 깨달은 자/구도자들이 상위적 세계에 대한 오랜 수행의 결과 실현한 신비 체험 · 고원 체험을 통해 영능신통의 경지나 깨달음 상태에서 체험한 초의식적 세계, 즉 상위의 정묘계(색계, 혼계)와 원인계(무색계, 영계)에 대한 존재론적이고 인식론적인 교설(敎說)은 보다 상세하게 구분하느냐 크게 구분하느냐에 따른 차이만 있을 뿐 동서남북, 시간과 공간, 문화와 관습을 초월하여 모든 전통에서 통문화적으로 근본적으로 동일하다. 이것은 존재의 대사슬/대둥지의 초의식 세계[심령계 · 혼계 · 영계 · 비이원 공(空)의 경지]가 단지 '소여의 신화' 같은 형이상학적 허구가 아니라는 것을 의미한다.

다만, 현상계 · 형상계와 같은 색계의 경우는 형상의 세계이면 당연히 그 형상의 내용이 문화의존적인 것이지만 원형의 형상, 즉 정묘의 색계의 본질은 동일하게 설명하고 있다. 더구나 투명광(clear light)이나 공(空)의 경지의 원인계/무색계(無色界)와 궁극의 비이원의 일심(一心)의 경지에 대해서는 동서고금을 통틀어 문화와 상관없이 동일하게 나타나고 있다는 것은 그러한 세계가 단순한 선소여가 아닌 구조화된 초의식의 최상의 단계들에 대한 공통된 체험적 인식이고 앎이라는 증거이다. 이와 같이 초의식의 상위적 존재나 앎의 각 수준의 구조화된 본질적 내용이 동일하다는 것은 상위적 영적 능력을 가진 선단의 인간들이 수련과 수행이 가져다준 경험에 의해, 초능력적 인식, 초의식의 개화에 의해 이미 존재하는 초월적 존재계를 깨닫고 알게 된 것이다. 초의식 수준의 세계는 구조물같이 고정된 구조가 아니고 본질적으로 다른 차원의, 다른 속성의 존재계를 구조화된 인식에 의해 알게 된 것이다. 따라서 이 상위 세계에 대한 영원의 철학적 전통 지혜는 선소여적 형이상학이 아니고 일반인의 이해를 돕는 방편적 '안내지도'로 상위 세계에 대한 '존재와 앎'을 가르쳐 준 것임은 부인할 수 없는 명확한 사실이다.

다만, 상위적 존재계의 인식 능력은 보통 사람에게는 잠재해 있는 가능태적 능력으로 진화의 도상에서 창발적 진화가 이루어지는 조건이 형성되면 창발하고 '밈'적으로 현현하게 되는 것이다. 그러한 인간이 점점 더 많아지면 자아의식·실존의식·이성적 수준 이하의 구조화된 의식과 마찬가지로 보편화된 의식의 구조로 될 것이다. 하지만 기축시대 이후 2,500년이 지난 오늘날까지도 일반인은 초의식 세계를 인지하지 못하고 초의식은 다만 명상/참선/종교적 귀의를 통해 상위적 세계를 체험하고서 그 세계에 눈이 뜨인 극히 소수에게만 창발적 의식으로 나타나고 있다.

그렇다면 진화의 시간축이 수천 년 더 지나서야 정묘계/혼계 의식이 보통 사람에게도 더 하위 의식과 같이 성장 과정에서 자연스레 나타나게 될지도 모른다. 켄 윌버가 놓친 것은 현대에 와서도 초의식 세계의 존재는 수행·수련·종교적 체험에 의해서만 경험할 수 있는 세계라는 것이다. 게다가 기축시대 이래 천 년 사이에 수행/수련을 통해 상위 세계를 체험한 사람이 비록 소수이지만 오히려 상대적으로는 오늘날보다 더 많았다. [오늘날 명상·참선·기공하는 사람 수 자체는 예전보다 많지만 대개 건강한 삶을 위한 심신정화(α파) 수련 정도에 그치고 있

고, 반면에 종교적 수행은 신비 체험보다는 근본주의적 맹목적 믿음을 가진 사람이 대부분이다.]

그렇기 때문에 동서양의 성현이 자신과 같이 소수의 선단에 있는 사람들에게는 의식의 구조화된 단계로 이미 알려져 있는 진리의 '안내지도'를 선소여의 신화가 아니라 보통 사람보다 미리 경험하고 발견한 존재와 앎의 구조화된 수준의 안내지도를 가르쳐 준 것이란 사실을 켄 윌버는 모르거나 간과하고 있는 것이다. 다만, 더 고원 체험을 하고 신비 체험을 하여 신통의 영능을 갖거나 공의 체험을 하여 증오(證悟)의 단계에서 초의식이 구조화되어 견성오도하는 사람은 지극히 희귀한 현상이라고밖에 볼 수 없다는 점을 인정하지 않고 단순히 '소여의 신화'로 매도하고 있다.

이것은 성현들이 후대의 인류에게 전해 준 실재에 대한 귀중한 '양자과학적'인 지적 자산을 모두 쓸어 없애 버리는 것과도 같은 것이다. 그러므로 켄 윌버는 성현/선사/구도자들의 구조화된 상위의 초의식 수준에서 나온 체험적인 가르침인 전통 지혜의 '존재의 대사슬/대둥지'는 '소여의 신화'가 아니라 성현/선사/구도자들이 보통 사람보다 먼저 발견한, 먼저 알아낸 '선지적(先知的)'인 존재계의 홀라키적 구조에 대한 존재적/인식적 앎이라는 사실을 인정해야 한다. 다만, 보통 사람은 현상계, 조대(粗大)의 자연계를 넘어서는 상위적 초의식 세계(심령계/심혼계, 정묘계/혼계/색계, 원인계/영계/무색계, 공/비이원)를 단순히 영의 시간축상에서의 창발적 진화의 전개에 의해 알게 되거나, 즉 온우주적 카르마, 온우주적 기억, 온우주적 습성이라는 신생물학적이거나 관념론적 가설에 의해 알게 되거나 구조화되게 하는 게 아니라 수련이나 종교적 수행을 통해 체험을 통해 깨닫고 알게 되는 영역으로 인정해야 할 것이다.

물론 그의 포스트모던적 · 비전논리적 의식 수준에서 보면 모든 것은 지각(perception)이 아닌 시각/조망(perspective)이 되어야 한다는 것은 그 수준의(논리적 · 합리적 · 이성적) 시각에서는 그렇게 보이고 또한 그렇게 해석하는 것이 타당하다는 점을 인정한다. 다만, 비전논리 수준의 시각에만 초점을 맞춘 사분면적 통합적 다원주의적 방법론만이 아닌 자아초월 · 초의식[혼식(魂識) · 영식(靈

識)]을 포함하는 온수준적 경험/체험에 바탕을 두고 통합적 다원주의적 인식을 확장시켜 받아들여야 존재와 앎에 대한 진정한 통합적 인식을 가질 수 있다.

윌버의 탈형이상학적 가설이 갖는 또 하나의 근본적인 한계가 있다. 그는 (그가 주장하는) 전통적인 동서양의 모든 형이상학의 선소여의 신화와 관련되는 존재론을 모두 던져 버리고 현대의 창발적 진화론에 바탕을 두는 과학적/신과학적 패러다임의 가설에 의해 탈형이상학의 존재론/인식론의 체계를 포스트칸트적으로 구축할 수 있다고 단언하면서도 여전히 그의 탈형이상학의 바탕은 오히려 서양의 절대관념론적 전통을 고수하고 있다.

그의 문제는 관념론의 '퇴화적 소여'를 그대로 기본 가설로 도입하여 탈형이상학의 기본 바탕으로 하는 데 있다. 즉, '영(Spirit)'이 '대수면(Big Sleep)' '대망각(Big Forget)' 상태에서 깨어나 시간축상에서 진화의 과정을 거치며 스스로 전개하면서 자기 의식적이 되면서 목적인적으로 오메가 포인트를 향해 진화해 가며 스스로를 현현해 가고 전개해 나간다는 관념론의 퇴화적 소여의 기본 가정을 그대로 고수하는 데 있다. 그러면서 서양의 관념론과는 전혀 무관한 동양의 전통지혜/전통사상마저도 서양의 관념론적 형이상학의 틀 안에 넣어 다같이 '소여의 신화' '형이상학의 보따리'로 획일적으로 묶어서 매도하는 서술을 하는 데도 근본 문제가 있다. 서양의 절대관념론의 한계와 문제는 인간중심적으로, 목적인적으로 이 세계와 우주를 해석하는 데서 기인한다.

켄 윌버가 말하는 온우주도 결국 가이아라는 이 지구 행성 위의 인간의 성장진화발달 중심적으로 인간을 통한 영의 전개를 의미한다. 그러나 자연중심적인 동양의 전통사상은, 물론 유교는 인간중심적이지만 유교를 제외한 동양사상은, 거의 모두 자연중심적이므로 서구의 관념론적 · 목적인적 '영'이나 궁극의 실재의 전개 개념 같은 것은 없다. 가장 심오한 불교사상의 경우 플라톤의 이데아나 기독교의 하느님(절대신성) 같은 고정된 궁극의 실재 같은 개념마저 없다. 이 온우주(대천삼천세계, 십화장세계)는 끊임없이 성(成) · 주(住) · 괴(壞) · 공(空)을 반복하는 연기적으로 순환하는 과정적 세계이므로 그것이 곧 법성[공성(空性), 진여자성]이라고 본다. 그래서 오히려 불교의 화엄사상은 사법계(事法界)의 현상세계만 놓고 보면 현대의 우주과학(양자천체물리학)의 무한 다중거품우주론에 따라 지금 이 순간도 생성 소멸을 거듭하고 있는 무한 우주와 똑같은 맥락의 정신과학적 사상임을 알 수 있고, 오메가 포인트를 향한 성장 진화 같은 목적인적 궁극의 세계는 어디에서도 찾아볼 수 없다는 원리를 쉽게 알 수 있다.

국지적(가이아, 지구 행성 중심적)으로 보아도, 관념론적인 발달진화론적 설명이 어느 정도 수준까지는 가능하다. 하지만 이 지구도 어느 순간 인간의 의식 수준이 50%도 비전논리 수준에 이르지 못하는 수 세기 안의 어느 시기에 우리 은하계와 태양계의 변화나, 자기장의 소멸이나 혜성/소행성의 충돌 등으로 생명체가 거의 살 수 없는 빙하기가 도래하여 인간을 포함한 대부분의 생명체가 멸종하거나 문명이 붕괴하여 다시 낮은 문명 수준이나 하등 생명체로부터 다시 진화가 시작되거나 심지어 다른 행성과 마찬가지로 지구 자체의 모든 생명체가 사라질 수도 있다. 따라서 언젠가 문명이나 생태계의 종말이 올지 모르는 상황에서 윌버가 말하는 단선적 창발적 진화에 의한 '보다 더 충만하고 보다 더 충만된(Fuller Fuller)' ……형상의 세계—그 개념 자체가 깨달음과는 무관한 오해에 불과하지만—는 (인간중심적 관념의) 낭만적인 꿈에 불과한 망상일 수 있다는 것을 알 수 있다.

이와 같이 온우주(불교의 삼천대천세계/십화장세계, 우주과학이 말하는 무한 다중거품우주/평행우주/홀라키 우주)의 진화는 윌버가 추종하고 있는 절대관념론적 단선적 진화나 목적인적 영의 전개와는 전혀 다르다. 오히려 불교에서 말하는 성(成)·주(住)·괴(壞)·공(空)의 무상(無常)의 불상부단(不常不斷)의 무한히 반복되는 연기적·과정적 세계로 보아야 하는 이유가 명확하다. 시간축상에서 진화하며 깨어나는 '활동 중에 있는 영'이란 개념은 동양에는 없다. 다만, 굳이 공(空)을 영(靈)에 대응시킨다면, '온우주'(삼천대천세계/십화장세계, 즉 우리가 사는 우주와 같은 것이 무한으로 있는 대우주)에서 '영'은 '대수면' 상태에서 시작하는 게 아니라는 것을 쉽게 이해할 수 있다. 왜냐하면 처음도 없고 끝도 없이 이 순간에도 끊임없이 창조되는 세계와 이 순간에도 이 지구 가이아보다 훨씬 더 진화된 문명 세계가 무한다중 우주 내에 무한하게 많이 존재하고, 그래서 이 무한의 대우주 내 우리 우주와 같은 무한개의 각각 우주는 어느 기간 진화, 생장(生長) 변화하고서 어느 순간 괴멸되는 성 · 주 · 괴 · 공 과정을 동시에 무한히 되풀이하고 있기 때문이다.

이 지구에 생명체가 생기기 전에 이미 다른 행성이나 다른 우주에는 최고로 진화된 생명체가 있다는 사실이 바로 윌버가 말하는 '영'의 '온우주적 유희'이다. 국소적으로 단자(monad)적 시각으로는, 관념론자가 보듯이 '영'은 원초적 생명체가 생성된 후 대수면 상태에서 스스로 깨어나 자의식적이 되고 진화 발달을 통해 전개하는 것으로 보인다. 하지만 오메가 포인트에 도달(완전한 궁극의 깨달음)은 개체적으로도 인류 역사상 극히 희귀 현상이고 집합적으로는 결코 도달하지 못하고 어느 시기에 어느 순간 인류를 포함한 가이아상의 모든 생명체는 종말을 맞이하여 괴멸하게 된다.

오히려 그러한 진화(住, 生長 변화) 과정에서 존재의 무명과 마음의 번뇌, 생(生)과 사(死)의 문제에 대한 실존적 의문을 자아초월을 통해 깨달아 내는 어느 선단의 영혼은 수행을 통해 자성을 깨치면서 무명(無明)에서 벗어나 궁극의 깨달음에 도달할 수도 있다. 이것은 관념론에서 보는 영이 스스로 깨어나면서 궁극에 도달한다는 개념과는 전혀 다르다. 또한 현대 양자역학이나 양자우주물리학적으로 보아도 윌버의 탈형이상학에서 말하는 궁극의 오메가 포인트를 향한 영의 전개라는 가설은 전혀 맞지 않는 허황된 가정이다. 불교나 동양사상 그리고 현대의 신물리학/우주과학에서 보면 관념론은 전혀 근거가 없는 허구적 가설임을 알 수 있다.

윌버의 깨달음에 대한 오해 비판

깨달음은 언설(言說)로 표현할 수 없는 언어도단(言語道斷)의 경지이지만, 굳이 말하자면 그것은 자아(自我)/자성(自性)의 근본이 공함을 보고 확철대오하여, '조견오온개공(照見五蘊皆空)'을 깨닫는 의식의 급격한 변용(頓悟見性)이 일어나는 것이다. 이 과정에서 탐진치(貪瞋癡)의 거칠거나 미세한 번뇌와 아상(我相) ·

집착 · 업장(業障)이 일시에 소멸되면서 '도일체고액(度一切苦厄)'의 대자유 · 대해방 · 구경각(究境覺) · 무상정등각(無上正等覺)의 경지에 도달하는, 견성오도(見性悟道)에 의해 무명(無明)을 깨치고 온우주의 궁극의 실재로서의 진여자성(眞如自性), 불성(佛性), 본래면목(本來面目)이 드러나서 일심으로 회귀하는, 극적으로 희귀한 내면적인 사건이 궁극의 깨달음이다. 그것은 깨달은 주체만이 스스로 깨달아 아는 경지이지 머리로 이해하고 관념적으로 알거나 언어로 정의할 수 있는 경지가 아니다. 그것은 깨달은 자들 사이에는 서로 알아볼 수 있는 경지이지만, 아직 깨닫지 않은 자들은 깨달은 자의 번뇌/업장에서 벗어난 대자유/해탈/신통의 경지를 보고 어느 정도는 짐작할 수 있지만 확실하게 알 수는 없는 경지이다.

깨달음은 문자적으로 사변적으로, 관념적으로 정의하거나 이해할 수 있는 형이상학이나 탈형이상학의 범주가 아니다. 그래서 깨우침이나 초견성(初見性) 같은 깨달음이 아닌 궁극의 깨달음은 주체의 자성의 근본 바탕을 공(空)의 체험으로 깨달아 아는 경지이다. 그것은 초의식의 변용이 일어나고 신통이 발현되는 경지이기 때문에 형이상학적으로 탈형이상학적 개념으로 정의하고서 제대로 다룰 수 있는 그런 것이 아니다. 켄 윌버가 깨달음의 정의를 명언적(名言的)으로 [物我一如/梵我一如(Being One with Everything)와 같이] '미끄러지는 척도(sliding scale)'라고 표현한 것은 그가 말하는 깨달음의 문자적(名言的) 정의의 '진화적 속성' 때문이다. 그러나 켄 윌버의 깨달음의 문자적 이해와 정의의 근본 문제는, '깨달음'은 문자적 개념인 명언(名言)으로는 제대로 정의할 수 없는 어불성설(語不成說)/불립문자(不立文字)의 경지인 궁극의 진리의 앎을 의미하는 의언이언(依言離言)/이언득의(而言得義)적 의언(義言)의 경지이기 때문이다. 이러한 의언을 단순히 언어적 개념인 물아일여(物我一如, 'One with Everything')나 공과 색의 합(空卽是色/空不異色, Union of Form and Empties)이라는 명언적 문장으로 이해하고서 진화적으로 정의하려 한 데서 연유한다.

다시 말하자면 켄 윌버가 범한 근본적인 실수는, 깨달음을 개념적 · 관념적으로 이해하고서 자신의 탈형이상학의 구도에 맞추어 언어적 · 명언적 · 진화적으로 정의하려 한 데서 그의 깨달음에 대한 자가당착적 근본 오류가 연유한 것이다. 즉, 자신의 단선적 발달진화론적이고 관념론적이며 과정철학적인 그리고 이 모든 것을 신생물학 · 신과학 패러다임(형태형성적 인과, 온우주적 카르마, 온우주적 습성……)에 의해 자신의 포스트모던적 구성주의 시각에서 깨달음을 해석하고 정의하려 한 데서 연유한 것이다. 바꾸어 말하자면, 자신의 탈형이상학에 따른 AQAL-IMP의 사분면 동시 공진화(共進化)/공발생(共發生)이라는 틀과 자신의 경직된 윌버-콤 단계-상태 모형(Wilber- Comb Stage-State Model)에 적합시켜서 정의하려고 했기 때문에 생겨날 수밖에 없었던 것이다. 그의 『통합영성』 부록 II에서 깨달음에 대한 10여 쪽에 걸친 장황한 서술과 10여 쪽에 걸친 탈형이상학적 포스트모던 영성에 대한 설명이 공허하게 느껴질 수밖에 없는 이유가 여기에 있다.

먼저 켄 윌버의 깨달음에 대한 문자적 정의가 주는 문제부터 살펴보자. 앞에서 고찰한 켄 윌버의 깨달음의 정의를 다시 요약해 보면, 그는 다음과 같이 깨달음을 개념적으로 정의하고서 문자적으로 이해하고 있다.

- 깨달음은 '형상(Form)'을 내포하는 세계와 하나이다.
- 형상의 세계는 진화하기 때문에 깨달음이 '모든 것과 하나가 되는(Being One with Everything)' 어떤 것을 의미한다면 오늘 아침에 내가 깨닫는다면 내일이 오면 나의 깨달음은 부분적일 수밖에 없는 것이 아닌가?
- 깨달음이란 '무시간적이고 영원하고 무생인 것과 하나가 되는 것'이라고 정의하면 '영'에 엄청난 이원성을 — 무시간성 · 영원성 대 시간성 · 진화성이라는 이원성을 — 야기한다. 깨달음을 이렇게 말하는 것은 '영'의 절반과 하나가 되는 것에 지나지 않는다.
- (깨달음 문제의 A부분) 비이원 신비사상은 조대 · 정묘 · 원인 영역의 모든 것과 하나 됨인데, 비이원 상태의 체험은 마법이나 신화적 수준을 포함한 어느 수준에서나 가능하다. 하지만 마법적 · 신화적 세계는 더 상위적 형상의 세계를 포함하지 않으므로 현실적으로 견성오도는 단편적인 세계와의 통일/합일이 될 수밖에 없다.

- 깨달음은 공과 색의 합(Union)이고 다른 말로는 또 공의 '자유'와 색의 '충만성'과의 합이다.
- 진화의 어느 주어진 시점에서 깨달음은 공(空)과 하나가 되고 그 당시의 색계(형상의 세계)와 하나이다.
- (깨달음 문제의 B부분) 색계는 구조화되면서 단계적으로 진화되어 왔기 때문에 선소여적 존재론의 구조에 의한 공과 색계의 합이라는 정의는 허구적일 수밖에 없고 완전한 깨달음은 색계의 완전한 구조화된 전개가 이루어질 때까지 기다려야 한다.
- 깨달음이란 어느 주어진 시대에 존재하고 있는 모든 상태와 앞에서 요약한 여러 측면의 정의에서 볼 수 있듯이 모든 구조와의 합일의 실현이다.

앞에서 요약한 깨달음의 정의에서 켄 윌버가 근본적으로 오해한 것은 '모든 것과 하나이다(Being One with Everything).'라는 물아일여(物我一如)/범아일여(梵我一如)의 의미를 무시간적이고 영원하고 무생(無生)인 공과 하나일 뿐 아니라 모든 형상의 세계는 전개되고 진화하므로 집합적으로 진화하여 충분히 구조화되도록 완전히 전개해야만 모든 형상의 세계와 하나가 될 수 있다고 보는 것이다. 그렇기 때문에 그는 '진화의 어느 중간의 도상에서는 완전한 깨달음이란 있을 수 없고 그 시점까지의 집합적 구조화 단계까지만의 형상의 세계의 구조-상태와의 하나이다.'라고 단정하는 것이다. 이는 윌버가 깨달음의 경지에서의 물아일여가 무엇을 의미하는지를 제대로 알고 있다면 그렇게 이해하거나 말하거나 단정할 수 없는 것이다.

다시 말하자면 『반야심경(般若心經)』의 '照見五蘊皆空(조견오온개공)'하고 '度一切苦厄(도일절고액)'하여 '아뇩다라삼먁삼보리'를 습득한 깨달음 경지에서 보면 색심불이(色心不二)이고 색즉시색/공즉시색(色卽是色/空卽是色), 색불이공/공불이색(色不異空/空不異色), 일체동근(一切同根), 자타불이(自他不二)라는 의미는 견성(見性)에 의해 오온(五蘊色 · 受 · 想 · 行 · 識)이 모두 공한 무자성(無自性)의 이치를 깨쳐서 개체적 자기(self) 의식(我相)이 사라진다는 의미이다. 그리하여 진아[참자기(Self)]가 완전히 발현된 경지에서 보면 모든 것이 공의 현현이고, 일심의 현현이고, 생멸문(生滅門)과 진여문(眞如門)이 다르지 않고, 진제(眞諦)와 속제(俗諦)가 다르지 않다는 것을 깨닫게 된다. 그리고 비이원의 일심으로 회귀한 경지에서 보면 차별과 분별이 사라지고 모든 것이 일미임을 깨닫게 된다. 이것을 '관념으로 머리로 이해하는 것이 아니라 견성오도(見性悟道)하여 확철대오하게 되면 모든 집착 · 망상 · 번뇌의 뿌리인 사상(四相: 我相 · 人相 · 衆生相 · 壽者相)의 개체 의식, 단멸심, 차별심 분리 의식이 사라져 버리고 대자유, 대해방, 대해탈의 경지에 이르게 된다. 그렇기 때문에 그 경지에서 비이원의 눈으로 본 세계가 물아일여/색심불이/일체동근(物我一如/色心不二/一切同根)인 것이다.

이는 모든 연기의 사법계(事法界), 오온이 만드는 형상의 색계가 아무리 변하고 진화해도 공하고 무자성(無自性)이라는 것을 확철대오한 것이기 때문에 '오늘 내가 깨달았는데 내일은 온우주의 진화가 또 일어나게 되면 오늘의 깨달음은 내일 가서 불완전해지고 날이 갈수록 깨달음은 더욱더 적어진다.'는 윌버의 깨달음에 대한 이해는 깨달음의 본질을 명백하게 놓치고 있는 것이다. 이는 깨달음에 대한 완전히 빗나간 명언적 이해로 인한 착각이다. 다시 말해, 윌버의 오해는 '진화하는 세계'의 더 충만한 형상의 오온의 세계(事法界)의 모든 하나하나를 알지 못하면 완전한 깨달음에 도달할 수 없다는 '색'과 형상에 대한 문자적 · 개념적 의미로 깨달음을 정의하고 있는 데서 기인한다는 것을 쉽게 알 수 있다.

물론, 궁극의 깨달음에 도달하려면 최소한 수행자/구도자가 속해 있는 사회의 문명 제도 · 과학기술 · 문화 수준과 그 시대의 구조화된 의식의 수준이 기축시대의 문명의 수준과 같이 최소한 농경시대에 이르러 합리적 · 이성적 · 실존적 사유를 하는 지성이 나와야 한다. 그러한 사람들 중에 전통 종교적이거나 개혁적인 지성, 지도자, 수행자가 많이 있고 그중에 수행 수련을 통해 자아초월 의식(보살심, 자비심, 자비/사랑, 이타심……)이 구조화되면서 신과의 합일의 경지를 체험하고 그것을 넘어 궁극의 초의식 세계와의 합일, 즉 공과의 하나임을 경험하면서 어느 순간 확철대오/견성오도하는 의식의 대변용이 일어나면 깨달음을 성취할 수 있다. 그렇기 때문에 윌버가 그의 탈형이상학적 깨달음의 정의나 서술에서 근본적으로 잘못 생각하고 있는 점들은 다음과 같은 면에서 더욱 자명하다.

- 마법이나 신화시대(진홍색/적색/주황색 시대)의 샤먼이나 제사장도 비이원의 체험을 할 수 있다고 말하고 있는데, 마법이나 신화시대의 샤먼은 심령(psychic) 수준의 주술적 초능력을 갖고 있기 때문에 그들이 체험한 합일은 고작해야 신성시하는 자연과의 자연 신비주의적인 합일이거나 예배 대상인 신위/신과의 합일이지 결코 궁극의 공(空)의 체험일 수 없다. 설사 공을 체험했다 하더라도 그것을 제대로 해석할 수 없는 의식 수준이기에 이 수준에서 깨달음이나 비이원의 신비적 합일을 논하는 것 자체가 무의미하다. 윌버가 그들의 깨달음은 형상의 세계의 상위 구조가 아직 구조화되도록 진화되지 않았기 때문에 불완전하다는 식으로 설명하는 것은 너무나 당연하다. 샤먼이나 제사장 같이 깨달음 자체를 알 수도 없고 말할 수도 없는 의식 수준에 대해 깨달음을 적용하여 말하고 있기 때문에 그들의 깨달음은 불완전하고 기축시대의 현자들의 깨달음까지도 같은 맥락에서 불완전하다고 말하는 것은 깨달음 자체에 대한 잘못된 이해에 기인한다.
- 켄 윌버는 기축시대는 오렌지색(과학적 · 합리적), 사고가 시작되는 시대로 간주하고 오렌지색은 근세의 과학 발전과 더불어 개화되었고 녹색(다원주의적)은 1960년대에 시작되었고, 그 이상의 하늘색(통합적), 청록색(전일적), 남색(자아초월적) 수준은 모두 현대에 와서 겨우 극히 일부가 구조화되기 시작하였다고 단정한다. 그렇다면 결국 부처, 예수, 마하비라, 달마……와 천 년 전까지의 수많은 현자, 선사, 구루들의 깨달음과 그들의 의식의 구조화된 단계에 대한 가르침은 그의 말대로라면 오렌지색 구조 이하에서의 불완전한 합일의 깨달음이고 가르침이라는 것이다. 이는 너무나 난센스적인 오류이고 자가당착적 모순된 주장이다. 수천 년 전 기축시대에 동양의 인도 · 중국 · 한국 등의 선진화된 문화 · 과학기술 그리고 학자 · 전문가 · 지도층의 합리적 · 이성적 사고는 언급할 필요가 없을 정도이지만, 서양의 기축시대의 그리스 문화도 잘 알려져

있는 바와 같이 과학적이고 합리적이고 이성적이었다. 그래서 피타고라스, 소크라테스, 플라톤, 아리스토텔레스와 같은 현인/철인이 있었고 이성적 · 초이성적인 그들의 가르침을 따르는 제자와 지식인이 많았던 것이다. 이성적 문화와 학문과(비록 노예와 여자는 제외되었지만) 근대적 형태의 민주적 정치 제도도 있었다. 그래서 궁극의 깨달음을 성취한 현자들은, 소피스트들과 같이 오렌지색 수준의 합리적인 사고를 하는 지식인보다 더 적을 수밖에 없지만 상위의 이성적 · 통합적 사고를 하는 하늘색, 청록색 수준까지의 선단에 이른 인간의 숫자는 다수는 아니지만 오늘날보다는 상대적으로 적지 않았던 것이다. 그러므로 당시의 철학, 과학, 정치, 문화, 제도의 수준과 그 가르침과 사상을 보면 선단에 있던 성현, 철인, 수행자들의 의식 수준은 상위 초의식의 단계까지 오늘날보다 더 확실하게 구조화되어 있었다고 볼 수밖에 없다.

- 반면에 동양의 인도, 중국, 한국 등에서는 이미 언급한 바와 같이 기축시대 이래로 문명이 고도화되어 모든 종교와 학문의 가르침이 합리적 · 논리적 · 이성적이었다. 나아가 [다른 종교, 외도(外道)의 잘못된 신념의 부분은 비판하였지만 다른 종교나 믿음, 사상을 모두 포용하고 인정하고, 불교에서는 외도도 독각/벽지불로 깨달음을 얻을 수 있음을 인정한 것을 보면] 통합적 다원주의적이고, (원효의 화쟁, 화회사상에서 보듯이) 통합적 전일적인 통전적 의식 수준과 초의식적/자아초월적, 궁극의 비이원적 의식 수준에 도달한 이론과 가르침도 상대적으로 오늘날보다 훨씬 더 많았다. 더 많은 사람이 구도자의 길로 나갔고 그래서 그들은 초의식 세계에 대한 심오한 체험을 하였던 것이다. 자아초월과 깨달음의 경지에 이른 사람이 오늘날보다 더 많았음은 주지의 사실이다. 그래서 그들의 의식이 구조화되었음은 그들의 형이상학이 아닌 영원의 철학적 · 신비적 모든 가르침에 그리고 불교의 불보살, 선사들의 모든 가르침(論藏)에도 너무나 잘 나타나 있고, 이는 역사적으로 이미 널리 알려져 있는 사실이다.

그런데도 윌버가 이런 사실을 외면하고서 이미 그 가르침을 보면 궁극에 도달한 것이 분명한 예수, 마하비라, 부처, 달마…… 등과 인도와 중국의 보살 · 선사들의 깨달음을 오렌지색도 겨우 시작 단계에서 아직 제대로 구조화되지 않은 그리고 오렌지색 이상의 단계는 전혀 구조화되지 않은 단계의 불완전한 깨달음으로 보는 것은 아연실색하게 만들 정도의 무지에서 나온 성현들의 깨달음에 대한 폄하와 동양사상에 대한 서구적으로 편향된 오해와 신과학적 · 단선적 진화론에 사로잡힌 서구 중심적 독선 때문이라고 말할 수밖에 없다.

제3부

상보적 통합의 지혜

켄 윌버의 통합사상을 넘어

들어가는 말

비록 켄 윌버의 사상이 제2부 들어가는 말에서 언급한 하겐스의 지적과 같이 서구 중심적이고 비전논리적인 시각에 고착되어 동서양 전통 지혜의 근본적인 차이를 무시하고 서구 중심적 · 획일적으로 동서양의 전통 지혜를 모두 형이상학으로 환원하는 우와 오류를 범하고는 있지만, 통합 패러다임으로서 그의 사상의 위대성을 부인할 수는 없다. 그의 AQAL Matrix 메타이론이 [포스트모던적이면서도 AQAL-IMP Matrix와 윌버-콤 격자(Wilber-Comb Lattice)와 같은 통합적용(Integral Apps)의 S/W적인 IOS/ HIS/CLA나 통합수학(Integral Math)형태로], 비록 지나치게 경직된 구도와 틀로 된 컴퓨터 S/W 시스템이나 수학의 해석적 연산과도 같이 기계적 · 자동적으로 적용하는 얼개 중심의 형식화된 통합모형의 배타성을 띠고 있는 한계는 있지만, 구체적인 통합모형으로서 이만큼 온전한 통합모형은 찾아볼 수 없는 것도 사실이다.

그러나 불행하게도 전 세계적으로 일반 지식인들의 의식 수준은 대부분 오렌지밈 수준에는 도달했다고 말할 수 있지만, 아직도 적색밈/청색밈 수준에 있는 테러리스트, 다국적 기업 석유상, 무기상, 정치인들과 청색밈 수준의 근본주의 종교인들로 인해 여전히 전 세계적으로 지구촌을 환경생태 파괴, 자원 전쟁, 무역 전쟁, 종교 전쟁으로 끝없이 몰고 가고 있다는 것도 부인할 수 없는 심각한 현실이다. 따라서 21세기 고도과학기술의 시대, ICT 정보화 SNS 인터넷 시대를 지나 AI 중심의 4차 산업혁명 시대가 되어서도 아직도 낮은 밈 수준에 있는 개개인의 의식 성장과 인류의 집합적 인간 의식의 성장 여부에 따라 21세기 인류가 신인류로 거듭나서 유토피아로 갈 것인지 아니면 급증하는 지구 재앙과 함께 디스토피아적 세계로 몰고 갈 것인지가 결정될 수밖에 없는 심각한 위기에 처해 있다고 해도 과언이 아니다.

이와 같이 시대적으로 절박한 상황에서 켄 윌버의 제4기까지의 자아초월사상과 AQAL 통합 패러다임이 '통합의 시대'를 열기 위한 통합 패러다임으로서 가장 설득력 있고, 공감이 가는 거대 담론인 것은 사실이다. 그러나 이미 저자가 제2부의 비판에서 지적했듯이, 그의 사상은 지나치게 서구 중심적, 비전논리중심적, 경직된 AQAL Matrix 구도에 의한 '미묘한 환원주의적'으로 동서양의 차이를 무시하는 단선적인 진화론과 획일적 탈형이상학적 관념론에 기반을 둔 한계와 문제점을 안고 있다. 따라서 그의 IOS/HIS/CLA, 통합수리모형(Integral Math)에 의해 기계적으로 적용하는 자동화 S/W적 AQAL 통합 패러다임의 메타이론적 지도 만들기만으로는 인류의 통합적 의식의 성장과 자아초월적 영적 성장을 이끌기에는 역부족이라고 인정할 수밖에 없다.

윌버의 통합사상의 '미묘한 환원주의적' 자동화 통합 패러다임을 넘어서려면 먼저 여러 다양한 측면에서 원효의 화회적(和會的)이고 회통(會通)하는 정신으로 명언(名言)이 아닌 의언(義言)으로 진리를 이해하는 진제(眞諦)의식으로 모든 진리 주장의 차이를 인정해야 한다. 나아가 궁극의 진리에 대한, 즉 이법계(理法界)에 대한 이해에서 현실의 문제, 즉 사법계(事法界)에 대한 이해에 이르기까지 모두 화쟁적이고, 화회적으로 포용하며 상보적 정신으로 통합하는 혼과 온기를 윌버의 통합 패러다임에 주입하여 윌버의 통합사상을 상보적으로 보완해야 할 것이다. 상보적 통합의 지혜를 바탕으로 21세기 초 아직도 혼돈의 와중에 있는 정치 · 경제 · 경영 · 사회 문제뿐 아니라 종교 · 과학 · 영성 · 문화 · 예술 등 모든 분야의 전근대 · 근대 · 탈근대의 동서남북의 모든 차이를 인정하고 포용하는 따뜻한 화쟁적/화회적 상보적 통합으로 나아가야 할 것이다.

윌버의 경직된 AQAL Matrix 구도를 넘어서는 상보적 통합의 필연성은 몇 가지 면에서만 살펴보아도 쉽게 알 수 있다.

첫째, 동서양의 전통 지혜, 특히 불교의 전통사상을 획일적인 잣대로 서양의 전통적 형이상학과 미묘한 환원주의로 통합하지 말아야 한다. 왜냐하면 설사 서양의 전통 형이상학의 이데아, 에로스, '활동 중에 있는 영(Spirit-in-Action)'의 상승/하강 …… 과 같은 '선소여'적 가설을 그대로 둔 채, 영원의 철학의 존재의 대원환의 상위의 선존재하는 구조를 선소여의 신화로 간주하는 대신에, 탈형이상학적으로 현대의 창발적 진화론과 신과학 패러다임에 의해 '선소여의 신화'가 없이도 현대 신과학적 해석이 가능하다는 것을 인정한다면, 동양의 전통 지혜, 불교의 중도공관(中道空觀), 유식학(唯識學), 화엄사상 등은 현대 의식심리학, 생명과학, 양자우주론, 양자과학이 밝히는 과학적 생명/우주의 원리와 동일하다는 것을 이미 널리 받아들이고 있다는 것을 인정한다면, 동양의 전통사상을 단순한 형이상학으로 취급하지 말아야 하기 때문이다.

오히려 현대 과학이 밝히는 생명과 자연과 우주의 신비가 동양의 전통 지혜 속에 그대로 다 들어 있고 그것이 드러내는 궁극의 실재와 우주의 원리가 양자과학 · 신과학적으로 동일하게 해석된다면 동양의 전통사상의 존재론은 단순히 '소여의 신화'가 아닌 것이다. 그러므로 현대 과학적 진리와 '초(超)형이상학'으로서의 전통적 동양사상은 상보적 접근에 의해 인간 의식, 인간 사회, 생명 세계, 자연/우주의 모든 문제를 상보적 · 통합적으로 밝히고 해결할 수 있다.

둘째, 켄 윌버가 AQAL 패러다임을 포스트칸트적/탈형이상학적으로 해석하기 위해 쉘드레이크의 형태형성장이나 마투라나/바렐라의 자동창출(autopoiesis) 같은 신과학 패러다임에 바탕을 둔 '온우주적 카르마' '온우주적 기억' '온우주적 습성' 같은 개념에 의해 인식론과 존재론을 일부 신과학 패러다임의 확장에 의해서만 해석하는 것은 바람직하지 않다. 오히려 모든 사람이 동일한 의식 수준에 있지 않고 동일하게 진리를 인식하지 않기 때문에 과학적 마인드를 가진 사람들은 자연과학적으로 진리를 이해하게 해야 한다. 하지만 그것이 유식학이나 화엄사상 같은 전통 지혜에 의해서도 동일하게 해석된다는 것을 보여 주고 밝혀 주는 것이 중요하다.

최근에 켄 윌버가 받아들인 기(subtle energy) 패러다임에 의해 기과학과 함께 동양의 기학(氣學)도 받아들여 '영(Spirit)'만이 아닌 노자 『도덕경』의 생기론(生氣

論)이나 유학의 기(氣)사상의 무극/태극(無極/太極), 일기(一氣), 음양오행(陰陽五行), 오운육기(五運六氣) 원리에 의해서도 생명 세계와 우주의 진리 해석을 과학적 · 신과학적 · 정신과학적으로도 할 수 있게 해야 한다. 그렇게 함으로써 다양한 진리 이해의 '눈'을 가진 현대인이 다양한 수준의 진리를 상보적으로, 통합적으로, 심층적으로 이해할 수 있도록 탈형이상학적 시각만 고집하지 말아야 할 것이다.

셋째, 과학과 종교의 통합도 쌍방의 '약간의 양보'에 의해 이루어져야 한다는 윌버식의 통합을 고집해서는 모든 사람이 비전논리 수준 이상이 되기 전에는 통합이 불가능하다. 말하자면 심층과학과 심층종교 간의 통합을 위해 과학 측은 진리에 대한 평원적 · 실증주의적 · 회의론적 인식을 버리고 종교 측은 신화적 교리를 버리고 통합해야 한다는 윌버의 과학과 종교의 통합은 바람직하지만 현실적으로 가능한 방향은 아니다.

그런 통합만이 아니라 과학과 종교는 서로가 진리에 접근하는 방법과 방식은 상이하지만, 현대의 생명과학, 뇌과학, 양자물리학, 우주과학이 밝히는 진리가 곧 신성과 신비를 깨닫게 해 준다는 것을 알게 하는 게 중요하다. 그렇다고 유물론자나 회의론자의 평원적 진리 해석만 논박할 것이 아니라 유물론자 회의론자에 의해 일반 지식인들이 더는 오염이 안 되게 모든 과학적 진리가 곧 신묘 막측한 신성의 깊이를 들여다보게 하는 발견임을 깨닫게 하고 이해시키고 최소한 우주 자연의 신비를 누구나 전율을 느끼도록 깨닫게 해 주는 체험을 하게 하고 깨우쳐 주는 게 중요하다.

그렇게 되면 과학은 자연신비주의적으로 현대 종교의 필요성을 인정하게 되고 개인은 신비 체험과 신성합일을 통한 영적 성장을 위해 종교에 귀의하게 될 것이다. 반면에 종교는 자연스레 현대 과학을 오히려 신성을 느끼고 깨닫게 하는 진리탐구의 현대 과학적 방법으로 받아들이게 될 것이다. 그렇게 되면 종교의 신화적 교리는 종교가 형성되던 역사적 과정이나 그 당시의 인지 수준에서 신성의 신비를 그렇게 이해할 수밖에 없었던 것으로 이해할 수 있다.

그러면서도 신화는 신화대로 깊은 신성을 교감하고 드러나게 하는 '방편'적 교설로 받아들이며 신화가 전하는 신성의 참뜻을 가르쳐 줄 수 있다. 그리고 오히려 종교 창시자의 '근본 가르침'으로 돌아가 그 영원의 철학적 가르침의 현대적 해석이 과학적 원리와 맞닿아 있음을 깨닫게 해 준다면 과학과 종교는 서로에게 적대감을 갖지 않고 생명 세계와 우주 자연의 과학적 진리 이해와 신성의 이해에 양쪽이 서로가 필요하다는 것을 깨닫게 되어 상보적 통합이 자연스레 이루어질 수 있다.

넷째, 윌버는 전통 지혜에는 '진화'의 개념이 없고, 기축시대의 성현들이 진화를 몰랐다고 하는 편협한 현대적 진화 개념만을 고집하지 말고, 신플라톤주의적 플로티노스의 일자(一者)로부터의 유출과 환류의 개념에도 암암리에 퇴화/진화의 개념이 들어 있다는 것을 받아들여야 할 것이다. 특히 동양의 불교사상에서의 연기(緣起), 무상(無常) · 성(成) · 주(住) · 괴(壞) · 공(空) ……무명(無明)의 깨우침, 업고(業苦)에서 벗어나 보살의 길을 가는 것 등의 가르침은 바로 온우주와 중생, 생명 세계의 성장 변화, 진화와 퇴화의 반복 사이클의 원리를 가르친 것이 분명하다는 것을 인정해야 한다. 영원의 철학이나 윌버가 말하는 신영원의 철학이 근본적으로 다를 바가 없다. 말하자면 신영원의 철학은 다만 현대 서구적 창발적 진화론에 의한 존재의 대원환/대사슬의 현대적 용어를 사용한 해석일 뿐이므로 서로 상충하는 게 있을 수 없다는 것이다. 따라서 현대에 '모든 것'에 대한 진화적 · 경험과학적 진리 이해와 전근대에 '모든 것'에 대한 끊임없는 변화, 즉 성 · 주 · 괴 · 공, 상승/하강의 반복 사이클의 체험적 진리 지도와 근본 원리는 같지만 상호 상보적 진리 이해로 받아들여야 한다.

다섯째, 무엇보다도 켄 윌버는 AQAL Matrix와 윌버-콤(W-C) 격자의 기계적 적용을 위해, 모든 의식의 문제를 구조-단계, 상태-단계에 의해 기계적으로 경직되게 해석해서는 안 된다. 왜냐하면 깨달음을 AQAL Matrix와 W-C격자 틀 속에서 진화적으로 언어적, 명언적(名言的)으로만 해석하는 우(愚)를 범할 것이 아니라, 오히려 기축시대 이래로 수많은 성현 · 철인이 선단의 인류로서 초의식 세계를 체험을 통해 자신의 의식의 구조화와 함께 밝히고 가르친 것이라는 사실을 인정해야 하기 때문이다.

그래서 인지(人知)의 선단에 있던 인류들이 상위 세계의 존재와 그에 대한 인식을 '선지적(先知的)'으로 알아내어 영원의 철학/진리를 가르친 것으로 받아들여야 할 것이다. 그들의 가르침을 보통 사람은 아직 체험하고 발견하지 못한 초의식의 영역의 '안내지도'로 받아들인다면 형이상학의 존재론/인식론을 단순히 '선소여의 신화'적 가설로 폄하해 쓰레기통으로 집어 던진다는 극단적 표현은 쓸 필요가 없을 것이다.

무엇보다 인간에게는 잠재적으로 육안 · 심안 · 영안이 다 갖추어져 있지만, 타고난 영능이나 수행을 통해 영안이 열린 사람은 동서고금의 누구에게나 초의식의 세계가 '구조물'처럼 보이는 게 아니라 질적으로 다른 홀라키적/계층적 차원의 세계로 동일하게 보이게 된다. 그래서 기축시대 이래 동서고금의 누구나 다 같이 심령 → 정묘 → 원인 → 비이원의 수준 영역/세계를 통문화적으로 질적으로 동일하게 체험하고 깨닫게 된다는 사실을 받아들여야 할 것이다.

그 외에도 상보적 인식이 필요한 측면을 수없이 많이 열거할 수 있지만 앞에서는 주요한 몇 가지만 예로 언급한 것에 불과하다. 요컨대 윌버가 주장하듯이 '모든 진리 주장은 그 특정한 시각에서는 옳지만 100% 다 옳지는 않다.'는 식으로만 진리를 볼 것이 아니다. 오히려 진리를 보는 시각/조망에 따라서도 달라 보이지만 진리의 "수미산의 어느 수준에 등정하여 보느냐에 따라 진리의 세계와 우주가 달라 보이고 올라가 보지 않으면 알 수 없고 위로 올라갈수록 달라지게 마련이다." 그래서 궁극의 깨달음을 얻어 정상에 도달한 성현들이 아직 등정하지 못하고 산 아래 있거나 중간에 있는 인간을 위해 진리의 '안내지도'를 만든 것이다. 이 '안내지도'를 길라잡이로 하여 "수미산의 각 고도의 수준에 있는 다양한 숲, 나무, 바위 …… 들이 보는 수준, 방향에 따라 다르다는 것을 실재로 등정하여 체험하는 게 중요하다." 그렇다면 수미산의 비전논리 수준 대에서 포스트칸트적으로 아래위로 AQAL- IMP, 4Q/8Z를 통해 바라보는 켄 윌버의 AQAL 패러다임적 통합 이해도 필요하다. 그러나 그 위의 수준을 단순히 형이상학으로만 폄하할 것이 아니고, 그래서 탈형이상학적 · 비전논리적 진리로만 이해해서는 안 될 것이다. 그렇게 해야 전근대 · 근대 · 탈근대의 어느 하나도 상충되거나 버리는 것 없이 전포괄적 상보적 진리 이해로 나아갈 수 있다. 이러한 화회적(和會的), 상보적, 통합적 진리 이해의 길만이 오늘의 혼돈의 와중에 있는 인류에게 닥친 재난과 재앙을 슬기롭게 극복하고 신인류로서 신영성의 시대를 지혜롭게 열어 나가게 해 줄 것이다.

따라서 이 책의 제3부에 수록된 글은 저자가 그동안 상보적 통합 정신으로 그간 여러 학술지나 교양지, 학술발표회 등에 발표한 것 중에서 주요한 일부만 선정하여 정리한 것이다. 여기서는 원래의 글과는 달리 켄 윌버 AQAL 통합 관련 부분의 중복되는 내용은, 가급적 제1부와 제2부 내용을 참고하도록 언급하였지만, 독자의 편의상 간략하게 언급하면서 수정 집필한 것임을 밝혀 두고 싶다. 그 결과, 제3부에서는 켄 윌버의 AQAL 통합사상의 상보적 통합의 적용은, 지면 관계로 필자가 관심을 두고 있는 상보적 통합에 대해 지난 20년 사이에 연구 · 발표해 온 다양한 주제 가운데 초반에 포함시킨 내용 중 기존의 원효사상과의 상보적 통합, 현대통합기학만 남기고 상보적 '통합영성'과 '양자의식' 통합양자심신치유 두 주제만 새로 포함시키게 되었다.

15 통합을 넘어 화회로
– 원효의 화쟁사상과 윌버의 통합철학의 상보적 통합[1)]

왜 원효와 윌버인가

21세기 디지털 정보화 시대가 시작된 지 수년이 지난 지금, 디지털 융합의 통합미디어/인터넷 시대가 도래하고 있지만 종교 · 정치 · 경제 · 문화 · 사회 등 각 분야의 이념과 사상은 여전히 지역 대 지역, 국가 대 국가, 민족 대 민족, 계층 대 계층 간에 분열되어 있어 그 대립 갈등이 더욱 깊어 가고 있다. 더구나 문제 해결을 선도해 나가야 할 철학, 심리학, 정치학, 사회학, 종교, 예술 분야도 과학기술의 지배하에 전근대 · 근대 · 탈근대 사조가 혼재한 가운데 극단적 포스트모던 사조가 모든 것을 '해체'하면서 '평원화(flatland)'되어 깊이가 없는 사상과 이념이 백가쟁명하고 있는 게 오늘의 현실이다. 아직도 정치 · 사회 분야에서는 흑백의 이념과 담론이 난무하고 있는 가운데 다른 한편으로는 탈포스트모던적 다양한 통합 담론이 고개를 들고 있지만 '다양성 속의 통합적 비전'이나 다양한 이론, 방법, 접근 모형에 대한 온전한 통합[통전(統全)]이 아니라 메타 과학적 방법론에 의한 '통섭(consilience)'이나 '통일' 같은, 자칫 잘못 이해하면 다양한 스펙트럼의 색깔들을 접어 단색으로 만드는 어느 한 색깔로의 통일 같은 오용되고 왜곡되기 쉬운 통합 담론이 나오고 있는 것도 오늘의 현실이다.

이러한 시대 상황 속에 오늘날 우리 시대를 대표하는 탈포스트모던적 통합철학자이며 자아초월/통합심리학의 대표적 이론가인 미국의 켄 윌버는 지난 30여 년간 인간 의식 연구를 선도해 오면서 진정한 통전적/온전한 통합 패러다임과 통합 비전을 우리에게 제시하고 있다.

반면에 우리 고유의 불교사상뿐 아니라 우리 민족 사상사 전체를 통틀어서 가장 위대한 사상가로서 당시의 세계(동양) 사상사에 이름을 떨친 원효는 소승 · 대승, 중관(中觀) · 유식(唯識)의 다양한 교파/종파 사이의 성(性) · 상(相), 공(空) · 식(識)의 유무를 둘러싼 모든 이론(異論)을 회통하는 통불교 정신에서 나온 화쟁 논리(和諍論理)에 의해 화해시키는 사상을 백부논소(百部論疏)로 지어서 독창적 화쟁철학(和諍哲學)을 확립하였다. 원효의 화쟁/화회(和諍/和會)사상은 비록 불교를 통합의 대상으로 한 사상이었지만 저마다의 '진리 주장'으로 쟁론하는 다른 모든 분야에 그의 화쟁철학과 화쟁 논리/화쟁 방법은 그대로 적용할 수 있고, 이는 원효사상의 현대적 조명에 대한 몇몇 연구에도 잘 나타나 있다(원효연구논선집, 1994). 그러나 그간 원효사상에 관한 여러 연구를 보면 원효사상을 화쟁사상/화회사상/일심(一心)사상/화엄사상 또는 교판(敎判)사상의 측면에서 문헌연구적으로 밝히는 것이 대부분이었다(김상현, 1995: 348-356). 반면에 원효사상의 현대적 조명으로는, 화쟁사상의 현대적 의의(김형효, 1994)나 정치 통합 · 통일 담론(원효연구논선집, 권윤혁, 박성배, 1994: 13-41; 91-119)으로서의 가능성이나 해석학적으로 현대철학(신오현, 2001: 237-261), 현대성격심리학(이죽내, 1991: 17-30)[2], 포스트모던사상 등과의 비교 고찰 등은 있었지만 원효의 화쟁철학/화회사상의 통합철학/통합 패러다임으로서의 현대적 의미를 조명하거나 고찰한 논고는 거의 찾아볼 수 없다.

7세기와 현대를 대표하는 대사상가인 원효와 켄 윌버의, 얼핏 보아서는 무관하게 보이는, 화쟁철학과 통합철학의 시대를 초월한 오늘에 만남은 이 시대와 앞으로 올 '새 시대(New Age)'가 갈구하는 진정한 통합 담론의 두 원형의 상보적 만남이라고 하지 않을 수 없다. 왜냐하면 통합의 기본 관점, 통합의 대상 및 주체, 통합의 방법, 통합의 논리 면에서는 상이하지만 두 위대한 사상가의 근본 사상이 동일하므로 두 사상의 차이와 상이성은 오히려 통합 대상에 대한 온전한 통합적 비전과 통합적 해석을 제공하는 보다 완전한 통합 패러다임으로 될 수 있는 상보적 통합을 가능하게 한다는 사실을 발견할 수 있기 때문이다.

따라서 이 논고에서는 이 시대를 대표하는 통합사상가인 켄 윌버의 통합철학과 우리 민족의 위대한 불교 사상가인 원효의 화쟁철학을 개관하고 두 사상의 현대적 의미를 조명한 다음 화회사상과 통합사상의 관점에서 두 사상을 비교 해석함으로써 원효와 윌버의 근본 사상의 동일성과 상이성을 밝히고 두 사상의 상보성을 고찰하였다. 이를 바탕으로 오늘날 그리고 앞으로 올 '통합시대(Integral Age)'에 필요한 탈포스트모던적 완전한 통합철학으로서 두 사상의 상보적 통합에 의한 화쟁적 통합철학을 제안하고 기초 개념을 정초하는 데 연구 고찰의 의의를 두고 있다.

원효의 근본 사상

주지하는 바와 같이 7세기 통일신라 시기의 격변기에 살았던 원효(617~686)는, 중국의 송『고승전(高僧伝)』에서 그의 논소(論疏)가 해동소(海東疏)라고 불릴 만큼 동방의 성인으로 꼽혀 석가 이래 불교의 역사를 통틀어 인도의 용수(龍樹), 중국의 지의(智顗, 천대종의 개조) 또는 달마(達磨)에 비견될 정도로 중국 · 인도 · 일본 등에서 위대한 고승으로, 심지어 진나보살의 화신으로도 추앙받고 있는 세계 정신사에 우뚝 솟은 위인이다. 특히 한국 불교사에서는 최초로 우리 고유의 원통불교(圓通佛敎)와 민중불교의 토대를 확립하였고 교학(敎學)과 선학(禪學) 양면에서 최고의 이론가이며 실천가였다는 데는 어느 누구도 이의가 없을 것이다.

원효는 어려서부터 천재성과 구도심이 뛰어나서 삼장(三藏)을 두루 섭렵하고 소 · 대승의 모든 주요 경전과 중관 · 유식 · 화엄 · 천태 · 법상(法相) · 정토 · 인명(因明) 등 대승불교의 모든 종파의 경 · 론을 모두 통달한 후 이들에 대한 백부논소(百部論疏)를 소 · 론 · 종요(宗要) · 별기(別記) · 의(義) · 장(章) 등의 명칭으로 100여 부 240여 권에 이르는(현재는 대부분 소실되어 23부만『韓國佛敎全書』에 수록되어 있음) 방대한 저술을 하였다. 그가 특별한 스승도 없이 독학으로 삼장과 백부논소를 통달한 것도 놀랍지만, 찬술된 그의 모든 저술의 내용이 중국과 인도에서도 유례를 찾아볼 수 없을 정도로 독창적이며 독보적인 사상이라는 게 더욱 놀라운 점이다. 그는 대표적 주요 저술인 『금강삼매경론(金剛三昧經論)』, 『대승기신론소 · 별기(大乘起信論疏 · 別記)』, 『십문화쟁론(十門和諍論)』, 『열반경종요(涅槃經宗要)』, 『화엄경소(華嚴經疏)』 등에서 일관되게 흐르는 독창적인 사상인 화쟁 논리와 원융회통(圓融會通)하는 화회정신으로 백가의 이쟁(異諍)을 화해시킴으로써 일불승(一佛乘)의 대승교학(大乘敎學)의 독창적인 이론체계를 확립하였다. 뿐만 아니라 부처의 정법을 교화하고 실천하는 수행과 무애보살행을 통해 정토불교/민중불교를 전파시켜 한국 최초로 정토신앙을 민중 속에 토착화하는 데 헌신하였다.

원효의 거의 모든 저술이 화쟁 논리와 회통의 정신으로 일관하고 있는 것은 원효가 살았던 통일신라 전후 시기에 계속되는 삼국 간의 전쟁의 와중에서 민생은 피폐하고 국가는 위기에 빠지고 민족 간 갈등이 고조된 당시의 사상적 · 시대적 상황에서 그로 하여금 불교 교단 내 이쟁의 화해와 함께 같은 민족 간의 다툼을 화해시키는 화쟁과 회통의 필요성을 절감하고 실천하게 만들었던 것 같다. 백제나 고구려보다 늦게 6세기 초에 이차돈의 순교로 불교를 국교로 받아들인 이래 당시 중국에서 번성하던 소위 북방 대승불교의 다양한 소 · 대, 성(性) · 상(相)의 교파의 불교사상이 신라로 쏟아져 들어왔고, 특히 대승의 중관(中觀) 계통 교파와 유식(唯識) 계통 교파 사이의 유무 논쟁이 치열하던 시기였다. 당시 신라에는 아직 종파는 형성되지 않았지만 서로 문호를 달리하여 자신이 속하거나 공부한 일부 경론이 부처의 참 종지(宗旨)이고 전부인 양 부분적인 경전 지식에다 유무의 이원론적인 편견에 사로잡혀 쟁론을 일삼고 있던 상황에서 원효는 모든 분별과 상대적인 이원론적 집착을 타파하는 것을 사명으로 깨닫고서 모든 쟁론을 회통하게 하는 '일승'의 부처의 정법을 제대로 펼치고자 화쟁 논리와 화회의 정신으로 백부논소를 지어 이를 통해 원융회통하는 통불교 정신을 실천했던 것이다.

따라서 그의 거의 모든 저술에 한결같이 드러나는 귀일심원(歸一心源), 요익중생(饒益衆生)의 화쟁 논리와 정토사상이 그의 근본 사상의 압축이라고 말할 수 있다. 특히 그의 모든 저술의 기본 논리로 되어 있는 화쟁 논리와 원융회통의 화회정신을 볼 때 화쟁론(和諍論)이 그의 중심 사상이라고 말할 수 있을 것이다. 그리고 그의 화쟁 논리의 근거를 제공하는 귀일심원(歸一心源)의 일심(一心)사상이 그의 핵심 사상이다(이기영, 『불교연구』 11 · 12, 321). 물론 원효의 사상이 워낙 방대하고 심오하기 때문에 학자에 따라 그의 근본 사상을 일심사상, 여래장(如來藏)사상, 화엄사상 등으로 다르게 보기도 하지만 이는 주안점을 어디에 두고 보느냐의 차이일 뿐이다. 일심이나 여래장이나 화엄의 일미/일승법계(一味/一乘法界) 등이 모두 별개의 개념이 아니고 서로 언어적으로 은유하는 맥락이 다르긴 하지만 절대공(絶對空), 진여/자성(眞如/自性), 법성(法性)의 다른 표현이다. 동서양의 여러 전통 종교나 신비사상에서 보듯이, 그 차이는 힌두의 브라흐만같이 고정불변의 궁극의 실재를 의미하느냐 아니면 불교의 공(空) · 진여와 같이 고정불변의 실재가 아닌 궁극의 실재를 의미하느냐를 제외하고는 모두가 서로 다른 명칭의 궁극의 실재를 지칭하고 있고, 헤겔의 관념철학과 윌버의 자아초월/통합심리학 · 통합철학의 '영(Spirit)'과 회통하는 개념인 것이다.

대사상가 원효와 그의 위대한 사상의 특징을 한마디로 규정할 수는 없지만, 평생을 원효사상 연구에 바친 이기영 교수는 정법의 탐구자이며 정법의 실천자로서의 원효와 새로운 실천 명제의 도출에 의한 독특한 화쟁철학의 확립을 그의 사상의 특징으로 들고 있다(이기영, 『불교연구』, 308–328). 이 교수에 의하면, 원효는 파격적인 정진과 개합자재(開合自在)의 능력을 갖고서 항상 경전 연구를 참선수행과 파격적인 현실 참여와 병행하였다는 것이다. 특히 그의 『금강삼매경론』에는 화쟁의 이론과 실제가 참선수행(一味觀行)의 이론과 실제의 형태로 잘 나타나 있고, 그는 문자와 형식에 구애받지 않고 무애인(無碍人)으로 살았던 사람이고 정법의 실천자로서의 그를 무애의 도인, 대자유인이라고 명하는 것은 화쟁철학을 바탕으로 그가 제시하는 실천명제, 귀일심원 요익중생(歸一心源 饒益衆生)과 십바라밀다(十波羅密多)에 충실하게 살았기 때문이라는 것이다.

여기서는 이러한 관점과 원효의 근본 사상을 바탕으로 그의 화쟁사상을 중심으로 간략하게 개관하고자 한다.

원효의 화쟁철학 개관

앞에서 언급한 바와 같이 원효의 근본 사상의 핵심은 '화쟁'과 '회통'에 있다고 보아야 할 것이다. 회통은 그의 원통불교(圓通佛敎)의 구현 정신에서 나온 부처의 일승(一乘)의 가르침, 일미의 법해(法海), 일심의 근원으로 돌아가는 융화의 원리, 평등 평화의 원리이다. 앞에서 백가의 이쟁을 화해시키는 화쟁론도 회통 원리에 바탕을 두고 있음을 보았다. 따라서 그의 근본 사상의 핵심을 화쟁으로만 얘기하기보다 화쟁 · 회통, 즉 화회사상으로 보아야 할 것이다. 회통 원리와 이를 바탕으로 한 원효의 화회사상은 그의 전체 저술에 잘 나타나 있지만, 특히 『열반종요(涅槃宗要)』에는 화회의 논리, 즉 화쟁 논리와 회통 논법에 대해 구체적이며 체계적으로 다루면서 화회가 열반경의 일관된 진리체계임을 밝히고 있다.

요컨대 원효는 당시 인도와 중국 불교에서 유입된 대 · 소, 성 · 상의 모든 종파의 논사들의 쟁론이 신라에서도 계속 분열 대립되는 것을 보고 모든 이설이 회통되어야 할 필요성을 절감하고서 백부논소를 찬술하여 부처의 회통하는 교의에 따라 모든 쟁론을 부처의 일승의 불의(佛意)로, 즉 일심의 근원으로 일미의 법해(法海)로 회귀시키는 원융회통의 원리에 의해 화회사상을 확립하였고, 이는 한국의 원통불교의 초석이 되었고, 중국과 일본의 불교에도 많은 영향을 미쳤다.

원효의 화쟁관

애석하게도 원효의 화쟁사상의 진수를 담은 『십문화쟁론(十門和諍論)』은 산실(散失)되어 지금은 전 2권 중 해인사 잔간인 상권 중 4장[張, 전 5매(枚)]에서 판독한 10문(十門) 중 3문뿐이고 나머지 7문은 몇몇 학자에 의해 추정되고 있을 뿐이다. 그러나 '백가의 이쟁을 화해시킨다.'는 뜻을 담고 있는 화쟁에 대한 원효의 기본 관점과 논리는 그의 저서 거의 모든 곳에 나타나 있다. 특히 『열반종요(涅槃宗要)』, 『기신론소 · 별기(起信論疏 · 別記)』, 『금강삼매경론(金剛三昧經論)』 등에 화쟁의 근거, 화쟁이 필요한 이유, 화쟁의 논리, 화쟁의 방법에 대해 상세하게 나타나 있다.

먼저 원효는『열반종요』에서 “여러 불교 경전의 부분을 통합하여 만류(萬流)가 일미이듯이 불의(佛意)가 지극히 공정함을 열어 보여서 백가의 이쟁을 화해시킨다.[3)]”라고 말하고 있다. 그래서『열반종요』의 ‘일미의 법해로 돌아간다(歸萬流之一味).’는 것이 화쟁의 논리가 성립되는 근거가 됨을 알 수 있다. ‘一味’의 참뜻은 대승불교의 가장 궁극적인 비이원의 경지, 언설로 표현할 수 있는 모든 차별성을 떠난 ‘평등무차별’의 경지라고도 하는 진여/자성의 경지를 일컫는 심오한 말이다(최유진, 원효의 화쟁사상: 161).

켄 윌버도 주 저서의 제목을『켄 윌버의 일기(One taste, 一味)』로 할 정도로, ‘일미’가 그의 자아초월사상의 가장 핵심 사상이 되고 있으므로 불교사상을 자신의 근본 사상으로 하고 있는 윌버와 원효는, 당연한 말이지만, 궁극의 진리에 대한 동일한 사상적 기반 위에 있다는 것을 알 수 있다. 윌버의 ‘통합철학’의 최종 귀착지가 일미사상임을 보면 이는 원효의 화쟁의 성립 근거이며 종착점이 일미인 것과 동일하다.

반면에 원효는『대승기신론』을 가장 우수한 화쟁 논서로 평가하면서 그『별기』에서 “……바로 이 논(論)은 모든 논의 으뜸이요, 많은 쟁론의 평주(評主)이다.[4)]”라고 말하고 있다. 이 말은 화쟁을 이끌어 내는 증거가 되는 부분인데 이는 중관십이문론(中觀十二門論)의 철저한 부정론과, 유가론(瑜伽論) · 섭대승론(攝大乘論) 등의 철저한 긍정론을 회통하는 논서로서 기신론(起信論)을 예찬하는 서술이다(이죽내, 1991: 22–23).

원효는 일미와 일심을 회통하게 사용하는데 이는 켄 윌버에게서도 볼 수 있다. 윌버는 비이원의 궁극의 경지를 일미로 표현하고 ‘절대영’에 대응되는 여러 종교, 신비사상, 형이상학에서의 용어들도 회통하게 사용하면서 일심(Mind)도 자주 언급하고 있다.

원효의 일심에 대한 기본 인식은『기신논소(起信論疏)』의 다음 글에서 잘 나타나 있다. “무엇을 일심이라 하는가? 이런 바 더럽고 깨끗한 모든 현상이 그 성(性)이 둘이 아니며, 진(眞)과 망(妄)의 2문을 다른 것이 있다 할 수 없으므로 하나라고 이름한다……. 이 같은 도리는 언어를 벗어난 것이요 생각이 끊어진 자리에서 어떻게 보아야 할지 알 수가 없으나, 억지로 이름하여 일심이라고 불러 본 것이다."[5)]

이와 같이 원효가 깨달은 일심의 구조는 진여와 생멸, 세속과 열반이 일심에서 하나로 만나는 그런 것이다. 그래서 원효는『기신논소』여러 곳에서『기신론』사상의 요체를 일심이문(一心二門)에 있다고 보고 이문을 심진여문(心眞如門)과 심생멸문(心生滅門)으로 구분하고 있다. "진여문(眞如門)은 청정무구한 열반의 세계이고 생멸문(生滅門)은 염정오탁의 세속의 세계이다. …… 이러한 진여, 생멸의 이문은 모두 일심에서 나와서 본성과 생멸상의 구별로 나누어진다……."라고 말하고 있다.[6)] 그러므로 "펼침과 합함이 자재(自在)하고 주장하고 반대함이 걸림이 없으며, 펼쳐도 번잡하지 아니하고 합하여도 좁지 아니하며, 주장하여도 걸림이 없고 반대하여도 잃음이 없는 것"[7)]이 일심이라고 한다고 말한다. 따라서『기신논소』에서 말하는 일심의 개합자재(開合自在) 입파무애(立破無碍)의 속성이 화쟁 논리의 방식이 되고 모든 쟁론을 화해하고 회통하게 하는 논리적 근거가 되는 것이다. 물론『금강삼매경론』의 귀일심원 요익중생(歸一心源 饒益衆生)의 무이이부수일(無二而不守一) 사상을 화쟁의 이면성의 논리 구조로 보는 관점도 있다(사토시게기, 1995: 363-388).

여기서는 원효의 화쟁적 언어관과 화쟁 논리, 화쟁 방법에 대해서는『원효연구론선집』에 수록된 최유진을 비롯한 여러 필자의 화쟁론 연구논고들과 본 논고에서 인용하고 있는 논고들을 참고하여 간략하게 소개하였다(원효연구론선집).

원효의 화쟁적 언어관

원효의 화쟁 논리에 대해 제대로 이해하려면 먼저 그의 중도적이고 무애회통하는 독특한 언어관에 대해 이해할 필요가 있다. 왜냐하면 화쟁이란 결국 언어로 쟁론을 화해시키는 일이고, 쟁론을 하게 되는 이유도 모든 경전의 내용이 얼핏 서로 모순되어 보이는 문자적 표현으로 되어 있어서 언어의 의미를 고정된 개념으로 이해하는 사람들은 경전의 고정된 문자적 의미에 집착하게 되고 자신의 이해와 해석만이 옳다고 주장하는 편견과 그릇된 인식을 갖기 때문이다. 그러나 이 논고의 범위를 벗어나는 원효의 언어관을 여기서 상세하게 논할 수는 없기 때문에 그의 화쟁 논리를 이해하는 데 필요한 언어관의 본질만을 소개하고자 한다.

무엇보다 화쟁을 하기 위해서는 이쟁(異諍)을 화해시킬 수 있는 언어적 논리가 필요하고 그것도 대립하는 쌍방이 모두 받아들일 수 있는 어법과 언어적 태도가 요구된다. 원효의 저술에 나타난 그의 언어관을 보면 그는 특히 당시 대승불교의 양대 산맥인 중관파(中觀派)와 유식파(唯識派) 사이의 대립을 화쟁하는 것이 주된 화쟁의 대상이었으므로 우선 중관과 유식의 언어관을 받아들여 이를 바탕으로 한 걸음 더 나아가 중도적이면서도 긍정적이고 회통하는 언어관으로 모든 이론을 화해시켜 일미로 귀결시키는 무애회통적 언어관(無碍會通的 言語觀)을 확립했다.

먼저 원효는 말(文/名言)과 뜻(義/義言)의 관계에 대해 『금강삼매경론』의 여러 곳에서 말(言說)이 상법(常法)의 참뜻을 드러낼 수 없음을 보이기 위해, '표시하는 것이 말이고 표시되는 것이 뜻이라 한다.'고 말하고는, "언설이 아니며 문자가 아니며란 능동적으로 설명하는 것이 명언을 끊었기 때문이며, 진리(諦)가 아니며 해탈이 아니다란 설명되는 것이 의의(義意)를 벗어났기 때문이다."[8]라고 하면서, 불변의 법성(常法)이 무엇인지는 언설의 명언과 실의(實意)로는 드러낼 수 없으며, 말과 뜻은 서로 일치될 수도 없고 그 관계는 고정 불변이 아니고 서로 상대적이고 상호 의존적임을 강조하고 있다.

『기신논소』에서 원효는 말(言)과 말이 끊어짐(言絶)의 역설을 극명하게 보여 주는데, "이치는 말을 끊는 것도 아니고 그렇다고 말을 끊는 것이 아닌 것도 아니다. 이런 까닭에 이치는 또한 말을 끊는 것이기도 하고 끊지 아니하는 것이기도 하다."[9] 따라서 원효는 『금강삼매경론』에서 명(名)과 의(義)가 서로 객(客)이 된다(名與義互爲客故)라고 하듯이 이는 또 (유비적으로) 기표(記表)와 기의(記意)가 서로 객이 된다는 뜻이고 그래서 언어와 이치가 서로 객이 된다고 얘기할 수 있다.

그래서 원효에게는 절언절려(絶言絶慮), 언어도단, 불립문자(不立文字)인 상법/

진제(常法/眞諦)의 경지를 말로 표현할 수 있는지 없는지 여부에 관련되는 이언/의언(離言/依言)의 문제가 생기게 된다. 이언(離言)이란 상법/진제는 뜻을 떠나 있다는 것을, 그래서 언어가 그 참뜻을 드러낼 수 없다는 것을 말한다. 의언(依言)이란 이치는 말로 표현할 수 없다고 하지만 말을 떠나서는 어떤 이치도 존재할 수 없고 말로 표현할 수밖에 없다는 것이다. 나아가 원효는 말로 이치를 표현할 수 있다고(得意而言) 말하기도 한다. 원효는 『십문화쟁론』에서 "나는 언설(言說)에 의지하여 절언(絶言)의 법을 보이고자 한다. 이는 손가락(말)을 의지하여 손가락이 가리키는 달(진리/이치)을 보게 하는 것과 같다."[10]라는 것이고 언어의 도구적 매개성을 인정한다는 것이다. 말하자면 언어와 이치는 전혀 같은 것도 아니고 다른 것도 아닌(非同非異) 관계라는 것이다. 이는 또한 『금강삼매경론』에서 부처의 언어는 "뜻의 말이지 문자가 아니며, 중생의 언어는 문자의 말이지 뜻이 아니다."[11]라고 한 것같이 의어(義語)는 손가락으로 달을 가리키듯 말로 이치를 표현할 수 있다는 것을 말하는 것이다. 결국 말을 떠난 진리를 말로써 가리키는 관계가 바로 이언의언(離言依言)의 관계이고 '이언도 의언의 테두리 안에서 가능하고 언어는 언어가 아니다.' 하는 역설적인 표현이 가능하고 이로써 "말로써 말을 버리는(因言遣言) 경지에 이르게 되는 것이다."[12]

이상과 같은 원효의 언어관이 그의 화쟁에 어떻게 나타나는가를 살펴보자. 그의 이언의언/득의이언(離言依言/得意而言)이라는, 즉 말로써 이치를 표현해 낼 수 있다는 것은, 『기신논소』에서 부처의 가르침, 진리가 다양하게 논의되는 여러 학파의 말 속에 들어 있다라는, 즉 "대승의 체는…… 현묘하고 현묘하나 어찌 만상의 밖에 벗어나 있으랴. 고요하고 또 고요하나 오히려 백가의 언설 안에 있다." 라는 데 그대로 나타나고 있다.[13] 말하자면 이는 백가의 제반 학설이 비록 부분적이나마 나름의 가치와 의미를 다 갖고 있다는 말이 된다. 이는 또한 켄 윌버의 통합철학에서 말하는 '모든 진리 주장은 비록 부분적이지만 옳다.'는 관점과 같은 맥락이다. 원효는 백가의 모든 말이 다 부처님의 말씀인 의어일 수는 없다는 것이다. 그런데도 백가의 말 속에 진리가 들어 있다고 말할 수 있는 것은 어떻게 가능한가? 이는 원효가 『열반종요』에서 불성(佛性)에 대한 여섯 가지 이론을 얘기한 뒤 경전을 인용하여 장님이 코끼리 만지는(群盲說象) 비유를 들어서, 장님이 부분적인 코끼리(佛性)를 말할 수밖에 없듯이 언어는 근본적인 한계가 있지만 언어가 이치와 따로 독립적으로 존재하는 것이 아니므로 장님이 코끼리를 말하는 것도 그런대로 의미가 있다는 것이다.[14)]

마지막으로 화쟁은 언어로 하는 것이기 때문에 어떤 태도로 어떤 표현 방식으로 말해야 의견이 같거나 다른 사람들을 이(理)를 잃지도 정(情)을 잃지도 않으며 화해시킬 수 있는가의 문제가 남는다. 이에 대해 원효는『금강삼매경론』에서 동의하지도 않고 이의를 제기하지도 않으며 설한다(非同非異而說)는 자세와 방식을 분명히 하고 있다. 결국 동의하고 동의하지 않음의 문제는 언어의 성격을 잘 알아서 표현해야 하고 또 그 사람의 태도도 잘 감안해서 뜻을 살펴 이야기를 인정해 주어야 한다는 것이다.[15)]

요약하자면, 원효는 승의제(勝義諦)의 경지는 절언절려(絶言絶慮)라 해도 '이언의언/득의이언/이언견언(離言依言/得意而言/以言遣言)'이라는 탁월한 언어 이해를 바탕으로, 백가의 교의의 모든 방편문(方便門)은 일승으로 귀결되고 만류(萬流)가 일미의 법해로 돌아가 결국 모두가 일심이문(一心二門)의 불이평등적(不二平等的)으로 무차별하게 되므로 '부처의 정법이 백가지담(百家之談) 속에 다 들어 있다.'는 원융회통하는 언어로 화쟁에 임했던 것이다.

원효의 화쟁 논리

이러한 화쟁관에 따라 원효가 화쟁을 하는 논리는 '극단(極端)을 떠남'과 '긍정과 부정의 자재(自在)'의 두 가지 논법으로 압축할 수 있다(최유진, 1998: 87–109).

첫째, 원효가 말하는 '극단을 떠난다' 함은 단순히 극단적인 말이나 표현을 떠난다는 뜻이 아니다. 원효가 보기에 모든 다툼은 사람들이 [법집(法執)의] 번뇌와 집착에 빠져 있어 단정하고 자기 주장만을 하기 때문에 번뇌와 집착을 없애는 게 화쟁(和諍)의 근본 해결 방법이라는 것이다. 하지만 그것은 개개인의 근기(根器)의 수준과 번뇌 집착의 정도에 따라 해결이 쉽지 않은 문제이기에, 원효는 우선 일차적으로 (절언절려/이언의언이라는) 언어의 한계를 이해시켜, 즉 말 자체는 진리가 아니고 말과 뜻 사이의 상호 의존적 관계를 잘 이해시켜서 어떤 말이나 개념(義)들이 다 상대적으로 성립함을 지적해서 한쪽에 대한 집착을 버리게 하면서 또 다른 극단도 버리도록 하고 있다. 요컨대 한 극단을 버려야 한다면 그것의 상대로서 성립하는 또 다른 극단도 버려야 하는 것임을, 즉 상대적으로 성립하는 개념들에 절대적 집착을 해서는 안 된다는 것이다. 원효는 그의 저술의 여러 곳에서 극단을 떠남을 강조하는데, 특히 유 · 무의 쟁론이 중관과 유식 사이의 주요 쟁점이었던지라 이에 대해 유와 무가 상대적으로 성립하고 유가 있으므로 무가 있고 무가 있으므로 유가 있다는 화쟁 논리를『무량수경종요(無量壽經宗要)』[16]에서 분명히 말하고 있다. 요컨대 그 논지는 유 · 무의 관계는, 유가 아니면 무인 관계가 아닌, 유가 없으면 무도 없는 상호 의존적이고 상대적인 관계라는 것이다. 그렇지 않으면 극단에 떨어진다고 비판한다. 즉, 유가 아니라고 함은 유를 불변의 실재로 받아들여서는 안 된다는 말이기 때문에 다른 실재인 무를 인정하는 것으로 받아들이게 된다는 것이다. 그렇다면 유라는 실재적 본질이 부정된다면 무도 동시에 부정되어야 하고 이런 맥락에서 중도도 실재가 아니라는 것을 이해할 수 있다. 중도도 유 · 무와 상대적으로 성립하는 것이므로 그것도 불변의 실재로 생각해서는 안 된다는, 즉 '이변비중(離邊非中)'이라는 것이다(김상현, 1995: 341, 356). 이 말은 모든 상대적인 차별상(差別相)이 다 상대적이고 상호 의존적으로 성립하므로 어느 한 극단만을 주장하는 것은 집착이고 극단을 떠난다 함은 곧 집착을 경계한다는 말이 된다. 그런데 이와 같은 논리는 양쪽을 다 긍정하는 단초를 제공한다고 볼 수 있다. 유라고만 할 수 없는 이유가 무에서 주어지고 무라고만 할 수 없는 이유가 유에서 주어지기 때문이다. 이는 유라고도 무라고도 할 수 없지만 다른 한편으로는 유라고도 무라고도 말할 수 있는 계기가 그 안에 담겨 있기 때문에 여기에서 원효의 긍정과 부정의 자재라는 화쟁 논리가 생겨난다. 원효의 화쟁 논리가 이중부정/이중긍정(二重否定/二重肯定)의 긍정과 부정의 자재(自在)의 논리 구조로 되어 있는 연유가 바로 여기서 비롯되는 것이다.

둘째, 이와 같은 유·무의 논쟁뿐 아니라 원효는 모든 이쟁의 화쟁에서 긍정과 부정이 자재해야 함을 보여 주고 있는데, 그 이유는 바로 언어의 한계를 드러내기 위해 부정의 형식으로 표현하지 않을 수 없고 이는 오히려 긍정을 말하는 이유가 되기 때문이다. 즉, 이중부정의 아닌 것이 아님을 표현할 때 긍정으로 나타나기 때문이다. 언어적 차원에서 보면 언어로 표현되는 모든 차별상은 상대적으로 성립하므로 긍정과 부정이 자재로 될 수밖에 없다. 부정을 하는 이유가 집착을 버리게 하기 위해서이지만 아니라는 것에 대한 집착도 또 다른 집착이기 때문에, 즉 극단을 떠나라고만 강조한다면 그것도 또 다른 극단이 될 수 있다. 즉, 부정 일변도로는 극단을 떠나거나 집착을 버릴 수 없다는 것이 원효의 화쟁의 기본 논리이다. 이와 같이 긍정과 부정을 자재로 함이 중요하다는 것을 강조한 것은 이미 앞에서 언급한『기신론별기(起信論別記)』의 서문에 잘 나타나 있다.[17] 긍정이 극단으로 가서 부정되어 버리고 부정이 극단으로 가서 긍정되게 한다는 점에서『기신론』이 '제론(諸論)의 조종(祖宗)이요 군쟁(群諍)의 평주(評主)'가 된다는 점을 높이 평가하고 있는 것이다.

긍정과 부정을 자재로 하는 이유는 앞에서 언급했듯이 사람들이 언어의 한계, 즉 절언절려/이언의언이라는 언어의 특성을 제대로 이해하지 못하고 문자의 언어(文語)는 부처가 정법을 설한 언어(義語)와 다름(非文語非義 非義語非文)을 알지 못하기 때문이다. 즉, 손가락으로 달을 가리킬 때 손가락[文字]과 달[진리]을 구분하지 못하고 손가락에만 집착하기 때문이다. 원효는 구체적으로 부정에서 어떻게 긍정의 계기가 마련되고 또 어떻게 그것이 자유롭게 구사되는가를『열반종요』에서 잘 보여 준다.[18] 종요에 보면 원효의 비공(非空) 또는 비불공(非不空)같이 부정을 나타낸 말이 긍정으로 전환되고 있는데 이것은 공(空)이 아니니까 불공(不空)으로 되는 것이 아니라 공이 아니니까 불공도 아니라는 것이 원효의 기본 논법이다. 즉, 공이 아니기 때문에 실유(實有)라는 말이 아니라는 공의 상대개념으로 돌아가 버리는 게 아님을 알아야 한다. 다른 모든 부정과 이중부정도 마찬가지 논법이다.

마지막으로, 원효의 화쟁 논리에서는『열반종요』와『십문화쟁론』의 비연비불연(非然非不然)의 문제에서도 '그렇지 아니하고 그렇지 않은 것도 아님'의 긍정과 부정의 문제로 전환시키는 논법을 볼 수 있다.[19] 보통은 비연비불연이라고 하면 부정에 또 부정을 하는 것인데 원효는 아니라고 하면 아니라고 하는 것에 또 집착하므로 그것을 부수기 위해 아닌 것도 아니라고 하는 비연비불연의 표현을 사용하는 것이다. 긍정의 표현 자체가 집착을 버리게 하기 위한 것이고, 이것은 곧 긍정에도 부정에도 다 집착해서는 안 된다는 것이다. 이러한 긍정과 부정의 자재의 논법은 대긍정의 태도를 이끌어 내는 방법이기도 하다.

화쟁 방법

다음에 이러한 화쟁 논리에 의해 원효가 화쟁을 해 나가는 방법, 즉 화쟁 방법은 '동의도 않고 동의하지 않지도 않으며 설함(非同非異而說)'과 '경전 내용에 대한 폭넓은 이해'를 기본으로 하고 있다(최유진, 1998: 101-109).

첫째, 원효는 '동의도 않고 이의(異意)도 제기하지 않으며 설함'을 화쟁의 방법으로 사용하고 있다. 화쟁이란 이견으로 대립하는 상대들의 쟁론을 화해시키는 것이므로 쟁론이 되는 문제에 대한 화쟁자의 태도, 즉 자신의 동견(同見)과 이견을 어떻게 드러내는가의 태도가 화쟁을 하는 방법으로서 매우 중요한 문제로 될 수 있다. 왜냐하면 화쟁자가 쟁론의 어느 한쪽에 동의하거나 이의를 제기하면 화쟁 자체가 이루어질 수 없고 그렇게 되면 그것은 회쟁(廻諍)의 문제로 되기 때문이다. 그래서 원효는 '동의도 하지 않고 이의도 제기하지 않으며 설한다.'는 방법을 사용하고 있고, 이에 대해 『금강삼매경론』에서 다음과 같이 분명하게 밝히고 있다. "만일 여러 가지 다른 견해가 엇갈려 쟁론하고 있는 때에 유견(有見)에 의해 설한다면 공견(空見)과 다를 것이요, 또 만일 공집(空執)에 동의하여 설한다면 유집(有執)과 다른 것이다. ……이런 까닭에 동의도 하지 않고 이의도 제기하지 않으면서 설한다, 동의하지 않는다 함은 말 그대로 모두 용납되지 않기 때문이고, 동의하지 않는 것이 아니라고 함은 그 뜻을 살펴서 들으면 허용되지 않는 바가 없기 때문이다. 동의하지 않는 것이 아니기 때문에 정(情)에 어긋나지 않고 동의하지 않기 때문에 도리에 어긋나지 않는다. 정에 있어서나 이(理)에 있어서나 서로 어긋나지 않는다."[20]

여기서 원효가 '동의하지도 않는다(非同).' 함은 말(名言) 그대로 취하면 모두가 용납되지 않기 때문이다. 앞에서 말했듯이 문자 언어는 진리 자체가 아니므로 말 그대로 취하면 잘못에 빠지게 되고 그렇기 때문에 동의하지도 않는다는 것이다. 반대로 원효가 '동의하지 않지도 않는다(非異)'라 함은 그 뜻을 살펴서 들으면 모든 것이 용납되기 때문이다. 즉, 말[문자]을 보지 않고 그것이 가리키는 뜻[진리]을 보면 다 부처의 정법에 대한 방편설일 수 있기 때문에 용납되고 그러니 나름대로 부분적이지만 옳은 데가 있기 때문이라는 것이다. 이것은 켄 윌버의 '모든 것은 부분적이지만 옳다.'는 진리에 대한 관점과 정확히 일치하는 말이다. 이렇게 함으로써 도리와 정에 어긋나지 않게 되고 그래서 화쟁의 논리가 설득력이 있으면 진정한 화해가 가능하기 때문에 화쟁의 방법으로서 화쟁하는 사람의 언어 표현의 태도도 중요함을 말하고 있는 것이다. 그래서 원효는 『법화종요(法華宗要)』에서 "그르다고 말하는 것이나 말대로 취하지 말라고 하는 것의 두 말이 다르지 않다."고 말하고 있는데, 부정을 하는 것이나 말 그대로 취하지 말라는 것은 모두 집착을 버리기 위함이므로 결국 집착을 버리게 하고자 하는 면에서 같다는 말이다. 화쟁을 할 때는 동의하거나 동의하지 않거나 어느 쪽에서든 문제가 되므로 동의하고 동의하지 않음의 둘 모두를 떠나서 자유로운 입장에서 화쟁을 해야 화쟁하는 사람이 집착 없는 상태가 된다는 것이고 이것이 화쟁의 전제가 된다는 것이다. 그러나 아무렇게나 동의하지도 동의하지 않지도 않는 게 아니라 일심의 근원으로 돌아가(一心之源) 보기 때문에 그렇다는 것이다.

둘째, 원효는 '경전 내용에 대한 폭넓은 이해'를 화쟁의 방법으로 강조하고 있다. 쟁론을 일삼는 사람들 중에는 자신이 아는 일부의 경전 내용에 대한 낮은 소견을 갖고 그것에 집착하는 사람들이 의외로 많다. 그런 사람들에게는 부처의 정법이 근기(根器)와 대상에 따라 다양하게 여러 경전과 논서에 교설되어 있음을 가르쳐 주어 진리에 대한 낮고 부분적인 소견에서 벗어나 보다 넓고 깊은 전체적인 이해를 하도록 고쳐 주고 인도하는 것이 화쟁의 방법이다. 이것도 원효의 진리에 대한 득의이언(得意而言)적인 언어의 진리 전달 기능을 긍정적으로 인정하는 측면이라고 볼 수 있다. 다만 부처의 가르침에 대한 일부 경전의 부분적인 내용에만 집착하지 않으며 내용 자체를 올바르게 이해하는 게 중요하다고 보고 그의 저술 전반에 걸쳐 여러 경전에 대한 해박한 이해를 바탕으로 여러 쟁점에 대해 각각의 경우에 알맞게 설명하고 있는 것을 볼 수 있다.

『열반종요』의 회통문(會通門)에서 원효는 다양하게 나타나는 표현을 어떻게 회통적으로 이해해야 하는가의 문제를 다루고 있다.[21] 같은 말을 설명하는 글들이 서로 다른 경우와 같은 뜻인데도 문구가 서로 다른 경우에 회통하는 방법에 대해 언급하고 있다. 경전상에서 같은 문제에 대해 다르게 설명되는 이유는 글의 맥락이 다르거나 말을 듣는 대상이 다르기 때문에 같은 대상에 대해 달리 설명할 때도 있고 다른 표현이지만 결국 같은 것을 의미하는 경우도 있다는 것이다. 경전의 내용에 대해 이와 같이 폭넓고 깊게 이해하는 것도 화쟁의 방법이라는 것이다. 원효의 경전에 대한 회통하고 해박하며 깊이 있는 이해와 해석은 후술할 윌버의 통합철학에서 온수준 · 온분면 · 온계통 등을 모두 회통하고 포괄적으로 깊이 있게 통합하는 AQAL 통합 패러다임의 '통합지도' 내용의 온전한 이해와 같은 맥락임을 알 수 있다.

원효의 화쟁사상의 현대적 의의 및 전망

앞에서 이미 언급한 바와 같이, 원효사상의 현대적 조명을 통해 그 현대적 의의를 다양한 각도에서 밝히고자 하는 연구는 상당수 시도된 바 있다(원효사상선집 2). 그런 연구 중에 원효의 화회사상/화쟁 논리와 그의 무애회통적 언어 논리는 불교만이 아닌 다른 종교들 사이의 대립 갈등의 화해나 정치 사회 이념의 갈등, 분열의 화해 등에 적용 가능하다는 관점에서 시도된 연구도 적지 않다(원효연구론선집). 특히 김상현은 원효사상을 연구사적으로 검토하는 논고(김상현, 1995)에서 여러 학자의 원효사상의 타 분야로의 확장 적용에 대해 고찰하면서 원효의 교학이 긍정과 부정, 수용과 비판에 자유로울 수 있는 보법교판(普法教

判) 논리로 되어 있어 오늘날의 학문 방법과 관련하여 의미를 부각했다. 오강남은 원효사상이 현대 사회학과 어떻게 연관되는가에 관한 논고(오강남, 1987)에서 원효의 화쟁사상과 다원주의적 성격, 보법(普法)사상과 통합적 시각, 여래장사상과 민중사회학적 방향 등 사회학적 문제에 적용 가능성을 고찰한 바 있다. 그리고 이기영은 세계와 인생을 화쟁의 공동체로 보는 것이 원효에게서 강조되는 사상이라는 면에서 원효사상을 오늘의 종교적 · 정치적 · 이념적 갈등, 분열을 해결할 수 있는 대안으로 보았다(이기영, 1967: 161). 김형효는 원효의 정신을 오늘에 일반화하려는 의도로 쓴 「원효사상의 현대적 의미와 한국 사상사에서의 위치」라는 논고에서 원효사상의 현대적 의미는 '공화(共和)의 이념과 화합(和合)의 논리와 정신'이라고 보고 두 가지를 융화하지만 결코 하나로 획일화하지 않는 원효의 화쟁정신은 현대 민주주의 정신을 더 풍요롭게 해 주는 데 큰 도움을 준다고 보았다. 한상우는 원효의 사상과 생애에 대한 해석학적 분석에서 원효 철학의 핵심인 화쟁 논리는 자유의 이상에 기초해 있다는 점과 그 삶과 사상이 바로 자유정신의 구현이라고 보았다(김형효, 1987: 한상우, 1990).

이상의 여러 필자에 의한 원효의 사상, 특히 그의 화쟁론의 현대적 해석이나 적용 시도는 아직은 미흡하지만, 이 연구들이 시사하듯이 원효의 회통정신과 이에서 나온 화쟁 논리는 해체와 대립/갈등/분열만 있고 깊이가 있는 온전한 통합은 거의 없는 오늘의 혼돈 시대에 진정한 통합적 비전을 제시하고 있는 켄 윌버의 통합철학과 상보적으로 통합하면 화해와 통합의 시대를 여는 화회적 통합 패러다임이 될 가능성이 있음을 보여 주고 있다. 왜냐하면 주지하는 바와 같이 과학기술의 혁명(양자혁명/DNA혁명/컴퓨터혁명)으로 과학기술이 모든 것을 지배하면서 정신 차릴 수 없을 정도로 급속하게 변하는 디지털 정보화 시대로 진입하는 21세기 초에 우리 인간의 의식은 영성을 상실하고 점점 더 평원화되어 가면서 지금 지구촌은 실증적 경험 과학주의가 초래한 내면세계의 붕괴와 이로 인한 가치권의 분열이 점점 더 심화되어 가는 가운데, 과학과 종교의 대립, 종교와 종교의 대립, 좌파와 우파의 대립 등 정치 · 경제 · 사회 · 문화 · 도덕 등 전반에 걸친 전근대 · 근대 · 탈근대 사상 사이의 지역 · 국가 · 민족 · 계층 간 대립 갈등은 더욱 심각해지고 있고, 자라나는 디지털 세대마저도 이러한 하강적 황량한 디지털 문명이 초래한 평원적 디지털 사고에 점점 더 중독되어 가고 있는 게 오늘의 현실이기 때문이다. 따라서 하강적 해체 · 대립 · 갈등의 상극과 혼돈의 시대 상황에서 벗어나 화해와 상생의 문명으로 전환하기 위해서는 화해와 포용, 상생의 패러다임이 절실하게 필요하다. 그렇기 때문에 단순한 통합 패러다임이 아닌 우리 모두가 공감할 수 있고 그 어느 주체나 대상도 배제하거나 거부하지 않는 완전한 포용과 포섭의 원리와 논리가 필요한 것이다. 이러한 관점에서 볼 때 원효의 화회사상이야말로 그 적용 대상을 불교적 진리만이 아닌 '궁극의 진리'나 상대적 진리 인식에서의 대립이나 분열의 원인이 되는 모든 분야의 문제로 확장하여 모든 이설 사이의 대립 쟁론을 화해시키는 통합적 해석 논리로서 누구나 공감할 수 있는 논리와 논법을 갖추고 있다고 본다. 따라서 원효의 화쟁적 언어관, 화쟁 논리/화쟁 방법은 현대적 화회사상으로서 다음과 같이 현대의 대립 갈등이 심각한 여러 분야의 이쟁을 화해시키는 패러다임이 될 수 있다.

첫째, 세계의 주요 전통 종교들의 각 종교 내 종파/교파들 사이의 신학이나 교리 해석을 둘러싼 대립 갈등은 원효의 불교에 대한 회통적 화쟁 논리가 그대로 적용될 수 있는 분야이다.

둘째, 포스트모던 종교사상으로서의 종교 다원주의가 점차 확산되면서 주요 전통 종교 간의 대립 갈등이 완화될 조짐이 보이지만 아직도 종교 간의 벽은 높고 종교 간의 대립, 불신, 특히 이슬람과 기독교 사이의 갈등과 상호 불신은 오늘날에도 지속되고 있고, 이러한 대립으로 인한 문명의 충돌은 테러리즘과 끝없는 전쟁의 한 원인이 되고 있다. 따라서 원효사상은 이와 같은 종교 간 불신의 벽을 허물 수 있는 강력한 회통 원리와 화쟁 논리로 그대로 적용될 수 있다.

셋째, 오늘날 과학과 종교 사이의 대립만큼 심각한 이념적 갈등 문제는 흔치 않다. 현대 과학의 시녀로 전락한 현대 철학이 무기력해지면서 정신은 육체의 뇌신경 생리 기능의 부수 현상 정도로 설명되고 종교와 영성은 영생을 희구하는 인간들의 환상적 자기 투사 정도로 보는 과학주의가 모든 이념과 사상의 평원화를 가속화하고 있다. 정신세계가 육체(H/W)의 부수 현상으로 전락한 현실에서 이안 바버(2002)가 말하는 과학과 종교의 사이좋은 공존이나 켄 윌버가 말하는 과학과 종교의 통합 담론은 윌버 스스로 인정하듯이 서로가 조금씩 상대를 인정하며 양보하지 않는 한 거의 기대할 수 없다(Wilber 저, 조효남 역, 2000). 그러나 현대 과학이 물질적 수준이 아닌 깊이 있는 궁극의 실재를 언급할 수 있다는 논변에 반대하고 있는 켄 윌버와는 달리, 오늘날 양자물리학의 영점장 이론에 대한 환원주의적 해석을 제외하면, 슈퍼스트링[초끈(M)] 이론에서 나온 우주 탄생의 '판충돌이론'에서는 이미 상위의 영적 존재 차원을 언급하고 있다. 더구나 신물리학/양자역학에서 나온 일반 장(場)이론, 일반 시스템이론, 형태형성장이론, 일반 파동/주파수 패러다임, 전일론(holism), 홀론/홀라키 원리, 홀로그래프 패러다임 등의 신과학/신물리학의 패러다임은 일즉다(一卽多) · 다즉일(多卽一), 일중다(一中多) · 다중일(多中一), 상즉(相卽) · 상입(相入), 상의(相依) · 상관(相關)의 화엄적 실재관과 근접하고 있으므로 본질적으로 원효의 화쟁철학의 근거가 되고 있는 귀일심원(歸一心源), 귀만류지일미(歸萬流之一味)와 같기 때문에 원효의 화쟁 논리에 의해 화회적으로 과학과 종교의 통합, 즉 진리의 지도에 대한 화쟁적 통합 해석이 가능하게 된 것이다.

그 외에도 정치, 사회, 경제, 문화 등 제 분야의 이념/사상의 대립 갈등의 해소와 화해도 화쟁 논리에 의해 가능하다. 하지만 앞에서 언급한 남북통일 문제나 사회 통합, 정치 통합 같은 분야에의 화쟁사상의 응용에 대한 연구에서 간과한 것은 이념의 통합은 '궁극의 진리'에 관련되는 통합의 문제가 아니므로 통합의 주체들이 받아들일 수 있는 진리의 '통합지도(패러다임)'가 있어야 한다는 사실이다. 이에 대해서는 제1부에서 상술한 윌버의 AQAL 통합 패러다임 같은 현대적 통합철학으로 원효사상을 보완하면서 모색해야 할 문제이다.

윌버의 통합철학

이미 제1부의 켄 윌버의 사상에서 상세하게 소개한 바와 같이, 윌버의 성숙한 제4기 사상(윌버모형 IV)을 담고 있는 그의 최근의 여러 저서에서 제시하고 있는 심층적이고 포괄적인 통합적 진리관인 AQAL Matrix모형의 핵심은, 전근대의 전승 지혜의 최상인 '영원의 철학'의 존재의 대사슬/대둥지를 '영'의 진화발달적 전개로 보는 '신영원의 철학적(neo-perennial philosophy)' 인간 의식 발달의 모든 단계/파동/수준의 온수준 그리고 근대 정신의 최상이라고 보는 3대 가치권(과학 · 도덕 · 예술, 나 · 우리 · 그것, 진 · 선 · 미……)의 사분면적(내면적/외면적, 개인적/집합적) 차별의 측면이며 '온우주의 네 코너'로서의 온분면 그리고 탈근대 사상의 최상으로서의 인간 의식 · 사상/이론/사조 발달의 다양한 조류 · 계통을 탈근대 정신의 해석학 · 맥락주의 · 구성주의에 의해 포용하고 통합하는 온계통과 인간 의식의 온상태 및 온유형의 통합을 기본 바탕으로 하고 있다.

그의 AQAL메타이론은 사변적 사유에서 나온 것이 아니라 전근대의 전통 지혜와 근대 · 탈근대의 지혜에 대한 깨달음에서 나온 사상이므로 '모든 것'에 대한 비전-논리적 통합적 비전을 가지고 궁극의 진리로 나아가는 지혜를 담고 있는 온전한 '안내지도'라고 말할 수 있다. 이러한 그의 통합사상의 지혜의 뿌리를 보여 주는 것으로 『켄 윌버의 일기』와 그의 영적 깨달음에 관한 가르침의 정수를 뽑아 놓은 『존재의 단순한 느낌(The Simple Feeling of Being)』(2004)에서 보면, 절언절려/언어도단의 진리를 원효가 이언/의언(離言/依言)의 언어로 표현하듯이 원효의 일미/일심사상과 동일한 불교의 일승불(一乘佛)사상의 회통하는 진리관으로 윌버도 언어로 표현할 수 없는 경지를 절묘하게 언어로 표현하면서 그의 통합적 진리관과 궁극의 진리에 대한 '안내지도'를 설명해 주고 있다. 『존재의 단순한 느낌』에서 마크 팔머 등이 언급하듯이, "그의 모든 저술(에 담긴 그의 사상)은, 궁극적으로는 영적 수련과 마음속의 몸, 혼 속의 마음, 영 속의 혼의 황홀한 통로를 통해 드러나는 진리에의 참여에 근본 바탕을 두고 있다……. 그의 노력은 모든 중생을 해탈시키고자 하는 보살의 서원의 심오한 현시에 조금도 못 미치지 않는다."(Wilber, 2005: 10)라는 말 속에 그의 근본 사상이 함축되어 있다. 이것은 정확히 원효의 일심/일미사상과 일치하는 것이고, 여기에 원효의 귀일심원의 화쟁사상과 윌버의 통합사상의 일치점이 발견된다.

따라서 언어와 개념을 넘어서 공(空)과 궁극의 실재 자체의 직접적인 깨우침으로 온전하게 나아가기 위한 방편으로서 윌버는 원효와 마찬가지로 오히려 '득의이언'/인언견언(得意而言/因言遣言)적 언어의 개념적 가치를 인정하도록 끊임없이 초대하고 있다. 이것은 정확히 원효의 교학적 지혜의 길이기도 하다. 이 길에서는 누구나 언어를 넘어서 일미의 '신비'를 향해 깨어나게 될 때까지 일미의 현현하는 세계를 회통하는 마음으로 관여하고 서로 걸림이 없는 지식의 참맛을 알게 되는 것이다. 이와 같이 '일미'적 온우주론에서 나온 그의 AQAL 통합철학의 기초인 의식의 스펙트럼과 궁극의식, 홀라키적 온우주론, 진리의 사분면에 대해서는 이미 윌버의 통합사상에 대하여 제1부에 상세히 소개했으므로 여기서는 소개하지 않을 것이다.

윌버의 '일미'사상

켄 윌버의 일미사상의 본질에 대해서는 이미 제1부에서 상세하게 소개하였으므로 여기서는 핵심만 소개하고자 한다. 켄 윌버의 20여 권의 저서 중에서 통합적 철학 · 심리학 · 종교 · 과학 등에 대한 그의 심오한 통합사상의 영적인 측면, 그의 깨달음의 경지를 가늠할 수 있는 부분만 뽑아 놓은 『존재의 단순한 느낌』에 수록한 글은 그의 삶과 사상 모두에 스며들어 있는 신비적 핵심을 표현하는 그의 영적 구도의 담론이다. 또한 이 선집은 법사/논사(Pundit)이며, 학자, 학생이며 수련자, 예지자이며 현인으로서의 그의 영적 체험과 깨달음의 본질을 들여다보는 기회를 제공해 준다. 무엇보다도 마치 육조혜능(六祖慧能)의 직지인심 견성성불(直指人心 見性成佛)과도 같은 그의 독특한 직지인심(直指人心)적 교시에 의한 궁극의 진리, 우리의 본래면목을 깨닫게 해 주는 그의 영적 가르침은, 사변도 아니고 관념도 아니고 높은 깨달음의 경지에서 나온 심오한 언어적 가르침을 통해 궁극의 진리에 대해 영적 직관으로 어렴풋하게나마 맛을 보게 해 준다는 데 가장 큰 의미가 있다.

켄 윌버의 영적인 가르침을 이해하려면 마크 팔머 등 다음과 같은 말을 이해하는 게 지름길이다. "수많은 신비의 전통에서의 시각화나 명상수련에는 흔히 두 가지 요소가 있다. 그것은 창조 단계와 완성 단계이다. 첫째 단계에서는 특정한 신성한 에너지(氣)의 성스러운 머무름을 나타내는 복잡한 이미지나 만다라를 의식적 시각화를 통해 창조해 낸다. 다음 단계에서는 개인 스스로(자비나 지혜 같은) 신성한 에너지로 자신을 변용하고 원초적 각성(awareness)의 '투명한 빛(Clear Light)'만 남겨 놓고는 전체의 시각화를 공(空)으로 용해해 버린다. 마찬가지로, 윌버는 수많은 저서와 논고를 통해 독자를 다중의 층[layers, 수준, 노선/계통, 단계, 체(体, kosha)…… 같은 것]과 사분면의 만다라로 온우주를 시각화하도록 초대한다. 그는 이론적이고 명상적인 숙고를 통하여 독자에게 세계를 신성한 통합적 궁전으로 변화시킬 수 있는 명상적 가르침을 제공한다. ……그의 저서들의 절이나 장의 끝부분에서 윌버는 독자 자신이 이러한 만다라라는 것과 그들 자신이 세계의 매트릭스를 생기게 하고 드러나게 하는 인식 자체라는 것을 일깨운다. 그 결과, 전체 지적인 구성체계를 '진여(Suchness)' 속으로 용해하고, 그래서 그의 통합적 지도는 '영원한 현재(the Eternal Now)'의 일미의 물속으로 뛰어드는 '도약대'가 된다. ……이와 같은 방식으로 그의 작업은 가장 지적인 순간에도 언제나 '영'을 기억하는 일에 봉사해 왔다. 그는 모든 중생에게 '언제나 이미', 바로 지금 여기 삶의 시점이자 유희의 '근원(the Source)', 일미로 깨어나도록 명쾌한 나팔소리를 제공한다."

앞에서 강조한 바와 같이 윌버의 사상은 20여 권에 이르는 방대한 저서를 통해서 T.O.E적 대통합 메타담론적 모형을 정합적으로 제시하고 있다. 그는 활동하는 영에 의해 성장 진화하고 있는 온우주와 인간에 대한 전 포괄적이고 대통합적인 모형을 바탕으로 최상의 심오한 언어적 표현으로 교학적 지혜의 메시지를 전하고 있다. 그러나 그는 특히 초의식적/자아초월적 세계에 대한 인식과 궁극의 실재나 일미에 대한 인식에 대해서는 영적 체험이나 수행/수련에서 나온 탈관념적인 이해를 전제로 하고 있다. 따라서 그의 사상을 이성적으로 사변적으로 관념적으로 이해하려 하면 그 본질을 잃어버리고 만다.

무엇보다도 이 같은 그의 직지인심적 일미사상의 본질은 이미 앞에서 고찰한 원효의 일심/일미사상과 정확하게 일치함을 알 수 있다.

윌버사상의 세계 철학으로서의 통합적 비전

여기서 윌버사상의 세계 철학으로서의 통합적 비전을 브래드 레이놀즈가 그의 최근 저서의 제3부 '윌버는 어디로 가나(Where's Wilber Going?)'(Reynolds, 2006: 251-363)에서 제시한 관점과 필자의 관점을 바탕으로 고찰하였다. 윌버의 사상은 초기의 제1기에서 현재의 제5기에 이르기까지 홀론적으로, 정합적으로 이전의 사상을 포함하고 초월하면서 확장 발전해 왔고, 그래서 그의 통합 패러다임은 계속 진화해 갈 것이다. 현재는 벡과 코완의 '밈'적 발달에서의 '제2층밈(The Second Tier) 의식'을 선단(先端) 의식으로 가진 사람들만 비전 논리적 켄타우로스 의식 수준에서 통합의식, 세계중심적 의식을 갖고서 그의 통합철학을 세계 철학으로 받아들일 수 있다. 그러나 그의 통합철학은 비전 논리적 의식 수준에만 머물지 않고 제3층밈(The Third Tier) 의식을 지향하고 있다. 그래서 윌버는『켄 윌버의 아이 오브 스피릿』(1997)에서 '통합철학'의 핵심에 대해 다음과 같이 말하고 있다. "통합철학의 핵심은 일차적으로 앎과 존재의 모든 다양한 양태를 협동시키고 밝혀내고 개념적으로 통합하는 이지적 활동이다. 고로 통합철학 자체는 더 상위적 양태를 제공하지 않지만 이들을 충분히 인정하고 '철학'으로 하여금 '관조/명상(contemplation)'의 실천과 그 양태로 스스로를 열어 놓도록 허용하고 초대한다."

따라서 윌버는 단지 통합적 '지도'를 필요로 하는 것 이상의 어떤 것이 우리에게 필요하다는 것을 확실하게 말하고 있다. 궁극의 경지가 '깨달음'이 되는 진화의 더 상위적 자아초월의 수준에 언젠가는 적응하기 위해 진정한 통합 실천(수련/수행)이 우리에게 필요하다는 것이다. 윌버는 우리는 전인습적 → 인습적 → 탈인습적 → 포스트-탈인습적 단계나 파동을 거치며 발달할 필요가 있고, 이는 곧 자아 중심에서 사회 중심으로, 세계 중심으로 깨달음과 자비심의 보살적 포용으로까지, 모든 현상을 내포하고 초월하며 진화하게 된다고 지적한다. 윌버는 말하기를, 우리의 삶과 의식은, 우리가 인지하는 실재는 미리 주어진 것[소여(所與)]이 아니고 '영'의 대등지로서 능동적으로 진화하고 발달하는 것이므로, 이와 같은 진화적 패턴에 대해 우리는 더 큰 통합적 패턴 속에서는 '옳지만 부분적'

이고 '부분적이지만 진리적'이라는 포용적 자세를 능동적으로 실천하거나 나타내야 한다고 강조한다. 그래서 자신의 통합사상에 대해 유연한 자세를 보여 준 윌버는 그의 사상/모형을 포함한 모든 사상/모형은 완전할 수 없고 더 나은 것이 나올 때까지만 기능하며 계속 진화 발달의 과정에 놓여 있고, 그래서 그는 "오늘의 우리는 내일의 먹이이다."라고 말한다. 더 나아가 『켄 윌버의 모든 것의 이론』에서 윌버는 말하기를, "……이 '모든 것의 이론'에서 나는 하나의 주요 원칙을 갖고 있다. 모든 사람은 옳다. 나를 포함한 모든 사람은 진리의 약간의 중요한 조각을 갖고 있다. 그래서 모든 사람의 모든 조각은 보다 관용적이고 넓은 공간에서 보다 자비 넘치는 포용 속에 진정한 T · O · E 속에서 존중되고 소중히 여기고 내포되어야 할 필요가 있다." 근래에 와서 윌버는 이와 같이, 마치 원효의 군맹설상(群盲說象)의 비유와 같이 모든 사람의 진리 주장에 대해 화회적이고 포용적인 통합적 인식을 갖고 있기 때문에 비록 화쟁 논리는 그의 통합철학에서 찾을 수 없지만, 최근의 그의 철학은 화쟁정신에 어느 정도 근접하고 있고 따라서 화쟁사상과 쉽게 상보적으로 통합될 수 있음을 알 수 있다.

실제로 윌버의 통합철학의 통합적 비전은 비범한 범위를 포괄한다. 그의 통합철학은 형이상학적인 것뿐 아니라 형이하학적인 것, 온우주의 '내측'과 '외측'을 포함하는, 여성적인 것과 남성적인 것을 포함하는, 무의식 · 잠재의식 · 의식의 영역을 인정하는 그리고 동서양의 가르침의 만남, 전근대 · 근대 · 탈근대의 만남, 세속적인 것과 신성한 전통 지혜의 만남, 동적인 것과 정적인 것의 만남, '색(色)'과 '공(空)'의 만남을 포함하는 모든 대립자의 이원성과 상대성을 통합하는 비전을 제공한다.

이러한 관점을 바탕으로 최근에 윌버는 그가 설립한 통합연구회 I-I를 중심으로 '통합의 시대(Integral Age)'를 적극적으로 선도해 나가고 있다. 앞으로 올 통합의 새 시대에는, "이 존재의 대둥지는 먼지에서 '절대신성(Divinity)'에까지 이르는 온우주의 어느 구석도 '영'의 우아함이나 보호나 '광명(Luminosity)'에 의해 닿지 않고 남겨 두는 곳이 없는 확장된 사랑과 자비와 포용의 홀라키이다."라고 그가 말했듯이, 의식적으로 인정하는 절제된 통합적 포용을 분명 수반할 것이다.

이것이 곧 깨달음이나 '신성의 실현(God-Realization)'을 완수하는 모든 방법에 연결되는 윌버의 통합의 본질적 메시지이다. 그래서 오늘날 이 변화와 전환의 글로벌 '신시대(New Age)'에 통합적 전망을 가진 스펙트럼 심리학자들은 이 '통합시대'의 창발 가능성을 알려 주고 있다.

화쟁적 통합철학: 원효와 윌버 사상의 상보적 통합

동일성

지금까지의 원효와 윌버의 사상의 개관에서 알 수 있는 바와 같이, 두 사상가의 근본 사상은 대승불교 사상이라고 말할 수 있다. 따라서 두 위대한 통합사상가의 근본 사상은 크게 보아 세 가지 측면에서 근본적으로 동일함을 확인할 수 있다.

첫째, 비록 원효의 불교사상은 교학 중심의 대승불교이고 윌버의 불교사상은 선학 중심의 대승불교이지만, 두 사상가 모두 회통하는 원통불교사상을 바탕으로 대 · 소, 성 · 상의 종파를 초월하며 유식 · 중관 · 화엄의 일승법계사상을 기본으로 하고 있다. 원효는 교학적 지혜와 실천[일미관행(一味觀行)과 무애행(無碍行)]을 중시하고 윌버는 사분면적 통합실천(선/명상수련……과 현실참여)과 일미적 지혜를 중시하고 있어 두 사상가 모두 교선일여/선교합일(教禪一如/禪教合一)적 불교사상을 갖고 있음을 알 수 있다. 물론 윌버의 사상은 불교에만 국한되지 않으므로, 교/선(教/禪)불교 외에 탄트라/금강승 불교의 밀교 사상까지도 포섭하면서 특히 힌두의 베단타 철학 · 심리학에 크게 영향을 받고 있다. 따라서 그의 사상은 동서양의 전통 종교의 모든 신비사상의 절대영/'절대신성(Godhead)' 도/리/무/공(道/理/無/空)…… 같은 궁극의 실재에 대한 다양한 인식을 모두 회통하게 보며 받아들이고 있다. 한마디로 윌버만큼 '궁극의 실재'의 인식에서 회통하게 받아들이는 사상가는 드물다. 심지어 그는 동서양의 모든 전통 종교의 현교/밀교(顯教/密教, 신비사상)뿐 아니라 플라톤, 플로티노스, 칸트, 헤겔, 셸링, 스피노자,

하버마스 등에 이르는 서양철학의 거의 모든 형이상학적 체계를 탈형이상학적으로 회통하게 받아들이고 있다. 원효도, 불교에서는 외도로 보지만 중국 북방 불교에는 중국적 사유체계가 녹아 있듯이, 노장사상이나 유교사상까지도 회통하게 받아들이고 있다. 따라서 두 사상가의 궁극의 실재/진리에 대한 근본 사상은 원융회통하고, 궁극의 깨달음에 이르는 수련/수행에서도 교·선의 지혜와 실천을 모두 강조하기 때문에 두 사상가의 종교적 철학사상이나 철학적 종교사상 모두 본질적으로 동일하다고 볼 수 있다. 따라서 비이원의 절대공의 궁극의 경지, 일미의 일승법계(一乘法界), 본래면목(本來面目), 일심의 진여자성(眞如自性)은 윌버의 통합 패러다임의 근본 바탕이면서 목표이고 원효의 화쟁 논리의 근거이면서 목적이 되는 것이다. 이는 또한 본 연구에서 제안하는 두 사상의 상보적 통합의 근본 바탕이 되고, 화쟁적 통합철학이 성립되는 근거가 된다.

둘째, 이미 원효의 독특한 언어관에서 언급한 바와 같이 원효와 켄 윌버는 본질적으로 동일한 언어관을 갖고 있다. 원효가 말(言語)은 상법의 참뜻을 드러낼 수 없고 말(표시하는 것, 명언, 기표, 시니피앙)과 뜻[표시되는 것, 의의, 기의(記意), 시니피에]은 서로 일치할 수 없고 그 관계는 고정불변이 아니며 서로 상대적이고 상호 의존적임을 강조한 것은 윌버의 포스트모던적 언어관과 일치한다. 나아가 원효는 '언어가 참뜻을 드러낼 수 없다.'는 이언(離言)을 말하면서도 말을 떠나서는 어떤 이치도 존재할 수 없고 말로 표현할 수밖에 없다는 의언(依言)을 말하면서 득의이언(得意而言), 즉 말로 이치를 표현할 수 있다고 말하면서, '나는 언설에 의지하여 절언(絶言)의 법을 보이고자 한다.'고 말하고 있다. 즉, '손가락(말)을 의지하여 손가락이 가리키는 달(진리/이치)을 보이게 하는 것과 같다.'는 것이고 언어의 도구적 매개성을 인정한다는 점에서 원효의 이 말은 윌버가 통합사상에서 언어 자체는 진리가 아니라는 것을 강조하면서 언어 홀론에 의해 그리고 그 해석에 의해 우주의 근본 바탕 구조(the very fabric)가 드러나게 된다는, 그래서 아무것도 미리 주어진 것[所與]은 없다고 말하는 포스트모던적 진리관과 본질적으로 동일한 것이다. 윌버가 항상 '지도(언어로 표현된 진리)와 영토(진리/이치)는 다르므로 혼동하지 말라.'는 것을 강조하는 것은 원효가 '손가락이 가리키는 달을 보지 손가락을 보지 말라.'는 말과 같다. 이같이 두 사상가의 언어관이 본질적으로 동일하기 때문에 화쟁 논리에 의한 통합적 해석이 '궁극의 진리/실재'에 대한 회통한 해석뿐 아니라 윌버의 AQAL 통합 패러다임 모형의 '지도 내용'의 해석에서도 이견(異見)의 쟁론이 아닌 화쟁적 논리와 방법에 의한 화해가 가능하게 되는 것이다.

셋째, 두 사상가 모두 적극적인 실천과 현실 참여정신을 똑같이 강조하고 있다. 이미 앞에서 언급한 바와 같이 원효는 귀일심원 요익중생(歸一心源 饒益衆生)과 진속원융무애(眞俗圓融無碍)의 통불교(通佛教) 정신을 적극적인 개혁 정신에 의해 실천하기 위해 환속하여 진여문(眞如門)과 생멸문(生滅門)이 동일함을 보이는 무애행을 통해 우리나라 최초로 민중불교인 정토불교를 토착화하였다. 교(教)·행(行)이 일치하는 원효만큼 실천정신이 치열하지는 못하지만 윌버도 새 천년이 들어선 이후 예전의 반은둔적 생활에서 벗어나 자신의 통합철학을 실천하기 위해 통합학회 I-I(Integral Institute)를 설립하여 I-U(Integral University), I-M(Integral Maltiplex) 등의 웹사이트 네트워크를 중심으로 정치, 경영, 문화, 예술, 철학, 심리학, 의학 등 여러 분야의 통합영성과 통합의식을 가진 전문가, 지식인을 대상으로 온라인/오프라인 교육, 포럼, 세미나, 워크숍, 토론 등을 통해 자신의 AQAL 통합 패러다임의 각 분야에의 적용을 위해 적극적으로 활동하고 있고, 전 세계적으로 많은 분야의 지식인들의 적극적인 참여가 점차 확산되고 있다. 이와 같이 윌버도 원효와 마찬가지로 성속일여(聖俗一如)적인 근본 사상으로 현실에 참여하고 있고, 상승과 하강의 조화를 중시하면서 디지털 시대의 통합의 새 시대, 새 영성의 시대를 열어 가고 있다.

상이성

앞에서 그리고 제1부에서 고찰한 바와 같이, 윌버의 통합철학의 AQAL 패러다임은 '모든 것의 이론(T·O·E)'적으로 온우주 내 모든 홀론과 인간 의식의 다양한 수준/파동, 계통/조류의 내적/외적, 상승/하강, 표층/심층 등에 관한 통합적

(진리의) '안내지도'를 만들어 통합적 접근에 의한 시각 · 비전을 제공하고 있다. 반면에 원효의 화쟁철학은 부처의 정법과 부처의 가르침(佛言)을 담고 있는 삼장의 경전과 논서가 모두가 온전한 안내지도이므로 이러한 경전의 내용에 대해 언어(名言)적/부분적 이해로 서로 대립하고 쟁론하는 것을 회통하게 화쟁의 논리와 방법에 의해 화해시키는 '안내지도'(경전)의 통합적/화회적 해석을 한다고 볼 수 있다. 윌버는 부분적 진리 주장, 진리의 부분성에 대해 온전한 통합모형 만들기('지도 제작')에 의해 통합적 비전을 제공하지만, 원효는 이미 있는 '안내지도'(경전)에 대한 부분적 · 문자적 이해의 집착에서 나온 쟁론을 화해시키기 위해 화쟁에 의해 올바른 통합적 이해를 유도하면서 통합적 진리에 도달하도록 도와준다. 두 사상가 모두 온전한 진리 이해로 깨어나게 하는 통합사상으로서는 동일하지만, 윌버는 온전한 '지도 만들기'로 모든 부분적 진리를 통합하는 사상이고 원효는 화쟁에 의한 '지도'의 통합적 해석으로 모든 부분적 쟁론을 화해시켜 통합하는 사상이다. 그러므로 통합의 대상 및 주체, 통합의 방법, 통합 논리 면에서는 상이하지만, 두 사상은 온전한 통합사상이 갖추어야 할 요건의 양 축에 해당하는 상호 보완 관계에 있다.

그러면 근본 사상과 통합철학적 원리에서는 동일한 두 사상의 통합의 대상 및 주체, 통합적 접근, 통합의 방법, 통합의 논리 면에서의 상이성에 대해 좀 더 상세하게 고찰해 보자.

첫째, 원효와 윌버의 통합사상은 통합 대상 및 주체가 다르다는 것을 이미 앞에서 강조하였다. 원효의 화쟁철학은 원래 불교에서 경전에 대한 상이한 해석을 둘러싼 대 · 소, 성 · 상의 유 · 무를 둘러싼 여러 종파 사이의 이쟁(異諍)이나 논쟁을 화해시키는 목적에서 생겨난 것이다. 반면에 윌버의 통합철학은 T.O.E.적 AQAL 패러다임 모형을 기본으로 하고 있기 때문에 온우주 내 모든 것에 대한 모든 분야의 개개인(지식인/전문가/이론가)의 온전한 통합적 진리 이해와 이에 따른 올바른 '통합 안내지도 만들기'를 주목적으로 하는 사상이다.

둘째, 켄 윌버의 통합철학의 경우, 그의 홀라키적 온우주론에서 보듯이 온우주와 인간의 의식은 서로 상이한 스펙트럼적 단계/수준/파동으로 구성되어 있고, 온우주는 네 측면/네 모습을 갖고서 온수준의 온분면으로서 다양한 계통/조류, 상태, 유형으로 나타나기 때문에 진리에 대한 부분이 아닌 온전한 시각을 갖게 하는 AQAL Matrix적 '통합지도에 의해' 통합적 비전을 가져야 한다는 것이다. 반면에 원효의 화쟁사상의 경우, 그의 화쟁론에서 보듯이 온전한 '지도'는 부처의 가르침을 기록하고 논한 경전과 삼장이고, 이미 주어진 삼장('지도')의 온전한 이해를 위해 일심지원(一心之源)으로 돌아가서 부처의 정법을 올바르게 해석하고 이해하는 것이, 즉 화쟁에 의한 온전한 통합적 '지도' 해석이 주된 관심사였다.

셋째, 원효의 화쟁론과 윌버의 AQAL 패러다임에 의한 통합은 통합 논리 면에서도 확연하게 차이가 있다. 원효의 경우 통합 논리는 앞에서 고찰한 화쟁론의 화쟁 논리임이 분명하지만, 윌버의 경우 AQAL 통합 패러다임의 통합 논리는 부분/전체의 논리이고 비전-논리의 통합적 무조망/다중조망, 통합적 다원주의에 따라 온우주의 다양한 파동, 다양한 조류의 네 코너(사분면)를 모두 통합해야 '진리'에 대한 온전한 통합적 시각을 가질 수 있다는 논리이다.

넷째, 원효의 화쟁론과 윌버의 AQAL 패러다임에 의해 통합 대상을 통합하는 방법에서도, 원효는 '지도'(경전)에 대한 언어적/문자적 집착에서 나온 편향된 해석에서 나온 주장이나 쟁론을 앞에서 논한 화쟁 논리와 화쟁 방법에 의해 부분적 지식이나 낮고 좁은 소견의 언어적 집착을 벗어나 논쟁할 필요가 없음을 스스로 깨닫게 하는 방식으로 지도에 대한 통합적 해석을 하는 방법을 사용한다. 하지만 윌버는 현재까지의 인지(人知)에서 나온 최선의 온전한 통합 패러다임인 AQAL Matrix 모형을 준비해 놓고, 각 전문 분야의 통합의 주체들이 통합 대상을 IOS/HIS에 의해 실제 통합모형을 만들도록 하는, 즉 구체적인 AQAL 통합모형에 의해 분야별 구체적 '통합지도 만들기'를 실천하도록 하는 접근 방법을 사용한다. 그러나 윌버의 방법에 의해 실제적인 통합이 이루어지려면 통합의 주체들이 윌버의 AQAL 통합모형에 공감해야만 하는데 그렇지 않으면 통합이 이루어질 수 없다. 따라서 윌버의 AQAL 모형은 공감하고 동조하는 주체들만 인정하는 통합사상이 될 수밖에 없다. 더구나 현재의 윌버 모형에는, 그의 모형에 반대하거나 비판적인 시각을 가진 주체들과 쟁론하지 않고 그들의 주장도 화해하며 포섭하여 AQAL 통합 패러다임 안으로 받아들여서 보다 유연하고 포괄적으로 통합지도를 만들게 하는 효과적인 방도가 없다.

다섯째, 앞에서 고찰한 바와 같이 원효의 화쟁론과 윌버의 통합철학은 각각 통합 '지도'에 대한 기본 관점에서 상이한 인식의 바탕 위에 있다. 원효는 지도(경전)의 내용은 불언/성언(佛言/聖言)을 담고 있는 의언(義言)으로 되어 있으므로 화쟁의 대상이 아니고, 그래서 그 자체는 완전한 것이지만 의언에 대한 올바른 해석/이해를 하지 못하고 문자적인 해석, 문언(文言)에 의한 해석으로 '지도' 내용을 잘못 이해하거나, '지도'를 영토로(손가락을 달로) 오해하는 잘못을 범하는 것을 화쟁에 의해 스스로 올바르게 해석하게 해 준다는 관점을 기본으로 하고 있다. 반면에 윌버는 경전이든 무엇이든 이 세계의 모든 진리에 대한 '안내지도'는 미리 주어진 것은 없고 모두 '지도 제작자'의 주관이 개입되어 제작된 것이어서 '지도 제작자'의 지문이 '지도'의 도처에 묻어 있고 '지도' 내용 자체가 '제작자'의 인식 수준과 인지(人知)를 반영하기 때문에 '지도 제작자'의 인식이 보다 깊고 포괄적인 통합적 시각으로 변화하도록 요구하고 있다. 뿐만 아니라 인지 자체도 온우주적 전개에 따른 의식의 진화에 의해 발달하기 때문에 '지도' 내용도 계속 진화 발달한다는 관점을 통합철학의 인식론적 기본 바탕으로 하고 있다 (Reynolds, 2004: 373–384).

상보적 통합

앞에서 고찰한 원효 사상과 윌버 사상의 차이와 상이성에서 보듯이 원효의 화쟁론과 윌버의 AQAL 통합 패러다임은 통합사상으로서 여러 면에서 서로 다르다는 것을 알 수 있다. 그렇지만 원효와 윌버의 근본 사상은 일심/일미의 원융회통 사상에 바탕을 두고 있으므로 통합사상으로서의 두 사상의 차이는, 오히려 두 사상의 한계를 극복하기 위해서 그리고 온전한 '지도 만들기'와 온전한 '지도 해석'이 가능한 통합 패러다임으로 되기 위해서 상보적으로 통합되어야 한다는 사실을 쉽게 인식할 수 있다. 그러면 두 사상의 상보적 통합의 필연성을 이끌어 내기 위해 통합사상으로서 두 사상의 독특성과 한계에 대해 고찰해 보자.

앞에서 원효의 화쟁론은 원래 불교 내에서 여러 종파 사이의 경전과 부처의 말씀(佛言)에 대한 해석의 상위에서 나온 이쟁(異諍)을 화해시킬 목적으로 화쟁이란 논리와 방법을 사용하여 주어진 '지도'(경전)에 대한 온전한 통합적 해석을 유도하고 있다고 보았다. 무엇보다 원효는 통합의 대상을 불교 내 교파 사이의 경전을 둘러싼 쟁론을 화해시키는 데 화쟁론을 국한하고 있지만, 원효의 화쟁론 자체는 불교가 아닌 다른 종교들의 종교 내 교파들 사이 또는 근본주의자와 개혁/진보주의자 사이의 경전/성서의 해석을 둘러싼 대립 갈등의 화해 그리고 종교와 종교 사이의 반목 대립의 화해에도 그대로 적용할 수 있는 화쟁적 언어 · 논리 · 방법을 갖추고 있음을 적시하였다. 그러나 과학과 종교 사이의 대립 갈등의 화해를 위해서는 화쟁의 논리 · 방법을 일반화해 적용할 필요가 있다. 그리고 그 외의 정치 · 사회 · 경제 · 문화 등 여러 분야의 '상대적 진리'를 둘러싼 쟁론과 이념적 분열 갈등을 화해시켜서 통합하려면 통합의 주체인 전문가들 사이에 서로가 받아들일 수 있는 통합 논리의 전제로서 이성적/실존적 수준의 비전 논리에 따른 세계중심적이고 탈포스트모던적인 통합적 비전을 갖도록 하는 윌버의 AQAL모형과 같은 통합적 '안내지도'를 바탕으로 화쟁론을 적용해야 서로가 수용할 수 있는 통합방법론적 · 다원주의적 통합으로 유도할 수 있을 것이다.

반면에 윌버의 통합철학은 T.O.E로서 AQAL Matrix 통합모형을 IOS/HIS/CLA에 의해 모든 분야의 온전한 통합적 '안내지도'로 구현하여 각 분야의 통합적 비전을 갖도록 하는 데 통합사상의 중심축을 두고 있다. 그렇지만 앞에서 언급한 바와 같이 윌버의 통합철학은 어디까지나 그의 AQAL Matrix 모형에 바탕을 두고 있으므로 AQAL 패러다임에 동조하지 않거나 비판적인 사람은 그의 통합 패러다임을 받아들이지 않을 것이며, 윌버 자신도 자신이 싫어하는 패러다임을 비판하며 거부하고 있다. 더구나 많은 학자/전문가가 윌버 사상의 한계와 문제를 비판하고 대안 패러다임을 제시하는 것처럼 윌버 모형은 이견과 쟁론에서 자유로울 수 없다(Rotherberg. Kelly, 1998). 윌버 자신은 '누구나 부분적으로는 옳다.'고 말하지만 실제로 자신의 통합모형을 비판하는 사람에 대해 자신도 비판적이고 자신의 통합모형을 옹호하는 논변을 펴고 있기 때문에 윌버 사상에는 원효의 화쟁 논리와 같은 화회정신이 빠져 있다.

따라서 앞에서 살펴본 두 사상의 한계와 상보성에서 보듯이 두 사상을 상보적으로 통합함으로써만 서로의 한계를 극복할 수 있고 앞으로 21세기 '화해와 통합'의 시대에 보다 완전하고 온전한 통합철학으로 발전할 수 있을 것이다. 그러면 이러한 정신에 따라 두 사상을 상보적으로 통합한 화쟁적 통합철학에 대해 앞에서 논한 내용을 바탕으로 좀 더 상세하게 고찰해 보자.

화쟁적 통합철학의 기본 원리

화쟁적 통합철학이란

지금까지 이 글에서는 이 시대를 대표하는 통합사상가인 윌버의 통합철학과 우리 민족의 위대한 원통불교 사상가인 원효의 화쟁철학을 개관하면서 두 사상을 비교 고찰하고 21세기 탈포스트모던 시대의 통합사상으로서 두 사상의 현대적 의미를 조명하였다. 이를 바탕으로 앞에서 두 사상가의 일미/일심/일승법계적으로 원융회통하는 근본 사상이 동일하다는 사실을 적시하였고, 그러므로 통합의 대상 및 주체, 통합의 논리 및 방법에서의 두 사상의 차이와 상이성을 오히려 서로의 한계를 극복하는 방향으로 상보적으로 통합함으로써 이 글에서 제안하는 보다 완전하고 온전한 통합사상인 화쟁적 통합철학이 될 수 있다고 보았다.

이미 언급한 바와 같이 화쟁적 통합철학이 성립하는 기본 원리는 단순하다. 21세기 통합의 새 시대에 우리가 원하는 진정한 통합철학은 윌버의 AQAL Matrix 모형과 같이 단순히 온전한 내용을 갖춘 '통합지도 만들기'만이 아니고 모든 이쟁과 이론을 직설적인 비판이나 거부 없이 화해시키며 포용하면서 상이한 통합적 '지도'이거나 부분적 '지도'이거나 간에 모두 화회적으로 통합 해석하는 화쟁적 통합철학이다. 다시 말해, 진정한 통합철학의 양 축으로서 통합적 비전을 갖게 하는 윌버의 AQAL Matrix 메타이론에 의한 '통합지도 만들기'와 화쟁에 의해 모든 쟁론을 화해시키는 원효의 화쟁론에 의한 '통합적 지도 해석'이 모두 필요하고 이와 같은 통합의 양 축을 갖춘 진정한 통합사상이 곧 화쟁적 통합철학이다. 따라서 상극의 대립 갈등으로 분열된 이 시대와 앞으로 올 상생의 통합의 시대가 바라는 진정한 '통합'이란, 고의적인 혹세무민적이거나 사악한 목적을 가진 선동적인 사설(邪說)이나 명백한 오류를 제외하고는, 부분적이거나 좁은 시각이거나 간에 모든 이쟁과 이론을 직설적으로 비판하거나 거부하지 않고 원효의 화쟁 언어나 논리나 방법에 의해 화해시키며 포용적으로 받아들이는 문자그대로 화쟁적 통합을 의미한다.

그러나 이와 같이 화쟁적 통합철학이 되기 위해서는 화쟁적 통합뿐만 아니라 윌버의 AQAL Matrix적 '통합지도 만들기'도 매우 중요하다. 앞에서 언급한 바와 같이 종교 내 또는 종교와 종교 사이의 통합의 경우와 같이 종교적 '궁극의 진리'에 대한 이쟁의 화해를 위해서는 각 종교의 경전이나 성경이 곧 통합적 '지도'이므로 원효의 화쟁론을 그대로 일반화해 각 종교의 통합 '지도'를 화쟁에 의해 통합적으로 해석하기만 하면 된다. 그러나 과학과 종교의 통합의 경우에는 궁극의 진리에 대한 과학의 통합적 '안내지도'와 종교의 '안내지도'는 윌버의 AQAL Matrix적 메타이론에 의해 각각의 진리의 '통합지도'나 양쪽 모두가 받아들이는 통합적 '지도'로 만들어야 하고, 이 경우에는 포스트칸트적/탈형이상학적 AQAL Matrix 모형에 따른 통합지도 만들기가 결정적인 역할을 하게 된다. 물론 정치·사회·경제·문화 등의 제 분야와 같이 '상대적 진리' 주장의 통합을 위한 '안내지도'에서도 마찬가지로 윌버의 비전-논리적/이성적/켄타우로스적인 보편적 통합주의, 통합방법론적 다원주의에 따른 AQAL Matrix 모형이 화쟁적 통합철학의 필수적인 부분이 된다. 요컨대 화쟁적 통합철학에서는 종교 내/종교 간의 통합을 제외하고는 AQAL Matrix적 통합적 '안내지도' 만들기와 더불어 각 '지도'의 화쟁적인 '통합적 해석'이 화쟁적 통합철학의 양 축으로 되어야만 한다는 것을 쉽게 알 수 있다.

왜 화쟁적 통합철학인가

켄 윌버의 AQAL 통합철학은 그의 홀라키적 온우주론에서 나온 '모든 것의 이론(T · O · E)'으로서의 온전한 통합 패러다임을 통해 온우주와 인간 의식에 대한 온전한 통합적 시각을 갖게 해 주는 사상으로서의 거대 담론이다. 그는 무엇이 온전한 '안내지도'이며 그것을 어떻게 만드는가를 보여 준다. 그러나 앞에서 강조한 바와 같이 AQAL '안내지도'만으로는 통합 대상의 주체가 그 지도의 내용에 충분히 동감하지 않거나 불만족하거나 비판적이면 현실적으로 그런 분야의 통합을 기대하기 어렵다. 이 시대가 바라는 화해와 상생의 시대에 윌버의 통합철학이 지닌 진정한 통합철학/세계 철학으로서의 미흡한 점을 다시 요약하면 다음과 같다.

- 많은 학자가 켄 윌버의 사상에 공감하는 면이 있으면서도 여러 측면에서 그의 모형/사상의 한계와 문제에 대해 지적하거나 '지도'의 내용에 대해 다르게 해석할 수도 있다. 즉, AQAL 윌버 모형은 어디까지나 모형이고, 그래서 '대화 속의 켄 윌버'에서 여러 학자가 그의 '통합지도' 내용의 부정확성이나 다른 주요 내용을 간과하고 있는 단순성을 지적하면서 다른 패러다임이 있을 수 있음을 보여 주고 있다. 따라서 많은 경우 켄 윌버의 통합 패러다임 모형과 다른 패러다임을 가진 경우 AQAL 지도 내용에 동의하지 않거나 거부할 수도 있다.
- 윌버가 그 지적에 대해 일부 수긍하면서도 대체로 방어로 일관하는 것을 보면, 일단 '지도'가 만들어지면 그 '지도' 형식과 내용이 고정화/경직화되어 스스로 유연하게 변화하거나 그 모형('지도')으로 설명할 수 없는 것을 받아들이지 못하는 경직성과 약점을 갖게 되고, 이것이 그 모형을 거부하는 또 다른 요인이 될 수도 있다.
- 무엇보다도 통합지도의 형식과 내용 자체가 현실 세계와 온우주의 복잡한 현상을 포섭할 수 있는 유연성과 포용성이 있어야 하지만 켄 윌버의 AQAL 패러다임은 계속 진화하는 가운데 있음에도 AQAL 모형 자체로는

이론(異論)들을 화해적으로 포용하는 측면에서는 불완전하고 경직된 측면이 있다.

- 더구나 자신만이 온전한 통합적 인식을 가지고 있다고 통합이 되는 것이 아니다. 모든 이설의 독선적, 독단적 진리 주장, 이로 인한 쟁론, 단편적 진리 주장을 모두 화해시켜 통합하고, 통합 패러다임을 받아들이게 하려면 스스로 집착을 벗어나서 통합적으로 이해하도록 포용하며 개안(開眼)을 도와주는 게 중요하다. 윌버는 온전한 '통합지도'를 제작하여 통합적 시각, 비전을 제공하고 있지만, 그 지도의 내용에 대한 다른 해석, 다른 시각으로 그 '지도'를 신뢰하지 않거나 진리에 대한 부분적 시각, 편향된 언어적 해석에 집착하는 사람들에 의해 거부당하므로 그들을 열린 의식 쪽으로 이끌어 주어 스스로 통합 패러다임을 받아들이도록 하는 게 필요하다.

이상에서 살펴본 윌버의 AQAL 통합모형의 진정한 통합철학으로서 미흡한 점이 바로 왜 진정한 통합철학으로서 화쟁적 통합철학이 필요한가 하는 이유가 된다. 무엇보다도 화쟁적 통합으로서 진정한 통합철학이 되는 요건을 갖추기 위해서는 '안내지도'의 내용에 대한 상이한 해석이나 비판적 관점을 모두 쟁론 없이 화해하고 포섭할 수 있는 진정한 화쟁에 의한 통합적 '지도' 해석이 필요하다. 따라서 원효의 회통하는 화쟁 논리에 의해 직설적인 비판이나 거부 없이 모든 이론이나 쟁론을 화해시키는 화쟁적 통합 해석의 언어와 논리와 방법이 AQAL 통합 패러다임의 일부로 포함되어야 할 것이다.

이와 같은 화쟁적 통합철학은 앞에서 고찰한 화쟁 논리에서 보듯이 '지도' 내용의 언어적 시비 분별이 아닌 화쟁적/화회적 해석에 의해 포용하고 포섭하는 정신으로 쟁론을 화해시키는 것을 기본으로 하고 있다. 따라서 '지도'의 내용에 대한 상이한 주장에 대해 득의이언(得意而言), 이변비중(離邊非中), 긍정과 부정의 자재, 개합(開合)의 자재, 이중부정/이중긍정, 비동비이이설(非同非異而說), 비연이비불연(非然而非不然) ……이라는 원효의 화쟁 논리와 화쟁 방법을 통해 상대가 스스로 깨닫게 하고, 특히 언어적 한계를 인식시켜 언어의 집착에서 벗어나게 하고, '지도' 내용은 '영토'가 아니고 '손가락'이 '달'이 아님을 구분시켜 일깨워 주는 포용적 해석 방법을 취해야 한다.

화쟁적 통합철학의 특성

윌버의 AQAL 통합 패러다임과 원효의 화쟁적 통합 논리가 상보적으로 통합되어 화쟁적 통합철학으로 되면 다음과 같은 특성을 지니게 된다.

- 통합의 대상이 되는 모든 분야에서의 온전한 '통합지도' 제작뿐 아니라 다양한 언어로 다르게 표현된 '안내지도' 내용에 대한 쟁론을 화해시키는 온전한 통합적 해석이 가능하다.
- 특정 종교 내 각 교파들은 서로가 중요시하는 교리만 다를 뿐 서로의 교리 해석을 존중하며 평화롭게 공존한다.
- 종교 간 반목과 대립 갈등은 통합적 종교 다원주의에 의해 궁극의 진리에 이르는 길('등정 코스')만 다를 뿐 자기 종교의 것만이 옳다는 배타적 진리 인식이 점차 사라진다.
- 과학과 종교 사이의 반목도 점차 사라지면서 과학과 종교는 서로를 필요로 하고 서로 다른 방법에 의해 다른 영역의 진리 해석에 전념하게 된다.
- 정치, 사회 분야의 이분법적 배타적 갈등과 논쟁은 사라지고 정치 이념 문제, 사회 이념 문제가 모두 스펙트럼적 인식의 문제로 변화되어 배타적 진리 주장이 아닌 서로가 중요시하는 측면이 다른 다양한 이념이 통합적으로 공존하게 된다.
- 어느 분야의 진리 주장이든 의도된 명백한 허구나 오류를 제외하고는 화쟁에 의해 쌍방의 약점과 한계를 거부하거나 비판하지 않고, 특정 관점에서 본 상대적 진리로서의 타당성을 인정하면 부분적이거나 언어적인 한계나 문제는 스스로 깨닫게 된다.
- 윌버의 비전논리 중심의 발달진화론적이고 · 탈형이상학(IPM)적인, 통합

방법론적 다원주의(IMP)적인, 단순화되고 경직된 AQAL 통합모형에 화쟁 논리를 포함하게 되면 AQAL에 포함할 수 없는 다양한 현상을 모두 포섭하는 보다 역동적이고 유연한 통합 패러다임으로 계속 진화할 수 있다.

화쟁적 통합철학의 비전

앞에서 고찰한 바와 같이 온전하고 심오한 통합사상인 원효의 화쟁철학과 켄 윌버의 AQAL 통합철학이 오늘에 만나 상보적으로 통합하여 화쟁적 통합철학으로서 통합적 '지도 제작'과 통합적 '지도 해석'이라는 통합의 양 축을 결합하게 되면 탈포스트모던 시대의 가장 바람직한 포용적이고 포괄적이며 참으로 온전한 통합 패러다임을 정초할 수 있다. 오늘날 우리 모두가 진정으로 바라는 새 천년 인류의 미래는, 인류가 오늘의 인종 간, 민족 간, 국가 간, 지역 간…… 그리고 종교, 과학, 경제, 사회, 문화…… 이념/신념을 둘러싼 신화적 전근대 종교, 평원화된 근대과학, 극단적으로 주관적 탈근대 사상들 사이의 대립, 갈등, 분열로 인한 상극의 혼돈 시대를 하루 빨리 벗어나서 모든 분야의 다양한 이념, 사상이 평화롭게 공존하면서 상생의 대통합 시대를 열어 가는 미래이다. 실로 우리 인류는 21세기에 평원화된 과학기술 문명의 초고도화로 인하여 영성을 상실한 사이보그로 진화하여 결국 디스토피아적 멸망을 초래하느냐 아니면 깊이를 회복한 신영성의 시대로 진화하여 유토피아적 고도의 과학기술 문명을 누리는 의식이 진화된 인류로 진화하느냐의 갈림길에 서 있다고 해도 과언이 아니다. 이 시대가 진정으로 필요로 하는 철학/사상은 우리가 바라는 '다양성 속의 통일'로의 온전하고 대통전적인 대통합의 시대를 여는 세계 철학, 대통합철학이다. 따라서 화쟁적 통합철학이야말로 대립 갈등으로 인한 서로의 상처를 치유하며 모든 이쟁(異諍)을 화해시켜 대통합에 동참하게 하는 화쟁적 통합 논리와 통합 패러다임으로서 구조적 · 논리적 독특성을 갖춘 진정한 통합철학임을 공감하지 않을 수 없다.

앞으로 모든 분야의 전문가, 이론가들이 켄 윌버의 AQAL 패러다임적 통합적

지도 내용이 갖는 진정한 T.O.E적 통합적 '지도' 만들기의 의미를 이해하고 나아가 원효의 '화쟁/화회'의 진정한 통합적 해석의 의미를 알게 되면, 화쟁적 통합철학이 참으로 온전한 통합적 '지도' 만들기와 모든 '지도'의 내용의 온전한 통합적 해석을 가능하게 하는 철학임을 깨닫게 될 것이고 통합의 대상이 되는 모든 분야에 다음과 같은 전망을 할 수 있다.

- 켄 윌버의 AQAL 패러다임은 모든 역동적 다양성을 포섭하며 보다 유연해지면서 더욱 진화하고, 모든 분야의 통합적 '지도' — 전통 종교의 경우는 이미 '지도'(경전/성경)가 주어져 있으므로 21세기의 통합 종교 출현 시 통합적 진리의 '지도' — 만들기의 '주형(Master Template)'으로 이용될 것이다.
- 원효의 화쟁철학, 화회사상은 통합적 '지도'의 다양한 언어적 해석에 대한 쟁론을 화해시키는 통합적 해석의 논리를 제공하고 구체적인 화해 방법을 제공할 것이다.
- 그리하여 모든 분야의 이념과 사상의 다양한 목소리, 다양한 색깔, 다양한 수준/파동, 다양한 계통/노선 등이 스펙트럼적으로 평화롭게 공존하게 될 것이다.

화쟁적 통합철학에 대한 이상과 같은 전망이 우리에게 가져다주는 21세기 신인류의 비전은 매우 고무적이다. 신화적 전통 종교는 점차 진화하여 통합적 종교 다원주의를 수용하고 과학과 평화롭게 공존하면서 신화와 교리의 문자적 해석에 얽매이지 않고 과학은 궁극의 진리 해석을 도와주고 반면에 종교는 과학에 깊이를 가져다줄 것이다. 이에 따라 특정 종교 내 교리 논쟁, 종교 사이의 대립 갈등, 과학과 종교 사이의 반목 대립도 자연 사라지게 될 것이다. 정치, 경제, 사회, 문화 전반의 흑백적 이념/사상 논쟁은 사라지고, 보는 시각에 따라 관점에 따라 달라 보이는, 그래서 선호하는 이념과 사상이 스펙트럼적으로 공존하는 대통합/대화회의 시대가 오게 될 것이다.

통합을 넘어 화회로

이 글에서는 시대적으로나 문화적으로 서로 다르고 얼핏 보기에 별 무관해 보이는 동서양의 두 위대한 통합사상가의 사상인 7세기의 원효의 화쟁철학과 오늘의 켄 윌버의 통합철학을 개관한 후 상호 비교 해석을 통해 고찰하였다. 그리고 두 사상의 현대적 의미를 재조명함으로써 두 사상의 상보적 통합에 의한 화쟁적 통합철학을 21세기 탈포스트모던 통합시대의 진정한 통합 담론의 원형으로 제안하는 데 연구의 의의를 두었다.

원효의 화쟁사상은 그 논리 구조와 화쟁 방법을 볼 때 불교 내의 교파들 사이의 이쟁의 화해에 국한되는 통합적 해석 논리나 방법이 아니고 모든 전통 종교의 교리 해석을 둘러싼 교파 간의 대립 갈등을 화해시키는 데 이상적인 접근 방법이다. 비록 종교다원주의가 점차 확산되고는 있지만, 아직도 근본주의 기독교와 이슬람교 사이의 반목과 쌍방의 혐오는 극한으로 치닫고 있어, 이 같은 다른 종교 사이의 화해도 매우 중요하다. 이 경우에도 원효의 화쟁 논리와 화쟁 방법은 모든 종교의 경전을 원융회통하게 통합적으로 해석할 수 있기 때문에 반목을 화해시킬 수 있는 통합적 해석을 위한 효과적인 접근 방법이 된다.

더 나아가 디지털 정보화 사회로 진입한 후 현대 과학기술은 전 지구적으로 모든 분야를 지배하고 군림하고 있다. 영성이 사라진 평원화된 문명은 현대 과학과 전통 종교 사이의 반목을 더욱 심화하고 있어 과학과 종교의 통합은 요원하게만 느껴진다. 하지만 원효의 화쟁 논리는 과학과 종교의 화해에 의한 통합에도 가장 효과적인 접근 방법이 될 수 있다. 왜냐하면 AQAL 메타이론 같은 대통합 담론에도 불구하고 통합을 위해서는 과학과 종교가 조금씩 양보해야 한다는 켄 윌버의 관점과는 달리 현대 물리학의 '궁극의 진리' 인식이 화엄의 일승법계(一乘法界)의 일중다(一中多) · 다중일(多中一), 상즉(相卽) · 상입(相入) 등과 접근하게 됨으로써 귀일심원/귀만류지일미(歸一心源/歸萬流之一味)를 근거로 하는 화쟁 논리가 과학적 진리와 종교적 진리의 '지도'에 대한 통합적 해석에 의해 해묵은 반목의 화해를 유도하고 이에 따른 통합도 가능하게 하기 때문이다. 그 외에도 정치 · 경제 · 사회 · 문화 등 여러 분야에서의 이념이나 사상의 논쟁도 윌버의 AQAL '통합지도'를 받아들이거나 아니면 윌버의 '지도'에는 이견이 있더라도 최소한 비전-논리적 '통합지도' 자체의 필요성만 인정한다면 흑백 논리적이거나 배타적인 이념에서 벗어나 스펙트럼적인 다양한 이념의 평화로운 공존으로 포용하는 원효의 화쟁 논리에 의한 통합적 해석이 가능하게 된다.

한편 윌버의 AQAL 메타이론은 전근대 · 근대 · 탈근대의 최상을 탈형이상학적 · 포스트칸트적 · 통합적 다원주의적으로 통합하는 탈포스트모던사상이지만 그 바탕이 되는 근본 사상은 그의 일기체 명상록『켄 윌버의 일기』에서 보여 주듯이 유식 · 중관 · 화엄의 통합적 인식에서 나온 비이원적 궁극의 경지의 직지인심적 본래면목(直指人心的 本來面目)인 일심/일미이고, 이는 원효의 일심/일미 사상과 정확히 일치한다. 뿐만 아니라 켄 윌버의 근본 사상은 동서양의 모든 전통 종교와 신비사상, 형이상학적 관념철학에서 말하는 궁극의 실재를 모두 '영'과 회통하게 사용하고 있기 때문에 원효의 화쟁사상은 윌버의 통합사상의 틀 안에서 그대로 만날 수 있는 사상이다.

분명 전환기적 소용돌이 속에 있는 오늘의 혼돈의 세계에서 윌버는 인간 의식 연구의 최선단에서 21세기 상생의 시대, 영성의 시대를 열기 위한 비전과 전망을 통합철학에 의해 가장 설득력 있게 제시하는 대사상가임이 분명하다. 다시 말해, 세계 철학으로서의 그의 사상은 21세기 우리 인류가 나아가야 할 방향을 가장 설득력 있고 공감이 가도록 제시하는 대통합의 비전에 의해 우리로 하여금 온우주와 인간에 대한 진리를 온전하게 이해하며 받아들이게 하고, 또한 우리에게 진리에 대한 올바른 통찰적 자세와 시각을 심어 주는 진정한 통합사상이라고 말할 수 있다. 나아가 그의 자아초월 및 통합사상은, 우리의 본래면목에 대한 일미적 깨달음을 직지함으로써 우리에게 자아초월/초의식의 세계의 영안/혜안이 열리게 하고, 또한 영성의 개화를 촉진하는 '영의 대둥지'로, 통합적 영성의 길로 우리를 안내하는 진정한 통합적 영성 패러다임이라는 사실도 깨닫게 해 준다.

결론적으로, 원효는 궁극의 진리/'통합지도'의 내용에 대한 상이한 해석에서 나온 이쟁을 화쟁 논리에 의해 누구나 언어적 집착 없이 온전하게 받아들이도록 하는 통합적 해석의 길라잡이 역할을 하지만 화쟁사상에는 '통합지도'를 만드는 통합 패러다임이 없고 반면에 켄 윌버는 AQAL 모형에 의해 온전한 통합지도의 올바른 '지도' 내용 만들기의 패러다임 제시에 주력하고 있지만 모든 이쟁을 포용적으로 화해시키는 화쟁정신이 결여되어 있기 때문에 근본 사상이 동일한 원효의 화쟁사상과 윌버의 AQAL적 통합철학을 상보적으로 통합하면 상극과 분열의 이 시대가 원하고 앞으로 올 통합의 시대에 가장 바람직한 진정한 통합철학이라고 말할 수 있는 화쟁적 통합철학을 정초(定礎)할 수 있다.

나아가 앞으로 모든 분야에서 화쟁적 통합철학을 열린 의식으로 받아들이고 실천하게 되면, 그래서 '지도'와 '영토'를 혼동하지 않고 '달'과 '달'을 가리키는 '손가락'을 혼동하지 않게 되고 궁극의 진리와 관계되는 모든 언어적 표현을 일심의 근원으로 돌아가서, 일미의 법해로 돌아가서 보게 된다면, 또한 인지(人知)에서 나온 모든 '상대적 진리'들을 언어적 집착에서 벗어나 비전논리적으로 보게 된다면, 자연히 서로 저만 옳다고 다툴 필요가 없어지면서 21세기에 신인류는 진정한 화해와 통합의 새 시대를 열어가게 될 것이다. 따라서 과학과 인지가 더욱더 발달하고 인류의 평균의식이 제2층 '밈' 의식인 비전논리 수준으로 더 진화되고 제3층 '밈'의 자아초월 선단 의식 수준의 신인류가 더 많이 출현하게 되면 앞으로 모든 분야에서 보다 온전한 '통합지도'가 나오게 될 것이다. 그럴수록 '지도'의 내용은 보다 더 다양한 스펙트럼의 색깔과 목소리를 내면서도 서로의 '차이'를 존중하면서 상생적으로 공존하게 되는 진정한 화회적 통합의 시대가 오게 될 것이다.

미주

1) 이 글은 불교와 심리연구원의 논고집(창간호, 2006, pp. 226-295)에 실린 필자의 논고에서 켄 윌버 부분만 삭제하고 대부분 그대로 옮긴 글이다.
2) 이죽내, 「분석심리학의 관점에서 본 원효의 화쟁사상」, 『心性研究』 6: (1 · 2), 1991, pp. 17-30.
3) 『涅槃宗要』, 韓佛 I, p. 523a: 今是經者…… 統衆典之部分 歸萬流之一味 開佛意之至公 和百家之異諍.
4) 『起信論別記』 韓佛 I, p. 733b: …… 今是論者 是謂諸論之祖宗 群諍之評主也.
5) 『起信論疏』 韓佛 I, p. 705上, "何爲一心 謂染淨諸法 基性無二 眞妄二門不得異有 故名爲一 …… 如是道理 離言絶慮 不知何以目之 强號爲一心也."
6) 『起信論疏』 韓佛 I, p. 736c.
7) 『起信論疏』 韓佛 I, p. 698, 以開合自在 立破無碍 開而不繁 合而不狹 立而無碍 破而無失.
8) 『金剛三昧經論』 如來藏品, 韓佛I, 664c. 非說非字者 絶能詮名 言故 非踳非解脫者 超所詮實義故.
9) 『大乘起信論疏』 韓佛I, p. 743b. 理非絶言 非不絶言 以是義故 理亦絶言 亦不言絶.
10) 『十門和諍論』 韓佛I, p. 838b. 我寄言說 以示絶言之法 如奇手指 以示離 言之月.
11) 『金剛三昧經論』 韓佛I, pp. 一, 我所說者 義語非文 衆生說者 文語非義.
12) 『大乘起信論疏 別記』 韓佛I, pp. 1-743a~b. 初文中言離言說相 離名字相 乃至言眞如者 因言遣言.
13) 『大乘起信論疏』 韓佛I, p. 733A. 大乘之爲体也…… 玄之又玄之 豈出萬像之表 寂之又寂之 猶在白家之談.
14) 『涅槃宗要』 韓佛I, p. 539a. 如彼盲人各各說象 誰不得實非不說象 說佛性者亦復如是 不卽六法不離 六法掌知 此中六說亦爾.
15) 『金剛三昧經論』, 入室除品, 韓佛I, p. 638a, 若諸異見諍論興時…… 是故非同非異而說…….
16) 『無量壽經宗要』 韓佛I, p. 561b-c. 諸法 非有非無 遠離二邊而 不著中道 由不了故…… 或計非有非無 著一中邊隋愚癡論.
17) 앞의 『起信論別記』 序文.
18) 『涅槃宗要』 韓佛I, p. 529b.
19) 『涅槃宗要』 韓佛I, p. 538b-c. …… 是謂非然非不然義 所以諸說 皆非皆是. 『十門和諍論』 韓佛I, p. 838a. …… 由非不然故得俱許 而亦非然 故俱不許 此之非然 不異於然.
20) 『金剛三昧經論』, 入室際品, 韓佛I, p. 638a. 若諸異見諍論興時 若同有見而說 則異空見 若同空執而說 則異有執…… 是故非同非異而說 非同者 如言而取 皆不許故 非異者 得意而言 無不許故 由非異故 不違彼情 由非同故 不違道理 於情於理 相望不違.
21) 『涅槃宗要』 韓佛I, pp. 543c-545c.

16 상보적 통합 기 패러다임–현대적 통합기학

왜 통합기학인가[1)]

근래에 와서 기(氣)에 대한 이해와 인식이 점차로 높아지고 있고, 기의 존재를 규명하거나 그 작용 효과를 연구하는 기과학도 괄목할 만한 수준으로 발전해 왔다. 그러나 일반인이나 전문가들의 기에 대한 이해는 여전히 모호하고 혼란스러운 수준에 머물러 있다. 기학(氣學)의 분야도 혜강 최한기가 근대 초에 근대적 기학을 주창한 이래로 기과학(氣科學), 기의학, 기심리학(氣心理學), 기철학, 기공학, 기경영, 기사회학 등으로 다양하게 분화 발전되어 왔지만, 전문 분야 간의 기의 원리와 개념에 대한 정의나 해석에서 통일성이나 정합성이 없고 범주 오류/인지 오류와 함께 임의적이거나 상이하거나 상반되는 개념이 혼용되고 있는 게 오늘의 현실이다.

이 논고에서는 오늘날 기에 대한 다양한 개념과 현대 기학의 여러 분야에서의 기 범주와 개념을 포함한 모든 기론(氣論)을 모두 포괄하면서, 심층과학(신과학, 정신과학, 정신물리학)적으로 '다양성 속의 통일성을 갖도록 통합하기 위한' 기초 작업으로 이 시대를 대표하는 탈포스트모던 통합사상가인 켄 윌버의 AQAL(All Quadrant All Level) 매트릭스 메타통합이론을 바탕으로 기스펙트럼적 통합기론(統合氣論)의 정립을 위한 기초 개념을 제안하고자 한다.

필자는 1997년도 『과학사상』에 '기에 대한 과학적 접근의 문제'(조효남, 1997: 115–186)라는 소고를 발표한 바 있는데, 이때 이미 의식의 스펙트럼에 상응하는 '기장(氣場)/기(氣)스펙트럼'의 개념을 제안한 바 있다. 그런데 최근에 와서 켄 윌버도 온라인상에 소개된 그의 온우주론 제2부『온우주적 카르마와 창조성(Kosmic Karma and Creativity)』 초안에서 홀론(holon)/홀라키적(holarchy) 기장(氣場, subtle energy field)에 의해 기를 정의하면서 필자와 동일한 기스펙트럼 이론을 포함하고 있다(Wilber, Excerpt G).

따라서 이 논고에서는 현대 신물리학, 신생물학/생명과학 패러다임과 신과학/정신물리학/정신과학의 패러다임에 의해, 다차원의 의식의 스펙트럼과 기스펙트럼 사이의 상응하는 관계를 과학적이며 체계적으로 규명하고서, 윌버의 AQAL Matrix 메타이론의 통합모형과 포스트 윌버적 기와 의식에 대한 가설을 적용하여 식(識, 의식 · 무의식 · 초의식)과 식장(識場), 기와 기장, 질료(質料)와 형상의 통합적 개념과 상관관계를 밝혔다.

이를 바탕으로 이 논고에서는 먼저 윌버의 AQAL Matrix적 포괄적 기이론에 대해 소개한 후, 윌버에서 한 걸음 더 나아가 핵심 개념인 의식의 스펙트럼과 (온생명) 기스펙트럼의 관계를 보다 일반화한 포스트 윌버적 통합기론의 방향을 제안하였고, 이에 따라 현대 통합기학의 방향과 통합기론의 정신과학적 원리에 대해서도 논하였다.

기 · 기과학 · 기학의 현황

기에 대한 개념 · 인식의 혼란

지난 30년 사이에 기와 기공(氣功) 관련 서적들이 무수하게 많이 쏟아져 나왔지만, 저자들의 기에 대한 지나친 주관적 가설이나 독단적 논리의 비약이나 편견이 담겨 있는 주장들이 일반인의 기 이해를 너무나 혼란스럽게 만들고 있는 게 사실이다. 뿐만 아니라 전통 기사상을 다룬 기철학(氣哲學), 기학(氣學) 관련 서적에 나타난 기에 대한 개념과 정의도 너무 다양하고 번잡하여, 그 내용의 혼란스러움에 일반인은 곤혹을 느끼게 된다. 그만큼 기는 수천 년에 걸친 기사상의 발전 역사와 국내외적으로 기와 기과학에 대한 무수한 연구에도 불구하고, 아직도 기의 개념은 관념적인 수준에 내몰려 있고 기의 실체도 과학적으로 완전히 밝혀지지 않고 있다. 더구나 이러한 현상은, 포괄적 의미의 기란 어느 하나의 범주로 국한해서 정의하거나 이해할 수 없는 것이고, 그래서 자연적/물질적 속성도 있지만 반(半)물질적이고 초자연적인 속성도 함께 갖고 있는 탓으로, 근래의 기과학의 발전에도 불구하고 온생명 기의 원리와 속성을 과학적으로 완전히 규명할 수 없다는 사실을 반증하는 것이기도 하다.

문제는 기의 이러한 속성을 빌미로 기의 범주나 개념에 대한 통합적이고 온전한 앎을 외면한 채 자신의 주관적인 관점이나 이해에 집착하여 기에 대한 지나친 독단이나 편견에 의해 주관적으로 논리의 비약이 심한 주장을 펴기 쉽다는 것이다. 더구나 기공 · 명상수련이나 과학적 방법으로 기를 보거나 경험해 보지 않고서 막연히 문헌으로만 이해한 전문가가, 자기 자신도 기에 대해 정확하게 체험적으로 알지 못하면서, 기란 양자적 수준의 물질기(氣)나 자유에너지로서의 공간기(氣)나 생명에너지로서의 생명기(氣)일 뿐이라고 관념적으로 단정하고 정의하고 기술할 경우, 일반인의 기에 대한 올바른 이해를 막고 혼란과 혼동만 조장할 뿐이다. 그래서 아직도 기는 일반인에게는 생소하고 모호하면서 신비스러운 대상으로 남아 있고, 오랜 기간 기공수련, 명상 · 참선생활을 한 사람들만이 기를 확연하게 느끼고 볼 수 있지만, 그러한 사람 중에도 기는 인체 내의 경락과 오장육부 내에 흐르는 기(生命元氣, 生體氣)나 외기공(外氣功)의 특이공능의 기, 초자연, 초능력의 자유에너지나 공간기 정도로만 단편적으로 이해하고 있는 경우가 허다하다.

이 논고에서는 일반인이나 전문가들의 기에 대한 편협하거나 그릇된 이해, 단편적인 시각이나 독단적 가설들에 대해, 그들의 주장 속에 담긴 범주 오류와 '전/초(前/超) 인지 오류(Pre/Trans-Fallacy)'를 제외하고는, 그러한 기이론과 주장, 가설들이 갖는 부분적이며 단편적인 '진리성'을 윌버의 통합 패러다임에 의해 통합함으로써, AQAL Matrix적으로 온수준의 의식의 스펙트럼에 대응하는 온수준의 생명 기스펙트럼과 온분면의 기, 온계통 · 온상태 · 온유형의 기에 대한 온전한 범주와 인지 방법을 제시할 것이다.

현대 기과학의 동향 및 실태

기는 과연 과학적 탐구의 대상이 되는가? 아니면 다만 동의학이나 심리학, 또는 철학적 탐구의 대상일 뿐인가? 누구나 쉽게 답할 수 없을 정도로 정답이 없거나 알 수 없는 화두 같은 것이다. 이미 앞에서 언급한 바와 같이, 기란 물리적/물질적인 자연의 기와 반물질적/초물질적인 기 그리고 초자연의 여러 수준의 의식의 스펙트럼에 상응하는 온생명기(氣)를 모두 망라하는 것이기 때문에, 당연히 물질적/반물질적/초물질적 기는 현재의 물리학, 의학, 생명과학의 수준으로는 물질적 수준의 기를 제외하고는 그 실체를 자연과학적인 방법으로 밝힐 수 없는 초자연적 세계와 생명현상의 비밀을 함유한 신비한 에너지인 것만은 분명하다. 이는 물질로 만들어진 과학적 측정 도구로는 반물질적, 초물질적 속성을 지닌 기의 정체를 밝힐 수 없다는 것이다. 말하자면 이는 모든 금속을 녹이는 초고온의 물질을 금속 온도계로는 측정할 수 없다는 단순한 비유로도 쉽게 이해할 수 있다. 그러나 최근에 한, 중, 일의 일련의 과학자와 기 전문가들이 기의 실체를 과학적으로 규명하려는 노력을 기울이고 있다. 하지만 그간 기의 속성에 대한 기과학자들의 과학적 규명 노력의 놀랄 만한 진전에도 불구하고 아직도, 생체기(生體氣)와 외기공(外氣功)의 효능, 공간기 관련 연구를 통한 기에 대한 부분적 이해를 제외하고는, 온생명 기의 원리에 대한 이해는 장님 코끼리 만지는 수준에서 벗어나지 못하고 있다.

최근에 기과학의 현황 및 동향에 대해 상세하게 고찰하고 있는 방건웅 박사의 『기가 세상을 움직인다』에서 보는 바와 같이, 현재의 기과학의 수준은 국내외적으로 서모그래피 측정, 길리언(Girlian) 고주파 사진 촬영, 바이오피드백 장치나 자기공명 장치 등으로 외기공과 내기공에 의한 원적외선 검출, 오라(aura) 측정, 뇌파의 변화, 자화수의 생성 등을 연구하는 정도이므로 아직도 기 현상에 대한 피상적 이해 수준을 넘어서지 못하고 있다. 그러나 이와 같이 과학적 측정에 의해 기 현상의 일부 작용 효과를 과학적으로 입증해 보임으로써, 일반인이나 일부 과학자, 의사들조차도 무조건 신비적이며 허황된 것으로 생각해 오던 기에 대한 종래의 잘못된 인식을 바로잡는 데 크게 기여한 것은 사실이다.

방건웅 박사가 잘 보여 주고 있듯이 기에 대한 과학적 탐구의 현재 동향을 살펴보면, 나라별로 중점 연구 방향을 달리하고 있다. 중국에서는 기공을 중의학의 한 분야로서 중요하게 여기고, 기공치료, 기공마취 등 기의학 위주로 기의 과학적 탐구에 주력하고 있다. 반면에 일본에서는 기공사를 피험자로 이용한 내기와 외기의 과학적 측정을 통한 기의 작용 현상을 다각적으로 규명하여 기의 실체를 과학적으로 밝히려는 데 주력하고 있다. 서구에서도 염력, 투시, 텔레파시 같은 ESP 현상, Psi, 심령 현상 및 여타의 초상 현상 등에 대한 과학적 연구와 군사과학적 활용이나, 심신상관 의학적 측면에서의 생체기의 연구 등이 아직은 초보적인 수준이지만 점차 관심이 증대되고 있다. 그러나 오래전부터 국내에서도 정신과학학회의 일부 기과학 연구자들을 중심으로 기를 과학적으로 연구하려는 상당한 노력이 있어 왔고(박병윤, 정래서, 1997; 이충웅, 방건웅, 1998), 『과학자들이 풀어놓는 氣이야기』같이 공간기의 초상 현상이나 초과학, 초심리 현상 연구 관련 흥미 있는 결과가 보고되거나 일부 책으로도 나와 있다. 그렇지만 일부 연구자 중에는 기의 자기감응 현상, 적외선 검출 현상 등의 물리적 간섭 현상이나 그 작용 효과에 대한 좋은 연구도 있었지만, 일부 공간기에 의한 상전이 현상 등의 초상, 초자연 현상에 바탕을 두고 기의 실체에 대한 지나치게 성급한 단정이나 편견이나 비약이 있는 것도 부인할 수 없는 사실이다.

요약하자면, 오늘날 기의 현상과 실체를 규명하려는 국내외의 일부 기과학 연구자들의 문제는 기의 정체를 자연과학인 물리학, 경험분석과학의 방법으로만 파악하려는 데 있다. 바이오피드백 장치나 자기공명 장치 등과 같은 계측기에 의한 기의 작용 효과에 대한 측정만으로는 기와 물질파의 피상적인 간섭작용 현상과 물질파의 생성 등, 즉 겉보기 간섭, 공명작용 효과로 인한 물리적 변화나 현상은 어느 정도 알아낼 수 있지만, 반물질적/초물질적 속성을 동시에 가지고 있는 기의 실체는 알 수 없다.

따라서 과학적 방법론에 관해 윌버가 언급한 바와 같이, 기의 실체 규명은 갈릴레오나 케플러로부터 시작된 계측을 바탕으로 하는 현대의 자연과학, 경험과학만으로는 달성할 수 없으므로 기의 초자연 현상의 원인은 자연과학적 방법으로는 입증할 수는 없다는 사실을 인정해야 할 것이다. 즉, 과학적 측정도구로 기의 물질과의 간섭, 공명작용 현상을 측정할 수는 있지만 그 실체를 밝힐 수는 없다는 것이다. 다만 기도 에너지의 일종이므로 그 실제 작용 원리는 물리적 포텐셜장, 양자장 원리, 입자/파동 원리, 형태형성장 원리, 홀로그램(hologram) 원리 등을 일반화하여 적용하는 정신물리학에 의해 설명될 수 있다.

기는 단순한 공간기나 생체기로서만 파악해서는 안 되고, 소우주라고 볼 수 있는 인간과 같이 고도로 진화된 생명체의 생명조직장 자체가 마음과 정신의 다차원/다수준의 의식의 장과 이에 상응하는 다수준의 (온생명) 기장을 형성하므로 의식과 기는 홀론적(holonic) 온생명체의 홀라키(holarchy)적 구조를 갖는 실재로서 파악해야 한다. 따라서 필자는 이 논고에서 기란 물리학/기과학의 대상일 뿐만 아니라, 윌버가 말하는 상위(higher)/심층과학(deep science)의 대상으로서 자연과학적 탐구의 대상이 되는 양자장/중력장의 물질기와 통일장 수준의 공간기를 제외하고는 생명기는 신과학, 의식역학/정신물리학, 정신과학적 탐구의 대상으로 접근해야만 한다고 전제하고, 동시에 기 현상의 규명과 기의 활용을 위한 과학적 측정을 위주로 하는 인체과학, 생명과학, 심신의학(대체의학)적 접근도 이와 함께 다각적이며 종합적으로 접근해야 한다는 관점에서 고찰할 것이다.

전통 기사상과 현대 기학의 한계

기사상은 서양에는 없는 동양 고유의 사상으로 동양의 문화권을 대표하는 인도, 중국, 한국, 일본의 전통 종교와 사상에서 중요한 비중을 차지하고 있다. 나라마다 지리, 기후, 환경의 차이로 민족성도 다르고 문화, 역사가 다른 것같이 종교와 철학사상도 서로 다르므로 기사상도 나라마다 조금씩 서로 다르고 다양할 수밖에 없지만, 그 속에 공통으로 흐르고 있는 대표적인 사상은 크게 다르지 않다. 먼저, 동양의 주요 종교 속에 나타나는 기사상의 특징을 보면 매우 다양하면서도 서로 상관성을 갖고 있다. 중국 못지않게 풍성하고 오랜 전통을 가진 인도의 힌두교에서의 기/프라냐(prana) 사상을 보면, 기수련이라 할 수 있는 다양한 요가수련 그리고 힌두의 성전인 우파니샤드에서 나온 베단타 요가 심리학에서는 힌두 고유의 차크라(chakra) 수련, 쿤달리니(kundalini) 수련과 관련하여 프라냐/기의 원리를 밝히고 있다. 아울러 인간의 몸은 생명의 진아(Atman)를 싸고 있는 여러 층의 오묘한 에너지체(氣体)로 되어 있음을 매우 과학적이며 체계적으로 밝히고 있다. 실제로 인도의 기(프라냐, 생명에너지)사상의 체계성과 과학성은 중국의 기사상을 훨씬 능가한다.

그렇지만 오늘날 우리가 말하는 전통 기사상이란 장입문(張立文)의 『기의 철학』에서 보듯이 은연중에 중국에서 내려온 유가, 도가, 불가의 전통 기사상, 기 철학사상을 의미한다. 중국의 전통 기사상은 도교의 노장사상/연단(練丹)사상, 유교의 공맹사상, 주역의 기사상 그리고 성리학의 이기이원론(理氣二元論)의 이본체론(理本體論)적 사상으로부터 유물론적, 기본체론/유기론(氣本體論/唯氣論)적 기학사상에 이르기까지 역대 왕조의 정치, 사회 상황과 제도에 따라 발전과 쇠퇴를 거듭해 왔다. 그러나 중국의 전통 기사상은 관념론적 기사상이 주류를 이루고 있어, 유학의 이기론(理氣論)이나 기학의 기론을 주장하는 대부분의 학자들이 고도의 기수련을 통해 신통의 경지에 이른 도가나 불가의 도인, 고승들과는 달리 기수련을 제대로 해 보지도 않고서 사변적으로 존재론적인 의미에서의 정치, 사회, 인간 자연현상의 원리를 설명하기 위한 관념적 기론에 그치고 있다. 따라서 근대의 중국의 이기(理氣)사상과 기사상을 보면, 기는 '형이하(形以下)'의 존재로서 물질적 · 물리적 자연의 기나 육신의 기로 규정하고, 이/도/성(理/道/性)은 '형이상(形以上)'의 존재로 보는 이원론적인 이기(理氣)사상이 지배적이고, 아니면 유물론적 일기(一氣)사상에 의해 모든 자연과 인간과 생명과 정신 현상의 원리를 설명하는 기일원론적(氣一元論的)인 기사상이 주류를 이루고 있다. 사실상 중국의 융성했던 전통 기사상—기학, 기철학—은 근대에 와서 서구의 과학기술이 중국의 격변기, 개화기에 유입되면서 또한 공산주의 체제하에 유물론적 기사상만이 용인됨으로써, 이학(理學), 심학(心學), 도학(道學)과 함께 쇠락하고 만다. 그러나 보다 근본적으로 보면, 전통 기철학, 기학에서 말하는 기의 대부분이 기의 단편적이고 파편적인 일면만을 강조하거나, 지나치게 '형이하'적인 면만을 기의 범주로 단정하는 오류를 범하고 있다. 따라서 현대적인 시각에서 보면, 전통 기사상에서의 기본체론(氣本體論)적 기학이나 이본체론(理本體論)적 이학(理學)/성리학, 심본체론적 심학(心學) 모두 범주 오류와 한계를 지닌 이론이라고 볼 수밖에 없다. 이는 기의 실체, 실상을 경험해 보거나 보지 못하고, 관념적으로만 이해하는 유가의 이학/심학의 이론가들이 생명기에 대한 과학적이거나 체험적인 이해가 없이 상위의 기를 관념적으로만 이해한 데서 나온 결과라고 볼 수 있다.

다른 한편으로 기학이라는 용어는 혜강 최한기에 의해 동명의 책『기학』에서 처음 사용되었는데, 혜강은 우리의 전통 기사상의 유기론(唯氣論)과 성리학의 이기론(理氣論)을 넘어서, 전통 기사상을 근대 서구의 고전적 과학사상과 만나게 함으로써 관념론적 기론과 과학적 자연기를 결합하여 '운화지기(運化之氣)'를 기본으로 하는 유물론적이고 유기론적인 기학의 체계를 인문학, 사회학, 자연학, 기술학을 포괄하는 학문으로 정립하고자 하였다. 그러나 최한기의 기학은 당시 근대 초 서구의 고전 과학에 심취한 최한기의 유물론적 기체/이용(氣体/理用)적인 유기론이므로, 현대 과학 이전의 근대과학에 바탕을 둔 근대 기학으로서 의미는 있지만, 그 당시와는 비교도 할 수 없는 수준으로 발전한 현대 과학을 반영한 현대의 기과학, 기이학(氣理學), 기의학/기치료, 기심리학/기심리치료/생체기요법 등을 포괄하는 현대 기학으로서는 그 수준에서 너무나 먼 거리가 있다.

그러나 최근에 김교빈 외 여러 기철학자(氣哲學者)가『기학의 모험』에서 보여주는 국내의 기에 대한 사유와 담론, 현대 기학의 정립을 향한 문제의 제기와 시론적 담론도 일부를 제외하고는 관념적으로 경도되어 있어, 기과학, 기의학, 기심리학, 기철학과 정치 · 사회 · 경제 · 문화 · 예술 등 전반에 관련된 기사상을 체계적으로 포괄하는 과학적 기 개념과 기 원리에 의해 기학의 모든 분야에 적용할 수 있는 기 패러다임의 정립은 아직도 요원하다고 본다. 더구나 기(氣)과학자들에 의해 제시되는 기의 개념, 원리, 속성에 대한 물질기/공간기/생체기 중심의 유물론적 · 환원주의적 · 주관주의적 가설에 따른 편향된 과학적 담론 수준의 기학은 과학적이고 현대적인 기학과 통합 기 패러다임의 발전을 저해하는 요인이 되고 있다.

의식과 기의 스펙트럼

의식과 기

의식이란 말은 일상생활에서나 사회적으로 또는 학술적으로 매우 다양한 의미로 자주 사용되고 있지만, 그 실제 의미가 무엇인지는 모호하고 갈피를 잡기 어렵다. 의식이란 말은 일반인의 통념으로는 깊은 뜻이 없이 일반적으로 개인의 사고방식이나 도덕성, 의식 구조, 의식 개혁 등과 같이 마음/정신 등을 권위적으로 지칭하는 말로 사용되거나, 좁게는 의지적인 현재 의식, 의식적 정신(mind)을 일컫는 말로 사용되고 있다. 그러나 전문적으로나 학문적으로는 분야에 따라, 학문의 특성에 따라 전문가의 개인적 인식에 따라 다양한 의미와 정의를 내리고 있고, 의식의 근본 원리보다는 의식 현상의 기제를 설명하고 밝히는 데 주력하고 있다.

『의식에 관한 사회과학자의 도전』이란 책에서 이만갑 교수는 무생물과 식물에는 의식이 없고 동물에게는 언어가 결여되어 있다고 말하고 있는데, 식물에게도 원시적이나마 염파(念波)나 감정적 반응 같은 생존 의식이 있음은 이미 밝혀진 일이고, 심지어 개미조차도 페르몬 분비를 이용하여 복잡한 의사소통을 할 정도로 하등동물에게도 원시적인 언어와 언어적 의식이 있다고 보아야 한다. 심지어 현대 신물리학/양자물리학에서는 양자장에도 의식(정보)이 함유되어 있다고 보기 때문에, 무생물도 궁극에서는 의식의 장에 닿아 있고 의식역학/정신물리학적으로는 원초적 의식이 있다고 본다.

이만갑 교수는 그의 책에서 주로 과학적 입장, 특히 물리학적/뇌신경생리학적인 의식에 대한 개념과 그 기제를 매우 중요시하고, 이에 대한 여러 학자의 견해를 소개하는 데 주력하고 있지만, 그의 의식에 대한 이러한 접근은 인간 의식의 굳은모 H/W(Hard Ware)적인 뇌신경생리학적, 무른모 S/W(Soft Ware)적인 정신과학/정신의학/심리학적 의식의 의미와 그 기제를 이해하는 데는 상당히 도움이 된다. 그러나 의식의 작용과 흐름을 지배하는 원동력인 생명에너지모 E/W(Energy Ware)로서의 기, 무른모 S/W로서의 감정, 상념, 논리적 판단/분석과 관련되는 의식인 마음, 의식의 궁극적 원천이며 상위 수준의 인간 의식인 초월모 T/W(Transcenden tal Ware)로서의 정신/의지/혼, 궁극모 U/W(Ultimate Ware)로서의 '영'에 대한 깊은 이해 그리고 윌버가 말하는 의식의 전(全) 스펙트럼의 구조와 성장 · 발달의 원리를 밝히지 않고서는 의식의 실상과 그 실체를 제대로 알 수 없다.

따라서 여기서는 신과학적 통합의식 연구자인 알란 콤스(A. Combs, 2002)와 같은 맥락이지만, 한걸음 더 나아가 가장 포괄적인 의미로, 현대 의식심리학, 신물리학, 정신과학, 정신물리학적 접근에 의해 매우 일반적으로 의식과 기를 정의할 것이다. 그래서 넓은 의미에서 '의식'이란 '외적/내적 자극에 대한 생명체의 체계적 반응/활동을 일어나게 하는 식(識, 表層意識 · 自己意識 · 無意識)으로 정의하고, 의식은 에너지(氣)와 결합하여 작용하는 상태에서는 식(정보, 理, 法性……)을 함유한 에너지(識乘氣)가 되므로 '의식의 기 또는 의식에너지'로 정의할 것이다. 다시 말해 '의식'은 원초적 생명 본능 의식에서 고도의 심적/이지적/정신적 의식에 이르기까지, 의식적/무의식적/초의식적으로 작용하여, 그 의식 영역의 (질료적) 기(에너지)와 결합하여 작용하는 정보(識)를 함유한 파동 상태(識乘氣의 상태)가 되면 정신 · 의지 · 신념 · 상념 · 감정 에너지의 흐름과 이에 따른 행위를 수반하게 되고, 이러한 흐름의 상태에서의 의식은 의식에너지, 즉 의식의 기로 된다는 것이다. 이 기는 다양한 의식 수준에 상응하는 다양한 생명기, 의식의 기 에너지로서 생명의 유지, 발현에 필수적인 여러 수준의 '정묘 에너지(subtle energy)'로서의 기 에너지가 된다.

기와 의식에 대한 정신과학적 접근

여기서는 온생명기에 대한 올바른 이해와 과학적 접근을 위하여 신과학적 패러다임과 동양의 전통적인 세계관, 생명관을 바탕으로 하는 기에 대한 정신과학적 접근에 대해 고찰하고자 한다. 그러나 신과학 패러다임 중에서 윌버가 중요시하는 루퍼드 쉘드레이크의 형태형성장(Sheldrake, 1995; Peat, 1987)과 기와 의식의 관계에 대해서는 윌버의 기론과 함께 논할 것이다. 여기서는 필자가 중요시하는 일반 파동 원리, 일반 장 원리, 홀로그래프 원리, 홀론/홀라키 원리를 중심으로 기와 의식에 대해 논할 것이다.

전통적으로 동양에서는 이 태양계 내 조그만 행성인 지구만이 아니고, 또 137억 년이나 된 수백억 광년 크기의 우주만이 아닌 온우주에 편재한 온생명은 모든 존재와 서로 분리할 수 없는 유기체적 · 전일적(全一的) 존재로 보고 있는데, 이는 거의 모든 종교의 경전과 위대한 성현, 사상가들의 가르침 속에 나타나 있다. 또한 도(道, 理)에서 생겨난 기는 음양오행의 원리에 의해 역동적으로 굽이치는 기(에너지) 장의 파동이며, 그 속에서 생명은 화기(和氣, 의식, 정신, 영혼의 기)에 의해 생성되는 정기 · 생기 · 신기(精 · 氣 · 神)의 이합집산이라고 보는 도가의 전통 기사상과 우리 민족의 전통 선도(仙道)의 (天 · 地 · 人, 性 · 命 · 精) 삼신(三神)사상 속에도 전일적 생명관이 그대로 함축되어 있다. 뿐만 아니라 이러한 동양의 전통 기사상은 현대 양자역학 · 신과학의 패러다임 속에도 그대로 드러나고 있다. 즉, 신과학에서 초기에 나온 일반 시스템이론으로부터 화이트헤드의 유기체적 세계관, 환원론을 넘어서기 위해 나온 전일적(holistic) 세계관, 봄(D. Bohm)과 프리브람(K. Pribram)의 홀로그램 우주와 의식홀로그램(Talbot, 이준형 역, 1999), 봄의 생명체의 양자포텐셜장과 초양지장 이론 그리고 현대 양자역학의 장(場) 이론을 일반화한 상위의 일반 장(場) 이론과 쉘드레이크의 형태형성장 이론 등에 이르기까지 양자역학 · 신과학의 주요 패러다임은 각각 한계성은 있지만 동양의 전통적인 세계관과 일맥상통하고 있다. 다시 말하자면, 양자역학 · 신과학의 세계관은 동양의 불교에서의 법(法) · 공(空) · 윤회사상의 바탕인 법신

(法身) · 공관(空觀) · 연기관(緣起觀)과 유식학에서 보는 유식관 · 생명관, 그리고 도가 · 유가에서의 도(道) · 이기(理氣)사상이나 주역에서 나타나는 생명관도 회통한다.

그렇지만 모든 물리적인 힘의 통일장(統一場)이나, 보다 상위의 온생명의 생명장(生命場)은 모두 그물처럼 연결된 양자적 우주의 통일장으로 통합된다는, 환원주의적 생명장의 원리와 신과학적 패러다임만으로는 모든 생명체가 갖고 있는 생명의 실상을 제대로 설명할 수 없다. 더구나 일부 신과학의 패러다임은 물리적 기와 생물학적 물질기의 개념만을 한정하여 다루고 있기 때문에 온생명기를 설명하기 위해서는 보다 구체적이며 일반화된 생명의 원리와 개념이 필요하다. 현재는 생체기의 일부 현상만 과학적 측정 방법으로 밝히고 있는 데 그치고 있지만, 그래도 이 생체기가 인체의 생리 현상에 미치는 작용 효과만은 어느 정도 알게 되었다. 그러나 더 상위의 장(場)의 상위 홀론에 해당하는 의식에 상응하는 기(氣)에너지인 지각 · 감정 · 상념의 마음의 기(識心氣)에너지와 예지 · 직관 · 창조 · 지혜의 정신의 기(魂氣 · 靈氣)에너지로 구성된 온생명장 홀라키의 구조와 그 작용 원리를 이해해야만 생명과 온생명기의 깊은 원리를 알 수 있다.

다시 말하자면, 생명체는 외계와 분리된 개별적인 닫힌계라는 종래의 과학의 관점과는 달리, 여러 계층의 존재의 영역의 식(의식 · 무의식 · 초의식)장(識場)과 기(에너지)장(氣場)의 체로 구성된 온생명장은 이 우주의 외계와 온생명장 내의 상하의 장 사이의 끊임없이 질료기(에너지)와 의식(형상, 정보)의 기의 교류를 하고 있는 열린계이다. 그러므로 맨 아래의 초끈과 그 뒤의 소립자로부터 최상위의 일기(一氣), 무극(無極), 일미(一味), 일심(一心), 공(空), 우주심에 이르기까지 종횡으로 서로 그물망처럼 연결된 유기체의 시너지적 온생명 기장(氣場)으로서 홀라키적 구조를 갖고 있다. 그리고 이러한 온생명기의 장에서 의식 홀라키의 작용 원리는 정신물리학적으로 신과학의 홀로그램 원리에 의해 이해할 수 있다. 정보를 함유한 의식파를 인지하고 저장하는 두뇌는 두뇌 홀로그램 원리에 따라 의식의 원천이 아닌 일종의 의식(정보)의 변환 증폭기로 볼 수 있다. 뿐만 아니라, 여러 수준의 의식 홀론의 장(場)은, 부분 속에 전체가 투영되고 전체는 부분을 포함하는 홀로그래프의 원리에 의해, 정보를 저장하고 있는 홀로그래프적 의식의 장에 조건화된 기저파인 기가 흐르면 의식 홀로그램으로 나타나는, 홀로그래프적 의식 정보의 장임을 알 수 있다. 이와 같은 원리를 가진 온생명기에 대해서는 다음에서 정신물리학/의식역학적 관점과 자아초월심리학적 관점에서 보다 상세하게 논할 것이다.

오늘날 양자역학 · 신과학적 관점에서는 양자 수준의 기본 조립자뿐 아니라 물질 수준의 원자 · 분자도 일종의 원시적인 의식을 갖고 있고 단위생명체와도 같은 세포는 더 깊은 의식이 있다고 보는 것같이, 어느 수준의 홀론이든지 그 수준에 맞는 의식을 갖고 있다. 이러한 관점에서 보면 앞에서 "의식이란 온생명체 또는 홀론의 외계로부터의 자극에 대한 체계적 반응/응답/대응 능력이다."라고 정의하는 것이 보다 실제적임을 알 수 있다. 그리고 그 홀론이 갖고 있는 모든 의식이 외부의 자극에 체계적으로 반응하기 위해서는 그 잠재 능력이 홀론파(holon wave) 속에 식(識, 정보, 理, 法性)의 형태로 저장되어 있어야만 가능한 것이다.

다른 한편으로 의식은 염력, 텔레파시 등의 염파가 파동인 것과 같이 의식의 질에 따라 다른 수준 또는 차원의 스펙트럼을 갖는 의식파(意識波)의 파동 현상으로 이해할 수 있다. 이 의식파는 정보를 함유한 파동에너지이고, 전자파가 주파수 변조파동, 즉 맥놀의 주파수 형태로 정보를 내포하고 전달하듯이, 의식파도 일종의 의식(理, 識) 정보를 갖고 있는 변조파동에너지[일명 시너지(synergy)]로 볼 수 있으며, 이것이 곧 의식에너지, 즉 온생명기이다. 온생명 기장도 현대물리학에서의 물리적 힘의 장인 중력장, 전자기장, 양자장 등의 정의와 유사한 개념으로 정의할 수 있다. 즉, 장이란 어떤 힘을 일으키는 잠재력(포텐셜)을 가진 공간에서의 어떤 조건이라고 볼 때 어떤 의식 홀론의 장도 생명체의 유기체적 공간 내에서 의식파/기파(氣波)를 흐르게 하는 그 수준의 의식의 포텐셜장인 것이다. 이와 같이 오늘날 현대 물리학의 장 이론, 파동론은 정신물리학의 일반 장(場), 파동이론으로 발전되었다.

그 외에도 생명체의 의식과 진화를 쉘드레이크의 형태형성장의 형태공명(morphic resonance)이나 라즐로(Lazzlo)의 정신장(psi-field)에 의해 설명하거나,

마투라나와 바렐라의 자동창출(autopoiesis)/자기복제(self replicate) 능력이 가능한 존재로 보는 신생물학 패러다임으로도 설명할 수 있다(Combs, Allan, 2002; Peat, 1987). 따라서 생명체란 신생물학적인 패러다임을 포함하여 진화의 수준에 따라 다양하고 상이하지만 생명기의 항상성과 질서를 유지하는 여러 수준의 고도의 정보처리 능력을 갖춘 의식 홀론으로 구성된 의식의 장 홀라키이며, 이것은 곧 생명장 홀라키 또는 생명장으로도 일컬을 수 있다. 이 의식 · 의식파 · 생명기의 정신물리학적 원리와 속성이 그리고 윌버의 의식의 구조와 진화에 대한 통합심리학적 접근이 바로 생명장의 생명기에 대한 정신과학적 접근임을 전제하고 이에 대해 논의할 것이다.

일반화된 파동론에서 보면, 위에서 고찰한 생명기로서의 의식의 기는 생명원기 · 감정기 · 상념기 · 심기(心氣)에서 염력, 텔레파시, psi, 초능력, 영력 등에 이르기까지 모두 의식파/기파(파동에너지)이다. 정신물리학 패러다임에서는 각 수준의 의식파는 반물리적이거나 초물리적 의식에너지 현상이므로, 상대성이론에서 모든 물질파는 빛의 속도 이내라는 패러다임에 종속되지는 않지만, 물질파와 유사한 파동 현상으로서 물질계와 차원이 다른 스펙트럼파로서 정보를 내재하는 맥놀이 변조 주파수 원리에 따라 정보를 저장하고 있는 의식의 장도 봄과 프리브람의 홀로그램 원리가 그대로 적용된다는 가설을 따를 것이다. 그리고 이러한 패러다임에 의해 마음의 눈(心眼)으로 보면 의식파에 대한 직관이나 경험이나 관측에 바탕을 둔 정신물리학의 기본 이론은 바로 의식역학임을 알 수 있다. 그러나 의식의 장, 정신의 장은 양자장과 같은 물리적인 장과 동일한 속성을 갖지는 않기 때문에 물리적인 법칙과 패러다임을 무차별하게 적용해서는 안 된다. 요컨대, 상대성 원리에 의한 시공간(time-space) 개념도 시공의 개념이 사라지는 초자연계의 장(場)인 의식의 장이나 정신의 장에서는 그대로 적용되지 않기 때문에, 의식에너지파인 염파나 정신에너지파인 영기파(靈氣波)는 전자파와 같은 빛의 속도에 구애받지 않고, 일순간에 우주의 끝과 끝을 초공간적으로 여행할 수 있음도 (天眼 · 慧眼 · 神眼 · 佛眼의 초의식과 六神通과 깨달음의 어느 수준이 열리는) 신통과 깨달음의 경지를 체득한 참선/명상, 기공/요가 수련이나 영적 직관에 의해 알 수 있는 것이다.

이와 같은 정신물리학의 의식역학적 기초 개념은(거칠고 단순한 면은 있지만) 이차크 벤토프(I. Bentov)의 『우주심과 정신물리학(Stalking the Wild Pendulum)』에 쉽게 설명되어 있다. 벤토프에 의하면 현상계의 모든 사물과 물질은 물론, 온생명체, 인간의 인체도 진동하는 체(體, 機)의 장인 파동의 장이다. 이 에너지장(氣場)들은 모두 간섭성(同調性), 맥놀이성(변조성)을 갖는 파동의 성질과 홀로그램 원리에 의해 하위의 기본적인 조직화된 물질 단위인 원자로부터 생명체의 세포에 이르기까지 외계의 자극에 체계적으로 반응하는 정보를 갖고 있어 이것을 원초적 의식으로 본다. 이 의식에너지는 [그림 16-1]에서 보여 주듯이 생명체의 진화와 더불어 진화의 낮은 차원에 있는 식물의 정령(精靈)으로부터 고도의 의식 정보를 담고 있는 고등동물로 진화한다. 그리고 이 지구상에 영적으로 가장 진화된 생명체인 인간의 의식에너지는 육신의 물질계로부터 이른바 신지학(神智學)적으로 말하자면, 에테르계(氣界, Ether plane), 아스트랄계(Astral plane, 감정계, 상념계, 魄氣界, 星氣界……), 멘탈계[Mental plane, 이지계, 심혼계(psychic), 지적 혼계], 붓디계(Budhi plane, 지복계, 상위 정묘계, 원형적 혼계), 코잘계(Causal plane, 하위 원인계, 혼적 영계, 카르마적 영계), 비이원적 영계(상위 원인계, 진아 · 자성 영계) 등으로 올라가면서 하위의 의식계를 내포하지만 점차 상위의 고도한 의식계로 진화한다. 이것을 벤토프의 정신물리학적으로 의식 진화의 양(의식 정보처리 능력)과 질(의식 주파수 대수준)의 관계로서, 요가심리학의 존재의 각 수준에 대응하는 차크라에서의 질료/에너지(氣)의 교환(Paulson, 1995) 그리고 의식의 다양한 상태(일상, 명상, 수면……)에서의 외계와의 의식, 즉 인체와 다차원의 우주의식과의 교류와 유사하게, 의식에너지 교환곡선과 함께 생명장 스펙트럼의 원리를 도식화하여 개념적으로 나타낸 것이 [그림 16-1]이다.

의식과 기의 스펙트럼

우리가 살고 있는 이 우주는 물론 모든 생명체를 포함한 온우주는 홀라키적 존

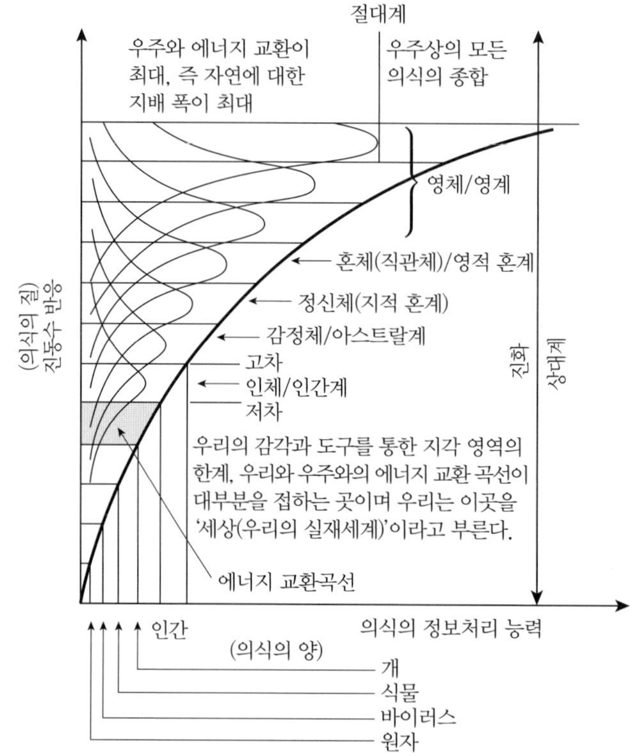

[그림 16-1] **의식 스펙트럼의 진화와 의식의 양과 질**

출처: Itzhak Bentov, 『우주심과 정신물리학』, p. 136

재임이 밝혀지고 있다. 우리가 존재하고 있는 이 우주를 포함한 온우주의 모든 생명체는 홀론으로 구성되어 있음을 윌버는 최근의 저서 『모든 것의 역사』에서 매우 체계적으로 잘 설명하고 있다. 영원의 철학의 존재의 대사슬에 따른 윌버의 홀라키적 온우주론과 의식의 스펙트럼 구조와 발달에 대해서는 이 책의 1부 3장에서 상세하게 다루었다.

[그림 2-1]과 같은 윌버의 존재와 의식의 홀라키도에서 보면, 이 홀라키는 고도로 진화된 생명체인 소우주라 할 수 있는 인간의 생명조직장의 홀라키를 나타내고 있음이 자명하다. 도가에서는 인체가 정(精) · 기(氣) · 신(神)으로 구성되어 있다고 보고, 불교심리학에서는 인체가 조대체(粗大體, gross body), 정묘체(精妙

體, subtle body), 원인체(causal body)로 구성된다고 보는데, 이런 구분은 본질적으로 [그림 2-1]의 물질(물질 氣) → 생명(生命氣) → 마음(心氣) → 혼(魂氣) → 영(靈氣)과 일치함을 쉽게 알 수 있다. 인간의 몸은 고도의 생명조직(場)으로 인체는 그 자체가 의식의 장이며, 생명기의 생명장임을 알 수 있다. 인체의 생명장을 크게 구분하면, 맨 아래에 물질로 이루어진 조대체/육신의 물질기인 정기(精氣)로부터 하위적 정묘체의 일부인 기체(氣体, 에테르체) 내를 흐르는 생명기, 바로 위의 하위적 정묘체인 아스트랄체(하위의 감정체와 상위의 상념체)의 상념기/식심기(識心氣) 그리고 상위의 정묘체인 이지체(理知體)의 이성 · 합리 · 예지의 지적인 혼기와 그보다 상위의 원형적인 영적 혼기 그리고 그보다 맨 위의 영체의 영기(靈氣) 모두가 생명기장 홀라키를 구성하는 홀론들이다.

앞에서 강조한 바와 같이 홀론으로서 의식 자체는 이/법/식(理/道/識)의 인지, 인식, 지능, 지성 관련 정보이므로 기가 아니지만 기와 결합하여 작용 상태에서는 의식의 기(氣)로 된다. 그래서 마음 · 혼 · 영, 심식(心識, 6식) · 혼식(魂識, 7식) · 영식(靈識, 8식), 심기 · 혼기 · 영기와 같이 개념상의 엄격한 구별 없이 사용되고 있다. 그러나 정신물리학적 의식역학의 관점에서 보면, 각 수준의 의식의 장 내에서 내적인 리비도 · 이드의 충동 본능이나 무의식의 의지 같은 심기(心氣)의 작용으로 인한 내적인 자극이나, 외부의 대상으로부터 받은 오감(五感前五識)과 같은 외부의 자극에 의한 기의 흐름이 있으면 홀로그램 원리에 의해 상응하는 의식의 흐름인 감정기, 상념기, 심기, 혼기, 영기로 되어 작용하게 된다. 말하자면, 의식은 [그림 2-3]에 보인 윌버의 의식의 스펙트럼도와 같이 여러 계층의 의식스펙트럼의 장으로 존재하면서, 내적/외적 기의 자극으로 의식에너지화되어 감정적 · 심리적 · 정신적인 의식의 기가 되어 작용한다. 그러나 명상 상태나 선(禪)적인 상태와 같이 완전히 깨어 있는 경우에는 현재 의식의 기가 항상 내면으로 흐르면서도 잠재의식의 마음은 움직이지 않는 의식의 정상 상태가 되는데, 이것이 완전히 깨어 있는 현재 의식 상태이며, 이때 뇌파는 명상 상태의 α파와 θ파로 되어 나타난다.

윌버는 의식에 스펙트럼 개념을 도입함으로써 보편적인 심리학적 용어를 사용하여 의식의 스펙트럼 구조를 제1부의 [그림 4-1]과 같이 구분하고 있다. [그림 4-1]의 의식의 스펙트럼 구조도를 살펴보면 인간의 의식의 장(場)은 여러 계층으로 이루어져 있다. 이와 유사하게 불교에서도 전오식, 6식(현재의 표층의식, mano-vijnana), 7식(말나식: 무의식, 자아의식, 번뇌의식; mana-vijnana)과 의식의 뿌리인 8식(아뢰야식: 심층무의식, 윤회식, 業識, 種子識; alaya-vijnana)으로 구분하고 있다.

앞에서 언급한 바와 같이 다수준의 생명장의 요동으로서 각 수준의 식과 상응하는 기에 의한 '각 수준의 의식의 작용 상태'가 곧 각 수준의 의식의 기이므로 의식의 장과 의식의 스펙트럼으로, 이에 상응하는 (생명) 기장과 기스펙트럼으로, 통합적 · 심층적으로 인식해야 한다는 점을 강조하였다. 의식의 스펙트럼과 기의 스펙트럼, 생명장과 기장은 동일한 생명 홀론에 대한 인식론적 측면과 존재론적 측면임을 의미한다. 윌버도 그의 온우주론 제2부 '온우주적 카르마와 창조성'의 후반부에서 본래의 그의 통합철학/사상에서는 찾아볼 수 없고 다루지 않았던 기(subtle energy)의 통합적 이론(Wilber, Excerpt G)을 포함하고 있는데, 이에 대해서는 이미 언급하였다.

통합기론의 기초

앞에서 고찰한 바와 같이 기학이나 기과학의 다양한 분야의 기 전문가들 사이에 기의 정의와 기의 범주에 대한 인식이 상이하고 모호하여 기 개념의 혼란과 오류로 인하여 양자적 수준의 물질기 위주의 유물론적 범주 오류나 기과학/신과학주의의 환원주의적 해석이나 기신비주의적/승화주의적 인지 오류가 많은 것이 기 개념과 관련된 가장 큰 문제이다. 그 주된 원인은 전문가들이 좁은 경험뿐이거나 경험이 전혀 없이 자신이 아는 편협한 시각으로 기를 이해하고 단정함으로써 기와 기의 원리의 범주에 대한 인식의 부족에서 기인하는 주관주의적이거나 자의적 해석, 유물론적이거나 환원주의적 해석 때문이다.

그렇지만 보다 중요한 점은 비록 수많은 이론가나 전문가들의 기(氣)에 대한 개념, 정의, 범주가 비록 오류가 있고 편향되거나 '장님 코끼리 만지는' 식의 부분적인 시각에서 나온 것이라 해도 그러한 개념들을 켄 윌버의 통합 패러다임, AQAL Matrix 메타이론에 의해 통합적 접근과 통합적 시각으로 통합한다면 기에 대해 온전히 이해할 수 있다. 기와 기의 범주에 대한 통합적 온전한 이해에서 무엇보다 중요한 것은 기의 스펙트럼에 대한 올바른 이해이고, 이에 따른 기의 온수준의 범주에 대한 올바른 인식이다. 따라서 필자는 윌버의 AQAL Matrix의 온수준에 따라 기의 스펙트럼과 기 범주를 상응하는 기학의 영역과 함께 [그림 16-2]와 같이 홀라키적으로 나타낼 수 있다고 본다. 여기서 기학의 범주는 학문의 위계가 아니고 각 수준의 기의 영역에 상응하는 기학의 홀라키적 범주 영역을 나타낼 뿐이다. 보다 바람직한 모형은 필자가 제안하는 뒤에 나오는 AQAL 통합 사이코그래프의 통합기학 도표이다. 앞에서 고찰한 기스펙트럼은 의식과 기에 대한 윌버의 다음과 같은 통합적 기이론, 즉 통합기론(統合氣論)의 바탕이 되고 있다.

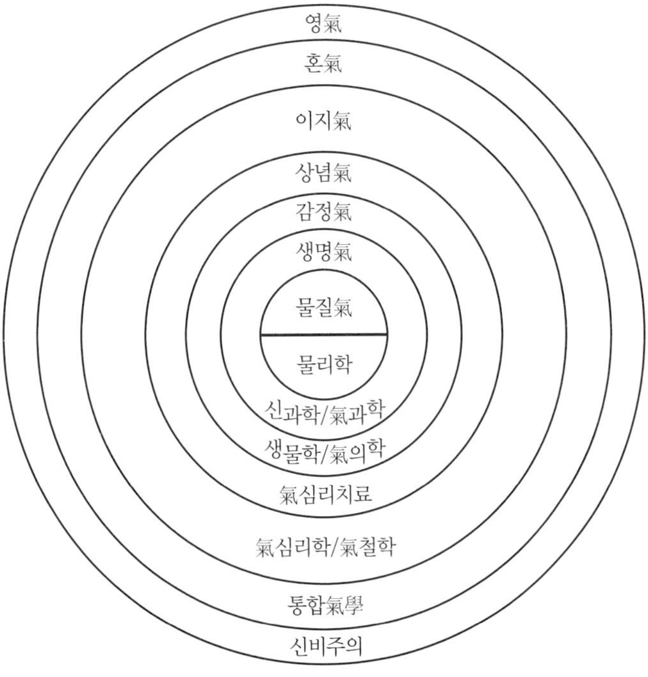

[그림 16-2] **기스펙트럼의 홀라키도**

윌버의 통합기론 개관

켄 윌버의 AQAL Matrix 메타이론에 따른 그의 통합기론 모형은, 전근대의 최상인 존재의 대둥지(Great Nest)/대사슬(Great Chain)에 따른 기스펙트럼의 '온수준', 근대의 최상인 온우주의 진화와 발달에 따른 '온분면' 가치권의 분화에 따른 내측 분면인 의식과 외측 분면인 기(subtle energy)의 사분면, 탈근대의 최상인 다양한 기학의 계통, 즉 신과학/신물리학의 패러다임, 시스템이론, 통합적 다원주의적 기학의 다양한 분야에서의 신물리학/신과학적 패러다임 등에 따른 '온계통(온라인)', 기의 '온상태'와 '온유형'을 망라하는 기론을 통합적으로 받아들이고 있음을 알 수 있다.

윌버는 전근대의 최상인 '영원의 철학'의 '존재의 대둥지'에서의 문제는, 사물(물질, 신체) → 기(생기) → 마음 → 혼 → 영으로 이르는 대사슬의 시간축상의 '영'의 전개로 나타나는 진화를 알지도 못했지만 이를 고려할 수도 없었다고 주장한다. 특히 진화의 축에서 보면 '대사슬'에서는 사물/물질은 모두 수준의 바닥이 되도록 되어 있는데 물질 중에 생명체의 신체는 모든 수준의 바닥이 아니고 내적 측면인 좌상 분면(UL)의 외적 측면인 우상 분면(UR)이고 이 같은 발견은 근대과학의 기여이고 근대적 '전환'이라고 볼 수 있다는 것이다. 따라서 켄 윌버는 근대/현대 과학의 발흥이 있기 전인 전근대의 '영원의 철학'에서의 전통 기사상에서는 물질에너지는 정기로서 최하위로 보면서 그 '위의' 수준의 정묘 기[生命氣, 魄氣, 心氣, 정신(氣), 魂氣, 靈氣]는 모두 형이상학적 초자연적인 기철학의 범주로 보기 때문에 전근대와 근대의 기론(氣論)에서 다음과 같은 문제에 봉착할 수 있다고 보았다.

- 물질/사물의 역할에 대한 명쾌성 결여
- 전통 기사상에서는 기를 형이하학적 범주로 보기도 하지만 대체로 근본적으로 형이상학적 · 초자연적 범주로 봄
- 근대의 사물/물질/자연의 이해는 최하위의 바닥 수준이 아니라 '실재'의

각 수준에 상응하는 사분면의 외적(H/W) 측면임

- 어떻게 기와 조대(粗大)의 질료와 형상(Form)의 관계를 보다 적절한 양상으로 재해석할 수 있는가의 문제

더구나 전통 기사상에서는 기의학, 기심학, 기철학의 범주로서 물질적 질료(material)와 그 에너지인 물질기를 제외하고는 그보다 '위의' 기계(氣界)/에테르계의 생기/에테르기/공간기/자유에너지나 그보다 더 위의 상념계/아스트랄계의 감정기/심기 또는 그보다 위의 정신기, 혼기, 일기 등을 모두 관념적이거나 형이상학적으로 해석하였지만, 현대의 기학에서는 근대와 탈근대의 '영' 자체의 진화적 전개에 의한 과학적 발견, 진화론, 신물리학, 신생물학 · 생명과학, 인지과학, 신과학, 포스트모던이론, 문화맥락주의, 지식의 사회학 등에 맞추어 어떻게 기(氣)를 현대적으로 재해석할 수 있는가가 문제로 대두된다. 따라서 윌버는 그의 기론에서 다음과 같은 세 가지 가설을 도입하고 있다(Wilber, Exerpt G).

- 가설 1: 진화의 증대는 조대형상(粗大形相, 형태)의 복잡성의 증가를 초래한다. 이 가설은 예컨대 쿼크 → 양성자 → 원자 → 분자 →……의 홀론적 차별화와 통합에 의한 진화를 볼 때 '복잡화'는 가설이 아닌 진화의 법칙이다.
- 가설 2: (UR분면의) 형상/형체(機, 體, 구조)의 복잡성의 증가는 (UL분면에서의) 상응하는 상위적 내면 의식의 증가와 상관성을 가지고 있다.
- 가설 3: (연결 가설) 조대형상의 복잡성의 증대는 기의 정묘성 증대와 상관성을 갖는다. 이때 조대의 복잡성 증가의 정도는 더욱더 정묘하고 정묘한 상응하는 지문(signature) 에너지(氣) 패턴을 동반한다.

〈표 16-1〉 기장과 기스펙트럼에 관한 도표

기 氣 subtle energy	의식의 수준
1. 조대粗大 물리적 기氣 수준/장場(P-field)	1. 감각 운동적Sensory-motor
2. 에테르/역동적 생명 기 수준/장 (L-field 1, Bio field 1)	2. 약동적 생명력elan-Vital
3. 아스트랄Astral/감정 기/장 (L-field 2, Bio field 2)	3. 정동-성적Emotional-Sexual
4. 정신Psychic 1/심적Mental 기/장 (T-field 1, M-field)	4. 심적/정신적Mental
5. 정신Psychic 2/혼Soul 기/장 (T-field 2, S-field)	5. 상위심적/혼적Higher Mental
6. 원인Causal/영 氣/場(L-field)	6. 대심적Over Mental/ 대혼적Over Soul
7. 비이원	7. 초심적Super Mental/ '영적'

이미 앞에서 기술한 바와 같이 필자가 『과학사상』에서 오래전에 제안한 바 있는 의식의 스펙트럼에 상응하는 기장(氣場)/기스펙트럼과 마찬가지로 윌버도 위의 가설에 따라 의식의 스펙트럼에 상응하는 기스펙트럼을 물질(물리)적 에너지(物質氣)→ 에테르기[생기(vital energy)] → 아스트랄기[감정(氣)/상념(氣)/心氣(astral energy)] → 정신기(psychic, mental energy), 魂氣(soul energy) → 원인기(causal energy영기)로 〈표 16-1〉과 같이 기장을 기홀론/홀라키적으로 제시하고 있다. 즉, 각 수준의 기는 본질적으로 각 수준의 상응하는 의식과 연관되지만 식으로서 의식 자체는 기가 아니므로 기는 의식으로 환원될 수 없지만, 기의 수준들은 상응하는 수준의 의식이 작용하도록 힘을 실어 준다는 것(그래서 의식의 기로 된다는 것)이다. 예컨대, 조대기(粗大氣)는 조대의식에 힘을 실어 주고 원인기는 원인 의식에 힘을 실어 준다는 것이다(조효남, 1997; Wilber, Excerpt G).

그러나 AQAL Matrix 모형에 따른 기(氣)의 해석은 윌버의 가설에 따르면 전근대의 전통 기사상과는 달라진다. 전통적으로 물질기는 최하위이지만 에테르기(생명기), 감정기, 상념기 등과 같은 상위기는 전적으로 초물질적이거나 형이상학적이라고 믿었다. 그러나 앞의 가설 3에서 강조한 것처럼 조대의 물질(신체)은 더 이상 최하위의 기가 아니고 (UR에서의) 진화에 의해 의식의 (UL에서의) 복잡성의 증가에 맞추어 조대의 신체 기능/형상이 복잡화되면 UR 자체에서 복잡화된 형상에 상응하는 정묘한 기가 창발하고 결과적으로 UL 분면의 의식, 즉 의식의 스펙트럼의 복잡화는 UR 분면의 상응하는 기장/기스펙트럼의 복잡성을 동반하게 된다는 것이다. 기는 물질을 넘어 형이상학적으로 배회하는 존재가 아니라 물질(機, 体) 기능의 복잡화와 밀접하게 상관되어 있는 '실재'의 기장(氣場, energy field)으로 창발한다. 이 정묘한 기장은 물질로 환원될 수 없지만 그들은 존재론적으로 모두 다 물질과 단절되어 있지도 않다는 것이다. 모든 마음/정신은 신체를 갖고 있는데, 정신이 더욱 정묘해지고 복잡해질수록 상응하는 신체도 복잡해진 기능과 형상(機, 체, 시스템)을 갖게 되어 그때마다 더욱 정묘한 기장이 의식과 신체(두뇌)의 형상/기능/장의 연결 링크 패턴으로 홀라키적 기장이 [그림 16-2]와 같이 창발하고 이것이 기장/기스펙트럼(〈표 16-1〉 참조)을 구성하는 것이다. 윌버는 이와 같이 진화에 의해 점차 복잡화되는 형태형성 능력을 형태형성장과 기의 상호관계로서 다음과 같이 설명하고 있다.

신생물학에서 생명진화의 기제 원리를 설명하는 핵심 패러다임의 하나는 형태형성장(morphogenetic field)/형태공명(morphic resonance)의 개념이다(Sheldrake, 1994; Peat, 1987). 이 아이디어는 쉘드레이크에 의해 과학적 증거와 함께 체계화되었다. 쉘드레이크는 '형태형성적 인과(formative causation)'를 '하나의 형상의 또 다른 하나에 미치는 원인적 영향'으로 그리고 이 인과는 '형태공명'을 생기게 하는 수단이라고 정의하였다. 윌버는 이 형태공명을 '형태장(morphic field)'에서 단순화된 기의 '습관적 패턴(habitual patterns)'에 의해 생성된다고 보았다. 이러한 형태형성장은 행동적 · 사회적 · 문화적 · 정신적(이지적) 장들(사분면)을 포함하고 있다. 이 모든 것은 형태형성에서 원인 역할을 하고 그리하여 그것들은 모든 형상/형태의 창조에 '청사진'으로 작용한다. 다시 말해 '형태형성적 발달공간'은 온우주의 '실재의 매트릭스' 전체이고, 그 안에서 조대 수준에서 생물학적 수준으로, 심적 수준(mental)으로, 정묘적 수준(subtle)으로, 이르는 모든 형상/형태가 모두 생겨나고 번성하고 사라진다. 따라서 윌버는 말하기를, "형태형성장은 완전히 형식적(추상적)이기만 한 것은 아니고 오히려 어떤 종류의 정묘한 기장을 지니고 있고, 그래서 그 기장은 그 형태형성장의 '형태형성적 능력'을 구성하는 보다 조밀한 기에 대한 이런 보다 정묘한 기들의 작인(作因)이라는 추론이 가능하다."라는 것이다. 그 하나의 예로서 그는 그의 포괄적 기론에서 "조대형상의 복잡화는 보다 정묘한 기를 동반한다."라고 본다.

윌버는 기장에 대한 자신의 이러한 관점을 다음과 같이 말하고 있다. "…… '대둥지'는 가장 기본적으로는 다양한 가능태(potentials)가 현실태(actuality)로 전개되는 거대 형태형성장이나 거대 발달공간이라는 — 물질에서 마음으로 영으로 뻗어 나가는 — 것이다. 그러나 모든 상위 수준이 마치 미리 주어진 것같이 말은 하지만 실제로는 점점 더 많은 사람이 그들 쪽으로 공진화하기 전까지는 형성되는 것을 기다리며 열려 있다(즉, 소성 상태에 있다). 그래서 기본 구조는 미리 주어진 주형(molds)이기보다는 '온우주적 습관(Kosmic Habits)'과 같은 것이다." [그림 16-3]의 사분면도에서 보듯이, 일반적으로 조대의 물질에너지(氣)는 쿼크에서

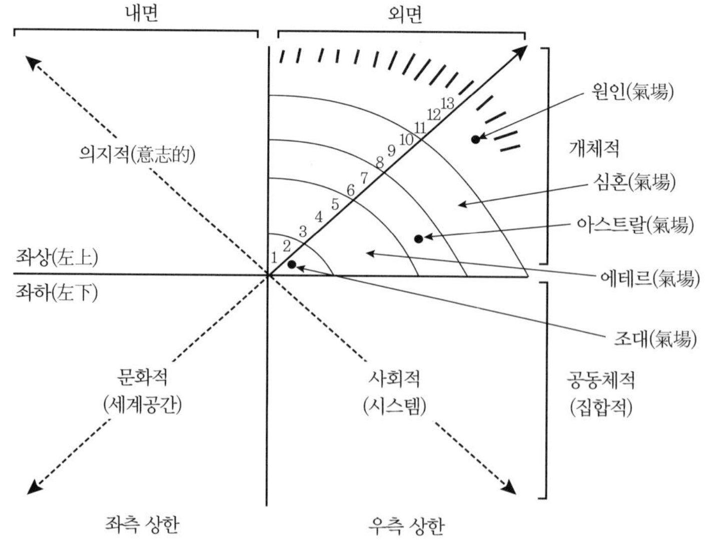

[그림 16-3] **사분면도: 조대형상의 복잡화는 기를 수반한다**

분자에 이르기까지 형태 형성에 힘을 실어 주면서 그들과 연관되는 질료(물질)체를 여러 종류의 장으로 둘러싸고, 에너지(氣) 자체는 전형적인 형태로 파동/입자적 사건으로 전파한다. 마찬가지로 진화 과정에서 최초에 바이러스와 원핵생물(prokaryates)로 시작하는 '생명'이라 일컫는 보다 정묘한 에너지(氣), 흔히 '에테르기'가 생명체의 형태를 형성시키며 발달한다. 역시 이들 에테르 기장은 홀론적 양상으로, 즉 증가하며 팽창하는 구상(球狀)으로 물리적 에너지 장을 둘러싼다. 어떤 개체 홀론이, 실제로 온우주 내 모든 홀론은 화이트헤드가 복합적 개체(compound individuals)라고 일컬은 것이지만, '일인칭' 입장으로['나'로서 또는 식(識)이 있는 뉴런의 존재로서] 바라볼 때 우리는 UL 분면[파악(prehension), 감정, 충동, 알아차림(awareness), 의식 등]에 속하는 현상 등의 유형을 만난다.

동일한 홀론이 3인칭 또는 객관적 양상['그것(it)']으로 보이게 되면 UR 분면으로[홀론의 질량, 형태적 형상, 에너지(氣)같이 UL과는 달리 '3인칭', '그것' 항으로] 기술된다. UR 분면의 질료적 기/체(機/體)들은, 즉 원자, 분자, 세포 등등은 연결하는 가설 3에 의해 조대물질형상의 복잡성이 증가하는 정도와 연관되는 에너지기(기장)들에 둘러싸여 있다. 이러한 기장은 보다 하위의 장들을 둘러싸면서 감싸 넣는다. 마치 그들의 관련되는 물질 형상이 보다 하위의 형상들을 둘러싸서 감싸 넣는 것(이를테면 세포가 분자를 감싸 넣고 분자는 원자를 감싸 넣고 등등)과 같은 것이다. 따라서 복합적 개체들과 그들의 관련된 기장은 모두 홀론적(holonic)이다.

서구에서 기장의 과학적 연구에 최초의 선구자인 해럴드 버(H. Saxton Burr)의 [그림 16-4]는 인체의 오라도를 나타내는 기장을 보여 준다(Wilber, Excerpt G). 그림에서 보듯이 이러한 기장은 진화에 의해 조대형상(기능)의 복잡화가 신경망 → 뇌간 → 변연계 → 대뇌신피질로 진행되면서 물리적 기장 → 에테르장 → 아스트랄장 → 멘탈장으로 홀론적 팽창을 하며 아래 기장을 둘러싸며 감싸 넣는다. 이러한 기장은 모조리 무조건 '형이상'적인 것만은 아님을 알아야 한다. 만약 그렇다면 이들 모두는 모든 물리적 사물의 장들을 둘러쌀 수 없거나 둘러싸지 않을 것이다. (왜냐하면 그것들은 어떤 방식으로든 물리적 물질/사물들에 얽매여 있지 않을 것이기 때문이다.) 그래서 근대적(또는 자연주의적) 전환(modern naturalistic

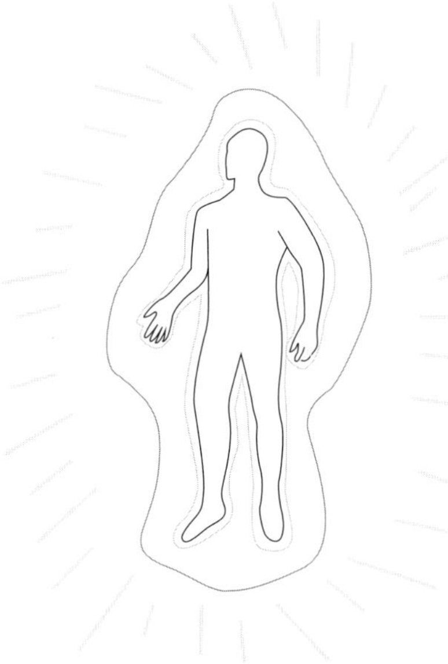

[그림 16-4] 버(Burr)의 인체 기장도

turn)의 이점을 살리면 그들을 자연으로 환원시키지 않고서도 이러한 장들을 자연 속에 정착시키는 것을 허용한다. 이러한 기장의 자연(발생)의 역사는 그것들이 조대형상의 복잡성 정도에 상관하여 창발하는 것을 보여 준다. 그것들은 모두 다 형상과 그 상응하는 기는 UL 분면 의식의 복잡도의 증가의 UR 분면 상관자 또는 관찰 가능한 외적인 것이다. 형상과 기는 UR 분면의 '3인칭'의 시각 속에 보일 수 있다. 즉, 그것들은 모든 형태적 단위 홀론의 '그것(it)' 구성 요소이거나 객관적 구성 요소 또는 외부에서 보이는 홀론들이다.

그러나 의식은 '1인칭'의 지식으로만 알려질 수 있는 것이다. 즉, 홀론의 '나(I)'는 내부로부터만 보이는 것이다. 요컨대, 개개의 홀론은 실제로는 복합 홀론이고 그 특유의 구성 요소로 이전 단계의 하위의 홀론으로 구성되고, 그 각각은 특유의 내적 파악(prehension, UL) 그리고 외적 형상과 기장(UR)을 갖는다. 이는 홀론 내 홀론, 장(場) 내 장(場), 기(氣) 내 기(氣)로 끝없이 아래위로 계속되고, 그래서 의식, 형상, 기장 모두 홀라키적으로 모두 겹둥지화된 초월과 내포의 위계를 갖는다. 따라서 모든 생명 홀론은 의식에 있어서, 조대형상의 복잡화에 있어서, 기장의 창발에 있어서 내적/외적 측면 모두에서 홀라키적이다. 버나 텔러(Teller) 등의 기과학적 연구에 의하면 기장의 기의 국소적 효과는 다양한 실험도구를 사용하여 물리적으로 검출될 수 있다. [그림 16-4]의 홀론적 기장(氣場)의 쉘은 확률적으로 단순히 장의 최고 밀도나 지문(signature) 기를 찾기 위한 가장 큰 확률 밀도로 볼 수 있다.

지금까지는 의식과 기에 대한 윌버의 AQAL Matrix에서 개체적 의식과 기의 UL과 UR 분면에 대해 고찰했지만, 사분면도에서 보면 LR 우하 분면은 집합적 기장의 체계로서의 사회적 홀론과 연관된다. 기의 정치적 · 사회적 · 경제적 측면은 기체계로서의 홀론의 LR 분면적 측면이 되고, 상응하는 LL 좌하 분면은 사회적 홀론의 기에 상응하는 문화, 도덕, 공동체 의식에 관련된다.

포스트 윌버적 통합기론

앞에서 개관한 윌버의 기스펙트럼에 따른 AQAL Matrix적 기론은 스펙트럼상의 각 수준의 의식은 내면적/주관적('나') 해석의 대상으로서 UL 분면적인 것이고 기장과 기는 조대적 형상/체의 기(機기능, 체계)에 연결된 완전히 '형이상적'인 것만은 아닌 UR 분면적인, 즉 기과학의 범주에 속한다고 보고서 통합기론을 제시한 것이다.

이러한 기론의 바탕이 되는 윌버의 가설(1~3)은 인식론적으로는 옳지만 존재론적으로는 한계가 있다. 왜냐하면 앞에서 고찰한 바와 같이 존재론적으로 물질계 → 에테르계(氣界) → 아스트랄계(감정계 · 상념계) → 멘탈계(理知界 · 知的魂界) 등의 각 계의 식(前意識/의식/무의식)은 그 자체는 윌버의 UL 분면의 내면적인 것이지만, 각 수준(界)의 질료기(subtle energy)는 식에 작용하여 '식승기(識乘氣)'로서의 그 수준의 식심기(識心氣, 의식의 기, 생명기)로 되기 때문에, 그 원리만 UR 분면적으로 신생물학의 형태형성장, 신물리학의 홀로그래프와 장(場)패러다임에 의해 설명할 수 있을 뿐이다.

달리 말하자면, 각 수준의 식장은 홀로그래프 장이고 이 장에 그 수준의 질료기가 작용하여 홀로그램화되면 식기(識氣, 의식의 기)로 되어 작용하므로(識 + 氣 → 識氣), 의식의 식(理, 정보)의 속성은 UL 분면적이고 작용 상태에서의 의식은 의식의 기로서 UR 분면적 원리에 의해 설명할 수 있다. 그러나 각 수준의 질료적 기나 의식의 기 모두 기이므로 UR 분면이라야 하지만, 현재의 자연과학/기과학 수준으로는 물질기/양자기, 공간기 수준만 과학적으로 다룰 수 있고 그 이상 수준의 기는 앞에서 본 필자가 제시한 기론과 같이 신물리학/신과학적 패러다임(홀로그래프 원리, 파동 원리, 시스템 원리, 형태형성장/형태공명 원리 등)의 확장에 의해 원리와 작용기제만을 고찰할 수 있을 뿐이다.

그런데 윌버는 연결 가설 3에 의해 기를 조대형상에 연결된 기장으로서 UR 분면의 대상으로 보고 있다. 하지만 각 수준의 의식에 상응하는 각 수준의 기의 조대적 형상(機, 體. 체계)에 미치는 물리/화학/생물학적/인지과학적 작용 효과를 알기 위해서는 이같이 UR 분면적으로 간주할 수 있지만, 아직은 현재의 기과학의 수준에서는 공간기(에테르기)의 존재나 효과 정도만 연구할 수 있을 뿐이다. 그렇지만 더 상위의 감정기, 상념기, 심기, 혼기 등은 오라(aura)로 나타나는 이들의 기장 정도는 감지할 수 있어도 그 존재와 작용기제, 원리는 자연과학적으로 알 수 없다. 주된 이유는 공간기/생명기 이상의 상위의 기는 초물질적이면서 식/기(識/氣)로서 UL/UR의 간(間)분면적이고 질료/형상으로서 간(間)수준적이기 때문에 물리적 측정이나 관찰이 불가능하기 때문이다.

따라서 필자는 켄 윌버의 통합기론의 가설을 넘어서 다음과 같은 가설을 추가하여 AQAL적 통합기론을 정립해야 한다고 본다.

- 가설 4: 모든 존재 수준의 식은 그 수준의 리(理)/정보를 담고 있는 식장(홀로그래프장)으로 존재하고, 그 수준의 질료기와 함께 그 수준의 체(体, 機, 체계)를 이루고, 내적/외적 기의 작용에 의해 식기(識氣, 의식/무의식의 기)로 된다.
- 가설 5: 모든 수준의 질료기는 대응하는 일곱 차크라(단전)를 통해 그 수준

의 영역(세계)과 질료에너지(氣)를 교류하고, 상/하, 내/외의 기가 그 수준의 질료기를 통해 식장(識場)에 작용할 때 의식의 기로 되어 작용하게 된다.

- 가설 6: 어느 수준의 기장은 그 아래 수준의 형태형성장이 되고 그 수준의 기는 위 수준의 질료가 되어 아리스토텔레스의 형이상학과 유사하게 위로 아래로 질료/형상이 순환하는 관계는 탈형이상학/정신물리학적으로 동일한 질료/형상의 순환관계로 된다.
- 가설 7: 대사슬/대둥지의 각 존재 수준의 식(識, 理, 정보)은 장으로서 UL 분면적이지만 기가 작용해서 의식의 기로 작용하는 상태에서는 식/기(識/氣)로서 UL/UR의 간(間)분면적이고 질료/형상으로서 하향/상향인과(Top Down/Bottom Up)의 작용 원리에 따라 간(間)수준적/통(通)수준적이 된다.

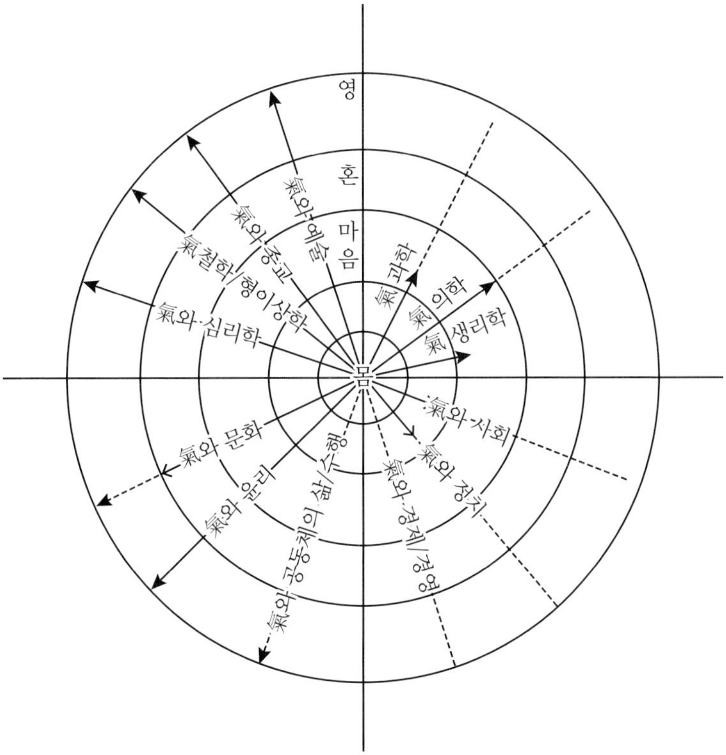

[그림 16-5] **기/기학의 통합 사이코그래프도**

이상과 같이 존재의 대등지와 정신물리학을 통합한 가설에 의하면 AQAL Matrix에서 의식의 기/생명기는 단순한 온수준, 온분면이 아니라, 온수준에서는 간수준으로 온분면에서는 간분면적 속성을 갖는 것으로 생명기(識心氣)를 해석해야 할 것이다. 그렇지만 현재 수준에서 기의 조대형상의 겉보기 작용 효과만을 다룰 때는 윌버의 기스펙트럼과 AQAL Matrix 모형을 그대로 적용할 수 있다. 다만, 의식과 기의 통합적 · 심층적 연구에서는 내측/외측의 간분면적 속성과 질료/형상으로서의 간수준적/통수준적 속성을 모두 고려해야 할 것이다.

이상과 같은 가설에 따라 AQAL Matrix적으로 현대 기학을 온수준, 온분면, 온계통적인 홀론적 사이코그래프로 나타내면 [그림 16-5]와 같다. 모든 학문이 기와 연관이 있고, 의식과 기에 의해 원리를 설명할 수 있으므로 학문 간의 상하가 아닌 온수준 · 온분면의 다 계통적으로 나타낼 수 있다. 따라서 앞으로 기학의 연구는 상응하는 수준과 분면 간의 기학의 다른 분야나 어느 학문과 기와의 관계를 밝히는 연구를 윌버의 AQAL Matrix 이론의 IOS/HIS/CLA적으로 수행해 나가면 통합적인 시각에서 기학이나 기의 영향에 대해 체계적으로 연구할 수 있을 것이다.

현대 기학의 정초를 위해서

이 논고에서는 다차원/다수준의 스펙트럼으로서의 식(의식 · 무의식)과 기의 인식론적 · 존재론적 특성과 상관관계를 현대 신물리학/정신과학적 패러다임에 의해 고찰하고서, 윌버의 AQAL 메타이론에 기초한 의식과 (생명)기의 스펙트럼과 통합기론을 정초하기 위한 시론을 제시하였다.

이에 따라 여기에서는 현대 신물리학, 신생물학, 생명과학 패러다임과 신과학, 정신물리학, 정신과학의 패러다임에 따라 다차원의 의식의 스펙트럼과 기스펙트럼의 상응하는 관계를 규명하고서 윌버의 AQAL Matrix 메타이론의 통합모형과 포스트 윌버적 기와 의식에 대한 가설을 적용하여 식(前意識/의식/무의식)과 식장, 기와 기장, 질료와 형상의 통합적 개념과 상관관계를 밝혔다. 나아가 본

연구에서 제안한 통합기론을 바탕으로 현대 기학의 통합적 발전 방향을 AQAL Matrix적 통합모형으로 제안하였고 기와 기수련의 통합적 연구의 방향을 제시하였다.

현대 과학은 대자연/온우주의 실재에 대해 그리고 기의 실체에 대해 감추어진 '베일의 일단'만 겨우 열어 본 정도이지만, 그래도 현대 과학의 신과학/신물리학/신생물학 등의 패러다임에 바탕을 둔 정신과학적 가설이나 패러다임의 확장에 의해 현대 기학적 통합 패러다임을 정초할 수 있다. 이와 같이 기(氣)에 대한 정신과학적 접근은 기의 통합적이고 온전한 이해를 가능하게 하고 그 원리를 기학의 각 분야에 체계적으로 적용함으로써 현대 기학의 획기적인 발전을 가져오게 할 것이다.

끝으로 이 논고에서 제안한 기스펙트럼 개념에 따른 윌버적 AQAL Matrix 통합기론과 포스트 윌버적 통합기론이 앞으로 통합적이고 온전한 현대 기학과 기과학의 정신과학적 연구에 조금이나마 도움이 되기를 기대하는 바이다.

미주

1) 이 글은 한국정신과학회지 제10권 제2호(2006, 12월, pp, 1-32)에 실린 필자의 논고를 수정 발췌하여 옮긴 글이다.

17 상보적 통합영성-영성에 대한 통전적 접근

들어가는 말[1)]

이 글에서는 영성에 대한 종래의 인식을 넘어서는 보편적 글로벌 영성으로서 종교적 · 탈종교적 · 세계종교적 · 초종교적 영성뿐만 아니라 무종교인 · 무신론자 · 과학주의자 · 유물론자의 무종교적 · 반종교적 영성도 모두 포괄하는 통합적 영성을 윌버의 AQAL 통합 패러다임의 통합이론의 틀 속에 들어오게 하면서 윌버를 넘어서는 더 포괄적이고 통합적인 영성 개념을 제시할 것이다. 나아가 전통 지혜의 영속종교적인 세계종교적 · 초종교적 영성과 현대의 자연신학적 · 신과학적 · 양자과학적 영성을 온우주와 생명 세계와 인간에 대한 통전적 삼원일체(三元一体, 体 · 相 · 用一体論)의 원리에서 모두 아우르는 새 시대 신인류의 신영성의 창발에 대해 논의할 것이다. 그리고 더 나아가 근본주의적/굳은모적 경전의 문자 중심의 영성, 언어적/무른모적 복음 중심의 종교적 영성뿐만이 아닌 종교다원주의적/범재신론적/범신론적인 탈종교적 영성, 초월모적/초의식적/신비주의적인 초종교적 영성 등을 모두 포괄하는 보편적 영성에 대한 새로운 개념과 전향적 인식을 통전적(통합적 · 전일적)으로 정초하고자 한다.

궁극의 실재, 보편자, 존재의 기저(Ground of Being)로서의 '영(Spirit)'은 동서양의 영속철학(perennial philosophy)과 영속종교에서 다양한 언어로 표현되고 있다. 즉, 그것은 서양철학과 우리 고유의 전통 환단사상에서의 '一者' '一', 즉 하나님/한얼님, 기독교의 하느님(God), 유대 카발라 신비사상의 아인소프(Ein-sof),

힌두교의 브라흐만, 불교의 '空/一心'(불교에서는 불변의 궁극의 실재가 아닌 '眞如自性'으로서의 의미), 유교의 '天'과 도교의 '無', 현대 신과학적으로는 우주심/우주의식 등 수없이 다른 말로 사용되고 있다. 이러한 '영'적 본성의 발현이 영성이고, 기독교적 영성이 아닌 보편적 의미에서도 영성은 인간의 영적 본성을 지칭할 때만 적용되는 말이다. 반면에 부처(眞如 · 自性을 깨달은 자, 해탈자, 如來)의 본성인 불성(佛性)은 모든 유정(有情)의 존재에게 다 잠재되어 있다(一切衆生悉有佛性)고 보고 있다. 그리고 힌두교뿐 아니라 기독교의 진보적 신학도 범재신론(凡在神論)을 받아들이기에 신성(神性)은 모든 존재에 내재되어 있다고 본다. 물론 영성이라고 하지는 않지만, '영'적 본성이 모든 존재의 바탕으로 작용(Spirit-in-Action)하고 있다고 본다. 따라서 통상 영성, 불성, 신성은 다른 의미와 다른 맥락으로 쓰이고 있지만 그 각각의 본성이 인간에게만 적용되는 경우 영성, 신성, 불성의 발현이나 개화를 지칭할 때 영성과 구분하지 않고 무차별하게 쓰는 경향이 있다.

일반적으로 무엇보다 언어로 기술할 수 없는(言語道斷, 不立文字) 존재의 본성, 자성, 절대신성, 불성, 영성의 발현(깨어남)은 그 수준과 정도에 따라 상이하다고 보고 있다. 그래서 영성은 모든 종교의 심장부이지만 특정 종교나 교파에 국한될 수 없기 때문에 종교와 무관하게 인간의 영성은 성장/퇴행하거나 진화/퇴화하거나 고착/개화하는 것이 가능하다. 그래서 영성을 제대로 이해하려면 서양 현대심리학과 동양 전통 지혜(아비담마, 유식학)에서의 인간 심혼의 심층 의식의 구조, 즉 의식 · 무의식(자아 · 원본능 · 그림자), 심층 · 기저무의식(아뢰야식), 진아(아말라식), 순수의식(자성) 같은 마음의 본성과 관련하여 그 의미를 알아야 한다. 그러나 보다 더 포괄적 · 통합적 의미는 '영'의 본성 안에서 진정한 의미를 찾아야 한다. 이러한 보편적 맥락에서 '영'이란 때로는 '인간 의식에너지'의 발현 정도를 나타내기도 하는데, 그래서 그것은 '생명력' '프라나' '기(氣)' '성령' '하느님의 빛' '신성한 에너지' 같은 의미를 내포하고 있다. 반면에 영성이란 '모든 존재에 스며들어 돌보는 현존성' 또는 '모든 존재의 보살핌 · 사랑 · 서원' 같은 영적 본성의 발현을 언급하기 위해 사용되기도 한다. 보다 단순하게는, 영성은 친절, 관대함, 인(仁), 평정심, 개방성, 자비, 환희심, 지복감 등을 포함하는 태도나 속성의 집합을 일컫는다. 하지만 때로는 영성은 자기정체성, '진아(眞我, 참나, 아트만)', 본성(순수의식)의 발현 정도를 나타내는 영적 발달이나 영적 성장이나 영적 성숙 같은 영성 발달의 라인을 의미하기 위해 사용되기도 한다. 영성은 때로 초의식/자아초월 수준에서의 심혼적/정묘적(subtle), 영적/원인적(causal) 궁극의 비이원적(nondual)인 자각/알아차림/깨달음의 최고의 상태를 의미하기 위해 사용된다. 또한 영성은 어떤 의식의 발달 라인(계통)에서의 최고 수준을 의미하기 위해 사용된다. 이 중에 어떤 영성의 정의를 가장 선호하거나 공감/동조하는 성향이 있는가는 개인의 의식 수준과 영성의 발현 수준에 따라 달라진다.

윌버는 8장에서 요약한 바와 같이 앞에서 언급한 영성의 다양한 특성을 모두 포괄하는 통합적인 영성의 정의를 다섯 가지로 요약하고 있다.

하지만 영성에 대한 바람직한 이해는 켄 윌버의 통합적 영성 정의를 보면 알 수 있다. 1, 2는 포스트-탈인습적 수준 이상의 고도의 영성 수준이고 3, 4, 5는 보통 사람에게도 있을 수 있는 영성에 대한 관점이다. 하지만 누구나 정도의 차는 있지만 어느 정도는 영성이 발현되어 있다고 보아야 한다. 누구나 건강한 열린 의식을 갖게 되면 자기성찰 의식의 양자도약적 각성에 의해 존재적 삶의 가치를 추구하는 깨어 있는 영성의 발현이 가능하다. 이에 따라 성숙한 자아를 넘어 깨어 있는 성찰적 · 수행적 삶을 가지게 되면 포스트-탈인습적(세계혼) 영성이 개화하고 더 나아가 자아초월적 영성(보리심, 아가페사랑, 이타심)까지도 개화할 수 있다.

윌버는, 그의 저서의 여러 곳에서, 영성을 인간 욕망의 상승적/에로스적 속성과 하강적/아가페적 속성에 따라, 존재론적 의미로는 초월적 영성 대 내재적 영성, 남성적 영성 대 여성적 영성, 상승적 영성 대 하강적 영성, 에로스적 영성 대 아가페적 영성, 신적 영성 대 여신적 영성으로 구분한다. 또한 인식론적 의미로는, 현교적 영성 대 비교적 영성, 자아적 영성 대 자아초월적 영성, 수평적 영성 대 수직적 영성, 개인적 영성 대 초개인적 영성, 변환적 영성 대 변용적 영성으로 구분하기도 한다(Wilber, 2006).

하지만 이러한 형식적 구분보다는, 영성은 보다 실제적이며 유연하고 포괄적인 의미로 이해해야 한다. 영성의 다양한 측면 중에는, 인간의 선하거나 고차원적인 영적 본성(신성)의 발현이나, 남달리 선천적으로 타고난 선성(善性), 예지, 영능, 이타적 심성의 발현이나 후천적으로 자아의식이 성장하면서 발현된 이성적 심성(四端, 三德)의 발현이나 인간의 이기적 본성을 넘어서는 좋거나 선한 덕성(미덕)의 모든 측면을 포함한다. 그래서 영성은 자아의 이성적 자각과 초이성적 각성이나 깨달음을 중요시하기도 한다.

따라서 윌버의 통합심리학적으로는 의식의 다양한 수준, 계통(라인) 그리고 영적 성장 단계를 모두 통합하여 인간의 모든 '선성(善性, 사랑, 헌신, 도덕성, 이타심……)'의 발현을 영성으로 보는 보다 유연하고 포괄적인 정의가 가능하다. 영적 각성(자아초월, 무아, 보살심, 세계혼……)을 포함하는 그래서 영성이 개화된 사람이나 영성이 메마른(영적 성장이 멈춘 이기적인) 사람이 있을 수 있고 영성이 충만한 사람이나 영성을 상실하거나 오염된(영적 장애가 있는) 사람이 있을 수 있다.

윌버는 인간 의식의 스펙트럼에 대응하는 영성의 개화 수준으로 영속철학적인 인간의 세 가지 눈, 즉 육안 · 심안 · 영안에 대해 언급하고 있다(Wilber, eye to eye). 여기서 육안(육신의 눈)은 감각적 영역[조대(粗大) 영역]의 앎을, 심안(마음의 눈)은 이지적 영역(정묘 영역)의 앎을, 영안(정관 · 관조의 눈, 영의 눈)은 초월적 영역(원인 영역)의 앎을 의미한다. 이는 중세의 신비가 보나벤투라(St. Bonaventura)가 처음 사용한 용어이다. 그는 지식을 일종의 조명으로 보고서, 인간에게는 공간 · 시간 · 객체적 대상의 외적 세계를 지각하는 육신의 눈(외적인 눈), 철학/논리/마음에 대한 지식을 획득하는 이성의 눈(내면의 눈), 초월적 실재에 대한 앎을 깨닫는 영적인 지혜의 눈인 정관의 눈(수승한 눈)이 있다고 보았다. 마찬가지로, 중세의 신비가 휴고(Victor of Hugo)도 앎의 수준으로 인지(cognitio, 육안에 의한 경험적 인지로, 물질세계 추구), 성찰(meditatio, 심안에 의한 정신의 내면에서 이성적 진리 추구), 정관[contemplatio, 영안에 의한 초월적 통찰로 영혼이 신과 통합되는 영지(靈知)의 경지 추구]에 대해 말하고 있다.

윌버는 유비적으로 육안/굳은모 HW, 심안/무른모 SW, 영안/초월모 TW, 불안(佛眼)/궁극모 UW 모두 열리게 함으로써 전일적인 영성이 발현되는 통합 패러다임의 도출이 가능하다고 보고 있다. 이와 같이 윌버는 홀라키적 온우주론의 인식에 바탕을 두고 홀라키적 인간 의식의 전 스펙트럼의 비환원적인 성장 발달에 따른 영적 본성의 통합적 측면과 이에 따른 통합적 단계적 영적 성장에 대해 말하고 있다.

발달진화적 영성

'영'에 대한 진실로 전일적인 인식에 따르면 어디에도 영이 없는 곳은 있을 수 없다. 먼저 윌버의 '영'과 '영성'에 대한 발달진화적 관점에 대해 간략하게 살펴보자(Wilber, 2008: 199–205). '영'의 초시간적 · 초공간적 현존성은 모든 위대한 영적 전통(모든 주요 전통 종교, 영속종교)에서 최상의 가장 의식적이고 가장 윤리적인 형태로 그려지고 있다. 근본적으로 '영'은 모두 동일하나 '영'에 대한 문화 · 언어적 인식의 차이만 있을 뿐이다. 거의 모든 전통 지혜의 영속종교 · 영속철학에서 동의하는 '영'은 어떤 이름으로든 존재한다. 그리고 그것은 진 · 선 · 미 · 애(眞 · 善 · 美 · 愛)이다.

> '영'은 '저기 밖에' 존재하지만 '여기 안'에서도 발견된다. 아니면 열린 가슴과 마음 안에서 드러난다. 우리 대부분은 이 내면의 '영'을 깨닫지 못한다. 왜냐하면 우리는 분리의식이나 죄의식이나 이원성 속에, 환영(幻影)적이거나 타락하거나 파편화된 상대적 의식 속에 살고 있기 때문이다. 이 분리된 상태로부터 (환영, 분리, 죄나 부조화로부터) 해방(해탈)으로 가는 길(道)이 있다. 우리가 이 길을 따라 그 종착점까지 따라가면, 결과는 깨어남, 재탄생, 구원 또는 깨달음, 내부와 외부의 (그리고 그 어느 쪽도 아닌 것과의) 합일의 직접 체험, 최상의 해방/'解脫'이다.
>
> '영'의 다양한 색깔은 영적 알아차림의 고도(altitude)/수준에 따른 영의 상이한 모습의 인식이다. 의식의 열린 수준에 따른 '영'에 대한 상이한 해석이 불가피하고 상이한 고도에서 본 '영'의 모습이다(마법적 '진홍색'신과 다원주의적 '녹색'신은 몇 광년보다 더 멀리 떨어져 있다. 녹색신 또한 통합적/전일적 '청록색'신과도 급격하게 구별된다). 모든 영적 · 종교적 갈

등의 원인도 정확히 이러한 쟁점에서 솟아난다. 모든 토론 집단, 때로는 서로 전쟁하는 집단은 각각 상이한 '영'의 고도를 언급하기 때문에 서로 받아치고 있다.

이와 같은 발달적 영성에 대해 윌버는 파울러(J. Fowler)[2)]의 신앙(faith)발달이론에 바탕을 두고 다음과 같은 영성 발달의 7단계를 제시하고 있다.

① 마법적-투사, 1인칭 욕망이 지배하는 단계(마법적 단계)
② 신화적-문자적, 구체적인 신화와 설화 단계(신화적 단계)
③ 인습적 순응자, 2인칭적 집단 인습이 지배하는 단계(후기 신화적 단계)
④ 개인적인 반성, 3인칭적 사회적 인습이 지배하는 단계(합리적 단계)
⑤ 공동체적 · 다원주의적 · 다문화적 · 탈인습적 자기 단계(다원적 단계)
⑥ 탈(脫)인습적, 보편화된 통합적 사회 단계(통합적 단계)
⑦ 자아초월적 온우주적 일심의 공동체 사회 단계(초통합적 단계)

이때 6단계의 영성은 자아실현 단계에서의 타인에 대한 배려, 포용, 관심, 사랑의 이타적 행위를 실현할 수 있는 수준(세계중심적 통합적 수준)이고 7단계의 영성은 자아초월적 이타적 헌신, 사랑, 자비행(一切同根, 自他不二, 同体大悲)을 실현할 수 있는 높은 수준(세계혼적 · 초통합적 수준)을 나타낸다.

영성에 대한 올바른 이해를 위해서는 먼저 '영'의 다차원성에 대한 올바른 인식이 필요하다. '영'에 대한 상이한 해석에 대한 '영'의 발현으로서 온우주와 생명에 대한 '三元/三大(体 · 相 · 用)一体', 예컨대 '三身(化身 · 報身 · 法身)一体' '三位(聖父 · 聖神 · 聖子)一体' '三神(性 · 命 · 精, 心 · 氣 · 身)一体' '三才(天 · 地 · 人/精 · 氣 · 神)一体' '三面目(영의 1인칭 · 2인칭 · 3인칭)一体' 등에 대한 전일적(holistic) 인식이 필요하다. 소위 '三元一体'로서 이러한 '不一而不二'적 차이는 제대로 식별되는 경우가 거의 드물다.

따라서 윌버는 '영의 3면목'으로서 영성에 대한 통합적 인식을 다음과 같이 구분하고 있다(Wilber et al., 2008: 214-220). "먼저, 1인칭 '나' 영성은 궁극의 자성으로서의 '영'이 곧 '나(化身)'임을 깨닫는 것을 의미한다. [1인칭 영성수행의 예로는 일미(一味)수행, 통합탐구수행, 참선수행 등이 있다.] 다음 2인칭 '너' 영성은 위대한 신성 당신/그대(You/Thou, 報身)를 '영으로' 깨닫는 것을 의미한다. (2인칭의 예로는 기도, 자비교환수행, 향심기도, 헌신요가 등이 있다.) 마지막으로 3인칭 '그것' 영성은 궁극적 온우주 전체 It/Its를 '영'으로 인식(法身)하는 것을 의미한다. (3인칭 영성 수련의 예로는 에너지 명상, 온우주적 명상/정관, 우주의식 관상, 자연신비주의 명상 등이 있다.)" 그리고 윌버는 영성 체험의 발달적 다양성에 대한 견해를 다음과 같이 말하고 있다.

> 이와 같은 영성에 대한 전일적 접근은 '영'에 대한 단계적 · 부분적 인식의 혼란을 명확하게 분별한다. 더구나 가장 중요한 점은, 명확한 분별은 '영' 자체의 체험에 대한 강력한 촉매작용을 함으로써 영성의 발현에 심원한 공헌을 한다. 그렇다면 우리는 '영'을 느낄 수 있는가? 우리 대부분은 삶에서 순간순간 '영(Spirit)'을 접촉해 왔고, 그것을 느끼거나 깨닫고 있다. 우리는 이 같은 영성의 강력한 체험을 해 왔을 수 있다. 이를테면, 일체감, 사랑, 우아함, 무아지경, 무경계, 자유/해방감, 빛과 조명/계시, 절정 체험/합일의식, 엑스터시/황홀경, 심령체험, 비조나리, 유체이탈, 아니면 굉장히 특별한, 종종 설명 불가능한, 어떤 것에 대한 유일하고 개인적 직관적 체험 등 영적 체험에는 무한한 다양성이 있다. 영적 체험의 다양성은 우리 누구나 체험해 왔다. 우리는 '영'을 인식하는 최초의 순간부터 모든 것이 달라졌을 수 있다. 우리는 놀랄 만큼 희한한 어떤 것에 접촉된 적이 있을 수 있다. 그 체험은 방대하고, 믿을 수 없을 정도로 강력하고 무한하게 선(善)하고 의식적이고 그리고/또는 사랑함일 수 있다. 우리는 그것을 '하느님(God)'이라고 부를 수도 있다. 아니면 우리는 그것을 '영'적인 것으로 생각하지 않을 수도 있다. 그것은 자신을 우리에게 나타내 보였을 수 있고, 아주 친밀하게 우리를 포옹하거나 계시적이었을 수 있고, 아니면 최소한 잠깐 동안은 자신을 우리 자신으로 드러냈을 수도 있다.

하지만 필자는 영성에 대한 윌버의 포괄적 정의의 관점보다는 단순히 좀 더 유연하게 영성의 의미를 정의하는 게 바람직하다는 관점을 선호한다. 윌버가 포괄적 관점에서 종합한 다섯 가지 의미 중에 포스트-탈인습적 발달의 최고 계층을 의미하는 정의 1, 2와 같이 포스트-탈인습적 · 초의식적 고도의 영적 수준은 인류의 역사에서 극히 소수의 사람에게서만 찾아볼 수 있다. 그렇기 때문에 보통 인간은 오히려 정의 3, 4, 5에 따라 고도로 진화된 영적 존재로서의 인간에게 영적 본성, 즉 영성이 잠재해 있고 어느 정도는 발현되어 있다고 보아야 할 것이다. 그래서 비록 현재는, 앞에서 논의한 발달진화적 영성에서 보듯이, 영성이 발현되지 않고 낮은 자아 수준에 갇혀 있거나 부도덕하고 비윤리적인 삶을 사는 사람이라도 그리고 사악하거나 탁한 기운에 의한 영적 장애가 있거나 영성이 오염된 사람이라도 어떤 계기가 되어 심리적/정신적 치료나 영적 치유에 의해 의식이 상승하거나 상위적 자아에 눈뜨면 영성을 회복할 수 있고 나아가 영성이 상위 수준으로 단계적으로 성장 발달할 수도 있다. 현재의 의식 수준이 낮아서 전인습적 자아중심적이거나 인습적/사회중심적 수준에 있는 사람도 성찰적 삶으로 전환하거나 종교에 귀의하면 선한 인성이 발현할 수 있다. 더 나아가 마음 수련, 영성 수련을 통해 자아실현 · 자아초월의 각성을 하게 되면 세계중심적인 탈인습적 수준의 영성이나 세계혼(배려, 헌신, 자비, 사랑, 보리심 이타심)이 넘치는 보다 엄격한 의미의 포스트-탈인습적 영성이 개화할 수도 있는 것이다. 따라서 켄 윌버가 언급한 영성에 대한 제반 의미와 영성의 속성을 종교적 · 탈종교적 · 세계종교적 · 초종교적 영성으로 모두 통합하고 뒤에 설명할 양자과학적 · 신과학적 · 무종교적 · 반종교적 · 평원적(과학주의적) 영성과도 통전적으로 통합할 수 있다. '영성'을 인간이 지닌 좋고 선한 본성(선성), 즉 영적 본성과 그 발현 특성이라고 보아 보다 포괄적으로 유연한 인식을 갖는 게 바람직하다.

의식의 성장 변화와 영적 성장

오늘날 개개인과 인류 전체가 안고 있는 영성 상실과 의식의 물질적 수준으로의 평원화 문제를 근본적으로 해결하기 위해서는 무엇보다 먼저 우리 개개인이 자기치유 · 자기실현 · 자기초월의 정신통합을 향한 의식의 성장 변화를 통한 영성 회복과 영적 성장만이 유일한 길이다. 우리는 이기적 소유적 욕망으로 오염되어 육안만 열린 하위 의식에서 벗어나서 심안과 영안이 모두 열린 실존적/존재적 삶을 추구하는 상위의 영성 수준으로 성장 · 진화해 나갈 수 있는 영성 훈련과 의식의 변화/변용을 위한 통합심신치유와 통합생활수련(Integral Life Practice: ILP, Wilber, 2008) 문제로 관심을 돌려야 할 것이다. 이를 위해서는 동서양의 위대한 전통 지혜(영속종교, 영속철학)에 의해 동일하게 밝혀진 초의식적, 초개인적/자아초월적 영역의 의식 세계에 대해 눈을 뜨는 것이 무엇보다 중요하다.

그러나 보통 인간의 의식은 대개 정상적으로 성장 발달하는 경우 개인차는 있지만, 개인적 자기의식 수준은 형식적 조작심 수준의 합리적/이성적 의식이나 비전 · 논리 수준의 통합적/실존적 의식 수준까지만 발달한다. 그 이상의 초의식은 인간 심혼의 무의식(말나식), 심층무의식(아뢰야식), 역동적 기저무의식으로 작용하면서 인간의 의식을 지배하고 있지만, 보통의 인간은 그런 무의식 · 초의식의 세계의 존재를 자각하거나 알지 못하고 있다. 더구나 이 온우주에서 우리 인간이 가진 육안인 오감(五感, 前五識)에 의해 인지할 수 있는 가시(可視) · 가청(可聽) · 가식(可識)의 빛 · 소리 · 의식의 스펙트럼은 물리적 전자파의 전체 스펙트럼과 의식의 스펙트럼의 전체 영역 · 대(帶, band)에 비하면 지극히 좁은 영역에 국한되어 있다. 말하자면 대부분의 보통 사람의 육안과 근시적인 심안으로는 볼 수도 들을 수도 느낄 수도 지각할 수도 없는 세계가 대부분이라는 것이다. 특히 과학기술인 중에는 의식이 바깥으로만 향하고 있어서 육안에 의해 보이는 것, 지각되는 것, 소위 자연과학적인 지식 외에는 알지도 못하고 그래서 보이지 않는 의식이나 초의식 세계의 실재를 인정하지 않는 과학주의자/유물론자들이 적지 않다.

그러나 이러한 사람들을 제외하고는 정도의 차이는 있지만 보통 사람도 내면으로 들어가 내관을 하거나 이성적 사유를 할 수 있는 심안은 어느 정도 열려 있다. 소수의 영적 장애가 있는 사람을 제외하고는 대개 영안(혜안)도 흐릿하게나마 열려 있지만 제대로 열려 있지 않을 뿐이다. 영안이 제대로 열리지 않은 대부분의 사람은 닫힌 의식의 눈을 열고 심안과 영안의 의식을 밝게 하기 위해 스스로 깨어나는 계기(인연)를 만나는 수밖에 없다. 이를 위해서는 먼저 우리 인류의 동서양의 영적 스승 · 성현 · 신비가들이 물려준 이 온우주의 신비에 대한 공통의 위대한 전통 지혜인 영원의 종교 · 철학 · 심리학을 초월적 실재 세계에 대한 소중한 안내지도, 진리의 유산으로 내관에 의한 자각이나 이성적 사유에 의해 받아들일 수 있어야 한다.

동서양의 이 위대한 전통 지혜를 현대의 심층과학적 개념으로 체계화하고 현대의 의식심리학 · 자기심리학 · 발달심리학과 통합한 윌버의 스펙트럼 의식심리학은 그리고 그의 의식에 대한 계층적 홀라키적 구조와 인간 의식의 '활동 중에 있는 영(Spirit-in-Action)'에 의한 성장 및 발달, 진화와 퇴화, 상승 및 하강은 비록 서양의 전통 관념론적 해석이지만, 동양의 영속종교 · 영속철학의 발달진화적 해석이므로 서로 회통하는 면이 있다(Wilber, 2005). 이 우주의 '성 · 주 · 괴 · 공(成 · 住 · 壞 · 空)'의 '住'의 단계에서 이 가이아 행성에서 최상위의 존재로 진화해 온 우리 인간은 아직도 진화의 도상에 있고 여러 겹의 수많은 생을 거치며 상승과 하강, 진화와 퇴화를 거듭하면서도 결국은 더 높은 의식, 초월적 의식을 향해, 궁극적으로는 '영'(일심/우주심/유일자……)을 향해 추동해 나가고 있다. 이것이 바로 인간의 본성이며 그 발현이 곧 영성이고 존재의 자성이고 궁극의 진리에 이르는 길임을 깨닫는 것이 열린 의식, 확장된 의식, 자아초월 의식으로 나아가는 첫걸음이다.

의식의 성장 · 진화나 심안과 영안이 깨어나서 밝게 열리기 위한 의식의 확장 및 상승은 쉬운 일이 아니다. 무엇보다도 의식의 확장은 결코 관념적 앎에 의해 이루어지는 것이 아니라는 것이 엄연한 사실이다. 그것이 출발점은 되지만, 심안이 깊어지고 넓어져서 보다 심오한 의식 수준으로 이지적/정신적 의식의 상승이나 부정적 의식을 버리고 창조적이며 예지에 넘치는 의식으로의 변환(間変, translation)이 일어나는 의식의 확장이 일어나기 위해서는 진리에 대한 신념과 강한 정신력과 의지력으로 부단한 의식 훈련과 함께 자기성찰적으로 깨어 있어야 한다. 또한 수직적으로 초월적/초개인적/초합리적 의식 수준으로 의식의 변용(層變, transformation)이 일어나서 영안이 뜨이고 그 영안이 더욱더 밝아져서 창조적 직관과 영성 · 지혜가 넘치려면 기공/요가나 명상/참선수련, 종교적 귀의 등에 의한 헌신적/이타적 삶의 실천이 깨어 있는 일상적 삶 속에서 통합생활수련/실천의 형태로 지속되어야만 가능하다(조효남, 2008: 254-260).

보통의 인간이 심안과 영안이 열리고 모든 아상(我相) · 자아 집착이 가져오는 모든 장애/업장을 소멸시키고 무애(無碍)의 대자유와 신통육명(神通六明)의 경지에서 깨달음(頓悟見性)을 성취하는 길은 여러 겁을 거쳐야 될 정도로 지극히 어려운 길이고 희귀한 현상이다. 예컨대, 궁극의 영성의 개화(깨달음, 확철대오, 究境覺)는 불교식으로 말하자면 '定慧双修 止觀双修'의 다양한 참선(위빠사나/四念處觀, 如來禪, 一味禪, 祖師禪)을 통해 '色界四禪定 · 無色界四禪定'을 거치거나 대승의 52계위의 보살의 위계를 거쳐서 의식이 진화하고 상승해야 도달할 수 있을 정도로 여러 생을 거쳐도 도달하기 힘든 지난한 수도의 길인 것이다.

그러나 우리 보통 인간은 궁극적인 깨달음을 성취하는 것을 목표로 수련하는 삶을 가질 수도 없고 그럴 필요도 없다. 다만 우리에게 필요한 영적 성장은, 우선 육안에 갇히고 닫힌 (의식의) 소유에 대한 집착과 자아에 대한 집착심과 아상에서 벗어나서 심안을 밝게 하여 참다운 휴머니즘의 인간적 · 존재적 삶의 실현을 위한, 즉 참가짐/선소유(善所有)와 참살이/선존재(善存在)가 조화와 균형을 이룬 참다운 자유와 행복의 웰라이프를 실현하기 위한, 깨어 있는 의식의 성장과 확장을 필요로 한다. 자신에게 알맞은 다양한 심신치유/힐링을 통한 온건강을 회복하고 참종교에 귀의하는 영성수행적 삶이나 깨어 있는 의식과 영적 각성을 가져오는 마음챙김명상/주시 훈련 같은 명상 수련에 의해 초월적 궁극의 진리의 세계에 눈을 뜨게 되고, 또한 일상생활에서 형편에 맞게 지속적으로 통합적 생활수련을 하는 단계적 영적 성장을 통해 창조적이고 영성이 넘치는 삶을 살게 된다.

영적 성장의 단계

켄 윌버의 영적 성장의 단계

켄 윌버는 8장에서 요약한 바와 같이 영적 성장의 단계를 영성 전개의 4단계로 구분하고 있다. 첫째 단계는 믿음의 신앙(belief)으로 심적/이지적 수준에서 절대 존재에 대한 믿음과 이지적 수준에서 '영(하느님, 佛, 절대자)'에 대한 믿음을 갖는 단계이다. 둘째 단계는 신념의 신앙(faith)으로 절대존재, '영'에 대한 직관적 신앙, 초이지적 직관에 확신을 갖는 단계이다. 셋째 단계는 체험(experience)으로 '영'을 여러 수준(심령, 정묘, 원인, 비이원 수준)에서 체험하는 절정 체험(영을 짧은 시간 얼핏 체험 후 내려옴)을 하고, 그 체험 수준에서의 삶과 의식의 변화가 있는 고원 체험의 형태로 어떤 신비 체험 · 각성(깨어 있음)이 지속될 경우 그 수준의 의식으로 일체화되는 단계이다. 이는 수년간 '행주좌와(行住坐臥)/어묵동정(語默動靜)'의 영적 수련을 통해 '돈오견성(頓悟見性)'에 근접하는 경지이다. 마지막 단계는 순응(adaptation)으로 고원 체험을 지속 시 그 수준의 의식에 순응하고 깨어 있는 더 상위 수준에서 돈오견성/깨달음을 통해 항구적인 변용적 순응으로 '영(佛)' 자체가 되고 물론 이 단계는 보통 사람이 도달할 수 있는 경지가 아니고 '不動者' '無生者'가 되는 최종 단계이다. 이는 역사상 위대한 종교의 창시자나 위대한 현자만이 도달할 수 있는 최종의 깨달음/무여열반의 수준이다.

불교적 영적 성장의 단계

켄 윌버의 영적 성장 단계는 불교에서 말하는 '신(信) · 해(解) · 수(修)/행(行) · 증(證)'이라는 수행의 4단계와 유사한 면이 있다. 엄격하게 말하자면 '신(信) · 해(解)'의 단계는 다른 의미지만, 수 · 증은 유사한 면이 있다고 볼 수 있다. 여기서는 영적 성장을 위해 켄 윌버의 영적 성장 단계보다 더 실제적인 것으로 필자가 가장 중시하는 불교적 수행 단계인 신 · 해 · 수(행) · 증을 현대적으로 해석하여 그 핵심 의미의 요점만을 요약하였다[이는 전통적 불교의 신 · 해 · 수 · 증을 현대적 의미로 해석한 것이지 18장에 나오는 필자의 퀀텀사면동역학적 '신 · 해 · 행 · 증(信 · 解 · 行 · 證)' 양자치유 · 수행의 역동적 치유 · 수행 원리와는 다른 것이다].

- 신(信): 이는 원래 부처의 정법(正法: 四聖諦 · 三法印 · 八正道 등)의 가르침에 대한 확신을 의미한다. 현대적으로는 과학적 마인드로 온우주의 심오한 진리에 대한 올바른 과학적 이해에서 나온 확신이다. 예로는 범신론자이거나 신비주의자이기도 했던 위대한 물리학자들(아인슈타인, 하이젠베르그, 슈뢰딩거 등)이 말하는 우주의 신묘막측한 질서, 운행, DNA/세포의 구조, 생명이 우연에 의해 생길 확률의 불가능성, 신의 섭리(진리)에 대한 확신, 존재의 대둥지/대사슬, '영원의 철학'에 대한 확신 등을 들 수 있다(信悟).
- 해(解): 이는 영원의 종교 · 철학 · 심리학에 대한 과학적 해석과 사유를 통해 궁극의 진리를 문자(文言)가 아닌 의언(義言: 眞諦)으로 아는 영원의 진리에 대한 깨우침이다. 신과학적/신물리학적 사유나 양자역학/상대성이론의 양자우주과학에 의한 우주에 대한 화엄의 법성게나 삼법인적 사유이다. 예로는 전통 지혜와 현대 신과학의 전일적 진리관, 진리 이해나 윌버의 AQAL 통합 패러다임 같은 것이다. 이 단계에서 심안(心眼)이 고도로 밝아지고 영적 직관이 생긴다(解悟).
- 수[修, 행(行)]: 이는 실제 수련(명상 · 참선)을 통해 체험으로 깨닫기이다. 일상 수련, 통합적 생활 수련을 통해 치유하며 보고 알고 깨우치는, 절정체험/고원 체험을 하며 '行住坐臥' 깨어 있는 마음이다. 알아차림(각성, 자각) · 주시에 의해 영안이 뜨이며 초의식 세계의 체험으로 자아초월의 지혜가 생긴다(修悟).
- 증(證): 이는 '돈오견성' 같은 의식의 양자도약적 변용이 생기는 경지이다. 행주좌와(行住坐臥) · '어묵동정(語默動靜)' 간 항시 깨어서 주시하는 선심/불심/진여심(禪心/佛心/眞如心)으로 영안/혜안이 밝아진다. 깨어 있는 삶, 지혜로운 삶, 자유로운 삶, 걸림 없는 삶, '진여운(眞如門)'(佛心)과 '생멸

문(生滅門)'(衆生心)의 '일심이문(一心二門)'의 '개합자재(開合自在)'의 경지를 깨닫는다. 그 징후로는 업장(業障)의 소멸, 망상/번뇌, '사상(四相)'(人·我·衆生·壽者)이 사라지고, 습기(習氣)가 '신(身)·수(受)'의 경계에 끄달리는 모든 탁기(濁氣)가 소멸될 때까지 점수(漸修)한다. '돈오견성(頓悟見性)'·확철대오·'구경각(究境覺)'에 이르면 '육신통(六神通)'의 경지에 도달한다(證悟).

여기서 유의할 점은 필자가 제시한 불교적 영성 수행을 통한 영적 성장 단계는 켄 윌버와 같은 단선적 단계적 영적 성장과는 달리 최소한 '신·해·수·증(信·解·修(行)·證)'은 단계적이면서도 영적 깨우침의 심화를 가져오는 상호 선순환을 통한 영적 성장 과정을 나타낸다.

지금까지 소개한 윌버의 영적 성장 과정이나 특히 필자가 현대적으로 해석한 불교적 '신·해·수·증(信·解·修·證)'의 영적 성장 과정은 관념에 의해 달성할 수 있는 경지가 아니고 오직 올바른 앎과 실천과 실행의 과정을 통해서만 근기(根器)에 따라 도달할 수 있는 경지이다. 그러므로 적어도 진리에 대한 단순한 믿음/신념(信)과 진리에 대한 과학적/사유적 앎(解; 觀念)의 단계를 넘어 수련이나 수행(修行)을 통해 영적 체험을 얻는 단계를 거쳐 신오(信悟)와 해오(解悟)의 더 심오한 깨우침을 얻고, 궁극의 깨달음(頓悟見性)은 아니더라도 신인합일(神人合一)의 깨달음(證悟)을 통해 영성이 창발하고 영안이 열리고 영성이 넘치는 삶을 가지려면, 윌버가 ILP에서 말하는 '통합영성수련'(Wilber, 안희영, 조효남 역, 2014)과 월시(Walsh, 2007)의 '핵심영성(Essential Spirituality)수련'을 실천하는 것이 바람직하다 말할 수 있다.

영적 성장의 길

이상에서 살펴본 영성과 영적 성장의 단계에 대한 올바른 이해를 바탕으로 여기서 직접 소개하지는 않았지만 켄 윌버의 '통합영성수련(ILP)'과 로저 월시의

'핵심영성수련'을 실천하는 방법은 개인의 취향, 적성, 기질에 따라 다양할 수 있다. 예컨대, 기독교인이라면 기독교 단체에서 주관하는 수련회/연수회의 영성 수련/훈련 프로그램에 참가하는 것으로 시작하여 점차 기독교의 '5대 수행' [Lectio Divina, 성경 읽기(lectio), 기도(oratio), 명상(contemplatio), 묵상(meditatio), 실천(operatio)]을 통합수련/핵심수련과 함께 점차 심화시켜 나가는 것이 바람직할 것이다. 마찬가지로 불교인이라면 동하계 산사 참선수련 프로그램에 참여하고, 일상적 삶 속에서 기독교 5대 수행과 본질적으로 유사한 불교 '5대 수행'[佛敎五大修行: 간경(看經)수행, 주력(呪力)수행, 염불(念佛)수행, 참선(參禪)수행, 불사/보시(佛事/布施)수행]을 윌버의 통합수련과 함께 심화시켜 나가야 할 것이다. 그와 동시에 '신 · 해 · 수 · 증(信 · 解 · 修 · 證)'에서 '해오(解悟)'를 통한 '신오(信悟)'를 강화하려면 과학적 마인드와 과학적 사유, 그리고 이성적 사유와 영적 직관 · 각성에 의해 온전한 영속종교의 전일적 진리관과 온전한 현대 과학(신과학, 양자과학)적 진리관은 곧 '삼원일체(三元一体)'의 통전적 하나의 진리를 각각 안팎에서 보는 방식의 차이일 뿐임을 깨닫는 게 중요하다.

전통 지혜의 전일적 세계관과 영성

영속종교 · 영속철학의 전일적 세계관

여기서는 앞에서 언급해 온 영속종교의 전일적 영성에 대해 좀 더 상세하게 고찰해 보고자 한다. 동서양의 위대한 전통 종교나 철학의 전통 지혜와 초월적 신비사상의 요체에 대한 올바른 이해를 위해 핵심 개념만 간략하게 고찰하였다. 동서양 모든 전통 지혜의 공통 핵심인 '영속종교/영속철학'의 가장 두드러진 특징은 존재와 의식을 최하위의 가장 조밀하고 단편적인 영역으로부터 최상위의 가장 '정묘(subtle)'하고 가장 '통일된' 영역에 이르기까지 여러 상이한 차원적 수준을 '계층(hierarchy)'으로 설명하는 데 있다(조효남, 2008: 73–83).

이것을 켄 윌버는 러브조이의 동명의 저서 『존재의 대사슬』로 설명하거나 또는 이보다는 홀론/홀라키적으로 전일적(holistic) 특성을 더 잘 나타내는 [그림 2−1]과 같은 존재의 '대둥지'[대원환(the Great Nest)]를 이용하여 설명하고 있다. 그는 의식의 수준(존재의 대둥지)은 크게 대여섯 가지의 주요 수준, 즉 물질(몸)·생명기(기생명력)·정신(마음)·정묘(혼)·원인(영)·궁극의 비이원[일자(一者), 천(天), 공(空), '영', 우주심, 일심(一心)……] 수준으로 구분할 수 있다고 본다. [그림 2−1] b의 휴스턴 스미스(1992)의 대원환도에서는 더 단순한 네 단계로 구분하고 있다. 오늘날 수많은 전통 종교와 철학에서는 이 모형을 더욱더 세분화하고 연장하기도 한다. 〈표 17−1〉과 같이 동양의 모든 주요 전통 종교와 철학은 모든 존재/실재가 이와 같은 자연적 '계층' 구조를 갖고 있다는 데 동의하고, 그들 중 대부분은 표에서 보듯이 상세한 부분까지 서로 일치한다. 따라서 '영속종교/영속철학'은 전통 지혜 중에서 해체할 수 없는 진리와도 같은 것이다. 이것은 세계의 위대한 영적 스승, 철학자, 사상가 그리고 심지어 현대 과학자 중 신과학(신물리학, 신생물학, 양자과학, 복잡성 과학 등) 패러다임을 받아들이는 광범위한 대다수의 사람에 의해 전일적으로 기꺼이 받아들여져 온 진리관이고 세계관이며, 모든 심오한 생명관·인간관과 종교적·초종교적 영성관의 바탕이 되고 있다. 그래서 그것은 '영원의(perennial)' 혹은 영속적 혹은 '보편적(universal)'이라고 일컬어지고 있다.

그 이유는 이것이 동서고금을 막론하고 거의 모든 문화에서 공통으로 나타나기 때문이다. 더욱이 영속종교는 세계의 어느 곳에서 어느 문화에서 나타나든 간에 본질적으로 유사한 특징을 갖고 있으며 문명화된 역사시대 이래 전 세계에 걸쳐 본질적으로 일치하고 있다.

그러나 동서양의 전통사상과 영속종교를 제대로 이해하려면 먼저 동서양의 사유 방식상의 근본 차이부터 짚고 넘어가야 한다. 왜냐하면 동양의 주요 전통사상은 서양의 주요 전통사상(그리스의 3대 철인의 관념론, 형이상학에서 서양의 세계관을 지배한 기독교 사상)과는 사유 방식에서 근본적으로 다르기 때문이다. 주지하는 바와 같이 동양은 '道'(眞如·自性)의 근본 체(体)·성(性)으로서 전체[한(一), 天, 空/一心, 無, 브라흐만……]에서 현현(顯現)한 모든 형상(相)을 가진 만물의 '부분들'(多, 事, 物, 氣……)은 대대적(待对的), 상대적 변화(易)에 의해 활동하고 상호작용(用)하는 부분들의 상의 · 상관적 의타기적(依他起的), 인과응보(緣起)적, 상호 의존적 음양오행/오운육기(五運六氣)의 끊임없는 승강(昇降)의 '순환적 사유'에 의해 우주자연과 인간세계를 이해하려 한다. 다시 말해, 모두가 상호 의존적 관계 속에 상대적 · 대대적으로 변하며 오가는 변화(易)의 '순환적 인과' '自生 · 自化'의 원리로 모든 것을 파악하려 한다. 반면에 서양은 궁극의 자기원인적 근원으로서의 '전체'(一者, 唯一者, 창조주, 절대신성, 영……)에서 유출된, 창조된 '부분들'의 원인과 결과의 수직적 위계를 형성하는 '목적론적 인과론'의 유출과 환류의 원리로 이해하려 한다. 그래서 비록 동서양 모두 '인과'를 말하고 있으나, 동양은 자연적(자생적)/자성적(眞如 · 如如) · 전체적/종합적 · 관계적 · 순환적 되먹임 사고를 하지만 서양은 목적론적 · 부분적/분석적 · 범주적 · 위계적 사고를 한다. 그래서 서양은 근대 이후에도 더욱더 과학적 · 분석적 · 선형적 · 진화론적으로 우주와 생명 세계를 이해하려고 한다.

이와는 달리 동양의 주요 전통사상은 태생적으로 순환적 인과론의 전일적 세계관일 수밖에 없다. 왜냐하면 〈표 17-1〉에서 보여 주는 바와 같이 동양의 주요 전통사상은 모두, '체 ↔ 용(体 ↔ 用), 성 ↔ 상(性 ↔ 相)'의 우주와 생명 세계의 '일체(一体)'적으로 우리의 한/천부사상의 '삼신일체(三神一体)'(天 · 地 · 人/性 · 命 · 精), 불교의 '삼신일체(三身一体)'(法身 · 報身 · 化身), 도가 · 유가의 '三才一体/三極一体'(精 · 氣 · 神/天 · 地 · 人, 易 · 太極의 三氣 · 三極) 사상의 전일적 세계관이고 모든 사상이 서로 회통하는 사상임을 알 수 있기 때문이다. 유의할 점은 원래의 동양 전통사상은, 〈표 17-1〉에서 보여 주듯이, 모두 다 '삼원일체(三元一体)'적 전일적 사상인 까닭에 켄 윌버가 말하듯이 '영'의 '삼면목일체(三面目一体)'로서 내면의 나(I)의 의식과 '신(神)'/부처(You)와의 합일의식, 우리(We)의식과 공동체문화의식 그리고 외면의 자연/물질우주 그것들(It's) 세계(온우주, 법계) 모두를 하나(不二而不守一)로 인식하는, 진정한 온전한 전일적 세계관이다.

〈표 17-1〉 동양사상의 전일적 세계관

<table>
<tr><th colspan="5">통전적 세계관</th><th colspan="3">한/천부(天符)사상</th><th colspan="3">불교사상</th><th>도가사상</th><th colspan="2">유가/장(易)사상</th></tr>
<tr><td colspan="5">本体/自性</td><td colspan="3">한/
하나(一)/한얼</td><td colspan="3">空/一心/眞如</td><td>道/一氣</td><td colspan="2">無極太極
(理氣)</td></tr>
<tr><td colspan="5">三元一体</td><td colspan="3">三神一体</td><td colspan="3">三身一体</td><td>三極一体</td><td colspan="2">三才一体</td></tr>
<tr><td>性</td><td>性理</td><td>靈性</td><td>靈体</td><td>靈眼</td><td>天</td><td>性</td><td>心</td><td>法身</td><td>無色界
原因体</td><td>心(8식)</td><td>神</td><td>性</td><td>天</td></tr>
<tr><td>心</td><td>心理</td><td>心性</td><td>心体</td><td>心眼</td><td>人</td><td>命</td><td>氣</td><td>報身</td><td>色界
精妙体</td><td>意·議
(7·6식)</td><td>氣</td><td>心</td><td>人</td></tr>
<tr><td>物</td><td>物理</td><td>物性</td><td>物体</td><td>物眼</td><td>地</td><td>精</td><td>身</td><td>化身</td><td>欲界
粗大体</td><td>前五根</td><td>精</td><td>身</td><td>地</td></tr>
<tr><td colspan="5">全一的 教義</td><td colspan="3">• 一卽三·三卽一
• 執一念三·會三歸一
• 返妄卽眞·眞妄不二</td><td colspan="3">• 色卽是空·空卽是色
• 歸一心之源
• 理事無碍 事事無碍 一卽多·多卽一, 一中多·多中一, 相卽相入</td><td>• 노자 도덕경·장자
• 道生一·一生二·二生三·三生萬物
• 自本自根·自生自化</td><td colspan="2">• 太極·陰陽·三才之道
• 理氣一元/二元論, 主理/主氣論
• 음양오행 원리: 相生·相克, 相乘·相海, 相資(相依·相關)
• 易(周易·正易): 簡易·變易·不易</td></tr>
</table>

영속종교의 전일적 · 초월적 영성

앞의 '영성과 영적 성장'에서 선성(善性)의 발현으로서 개인적 수준의 보편적 영성의 중요성을 강조하였지만, 보다 심원하게 존재적 · 성찰적으로 깨어 있는 영성, 이타적 영성[사랑, 자비, 헌신, 보살행, 사섭법(四攝法)실천, 사무량심(四無量心), 사지(四智) 등]은 어느 정도 (자아)초월적 영성이 발현할 경우에 도달할 수 있는 수준이다. 슈온(Schuon, 1993)에 의하면, 종교는 [그림 17-1]의 좌측 그림과 같이 역사적 종교의 수직적 구분이 아니라 수평적으로 경전의 교의와 기도 · 복음 신앙만을 중시하는 현교적(exoteric) 종교와 경전의 가르침에 대한 초개인적 신비 체험에 의한 신인합일과 깨달음을 중시하는 비교(秘教)/밀교적(esoteric) 종교로 구분해야 한다고 말한다.

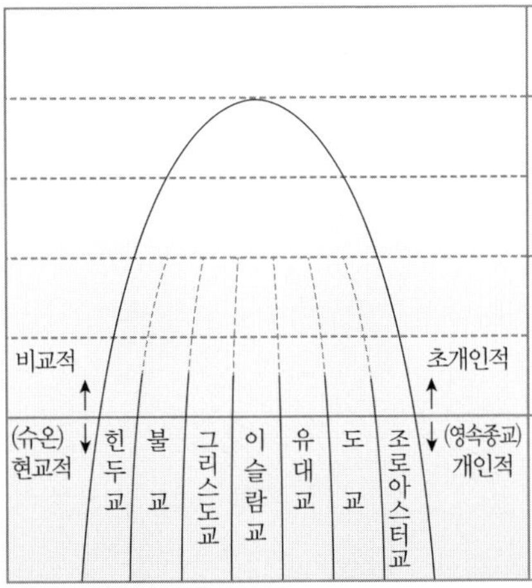

삼원(三元)/삼인(三大)		의식체 수준	영성 수준	종교적 영성
体	性	(비이원) 원인체 (근본식)	무형상 (아포파틱) 초월적 통일성	무신적 초종교적
相	心	(원형) 정묘체 (심혼/심령)	유형상 (카타파틱) 계시적 초감각적 심령적	유신적 초종교적 포스트탈인습적 세계종교적
用	物 (자연)	(실존적) 조대체 (생물 사회적)	자연신학적 신앙 복음신앙 근본주의신앙	범재신론 탈종교적 탈인습적 종교적 이신론적 종교적 인습적 복음종교적

[그림 17-1] **영속종교의 전일적·초월적 영성**

하지만 동서양의 주요 역사적 전통 종교, 정통 종교는 원래 창시자의 현교적·비교적 근본 가르침(宗旨) 양면을 모두 중시하는 영속종교이다. 그래서 [그림 17-1]의 우측에서 보듯이 영속종교는 개인적·초개인적 수준에서 '삼대(三大)/삼원(三元)'의 '불이이불수일(不二而不守一)'의 '일체(一体)'적 궁극의 진리에 대한 교의를 경전/교리 공부와 실천/수행/수련에 의해 깨우침으로써 심원한 영성이 깨어나도록 이끈다. 거의 대부분의 영속종교에서의 현교적·비교적 가르침·신앙·수행은 유사하게 나타난다. 예컨대, 앞에서 언급한 기독교의 5대 수행의 영적 독서 'Lectio Divina'와 불교의 5대 수행의 '교선상수(教禪双修)'·'정혜쌍수(定慧双修)'는 서로 유사하다.

이러한 관점에서 보면 [그림 17-1]의 좌측과 같은 종교의 단순한 현교, 비교의 구분만이 아니라 우측에서 보듯이 의식과 자기의 개인적·초개인적 영역에 걸쳐서 개인적 의식의 조대체(gross body) 영역의 생물사회적 의식 수준에서 실존적 의식 수준에, 나아가 정묘체(subtle body) 영역의 초개인적 의식의 시작인 심혼/심령적 초의식 수준에서 원형적 초의식 수준에, 더 나아가 원인체(causal body) 영역에서의 근본식 수준에, 궁극적으로 비이원 의식에 이르기까지 모든 의식 영역에 걸쳐 심혼의 심층의식(心·意·識)이 단계적 영성으로 발현한다. 따라서 종교적 영성도, 개인적 자기의 인습적 의식 수준의 이분법적 · 배타적 · 문자주의적(근본주의적)인 종교적 영성에서 인습적/탈인습적 의식 수준의 개인적/세계중심적인 복음주의 종교적 영성으로 또는 탈인습적 자연신학적/이신론(理神論)적/과학적/무종교적인 탈종교적 영성으로, 나아가 포스트-탈인습적 의식 수준의 실존적/범재신론적/범신론적 탈종교적 영성으로, 포스트-탈인습적 통합적/탈종교적 영성 또는 세계종교적 영성으로, 더 나아가 초개인적 자아초월의식 수준의 초통합적 비교적/신비주의적 유형상의 유신론적 초종교적 카타파틱(kataphatic) 영성으로, 궁극적으로 종교의 초월적 통일성의 무형상의 무신론적 초종교적 아포파틱(apophatic)[3] 영성에 이르기까지 영속종교의 전일적 영성은 모두 켄 윌버의 홀론/홀라키 원리적으로 아래 수준의 의식 · 영성을 내포하며 초월하는 영속종교적 영성의 전 스펙트럼이다.

한마디로 요약하자면 이것은, 전통 종교에서의 경전과 교리(가르침) 중심의 인습적 믿음과 기복신앙 중심의 영성을 넘어, 영속종교의 전일적 영성과 현대 신과학 · 양자과학의 과학적 신영성에 따른 탈인습적 · 세계중심의 이신론적/자연신학적 종교적 · 탈종교적 · 무종교적 영성, 포스트-탈인습적 · 통합적 · 탈종교적 세계종교적 영성, 그리고 초통합적 · 초개인적 · 자아초월적 신비 체험/신인합일을 주시하는 초종교적 영성 모두를 홀론/홀라키적 영성의 전 스펙트럼 안에서 포용하는 것이다. 나아가 이것은 초월적 · 초종교적 심원한 영성의 창발을 향해 일상에서 성찰적으로 깨어 있는 수행적 삶을 통해 이타적 보살핌 · 봉사 · 헌신, 사랑/보시를 실천함으로써 지복감/사무량심의 자아초월적 영성이 발현되고 진정한 웰라이프적 삶이 실현되는 것이다.

켄 윌버의 통합적 영성

켄 윌버의 AQAL 통합사상, 영성과 영적 성장, 자아초월의 지혜 그리고 궁극의 진리에 대해서는 켄 윌버의 시각을 중심으로 1부에서 상세하게 소개하였다. 여기서는 다만 필자의 관점에서 주요시하는 윌버의 AQAL 통합적 영성에 대해 간략하게 고찰하였다.

동서양의 전통 지혜에서 보는 전일적 온우주와 생명 세계는 존재론적으로 최하위의 물질계에서 최상위의 비이원의 궁극의 실재에 이르기까지 여러 수준으로 되어 있다. 이는 켄 윌버가 말하는 AQAL 통합모형의 온분면(사분면)에서 [그림 3-1]과 같이 '온수준'의 내면적 · 외면적 홀론/홀라키로 되어 있다는 것과 같은 의미이다. 그래서 존재계(우주, 생명 세계, 인간)의 외면적 구조는, 신물리학 · 생물학 · 생명과학 · 뇌신경과학 · 양자물리화학 등 현대 과학의 자연법칙으로, 그리고 보다 근본적으로는 신과학 · 양자과학에 의해 다차원의 양자장 · 생명장의 홀론/홀라키 구조로 나타난다. 이와 같이 동서양의 전통 지혜가 전해 주는 온우주적 존재로서의 인간의 내면적 의식의 홀론/홀라키 그리고 현대 과학 · 양자과학 · 신과학이 밝혀 주는 우주자연 · 생명 세계 · 인간의 외면적 자연의 복잡계적 홀론/홀라키는 [그림 3-1]과 같이 서로 완전하게 상응하는 관계에 있기 때문에 켄 윌버의 AQAL 통합 패러다임에 의해 상보적 · 통합적으로 생명의 신비와 영성 그리고 인간 존재의 심층적 의미를 이해할 수 있게 해 준다.

이러한 (통합적) 접근을 위해서는 무엇보다도 앞에서 소개한 동양의 전통 지혜와 뒤에서 설명할 현대 과학 사이에 인간 존재의 생명과 영성의 인식에서 상호 불신의 벽이나 간극을 없애고 어느 쪽이든 특정한 어느 한쪽의 시각만으로는 온전할 수 없다는 인식과 서로 다른 시각/조망에 대한 상보적 통합적 이해가 중요하다. 말하자면 육안만 인정하는 과학적 생명사상에서 나온 영성 이해나 심안만 중시하는 사회학 · 심리학 · 철학의 인간론적 영성만이 아닌 우리 인간에게 주어진 영안(혜안)에 의한 자아초월적 초개인적, 영적 · 초의식적 세계에 대한 초감각적 인식을 바탕으로 한 생명과 인간에 대한 초종교적 · 초통합적 · 정관/명상적 · 포스트-탈인습적 인식과 영성을 육안, 심안에 의한 개인적 · 종교적 · 무종교적, 탈인습적 · 통합적 · 세계종교적 영성과 똑같이 중시하는, 즉 켄 윌버가 강조하는 육안 · 심안 · 영안의 '세 가지 눈'의 영성에 대한 상보적 인식이 중요하다는 것이다.

현대적 의미의 영성: 참종교성과 신영성

현대의 신과학적 · 양자과학적 영성

오늘날 전통적 생물학은 다윈의 '자연선택'이라는 진화론을 바탕으로 유전자/DNA의 종의 보존 · 번식을 위한 추동을 중심으로 생명진화 기제 현상을 과학적으로 규명하려는 진화생물학, 분자생물학, 사회생물학이 주류가 되어 있다. 이들 분야는 자칫하면 다윈의 진화론을 중심으로 영성이 없는 생물학적 인간 이해에 그치기 쉽다. 그러나 최근에 와서 신생물학, 후성유전학, 양자생물학, 에너지의학, 양자의학 등의 신과학 · 양자과학에서는 초공간이론이나, 다차원의 주파수/파동이론, 양자장 · 초양자장, 다차원 생명장 · 생명기(氣), 카오스 · 프랙탈 · 복잡계 · 복잡성 과학 등의 제반 원리들을 생명체의 생명 현상과 의식(마음)의 상관 관계를 밝히는 연구에 폭넓게 적용하여 보다 심오하고 심층적인 인간 이해 · 영성 이해를 가능하게 하고 있다.

아직도 인간 존재와 생명의 신비에 대한 생물학적 이해에 머물러 있는 대다수의 생명과학자 · 생물학자 · 의학자의 인식, 즉 다윈의 진화론과 DNA유전자나 세포 중심으로 생명의 기제 현상만을 보는 그들의 과학적 · 생물학적 인간 이해의 한계는 너무나 자명하다. 그들은 생명의 현상적 기제 법칙은 보지만, 영원의 종교 · 철학 · 심리학에서의 초의식(정묘 의식, 원인 의식) 영역에 대한 신비 체험이나 초논리적 · 초이성적 영적 직관은 제외한다 하더라도, 현대 신과학적 · 신물리학적 논리적 사유만으로도 쉽게 인식할 수 있는 초물질적 · 초자연적 실재의 인식을 외면하고 있다. 예컨대, 거대한 빙산의 표면 일각에 불과한 모든 현상세계의 존재자를 존재하게 하는 현상계 너머의 실상과 원인을 보도록 하는 아리스토텔레스의 4원인(질료인 · 형상인 · 작용인 · 목적인)이나 토머스 아퀴나스의 궁극의 실재로서의 '신(God)의 존재의 증명' 정도는 그 논리적 사유의 타당성을 인정하지 않을 수 없다. 그래서 이와 같이 모든 현상을 있게 하는 초의식 · 순수의식(우주의식, 우주심)이나 '궁극의 원인'으로서의 '로고스'(天, 理, 道, 無, 一心/空……)를 보지 못하는 과학주의자들의 생명과 인간에 대한 경험과학적 인식은 표층적이고 단편적일 수밖에 없다. 따라서 그들 중에 대다수는 유물론적 · 무신론적 · 실증주의적 · 회의론적 · 수반론적 · 환원주의적 인식을 갖기 쉽다. 그들의 대부분은 사후세계는 존재하지 않고 생명은 죽음과 함께 사라진다는 단멸적 생사관이나 사후세계에 대한 불가지론(不可知論)적 생사관을 갖게 되고, 이에 따라 영성이 없는 단멸적이고 평원적인 생물학적 인간관을 갖게 마련이다.

반대로 생명과학자 · 생물학자 · 의학자가 종교적 신념이나 신앙심이 있는 경우, 온우주 자연의 신비에서 그리고 상상을 초월할 정도로 복잡한 다차원의 복잡계적 소우주와도 같은 인체의 신묘막측한 자연법칙과 이를 밝히는 뇌신경 · 인지과학, 양자물리 · 화학과 고등수학의 오묘한 법칙에서, 환원주의자인 뇌과학자 에델만(또는 국내에서 뇌과학의 오도된 인식을 일반인에게 확산시키고 있는 박문호의 『뇌 생각의 출현』 같은 유물론적 거친 환원주의)의 인식과는 달리, 오히려 유일자의 신묘막측한 신비나 섭리와 영적 존재로서 인간의 영성을 느끼지 않을 수 없다.[4] 그런 경우 과학자는 과학주의의 평원적 사고를 넘어 자연신비주의적 신비사상으로부터 더 심오한 초월적 신비사상에 이르기까지 상응하는 다양한 생명관 · 인간관 · 영성관을 가질 수 있다.

더구나 과학주의적 생명과학자들과는 달리 오늘날 생명과학자나 의학자 중에는 현대 신과학(신물리학, 신생물학, 양자과학, 정신물리학……) 사상에 동조하여, 슈퍼스트링학파의 M이론의 초공간이나 영적 차원, 데이비드 봄의 숨겨진 질서(Implicate Order) · 초양자장(Bohm, 2010), 봄과 프리브람의 홀로그래프적 우주(Talbot, 1999), 다차원의 생명장이나 생명파동을 인정하는 다차원의 복잡성 과학, 쉘 드레이크(1995)의 형태형성장/형태공명[5] 그리고 켄 윌버의 다차원의 홀론/홀라키 우주의 온우주적 습벽(Kosmic Habits)/온우주적 카르마(Kosmic Karma) 같은 신물리학이나 신과학의 패러다임을 받아들이는 사람들이 많다. 이들 중에 기독교 · 이슬람 같은 서구적인 종교를 믿는 과학자들은 신의 섭리에 따른 사후세계를 믿고, 불교 · 힌두교 같은 동양적인 종교를 믿는 학자들은 윤회나 환생을 믿게 된다. 반면에 무종교적 과학자들은 범신론이나 가이아 생태영성이나 뉴에이지적 심 · 신 · 영(心 · 身 · 靈) MBS(Mind · Body · Spirit)의 실재성을 받아들이게 마련이다.

켄 윌버가 저서 『현대물리학과 신비주의』(1990)에서 강조하고 있듯이, 현대물리학의 두 혁명인 상대론과 양자론을 만들어 낸 아인슈타인, 하이젠베르그, 슈뢰딩거, 드브로이, 막스프랑크, 파울리, 에딩턴 등 현대물리학의 대다수의 거장들이 유물론적이거나 과학주의적 세계관이 아닌 관념론적이거나 어느 정도 신비주의적인 세계관을 갖고 있었다는 것은 4차원 시공간의 상대론적 우주와 양자세계의 신비를 발견한 그들에게는 놀라운 일이 아니다. 아인슈타인의 스피노자적인 범신론에서, 슈뢰딩거의 베단타적인 관념론과 하이젠베르그의 플라톤적 '원형'에 이르기까지, 이 현대물리학의 거장들은 어떤 심오한 방식으로든 '의식' 자체를 포함하지 않고서는 우주와 생명의 신비를 만족스럽게 설명한다는 것은 불가능함을 알았던 것이다. 그 결과 상대성이론과 양자역학의 두 기둥 위에 세워진 현대물리학과 천체물리학은 뉴턴 역학에 바탕을 둔 데카르트의 기계론적 · 환원주의적 세계관 · 생명관 · 인간관에서 벗어나게 되었던 것이다.

따라서 점차 많은 현대물리학자가 신물리학적 · 양자과학적 · 신과학적 세계관을 주창하게 되었으며, 그중에 특히 자연과 우주에 대한 심오한 사유를 한 데이비드 봄 같은 양자물리학의 거장은, 앞에서 언급한 바와 같이, 초물리적인 초양자장 활성 정보의 존재를 궁극의 파동에너지와 정보(識 · 지능 · 지성)의 원천으로서 우주의식(一氣, 天, 空, 一心……)과 유사하게 보고 있다. 그는 초양자(포텐셜)장에서 비롯된 다차원의 복잡계적 양자장 · 생명장과 물질세계의 양자장으로 이루어진 이 우주를 전체법칙[홀로노미(holonomy)]으로서 거대한 역동적 홀로그램[전운동/홀로무브먼트(holomovement)]과도 같은 전일적 양자에너지 파동으로 보고, 현상계의 '외연 질서'의 배후에는 이와 같이 '내포 질서'로서 '숨겨진/접힌 질서(implicate order)'가 내재되어 있다는 통찰을 양자우주론의 기본 가설로 하고 있다[6](Bohm, 2010). 그 외에도 양자물리학과 동양사상의 회통성을 발견하고서 '신과학 운동'의 붐을 일으키고 '생명그물(web of life)'이론의 생태 사상가이기도 한 물리학자 카프라(F. Capra)를 비롯하여, 비평형 열역학이론에 의해 '혼돈으로부터의 질서'로서 '요동'과 '갈래치기'라는 카오스/복잡계적 산일 구조로 생명의 창발과 진화를 설명하는 노벨화학상 수상자 프리고진 등 수많은 현대물리학자 · 화학자 · 신생물학자 · 심리학자 · 철학자들은 신과학적 패러다임에 바탕을 둔 세계관에 입각하여, 전일적 · 시스템적 세계관과 심오한 우주론에 따른 생태우주와 소우주로서의 인간에 대한 오컬트(occult)적이 아닌 건전한 뉴에이지적이거나 신비주의적 인식을 갖고 있었다(과학사상편집부, 2002).

현대 신과학사상은 기계적 접근과 환원적 사고를 거부하는 시공간의 상대성 원리, 불확정성 원리, 상보성 원리 그리고 비국소성 원리 등에 의해 설명되는 양자 세계에서의 존재의 양면성에 직면한 현대 양자상대성 우주론, 슈퍼스트링이론/M이론의 영적 존재[초공간(hyperspace)] 차원의 인정, 초양자장이론, 홀로그래프/홀로무브먼트 우주, 홀론/홀라키 패러다임 등을 바탕으로 그리고 그것을 넘어서는 신시대적인 전일적 세계관에 따라 자연스레 발생하였던 것이다. 그 결과, 버틀란피(L. von Bertlanffy)의 '일반 시스템이론', 화이트헤드의 '유기체적 · 과정적' 세계관, 윌버의 '홀론/홀라키'적 세계관, 봄 · 프리브람의 '홀로그램적 세계관', 에리히 얀치(E. Jantsch)의 '자기조직하는 우주', 쉘드레이크의 '형태형성장', 마투라나와 바렐라의 '자동창출(autopoiesis)' 등의 신과학사상이 모두 양자상대성 물리학과 영속철학 · 영속종교(특히 동양의 도가, 불교, 힌두, 우리 고유의 환단/선도사상)의 삼원일체적 · 순환적, 연기적, 전일적 세계관에 영감을 받아서 나온 통전적 우주관 · 생명관 · 인간관이다.

우주와 생명의 신비를 양자과학 · 신과학에 의해 심층과학적으로 이해하게 되면, 과정적 · 유기체적 우주, 프랙탈 복잡계적 우주, 생명장 · 초양자장 원리가 개체 생명과 온우주의 순수의식과 동일한 원리라는 심오한 진리를 깨닫게 된다. 다시 말해, 초양자장에서 비롯된 다차원의 비국소성 · 홀로무브먼트의 양자장으로 이루어진 다차원의 생명장/'生命氣場'의 원리를 '양자자기'(Zohar, 1991) · 18장의 '양자의식, 양자마음(Mindel, 2011)'에 의해 '양자적 사고'를 하게 되면, '자타불이(自他不二)'(自生自化, 一切同根, 同體大悲)라는 비이원적 궁극의 실재의 '불이(不二)'의 본성, 영적 본성과 그 발현인 영성을 자각하게 된다.

예컨대, 신물리학, 생명과학뿐 아니라 정신과학에 조예가 깊은 의학자이며 영적 지도자인 디팩 초프라는 『사람은 왜 늙는가』에서 양자 상대성 물리학의 양자장·생명장 패러다임에 바탕을 둔 삶(生)과 죽음(死)에 대한 새로운 양자사고적 패러다임에 의해 인간 존재의 양자자기적·양자영성적 참생명으로서의 인간의 영적 본성에 대한 각성을(18장의 양자사고와 같이) 제시하고 있다(Chopra, 2010).

초프라는 신물리학의 패러다임에 바탕을 두고, '생명'의 삶(生)과 죽음(死)이란 양자장·생명장 차원에서는 초양자장/순수의식에 의한 끊임없는 자기조직화·재조직화·자기 갱신하는 다차원 에너지장(氣場)의 '기(氣)'와 '식(識)'(정보)의 변화하는 모습일 뿐 양자상대성 물리학의 기저생명장, 초양자장의 불변의 시각에서 보면 참생명은 '불생불멸(不生不滅)'임을 적시하고 있다. 그의 사상은 곧 인간 존재에 대한 심오한 양자적 사유에서 나온 생명의 신비와 '무사(無死)'의 참생명장의 주체로서의, 우주로서의 '양자자기'적 인간에 대한 심오한 영성적 인간관이다. 그리고 삶과 죽음에 대한 전통 지혜(영속종교·영속철학)와 신과학·양자과학의 차이를 상보적으로 통합하는 전일적 해석이다. 그리고 소우주로서의 인간에 대한 양자적 사유, 양자적 영성은 현대 신과학·양자과학과 전통 지혜가 서로 회통하는 온전한 영성 이해의 각각 외면적·내면적 측면임을 보여 주는 것이다.

지금까지 고찰하고 밝힌 바와 같이 오늘날 현대 과학, 특히 신과학·양자과학이 우주의 심오한 신비의 베일을 어느 정도 벗기고 있기 때문에 무엇보다 동서양의 전통 종교사상에 배어 있는 심층적·전일적 '참종교성'을 바탕으로, 영속종교의 내면적·초의식적 정신세계·영적세계에 대한 전일적 가르침과 현대 과학의 외면적 우주·생명 세계에 대한 전일적 원리가 '하나(不二)'의 회통하는 진리를 가리키고 있음을 깨닫는 게 중요하다. 이와 동시에 종교는 '참종교성'을 회복하기 위해 창시자의 본래의 온전한 가르침으로 돌아가서 그 온전하고 심오한 가르침을 표층의 문자(名言)적 해석이 아닌 우주와 생명의 통전적 진리의 참뜻을 담은 언어(義言)로 해석하고 이해하는 게 중요하다. 이와 같이 모든 종교의 가르침을 문자적 가르침에 얽매이지 않고 참뜻으로 이해한다면, 동서양의 어느 주요 전통 종교를 막론하고 현대 과학이 밝혀낸 우주자연·생명의 심오한 원리를 거부감 없이 받아들이게 된다. 이를테면, 서양 종교의 경우 이를 자연신학적이거나 이신론(理神論)적이거나 범재신론적으로 받아들이게 된다. 더 나아가, 이미 앞에서 고찰한 바와 같이, 양자상대성 물리학의 정보(의식, 지능, 지성)를 함유한 파동에너지의 양자장 · 생명장 · 초양자장을 기본 바탕 원리로 하는 양자과학과 신과학의 패러다임에서 나온 초프라의 양자적 사고, 양자적 영성이 온우주의 궁극의 실재의 내면적 · 외면적 로고스(道 · 理 · 法性)에 대한 모든 영속종교의 가르침과 다르지 않다는 것을 깨닫게 된다.

21세기 참종교성과 신영성

여기서 말하는 '참종교성'이란, 이미 앞에서 언급한 바와 같이, 동서양 주요 전통 종교의 창시자의 근본 가르침을 모두 내포하는 종교 본래의 온전한 전일적 모습을 의미한다. 그래서 주요 전통 종교의 경우, '참종교성'은 창시자/성현의 현교(顯敎)적 가르침과 비교(秘敎)적 가르침을 모두 포함한다. 뿐만 아니라 온전한 전통 종교에서는 창시자의 가르침이 믿는 자의 근기(根器)에 따라 방편적으로 다르게 주어지거나 그렇게 보인다. 그리고 대부분의 전통 종교는 개혁 종교이므로 기존의 종교나 정치 · 사회 · 문화에 대한 강한 개혁적인 메시지를 포함하고 있다. 따라서 '참종교성'은 이 모든 것을 온전하게 통합적으로 포함해야 한다. 즉, '참종교성'은 신화와 복음, 기도와 수행, 경전의 현교적 수행과 비교(秘敎)적 밀교 수행, 사회 개혁과 실천의 가르침을 모두 포함한다.

그렇다면 이러한 '참종교성'의 본질은 해체할 수 없는 진리이며 동서양의 전통 지혜, 특히 동양사상의 전일적 세계관인 '영속종교/영속철학'의 정수이기도 한 것이다. 21세기 고도 과학기술 문명시대의 첨단 신물리학 · 신과학 · 양자과학이 의식과 영적 차원의 실재성을 배재하지 않고 포함하고 있는 까닭에 '참종교성'은 우주와 생명에 대한 통전적 인식을 가진 '첨단과학'과 '영속종교'가 상보적으로 통합되는 상보적 통합적 종교성을 의미한다. 그래서 이것은 곧 인간 의식의 전 스펙트럼을 '개합자재(開合自在)' '삼원일체(三元一体)'적으로 포괄하는 인간의 본성으로 일컬어지기도 한다. 따라서 21세기 신시대의 전일적 '참종교성'은 '전통 종교의 인간중심주의에서 벗어나 자연 · 생태생명 중심으로 확장하여, 우주의 순수의식(一心, 우주심, 우주의식, 空……)이 곧 인간의 본성/자성이고, 온생명의 다차원의 양자장 · 생명장의 정묘(氣) 스펙트럼이 곧 '온우주 의식(Kosmic Consciousness)'과 '하나(不二)'임을 깨닫게 해 준다.

이와 같이 전통 종교가 영속종교적 현교와 비교를 포괄하는 전일적 참종교성을 회복한 신시대 양자사회에서는 [그림 17-2]와 〈표 17-2〉에서 보여 주듯이, 인간의 사회적 실존의식, 심층 가치밈 의식이 존재와 삶과 죽음의 의미, 자아와 영성, 소통과 공감, 배려와 나눔, 생명 사랑과 생태 존중, 자유와 정의를 소중하게 생각하는 그리고 이 모든 것을, 〈표 17-2〉에서 보듯이, 세계혼적으로 통전적으로 받아들이는 실존적 · 존재적 의식 수준의 '2층 가치밈'의 영성 수준으로 깨어나는 게 보편화될 것이다(조효남, 2011: 24-28).

다른 한편으로는 21세기 첨단 과학기술 문명시대, 양자과학시대의 '양자사회'에서 '참종교성'과 상보적으로 회통하는 양자장 · 생명장 원리가 밝혀 주는 '삼원일체(三元一体)'적 양자사고를 깨우치게 되면, 영적 본성의 발현으로서의 영성의 현대적 의미를 전통적이거나 종교적이거나 고답적인 의미가 아닌 보다 보편적이고 통전적인 '신영성'의 개념으로 이해할 수 있다.

여기서 필자가 강조하는 '신영성'이란 앞에서 이미 고찰한 바와 같이 영성에 대한 전통적인 초월적 · 신비적 인식이나 보편적 · 통합적 해석에 국한하지 않고 영성에 대한 '현대적 · 통전적 · 과학적' 인식을 포함하기 위해 정의한 용어이다. 먼저, '현대적 영성'이란 인간은 영적 존재이고 여하한 사람에게도 영성은 잠재되어 있고, 〈표 17-2〉에서 보여 주듯이, 다만 주어진 환경과 삶의 조건과 내면의 의식 · 무의식(자아, 가치밈, 심층무의식/아뢰야식) (건강, 불건강, 병리) 상태에 따라 개개인의 영성의 발현 정도가 달라지는 것이다. 이에 따라 [그림 17-2]와 같은 자아 · 심층 가치의식 · 사회적 실존의식의 전 스펙트럼, 즉 인간의 사회적 본성의 전체 '나선(spiral) 가치밈' 구조상에서 개개인의 환경 · 삶의 조건과 내면의식에 따라 가치밈 의식과 상응하는 영성의 발현 수준이 달라진다. 하지만 〈표

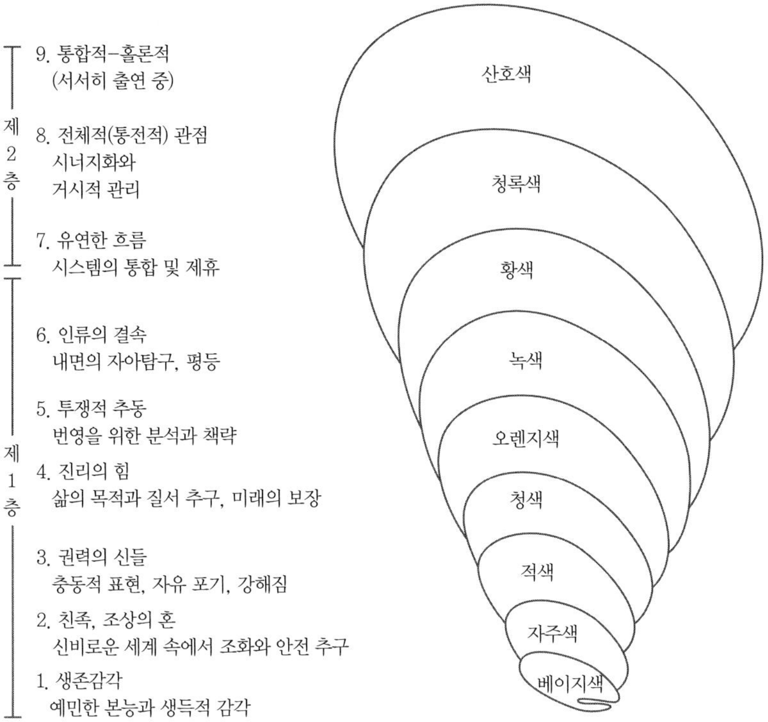

가치밈	세계관	색깔의 의미
베이지색	생존적	대초원의 시든 풀색, 생존 투쟁
진홍(자주)색	마법적	왕족, 제사장 계층색
적색	권력적	피와 강렬한 정서에너지
청색	신화적	하늘과 천국
오렌지색	합리적	용광로에서 끓고 있는 쇳물, 과학 상징
녹색	상대주의적	식물과 자연 상태
황색	통합적	태양에너지와 생명력
청록색	통전적	외계에서 바라본 지구 전체의 색깔

[그림 17-2] **나선동역학적 심층 가치의식(가치밈)의 스펙트럼(Wilber, 2002: 8)**

17-2〉에서 보는 바와 같이 '가치밈'의 변화에 따른 세계관 · 가치관 · 영성의 변화를 나타내는 하위의 생존적/소유적 가치의식의 수준, 즉 제1층 밈의 하위 수준에서도 자아 · 세계관 · 가치밈이 건강한 상태로 발현되어 있으면 어느 특정 수준의 영성을 지니게 되고 그 수준의 영성이 발현되어 있다고 본다. 물론 바람직한 영성이란 '제2층 가치밈'의 세계 중심의 실존적 · 통합적 의식 수준까지 발현개화되어 소통 · 공감 · 배려 · 나눔 · 정의 · 생명 · 사랑 같은 존재와 의미 중심의 존재적 삶으로 깨어나는 영성을 의미한다.

중요한 점은 누구나 정도의 차이는 있지만 영성이 어느 정도는 발현되어 있다고 볼 수 있지만, 하위적 가치밈이 병리적이거나 불건강한 상태에 있다면 영성이 제대로 발현되어 있다고 볼 수 없다. 예컨대, [그림 17-2]와 〈표 17-2〉에서 보듯이, 약간은 불건강하게 사로잡혀 있거나 갇힌 의식의 '청색밈' 상태에 머물고 있는 사람이라 해도 대체로 '청색밈'의 신화적 · 근본주의적(문자주의적) 수준의, 즉 인습적 · 맹신적 흑백 수준의 엄연한 영성이 있는 것이다. 하지만 가급적 합리적 · 이지적 수준, 理神的 오렌지밈 수준이거나, 공동체 내의 소통 · 공감 · 배려 · 나눔을 추구하고 참가짐(善所有)과 참살이(善存在)가 조화를 이룬 웰라이프의 공동 '선(善)'을 추구하는 존재적 삶의 의미를 깨닫기 시작하는 '녹색밈' 수준의 영성이 곧 탈인습적이고 성숙한 자아 수준의 영성의 시작이라고 볼 수 있다.

물론 나아가 가치밈적 각성과 양자도약에 의해 존재적 삶의 가치를 깨닫고 세계중심적 통합적 의식이 창발하는 〈표 17-2〉에서 보여 주는 '황색밈' 수준의 영성이 발현되고, 더 나아가 포스트-탈인습적 · 세계혼적 · 초통합적 영성인 '청록색밈' 수준의 영성이 개화되거나, 깨어 있는 삶, 주시하고 지켜보는 수행적 삶이 일상화되는 '제3층 밈'의 자아초월 수준의 '산호색밈' 수준이 되면 진정한 '자본자근(自本自根)/자생자화(自生自化)' '자리이타(自利利他)' '동체대비(同體大悲)'를 깨닫고 사랑의 실천과 자비 보리심이 개화하는 자아초월 영성 수준까지도 성장할 수 있다.

〈표 17-2〉 생존/실존의식(가치밈)의 수준에 따른 삶과 죽음의 의미, 자아 · 영성의 변화(조효남, 2011: 28)

가치밈 수준		삶의 특징	삶의 의미	죽음의 의미	세계관	자아	영성
1층 밈 (생존/소유)	베이지밈	생존본능 생존지상	살아남기 위한 본능과 습관, 음식, 물, 온기, 섹스, 안전이 최우선적	죽음에 무심 무지	태고적	신체·생리적 자아	미발현
	진홍색밈	친족정신 자연·조상 숭배 무속적 순환적 삶	조상령/정령들을 즐겁게 해 주는 삶 삶은 통과의례	정령/조상령 만남	마법적 물활적	감정 정서적	마법적
	적색밈	권력 추구 충돌 투쟁 모험적 삶	약육강식/약탈자 정글	無로 소멸	약육 강식의 정글	충동적 이기적	권력신 초능력자
	청색밈	진리의 힘, 인습 복종 권위주의적	올바른 삶은 현생의 안전성, 내생의 보상 보장	종교인: 죄의 유무에 따라 천국/극락이나 지옥에 태어남 무신론자/유물론자: 無로 환원	신화적	인습적 페르소나적 자아	근본주의적 맹목적 믿음
	오렌지밈	성취 위한 분투 책략적, 과학적	풍족하고 좋은 소유지상적 삶 추구	종교인은 종교교리의 과학적 해석 무신론자, 회의론자, 불가지론자는 신념대로	합리적 과학적	탈인습적 페르소나적, 개인주의	다원주의적 理神적
	녹색밈	인간적 유대 합의적, 상대주의적 자기 존중	공동체선(善) 중시 친환경 녹색 생태 중시	생태적 순환	상대적 다원주의적	민감한 공동선 자아	생태적 범재신론적
2층 밈 (존재)	황색밈	유연한 흐름 글로벌 통합적 사고	글로벌 통합적, 시스템적, 코스모폴리탄적 삶	비종교인: 과학적, 논리적 생태장, 생명장 종교인: 신비적, 통합적	유기체적	심신 통합 켄타우로스	통합적 양자 사고적
	청록색밈	심층적, 생태적, 전일적 세계관	글로벌 자연상태적 합일의 삶	비종교인: 뉴에이지적, 순수의식과의 합일 종교인: 교리적, 신비적 합일	전일적 생태적 세계혼	생태적 자아 자아 초월 시작	초통합적, 자연신비주의적 양자적 영성
3층 밈 (자아 초월)	산호색밈	이타적, 헌신적 봉사 희생, 사랑/자비 무소유적 삶	삶은 수행을 통한 영적 성장의 과정	生死不二, 不生不滅	一切 同根, 同体 大悲	자아 초월	유신신비 사상 神人合一

따라서 여기서 정의하는 '통전적 신영성'이란 켄 윌버의 통합심리학 · 자아초월심리학의 자아초월적 · 신비 체험적 통합영성과 의식의 모든 발달 계통(라인)에서의 영성의 의미를 모두 통합하면서, [그림 17-2]와 〈표 17-2〉의 모든 가치밈 수준이 밝고 건강한 사회적 자아 · 세계관 · 심층가치의식의 발현 모두를 현대적 의미의, 넓은 의미의 영성으로 받아들여야 한다는 함의를 갖는다.

마지막으로 필자가 정의하는 '과학적 신영성'이란 우주와 생명의 신비를 신물리학 · 양자생물학 · 양자의학 · 양자심리학 같은 신과학 · 양자과학에 의해 심층과학적으로 개체 생명과 온생명과 온우주의 신비를 정관/관상에 의해 깨닫게 됨으로써 영성이 발현되는 것을 의미한다. 다시 말하자면, 앞에서 언급한 바와 같이, 과정적 · 유기체적 우주, 프랙탈 복잡계적 다차원의 우주, 즉 개체 생명 · 소우주와 생태계 · 온생명 우주와 대자연 · 온우주의 다차원의 복잡계 원리와 형태형성장 · 형태공명적 생명장 원리와 초양자장 원리가 곧 개체 생명과 온우주의 순수의식/우주심(一者), 영(Spirit)/공(空)/일심(一心) 등과 동일한 '삼원일체(三元一体)'의 원리라는 심오한 진리를 깨닫게 되는 경지가 곧 과학적 · 양자적 신영성이다. 이와 같이 우주 · 생명 세계 · 인간에 대한 현대 과학 · 신과학 · 양자과학적 법칙 · 원리의 '관상/관조'에 의해 '물아일여(物我一如)' '자타불이(自他不二)' '공불이색(空不異色)/색불이공(色不異空)'의 본래면목(本性/自性)을 깨치게 되면 '신영성'이 발현된다.

과학적 신영성이 발현하게 되면 청록색밈 수준의 세계혼적 · 초통합적 영성을 넘어 자아초월적 영성의 수준으로까지도 개화될 수 있다. 더 나아가 비이원적 궁극의 실재의 '불이(不二)'의 본성, 진여자성을 깨우쳐 자아초월적 사랑과 자비의 이타심/보살심이 발현될 수 있고, 마음수련에 의해 신인합일(神人合一)이나 견성(見性)의 경지에도 이를 수 있다. 이러한 수준에서는 양자적 사유와 정관 · 명상에 의해 모든 우주 · 생명 세계 · 인간의 삶과 죽음이 '불생불멸(不生不滅)'이라는 근본을 깨달아 단지 관념이 아닌 의식화하거나 가슴으로 체화하여 지혜의 눈(慧眼)이 열리는 깨어 있는 경지에 도달할 수 있다.

이와 같이 현대 과학이 밝히는 우주와 자연의 원리는, 예컨대 '서양의 유일신

(唯一神) 종교의 경우', 오히려 '자연신비주의'적으로 인간을 더욱더 심층적 영성적 존재로 깨어나게 하고 영성 · 신성 · 불성이 더욱더 심오하게 발현되게 하면서 '순수의식'으로 깨어나게 한다. 이렇게 되면 양자적 사고, 양자적 사유, 양자적 영성에 의해 21세기 '후천개벽'의 시대에 과학기술의 혁명은, 인간들로 하여금 고도의 과학기술 문명을 누리게 하면서도, 양자적 '신영성'으로 양자사회를 더욱더 존재와 의미 중심의 '생명평화' '생태생명사랑' '온생명 존중'을 향해 더욱더 각성하도록 이끌어 간다. 따라서 인류는 '참종교성'을 바탕으로 양자과학적 '신영성'이 발현된 신인류로 거듭나게 되면 삼원일체적으로 영성적 인간 존재에 대한 심오한 이해를 바탕으로 새천년의 새로운 고도 과학기술 문명의 양자적 영성이 충일한 양자사회로 미래의 테크노피아적 사회를 열어 갈 수 있을 것이다.

21세기 영성에 대한 상보적 · 통전적 관점

이 논고에서 여러 시각에서 거듭 강조해 왔듯이 영성에 대한 현대 과학과 전통 지혜의 진리 인식과 탐구 방법에 있어서 양쪽은 우선 서로의 상이성과 상보성과 강약점을 인정하고서 보다 온전하고 심층적인 이해를 위한 서로의 필요성을 자각하는 게 중요하다. 그렇게 되면 통합은, 단순한 통합이 아닌 상보적 통합에 의해서만 인간 존재와 영성에 대해 보다 온전하게 이해하고 접근할 수 있다는, 열린 의식, 깨어 있는 의식에 바탕을 둔 통합이 된다.

물론, 지금까지 앞에서 고찰해 온 바와 같이 현대 과학과 전통 지혜(영원의 철학 · 심리학 · 종교)의 통합은 신과학 · 양자과학에서는 이미 통전적 진리 인식을 하고 있기 때문에, 문제는 전통적(과학주의적 · 유물론적 · 환원주의적) 현대 과학과 전통 종교의 통합이다. 그래서 이는, 이미 앞에서 강조했듯이, 기본적으로 켄 윌버가 '감각과 영혼의 만남'과 '통합심리학'에서 강조하는 AQAL적 통합이 되어야 한다. 이는 모든 과학과 모든 종교의 온수준 · 온분면 · 온라인적 통합으로서 내면적 실재와 외면적 실재의 통합, 영적 체험과 과학적 체험의 통합, 주관적 실재와 객관적 실재의 통합을 수반하게 된다. 그것은 좁은(경험) 군은모 과학과 넓은(체험) 무른모 과학의 통합, 좁은 종교(복음, 현교)와 깊고 넓은 종교(신비사상, 비교)의 통합이 전제되어야 한다. 이렇게 하여 모든 좋은 현대 과학과 모든 좋은 전통 종교가 모두 통합되는 것이 가장 바람직한 통합이다.

이러한 상보적 통합에서는 다양한 형식의 과학과 종교 사이의 결정적인 차이를 존중해야 하고, 15장에서 강조한 윌버의 통합철학과 원효의 화쟁(和諍)철학 사이의 상보적 · 화쟁적 통합철학의 '화회(和會)적' 통합정신이 필요하다. 과학과 종교의 진리 탐구의 실제 형태는 수준에서 수준으로, 분면에서 분면으로 '통합 방법론적 다원주의(IMP)적'으로 다양한 시각/조망이 가능함을 인정하고 이 모든 시각과 조망을 상보적으로 통합해야 한다. 그리고 모든 전통 종교의 종교적 의식(儀式) · 교의 · 문화의 차이도 존중해야 한다. 하지만 좁은 종교(현교)의 굳은모적 신화적 교리와 무른모적 복음의 문자적 해석이 아닌 은유적/상징적 해석과 함께 초의식 세계의 초월모적 신비사상에 대한, 신과학적 · 양자과학적 재해석이 필요하다. 이에 따라 영성을 온전히 이해하기 위해서는 먼저 앞에서 언급한 과학과 종교의 상보성을 알고서 상보적 통합에 대한 올바른 인식을 갖는 게 무엇보다 중요하다.

켄 윌버는 '감각과 영혼의 만남' 결론부에서 현대 탈근대 사회에서는 현대 과학과 전통 종교가 조금씩 양보하며, 탈신화적 · 탈권위적 진화적 영성을 지향하면서 탈근본주의적 · 탈보수적, 탈자유적 · 탈진보적 영성, 초합리적 · 초이성적, 초자유적 · 초진보적, 초개인적 · 자아초월적 깨달음을 추구해야 완전한 통합이 가능하다고 현대 과학과 전통 종교의 통합에 대한 '혼전서약'과도 같은 조건부 조망을 제시하고 있다.

그러나 인류의 평균 의식은 기축시대 이래 지난 2500년 사이에 겨우 1, 2단계 진화한 데 불과하다. 인류의 평균 의식이 초합리 · 초이성적, 초개인적 · 자아초월적 의식 수준까지 가려면 예전보다 훨씬 더 빨리 진화한다고 가정해도 최소한 몇백 년 이상 걸릴 것이므로, 켄 윌버가 제시하는 통합의 비전은 현실적으로 기대할 수 없는 통합의 비전이다. 그보다는 현대 첨단과학기술의 발전과 함께 신과학사상과 통합적 포스트 탈근대 사상의 보편화로 21세기 후반이 되면 인류의 평균 의식이 황색밈 수준까지 상승하는 것은 그리 어려운 일이 아니다.

테일러(S. Taylor)가 '자아폭발: 타락'에서 잘 지적하고 있듯이, 인류의 탐욕적 '타락'을 가져온 '자아'의 과잉 진화로 19세기까지는 지배계층이 흑백 진리적 인습적 제도 · 규범으로 혹독하게 피지배층을 수탈해 온 위계적 · 제국적 정치 · 사회체제 중심의 청색밈 의식이 지배하는 시대였다. 반면에 20세기 고도 과학기술 혁명시대의 산업화 사회는 개인주의적이고 합리주의적인 과학기술 경쟁에 의한 물질 소유를 위한 무한경쟁과 그 승리자인 1% 상위 지배계층 독식의 탐욕으로 얼룩진 오렌지밈 의식이 지배한 시대였다. 하지만 오늘날 21세기 자체는(물론 20세기 후반에 시작된 제3차 정보산업혁명시대를 넘어 제4차 AI 산업혁명시대로 진입하고 있지만) ICT 융복합 스마트 모바일 · SNS 미디어 혁명으로 평등 · 소통 · 공감 · 나눔 등의 '녹색밈' 중심의 시대로 변화되면서 재스민혁명 같은 녹색밈 혁명이 전 세계적으로 확산되고 있다. 그래서 1% 금융 · 경제지배 독식계층에 대한 99% 청년 · 서민대중 박탈계층에 의한 불평등 사회계약제도 개혁을 향한 거센 저항이 요원의 불길같이 퍼지고 있다. 물론 현재는 전 세계적으로 하강적이고 보수회귀적인 정치 · 경제 · 사회적 갈등과 혼돈이 일어나고 있지만, 머지않아 선진 · 개도국 인류의 평균 의식과 영성이 녹색밈 수준으로 상승될 전망이다. 그래서 지금도 전 세계 각 분야의 선도적인 리더들은 이미 황색밈 수준의 의식 · 영성으로 성장 변화하고 있고, 곧 수많은 다른 리더도 황색밈 수준으로 진화하려는 움직임이 일어나고 있다.

다른 한편으로는, 앞에서 누차 언급했듯이, 오늘날 현대 신과학 · 양자과학의 패러다임이 자연스레 초자연적 · 초물리적 세계의 실재를 인정하고 있다는 사실은 매우 고무적인 현상이 아닐 수 없다. 왜냐하면 무엇보다도 이는 정신적 · 영적 세계에 대한 과학적 이해를 가능하게 하기 때문이다. 이에 따라 전통 지혜의 핵심인 동양의 '영속종교'의 '존재의 대등지'와 '삼원일체(三元一体)'에 대한 양자과학적 · 신과학적 설명이 가능해져 비로소 종교의 진리도 현대 첨단과학(양자과학, 신과학, 복잡성 과학 등)에 의해 설명할 수 있게 되었다. 전통 지혜의 원천으로서 '영속종교'의 '삼원일체(三元一体)'적 가르침이 과학의 양자과학적 원리와 같다는 것을, 즉 양쪽이 다 궁극의 진리의 내면적 · 외면적 측면을 밝히고 있다는 것을, 현대 과학인들이 깨닫게 되면, '영속종교'에서 가르치는 존재의 대사슬, 존재의 대등지[조대(粗大, gross) 영역, 정묘(subtle) 영역, 원인(causal) 영역, 궁극의 비이원(nondual) 공(空)의 경지]를 해체할 수 없는 진리로 깨닫게 된다. 나아가 현대 과학으로 아직 밝힐 수 없는 자연의 궁극의 원리는 '이(理)/도(道)/법성(法性)/공(空)/일기(一氣)'의 현현으로서의 '초양자장' 같은 더 깊고 더 높은 차원의 기저 디바인 매트릭스장(空, 宇宙心, 一心 등)에서 비롯된 다차원의 파동에너지(氣) · 정보(識)로 설명할 수 있다는 사실을 자연스럽게 받아들이게 될 것이다.

이러한 통전적 인식의 소통 확산을 통하여 근본주의 종교인이나 환원주의적 · 수반론적 · 회의론적 과학인들조차도 고착된 믿음과 닫힌 의식에서 점차 벗어나게 될 것이다. 더 나아가 과학은 외면적 · 경험적 · 합리적 · 이성적 진리를 밝히는 역할을 하고, 종교는 인간의 내면적 · 초이성적 · 초의식적 · 영성적 본성을 밝히는 역할을 한다는 것을 제2층의 통합적 · 통전적 수준으로의 '가치밈' 의식의 양자도약에 의해 깨닫게 된다. 그리고 이때 현대 신과학 · 양자과학 패러다임은 우주 · 자연 · 인간에 대한 과학과 종교의 외면적 · 내면적 진리를 통전적으로 이해하기 위한 핵심 가교 역할을 한다는 것도 알게 된다.

일단 의식이 열리면 과학과 종교는 상호 대립이 아닌 상호 보완적이라는 것을 양쪽 모두 깨닫게 되고 진화론/창조론/지적설계론 모두를 '창발적 진화론'에 의해 통합적으로 자연스레 이해하게 될 것이다. 따라서 21세기 포스트 탈근대 사회에서는 모든 종교는 종교의 창시자의 '영속종교'적 온전한 근본 가르침으로 되돌아가서 현교의 기복사상과 비교의 신비사상을 모두 통합적으로 홀론/홀라키적으로 포용하여 받아들이면서 참종교의 모습을 회복하고, 과학은 육안만이 아닌 육안 · 심안 · 영안 모두에 의한 과학적 체험을 심층과학으로 온전하게 받아들이는 참과학의 모습으로 돌아갈 것이다. 이렇게 되면 참종교성과 현대적 영성에 대한 올바른 이해와 함께 인간을 온우주로서의 심오한 영적 존재로 이해하고 통합적 · 통전적 영성이 창발하는 21세기 신영성의 시대가 올 것이다.

나가는 말

오늘날은 종교인이든 아니든 거의 누구나 영성에 대해 말하고 있지만 그 의미와 개념의 모호성과 다양성으로 지극히 주관적으로 이해하고 막연하게 말하는 사람이 많은 게 현실이다. 물론 전통적으로 자연과학, 생물학, 신과학 · 양자과학, 사회학, 심리학, 철학, 종교 등 다양한 분야의 특정한 사상적 조류에서 나온 인간관 · 영성관은 거의 다 상이하지만 특정한 시각, 조망, 관점에서는 어느 정도 의미가 있는 게 당연하다. 특히 '범주 오류'나 '인지 오류'를 범하는 경우를 제외하고는 그리고 어느 특정한 시각으로 '인간 존재'와 '영성'을 규정하려는 독단적 시도만 없다면 어느 특정 분야의 어떤 특수한 인간관, 영성관이든 간에 모두 부분적으로 의미가 있고 그 '타당성 주장'에 비록 제한적이지만 공감이 있을 수 있다.

한편 지난 20세기 3대 과학혁명 이후, 현대 과학기술은 급격하게 발전해 왔다. 그 결과, 오늘날 21세기 IT정보화 · SNS시대의 글로벌 초연결 네트워크 사회가 도래하면서 초첨단 융복합 과학기술(AI, VR, AV, IoT, 3D/4D 프린팅, 빅데이터, 클라우딩 기술) 혁명이 가속화되면서 AI 중심의 제4차 산업혁명의 초연결 · 초지능 · 초융복합의 새로운 양자문명 시대가 열리고 있고, 더욱더 '양자사회'화되어 가고 있다. 분명한 사실은 BCE 5세기 '기축시대'의 인류의 영적 개화시대 이래로 여러 번의 획기적인 문명시대의 전환을 거쳐 왔다. 하지만 21세기는 16세기 르네상스 계몽시대나 17세기 과학혁명의 발흥기나 20세기 양자과학 · 신과학 혁명 시대에 비해서도 훨씬 더 획기적이다. 인류 역사상 인공지능 · 사이보그 · 휴머노이드가 인간의 지능을 초월하는 가장 특이한 시대가 이미 시작되고 있다.

하지만 오늘날과 같은 '피로사회'와 '위험사회'의 징후가 점점 더 심화되고 자연생태 파괴와 함께 생명 · 인성 · 영성 파괴를 초래하는 모든 분야에서 AI가 지배하는 초연결 · 초지능 · 초자동화 · 초감시 AI 사회의 초고도 과학기술혁명이 가속화되면 인류는 자칫 영성을 상실한 '디스토피아'적 파멸의 세계로 추락하기 쉽다. 반대로 신과학의 전일적 사고와 양자과학의 통전적 사고가 보편화되어 전통 종교의 '전일적 영속종교'적 '참종교성'과 현대 과학적 '신영성'이 부활하면서 인간에 대한 보다 더 심층적이고 통합적이고 온전한 상보적 · 통전적 이해가 가능한 인류 공동체적 초지능 · 초연결 미래사회가 AI 과학기술혁명의 그림자를 보완하는 신인류의 의식 혁명과 함께 온다면 영적으로 훨씬 더 진화된 테크노피아 시대가 올 것이라고 기대할 수도 있다.

결론적으로, 전통 지혜(영속종교)와 현대 과학(신과학 · 양자과학)을 윌버의 '통합이론'과 필자의 현대적 · 과학적 신영성이론에 의해 상보적 · 통전적으로 해석하고 (15장의) 원효의 '화회(和會)정신'에 의해 이해할 때 비로소 온전한 영성관이 창발할 것이다. 더 나아가 21세기의 신인류가 초양자장 · 기저생명장 · 순수의식의 발현 주체로서 심층의식의 심혼/영혼(아뢰야식)을 해체 · 소멸하지 않는, 生과 生을 따라 전변(轉变)하는, 생명파동의 '참생명' 주체로 받아들이게 되면, 생명과 인간 존재의 깊이와 신비에 대한 전통 지혜의 '三元一体'적 원리를 깨닫게 되면, 인간 존재와 영성에 대한 온전하고 완전한 통전적 시각을 회복할 것이다. 이에 따라 신인류가 이러한 심오한 인간관 · 영성관과 함께 마음공부, 마음 수련, 영성 수련까지 하게 되면 심원한 종교적 · 탈종교적 · 세계종교적 · 초종교적 영성을 모두 포섭하는 통전적 심오한 영성과 인간 존재의 신비에 대한 더욱더 깊은 통찰과 깨우침의 지혜를 얻게 될 것이다.

무엇보다도 21세기에는 AI 중심의 과학기술 혁명이 가속화되면서 AI 기술의 도움으로 인간의 인지가 더욱더 발달하고 인류의 평균 의식이 '제2층 가치밈'(하늘색/황색,청록색) 의식 수준인 '통합적 비전논리' 수준으로 성장하고 이와 같이 영성이 개화된 인류 중에 '제3층 가치밈'(남색, 보라색) 의식의 자아초월 · 초의식 수준으로 진화하는 선단의 '신인류'가 '집단지성'으로 더 많이 출현할 것이 기대된다. 이렇게 되면 앞으로 영속종교의 전통 지혜와 현대 신과학 · 양자과학의 전일적 세계관과 켄 윌버의 통합사상을 상보적으로 통합하는 온전한 통전적 영성과 신시대의 신과학적/양자사고적 '신영성'에 대한 인식이 보편화될 것이다. 그럴수록 15장에서 강조한 바와 같이 원효의 화쟁사상이 21세기에 되살아남으로써 원효의 화쟁/화회사상과 윌버의 통합이론의 상보적 통합에 의해 '화쟁적 통합영성'적으로 모든 분야가 '종교성'과 '영성'에 대해 다양한 스펙트럼의 색깔과 목소리를 내면서도 서로의 '차이'를 존중하면서 다중상생적으로 공존하는 진정으로 회통하는 '화회적 통합영성'의 시대가 올 것이다.

미주

1) 이 글은 필자가 영성과 사회복지학회 '영성과 사회복지' 학술논문집(2013. 11., 제1권 제2호 1~41)에 발표한 논문에서 발췌하여 수정 · 보완한 것이다.
2) 제임스 파울러(James Fowlre)는 미국 라마도 대학의 발달심리학자이며 그의 『신앙의 단계(Staglo of Faith)』(1981) 이론을 윌버가 종교적 신앙영성의 발달로 제시한 것을 약간 수정한 것이다.
3) 카타파틱(kataphatic)은 서방 교회에서 중시하는 영성으로 유형의 하느님을 보는 '긍정의 방법'으로 신인합일의 신비적 단계에 이르는 영성이고, 아포파틱(apophatic)은 동방정교에서 중시하는 영성으로 '부정의 방법(via negativa)'으로 하느님을 절대적 초월적 존재로 받아들이는 영성이다.
4) 예컨대, 인간이 만든 그 어느 복잡한 화학공장보다 훨씬 더 복잡하고 오묘한 세포의 자율적 기능에서, 그리고 뇌신경과학자 에델만(Gerald Edelman)이 말하듯이, 약 100억 개 정도의 뉴런이 있는 대외피질의 성냥개비 한 개만 한 뇌 부위에 약 10억 개의 시냅스가 있고 그 시냅스의 연결가지 수는 101,000,000 정도라서 전체 우주 내 양전하된 입자의 수 1080에 비하면, 비교할 수 없을 정도로 전체 우주의 구성 입자 수보다 훨씬 더 복잡한 뇌신경회로『신경과학과 마음의 세계』(제럴드 에델만 지음/황희숙 옮김(2007), 범양사, pp. 37-38)의 상상을 초월하는 복잡계적 인지 과정에서, 그리고 60조 개 이상의 단위 생명체인 세포로 이루어져 있지만 신경계 · 면역체계 · 내분비체계 등의 무한한 자율성 · 항상성을 가진 인체의 신비에서 신성/법성의 섭리에 종교인 · 과학자나 생태영성 · 뉴에이지적 영성 · 양자적 영성에 동조하는 과학자는 전율을 느끼게 된다.
5) 형태형성장(morphogenetic field)이란『A New Science of Life』, 『The Presence of the Past』의 저자 쉘드레이크(Rupert Sheldrake)가 도입한 신과학 용어로, 인간의 성장 진화는 단순히 생물학적인 유전적 진화를 넘어서는 초자연적인 현상이나 원리인[봄(David Bohm)의 홀로그래프 우주, '숨겨진 질서'와 같은] '형성적 원인(formative cause)'에 기인한다는 것으로 생명의 형태들은 그 행동뿐 아니라 그들의 형상화와 발달 모두 그것에 기인한다는 것이다. 생명의 형태는 시공을 가로질러 조작하는 형태 공명(morphic resonance) 과정을 통해 그들의 형상과 패턴을 물려준다는 것이다. 켄 윌버는 쉘드레이크가『Rebirth of Nature』에서 정의한 '우주적 습관(Cosmic habits)'의 개념을 확장하여, 생명의 모든 의식(정보)에너지가 형태형성장 · 형태공명의 형태로 기억되고 카르마와 습벽같이 발현되는 홀론/홀라키적 우주를 온우주적 습벽(Kosmic Habits), 온우주적 카르마(Kosmic Karma), 온우주적 기억(Kosmic Memories) 등으로 일컫고 있다.
6) 데이비드 봄은『전체와 접힌 질서(Wholeness and the Implicate order)』에서 전운동/홀로무브먼트(holomovement)란 전일적 · 역동적 홀로그램의 흐름을 의미한다. '홀로그램'이라는 말은 일반적으로 정지된 이미지를 나타낼 뿐, 매순간 창조해 내는 영원히 살아 움직이는 역동적 우주의 성질을 담아내지 못하기 때문에, 봄은 우주를 홀로그램이라고 묘사하기보다는 '홀로무브먼트'라고 부르기를 더 좋아한다.

18 통합양자심신치유

들어가는 말[1)]

20세기 초 '3대 과학혁명'(양자/물질, DNA/생명, 반도체/컴퓨터)으로 인해 세상은 지난 100년 사이에 고도 산업사회화되면서 과학기술과 문명은 가히 양자도약적 · 혁명적으로 변화해 왔다. 그 결과, DNA와 반도체의 발견도 양자물리학으로부터 비롯되었듯이, 양자물리학은 현대의 모든 과학기술 혁명의 근간이 되어 왔다. 20세기 양자물리학(양자론 · 상대론)의 등장은 과학기술뿐 아니라 탈근대의 모든 학문과 포스트모던사상 그리고 인지(人知)의 거의 모든 분야의 패러다임을 (결정론적 · 실재적 대상세계의 절대 시공간의) 뉴턴 패러다임에서 (확률적 · 양자적 사건의 상대적 시공간의) 양자 · 상대성 패러다임으로 바꾸어 놓았다. 물론 이러한 양자물리학(양자역학, 상대성이론, 양자천체물리학)과 양자과학(양자생물학, 에너지의학, 양자의학, 후성유전학 등) 자체도, 아직 '모든 것의 이론'까지는 멀었지만, 지난 100년간에 여러 단계의 획기적 변화를 거치면서 눈부시게 발전해 왔다.

더구나 오늘날 첨단 양자역학, 양자천체물리학, 양자과학이 밝히고 있는 온 우주와 생명 세계의 신비는 단지 물질적/물리적 세계만이 아니다. 오히려 4차원 초공간(hyperspace), 그리고 초물질적 의식에너지(精妙氣, subtle energy)와 정보/지능/의식(意識 · 無意識 · 超意識: 양자의식 · 양자지능)을 가진 몸 · 마음 · 영(Body · Mind · Spirit: BMS)을 모두 포괄하는 다차원의 생명장(생체 포텐셜 양자장)의 존재를 인정하면서 양자우주의 의식과 신비를 밝히는 데 도전하고 있을 정도에 이르렀다. 이와 같이 양자 · 상대성 원리에서 나온 양자패러다임과, 여기서 나온 신과학 · 정신물리학(의식역학) · 정신과학 패러다임은 양자파동으로서의 양자우주와 생명 세계와 인간세계의 '모든 것'을 '양자 사건'으로 밝히고 있다. 이에 따라 양자적 신비와 양자의식을 상징적으로 의미하는 '양자/퀀텀'이라는 접두어가 양자의학, 양자에너지의학, 양자심리학, 양자심리치료, 양자사회, 양자생물학, 퀀텀터치 등과 같은 용어로 이미 널리 사용되고 있다. 하지만 아직 위에서 언급한 용어들과 관계되면서 이것들을 포월(包越)하는 '양자의식' '양자치유' '양자심신치유(quantum body-mind healing)'에 대한 심층적 · 체계적 연구 논고나 문헌들은 국내에서는 거의 찾아볼 수 없고 외국에서도 양자파동 발생 조사 · 전사 기기를 이용한 소위 양자의학적 양자치료 기술은 많이 나오고 있으나 양자심신치유는 아직 주관적 가설의 개념 정립 단계에 머물러 있다.

따라서 여기서는, 현대 첨단 양자역학 · 양자과학의 양자 원리와 양자 패러다임을 바탕으로 하는 '양자파동에너지 · 정보'와 '양자의식'의 양자원리적 관점에서, 동양의 전일적 전통 의학과 생명과학적 자연의학(영속의학, perennial medicine)과 현대 통합의학, 양자의학, 에너지의학, 양자심리치료 모두를 양자파동에너지 치료/치유와 양자의식치유에 의해 융합 · 통합 · 통섭 · 통전하는 통관적(omnijective) '양자심신치유'의 개념과 원리에 따른 홀라키적 고급 양자치유 모델과 그 치유 기제에 대한 이론과 실제를 정초하는 시론을 제시하였다.

양자치유라는 주제와 직접 관련되는 문헌으로는 양자의학 · 파동의학적 양자파동 발생 · 조사 · 전사 기기들을 이용한 양자파동에너지 치료/치유 관련 외국(인터넷) 문헌은 많이 있지만(수록된 일부 참고자료 참조) 국내에서는 강길전의 『양자의학』이 거의 유일하다. 반면에, 양자의식 중심의 양자심리 치료/치유에 관련된 연구 논고나 문헌은 국내외에서 거의 찾아볼 수 없다. 하지만 국외의 거의 유일한 관련 문헌으로는 민델(A. Mindel)의 『양자심리학(Quantum Mind)』과 『양자심리치료(Quantum Mind and Healing)』가 있다. 세계적인 과정지향 심리치료의 대가이면서 특히 드림보디(dream body) 프로세스워크를 중심으로 하는 그의 양자심리치료적 접근은 이 책의 통전적 양자의식 중심의 '양자심신치유'와는 여러

면에서 다르다. 민델과는 달리 필자는 온생명장(다차원 생체양자포텐셜장)의 의식의 스펙트럼을 조대체 · 정묘체 · 원인체의 양자의식 스펙트럼으로 체계화하여, 민델과 같은 드림보디워크(Dream Body Work) 중심도 아니고 일반 '심리치료'만도 아닌, 전통 지혜와 현대 통합심리학과 양자역학 · 신과학을 통전적으로 통합 · 통섭하는 심신치유로서 양자심신치유의 개념과 원리, 그 통합모형 이론과 통합치유 기제를 제시했다는 면에서 근본적으로 차이가 있다. 민델의 두 책에서 말하는 '양자 원리'와 양자 패러다임은, 통합양자론적이 아니라는 점을 제외하고는, 당연히 이 논고와 양자치유의 양자 원리와 양자 패러다임 면에서는 유사하다.

이 장에서는 먼저 양자물리학의 통합양자론을 간략히 고찰함으로써 양자 원리 · 양자 패러다임에 대해 요약하였다. 이어서 양자치유에 대한 정의적 개념의 간략한 고찰과 함께 양자심신치유 원리에 따른 양자 · 파동의학적 양자파동에너지 치유에 대해 파동에너지 치유를 중심으로 간략하게 고찰하였다. 그러고 나서 이 논고에서 가장 중심 내용인 양자의식 중심의 양자심신치유 모델을 제시하고 양자치유 모델과 그 치유 기제에 대해 다루었다. 이를 위해 먼저 전통 지혜(영속철학 · 영속심리학 · 영속의학)의 생명과 기(氣)에 대한 현대 양자역학, 신과학, 정신과학적 해석과 함께 이에 상응하는 통합양자 패러다임에 따라 다차원의 생체양자장/생명장의 홀론/홀라키적 기(에너지)와 의식(정보)을 통전적으로 포괄하는 초오감적 · 초감각적 · 초의식적 '양자의식'의 핵심 원리를 제시하였다. 다음에는 '양자의식' 중심의 양자심신치유의 정의적 개념과 기본 원리를 '통전적 통합심신 치유' 모델로서 제시하고, 이에 따라 양자심신치유의 퀀텀사면동역학적 양자치유(Quantum Tetra-dynamics Quantum-Healing Transformation: QTQHT) 모델과 그 치유 기제를 제시하였다.

통합양자 패러다임

양자론과 양자 패러다임[2)]

19세기 말까지는 뉴턴 물리학이 결정론적 · 원자론적 · 환원주의적 실재론, 이원론적 · 구조주의적 인식론, 절대적 4차원 시간 · 공간의 존재론적 원리에 의해 과학기술 · 철학 · 심리학 · 사회 · 문화 · 예술 등 인지(人知)의 모든 분야의 근대적 인식론 · 존재론 · 가치관 · 세계관을 지배하였다.

하지만 20세기 초에 플랭크와 아인슈타인이 작용양자 · 광양자 개념으로 시작하여 보어, 하이젠베르크, 슈뢰딩거 등에 의해 기초 이론이 확립된 양자역학은 미치오 가쿠가 말하는 3대 과학(양자/물질, DNA/생명, 컴퓨터/정보)혁명을 이끌어 내었다. 또한 아인슈타인의 상대성원리와 함께 양자(천체)물리학으로 발전하면서 과학기술의 혁명뿐 아니라, 다시 한번 인지(人知)의 모든 분야에서 뉴턴적 세계관을 뒤엎는, 인간 의식과 세계관의 코페르니쿠스적 전환과 혁명적 변화를 가져왔다.

이와 같이 20세기 초에 확립된 양자물리학이 전자기파(빛)와 전자의 입자/파동 이중성의 원리를 밝히면서 아원자 세계의 신비가 살짝 드러나게 되면서부터 초기의 플랭크, 하이젠베르그, 보어, 슈뢰딩거 등 수많은 위대한 물리학자가 밝혀낸 상상을 초월하는 아원자 양자 세계의 신비를 보여 주는 법칙에 대해 이제는 웬만한 지식인이라면 거의 누구나 어느 정도는 알고 있다. 이를테면, 양자의 파동과 입자의 양면성(보어의 상보성 원리, 드브로이의 이중성 원리), 양자의 운동량과 위치의 불확정성 원리(하이젠베르그), 양자중첩 원리와 파동함수의 붕괴 원리, 양자의 비분리적 비국소성/양자얽힘 원리(EPR역설, 벨의 정리) 등은 대표적인 아원자 양자세계의 법칙이다. 더욱 놀라운 양자의 신비는, 단순한 이중 슬릿시험에 대한 다양한 해석이 보여 주듯이, 양자는 관측 장치의 광자에 의한 교란뿐아니라 관찰자의 의도/의식에 대응하여 '의식'이 있게 반응하고 이는 '참여적 관찰자 효과'로 일컬어진다. 즉, 양자 상태는 관측 전에는 '양자 중첩' 상태로 원래의 모습을 알 수 없고 관찰자 의도를 비웃듯이 관측 전 파동 상태의 양자는 관측을 하면 에너지(氣)와 정보(識, 지능)를 갖고서 의식 있는 대응을 하며 불확정적으로 입자 상태의 어느 한 면만 보여 주는 패턴화된 반응을 한다. 이와 같이 모든 양자운동이 입자/파동 이중성과 불확정성과 의식(정보, 지능) 있는 반응을 보이며 상호 비국소적으로 시간과 공간을 넘어 연결되어 있다는 사실을 발견하게 되자 초기 양자물리학계는 큰 충격에 빠졌고 이 이중 슬릿 시험이 보여 주는 참여적 관찰자 원리에 대한 다양한 해석으로 오랫동안 논쟁하였다.

게다가 20세기 초에 양자역학과 거의 동시에 아인슈타인이 특수상대성원리(2005) · 일반상대성원리(2016)를 11년의 격차로 발표하면서 빛의 속도의 관측자 불변성과 시공간의 비분리적 상대성, 질량과 에너지의 등가성과 중력을 비롯한 네 가지 기본(상호작용) 힘을 시공간의 왜곡과 변화로 표현하는 게 가능하게 되었다. 더구나 일반상대성원리가 개기일식 시 태양(중력장)에 의한 별빛의 편이와 굴절(중력 렌즈 효과)의 관측으로 입증되자, 그 원리를 제대로 이해 못하는 전 세계의 일반 지식인들조차도 충격적 놀라움으로 상대성원리를 받아들였다. 곧이어 양자천체물리학의 빅뱅이론이 나왔고 [이에 따라 빅뱅 직후 대칭의 자발적 붕괴로 네 가지 기본 힘(중력, 강력, 약력, 전자기력)의 분리와 함께, 급팽창하는 우주의 기본 입자들이 생겨나고 3분쯤 지나면서 수소와 헬륨의 원자핵이 형성된 후 38만 년이 지나자 전자가 양성자에 포획되면서 별의 진화가 시작되었다는] 별과 은하의 진화와 소멸과 생명의 탄생과 우주 진화의 기본 원리가 밝혀지면서 20세기 인류는 우주와 자연에 대한 과학적 신비에 빠져들게 되었다. 그 결과, 뉴턴의 물리학에 의해 이해되던 절대적 시공간의 우주와 자연에 대한 인식은 사라졌다. 따라서 과정적이고 상대적이며 분리할 수 없고 전체적이며 의식이 있고 살아 있는 자연의 신비와 마주하게 되면서 뉴턴적 세계관은 붕괴되었고 양자 상대론적 · 불확정적 · 양자사건적 · 과정적 세계관으로 대체되어 갔다. (물론 21세기가 되어서도 아직도 뉴턴적 세계관의 주술에서 벗어나지 못하고 있는 다윈주의적 진화생물학 · 진화심리학 · 진화인문학을 비롯한 뇌과학자 · 인지과학자 · AI과학기술자 등의 수많은 뉴턴적 과학주의자들이 여러 분야에서 지식 생태계를 지배하고 있다.)

동시에 20세기 중반을 지나면서 과학기술 혁명의 가속화는 물론이고 양자물리학 · 양자천체물리학 자체가 급격하게 발전하면서 이에 영향을 받은 포스트모던(탈근대) 사상의 본격화와 함께 (비결정론적 · 과정적 · 구성주의적 · 상대론적 · 전일적 자기조직하는) 신과학적 우주관의 등장으로, 온우주와 생명 세계에 대한 인식론 · 존재론 · 세계관을 완전히 뒤집어 놓았다. 이와 함께 의식 있는 '양자적 사건'으로서의 역동적으로 살아 있는 자연과 온우주의 신비에 눈을 뜨면서 신시대(뉴에이지)사상, 신과학사상이 우주 자연과 생명 세계, 생태 세계와 인간의 몸 · 마음 · 영에 대한 전일적이며 깊이 있는 생태생명사상으로 나타났다. 반면에 극단적 포스트모더니즘과 뉴턴주의적 다윈주의 진화론자들을 중심으로 한 과학주의자와 유물론자들에 의해 의식이 평원화되면서 20세기는 포스트모던사상의 혼돈 속으로 빠져들게 되었다.

그러다가 20세기 중후반으로 오면서 양자물리학과 양자천체물리학은 더욱 눈부시게 발전하면서 아인슈타인의 '통일장이론'의 꿈을 실현하는 것은 아직도 이루어지지 않고 있지만 무수한 획기적인 새로운 양자물리학 이론들이 나왔다. 그중에 전자기와 특수상대성이론을 결합한 파인만 등에 의한 양자전기역학(QED)이 나오고, 이어서 경입자 가속충돌실험과 함께 수많은 입자물리학자의 노력에 힘입어 쿼크와 기본 입자들의 발견으로 중력을 제외한 세 가지 기본 힘을 통일한 게이지이론, 양자색역학, 초대칭 양자장이론 등이 나오고 그리고 아인슈타인의 상대성이론과 양자이론을 바탕으로 양자천체물리학과 빅뱅인플레이션 이론 등이 획기적으로 발전되면서 점차 양자역학이론은 표준 입자물리학으로 정립되어 갔다.

더 나아가 중력이 거의 무한대이고 빛조차도 탈출할 수 없는 블랙홀의 발견과 함께 블랙홀 · 웜홀 이론 등이 발전하면서 다시 중력과 다른 세 가지 기본 힘을 통일하는 이론의 필요성이 강력하게 대두되었다. 호킹(S. Hawking)에 의한 블랙홀이론의 선도적 연구와 함께, 지난 30년 이래 칼루자-클라인의 초공간(Hyperspace)이론과 칼라비-야우의 6차원 숨겨진 초공간 수축이론이 나오면서, 네 가지 상호작용력인 중력 · 전자기력 · 약력 · 강력을 통일한 10차원의 초끈(슈퍼스트링)이론이 등장하였다. 이에 힘입어 수많은 초끈이론이 나왔지만 오히려 초끈이론의 다양성에 회의가 생겨 시들해지다가 위턴(E. Wheaton)이 6차원 숨겨진 기하적 공간과 5차원 초공간을 포함한 11차원 초끈이론을 제안하면서 진동하는 초끈 M(브레인, 막)이론으로 통일되었고, 이제 초끈이론은 가장 선단의 신주류적 양자물리학 이론으로 부상하게 되었다. 브레인 초끈 M이론 같은 첨단 양자물리학이 초차원의 숨겨진 기하적 공간과 5차원 초공간의 존재를 인정하게 되면서, 이러한 '진동하는 다양한 차원의 브레인 초끈'이라는 가설에 기초하여 네 가지 힘을 포함한 아인슈타인의 중력장텐서 방정식의 특수해가 구해졌던 것이다. 이에 따라 그간 풀리지 않던 양자적 무한우주의 의문이 다중 거품우주 · 평행우주 · 다차원 우주(megaverse, hyperverse, zenoverse)가 비록 가설적이지만 위계적/홀라키적 무한 우주에 대한 최선단의 양자이론으로 받아들여지고 있다. 아직은 실험주의적 · 과학주의적 표준입자 물리학자들은 받아들이지 않고 있지만 수년 내에 중력자의 존재가 밝혀지면 신주류 양자물리학으로 자리 잡게 될 것이다.

여기에다 비확률론적 숨은 변수이론을 지지하며 죽을 때까지 양자론을 인정하지 않았던 아인슈타인과 같은 계열의 실재론적 · 직관적 물리학자인 데이비드 봄은, 양자우주를 다차원의 슈퍼 의식 홀로그램으로 보는 '홀로그램 우주' 가설과 함께 숨은 변수이론(숨겨진 질서 내포 질서 · 외연 질서), 다차원 양자장 · 초양자장이론, 비국소적 양자우주의 전일적 법칙을 홀로무브먼트 · 홀로노미 가설에 의해, 다차원의 양자우주를 직관적으로 설명하고 있다. 그래서 점차 이러한 최선단의 양자천체물리학의 가설과 양자사상들이 점점 더 공감과 설득력을 얻어가고 있다.

따라서 이제는 통합양자론적 다양한 차원의 양자론의 해석 버전을 통전적으로 이해한다면, 표준입자물리학적 양자론의 초차원적, 다세계적, 다가능성 양자세계의 전향적 해석을 받아들이고 다차원의 의식홀로그램 우주와 11차원의 초공간(영적 차원)을 포함하는 양자물리학이 더는 물질적 양자세계 · 양자우주의 원리만을 다루는 게 아니라는 사실을 알 수 있다. 이제 양자론의 통합적 · 심층적 해석은, 다차원의 깊이를 가진 우주, 즉 몸 · 마음 · 영(물질 · 생명에너지 · 마음 · 혼 · 영)에 대응하는 다차원의 의식 스펙트럼의 우주와 다차원의 생명장 우주를 통합양자론적 양자 패러다임의 통관적(通觀的) 원리에 의해 정신물리학 · 정신과학적으로 설명하고 있다. 이에 따라 자연스레 다차원의 의식을 가진 우주, 즉 다차원의 의식 홀로그램의 생명 세계와 자연 현상계의 양자우주를 양자상대성 패러다임과 홀로그램 · 홀론홀라키 패러다임에 의해 설명하고 있다. 더 나아가 초양자장 · 영점장 가설들에 의해 태극, 공(空), 일기(一氣) 등에 유사한 개념을 언급하는 수준에 이르고 있다. 무엇보다 반가운 현상은, 최근에는 표준양자이론을 넘어 브레인 초끈 M이론 같은 첨단 이론이나 홀로그램우주 · 홀론/홀라키우주 같은 유력한 가설을 현재 인지(人知)의 수준에서 가장 설득력 있는 전향적인 통합적 양자이론과 양자해석사상으로 받아들이는 열린 의식을 가진 양자물리학자나 양자사상가들이 점점 더 많아지는 추세에 있다는 것이다.

다시 요약하면, 오늘날 대중적으로 널리 읽히고 있는 『블립(What the bleep do we know!?)』같이 인터넷상에서 영화로도 볼 수 있는, 양자역학과 의식에 관한 재미있고 흥미 있는 책이나 『디바인 매트릭스(Divine Matrix)』같이 매트릭스적 양자우주의 신비에 관한 기초적 양자사상 교양도서 외에, 대부분의 양자물리학 교양서들(『엘리건트 유니버스』, 『멀티유니버스』, 『슈퍼스트링』, 『평행우주』, 『숨겨진 우주』, 『초공간』, 『퀀텀스토리』, 『최종이론의 꿈』 등) 그리고 데이비드 봄의 직관적 첨단 물리학 사상을 담고 있는 교양서적들(『전체와 접힌 질서』, 『홀로그램 우주』 등)에서 말하는 우주는 다차원의 파동(에너지/氣와 정보/識)의 세계라는 인식이 높아지고 있다.

봄에 의하면 초양자장에서 출현한 양자파동 수준의 모든 양자장은, 초끈장에서 복합생명 양자장에 이르기까지 다차원의 의식홀로그램의 하위 부분(홀론 홀라키)이고 그래서 다차원의 에너지(氣)와 정보(識)를 갖고 있다. 게다가 초끈 M 이론에 의하면 우주의 모든 기본 힘과 관련된 기본 입자와 매개 입자는 다양한 차원의 브레인 초끈의 우주 교향곡 같은 우아한 진동으로 인해 생겨났다고 보는 것이다. 뿐만 아니라 우리가 보는 실체와 같아 보이는 물질우주, 생명우주, 의식

우주의 모든 것이 실재가 아닌 순간순간 명멸하는 홀로그램 공상(空像, 空相)에 불과한 환허(幻虛)의 형상세계라는 것이다. 그리고 모든 양자장 수준에서 온우주가 하나로 전(全)운동(holomovement)하는—다차원의 형태형성적 인과장(因果場)으로, 다차원의 의식 홀로그램으로, 홀론/홀라키적으로—전일적으로 연결되어 있는 '양자 사건'이라는 것이다. 이와 같은 온우주는 우리의 오감으로 인지하는 시간 · 공간이 분리된 4차원적 인식의 우주가 아니라, 양자의식적 수준에서 시공간의 5차원적 인식이 본모습이다. 이것을 더 일반화하면 기하적 초공간을 넘어 다차원의 의식세계를 포함하는 11차원의 우주가 큰 우주의 실상(實相)이라는 것이다.

더욱 놀라운 사실은 양자상대성 패러다임이 통관적(通觀的)으로 적시하는 우주 · 자연 · 생명 세계의 삼원일체(三元一体)적 원리와 생명의 삼신(三身: BMS 몸 · 마음 · 영: 粗大体 · 精妙体 · 原因体) 일체적 원리는, 칼 야스퍼스(K. Jaspers)가 말하는 2500년 전 인류의 영성의 개화기인 기축시대(基軸時代, Axial Age) 이래 동서양의 모든 영속종교 · 영속철학 · 영속심리학 · 영속의학이 가르치는 온우주와 생명 세계의 존재와 인식의 원리와 동일하다는 것이다. 다시 말하자면 오늘날 양자물리학 · 양자과학(양자생물학 · 후성유전학 · 에너지의학 · 양자의학 등) · 신과학은 단지 물리적 세계만이 아니라 정신과학적으로 몸 · 마음 · 영혼의 온수준의 주관적 · 객관적 인식의 세계 그리고 궁극의 실재에 대해 전통 지혜에서 밝히는 진리와 동일한 원리를 통전적, 통섭적(通涉的), 통관적, 정신과학적으로 밝히고 있다. 다른 말로는 현대 양자과학은 '의식'과 '마음'을 물질을 넘어서는 보다 근본적인 실재로 받아들이고 있다는 것이다. 한마디로 말해, 오늘날 아직도 양자물리학을 물질세계의 원리로만 이해하는 물리학자나 지식인들은, 우주의 고차원적 · 초물리적 신비를 어느 정도 밝히고 있는 초끈 M이론 같은 신주류 양자물리학의 원리와 봄의 양자론 같은 전향적 양자상대성 패러다임을 제대로 이해하지 못하고 있거나, 실험 · 관측되지 않은 것이기에 받아들이지 않고 있거나, 또는 유물론적/환원주의적/과학주의적 논리와 의식에 빠져 있는 사람이라 해도 과언이 아니다.

통합양자론과 통합양자 패러다임

인체 생명의 양자치유의 원리에 대해 제대로 이해하려면 다차원의 생명장으로서 인체의 생체 양자장 · 초양자장의 원리에 대한 올바른 이해가 중요하다는 것을 계속 강조해 왔다. 이는 무엇보다 양자 원리와 양자 패러다임에 대한 심층적 · 통전적 온전한 이해가 있어야만 가능하다. 여기서는 통합양자론의 관점에서 본 양자 원리와 양자 패러다임에 대해 요점만 고찰하였다.

지난 115년 동안 양자물리학(양자론 · 상대론, 입자물리학, 양자천체물리학)은 앞에서 거칠지만 간략하게 개관한 바와 같이 수많은 천재 석학에 의해 상상을 초월할 정도로 눈부시게 발전해 왔고, 그 결과 과학기술과 현대 문명 그리고 정치 · 경제 · 사회 · 문화 · 의료 · 환경 · 예술 등 인지(人知)의 모든 분야를 급격하게 변화시켜 왔다. 그 덕분에 지금 우리는, 21세기 초에 융복합 양자과학기술 혁명이 주도하는 초고도정보화 시대로 진입하면서 하루하루 새로운 기술과 정보가 쏟아져 나오고 있는, 스마트폰 하나로 모든 전문지식과 기술 그리고 모든 분야의 정보에 접근할 수 있는, 3D 프린팅 기술 하나로 모든 것을 만들어 낼 수 있는, 초지능 범용 AI를 중심으로 드론과 지능형 로봇 같은 AI · 자동화 · 스마트 융복합 양자과학기술이 이끌고 있는 초연결 양자 정보화사회에 살고 있다. 한마디로, '양자이론'과 다른 한 축인 상대성이론에서 나온 양자물리학의 '양자 원리'와 양자 패러다임으로 지금은 극미시의 양자 세계에서 극거시의 양자우주에, 물질 세계에서 초물질적 의식세계, 그리고 궁극의 영적 세계에 이르기까지 거의 모든 인지(人知) 분야에서의 코페르니쿠스적 전환이 일어나고 있다.

따라서 당연히 인간의 생체/생명체와 생명에 대한 이해도 종래의 진화생물학/분자생물학, 생리학, 약리학, 뇌신경과학, 인지과학, 기계론적 인체의학 등의 원리를 '양자' 수준에서 새롭게 이해하고 규명하는 양자생물학, 후성유전학, 양자생리학, 양자에너지의학, 양자의학, 양자파동치료, 양자심리치료/치유 등에 의해 기존의 학문 · 기술의 패러다임을 뒤엎거나 넘어서는 단계에 이르고 있다. 그 결과, 인체 생명과 관련된 모든 학문 분야를 양자 패러다임에 의해 새롭게 인식하거나 해석하면서 양자도약적 · 양자혁명적으로 변화하고 있는 전환기에 있다고 말해도 과언이 아니다. 특히 인체, 생명체, 생명과 관련된 의학/치료, 심신치료/치유에 대한 양자 원리는 다차원의 인체 생명장, 생체 양자장 · 초양자장에 대한 올바른 이해가 없이는 불가능하기 때문에 어느 특정한 주류나 비주류 양자이론 · 양자 원리의 해석에만 의존해서는 온전한 이해와 설명이 불가능하다는 것이 자명하다.

따라서 규명해야 할 '양자 미스터리'가 여전히 너무나 많이 남아 있고 아직은 'GUT'나 'TOE'가 완성되지 않은 상황에서 양자이론 자체가 불완전하고 불확실성을 필연적으로 내포하고 있기 때문에 어느 특정한 양자 원리에 대한 특정한 학파나 사조의 해석에 국한되지 말아야 한다. 그래서 어느 이론이나 해석이라도 실험적으로 오류라는 게 입증되기 전에는 수리적 · 직관적으로 발견한 추론적 원리나 가설이 완전한 오류일 수는 없기에, 항상 보다 나은 진보적 해석만이 있다는 것을 인정하지 않을 수 없다. 그렇다면 양자론은 어느 특정한 고전적이거나 진보적 이론 · 해석, 주류나 비주류 이론 · 해석에만 의존할 것이 아니라 통합양자론에 의해 아직 오류가 검증되지 않고 가설 단계에 있는 모든 수리적 · 직관적, 고전적 · 진보적 해석을 모두 통합적으로 해석하는 통합양자론의 통합양자원리와 이에 따른 양자 패러다임에 의한 이해가 필연적이고 바람직하다는 것을 알 수 있다.

그런데 이미 앞에서도 지적했듯이, 현재 국내에 나와 있는 양자의학적 양자심신치유에 대한 거의 유일한 전문도서인 강길전의 『양자의학』(2013)에서 보면, 양자론/양자 원리에 대한 코펜하겐 학파의 양자 원리들—예컨대, 관찰자 효과, 측정 이전 상태의 입자의 비존재성, 불확정성 원리, 상보성 원리, 확률 파동, 파동방정식의 해, 파동함수의 붕괴 등—에 대한 고전적 코펜하겐 학파의 확률양자론의 해석에 '수많은 미스터리'가 산재되어 있어서 문제가 있고, 학문으로서도 체계가 갖추어져 있지 않고 심지어 오류가 분명하다고 단정하고 있다. 그런 이유로 코펜하겐 학파의 고전적(비실재론적 · 확률양자론적) 양자론 해석은 인체와 같은 거시체계는 설명할 수 없는 까닭에 양자의학적 응용 측면에서는 무용지물이라고 확언하고 있다. 그래서 그 대안으로 봄의 양자론—봄의 '숨겨진 질서'[『전체와 접힌 질서(Wholeness and the Implicate Order)』] 같은 직관적, 숨겨진 변수 이론적 양자론, 특히 그의 스칼라 양자포텐셜장/아하르느프-봄 효과, 초양자장 가설, 전체와 부분의 전일적 원리를 설명하는 다차원의 홀로그램 우주론 가설 등—이 양자의학에 적합하다고 보고 있다. 게다가 봄의 양자론에 대한 그 자신의 이해와 해석에 따라 그것을 양자의학의 신체/생체 양자파동장, 기에너지의 초양자파동장, 정보체로서의 마음의 초양자 파동장의 원리로 적용하여 양자의학적 심신의 질병 진단 · 치료 · 치유에 대해(지나치게 단순화한 편향된 해석으로) 설명하고 있다.

아직도 주류 양자물리학자들에게 거의 인정받지 못하고 있는 봄의 양자론은, 특히 그의 홀로그램 양자우주 가설과 다차원의 양자포텐셜장 · 초양자장 가설 등은, 필자도 가장 좋아하는 양자 가설 · 양자 원리 · 양자 패러다임이지만, 아직은 양자론의 직관적 가설이고 전향적 해석일 뿐이다. 더구나 봄의 양자론/양자 가설만이 생명체/생체의 양자적 신비 해석에 적합하다고 보거나 코펜하겐적 확률 양자론 해석을 오류로 간주하여 봄의 양자론으로 국한해 버린다는 것은 그가 말하는 양자의학의 보편성과 타당성을 인정받을 수 없게 만드는 것과도 같다. 무엇보다도 지난 100여 년 사이에 수많은 양자론 · 상대성이론에서 나온 물리학 양자물리학의 발견과 함께 양자 세계의 신비와 양자 원리를 심오하게 설명하는, 상상을 초월하는 다양한 발전을 해 온 현대의 양자론을 모두 외면하고서 인체 생명의 양자적 신비와 다차원적인 생명장의 양자적 원리와 양자적 패러다임을 이해하거나 설명하려는 것은 무모한 시도에 불과하다.

현대 표준입자물리학, 양자천체물리학의 양자이론에서의 주옥같은 다양한 직관적 · 수리적 심오한 이론과 가설들에 대한 전향적 심오한 해석은 양자의학뿐 아니라 양자치유, 양자심신치유 원리의 올바른 이해를 위해 매우 중요하다. 물론 양자의학과 양자심신치료/치유 기제의 원리를 설명하기 위해 특정한 이론이나 가설을 주로 사용하는 것은 저자의 주관적 관점이므로 존중되어야 한다. 특히 데이비드 봄의 양자론과 양자 가설은 양자의학과 다차원의 생명체의 양자치유와 그 양자적 치유 원리를 이해하기 위해 필수적이다. 하지만 표준입자물리학, 양자천체물리학의 수리물리학에 바탕을 둔 다세계적 · 다차원적 · 다수준적 양자 세계의 해석, 영점장 · 블랙홀 · 웜홀 양자우주의 해석 그리고 로저 펜로즈(R. Penrose)의 의식과 마음에 대한 수리물리학적 심오한 해석에서 보듯이, 의식 · 마음 · 정신과 영적 차원에 대한 전향적 양자론의 해석은 훨씬 더 깊은 통찰력으로 생명장 양자장의 원리와 양자심신치유를 이해하고 설명하기 위해 반드시 필요한 것이다.

물론 여기에 더해 앞에서 이미 언급하였듯이, 아직 실험적으로 검증되지 않은 이론적 가설 단계에 있지만 최근에 신주류 양자물리학으로 부상하고 있는, 중력을 포함한 네 개의 기본 상호작용력과 아인슈타인의 특수 · 일반 상대성이론을 표준입자물리학의 양자론과 통합한 초끈 M이론은, 초공간을 통한 초차원의 양자파동에너지와 정보의 전달 원리를 이해하기 위해, 온우주와 양자우주의 본질과 다차원의 생명장 · 생명 세계의 초차원적 양자 원리와 양자 신비를 알기 위해 반드시 포함해야 하는 필수적 양자론이다. 머지않아 초끈 M이론은, 4차원 시공간의 우리 브레인 우주를 넘어 다른 우주/세계로 통하는 닫힌 끈으로서의 상호작용력인 중력미자의 존재가 수년 내에 실험적으로 관측되면, 이론적 가설 단계를 넘어 초기 단계의 T.O.E로서 표준입자물리학과 통합될 전망이다. 그러므로 신주류 양자물리학으로서 초끈이론은 다차원적 · 초차원적 생명 현상과 영적 차원을 포함하는 생명 원리를 이해하기 위해 그리고 궁극의 초양자장으로서 DMF(Divine Matrix Field)의 이해에도 필수적인 양자론이라는 사실을 강조하고 싶다.

따라서 [그림 18-1]에서 보는 바와 같이, 현대 양자물리학 이론과 가설의 스펙트럼은 매우 다양하고 아직도 완전한 T.O.E를 향해 계속 발전하는 단계에 있다. 하지만 다차원의 생명체 · 생명장에 대한 온전하고 심오한 이해와 이를 바탕으로 양자치유 · 양자심신치유를 올바르게 이해하고 적용하려면 통합양자론의 이해가 필수적으로 중요하다. 여기서 양자치유를 설명하기 위해 이미 널리 알려져 있는 그러나 너무나 방대한 양자이론에 대해 필자의 능력 밖인 수리적이거나 물리학적으로 다시 요약할 수도, 또한 그럴 필요도 없지만 세 가지 통합양자론의 일부 주요 열쇠말만 언급하면 다음과 같다.

- 표준입자물리학
  - 비실재론: 확률실재론(코펜하겐 학파, 보아, 하이젠베르그……)
  - 실재론: 확률비실재론(슈뢰딩거, 프랑크, 드브로이……)
  - 중력을 제외한 세 가지 상호작용력의 통합: 게이지이론, 양 · 밀즈방정식, GUT
  - 양자천체물리학: 영점장, 무한다중우주, 블랙홀, 웜홀……
- 초끈 M이론
  - 네 가지 상호작용력 통합: 중력장 텐서방정식(11차원의 시공간, 초공간)
  - 중력자 존재 미입증, 이론/가설 단계
  - 수년 내 중력자 검출 시(중력파는 이미 검출), 신주류 양자론으로 부상 기대
  - 양자천체물리학: 무한 훌라키 우주
- 숨겨진 변수(질서) 이론
  - 비확률적 실재론(아인슈타인, 데이비드 봄……): 접힌(내포) 질서와 드러난(외연) 질서, 슈퍼홀로그램 우주, 직관적 가설
  - 다차원의 양자포텐셜장, 초양자장
  - 양자천체물리학: 다차원의 의식 홀로그램 우주
  - 다차원의 생명장 이론, 양자의학에 적합

생체 양자장과 다차원의 생명장

앞에서 기술한 양자 원리와 양자 패러다임에 의하면, 전자 · 쿼크들을 비롯한 기본 소립자와 광자를 비롯한 매개입자들은 모두 동전의 앞뒤같이 입자와 파동의 양면성/이중성을 갖고 있는 양자파동이다. 이 기본 소립자 양자들은 모두 우주교향곡에 의해 진동하는 초끈/홀로그램에 의해 발현된 것이다. 이 양자들은 입

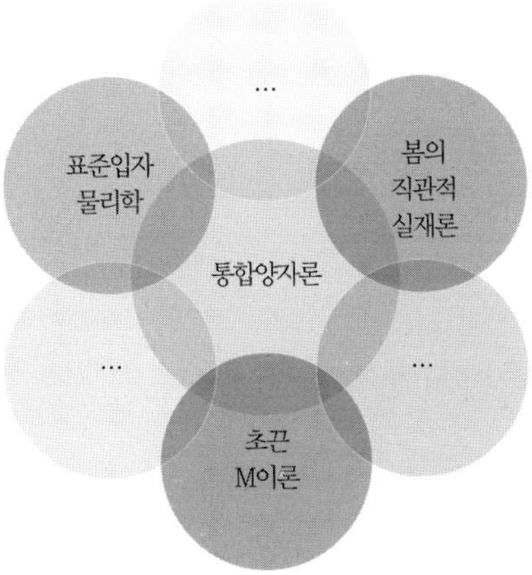

[그림 18-1] 통합양자론

자 상태의 에너지와 파동 상태의 정보(의식 · 지능)를 함유하고 있다. 또한 초끈에서 형성된 양자와 소립자들의 복합 양자장은 모두 홀로그램적으로 전일적으로 전체 온우주와 슈퍼홀로그램 형태로 연결되어 있다. 생명을 가진 생명체와 무생물 사물과의 차이는 원자장까지는 같지만 원자가 결합되어 만들어진 상위 홀론으로서 아미노산/단백질/리보핵산(DNA) 같은 생체 분자장, 그 이상의 세포장, 기관장(organ field), 유기체장으로 되면 고유의 생체에너지를 갖고서 고유 진동(동조 반응)을 하게 된다. 이 복합생체 양자장들은 플랭크 상수 차원(10^{-34})의 초양자장, 영점장 수준에서 다차원의 생명장 의식, 양자의식으로 상호 신호 교환하고 동조한다. 그리고 이것들은 비국소적으로 생명체(생명장) 전체(인체의 경우 각 기관의 60~100조 개 정도의 세포)가 전일적 통일체가 되어 작용하고 반응한다. 왜냐하면 플랭크의 영점장이나 봄의 초양자장 가설과 함께 다차원의 생체장 의식 홀로그램의 홀론/홀라키 원리에 의해 생체양자장은 세포자동자(automata)로서 자기창출(autopoiesis)하는 단위 생명체인 세포장과 비국소적, 전일적으로 다차원의 온생명의 항상성을 유지 발현하기 때문이다. 또한 이것은 생명이 전통 지혜(영속철학, 영속심리학, 영속의학)에 상응하는 다차원의 온생명 정묘기(精妙氣, subtle energy)와 정묘식(精妙識, 정보 · 지성: 의식, 무의식, 초의식)으로 결합된 다차원의 생명장으로 구성되어 있음을 알 수 있게 해 준다. 여기서는 앞에서 언급한 양자 패러다임과 신과학 · 정신물리학 패러다임 그리고 더 일반화된 정신과학 패러다임에 따르는 생명장의 기와 의식의 스펙트럼에 대해 다음 절에서 간략하게 고찰하였다.

통합심신치유의 정신과학적 원리[3)]

최근에 에너지의학 · 파동의학 · 양자의학과 양자과학의 발전에 힘입어 다차원의 생명기 · 생명장과 다수준의 의식의 스펙트럼을 보다 과학적으로 설명할 수 있다. 말하자면 다차원의 기란 위로 갈수록 더 고도의 고차원의 에너지 스펙트럼의 파동역학적(변조파, 홀로그램, 형태공명 등) 정보(識/知/理)를 함유한 에너지와 파동 정보의 양면성을 지닌 생명장/양자장의 의식에너지(의식파=氣+識)라고 정의할 수 있다. 이것이 곧 다차원의 생명(氣)에 대한 현대 신물리학적 · 양자과학적 · 신과학적으로 가장 포괄적이고 온전한 정의라고 말할 수 있다.

〈표 18-1〉 생명기(氣) 생명장 스펙트럼과 온수준의 온건강과 통합신신치유

기(氣 subtle energy)	의식의 수준	건강 수준	심신치유 수준
1. 조대(粗大) 물리적 기(氣) 수준/장(P-field)	1. 감각운동적(Senscry-motor)	신체건강	신체치유
2. 에테르/역동적 생명 기수준/장 (L-field 1, Bio field 1)	2. 약동적 생명력(elan-Vital)	기건강	기치유
3. 아스트랄(Astral)/감정 기/장 (L-field 2, Bio field 2)	3. 감정-성적(Emoticnal-Sexual)	정서건강	정서치유
4. 정신(Psychic) 1/심적(Mental) 기/장(T-field 1, M-field)	4. 심적/정신적(Mental)	마음건강	마음치유
5. 정신(Psychic) 2/혼(Soul) 기/장 (T-field 2, S-field)	5. 상위 심적/혼적(Higher Mental)	혼적 건강	정신치유
6. 원인(Causal)/영 氣/場 (C-field)	6. 대심적(Over Mental)/대혼적 (Over Soul)	영적 건강	영적 치유
7. 비이원	7. 초심적(Super Mental)/영적		

이에 따라 '영(Spirit)'[공(空), 일심(一心), 일기(一氣)]의 현현으로서 온우주의 기를 '존재의 대사슬/대둥지'의 '기(에너지) 스펙트럼'에 따라 크게 묶어서 〈표 18-1〉과 같이 분류할 수 있다. 다차원의 생명기는 다차원의 생명장(生命場)의 몸(体, 시스템, 場)을 형성한다. 그래서 우리는 이를 통상 육체 · 기체(氣体) · 백체(魄体) · 심체(心体) · 혼체(魂体) · 영체(靈体)라고도 일컫는다. 이들 각 体(몸, 시스템)는 물질기(精氣)장 · 생명기(生氣, 眞氣)장 · 감정기(魄氣)장 · 심기(心氣)장 · 혼기(魂氣)장 · 영기(靈氣)장으로 구성된 장(場) 속의 장 속의 장…… 으로 되어 있는 홀라키적 생명장으로서 이들 각 수준의 몸/체/장은 서로 분리되어 있는 것이 아니라 하나로 통일되어 있다. 생명기에 대한 〈표 18-1〉과 같은 정신과학적 원리는, 이미 앞에서 언급한 바와 같이, 필자가 『과학사상』(1998)에 발표한 바 있고, 이는 켄 윌버가 21세기에 들어와 자신의 웹상에 발표한 내용과 매우 유사한 것이다.

이 생명기장은 카프라가 말하는 '생명그물', 즉 겹겹이 엮어 짜여 있는 온생명의 그물로서 일체로 상호 직조된 시스템으로 상호작용하고 상호 의존하면서 다차원의 생명기장(生命氣場)을 이루고 있다. 생명체의 다차원의 생명기장에서 각 수준의 생명기, 의식의 기는 각 해당 체(体) 내에서 그 생명장의 요동에 의해 흐르는 의식의 정보를 함유한 시너지적 의식파로 이해할 수 있다. 다시 말해, 불가에서는 사대(四大)의 거친 에너지(氣)와 오온(五蘊)[4]의 정묘한 식(識)으로 이루어진 여러 수준의 '의식체(意識体)'로 나타내고 있고, 반면에 도가(道家)에서는 '정(精) · 기(氣) · 신(神)'으로, 우리의 전통 선도(仙道)에서는 '신(身) · 기(氣) · 심(心)'[정(精) · 명(命) · 성(性)] 등으로 표현함으로써 인간의 생명이 다차원의 의식체, 생명기체로 이루어져 있음을 여실하게 보여 준다.

먼저 각 수준의 생명기(生命氣), 즉 의식의 기 사이의 상호작용 원리는 동양의 전통 지혜에 의하면 [그림 18-2]와 같은 도가의 양생술의 정기신(精 · 氣 · 神) 원리[5]와 기학(氣學) · 기과학적으로 설명할 수 있다. 반면에 현대 과학적으로는 신과학적으로, 또는 정신물리학적으로 (의식파의) 홀로그래프(holograph) 원리, 생명 홀론의 생명장 원리 등으로 설명할 수 있다. 그리고 각 수준의 기파/의식파

◆ 정(精) · 기(氣) · 신(神)의 현대 정신과학적 원리

- 정(精) – 정기(精氣)
- 기(氣)
  - 진기(眞氣)
  - 백기(魄氣)
- 신(神)
  - 식신(識神)
  - 혼기(魂氣)
  - 원신(元神)
  - 영기(靈氣)

→ 홀론/홀라키 원리
Top-down/Bottom-up 원리
홀로그래프 원리

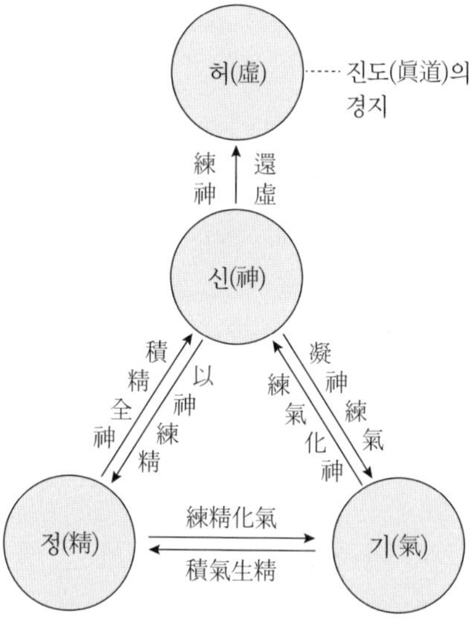

[그림 18-2] **정(精)·기(氣)·신(神)의 원리**

(氣波/意識波)의 파동으로서의 간섭과 동조의 상관성, 상호 의존성, 부분/전체 사이의 홀로그래프적 투영성 등은 신물리학 · 양자과학 · 신과학의 파동물리학적 원리, 그리고 이를 확장한 정신물리학적 원리에 의해 쉽게 이해할 수 있다.

대부분의 보통 사람은 정도의 차이는 있지만, 몸의 기(精氣), 생명원기(生命元氣/眞氣), 감정 · 마음의 기(魄氣 · 心氣), 정신 · 영혼 기(魂氣 · 靈氣)가 최고 수준으로 진화한 성현들을 제외하고는 어느 정도는 온생명기가 부조화되어 있고, 그래서 아건강/반건강(半健康) 상태에 있다. 그래서 누구든지 어느 수준의 기의 기능이 저하되어 있거나 탁기(濁氣) · 사기(邪氣)에 의한 오염 등으로 음양의 기가

막히거나 엉키고 조화와 균형을 상실한 이상(異狀) 상태로 되면 상향 인과와 하향 인과의 원리에 의해 다른 수준으로 확산되어 건강을 잃기 쉽다. 육신의 기(精氣, 生命氣)에 이상(異狀)이 있으면 육체적 건강을 상실하고, 마음의 기(心氣)에 이상이 심하면 항상 마음이 스트레스에 차 있어 성정(性情)이 불안하고 이상심리 상태에 빠지기 쉬워진다. 정신의 기(魂氣, 靈氣)에 이상이 있으면 우울증, 자살 충동, 심하면 사기(邪氣)의 침입에 의한 광기(狂氣)나 정신이상 상태에 빠져들게 된다. 그러나 사실은 인체 생명장의 모든 수준의 기는 일체적이며 상의상관적으로 작용하기 때문에 어느 한 수준의 기가 이상(異狀) 상태에 있으면 다른 쪽도 영향을 받아 이상 상태로 되기 쉽다. 즉, 생명장 홀라키의 계층적 원리에 의해, 즉 [그림 18-3]과 같이 상향 인과적 · 하향 인과적 상호작용 원리에 의해 온건강과 병리장애의 각 수준의 상태는 상호 의존적이다.

따라서 이러한 장애나 병리 현상을 극복하고 온건강을 달성하기 위해서는, 우선 온생명 홀론이 생명 유지를 위해 모든 것을 의존하고 있는 생명체의 바탕인 육체와 기체(氣体)의 건강을 위해 섭생 · 운동을 통해 신체를 단련하여 정기를 보양하고, 기공 · 요가 등의 수련을 통해 진기(眞氣)를 보양해야 한다. 이와 함께 가급적 자기성찰, 마음공부, 마음 치유, 마음 수련을 통해 심기를 청정화하고, 정신통합, 신념 강화훈련, (氣魄 강화)기공 수련의 혼체 수련, 정신 수련을 통해 혼기를 단련하는 게 중요하다. 더 나아가 종교적 귀의나 명상 · 참선, 신비 체험,

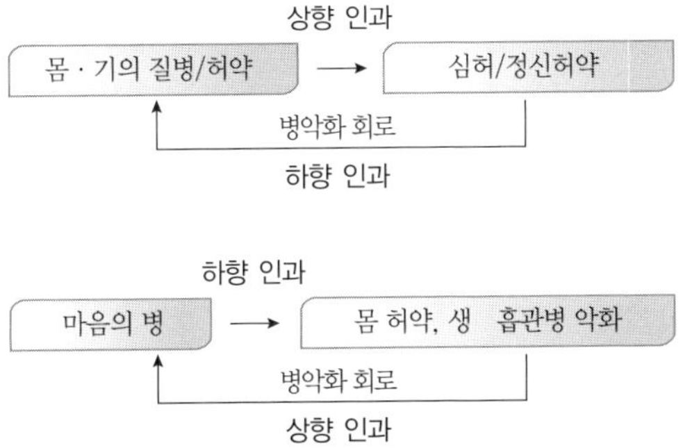

몸 · 마음의 병인(病因):

- 외인(外因)의 외사(外邪邪精, 邪氣, 邪神)
- 위험한 사회 환경, 오염된 자연환경
- 육음(六淫), 육기(六氣)에 과도한 노출
- 내인(內因)– 칠정(七情), 업장(業障)
- 심적, 정신적 장애
- 불내외인(不內外因)

[그림 18-3] 온건강 악화의 상향 인과와 하향 인과

영성 체험의 영체 수련, 영성 수련을 통해 신인합일(神人合一)의 경지에 이르거나 자성(自性)이나 절대신성(神性)을 깨달아 사랑과 자비심이 넘치는 환희심이나 지복감(至福感) 속에 깨어 있도록 하는 각 수준의 치유/수련을 할 수 있다면 가장 바람직하다.

양자심신치유 원리

양자치유(Quantum Therapeutic Healing) 또는 양자심신치유(Quantum Body-Mind Healing)라는 용어나 개념은 아직도 심신치료/심신치유 전문가들에게조차도 비교적 생소하게 들릴 수 있다. 뿐만 아니라, 최근에 '에너지 치유'라는 용어나 개념이 점점 더 보편적으로 사용되고 있지만, 아직 '에너지 치유'의 명확한 개념조차도 제대로 정립되어 있지 않아서, 필자는 그간 서울불교대학원대학교에 개설된 '박사과정 세미나' 강좌들을 통해 에너지 치유 · 양자치유의 에너지 · 양자의학적 치료/치유 개념만이 아닌 '통합적 에너지 · 양자 · 파동치유'의 관점에서 보다 통합적 · 포괄적 · 체계적으로 그 원리와 개념을 강의하며 연구해 오고 있다. (『통합에너지 치유-치유이론과 치유 요법 실제』, 조효남, 내부교재, 2014. 9.;『통합양자심신치유』, 『통합적 고급치유기제』, 조효남, 내부교재, 2015. 9./ 2017. 3.;『통합적 양자의학: 에너지 · 파동 · 양자의학』, 조효남, 내부교재, 2017. 9., 그리고 이 교재들의 내용은 곧 수개월 내에 학지사에서 출간할 『통합심신치유학: 이론』과 『통합심신치유 기제』의 일부로 체계화시켜 상세하게 다루고 있다.)

이미 통합심신치유에서 밝힌 바와 같이 모든 스펙트럼, 모든 수준, 모든 범주의 에너지 치유는 양자적(전기/자기, 빛/전자기파, 생체전기/자기/전자, 미세에너지) 수준에서 보면 신체에너지, 생체에너지, 생체 분자/화학에너지 수준의 모든 치료/치유법 모두 양자 원리에 의해 그 치유의 근본 기제의 원리를 설명할 수 있기 때문에 모든 치유는 '에너지 치유'이고 '양자치유'라고 선언할 수 있다. 하지만 여기서는 인체를 생체 매트릭스로서 다양한 다중의 생체에너지 전달 체계로 보는 종래의 그리고 최근의 에너지 의학적 에너지 치료/치유는 제외하고서, 순수한 양자파동에너지 치료/치유와 상위의 초물리적 기에너지(공간에너지) 치료 · 치유를 포함한 여러 수준 차원의 초양자장의 정묘(subtle) 에너지(氣)와 생명정보(識, 의식, 지능, 知性, 理) 파동과 연관된 몸 · 마음 · 영(Body · Mind · Spirit, 精 · 氣 · 神, 身 · 氣 · 心) 전 수준에 걸친 양자파동에너지 치료/치유 그리고 양자의식 중심의 치료/치유를 '양자치유' 또는 '양자심신치유'라고 정의적, 원리적으로 규정할 것이다.

최근에 에너지 치료/치유와 양자파동에너지 치료/치유 중심의 신의학인 에너지의학 · 파동의학 · 양자의학의 발전으로, 이미 앞에서 언급한 바와 같이, 일반적 의미의 모든 에너지요법의 생체전기 · 자기에너지적, 양자파동에너지적 치유원리가 속속 밝혀지고 있다. 그래서 최근 에너지의학에서는 인체의 생체 전기 · 자기와 전자기파나 미세에너지 · 양자파동에너지의 측정 · 발생 장치와 양자파동 · 미세에너지 진단 · 치유기기의 발전과 더불어 에너지의학과 에너지 치유는 물리적 · 생리적 생체에너지 요법의 수준을 넘어 전기 · 자기에너지, 미세자기 · 전기 · 전자기(광자)에너지 치유요법 위주의 에너지 치료 · 치유 중심의 의학으로 나아가고 있다. 뿐만 아니라 생체매트릭스 내를 흐르는 기에너지 체계를 규명하려는 노력과 함께 침요법 · 경혈자극요법을 비롯한 기공 · 요가 등 기의학 · 기치유의 다양한 요법을 에너지 의학의 새로운 범주로 포함하면서 경락의 기순환 회로의 생체시스템 과학적 원리와 효과 등을 과학적 · 의학적으로 밝히는 쪽으로 발전하고 있다.

반면에 최근에 양자의학에서는 소립자 양자뿐 아니라 인체의 생체분자 · 세포 · 생체조직 · 기관 등도 모두 결합 복합 생체양자장으로서 각각 고유의 양자파동을 갖는다고 보고서, 모든 에너지 치유요법 · 심신치유요법을 양자의학적 양자파동에너지 치유요법, 파동정보 전사 · 조사 치유요법 등으로 확장하고 통합하는 쪽으로 나아가고 있다. 더구나 양자의학에서는 인체, 즉 인간의 생명체를 물질적 육체나 심신이원론적 심신이 아닌 신체(생체) · 기체(氣体, 에너지체) · 심체(정보체)로 구분하고서 이 세 가지 몸(体)은 각각 별개이지만 하나로 연결되어 있다고 보고 있다. 즉, 동양의 전통적인 '정 · 기 · 신(精 · 氣 · 神, 身 · 氣 · 心)'

사상에서 인체를 전일적이고 '삼원일체(三元一体)'적인 생명으로 보는 것과 유사하게 서로 긴밀하게 하나의 생명체로 연결되어 있는 생명장 양자파동장으로 보고 있다. 반면에, 강길전의 『양자의학』(2013)에서는 데이비드 봄의 직관적 양자물리학의 양자 원리에 따라 모든 범주의 치료 · 치유를 모두 양자장 파동에 의한 요법으로 지나치게 단순화하여 설명하는 데 오류와 한계가 있다. 특히 앞 절에서 고찰한 바와 같이 통전적(통합적 · 전일적) 측면에서의 양자 원리와 양자 패러다임에 따른 몸(육체) · 에너지(기체) · 마음(정보체)의 통합적 양자파동 치유에 대해서는 전혀 설명이 없다. 앞 절에서 보여 준 통합적 양자이론과 통합양자 원리에 의해 양자의학의 원리를 설명한다면 보다 체계적으로 설명할 수 있었을 것이다. 여기에다 켄 윌버의 온우주와 온생명의 홀론/홀라키 원리에 의해 그리고 신과학적 · 양자과학적으로 양자의학적 양자에너지치유와 양자심신치유를 설명한다면 통전적 양자과학적으로 보다 잘 설명할 수 있었을 것이다.

다른 한편으로 비록 통합에너지치유는 아니지만, 리처드 거버(R. Gerber)의 『파동의학』(2001)에서는 뉴턴의 입자적 · 절대시공간의 패러다임과는 달리 아인슈타인의 상대성이론에 따른 파동적 · 상대론적 시공간 패러다임의 양(+)의 실세계 시공간 에너지장과 음(−)의 에테르(공간氣) 시공간 에너지장의 신과학적 모델의 파동장이론을 파동 치료 · 치유의 기본 원리로 설명하고 있다. 나아가 몸 · 마음 · 영의 온수준에 걸친 신지학적 · 정신물리학적 일반파동장이론에 따르는 차크라 에너지장과 상응하는 수준의 에너지 치유를 그의 파동의학의 기본 바탕으로 하고 있어서 16장 '통합기론'에서 소개한 필자의 통합(氣) 패러다임의 온수준 생명기와 본질적으로 유사하다. 물론 거버의 파동의학도 필자가 강조하는 모든 수준의 심신치유를 포괄하여 다차원의 생명장에너지의 통합에너지 치유 관점이나 통합양자의학적 에너지 치유 관점에서의 체계적, 통전적 고찰을 하고 있는 것은 아니다.

최근의 파동의학 · 양자의학에서는 (육체의 치유를 위한) 모든 운동요법 · 영양/섭식요법 · 수기/정골요법 · 자연치유요법 등을 넘어서 [에너지체/기체(氣体)의 치유를 위한] 다양한 전기 · 자기 · 전자기파 양자파동 발생 · 조사(照射) · 전사

(轉寫) 장치를 이용한 양자에너지 · 파동정보치유요법과 (심체의 치유를 위한) 감정 · 정서치유 · 마음치유요법, 나아가 레이키치유 · 심령치유 · 초심리학적 치유요법 등을 모두 망라하는 보완대체의학적/통합의학적 심신치유 요법들을 모두 다 파동에너지 · 파동 정보 · 양자장 파동에너지의 근본 원리로 환원하여 설명하고 있다. 따라서 최근의 에너지의학 · 파동의학 · 양자의학은 물질 · 생체에너지 및 물리적 에너지 그리고 어느 정도 체계적으로 밝히고 있는 경락 기에너지 · 공간기(에테르 에너지) 수준을 제외하고는, 더 상위의 의식에너지 치유에 대해서는 원리적으로나 양자과학적으로나 임상의학적으로 아직은 치유 원리의 체계가 미성숙한 단계에 있다. 그래서 아직까지는 물질에너지와 물질 양자파동, 기에너지와 의식에너지를 모두 다 양자파동의 에너지 · 정보전달의 개념으로 단순화해서 포괄적, 종합적으로 다루는 정도에 머물고 있다.

최근에는 전통적으로 그동안 에너지의학에서 주로 다루어 온 에너지, 즉 생체분자 · 세포 · 조직 · 장기 · 기관 같은 인체 각 부분의 생체매트릭스 구조 내에 흐르는 여러 수준의 에너지인 생리적 생체에너지와 생체전자 · 전기 · 자기에너지와 정보 전달 위주의 미세(자기)에너지, 또는 그 외의 모든 양자장파동에너지라고도 일컫는 확인 가능한 물리적(veritable) 에너지 외에, 생체에너지와 미세전자기에너지에 직접 민감하게 상호작용하는 상위적 기에너지의 존재와 그 작용기전을 체계적으로 밝히려고 노력하고 있다. 즉, 인체의 모세혈관이나 림프관에 따라 흐르는 경락에너지라고도 일컫는 기에너지의 회로체계는, 아직 그 원리와 속성을 명확하게 과학적으로 입증하지는 못하고 있지만, 인체 내의 경락을 따라 흐르는 [생명(元)] 기와 자기장 · 전기장 에너지와의 밀접한 상관작용을 어느 정도 규명하고 있다. 그 외에도 공간기를 유도 발생하는 다양한 장치 등을 이용하여 미세자기 · 전기와 생체에너지를 진단 · 치료하는 등 그 존재와 과학적 · 의학적 치료 효과를 인정하고서 공간 기에너지 같은 추정 가능한 비물리적(putative) 에너지까지를 모두 포함하여 다루고 있다. 하지만 아직은 물리적 모든 오감(빛, 소리, 냄새, 맛, 접촉) 에너지에 의한 에너지치유요법들 그리고 전자기파 · 양자파동 발생 · 조사 장치 등과 관련되는 의료적 진단과 에너지 치료 · 치유요법이 에너지 의학적 치유의 통상적인 범주이고 영역이다.

반면 양자파동의학에서는 거의 모든 에너지요법을 모두 파동에너지 · 파동정보의 변환 · 해석, 조사 · 전사요법으로, 즉 인체의 생체분자 · 세포 · 기관 등의 복합양자장(물질양자)에 대한 다양한 양자파동에너지와 파동 정보의 전달 · 동조 · 공명요법으로 보고서 모든 요법의 원리를 양자장 파동 원리적으로 설명하고 있다. 이미 앞에서 언급한 바와 같이 최근에 강길전의 『양자의학』(2013)에서는 모든 에너지요법과 파동요법을 다차원의 육체 · 에너지체 · 정보체의 양자장 · 초양자장의 양자파동 치유요법으로 단순화하고 일반화하여 포괄적으로 다루고 있다. 특히 최근에 파동의학 · 양자의학에서는 더 상위의 의식(마음 · 정신 · 영)에너지 치료 · 치유요법의 심신 또는 몸 · 마음 · 영의 상관성을 더욱 강조하는 경향이 있다. 따라서 에너지 중심의 신의학의 에너지치유의 패러다임이 상위의 '의식에너지'로 확장되는 과정에 있으므로 에너지치유의 원리에 대한 인식의 근본적 전환이 필요하다.

무엇보다도 세 가지 신의학(에너지의학 · 파동의학 · 양자의학)의 양자적 에너지치유 원리를 포함하면서도 통전적으로 통합하는 필자의 통합에너지치유, 양자 · 파동심신치유에서는 존재의 파동으로서 온우주의 일반(양자)장 파동과 생명체 내 생명장파동의 홀론/홀라키 원리를 모든 통합적, 통전적 양자치유의 기본 원리로 강조하고 있다. 특히, 통합양자에너지 치유와 양자의식 치유를 기본으로 하는 이 논고에서는 '신묘막측'하고 현묘한 생명과 그 생명을 유지 발현하는 인간의 생명체는 다차원의 생명에너지(氣) · 정보(識)의 장(場)/체(体)로 구성되어 있다는 측면을 강조하고 있다.

통합양자심신치유

전통적으로 동양에서는 이미 우주만물과 생명 세계 그리고 모든 개개의 생명이 오늘날 에너지의학 · 파동의학 · 양자의학 · 양자과학에서 말하는 생명에너지 · 생명정보에 해당하는 다차원의 '기 · 식(氣 · 識)' 또는 '기 · 이(氣 · 理)'의 양면성을 가지고 있고, 그 변화(易)의 법칙(陰陽五行 · 五運六氣, 生 · 住 · 離 · 滅, 成 · 住 · 壞 · 空 등)을 따른다고 보았다. 그래서 동양의 전통 지혜에서는 인간의 경우 여러 차원/수준의 기(氣, 에너지) · 식(識, 정보, 지능, 의식)의 생명체로, 즉 보편적으로는 '육체(身体) · 기체[氣体(生命元氣体)] · 백체[魄体(감정체)] · 심체[心体(마음, 의식체)] · 혼체[魂体(정묘체)] · 영체[靈体(원인체)]'로 구분하고 있다. 좀 더 간략하게는 물질에너지(精氣), 기에너지(생명元氣), 의식에너지(心 · 意 · 識, 神氣)의 몸(体/身)으로서 몸 · 마음 · 영(精 · 氣 · 神, 身 · 氣 · 心, 精 · 命 · 性, 化身 · 報身 · 法身)으로 구분하고 있다.

이와 같이 동양의 전통 지혜에서 말하는 하나의 생명의 유지 발현을 위한 체(体)를 이루는 생명체(生命体)의 통전적 삼원일체(三元一体)의 원리는, 결국 양자원리적으로 다차원의 홀론/홀라키적 생명장[生命場, 生体포텐셜에너지(場)]으로, 즉 다차원의 복잡계적 에너지 · 정보의 장(場)으로 되어 있다는 현대 신과학 · 의식역학 · 양자과학과 일치하는 원리이다. 이들 각 수준은 서로 어느 한쪽으로 환원되거나 승화될 수 없는 상의(相依) · 상관(相關), 상즉(相卽) · 상입(相入), 상생(相生) · 상자(相資), 상극(相克) · 상승(相乘)으로 상호작용 · 상호 의존하며 침투되어 있다. 또한 이것들은 서로 균형과 조화 속에 성장 유지시키거나 서로 교란 충돌하는 관계 속에 생 · 노 · 병 · 사, 성 · 주 · 괴 · 공의 끊임없는 생명 사이클, 생명파동을 지속하면서 유(有/陽+)와 무(無/陰−)의 세계를 오가는 생명 존재의 근본 속성이다.

따라서 진정한 통합양자심신치유는, 홀론의학의 홀론/홀라키 치유 원리에 따라 생체물질에너지(精氣) 수준에서, 生命氣에너지(元氣) 수준, 의식(心 · 意 · 識)에너지(神氣) 수준에 이르기까지 모든 수준의 생명에너지(氣)와 생명정보(識 · 知 · 理)를 모두 하향(下向, Top−Down) 인과(因果), 상향(上向, Bottum−up) 인과의 쌍방향 인과작용, 지배 법칙을 모두 고려하는 통합양자치유학으로 발전되어야 할 것이다.

앞으로 통합양자심신치유는 양자과학이 선도하는 융복합과학기술과 의학의 발전에 상응하는 통합의학, 홀론의학, 에너지의학 · 파동의학 · 양자의학의 발달에 따른 진단 · 치유요법의 진보와 함께 자연스레 발전하게 될 것이다. 그러나 양자파동의학적 에너지치유 요법이 제대로 발전하려면 몸 · 마음 · 영의 전 스펙트럼에 걸친 에너지(氣)와 의식(識) 치유에 대한 명확하고 올바른 심층과학적 · 일반파동역학적 · 의식역학적 · 정신과학적 원리를 올바로 이해해야 한다. 또한 이에 따른 통합적 조망/관점/시각이 없이는 온전한 건강(온건강)의 회복을 위한 온전한 에너지 · 파동치유를 알 수 없고, 그래서 어느 한 수준이나 차원이나 계통의 에너지 · 파동치유에 편향되기 쉽다.

앞에서 언급한 바와 같이 오늘날 파동의학 · 양자의학은 양자장, 양자파동 원리에 의해 치료 · 치유기제를 설명함으로써 모든 자연치유 · 보완대체의학 · 통합의학의 치료 · 치유의 근본 원리를 밝히는 데 지대한 공헌을 하고 있다. 하지만 이 의학들이 밝히고 있는 일부 인식의 오류와 한계에 대해서는 간과하는 경향이 있다. 무엇보다 양자파동의학과 파동요법에서는 모든 존재하는 것을 '파동'(진동)으로 보고, 보다 근본적으로는 양자 수준의 '파동'으로 보고서 생명파동(에너지 · 정보)의 다차원적 질과 깊이의 차이, 즉 환원할 수 없는 다양한 의식의 수준을 무시하고 있다. 따라서 단순한 홀로그램적 부분 · 전체의 비국소성 원리로만 양자 원리를 설명하면서 양자파동 안에 모든 전체 생명 정보가 다 들어 있고, 그래서 물질양자파동으로 환원하여 그 정보만으로 모든 것을 치유할 수 있다고 보면서 파동치유요법의 치유 기제를 설명하려는 경향이 있다.

대체로 파동의학과 양자의학은 명칭만 다를 뿐 동일하다고 인식하고 있다. 하지만 양자의학 관련 도서들에 보면 양자역학의 양자장파동에너지 · 정보로 설명하는 것은 동일하지만 전문가, 저자마다 양자의학의 범주와 치료 치유 기제의 원리 설명이 서로 다른 면도 있다. 이를테면 일부 양자의학에서 인체를 육체(身体) · 에너지체(氣体) · 정보체(心体)로 구분하고 있다. 하지만 이는 양자장파동의 에너지(氣) · 정보(識)의 양면성을 다른 체(体, 시스템)로 보고서 위계적으로 구분하는 범주 오류를 범하고 있는 것이다. 이것은 온생명장의 홀론 홀라키적 위계인 동양의 '정기신(精 · 氣 · 神)'이나 '신기심(身 · 氣 · 心)'과는 다른 것이고, 서양의 몸 · 마음 · 영과도 다른 것이다. 한마디로 물질기(精氣) 양자장은 물질 수준에서 에너지 · 정보를 가지고 있고, 그 위의 생명기(元氣) 양자장은 더 높은 수준의 에너지 · 정보를 가지고 있고, 그 위의 '신기심(識心氣, 神氣)' 초양자장은 더 높은 수준의 에너지 · 정보를 가지고 있다. 그러므로 이러한 생명장의 에너지(氣)와 정보(識)를 홀론/홀라키 원리적으로 인식하지 않고, 이들을 물질 양자파동장 에너지(氣)의 정보(心)에 담긴 같은 수준의 다른 '体'로 범주 오류적으로 설명하거나 환원시켜 설명하는 오류를 범해서는 안 된다.

따라서 파동의학과 양자의학에서 아원자 양자장의 '파동' '양자파동' 안에 온생명장의 모든 정보(의식 · 무의식 · 초의식, 心 · 意 · 識)의 모든 것을 담고 있다고 보는 환원주의적 인식이 문제이다. 이런 까닭에 오늘날 수많은 파동(에너지 · 정보) 요법에 과학적 · 의학적 검증이 결핍되어 있을 뿐 아니라 신뢰도 한계와 부작용, 과대포장 위험성이 우려되는 요법도 적지 않은 것이 현실이다.

이 논고에서 강조하는 통합양자심신치유는 앞에서 기술한 양자파동에너지 중심의 신의학의 에너지 치유 원리를 모두 포함하면서 그 문제와 한계를 넘어서는 양자파동에너지와 양자의식 중심의 양자치유이므로 어느 한 현대 양자이론 · 양자의학이나 파동의학에 따르는 양자파동에너지치유 패러다임이 아니다. 오히려 이것은 이러한 이론들을 모두 포함하고 넘어서면서 (기존의 심신이원론적 · 생물학적 서양 의학을 동양의 전일의학 · 자연의학적 심신치유 원리에서 나온 보완대체의학과 통합한) 통합의학을 바탕으로 하되 통합의학을 넘어서는 통전적 통합양자치유학이다. 다시 말해, 원래 인간의 생명은 생명체로서 홀론/홀라키적으로 육신(신체, 생체) · 생명(기체) · 마음(감정체, 심체) · 정신(혼체) · 영(영체)의 다차원의 생명장 구조로 되어 있고, 그 각 수준의 에너지(氣) · 정보(識)의 체(体)/장(場)은 아래 수준을 초월하면서 내포하고 의존하는 관계에 있는 까닭에, 통합양자치유는 홀론의학적 다차원의 생명장의 양자장 · 초양자장파동에너지 · 의식치유이다.

그러므로 양자치유에서는 인체의 모든 수준의 에너지(氣) 측면의 치유요법과 온건강을 유지 발현하고 치유하기 위한 통전적 양자파동에너지 · 정보(識) 전달 시스템으로서 뇌신경과학 · 생리학 · 에너지의학 · 양자의학 · 파동의학을 홀론의학적으로 모두 포괄하는 모든 종류, 모든 수준의 양자치유요법의 원리를 통합적 · 통전적으로 다루고 있다. 한마디로, 통합양자치유, 양자심신치유는 모든 수준의 생명장/양자장 파동에너지(氣) 체계와 정보(識: 의식 · 무의식 · 초의식, 즉 양자의식) 전달체계의 발현과 그 상호작용을 홀론홀라키적 상향 인과(上向因果) · 하향 인과(下向因果) 치유 원리에 따라 통전적으로 접근하는 치유법이다.

따라서 이 논고의 뒤에서 상술하고 있는 통합양자심신치유의 기본 원리는 [그림 18-4]와 같이 나타낼 수 있다. 이미 앞에서 언급하였지만 통합양자심신치유 원리를 설명하기 위한 이 논고의 구성 내용은 다음과 같이 요약할 수 있다. 먼저 다음 절에서는 다차원의 심신에너지(氣)와 정보(心 · 意 · 識)와 양자사고 · 양자의식의 올바른 이해를 위해 필요한 양자파동장의 양자 원리와 양자 패러다임을 통합양자론적 해석을 바탕으로 간략하게 요약 고찰하였다. 통합 양자 패러다임을 바탕으로 이어지는 절에서는 양자 · 파동의학적 양자파동에너지치유에 대해 요약하였다. 마지막 절에서는 통합양자이론의 양자 원리(통합양자 패러다임)에서 나온 '양자의식'을 중심으로 한 홀론의학적 통전적 통합에너지치유로서의 양자심신치유의 이론 모형과 통합양자심신치유의 원리와 'QTQHT' 모형 및 실행 요결과 치유 기제를 제시하였다.

양자의식과 통합양자심신치유

오감의식 대 양자의식

필자가 정의하는 양자의식이란, 인간의 오감에서 나온 상징적 · 언어적 인지와 인식에 의해 형성된 의식이 아닌, 앞에서 기술한 양자 원리와 양자 패러다임을 따르는, 다차원의 초오감적 · 고감각적 · 초감각적 인지 · 인식에 의한 다차원의 생체양자장(생명장)의 정묘한 에너지(氣)와 정보(識)의 파동인 여러 수준의 초물질적, 초의식적 정묘식(精妙識) · 원인식(原因識)의 발현을 일컫는다. 따라서 〈표 18-1〉과 같은 생명장 에너지와 정보(氣 · 識)에서 물질에너지 이상의 모든 수준의 생명기와 의식 · 의식에너지(작용 상태의 의식파)는 모든 안팎의 대상에 대해

[각성적 · 의지적 · 의도적 · 카르마적 · 원형적 의식파 · 염파(念波)에 의해] 의식적 · 무의식적으로 작용하는 다양한 수준의 초양자장의 양자의식과 양자의식에너지이다. 그래서 이러한 초오감적 · 초물질적 · 초의식적 의식파[生命氣波 · 魄(감정)氣波 · 心氣波 · 魂氣波 · 靈氣波]의 각 수준의 해당 '식(識)'의 발현이 양자의식이다.

그중에 깨어 있는 마음챙김, 알아차림, 주시의식을 '깨어 있는(자각 상태에서 알아차리고 주시하는) 양자의식'이라고 일컫는다. 물론 무의식적 · 초의식적으로 양자의식 수준의 의식이 발현되어 작용하는 것도 양자의식, 즉 무의식적 · 초의식적 양자의식이다. 이러한 양자사고의 바탕이 되는 근본 양자의식은 참나(眞我)인 양자자기(quantum self)의 주시하는 알아차림 의식이다. 이는 순수한 DMF(Divine Matrix Field)의 원인 의식, 온우주 의식의 주시의식으로서의 발현을 언급하는 말이다. 말하자면, 오감의식에 빠지거나 몰입하지 않고 모든 대상을 깨어 있는 의식으로 알아차리는 상태가 초오감적 · 고감각적 · 초감각적 · 직관적 · 초의식적 의식으로 깨어 있는 양자의식이 발현되어 있는 상태이다. 따라서 양자의식을 제대로 이해하려면 먼저 오감의식과 양자의식의 구분 그리고 양자사고/양자사유에 대한 올바른 인식부터 선행되어야 한다.

일반적으로 인간은 대상에 대한 오감을 통해 뇌의 인지 과정을 거쳐 형성되는 인식, 즉 오감인식(밈)을 실재로 착각한다. 이 오감인식은 이미 각인된 이미지 · 상징 · 언어로 개념화된 의식 · 무의식 정보와 결합되어 새롭게 개념화된 관념으로 새로운 오감의식(밈)을 만들어 낸다. 이 오감의식을 현상세계, 대상세계에 대한 실재 인식이나 조망의 전부라고 믿는다. 즉, 육안에 의해 들어온 경험/체험적 인지 데이터를 상징적 · 언어적, 분별적 · 이지적 · 이성적 심안에 의한 판단에 따라 받아들임으로써 이것을 오감에 의한 내면적 · 외면적 현상세계의 실재인식으로 보는 것이다. 대체로 초오감적 미시나 극미시의 양자세계에 대한 참여적 관찰자 의도, 또는 고감각적 · 초감각적 지각의 초의식적 체험이나 직관에 의한 의식적 · 무의식적 인지를 아는 사람들은 극소수이다. 거의 대부분의 사람은 인간중심적인 상징적 · 언어적 인지 · 인식과 관념 · 의식을 형성하는 오감에 의한 감각적 · 지각적 오감의식이 인간 의식의 전부인 것으로 알고 있다. 더구나 알아

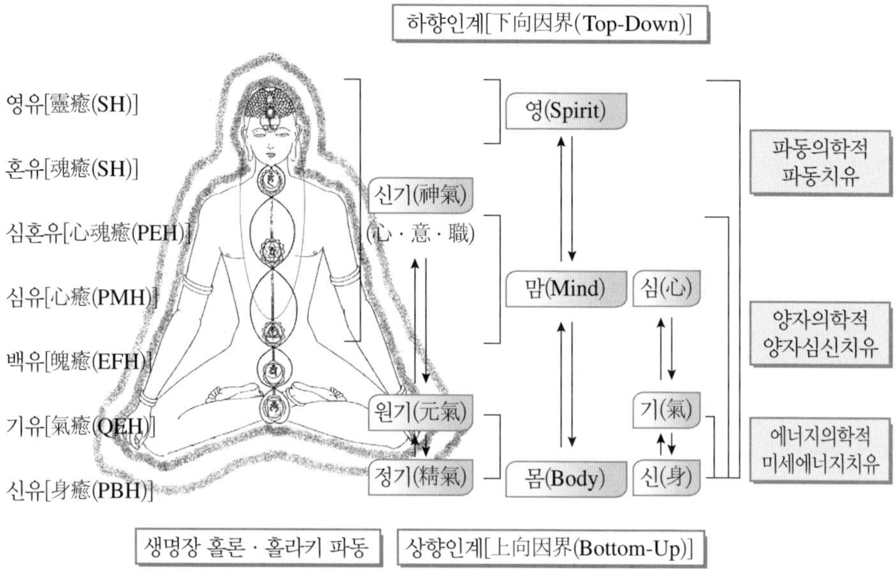

[그림 18-4] **통합양자심신치유의 원리**

차리며 깨어 있지 않는 한, 일반적으로 인간은 육안(粗大의식)에 의한 뉴턴 물리학적 실재인식에 의해 형성된 실재관 · 세계관만을 실재로 (착각)인식하는 오감의식에 갇히게 된다. 애초에 육안(뇌 신경계)에 의해 형성된 오감인지는 오감 인식화되고 이 인식이 기존 심안(의식 · 무의식)의 인식과 결합하여 관념화되고 오감 의식화된다. 봄과 민델은 이를 일상적 실재(Ordinary Consensus Reality)라고 일컫는다.

오감의식과는 달리 양자의식이란, 오감을 넘어서는 모든 인지 · 인식에서 나온 의지 · 의도, 의식 · 무의식 · 초의식으로, 직관적 · 고감각적 · 초감각적 인지(염력, 초상 현상, 비조나리, 환각, 꿈 등) 같은 초오감적 인지에서 나온 모든 의지 · 의식 · 무의식의 발현을 의미한다. 이것은 양자 차원, 플랭크 상수 차원에서 생명장의 모든 수준의 식[識(정보, 지성)]과 기[氣(에너지)]로 작용하는 일체의 (意識)에너지를 일컫는 것이다. 이것은 위에서 언급한 모든 수준의 '정묘체'(氣体 · 魄体 · 心体 · 魂体)와 '원인체'(靈体, 自性体)의 '식[識(정보, 지능, 지성)]'의 발현이다. 이것이 그 수준의 기(氣)에 의해 작용하면 그 수준의 양자의식에너지(量子意識氣)가 된다.

그중에 최상위의 양자의식은 원인체(靈体, 自性体)의 식(識)이고, 이것은 봄과 민델의 비일상적 실재(Nonordinary Consensus Reality: NCR)의 '침묵의 힘'(그들이 모호하게 정의하고 있는 초의식의 힘)과 유사한 것으로 깨어 있는 원인의식이 곧 알아차림 의식, 주시의식이다. 또한 이것은 깊은 꿈 없는 잠 속에서도 (우리 몸과 같이 100조 개 정도의 단위생명 · 세포로 구성된) 생명체가 생명을 지속하게 하는 힘이고 원인의식으로서 가장 근본 수준의 '양자의식'이다. '양자의식'은 생명을 발현시키고 유지하게 하는 영적 근본식이며, 또 유기체로서 생체양자장의 생명유지 기능을 '심 · 백 · 기 · 신(心 · 魄 · 氣 · 身)' 일체로 정신신경면역학 PNI적으로(그러나 PNI에서는 설명하지 못하고 있는) 뇌와 6장 6부를 하나로 지속적 항상성을 갖고서 기능하게 하는 작용인(作用因)으로서의 혼적의식이기도 하다. 그렇다면 앞에서 언급한 바와 같이 생명체의 전체 DNA의 영점장 차원에서 비국소적으로 각 수준의 양자의식에 동조하며 생명장의 다차원의 양자의식에너지(識 · 氣)로 직접 작용하는 모든 수준의 정묘식(精妙識)과 원인식(原因識)이 곧 양자의식인 것이다. 특히 이 중에 생명력의 의지를 발현하는 自己(自我)의식으로서 상위의 정묘식인 혼식(魂識)과 모든 수준의 의식을 발현시키고 주시하고 알아차리는 원인식인 영식(靈識, 아뢰야식)과 자성식(自性識, 아말라식)이 가장 중요한 근본 양자의식이다.

이러한 양자의식과는 달리 오감의식은, 양자 수준에서 보면, 환허(幻虛)의 홀로그램(空像)인 현상세계의 대상을 상징과 언어에 의해 실재로 인식하는 육안에 바탕을 둔 심안에서 나온 의식이다. 그러므로 이것은 우리가 현상세계에 대한 올바른 기능적 인식과 이해를 위해 반드시 필요한 의식이지만, 내면과 외면에 대한 오감의식은 실재에 대한 실상의식이 아니고 인간의 오감의 한계 내에서 주체의 언어적 인식이 반영된 세계인식이다.

따라서 초오감적 양자의식에 의한 양자우주의 실상에 대한 올바른 인식을 위해서는 홀로그램 우주, 홀론/홀라키 우주와 생명 세계와 인간에 대한 통전적 · 통관적 올바른 인식이 필요하다. 물론 이를 위해서는 양자의식과 오감의식이 균형 있고 조화롭게 작용해야 한다. 그렇지만 일반적으로 인간은 오감의식에 빠져 있고 중독되어 있어서 오감에 의해 인지되는 세계만을 실재로 인식하고 이에 따른 인간중심적 오감의식을 실재의식으로 착각하고 사는 데서 모든 병리와 장애와 스트레스가 생겨나게 된다. 그래서 보통의 인간은 심신의 모든 심인성 장애 · 질병 · 스트레스 그리고 신체와 건강에 대한 잘못된 인식과 집착에서 나오는 신체장애 · 질병에 시달리며 살고 있는 것이다. 그러므로 오감의식의 허상과 그 한계를 인식하는 양자자기(DMF의 순수의식, 참나/진아)의 깨어 있는 양자의식의 주시와 알아차림에 의한 온우주와 생명 세계, 생명과 인간의 실상과 본성에 대한 올바른 인식이 중요하다.

양자적 사고

앞에서 기술한 양자의식을 올바르게 의식화하기 위해서는 통합양자장 원리와 통합양자 패러다임에 대한 단순한 지식만이 아닌 이에 대한 올바른 이해(앎)를 바탕으로 양자적 사고를 심화 · 체화하는 정관(靜觀)/관상(contemplation)을 실천해야 한다. 이를 위한 통합양자 패러다임에 따른 양자적 사고의 기초는 다음과 같이 요약할 수 있다.

- 관찰자(관찰 주체, 관찰 도구)와 관찰 대상 사이에는 양자 수준에서 상호 신호(정보, 의식) 교환과 상호 침투성 · 무경계성 · 전일성이 있다.
- 관찰자의 의도/의식은 양자적 사건으로서의 관찰 대상에 대해 '관찰자 효과'인 교란 · 간섭작용을 일으킨다. 참여적 관찰자와 의식/지능을 가진 양자 사건 사이의 비분리성으로 인해 객관과 주관의 분리가 붕괴된다.
- 양자의 입자/파동 양면성/이중성으로 인해 양자적 사건 관찰의 불확정성 원리와 (파동 · 입자)상보성 원리 그리고 양자장의 에너지(氣) 정보(識)의 양면성은 양자적 우주의 본질이다.
- 양자장의 비국소성 · 양자 얽힘, 홀로무브먼트 · 홀로노미, 홀로그램 원리, 홀론/홀라키 원리 등은 양자적 사건으로서의 모든 존재자의 온우주적

전일적 속성이다.

- 초끈 M이론의 11차원 우주, 초공간 무한 다중우주, 평행우주는 다차원의 생명장, 기 · 의식세계의 존재를 입증한다.
- 홀로그램 원리, 홀론/홀라키 원리와 형태장 복잡계 원리는 모든 현상세계의 환허(幻虛)의 무자성(無自性 · 無我 · 無常 · 空性)과 법계실상(法界實相 · 唯氣/空性 · 唯識性)의 통전적 본성을 적시한다.
- 다차원의 양자장 · 생명장 · 양자의식의 장(場) 원리는 전통 지혜에서 밝히는 온우주와 몸 · 마음 · 영(Body · Mind · Spirit)에 대한 삼원일체적 · 통전적 원리와 궁극의 실재에 대한 인식과 동일하다.

앞에서 필자가 요약한 통합양자 패러다임에 따른 양자사고의 기초와 유사하게 디팩 초프라는 『사람은 왜 늙는가?』에서 인간 존재의 참생명으로서의 양자적 본성에 대한 양자사고를 다음과 같이 강조하고 있다.

- 관찰자로부터 독립된 객관적 세계는 존재하지 않는다.
- 신체(생명)는 에너지(氣)와 정보(識)로 이루어져 있다.
- 몸[身]과 마음[心]은 떼 놓을 수 없는 하나이다.
- 인체의 생화학 작용은 의식의 산물이다.
- 인식이란 학습된 현상이다.
- 지능의 자극이 신체를 시시각각 새롭게 만든다.
- 분리된 개체처럼 보이는 겉모습에도 불구하고, 우리는 온우주를 지배하는 지능의 패턴(순수의식)과 연결되어 있다.
- 시간은 절대적인 것이다. 만물의 배후에 숨어 있는 실재는 영원하다. 이른바 시간이라는 것은 사실 계량화된 영원이다.
- 우리는 모든 변화를 초월한 변하지 않는 실재 속에 살고 있다.
- 우리는 노화와 질병과 죽음의 희생양이 아니다. 이것들은 어떤 변화에도 끄떡 않는 '보는 자'가 아니라 보이는 풍경의 일부일 뿐이다.

양자적 사고를 통전적 · 통섭적 · 통관적으로 더욱 심화한 '양자적 사유'는 다음과 같이 요약할 수 있다.

- '생명'의 생(生) · 사(死)란 양자장 · 생명장 차원에서는 초양자장 · 순수의식에 의한 부(負)의 엔트로피의 '항상성'을 유지하기 위해 끊임없이 자기조직화 · 재조직화 · 자기 갱신하는 다차원 에너지장(氣場)의 '氣'와 '識'(정보)의 끊임없이 변화하는 '생명파동'의 모습일 뿐이다.
- 기저생명장, 기저양자장, 'Divine Matrix'의 불변의 순수의식의 시각에서 보면 참생명(영혼)은 양자의식 정보장(아뢰야식, 저장식)의 변화만 있을 뿐이지 '불생불멸(不生不滅), 무생무사(無生無死)'이다.
- 인간 존재에 대한 심오한 양자적 사유는 전통 지혜의 영속철학적 생명의 신비와 '무사(無死)'의 참생명의 주체인 참나로서의 양자자기적 인간에 대한 심오한 인간관과 신과학 · 양자과학의 생명관에 대한 통전적 해석이다.
- 양자자기에 의한 양자적 사고, 양자적 사유는 현대 신과학 · 양자역학/양자과학과 전통 지혜 사이에 우주 · 생명 세계와 인간에 대한 온전한 이해를 위한 서로 회통하는 통전적 · 통관적 진리 인식을 보여 준다.

필자는 앞에서 요약 언급한 통합양자 패러다임에 따른 양자사고와 양자사유를 '깨어 있는 양자의식'으로 정의하고서, 이를 중심으로 하는 양자심신치유의 원리와 기본 모델과 그 치유 요결에 대하여 다음 절에서 고찰하였다.

양자의식 중심의 양자심신치유

앞에서 보편적으로 정의한 양자의식을 중심으로 하는 '양자심신치유'는 아놀드 민델의 양자심리치료와는 근본적으로 다른 것이다. 이미 앞에서 언급한 바와 같이 민델의 경우, 『양자심리치료』에 따르면, 그는 '양자의식'을 (비록 명료하게 보편적이거나 체계적으로 사용하고 있지는 않지만) 양자 원리에 바탕을 두고 주관심사인 '드림보디워크'를 중심으로 하는 과정 치료를 다루고 있다. 그는 꿈과 신체 증상과의 관계를 일상적 실재(CR)와 비일상적 실재(NCR)로 구분하여, 양자 수준에서의 신호 교환/상호작용과 알아차림의식, 즉 일종의 초의식에너지인 '침묵의 힘'이란 개념에 의해 증상에 대한 꿈꾸기, 꿈과 신체의 상관성을 중심으로 과정심리치료의 원리를 설명하고 있다. 그는 양자 차원에서 알아차림이 노화 방지의 요인이 되는 원리, 양자이론이 심리 증상에 대한 음악치료가 되는 방법, 공동체가 신체에 영향을 주는 이유, 건강을 증진하는 새롭고 무독성인 삶의 방식 등에 대해 (그가 이해하는) 양자 원리와 양자 패러다임에 따른 자신의 치유 경험, 직관, 주관적 관점, 관심 주제 위주로 에세이 형식으로 기술하고 있다. 그의 책에는 '양자심신치유'에 대한 일반 이론이나 원리나 모형, 그리고 실제 적용 방법이나 지침 같은 것은 없다.

여기에서는 민델과는 달리 앞에서 기술한 통합적 양자 원리 · 양자 패러다임, 그리고 신과학 · 정신과학 패러다임에 기초한 양자사고와 양자의식을 중심으로 전문가에 의한 치유나 자기치유에 의한 온전한 건강의 회복을 위한 심신의 통합[통섭(通涉) · 통전(通全) · 통관(通觀)]적 치유를 전 포괄하는 의미의 양자/퀀텀치유의 원리와 양자심신치유 모형과 치유 요결에 대해 고찰하였다.

양자심신치유의 원리

양자심신치유는 '양자의식'을 중심으로 하는 사통(통합 · 통전 · 통섭 · 통관)적 통합심신치유이다. 따라서 이는 모든 수준 · 차원에서 의식적 · 무의식적 · 초의식적으로 작용하고 있는 양자의식의 위력을 알아차리고서, [그림 18-5]와 같이 사분면으로 나타낸 (이 책의 1부에서 보인 켄 윌버의 통합 패러다임에 따른) 심신치유 · 수련의 평면적 AQAL 사분면적 통합치유가 아닌, [그림 18-6]과 같은 (뒤에서 설명할 QTQHT 모델에 따른) 양자마음챙김(각성적 주시) 기반 역동적, 양자도약적 통합심신치유 · 성장을 실현하려는 것이다.

이를 위해 먼저 〈표 18-1〉의 온생명장의 기스펙트럼도를 바탕으로 〈표 18-2〉

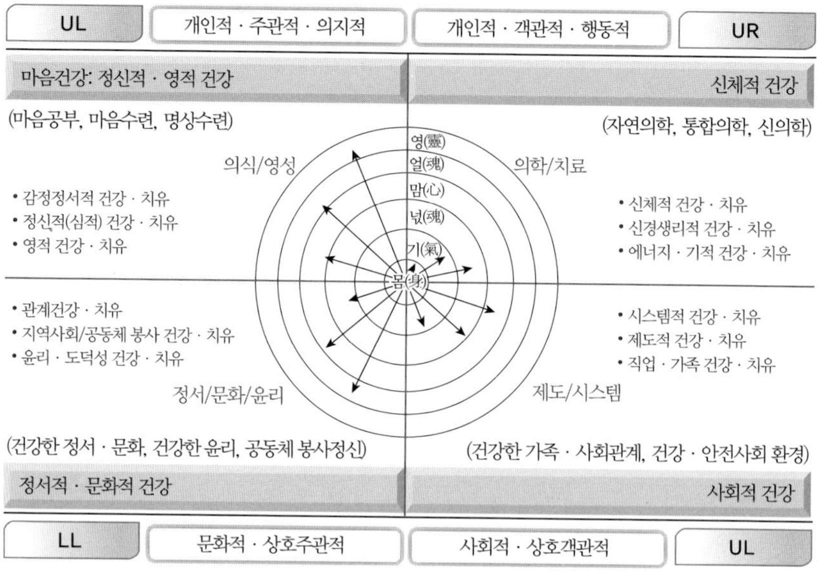

[그림 18-5] AQAL 온건강/통합치유 모형

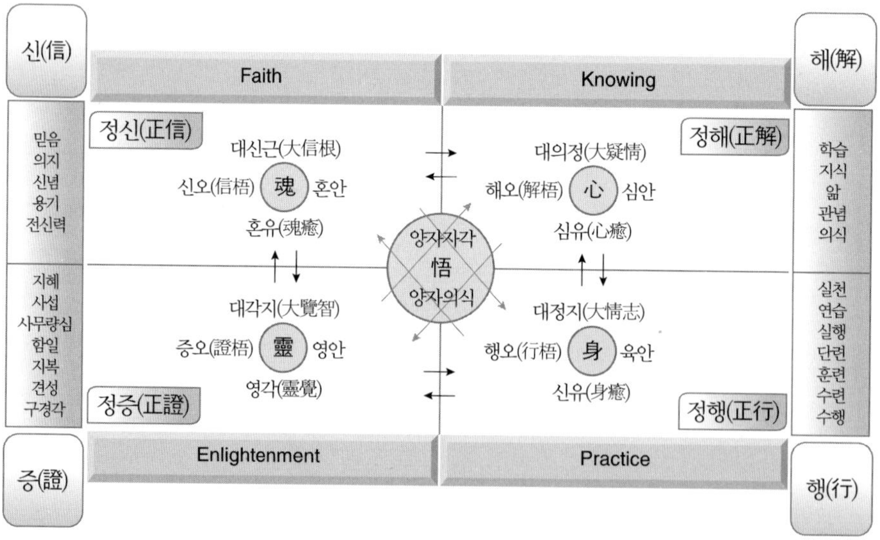

[그림 18-6] 퀀덤사면동역학적 양자치유 모형

에서 보여 주는 바와 같이, 데이비드 봄의 생체양자포텐셜장의 의미를 동양의 영속심리학 · 영속기학에 의해 일반화하여, 다수준의 온생명장 양자파동의 에너지(氣)와 정보(識)로서의 온생명 양자장과 다차원의 초양자장에 상응하는 다수준의 양자의식으로 구분하여 나타내었다. 이에 따라 양자의식은 신체 수준의 초오감적 생체 양자(파동)의식, 기 수준의 기체 양자의식, 감정 · 정서 수준의 백체 양자의식, 마음 수준의 심체 양자의식, 혼 수준의 혼체 양자의식(정묘식), 영 수준의 영체 양자의식(원인식)으로 구분할 수 있다. 이 모든 양자장 · 초양자장의 양자의식은 기저장(Ground Field)인 우주의식(Divine Matrix Field: DMF)에서 발현된 것이다.

이러한 다차원의 양자의식은 〈표 18-2〉에서 보듯이(『의식의 변용』에서 상세하게 다루고 있는) 윌버와 오로빈도의 상응하는 의식의 구조 수준과도 유사하게 대응한다. 또한 다수준의 양자의식의 발현은 상응하는 다차원의 인식의 수준(肉眼 · 氣眼 · 魄眼 · 心眼 · 心靈眼 · 魂眼 · 靈眼)으로 나타날 수 있다. 이는 윌버와 중세의 신비사상가들이 말하는 육안 · 심안 · 영안을 양자의식의 발현에 의한 인식 수준별로 더 세분화한 것이다. 이 모든 다차원의 생명장 양자의식은 요가심리학의 차크라(동의학의 丹田)에 대응하므로 각 수준은 해당 수준의 차크라/단전을 통해 그 수준의 초양자장의 양자의식화된 에너지(氣) · 정보(識)와 동조교류하면서 신체의 신경계 · 면역계 · 순환계 등에 작용한다. 하지만 그 수준의 생명장의 에너지(氣)가 교란되고 양자의식이 제대로 조화롭게 작동하지 못하면, 〈표 18-2〉에서 각 수준의 전형적인 병리 · 장애 증상의 일부를 보여 주듯이, 그 수준의 장애에 상응하는 증상을 보이게 된다.

이를테면, 유기체 복합양자장인 육체의 모든 이상(異狀) 징후는 외인(外因) · 내인(內因)에 의한 질병 감염이나 생활습관성 질환과 뇌신경생리학적 이상과 장애로 나타난다. 하지만 이 모든 징후는 6장 6부 · 근골피육의 신체적 신경 · 생리 · 면역 · 순환 등 계통의 부조(不調)와 저항력의 저하, 항상성의 상실, 생체분자 엔트로피의 상승을 가져온다. 보다 근본적인 수준에서 보면 [그림 18-3]과 [그림 18-4] 그리고 〈표 18-2〉에서 보여 주는 다차원 생명장의 홀론 홀

〈표 18-2〉 온생명장 양자의식의 스펙트럼과 장애 · 치유 원리

	양자의식 수준	온생명 장	온생명 氣	온생명 識	의식의 수준	온생명 인식	차크라 (단전)	이상징후	치유 방법	치유 목표
양자장	물질양자 의식	물질기 Physical Field (P-Field)	정기 (精氣)	신체식 (身体識) (오감의 식)	감각운동적 sensory-motor	육안 (肉眼)	물라다라 (회음)	모든 질병 감염, 생활습관성질환, 독성탁기오염, 면역, 호르몬 신경부조 ……	의료, 섭식, 운동 ……	육체건강
초양자장	생체(에테르 수준) 양자의식	에테르/생명기장 (Etheric Field, Biofield)	생명원기 (生命元氣)	기식 (氣識)	약동적생명력 elan-vital	기안 (氣眼)	스바디스타나(중극)	원기소진, 6장6부 氣 허실, 인체에너지 지장 異狀 ……	기공·요가, 침뜸치료, 기치유 ……	원기왕성 기의 유주·양생
	(아스트랄 수준) 심체 양자의식	아스트랄/감정기장 (Astral Field/-Emotional Field)	감정기 (感情氣)	혼식 (魂識)	감정-성적 emotional-sexual	혼안 (魂眼)	마니푸라 (신궐)	화·분노, 감정(七情)부조 교란·불안·과민 ……	감정치유, 예술치유, 웃음치유 ……	감정·정서 순화
		상위 아스트랄/상념기장 Astral Field/Thought Field	심기 (心氣)	심식 (心識)	심적 mental	심안 (心眼)	아나하타 (전중)	스트레스, 신경증, 산란심, 불안 ……	긍정심리, MBSR, 마음챙김 명상치유, CV/PA, 마음공부·수련 ……	마음이 평온해짐
	(정묘 수준) 혼체양자 의식	정신기장/심령 기장 Mental Field/ Psychic Field	심혼기 (心魂氣) (심령기)	심혼식 (心魂識) (심령식)	상위심적/심혼적 over mental/psychic	심령안 (心靈眼)	비슈다 (염천)	망상, 환상, 환각, 마장 ……	심신단련, 최면치유, 심령치유 ……	정신이 맑아짐
		혼기장/정묘장 Soul Field/ Subtle Field	혼기 (魂氣)	혼식 (魂識)	대심적 혼적 highermental/soul	혼안 (魂眼)	아즈나 (인당)	두려움, 위축, 콤플렉스, 우울증, 정신신경증, 자존감 상실 ……	정신훈련 극기훈련 정신통합, 혼의 치유 수련 ……	혼이 살아남
	(원인 수준) 영체양자 의식원	영기장/원인장 Spirit Field/ Causal Field	영기 (靈氣)	영식 (靈識)	초심적/영적 supra mental/spiritual	영안 (靈眼)	사하스라라 (백회)	업장, 사기침입, 정신이상	종교귀의, 업장소멸, 주시각성훈련, 퇴마술, 참선수련 ……	영이 깨어남(알아차림, 주시)
기저장	(궁극 수준) 우주의식	비이원장/원인장 Nodual Field/ Causal Field	일기 (一氣)	자성식 (自性識) (一心)	참자기(眞我) Real Self Atman	불안 (佛眼)				

라키 원리에 따른 상위의 생명장파동의 에너지(氣)와 정보(識)의 하향인과적(Top–Down Causation) 교란작용과 생체양자장파동의 상향인과적(Bottom–Up Causation) 교란작용에 의한 악순환 사이클의 심화(深化)가 유기체 분자장 · 세포장의 양자파동의 교란을 가져오는 온건강 상실의 통합적 근본 원인이다. 이 모든 상하의 쌍방향 인과작용에서 각 수준의 무의식적 '양자의식'이 부정적으로 작용하며 아래위로 교란 · 간섭 · 동조 반응하는 까닭에 각 수준의 의식에너지장(意識氣場)이 상하로 모두 교란되는 것이다. 또한 〈표 18–2〉에서 보여 주는 다른 각 수준 생명장의 이상 징후에 대해서도 마찬가지로 상하향 인과 원리로 설명할 수 있다. 당연히 이와 정반대 방향으로 온건강을 위한 통합심신치유를 양자도약적으로 동조 · 조화 가속화하는 상하향 인과의 선순환 사이클이 있게 마련이다.

〈표 18–2〉에서 보듯이 각 수준의 이상 징후 · 장애 · 병리에 대해 기본적으로 각 수준에 적합하고 효과적인 치료 및 치유기법이 있다. 육체의 건강을 잃으면 의료, 섭식, 운동 등이 우선 필요하다. 원기(元氣)가 허하고 막히거나 탁하면 기공/요가수련, 침뜸치료, 신체단련 등이 필요하다. 감정정서의 부조와 화 · 분노의 조절이 안 되면 감정치유, 예술치유, 웃음치유 등이 우선 필요하다. 스트레스, 신경증, 산란심, 불안 등의 징후가 있으면 긍정심리/NLP 마음치유, 마음챙김명상치유, 마음공부수련 등이 우선 필요하다. 만약 심령(psychic) 수준의 장애 현상인 망상, 환상, 환각, 마장 등이 있으면 정신의학적 치료나 때로는 무속치유, 심령치유 등이 우선 필요할 수도 있다. 또한 혼의 위축으로 두려움, 공포, 콤플렉스, 우울증, 자존감 상실, 정신허약증 등이 있으면 정신훈련, 극기훈련, 정신통합, 주시각성훈련 등이 우선 필요할 수도 있다. 반면 강한 업장, 탁기/사기(邪氣) 침입(빙의), 정신이상 등이 있으면 종교 귀의나 영적 각성/치유에 앞서 빙의치료, 빙의/퇴마치료 등이 우선 필요할 수도 있다.

당연히 〈표 18–2〉와 같이 수준별 특이한 증상에 대한 상응하는 수준별 중점 치료나 치유가 필요하지만, [그림 18–3]에서 보여 주듯이 온생명장의 홀론 · 홀라키적 속성으로 인해 어느 한 수준의 이상(異狀)은 부정적인 상향 · 하향 인과의 확산으로 온수준으로 증상이 파급된다. 이를 막기 위해서는 먼저 하향 인과의 지배적 치유의식으로서 미혹 · 무명에 빠진 원인 수준의 초양자장 영체 양자의식을 각성의식, 주시의식으로 깨어나게 하여 위축되거나 정신이 나간 상태의 혼(魂)을, 즉 정묘 수준 초양자장 '혼체 양자의식'을 강화하고 되살리는 치유가 가장 중요하다. 최상위의 양자의식이 완전히 깨어나서 주시하고 혼식(魂識)이 살아나면, 하향 인과에 의해 심혼(心魂)→ 심(心, 마음) → 백(魄, 정서) → 기(氣, 에너지) → 뇌(腦) → 신체(신경생리)에 이르는 각 수준에 초오감적 · 고감각적 · 초감각적 지각의 양자의식이 동조 발현되고, 다시 상향 인과에 의해 위로 향해 차례로 신체에서 혼에 이르는 선순환적으로 [그림 18-4]와 같이 온수준의 온건강을 회복하는 양자심신치유가 실현된다.

퀀텀사면동역학적 양자치유 모형과 의식의 치유 · 변용 과정

앞에서 언급한 바와 같이 통관적 양자의식은, [그림 18-5]와 같은 켄 윌버의 AQAL Matrix적 통합심신치유에는 없지만, 당연히 온수준 온상한을 관통하는 중심의식이다. 그중에 최상위의 깨어 있는 영적 양자의식의 알아차림 주시의식이 모든 수준의 양자의식의 작용인으로서의 근본 바탕이다. 하지만 이와 같이 깨어 있는 양자의식을 중심으로 통합적 양자심신치유를 양자도약적으로 실현하려면, 무엇보다도 [그림 18-6]에서 보여 주는 바와 같은 통합심신치유와 의식의 변화 · 변용 및 영적 성장을 위한 (AQAL 사분면이 아닌) 신 · 해 · 행 · 증(信 · 解 · 行 · 證) 4분면의 상의상관적, 상자적(相資的) 과정에 대한 '앎' '깨우침'과 실행 요결이 바탕이 되어야 한다. [그림 18-6]은 이를 위한 동시발생적 · 사면동역학적 양자심신치유와 이에 따른 양자도약적 의식의 변화 · 변용과 영적 성장을 함축적으로 표현하는 QTQHT 모형이다.

일반적으로 심신치유는 치유전문가의 힐러로서의 힐링, 내담자나 피치유자에게 자기치유 능력을 길러 주는 고급테라피적 치유 그리고 개인의 자기돌봄의 치유를 구분하고 있다. 하지만 양자심신치유는 어느 경우나 개인의 건강 상태와 성격 · 기질 · 체질 유형을 고려한 개인이나 자기에게 적합한 통합심신치유를,

즉 〈표 18-2〉와 같은 온수준에서의 그리고 [그림 18-5]과 같은 온분면 · 온계통에서의 통합적 치유를 해야 한다는 것을 전제한다. 그렇다면 이것은 양자치유 측면에서 보면 [그림 18-6]의 우상 분면 解(Knowng, 앎)는, 인간과 인간 의식 · 양자의식에 대한 올바른 이해를 바탕으로, 특히 전문가의 경우 온수준 · 온상한 · 온계통 · 온상태 · 온유형의 AQAL 통합치유법, 통합의학적 치유법, 그리고 양자의학 · 양자과학 · 양자심신치유법 등에 대해 폭넓고 올바르게 이해(正解)해야 한다는 것을 의미한다.

무엇보다 먼저, [그림 18-6]에서 보여 주듯이, 양자도약적 통합양자심신치유를 위해서는 메타 분면의 양자의식(悟)인 알아차림의 성찰적이고 깨어 있는 주시의식이 '신 · 해 · 행 · 증'의 바탕이 되어야 함을 나타낸다. 올바른 깨어 있는 알아차림(正悟)의 양자의식이 없이는 어떤 치유에 대한 정신[正信(올바른 확신 · 신념)], 정해[正解(올바른 앎 · 인식)], 정행[正行(올바른 실천 · 실행)], 정증[正證(올바른 지혜 · 깨달음 · 각성)]이 이루어지지(證得되지) 않기 때문이다. [그림 18-6]의 메타 분면(悟)과 함께 '신 · 해 · 행 · 증'의 사분면은 순차적 과정이 아니고 쌍방향, 온방향의 시너지적으로 사분면의 역동적 상호 선순환의 상승작용을 통한 양자도약적 치유 효과가 있는 치유 과정이다.

그중에 가장 중요한 것은 혼기(魂氣)의 발현인 그림의 좌상분면 信(믿음, 자기확신/신뢰, 신념, 용기, 정신력)의 의지가 바로 서야 하는 것이다. 오늘날과 같은 '피로사회' '위험사회' '폭력사회' 그리고 지나친 병리적 '경쟁사회'에서 보통의 사람들은 과도한 스트레스로 혼(魂)이 위축되거나 심하면 혼이 없는 '좀비'처럼 되기 쉽다. 온갖 스트레스와 '화'에 차 있는 삶, 우울하고 불안하고 신경증에 시달리는 삶에 지친 개인에게는 혼(魂)의 치유, 즉 혼유(魂癒)가 가장 시급하다. 혼의 낮은 수준의 자기(자아) 집착이 심하고 죽음과 건강에 대한 두려움 · 불안 · 공포에 사로잡혀 삶에 더욱 집착하거나, 반대로 자존감이 없고 우울 · 자살 충동(타나토스)에 사로잡히거나 영혼을 팔고 얼이 빠지는 등 혼이 심하게 위축되거나 나가 있기 쉽다. 이렇게 되면 좀비가 되거나 올바른 의지 · 신념 · 확신(正信)의 혼안(魂眼)이 완전히 닫혀 혼맹(魂盲)이 되면서 치유와 웰라이프와 자기 성장 · 영적 성장을 위한 올바른 앎(正解)을 위한 학습 · 지식 · 관념 · 의식을 제대로 가질 수 있는 마음, 즉 심안(心眼)도 전혀 열리지 않는다. 이에 따라 올바른 실천/실행/훈련/단련/수련/수행(正行)을 할 수 있는 행동 · 행위의 신안(身眼)도 열리지 않고, 이를 통해 올바른 각성/깨우침/깨달음이 증득(正證)되는 지혜의 눈(慧眼 · 영안)도 열리지 않는다.

그래서 대신근(大信根)의 혼안이 열리게 하기 위한 혼유(魂癒)가 가장 먼저 선행되어야 하고, 이에 따라 올바른 앎을 통한 대의정(大疑情)의 심안이 열리면서 마음공부를 통해 심유(心癒)가 된다. 반대로 영의 무지와 혼의 몽매가 심한 사람은 마음공부를 통해 심안이 먼저 열리며 혼안이 열려야 심유와 혼유가 될 수 있다. 이에 응하여 올바른 실천/실행/단련/수련을 통한 대분지(大憤志)의 신안(身眼)이 열리면서 '기유(氣癒) · 신유(身癒)'가 되고 혼안 · 심안 · 신안이 밝아지면 자연히 지혜가 증득되어 혜안(慧眼 · 영안)이 열리면서 영이 깨어 있게 되는 영각(靈覺)이 된다. 더 나아가 이러한 모든 수준의 치유(身癒 · 氣癒 · 心癒 · 魂癒 · 靈覺)는 홀론/홀라키적으로 상하향 치유 인과적이며 동시에 상호 의존적 상호작용(相依相關) · 상호 관통(貫通)적이고 상의상자(相依相資)적임을 유의해야 한다. 그 통합적 치유 원리는 [그림 18-6]과 같은 양자의식의 메타 분면(悟)을 중심으로 하는 '신해행증'의 사분면 퀀텀 치유 과정에 의해 이해할 수 있다. 즉, 어느 계통의 어느 수준의 어느 상태의 병리나 장애의식이 깨어 있는 양자의식에 의해 치유 변화의 임계 수준에 이르면 축차적 · 양자도약적으로 온수준 · 온분면의 양자의식치유가 일어나는 치유 기제 원리를 이해할 수 있다.

예컨대, 하나의 전형적 예로서, 동양의 영속의학적 기(氣)명상치유와 서양의 에너지 명상치유에 상응하는 퀀텀힐링에너지 심상(心像)명상(貫氣法, 內觀法)의 경우, 온수준의 통합심신치유로서의 '신해행증' 사분면의 퀀텀사면동역학적 치유 과정을 치유전문가의 입장에서 적용한다고 해 보자. 먼저 에너지 치유명상을 지도하려면, 몸의 뇌신경계, 뇌내호르몬, 중추신경계(교감 · 부교감신경계), 면역계, 내분비계, 순환계의 신경생리학적 원리와 〈표 18-3〉, [그림 18-7]과 같은 각각의 일곱 개 단전(차크라)을 통해 그 수준의 생명장에너지(氣)가 교류되면서 통합신경생리학적으로 서로 어떻게 관련이 되는가 등의 상호작용, 상자(相資)작용에 대한 올바른 앎(心眼: 解悟)이 필요하다. 이와 동시에 마음 가는 곳에 기(氣)가 가고 6장 6부, 근골피육에 기가 가면 세포가 활성화되어 신체의 모든 뇌신경계 · 내분비계 · 면역계 · 6장 6부의 기능이 활성화되고, 그래서 마음(心)이 몸을 고친다는 하향 인과적 치유 원리에 대한 확신 · 신념을 강화한다(魂眼: 信悟). 여기에 의념(意念)으로 적극적 심상명상(active imagination)과 내관(內觀)에 의해 백회(사하스라라)를 통해 천기(天氣, 투명광clear light, 원인식 · DMF양자장 양자의식에너지)가 들어오면 뇌신경세포를 모두 정화 활성화하고 내려오면서 다른 단전 중심(차크라 센터)들의 에너지(氣) 흐름도 활성화한다고 상상한다.

〈표 18-3〉 차크라(단전) 기능

차크라 명칭	위치	지배원소	만트라	꽃잎 수	색	역할
물라다라 (mūladhara) 차크라	미저골 (회 음)	지(땅)	Lam	4	황색	쿤달리니가 잠든 곳, 생식 기능을 지배, 생명의 근원
스바디스타나 (svādhisthāna) 차크라	방 광 (중 극)	수(물)	Vam	6	백색	욕망을 지배, 심신안정의 근원
마니프라(manipūra) 차크라	배 꼽 (신 궐)	화(불)	Ram	10	적색	소화력을 지배, 힘의 근원
아나하타(anāhata) 차크라	심 장 (전 중)	풍(공기)	Yam	12	회색	심폐를 지배, 사랑의 근원
비슈다(visuddha) 차크라	갑상선 (염 천)	공(에테르)	Ham	16	청백색	상하의 차크라를 연결, 이성의 근원
아즈나(ājñā) 차크라	미 간 (인 당)	의식	OM	2	은백색	모든 자율신경을 지배, 지혜의 근원
사하스라라 (sahaarāra) 차크라	백회상부의 공중	브라흐만		1,000	투명	모든 차크라를 지배, 해탈의 근원

이를테면 〈표 18-3〉에서 보듯이 상단전 인당혈(아즈나) 중심에 깨어 있는 양자의식을 집중하여 천기(天氣)가 위축된 혼식을 정화해 살아나게 하고 약화된 혼기를 강화하고 신명나게 한다고 적극적으로 상상하면 혼유를 통해 혼이 살아나게 되고 자율신경계가 조화를 회복하게 된다. 더 내려와 갑상선 주위 염천 단전혈(비슈다) 중심에 양자의식을 집중하여 지성과 지적 분별력이 명료해지고 면역계를 활성화한다고 적극적으로 상상한다. 그리고 그 아래 가슴 중단전 전중혈(아나하타) 중심에 양자의식을 집중하여 모든 스트레스가 해소되는 심유를 통해 심폐 기능과 순환기를 활성화하며 억압되거나 한(恨)에 찬 감정 · 정서의 안정을 가져오게 한다고 적극적으로 상상한다. 더 내려와 배꼽단전 신궐혈(마니푸라) 중심에서 백유(魄癒, 감정치유)를 통해 탐진치(嗆瞋痴)로 인한 감정 · 정동을 순화하며 소화기 계통을 활성화하고, 그 아래 기해 · 관원 · 중극혈(스바디스타나) 내 복부 중심(하단전)의 기유를 통해 욕망을 정화 · 제어하고 원기(元氣)를 양생 강화한다고 적극 상상한다. 더 내려가 마찬가지로 회음단전혈(물라다라)에서 신유를 통해 정력 · 신체기력 · 생명력을 강화한다고 적극 상상한다.

요약하여 말하자면, 백회를 통해 천기(天氣)가 들어오면서 일체의 단전의 지배적 양자의식과 그 수준의 기(氣)가 치유되고 활성화되면서 상응하는 신체의 모든 세포, 신경계, 내분비계, 면역계, 순환기계 등을 치유하고 6장 6부와 근골피육이 활성화된다는 의념(意念)의 적극적 심상화와 내관(內觀)을 하면 상응하는 에너지 센터(단전)의 기(氣)의 흐름이 활성화되면서 모든 신체 기능이 치유된다. 이에 따라 온수준의 치유(氣癒 · 魄癒 · 心癒 · 魂癒)가 시작되면서 혼안(魂眼)이 열리고 차례로 모든 수준의 치유가 상하향 인과 동시적으로 이루어진다.

이러한 퀀텀에너지 치유명상의 실행(身眼 · 行悟)을 온수준 · 온분면의 깨어 있는 주시의식으로 하면 '신해행(信 · 解 · 行)'의 결과로 세 가지 눈(魂眼 · 心眼 · 身眼)이 밝아지는 양자도약적 치유 효과를 증득(證得)하게 되면서 온건강과 웰라이프에 대한 지혜(慧)가 생기고(慧眼/靈眼: 靈覺), 이는 다시 더욱 강한 信悟로 발현하게 된다. 또한 동시에 다시 더욱 깊은 '신해행증' 자각/깨달음(信悟 · 解悟 · 行悟 · 證悟)의 상호 상의 · 상관 · 상자작용이 일어나도록 지속적으로 퀀텀에너지

치유명상 수련을 할(行) 경우 온수준 · 온분면에서의 온건강의 치유와 함께 양자 도약적으로 더 상위의 의식과 영성의 변용까지 가능하게 된다. 더 나아가 퀀텀(양자파동)에너지 치유를 ([그림 18-6]의) 퀀텀사면동역학적 양자치유에 의해 ([그림 18-4]의) 통합양자심신치유의 원리에 따라 (표 〈18-2〉의) 모든 생명장 수준의 병리장애에 일반화하여 적용하면, 심신의 모든 이상 징후에 대해 적절한 유위무위(有爲無爲) 치유요법의 치유기제의 발현으로 모든 수준의 양자심신치유가 가능하게 된다.

양자심신치유: 요약

21세기는 양자우주의 양자 원리와 양자 패러다임이 인지(人知)의 모든 분야를 통섭하고 통전하는 시대가 되었음을 상세하게 언명하였다. 21세기에는 인류의 의식이 뉴턴적 세계관의 바탕인 3차원 공간(4차원의 시간 · 공간)의 오감의식에서 양자상대성 세계관의 바탕인 초공간 4차원 공간(5차원 시공간)의 초오감 양자의식으로 상승하면서 4차원 양자 문명 시대가 열리고 있다. 또한 앞으로 이미 '의식'의 차원을 포함하고 있는 첨단양자물리학이론이 T.O.E(Theory of Everything)적 통일장 이론 수준으로 발전하면 양자 패러다임이 보다 더 심오해지고 '양자의식'이 보다 보편적 의식이 되는 시대가 오고 있다는 전망은 거의 자명하다. 이렇게 되면 자연스레 동서양 전통 지혜에서 가르치는 몸 · 마음 · 영(Body · Mind · Spirit, 身 · 氣 · 魄 · 心 · 魂 · 靈) 다차원의 삼원일체적 의식세계를 양자 원리, 양자과학적으로 밝히고 있는 양자과학, 양자의학의 다차원의 초양자장의 양자의식을 기본 바탕으로 하는 통합양자의학 · 통합양자심신치유학으로 발전하는 시대가 올 것이다.

지금까지 필자가 제시하고 있는 통합 양자 패러다임에 따른 양자의식을 중심으로 하는 통합심신치유로서의 양자심신치유의 모형과 치유 기제가 지니고 있는 주요 의의 및 특징은 다음과 같이 요약할 수 있다.

- 먼저 현대 첨단 양자역학 · 양자과학의 양자 원리와 양자 패러다임을 바탕으로 하는 '양자의식'을 명확하게 정의하였다. 이에 따라 동양의 전일적 전통의학과 생명과학적 자연의학(영속의학, perennial medicine)과 현대 신의학(에너지의학 · 양자의학 · 파동의학) 등을 모두 양자의식에 의해 융합 · 통합 · 통섭 · 통전하는 통관적(omnijective) '양자심신치유'의 개념과 원리, 치유모델의 기본 이론과 실제를 정초하는 시론을 제시하였다.
- 양자의식은 오감 · 언어에 의해 인지 · 인식된 일상 의식인 오감의식에 대비되는 다차원의 초오감적 · 초감각적 · 초의식적 의식으로서 보편적 개념에 의해 정의하였다. 따라서 〈표 18-2〉와 같은 다차원의 생명장(생체양자포텐셜장) 파동에너지의 다차원의 에너지(氣)와 정보(지능, 지성, 의식: 識)에 의해 주체 내 상하위의 양자장 사이의 상의 · 상관 · 상자작용, 그리고 주체와 대상(우주 · 자연, 생명 · 타인) 사이에 의식적(의지적 · 의도적) · 무의식적으로, 통수준적 · 통시공간적으로 상호간섭 · 상호작용하는 온수준의 온생명장 의식이 곧 양자의식이다.
- 이와 같은 양자의식의 정의에 따라 온생명장(다차원 생체양자포텐셜장)의

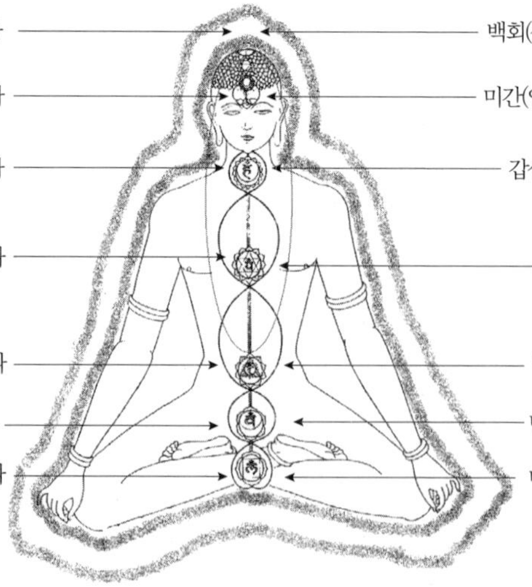

[그림 18-7] **차크라 (단전)구조도**

초물질적 · 초오감적 양자의식의 스펙트럼을 몸 · 마음 · 영에 상응하는 조대체 · 정묘체 · 원인체의 양자의식 스펙트럼으로 체계화하여, 민델과 같은 드림보디워크 중심도 아니고 일반 '심리치료'만도 아닌, 통전적 통합심신치유로서의 양자심신치유의 개념과 원리에 따른 모형 이론과 실제를 제안하였다.

- 무엇보다 초오감적 · 초의식적 양자의식에 의한 양자우주의 실상에 대해 올바르게 인식하기 위해서는 홀로그램 우주, 홀론/홀라키 우주와 생명 세계 · 인간에 대한 통전적 · 통관적인 올바른 인식이 필요하다. 이를 위해서는 양자의식과 오감의식이 균형 있고 조화롭게 작용해야 하지만, 일반적으로 인간은 오감의식에 빠져 있고 중독되어 있어서 오감에 의해 인지되는 세계만을 실재로 인식하고 이에 따른 인간중심적 오감의식을 실재의식으로 착각하며 사는 데 근본 문제가 있다. 따라서 (모든 수준의 의식 · 무의식의 스펙트럼 중에 지극히 일부에 불과하고 부정확하며 인지오류가 많은) 오감의식 중독에서 모든 병리와 장애와 스트레스가 생겨난다는 것을 알아차리는 '깨어 있는 양자의식'이 양자심신치유의 기본 바탕 원리이다.
- 통합심신치유로서의 양자심신치유에서 핵심은 초오감적 다수준의 생명장 양자의식이다. 그중에 비이원의 DMF 주시자인 양자자기의 최상위의 초양자장 근본 의식인 원인식(영식, 靈識)의 깨어 있는(悟) 알아차림의 주시의식인 양자자각(quantum awareness)이 가장 중요하다. 그리고 이와 함께 이 깨어 있는 영적 양자의식에 의한 혼유(魂癒, soul healing)를 통해 초양자장 정묘식(心魂識)의 정신력 · 신념 · 의지 · 각성 긍정의 힘을 발현하는 혼적 양자의식에 대한 인식이 가장 중요하다.
- 온생명장의 온수준 양자의식에 의한 온수준의 미병(未病) 상태나 장애 상태에 대한 양자도약적 통합심신치유를 위해서는 온생명장의 홀론 · 홀라키적 특성으로 반드시 개개인의 건강 상태 · 기질 · 성격 유형을 고려한 어느 지배적 병리 · 장애의 특정 수준을 중점적으로 치유하되 그 수준만이 아닌 상향 인과 · 하향 인과 원리에 의한 온수준 · 온분면 · 온계통의 치유

가 되어야 한다.

- 양자심신치유에서 치유 과정의 양자도약적 실현은, [그림 18-6]에서 보여 주듯이, 메타 분면의 깨어 있는 양자자각의식(悟)을 중심으로 하는 퀀텀 '신해행증(信 · 解 · 行 · 證)' 사분면의 통합치유 과정에 의해 온수준 · 온상한 · 온계통 · 온상태 · 온유형 AQAL 통합치유로 이루어진다. 이 양자도약적 퀀텀 사분면 양자치유 과정은 온방향 · 쌍방향의 상의상자적 치유과정에 의한 온분면의 역동적 치유 과정이다.
- 이러한 퀀텀사분면의 역동적 통합심신치유 과정을 통해, 먼저 혼유(魂癒)에 의해 올바른 정신력 · 신념 · 의지가 되살아나면 혼안(魂眼)이 어느 정도 바르게 열리게 된다(正信). 이에 따라 심유(心癒)에 의해 전문적 식견과 진리에 대한 올바른 통합적 앎과 마음공부가 되면 심안(心眼)이 어느 정도 바르게 열리게 된다(正解). 이와 동시에 신유(身癒)에 의해 올바른 실행/실천/수련/수행의 육안이 바르게 열리게 된다(正行). 이에 따라 영적 깨달음[靈覺]에 의해 올바른 지혜와 깨달음이 생기면 영안(靈眼, 慧眼)이 어느 정도 바르게 열리면서(正證), 온수준의 양자심신치유는 상하향 인과의 홀론홀라키 원리에 의해, 그리고 온분면의 양자적 심신치유는 상의상관 · 상의상자 원리에 의해 동시에 양자도약적으로 더욱 심화되고 의식의 변용이 생겨나며 실현된다.

통합양자치유 기제

통합양자심신치유에 의해 심신의 병리장애 상태를 근본적으로 치료 치유하기 위해서는 양자치유 기제의 발현이 중요하다. 먼저 인간의 심신, 즉 몸 · 마음 · 영 심층생명의 심오한 다차원의 에너지 · 의식의 양자파동 원리, 양자나선동역학 원리, 인체 양자생명홀라키 원리, 양자의식 · 양자자각 원리 등에 대한 치유자의 심오한 인지적 자각이 피치유자의 기본학습 치유 기제로써 필요하다. 이와 함께 위축 · 장애 상태의 혼을 치유하기 위한 다양한 수준의 유위적 심신치유(魂

癒, 心癒, 魄癒, 氣癒, 腦癒, 身癒)와 혼의 훈련, 각성 긍정마인드 의식 훈련 등으로 강력한 일반 치유 기제가 발현해야 한다. 이렇게 되면 비로소 (심안)의식이 열리고 밝아지면서, 고급 치유 기제의 발현을 위한 무위적 마음챙김 알아차림 통합의식 수련을 온전하게 할 수 있게 된다.

의식이 깨어나면서 통찰적으로 내외의 모든 대상(카르마, 혼의 위축 · 장애식, 병리적 · 부정적 무의식, 감정정서 장애, 본능 리비도장애, 뇌의 인지 오류 · 퇴화장애, 신체 병리장애, 외적 환경 · 삶의 조건 등의 제반 내외의 대상)을 초자각적으로 주시할 수 있게 되면, 양자도약적으로 점차 절대수용/항복기심(降伏氣心)/방하착(放下着)으로 자유로워진다. 이와 함께 생명의 심오한 신비에 취하고, 영혼의 참존재를 깨닫고, 영혼의 무지무명 · 몽매미혹으로 인한 질곡과 고통의 삶에서 벗어나게 된다. 다시 요약하면, 탐진치 습기의 치유와 영적 성장을 위한 홀론의학적 · 양자신의학적 통합양자의식 · 통합양자치유로 신 · 기 · 백 · 심 · 혼 · 영의 각 장(場)의 습기나 병리장애의 억압 교란 상태를 통찰적으로 주시하며 조율/공명 · 동조/조화 · 합일/통일의 3조(調) 3A(Atunement · Atonement · At-one-ment) 상태로 전환하는 양자치유 수련을 위한 모든 필요한 방편 수련을 유의 · 무위 수련으로 하면, 강력한 고급 치유 기제가 발현 작동하면서 치료 치유와 함께 온건강 기제, 영적 성장 기제가 발현 작동하게 된다.

양자심신치유 기제의 핵심은 DMF의 참여적 관찰자인 양자자기의 깨어 있는 주시적 '마음관찰' 알아차림으로써의 양자의식 기반 통찰적 · 즉각적 초(자각)마음챙김 양자알아차림(양자자각)이다. 여기서 초마음챙김, 양자마음관찰이 일반적인 마음챙김과 다른 점은, 포월(包越)하는 DMF영의 초홀라키적 양자의식으로서 영적 카르마식과 혼적 장애식까지도, 즉 감각적 · 초감각적 느낌으로 알아차리는 모든 '識'을 즉각적으로 대상화하여 깨어 있는 각성(awakening) 상태에서 꿰뚫어 통찰적으로 주시한다는 것이다. 따라서 양자의식 기반 양자마음챙김의 양자치유 기제는 양자적 각성의 초기제로서의 양자적 '재인식(quantum reperception)', 즉 양자인식과 양자사고의 의식화이다. 초기제로서의 초감각적 · 초의식적 양자인식 · 양자사고는 양자의식이 의식화되고 체화되면서 자연스레 형성된다. 양자 초기제가 내포하고 포괄하는 잠재적 양자기제에는 참여적 관찰자인 양자자기로 깨어 있는 주시자의 모든 대상화된 마음(心 · 意 · 識)관찰의 탈중심화, 탈동일시, 거리두기, 의식적 대응과 수용과 같은 마음챙김의 기제가 당연히 포함된다. 뿐만 아니라 마음챙김 알아차림 기반 QTQHT로 인해 사통(통합 · 통전 · 통섭 · 통관)의 사안(육안 · 심안 · 혼안 · 영안)이 밝아지는 의식의 변화/변용이 일어나면, 삼조(三調, 調律 · 同調 · 合一) 3A의 양자우주적 교감 · 공감이 의식화되고 체화되는 최상위의 고급 양자치유 기제가 형성 발현되는 양자심신치유가 이루어진다.

유위무위 통합양자심신치유 수련: 개관

앞에서 언급한 바와 같이 동서고금의 공인되거나 검증된 모든 전일의학의 치료 · 치유법은 피치유자의 상태 · 조건에 따라 치유 효과가 있을 수 있다. 대부분의 치유법은 치유기제가 제대로 발현되지 않아도 표면적 증상의 일시적 완화나 호전을 보여 줄 수 있다. 하지만 장애 증상의 심적 · 무의식 경화근육의 정도나 깊이에 따라 몇 시간이나 며칠이 지나면 삶의 조건에 따라 도로(병리적 무의식의 마음근육의) 원상태로 퇴행하여 돌아가는 게 대부분이다. 증상의 양자도약적 호전 · 완화와 함께 의식의 변화(의식의 전환이나 변용)가 있게 하려면 성찰적 자각과 깨어 있는 (각성) 긍정 암시와 함께 최소한 어느 정도 '마음챙김'을 병행하며 어떤 치유법이든 실행해야 치유 기제의 작동에 의한 치유 효과의 심화와 의식의 변화가 생긴다. 이에 따른 치유 효과는 지속적으로 도약적 · 점진적으로 증상을 점점 더 완화 · 호전시키고, 의식은 굳고 갇힌(병리적 · 장애적) 마음 · 정신의 근육에서 벗어나 더욱더 열리면서 성장 발달을 향한 변형 · 변용이 일어난다. 따라서 최상의 고급 치유는 마음챙김의 무위치유를 기본으로 한 마음챙김 기반 방편적 유위치료가 병행되어야 한다. 다시 말해, 일시적 증상 완화 수준의 치유가 아닌 근치로서의 치유는 마음챙김과 그 기제의 홀라키도 지속적으로 내공을 쌓으며 심화시켜 나가면서 동시에 C&C(Client & Customer)에게 공인되거나 검증된

[그림 18-8] **통합양자심신치유수련 모듈**

적절한 다른 유위치료법도 병행해야 한다는 것이다.

최상위의 고급 치유 기제를 발현하기 위한 자각의식 수련은 유위·무위 수련이다. 모든 무위 수련의 핵심은 양자의식 기반 마음챙김, 즉 참여적 관찰자인 양자자기의 깨어 있는 주시의식에 의한 의도적이 아닌 통찰적·즉각적 '마음관찰'이다. 반면 유위 수련의 핵심은 [그림 18-8]과 같은 통합양자심신치유수련(Integral Quantum Healing Life Practice: IQHLP) 모듈의 유위치유와 혼의 치유이다. 이를 위해서는 작용인으로서 혼의 주관하에 있는 마음[心体]·감정[魄体]·본능[氣体]·신체(身体)를 비롯한 모든 수준·분면·계통의 일반 치유도 마음챙김 기반의 QTQHT의 각성적 알아차림에 의한 신·해·행·증(信·解·行·證)

이 바탕이 되어 사면동역학적으로 상의상자적으로 사분면 동시의 실천 · 실행 · 수련 · 수행 · 훈련으로 이루어져야 한다. 하지만 그중에 먼저 깨어 있는 의식(悟)에 의해 의식의 기제로서 심안이 열리기 위해서는 무엇보다 바르게 알아야(正知) 하고 격물치지적으로 정사유(正思惟) · 정견(正見)을 할 수 있어야 한다고 강조하였다.

그러므로 올바른 통합양자심신치유에서 온전한 유위 · 무위 수련을 위한 (여기서는 상세한 내용을 소개하지 않은) [그림 18-8]과 같은 IQHLP의 각 주(週)의 수행 관련 주제에 대한 앎과 깨우침이 중요하지만, 기본 치유 기제로서 다차원의 생명장 홀라키로 발현되어 있는 인간의 '몸'(soma, body, 体)에 대한 온전한 이해가 매우 중요하다. 통상적 · 현대적 의미에서, 몸이란 신경생리학적 생체조직으로서의 육체를 의미하고 상위의 몸(心体 · 魄体 · 氣体)과의 상관관계는 스트레스 기제 중심의 정신신경면역학 PNI적으로 설명하고 있다. 하지만 에너지의학에서는 다중의 생체 매트릭스의 에너지체로서의 신체를 몸으로 보고, 양자의학에서는 양자파동에너지장으로서의 몸을 신체 · 에너지체 · 정보체로 본다. 이러한 관점은 양자파동의학적인 몸의 의미와 전통 지혜의 온전한 몸의 의미가 원리적으로 동일하다는 것을 말하고 있다. 즉, 양자적 · 전통적 · 심층적 의미에서 몸이란 삼원일체적인 신체(몸, Body) · 심체(마음, Mind) · 영체(정신, Spirit), 즉 모든 전통지혜의 몸(베단타 · 불교의 粗大体 · 精妙体 · 原因体, 전통동의학 · 도가의 精 · 氣 · 神, 환단선도의 心 · 氣 · 身/性 · 命 · 精)을 의미하고, 이는 양자의학의 양자생명장의 다차원의 몸(体, 場)과 동일한 관점인 것이다.

이것을 좀 더 세분화하여 필자가 강조하는 신 · 기 · 백 · 심 · 혼 · 영(身 · 氣 · 魄 · 心 · 魂 · 靈)의 6차원의 몸은, 인간 존재의 생명홀라키 구조 〈표 18-1〉에서 보여 주듯이, 모든 전통 지혜, 현대심리학, 현대양자과학에서 동일하게 밝히고 있다. 이것은 곧 인간의 몸은 생명양자파동장(場), 体(몸)로서의, 다원일체(多元一体, 六元一体)적으로 다차원 생명양자장의 홀론/홀라키(包越体) 충(sheath) · 체(体)로서의 하나의 온전한 몸으로 이해해야 한다는 것이다. 다시 말하면, 온전한 몸이란 일반적으로 생각하는 육체/신체를 말하는 게 아니라 '체(体)'를 의미하므로, 온우주의 다차원의 존재의 양자파동 세계의 에너지(氣)와 정보(識)가 모두 다차원의 생명장의 질료와 형상으로서 우리 생명의 몸(体)을 다원일체적으로 온몸의 항상성을 유지하려 한다는 것이다.

따라서 자기의 몸을 생리적 몸과 생체분자 · DNA · 세포 중심의 생리적 체계(신경계 · 내분비계 · 순환계 · 면역계 등 10개의 기관체계)로 된 육신으로만 이해하고서 마음 · 정신을 심신일원론적으로 환원하거나 심신이원론적으로 마음과 몸이 상하위적으로 분리된 위계체계로 연결된 것으로 이해해서는 안 된다. 몸에 대한 온전한 이해를 바탕으로 한 온건강을 발현하기 위한 치유와 수련은, 온몸의 존재적 근본 주체인 영의 무위적 수련과 존재의 실상 주체인 혼과 혼이 주관하는 心(마음) · 魄(감정) · 氣(본능) · 身(생리)의 몸홀라키에 대한 유위적 통합 수련을 바탕으로 하는 유위 · 무위 쌍수에 의해서만 가능하다는 것을 말해 준다.

앞의 양자치유에서는 몸에 대한 온전한 이해에 따른 몸의 온수준의 온건강 이상(異狀) 상태는 홀라키 원리에 의해 온건강 이상(異狀)의 악순환 상향 · 하향 인과를 나타내는 [그림 18-3]을(〈표 18-2〉와 같은) 도표로 보여 주고 있다. 마찬가지로 온건강과 고급 치유 기제를 위한 수련도 선순환 상향 · 하향 인과 회로로 나타낼 수 있다. 하지만 보다 근본적으로는 영의 무지 · 무명, 혼의 몽매 · 미혹에 의해 카르마적 악업 순환에 빠져 있거나, 이에 따라 혼이 위축되고 정신이 나가서 두려움 · 집착 · 망상이나 자존감이 비루해지고 좀비화된 삶으로 자신의 심체[心体(마음)] · 백체[魄体(감정)] · 기체[氣体(본능)] · 신체[身体(육체)]를 교란파장으로 몰아넣으면 선순환으로 돌아서기 어렵게 된다. 그래서 (마음챙김, 알아차림, 성찰적 자각에 의해) 깨어나지 않는 한 악순환이 더욱 악화되어 온건강과 온전한 삶을 더욱 상실하게 된다. 따라서 통합양자심신치유에서는 〈표 18-4〉에서 보여주듯이 마음[心] · 감정[魄] · 본능[氣] · 육체[身]에 대한 통합적 유위치유 수련이 매우 중요하다. 그리고 고급 치유 기제로서 마음챙김명상 · 관상 수련에 의해 깨어있는 양자의식으로 병리적 · 장애적 심체와 감정체의 교란을 조율 · 동조 상태로 전환하게 하는 마음챙김 알아차림의 무위 수련에 의한 온건강의 선순환 회복도 필수적 치유 수련이다.

〈표 18-4〉 양자심신치유: 유위 · 무위 에너지 · 의식 치유

단전	단전혈(위치)	원래 기능	자기 동일시	관련 원욕	病장애	중독(中毒)	치유	대표적 치유법
하단전(복부)	회음(미저골)	생식기능 지배 생명근원	신아(身我)	물신(物身)(嗿)	신병(身病)(물질, 행위)	腦중독 물질중독 행위중독	신유(身癒)(몸치유)	유위: 몸 에너지 동작 치유 무위: 자연치유, 기공 요가치유
	중극/관원(방광)	욕망 지배 심신안정근원	기아(氣我)	성(性)(嗿)	기병(氣病)(충동, 본능)	성중독 충동중독	기유(氣癒)(기치유)	유위: 통합 기공치유, 통합에너지치유, 중독 치유 무위: 하단전 의수 참장공, 수식관
	신궐(배꼽)	소화력 지배 힘의 근원	백아(魄我)	칠정(七情)(瞋)	백병(魄病)(칠정부조)	식탐중독 감정중독	백유(魄癒)(감정치유)	유위: 그림자치유, 감정치유, 오감치유, 예술치유 무위: 자비관, 마음챙김 기반 감정정서 치유, 각성의식기반 감정치유
중단전(가슴)	전중(심장)	심폐 지배 사랑의 근원	심아(心我)	심(心)(瞋)	심병(心病)(心火, 心虛)	사랑중독 화중독 스트레스 중독	심유(心癒)(마음치유)	유위: 자애명상, MBSR, MBCT, 인지행동치료 무위: 마음챙김치유, 양자심신치유
	염천(갑상선)	이지적 사고 지배 이성의 근원	심혼아(心魂我)	이(理)(痴)	심혼병(心魂病)(心靈病)	의식중독 이념중독 사고중독	심혼유(心魂癒)(의식치유)	유위: 의식치유, 마음공부, 인문치유 무위: 念·止·觀명상치유, 사마타 집중명상, 양자의식치유
상단전(머리)	인당(미간)	자율신경 지배 의지·지혜 근원	혼아(魂我)	의(意)(痴)	혼병(魂病)(魂虛, 魂濁)	에고중독 좀비중독	혼유(魂癒)(혼치유)	유위: 각성만트라 치유, 魂에너지명상수련, 혼기강화수련 무위: 無통찰명상치유, 마음챙김명상, 有相觀수련, 양자자기수련
	백회(백회 상부)	모든 단전 기능 지배 해탈의 근원	영아(靈我)	무명(無明)(無知)	영병(靈病)(迷惑)	사기(邪氣)중독 사탄/악령 중독	영유(靈癒)(영치유)	유위: 퇴마치료, 邪氣치료, 카르마 해체 무위: 종교(5대수행)귀의, 위빠사나, 통찰명상, 無相觀수련

물론 〈표 18-4〉와 같은 유위적 치유 · 수련은 마음챙김 수련을 통해 깨어 있는 영에 의해 위축된 혼을 되살리는 각성에 의한 신념 · 의지 · 도전 에너지, 신명과 각성 긍정에너지를 이입하는 제반 마음치유 · 감정치유 · 중독치유를 함으로써 일반 고급 치유 기제와 온건강의 선순환의 회복을 양자도약적으로 가속할 수 있다. 그러므로 유위 · 무위 통합양자심신치유는 개개인의 가장 취약한 부분을 중심으로 통합적으로, 상호 보완적으로 이루어져야 한다.

유위 · 무위 통합양자심신치유는, 여기서 상세하게 설명하지는 않았지만, ([그림 18-6], [그림 18-8]과 같은) QTQHT 양자심신치유과정과 IQHLP 통합양자심신치유모듈과 ([그림 18-4]와 같은) 상향 · 하향 인과 통합심신치유 홀라키도와 (〈표 18-2〉, 〈표 18-4〉와 같은) 유위 · 무위 통합생명장(양자파동에너지치유) 도표들에서 체계적으로 보여 주고 있다.

요약하자면, 통합양자심신치유는 유위 · 무위 쌍수에 의한 온수준의 통합양자에너지 의식 치유로서, 모든 상중하 일곱 개 단전에 상응하는 초양자장파동에너지와 정보(의식 · 무의식)의 교란에 의한 기능의 장애와 이에 따른 각 수준의 혼(魂)의 원본능(원욕, 욕동, 리비도) 추동의 발현 장애 · 병리 · 중독치유를 각 수준에서의 유위 · 무위 치유의 상보적 적용에 의해 근본적인 치유를 가능하게 한다. 그리고 온생명장의 홀론/홀라키적 속성으로 인해 어느 한 수준의 이상(異狀)은 부정적인 상향 · 하향 인과의 확산으로 온수준으로 증상이 파급된다. 이를 막기 위해서는 하향 인과의 지배적 치유법으로서 미혹 · 무명에 빠진 원인 수준의 초양자장 영체 양자의식을 무위치유 수련에 의해 각성의식, 주시의식으로 깨어나게 해야 한다. 하지만 인지적 무지몽매나 혼의 위축으로 아프거나 고통받는 사람이 자각/알아차림, 마음챙김 주시 같은 무위치유수련을 할 수 있는 경우는 드물다. 따라서 먼저 유위적 치유 훈련 · 수련으로서 인지자각 학습과 함께 위축되거나 정신이 나간 상태의 혼, 즉 정묘 수준의 초양자장 '혼체 양자의식'을 강화하고 되살리는 다양한 혼 · 의지 · 신념 강화 훈련을 통한 혼의 치유와 치유 기제의 발현이 중요하다. 유위치유에 의해 혼이 살아나면, 하향 인과에 의해 심혼(心魂) → 심(心, 마음) → 백(魄/情, 감정 · 정서) → 기(氣, 본능, 에너지) → (인지발현변환체로서의) 뇌(腦) → (신체생리 항상성 발현체로서의) 신체에 이르는 각 수준에 초오감적 · 고감각적 · 초감각적 자각의 양자의식이 동조 발현되고, 다시 상향 인과에 의해 위로 향해 차례로 신체에서 혼에 이르는 새로운 선순환적 유위치유와 무위치유에 의해 궁극적으로 온수준의 온건강을 회복하게 된다.

나가는 말

21세기는 이미 3차원 뉴턴 문명의 인간 인지(人知)를 능가하는 구글 · 빅데이터, 인공지능(AI), 증강현실(AR), 가상현실(VR)이 '현실'화되는 4차 산업혁명, 4차원 양자문명의 시대로 양자도약적으로 진입하고 있다. 최근에 양자상대성물리학도 중력파의 검증으로 아인슈타인의 상대성 원리가 단지 이론이 아닌 실증 단계에 도달하고 있다. 따라서 머지않아 곧, 필자가 강조하는, 통합양자이론[표준양자역학 · 초끈 (M)이론 · 의식홀로그램 · 홀라키 우주론]이 주류 양자물리학으로 공식적으로 인정될 전망이다. 이에 따라 다차원의 홀라키 우주 · 생명 세계에 대한 '양자의식'의 보편적 발현으로 4/5차원의 양자문명 세계가 곧 도래할 것으로 기대된다.

따라서 21세기 중후반에는 모든 의학이 양자신의학(에너지의학 · 파동의학 · 양자의학)으로 변하면서 현재의 심신치유, 심리치료를 포함한 몸 · 마음 · 영의 병리 · 장애 모두에 걸친, 즉 통합의학적 심신치유 · 심리치료 · 정신의학치료 모두 양자의학적 양자파동(양자파동 발생장치 · 진단 · 치료, 양자파동정보 조사 · 전사) 치료 · 치유요법으로 보편화될 전망이다. 이와 함께 현대심리학도 양자의식 중심의 '양자심리학으로'[민델의 『양자심리학』과는 전혀 다른 개념] 초심리학 · 초의식심리학 · 초개인심리학을 통합하면서 양자심리치료와 양자심신치유로 중심축이 옮겨 갈 전망이다. 그러나 현 단계에서는 아직도 양자의식, 양자자기, 양자마음, 양자사고, 양자사유 같은 용어는 전문가에게조차도 생소하다. 더구나 양자의식 기반 통합양자심신치유는 고급 심신치유 기제의 기본 요건인 마음챙김의 기제가 형성되고 나서, 통합양자론을 온전하게 알고 양자의식을 깨우치기 전에는 전문가들도 쉽게 적용할 수 있는 고급 심신치유법이 아니다.

요약하자면, 심신치유는 당연히 처음부터 양자심신치유와 같은 고급 치유가 아닌 운동 · 소마 · 기공/요가와 같은 몸을 중심으로 누구나 할 수 있는 가벼운 예비 치유부터 시작하는 단계적 치유가 중요하다. C&C 개개인의 의식의 장애(갇힌 의식 · 무의식의 경화의 정도)와 중독(물질중독 · 행위중독 · 감정중독 · 이념/의식중독)의 상태와 개인의 자아 · 성격 · 인성 · 근기의 수준에 따른 최적의 통합 치유 · 치료는 다르기 마련이다. 그러므로 전문가의 진단 · 평가에 따른 개개인에게 시급하고 적절한(스트레스치유, 감정치유, 중독치유 같은) 일반 치유를 통한 증상의 완화부터 가능해야 한다. 이와 함께 의식이 어느 정도 열리면서 마음챙김을 받아들일 준비가 되어 갈 때 마음챙김의 예비 수련인 심신이완 · 관기 · 바디스캔, 요가 · 기공 · 소마 같은 심신치유를 마음챙김의 기초인 사띠 의념(意念)으로 하면서 감각(受)적 느낌을 감지(感知)하는 알아차림 능력을 점차 심화해 나간다.

그런 다음에 점차 마음챙김 명상수련 · 훈련을 할 수 있게 되면 고급 치유 기제로서 마음챙김 기반 통합심신치유 기제인 MBSR이나 ILP의 통합치유 기제의 발현, 그리고 이를 넘어 IQHLP의 양자심신치유 기제를 형성할 수 있는 단계에 이르게 된다. 이러한 수준에서 양자의식 기반 양자마음챙김 명상수련을 하게 되면 점차 초감각적 지각 능력이 생기고 신비 체험, 절정 체험을 하게 되면서 오감 · 언어적 인지를 넘어서는 초오감적 · 초감각적 · 초의식적 세계에 눈이 뜨인다. 이에 따라 자연스레 양자의식의 기제가 심화되면서 온우주가 양자파동(에너지/氣, 정보/識)의 양자우주일 뿐만 아니라 모든 생명체가 양자지능을 지니고 있고, 생명홀라키가 높아질수록 양자자기의 양자기억 · 양자카르마 · 양자사고 등 양자지성이 고도화되고, 마음챙김도 양자마음챙김의 양자알아차림(양자자각, 깨어 있는 각성적 주시)으로 되는 고급 치유 기제가 양자도약적으로 창발하게 된다.

양자의식이 QTQHT에 의해 양자마음챙김의 양자알아차림 수준에 이르게 되면 참여적 관찰자로서의 양자자기의 양자마음챙김의 기제인 '3調 3A' 교감 양자의식이 의식화되고 체화된다. 따라서 양자의식 · 양자마음챙김 기제가 여기에 이르면 깨어 있는 각성적 주시의식의 '본증자각(本證自覚)·본증묘수(本證妙修)' '진속불이(眞俗不二)·번뇌즉보제(煩惱即菩提)'의 최상의 수행 기제가 실현된다. 나아가 심층 무의식의 깊숙한 곳에 각인된 오래된 전생 카르마의 잔여 습기가 올라와도, 구경각(究竟覺)의 깨달음 경지는 아니라도, 확철하게 깨어서 즐기며 무학도인(無學道人)의 대자유의 경지에서 노닐게 된다. 하지만 이런 경지는 도달하려는 욕심을 내는 경지가 아니라 수행의 '果'로서 자연스럽게 도달하는 경지이고, 참여적 관찰자의 고급 양자치유 기제로서의 3조(調) 3A 온우주적 교감의 양자의식화의 자연스러운 결과로 증득되는 경지이다.

오늘날 21세기 통합양자문명 시대에 상담·심리치료·심신치유·코칭·정신건강·영성 수련 지도자·전문가들이 머지않아 곧 AI·AR·VR 같은 인공지능을 중심으로 한 4차 산업혁명 시대의 고도로 발전된 통합적 신양자의학(에너지의학, 양자의학, 파동의학)에 의한 양자파동치료·양자심신치유를 활용하게 될 것이다. 더 나아가 전문가들의 의식이 양자의식에 눈을 뜨게 되면 2층·3층 의식으로 양자도약적으로 성장 진화하게 될 것이다. 그렇게 되면 앞으로 머지않은 장래에 고급 심신치유 수련과 치유 수련 기제로서 QTQHT와 이 논고에서 소개한 기존의 모든 통합적 신양자의학적인 심신치유를 내포하고 초월하고 심화하는 IQHLP·기제를 의식화하고 체화하게 되기를 기대하는 바이다.

미주

1) 이 글은 서울불교대학원 대학교에서 필자가 담당하고 있는 강좌의 내부교재인 『통합양자심신치유』와 『통합적 양자의학』에서 발췌한 것이다.

2) 이 중의 주요 내용은 필자가 안희영 교수와 공동번역한 『켄 윌버의 ILP』에서 필자가 기술한 역자 후기에서 일부 발췌한 내용을 수정 보완한 것이다.

3) 이 글은 필자가 한국정신과학학회지(조효남, 2006, 2007)에 발표한 기와 생명에 대한 내용에서 일부 발췌하여 요약 정리한 것이다.

4) 불교에서 사대(四大)는 우리의 '조대체(粗大体)' 지 · 수 · 화 · 풍(地 · 水 · 火 · 風)을 말하고, 여기에 식 · 공(識 · 空)을 합하면 육대(六大)라고 하여 이는 정묘체와 원인체를 합친 것이고, 이는 곧 의식과 마음, 영혼을 가진 온생명체를 의미한다. 오온(五蘊)이란 색 · 수 · 상 · 행 · 식(色 · 受 · 想 · 行 · 識)으로 육대로 구성된 우리 생명/몸의 시간적으로 변하는 무상(無常)한 가화합(假和合)의 기능을 구분한 물질 · 감정 · 상념 · 행동(의지) · 마음(무의식)을 일컫는다.
5) 먼저, [그림 18-2]에서 보여 주듯이 상향식 단련을 보면, '연정화기(練精化氣)'로 육신의 정기를 단련하면 원기가 좋아진다는 것이다. '연기화신(練氣化神)'은 엄격한 의미로는 생체기생명원기를 단련하는 소주천(小周天), 대주천(大周天) 같은 금단(金丹)의 기수련을 하면 도태(道胎)하여 양신(陽神)을 길러서 불로장생하거나 신선(神仙)이 된다는 것이지만, 넓게는 단전호흡 같은 기수련을 하면 식신(識神)인 혼기와 영기 같은 정신이 상승하여 신통의 경지에 도달한 도인이 된다는 것이다. '연신환허(練神還虛)'는 신(神)을 단련하면 결국 허(虛)로 돌아가서 도통하여 깨달음을 성취하게 된다는 것이다. 역으로 '응신연기(凝神練氣)'는 신(神), 즉 마음을 응시하면 주천(周天)에 의해 단전의 기가 단련된다는 금단 · 단전수련의 요체를 설명한 것이다. 뿐만 아니라 건강한 몸속에 건강한 마음과 정신이 깃든다는 현대적인 건강 원리가 '적정전신(積精全神)'의 원리이다. 반대로 정신력이 강하고 건전하면 몸이 단련된다는 '이신연정(以神練精)'과 원기가 왕성하고 축적되면 육신의 '기'가 좋아지며 왕성하게 된다는 '적기생정(積氣生精)'은 현대적인 관점에서 보아도 과학적일 뿐만 아니라 몸 · 기 · 마음 · 정신의 과학적 수련의 요체를 도가의 기수련 원리에서 찾을 수 있다.

참고문헌

Ⅰ. 켄 윌버의 저서

Wilber, Ken (1977). *The Spectrum of Consciousness*. Wheaton: Quest Books.

Wilber, Ken (1980). *No Boundary – Eastern and Western Approaches to Personal Growth*. Boston & London: Shambhala.

Wilber, Ken (1981). *The Atman Project – A Transpersonal View of Human Development*. Wheaton Ill: Theosophical Publishing House.

Wilber, Ken (1982). *The Holographic Paradigm and Other Paradoxes: Exploring the Leading Edge of Science*. Shambhala.

Wilber, Ken (1983). *Up From Eden – A Transpersonal View of Human Evolution*. Wheaton Ill, Guest Books.

Wilber, Ken (1983). *Eye to Eye – The Quest for the New Paradigm*. Boston & London: Shambhala.

Wilber, Ken (1983). *A Sociable God – Toward a New Understanding of Religion*. Boston & London: Shambhala.

Wilber, Ken (1984). *Quantum Questions: Mystical Writings of the Worlds Great Physicists*. Boston & London: Shambhala.

Wilber, Ken (1986). *Transformation of Consciousness – Conventional and Contemplative Perspectives on Development*. Boston & London: Shambhala.

Wilber, Ken (1993). *Grace and Grit, Spirituality and Healing in the Life and Death of Treya K. Wilber*. Boston & London: Shambhala.

Wilber, Ken (1995). *Sex, Ecology, Spirituality – The Spirit of Evolution*. Boston & London: Shambhala.

Wilber, Ken (1996). *A Brief History of Everything*. Boston & London: Shambhala.

Wilber, Ken (1997). *The Eye of Spirit – An Integral Vision for a World Gone Slightly Mad*. Boston & London: Shambhala.

Wilber, Ken (1998). *The Marriage of Sense and Soul*. NewYork: Random House.

Wilber, Ken (1998). *The Essential Ken Wilber–An Introductory Reader*. Burroughs K.C.(ed.) Boston & London: Shambhala.

Wilber, Ken (1999). *One Taste – The Journals of Ken Wilber*. Wheaton Ill: Theosophical Publishing House.

Wilber, Ken (2000). *Integral Psychology – Consciousness Spirit, Psychology, Therapy*. Wheaton Ill: Theosophical Publishing House, Boston & London: Shambhala.

Wilber, Ken (2002). *A Theory of Everything*. Boston & London: Shambhala.

Wilber, Ken (2002). *Boomeritis–A Novel that Will Set You Free*. Shambhala.

Wilber, Ken (2004). *The Simple Feeling of Being–Embracing Your True Nature*. Boston & London: Shambhala.

Wilber, Ken (2006). *Integral Spirituality*. Integral Books.

Wilber, Ken (2006). *Integral Vision*. CD, Random House Inc.

Wilber, Ken, Excerpt G: Toward A Comprehensive Theory of Subtle Energies, http://wilber.shambhala.com/html/books/kosmos/excerptG/part1.cfm/

Wilber, Ken (2016). *Integral Meditation*. Boston & London: Shambhala.

Wilber, Ken (2018). *Integral Buddhism and the Future of Spirituality*. Boston & London: Shambhala.

Wilber, Ken (2018). *The Religion of Tomorrow*. Boston & London: Shambhala.

Ⅱ. 켄 윌버 번역서

김명권, 민회준 역(2015). 켄 윌버의 모든 것의 이론(*A Theory of Everything*). Ken Wilber. 학지사.

김명권, 민회준 역(2010). 켄 윌버의 일기(*One Taste*). Ken Wilber. 학지사.

김명권, 오세준 역(2018). 통합영성(*Integral Spirituality*). Ken Wilber. 학지사.
김재성, 조옥경 역(2006). 세상에서 가장 아름다운 용기(*Grace and Gric*). Ken Wilber. 한언.
김철수 역(2006). 무경계(*No Boundary*). Ken Wilber. 무우수.
김철수 역(2006). 아이 투 아이(*Eye to Eye*). Ken Wilber. 대원출판사.
김철수 역(2015). 켄 윌버의 아이 오브 스피릿(*Eye to Spirit*). Ken Wilber. 학지사.
김 훈 역(2016). 모든 것의 목격자(*Boomeritis*). Ken Wilber. 김영사.
박병철 역(1990). 현대물리학과 신비주의(*Quantum Questions*). Ken Wilber. 고려원미디어.
박정숙 역(2006). 의식의 스펙트럼(*The Spectrum of Consciousness*. Ken Wilber. 범양사.
안희영, 조효남 역(2014). 켄 윌버의 ILP(*Integral Life Practice*). Ken Wilber. 학지사.
정창영 역(2014). 켄 윌버의 통합비전(*Integral Vision*). Ken Wilber. 김영사.
조옥경 역(2008). 켄 윌버의 통합심리학(*Integral Psychology*). Ken Wilber. 학지사.
조옥경 역(2009). 에덴을 넘어(*Up From Eden*). Ken Wilber. 한언.
조옥경, 김철수 역(2016). 켄 윌버의 신(*Sociable God*). Ken Wilber. 김영사.
조옥경, 김철수 역(근간). 성 · 생태 · 영성(*Sex, Ecology, Spirituality*). 학지사.
조효남 역(2000/2007). 감각과 영혼의 만남(*The Marriage of Sense and Soul*). Ken Wilber. 범양사.
조효남 역(2004/2015). 모든 것의 역사(*A Brief History of Everything*). Ken Wilber. 대원출판사/김영사.
조효남, 안희영 역(2017). 의식의 변용(*Transformation of consciousness*). Ken Wilber. 학지사.

Ⅲ. 켄 윌버에 관한 저서

Howard, Lew. (2005). *Introducing Ken Wilber—Concepts for an Evolving World*. Authorhouse.
Reynolds, Brad. (2004). *Embracing Reality—The Integral Vision of Ken Wilber*. Tarcher/Putnam.
Reynolds, Brad. (2006). *Where's Wlber at—Ken Wilber's Integral Vision in the new Millenium*. Omega Books.
Rotherberg, D., & Kelly, S. (1998). *Ken Wilber in Dialogue*. Wheaton Ill, Quest Books.
Visser, Frank. (2003). *Ken Wilber Thought as Passion*. SUNY Press.

Ⅳ. 저자의 관련 참고 자료

과학사상편집부(2002). 윌버-통합적 진리관, 현대 과학혁명의 선구자들. 범양사 출판부.

조효남(1997). 氣에 대한 과학적 접근의 문제, 과학사상, 제20호, 1997년 봄, pp. 115-186. 범양사.

조효남(1997). 상보적 완전한 생명관, 과학사상, 제23호, 겨울, 범양사.

조효남(1998). 윌버의 통합적 진리관, 과학사상, 제27호, 겨울, 범양사.

조효남(2001). 홀리스틱 교육과 켄 윌버의 교육사상, 홀리스틱 교육연구. 한국 홀리스틱교육실천학회 학술지, 제5집 제2호.

조효남(2002). 켄 윌버의 사상의 본질, 제7회 증산도 사상 연구소 콜로키움 논고집. 발제논고.

조효남(2002). 윌버의 통합 패러다임에 따른 공학에서의 부분과 전체, 과학사상, 봄. 범양사.

조효남(2006). 원효의 화쟁사상과 윌버의 통합철학의 상보적 통합에 관한 연구, 불교와 심리 논고집 창간호.

조효남(2006). 윌버의 AQAL Matrix 메타이론에 의한 氣스펙트럼적 統合氣論의 기초, 한국정신과학학회지, 제10권 제2호.

조효남(2006). 육안에서 심안을 넘어 영안으로 아이 돌보기, 한국생태유아교육학회. 춘계학술발표회.

조효남(2006). 직지인심적 一味의 깨달음-켄 윌버 사상의 본질, 지금여기, 미내사 06.1호.

조효남(2006). 켄 윌버-자아초월 및 통합사상의 본질, 웰빙라이프. 정신세계.

조효남(2007). 相補的 통합적 生命 인식, 한국정신과학학회지, 제11권 제2호.

조효남(2008). 영적 성장을 위한 켄 윌버의 통합적 영성 수련, 새길이야기. 도서출판 새길.

조효남, 안희영(2013). 통합심신치유의 통전적 패러다임 모델: Ken Wilber의 AQAL 모델을 넘어서. 예술심리치료연구 제9권 제2호. 한국예술심리치료학회.

조효남(2013). 통합이론과 영성: 영성에 대한 통전적 접근. 영성과 사회복지, 제1권 제2호 1~41. 영성과 사회복지학회.

Ⅴ. 원서 문헌

Beck, Don Edward and Christopher Cowan (2000). *Spiral Dynamics-Mastering values, leadership and change*. Blackwell.

Bentov, Itzhak. (1988). *Stalking the Wild Pendulum—On the Mechanics of Consciousness.* Inner Traditions.

Combs, Allan. (2002). *The Radiance of Being—Understanding the Grand Integral Vision: Living the Integral Life*. Paragon House.

Coomaraswamy, Ananda Kentish. (2006). *Origin of the Buddha Image & Elements of Buddhist Iconography*. Paul & Co.

Don Beck, & Christopher Cowan. (1996). *Spiral Dynamics*. Blackwell Pub.

Flake, C. L. (ed.1993). *Holistic Education: Principles, Perspectives, Branton*. VT: Holistic Education Press.

G. L. Paulson. (1995). Kundalini and the Chakras.

Gerber, Richard. (2001). *Vibrational Medicine*. Vermont: Bear & Co.

Hargens, Sean Boyd Frye. (2005). "Integral Ecology: A Post—Metaphysical Approach to Environmetal Phenomena", Ph. D. Dissertation, California Institute of Integral Studies, pp. 73—75.

Hamilton, David. (2010). *Quantum Field Healing*. UK: Hay House.

Huston, Smith. (1992). *Forgotten Truth*. Harpercollins.

Huxley, Aldous. (1945). *The Perennial Philosophy*. Harpercollins.

Leonard, George, & Murphy, Michael. (1995). *The Life We Are Given—Long Term Program For Realizing the Potential of Body, Mind, Heart, and Soul*. Tarcher/Penguin.

Lipton, Bruce. (2008). *The Biology of Belief*. NewYork: Hay House, Inc.

McNab, Peter. (2005). *Towards an Integral Vision—Using NLP and Ken Wilber's AQAL Model to Enhance Communication*. Trafford on Demand Pub.

Michael, Washburn. (1995). *Ego and the Dynamic Ground*. State Univ of New York.

Murphy, Michael. (1992). *The Future of the Body—Explorations into the Further Evolution Of Human Nature*. Tarcher & Putnan.

Paulson, Lewis. (1991). *Kundalini and the Chakras*. Llewellyn.

Peat, David (1988). *Synchronicity: The Bridge Between Matter and mind*. Bantam Books.

Peat, E. D. (1987). *Synchronicity: The Bridge Between Matter and Mind*.

Rotherberg, D., & Kelly. S. (1998). *Ken Wilber in Dialogues*. Quest.

Schwartz, Tony. (1995). *What Really Matters—Searching for Wisdom in America.* Bantam Books.

Sheldrake, Rupert. (1994). *The Rebirth of Matter—The Greening science and God.* Pack street press.

Sheldrake, R. (1995). The Presence of the Past—Morphic Resonance & the Habits of Nature.

Sheldrake, Rupert. (1998). *The Presence of the Past—Morphic Resonance & the Habits of Nature.* Pack Street Press.

Schuon, Frithiof. (1993). *the Transcendent Unity of Religions.* theosopical Publishing House.

Steiner, Rudolf. (1994). *Theosophy.* Steiner.

Talbot, Michael. (1992). *The Holographic Universe.* Harpercollins.

Trungpa, Chogyam. (2004). *The Sacred Path of the Warrior.* Random House.

Walsh, Roger & Frances Vaughan. (1993). *Paths Beyond Ego—The Transpersonal Vision.* Tarcher/Putnan.

Walsh, Roger. (1999). *Essential Spiritualty—The 7 Central Practices to Awaken Heart and Mind.* Wiley.

Washburn, Michael. (1995). *The Ego and the Dynamic Ground—A Transpersonal Theory of Human Development.* State Univ of New York.

Wilber, Ken, Excerpt G: Toward A Comprehensive Theory of Subtle Energies, http://wilber.shambhala.com/html/books/kosmos/excerptG/part1.cfm/

Yanick, Paul. (2003). *Quantum Medicine North.* Bergen: Basic Health Pub.

Zohar, Danah. (1991). The *Quantum Self.* Flamingo: Harper Collins Pub.

VI. 번역 문헌

과학세대 역(1995). 우주에도 생명이 존재하는가(*Life in the universe*). Stephen Hawking. 우리시대사.

김명권, 문일경, 백지연 역(2007). 7가지 행복명상법(*Essential Spirituality*). Roger Walsh. 김영사.

김명권, 주혜명 공역(2008). 깨달음의 심리학. John Welwood (2002). 학지사.

김원옥 역(2005). 종교의 종말(*The End of Faith*). Sam Harris. 한언.
김영설, 박영배 역(2007). 에너지 의학(*Energy Medicine in Therapeutic And Human Perfermance*). James Oschman (2003). 군자출판사.
김시현 역(2008). 디바인 매트릭스(*The Divine Matrix*). Gregg Braden (2007). 굿모닝미디어.
김우열 역(2009). 몰입의 재발견(*The Evolving self*). Mihaly Csikszentmihaly (1993). 한국경제신문.
김진욱 역(1985). 우연과 필연(*Chance and Necessity*). Jacques Monod. 범우사.
김재성 역(2009). 마음챙김과 심리치료. Christoper Germer (2005). 무수.
김재성 역(2009). 명상의 정신의학. Osamu Ando (1999). 민족사.
김현수, 오치선 공역(1995). 의지의 작용(*The Act of Will*). Roberto Assagioli. 금강출판사.
류시화 역(1987). 우주심과 정신물리학(*Stalking the Wild Pendulum: On the Mechanics of Consciousness*). Itzhak Bentov. 정신세계사.
류운 역(2007). 왜 사람들은 이상한 것을 믿는가(Why People Believe Weird Things). Michael Shermer. 바다출판사.
문일경 역(2011). 통합심리치료. Andre Marquis (2000). 학지사.
박병철 역(2007). 평행우주(*Parallel worlds*). Michio Kaku. 김영사.
박병철 역(2002). 엘러건트 유니버스(*The Elegant Universe*). Brian Greene (1999). 승산.
박병철, 이강영 역(2014). 퀀텀스토리. Jim Beggatt (2011). 반니.
박상규, 남정원, 이윤정 역(1994). 생명의 기호-새로운 관점에서 본 DNA의 의미(*Signe of Life-The Language and Moaning of DNA*). Robert Pollock. 민음사.
박희준 역(1987). 동양의 명상과 서양의 심리학. John Welwood (Ed.). 범양사 출판부.
서인석, 황상익 역(1992). 생명이란 무엇인가?-물리학자의 관점에서 본 생명현상(*What Is Life?*). Erwin Schrodinger. 한울.
송영진 역(2000). 베르그송의 생명과 정신의 형이상학. Henri Bergson. 서광사.
이규환, 양명숙 역(2013). 양자심리치료(*Quantum Mind*). Arnald Mindell (2000). 학지사.
이균형 역(1999). 홀로그램 우주(*The Holographic Universe*). Micheal Talbot. 정신세계사.
이균형 역(2010). 사람은 왜 늙는가(*Ageless Body, Timeless Mind*). Deapak Chopra (1993). 도서출판 휴.
이성일 역(1996). 마음을 바꾸면 세상이 달라진다(*The miracle of mind power*). Dan Cuter. 호암출판사.

이윤희 역주(1991). 參同契闡幽. 위백양(魏佰陽) 원저/주원육(朱元育) 천유. 여강출판사.
이윤희, 고성훈 공역(1992). 太乙金華宗旨. 呂洞賓. 여강출판사.
이의영 역(1996). 차크라(*Chakra*). Harish Johari. 하남출판사.
이정민 역(2010). 전체와 접힌질서. David Bohm (1989). 시스테마.
이종찬 역(1993). 세계의 종교(*The Worlds Religion*). Huston Smith. 은성.
이철우 역(2002). 과학이 종교를 만날 때(*When Science Meets Religion*). Ian Barbour. 김영사.
이한음 역(2007). 만들어진 신(The god delusion). Richard Dawkins. 김영사.
임지원, 김동성 역(2007). 스피노자의 뇌(*Looking for Spinoza*). Antonio Damasio. 사이언스북스.
정인석 역(2004). 트랜스퍼스널 생태학(*Toward a transpersonal ecology*). Warwick Fox. 대운출판사.
정인석 역(2012). 고대의 지혜와 현대 과학의 융합(*Ancient Wisdom and Modern Science*). Stanislav Grof (1993). 학지사.
안희영, 김재성, 박성현 역(2009). 마음챙김에 근거한 심리치료. Ruth Baer (2006). 학지사.
최재천, 장대익 역(2005). 통섭-지식의 대통합(*Consilience-The Unity of Knowledge*). Edward Wilson. 사이언스북스.
최효선 역(1993). 야누스-혁명적 홀론이론(*Janus-A Summing Up*). Arthur Koestler. 신과학총서 39. 범양사.
한국유전자학회(1996). 유전자: 생명의 원천(*The Second of Life*). 조셉 레빈, 데이비드 스즈키. 전파과학사.
한정선 역(2001). 생명의 원리-철학적 생물학을 위한 접근(*Prinzip leben: Ansatze zu einer philosophischen Biologie*). Hans Jonas. 아카넷.
홍성태 역(2008). 위험사회-새로운 근대성을 향하여(*Risikogesellschaft*). Ulrich Beck. 새물결.
홍영남 역(1992). 생명의 출현(*Life Itself*). Francis Crick. 아카데미서적.
황소연 역(2007). 믿음의 엔진(*Six Impossible Things Before Breakfast*). Lewis Wolpert. 에코의 서재.

Ⅶ. 국내 문헌

김교빈 · 이정욱 · 이현구 · 김시철(2004). 氣學의 모험 I. 들녘.

김교빈 외 역(2006). 氣의 철학. 張立文. 예문서원.
김기원(1990). 생체의 신비. 탐구당.
김달진 편역(1986). 금강삼매경론. 元曉. 열음사.
김상현(1994). 역사로 읽는 원효. 고려원.
김상현(1995). 원효화쟁사상의 研究史的 검토, 佛敎研究, 11.12.
김영태(2006). '涅槃宗要에 나타난 和會의 세계'. http://blog.naver.com/hwaq708, 05.2.6.
김용옥(2008). Q복음서. 통나무.
김용정(1996). 과학과 철학. 범양사.
김종욱(2003). 하이데거와 형이상학 그리고 불교. 철학과 현실사.
김창환(1995). 몸과 마음의 생물학. 지성사.
김형효(1987). 원효사상의 현재적 의미와 한국 사상사에서의 위치, 원효연구논총. 국토통일원.
김형효(2006). 원효의 대승철학. 소나무.
김형효, 신오현 외 4인(1994). 원효사상과 그 현대적 의미, 한국정신문화연구원.
동국대 불교문화 연구원(1979). 韓國佛敎全書. 동국대학교출판부.
동국대 불교문화연구원(1979). 涅槃宗要, 韓國佛教全書 I, p. 545. 동국대학교 출판부.
박병윤, 정래서 외(1997). 氣와 21세기. 양문.
박상윤(1993). 진화. 전파과학사.
박태원(1987). 원효의 言語理解, 新羅文化 第3·4合緝, pp. 81-194.
방건웅(2005). 氣가 세상을 움직인다 1부, 2부. 예언.
불교사학연구소(1994). 元曉研究論選集 10: 元曉의 和諍思想 II (元曉의 戒律觀·倫理觀). 중앙승가대학.
불교사학연구소(1994). 元曉研究論選集 9: 元曉의 和諍思想 I. 중앙승가대학.
불교사학연구소(1994). 元曉研究論選集: 元曉의 和諍思想 I. 중앙승가대학.
불교사학연구소(1994). 元曉研究論選集의 권윤혁, 박성배 등의 논고, pp. 13-41, 91-119.
불교사학연구소(1994). 元曉研究論選集, 元曉의 和諍思想 I · II. 중앙승가대학.
불교와 심리 연구원(2006). 불교와 심리. 불교와 심리 논고집, 창간호.
불교전기문화연구소편(1999). 원효사상전집 1: 원효, 그 위대한 생애. 불교춘추사.
불교전기문화연구소편(2000). 원효사상전집 2: 원효사상의 현대적 조명 I. 불교춘추사.
사토시게기(佐藤繁樹)(1995). 元曉에 있어서 和諍의 論理, 佛敎研究. 11. 12, pp. 363-388.
손병욱 역(1992). 氣學. 崔漢綺. 여강출판사.

신경희 (2016). 통합스트레스의학. 학지사.
신오현(2001). 현대철학의 한계와 원효의 화쟁 논리, 哲學硏究, 大韓聖公會論文集, 제78집. pp. 237-261.
오강남(1987). 원효사상과 현대사회학, 佛敎硏究, 3.
은정희 역주(1991). 원효의 대승기신론소 · 별기. 一志社.
이기영(1967). 원효사상. 홍법원, p. 161 .
이기영(1994). 원효사상의 특징과 의의, 佛敎硏究, 11.12, p. 321.
이만갑(1996). 의식에 대한 사회학자의 도전. 小花 .
이정배(2008). 켄 윌버와 신학. 시와 진실.
이종익(1975). 원효의 십문화쟁론 연구, 東方思想論叢. 보현각.
이죽내(1991). 분석심리학의 관점에서 본 원효의 화쟁사상, 心性硏究 6: (1 · 2), pp. 17-30.
이충웅, 방건웅, 이상만 외(1998). 과학자들이 풀어놓는 氣이야기. 양문당.
정인석(2003). 역경의 심리학. 나노미디어.
정인석(2003). 트랜스퍼스널 심리학-동서의 지혜와 자기초월의 의식. 대왕사.
최영진 외 지음(2000). 최한기의 철학과 사상. 철학과 현실사.
최유진(1988). 원효의 화쟁사상, 元曉의 和諍思想 II, 중앙승가대학 佛敎史學硏究所, p. 161.
최유진(1998). 원효사상 연구-화쟁을 중심으로. 경남대학교출판부.
한상우(1990). 원효의 사상과 생애에 대한 해석학적 분석, 교수논총 6-1. 한국교원대학교 .
한자경(2006). 불교의 무아론. 이화여대출판부.
황면(1997). 생명, 그 영원한 신비-종교·의학·법학에서 규명한 생명의 본질. 대흥기획.

찾아보기

인명

내용

ㅇ

저자 소개

조효남(Cho Hyo-Nam)

육군사관학교를 졸업(1967)한 후 미국 미시간주립대학교에서 구조공학석사 · 박사학위를(1972) 취득, 육군사관학교 교수를 역임한 후 1988년부터 한양대학교 건설환경시스템공학과 교수로 재직하였다. 한양대학교 공대학장과 대만국립과학기술대학교 초빙석좌교수를 역임, 2000년 이래 10년 이상 한국트랜스퍼스널(자아초월)학회 공동회장을 역임하였다. 한국전산구조공학회 회장, 한국강구조공학회 회장, 한국공학한림원 정회원, 한국건강연대 공동상임대표, 미래사회와종교성연구원 이사, 한국정신과학학회 회장 등을 역임하였다. 현재는 서울불교대학원대학교 석좌교수, 한양대학교 명예교수이고, 한국정신과학학회 고문, 한국심신치유학회 고문, 한국요가문화협회 고문 등으로 활동하고 있다.

대학 때부터 철학 · 심리학 · 종교에 심취하였고, 지난 40년 이상 도가기공명상수련과 불교참선수련을 해 왔고, 1990년대 중반부터 신과학 · 기과학 · 정신과학사상, 켄 윌버의 통합사상을 『과학사상』과 '정신과학회' 등 여러 학술지와 학회에 발표해 왔다. 1990년대 중반부터 켄 윌버의 통합사상을 국내에 소개하였고, 켄 윌버의 통합사상과 통합심신치유 · 양자심신치유 등을 『과학사상』과 '한국정신과학학회'를 비롯한 여러 학술지와 학회에 발표해 왔다. 또한 켄 윌버의 주요 저서를 국내에 최초로 번역 소개하면서 트랜스퍼스널학회를 창립한 후 공동회장으로서 자아초월심리학과 켄 윌버의 통합사상 보급에 주력하여 왔다.

지난 20여 년간 자아초월심리학, 통합철학 · 통합심신치유 · 통합영성 · 통합수련, 나선동역학, 과학기술윤리, 현대기학(氣學), 신의학(에너지의학 · 양자의학 · 파동의학), 정신과학, 통합심신치유, 양자심신치유에 대해 여러 학술단체에서 강의 · 기조강연하고 학술발표 활동을 해 왔다. 오랫동안 한양대학교와 고려대학교에서 공학윤리와 과학기술윤리를 강의했었고, 지난 10년간 서울불교대학원대학교에서 통합이론, 나선동역학적 통합치유리더십, 핵심통합생활수련, 몸에너지동작치료(치유도인기공), 통합에너지치유, 양자심신치유, 에너지의학, 양자의학, 통합심신치유학, 심신치유기제 등을 강의해 오고 있다.

저서로 『의식 · 영성 · 자아초월 그리고 상보적 통합』, 『역동적 통합변혁리더십』, 『현대과학기술윤리』, 『공학윤리』 등이 있고, 역서로 켄 윌버의 『감각과 영혼의 만남』, 『모든 것의 역사』, 『켄 윌버의 ILP』, 『의식의 변용』 등이 있다.

상보적 통합

-켄 윌버 통합사상의 온전한 이해와 비판, 그리고 응용

A Complementary Integral Thought

2019년 4월 15일 1판 1쇄 인쇄
2019년 4월 25일 1판 1쇄 발행

지은이 • 조효남
펴낸이 • 김진환
펴낸곳 • (주) 학지사
04031 서울특별시 마포구 양화로 15길 20 마인드월드빌딩
대표전화 • 02)330-5114 팩스 • 02)324-2345
등록번호 • 제313-2006-000265호

홈페이지 • http://www.hakjisa.co.kr
페이스북 • https://www.facebook.com/hakjisabook

ISBN 978-89-997-1821-2 93180

정가 22,000원

저자와의 협약으로 인지는 생략합니다.
파본은 구입처에서 교환해 드립니다.

이 도서의 국립중앙도서관 출판시도서목록(CIP)은 서지정보유통지원시스템 홈페이지(http://seoji.nl.go.kr)와 국가자료공동목록시스템(http://www.nl.go.kr/kolisnet)에서 이용하실 수 있습니다.
(CIP 제어번호: CIP2019012355)